中国智库名录

CHINESE THINK TANK DIRECTORY

No.5

王利民　蔡继辉 / 主编

陈　青　吴　丹　张铭晏 / 副主编

社会科学文献出版社
SOCIAL SCIENCES ACADEMIC PRESS (CHINA)

社会科学文献出版社皮书研究院

编　制

本书系国家社会科学基金项目“中国特色新型智库调查、评价与建设方略研究”（批准号：15AZZ009）的阶段性成果。

联系方式

欢迎智库提供本单位的相关信息。

联 系 人：陈　青

联系电话：010 - 59366421

传　　真：010 - 59367224

电子邮件：ThinkTankresearch@ ssap. cn

通信地址：北京市西城区北三环中路甲 29 号院华龙大厦 A 座 1206 室

《中国智库名录》编辑部

邮政编码：100029

声　明

社会科学文献出版社皮书研究院在对本名录所收录智库的相关信息进行整理时，均已注明信息来源，对信息的内容与其来源是否匹配进行比对，保证两者匹配的准确性。信息内容的准确性由信息原始来源方负责。因数据整理录入失误造成的信息失实，由社会科学文献出版社皮书研究院负责。

社会科学文献出版社皮书研究院对智库名录的收集与整理工作投入了大量的人力、物力与财力，但受条件所限，难免存在疏漏与不足之处，欢迎社会各界人士批评指正！

出版说明

一　智库中英文名称确定标准

以智库官网公布的信息为准，并参考其主管单位官网信息。

二　主管单位确定标准

结合中国的行政管理体制，并以智库官网公布信息为准。

三　成立时间确定标准

以智库官网公布信息为准，其中，智库名称发生变化的，如果仅改名，改名前的时间记为机构的成立时间；机构联合重组的，按照联合重组前的时间记；撤销后重建或停办后恢复的，重建或恢复日期记为成立时间；前身的成立时间不记为机构的成立时间。一般采取“××××年××月”的形式。

四　第一负责人确定标准

一般指现任第一负责人。院长、所长、主任、会长等记为第一负责人；没有院长、所长、主任、会长但是有执行院长、执行所长、执行主任、执行会长的机构，将执行院长、执行所长、执行主任、执行会长记为第一负责人；创制主任和主任同时出现的，创制主任为第一负责人；名誉院长、名誉所长、名誉主任、名誉会长等不记为第一负责人。如果第一负责人担任中央领导职务，则将无中央领导职务的排名第一的负责人记为第一负责人。

五　办公地址确定标准

指办公地址而非通信地址，一般采取“××省（自治区、直辖市）××市××区××路”（邮政编码）的形式。除党校（行政学院）外，每家机构限列一个办公地址，一般以机构公布的第一个地址或以总部所在地址为准。

考虑到读者的阅读习惯，将办公地址中的“广西壮族自治区”简称为“广西”，“内蒙古自治区”简称为“内蒙古”，“宁夏回族自治区”简称为“宁夏”，“新疆维吾尔自治区”简称为“新疆”，“西藏自治区”简称为“西藏”。

六　电话（传真、邮箱）确定标准

一般以机构官网公布的联系电话（传真、邮箱）为准，若未公布机构联系电话，则以机构办公室的电话（传真、邮箱）或者第一负责人的电话（传真、邮箱）为准。每家机构限列一个电话（传真、邮箱）。

七　合作机构确定标准

合作机构指合作建立智库的政府部门、科研院所、高校、企业、社会组织等机构，一般以智库官网信息为准。

八　缺失信息展示方式

缺失信息或未采集到信息的条目内容显示为空白。

九　智库排序方式

智库详情页按智库名称汉语拼音排序。

十　索引制作方法

1. 智库类别索引

先按党政智库、科研院所智库、高校智库、社会智库、合作智库，以及高端智库、智库研究与评价机构分类并排序，同类智库再按智库名称汉语拼音排序。

2. 地区索引

根据智库注册地址或第一办公地址，按地区进行排序。地区排序中，先排4个直辖市，其余省区按汉语拼音排序，同类智库再按智库名称汉语拼音排序。

十一　特别说明

根据国家机构改革方案，同级党校、行政学院合并，合并后的党校（行政学院）的地址、电话等信息应为一个，但也有部分党校（行政学院）的相关信息包含两个，按照“党校信息（行政学院信息）”的形式展示。

智库信息

1 21 世纪教育研究院
21st Century Education Research Institute

所属类别 / 社会智库—民办非企业
主管单位 /
成立时间 / 2002 年
第一负责人 / 熊丙奇
合作机构 /
办公地址 / 北京市朝阳区裕民路 12 号华展国际公寓 C406
电话(传真) / 010－62236842（010－62234332）
邮　　箱 / editor@21cedu.org
网　　址 / http://www.21cedu.cn
主要研究领域:
农村教育；政策研究及倡导；教育创新；教育咨询评估

2 APEC 可持续能源中心
APEC Sustainable Energy Center

所属类别 / 合作智库—政校合作
主管单位 / 国家能源局、天津大学
成立时间 / 2014 年 9 月
第一负责人 / 朱丽
合作机构 / 国家能源局、天津大学
办公地址 / 天津市南开区卫津路 92 号科学图书馆 216 室（300072）
电话(传真) / 022－27400847
邮　　箱 / apsec2014@126.com
网　　址 / http://apsec.tju.edu.cn
主要研究领域:
APEC 可持续城市合作网络；亚太地区清洁煤技术转移；亚太地区能源转型方案

3 安徽财经大学中国合作社研究院
Anhui University of Finance & Economics, China Cooperation Research Institute

所属类别 / 高校智库
主管单位 / 安徽财经大学
成立时间 / 2005 年 1 月
第一负责人 / 秦立建
合作机构 /
办公地址 / 安徽省蚌埠市蚌山区宏业路 255 号（233000）
电话(传真) / 0552－3123496
邮　　箱 /
网　　址 / http://zghzs.aufe.edu.cn
主要研究领域:
中国合作社

4 安徽大学财政税收与公共政策研究中心

所属类别 / 高校智库
主管单位 / 安徽大学
成立时间 /
第一负责人 / 李光龙
合作机构 /
办公地址 / 安徽省合肥市蜀山区九龙路 111 号安徽大学磬苑校区社科 D 楼 407 室
电话(传真) / 0551 - 63861070 (0551 - 63861070)
邮　　箱 / 674035711@ qq. com
网　　址 / http://czss. ahu. edu. cn
主要研究领域:
财政税收; 公共政策; 公共管理; 税收筹划; 经济法制; 财税制度

5 安徽大学长三角经济社会发展研究中心

所属类别 / 高校智库
主管单位 / 安徽大学
成立时间 / 2008 年 11 月
第一负责人 / 荣兆梓
合作机构 /
办公地址 / 安徽省合肥市蜀山区九龙路 111 号安徽大学磬苑校区社科楼 D 楼 (230601)
电话(传真) / 0551 - 63861710
邮　　箱 /
网　　址 /
主要研究领域:
泛长三角区域经济社会发展; 泛长三角区域协调机制; 产业发展与城市化互动; 区域创新

6 安徽大学高等教育研究所
The Institute of Higher Education at Anhui University

所属类别 / 高校智库
主管单位 / 安徽大学
成立时间 / 2005 年 11 月
第一负责人 / 张晶
合作机构 /
办公地址 / 安徽省合肥市蜀山区肥西路 3 号 (230039)
电话(传真) / 0551 - 65107046
邮　　箱 / gjs@ ahu. edu. cn
网　　址 / http://ihe. ahu. edu. cn
主要研究领域:
高等教育管理; 高等教育改革与发展; 高等学校稳定机制

7 安徽大学淮河流域环境与经济社会发展研究中心

所 属 类 别 / 高校智库
主 管 单 位 / 安徽大学
成 立 时 间 / 2009 年 9 月
第一负责人 / 吴春梅
合 作 机 构 /
办 公 地 址 / 安徽省合肥市蜀山区肥西路 3 号（230039）
电话(传真) /
邮　　箱 / 596372671@ qq. com
网　　址 / http://hhyjzx. ahu. edu. cn
主要研究领域：
淮河流域经济社会发展；淮河流域环境与灾害治理；淮河流域政治变迁与思想文化

8 安徽大学经济法制研究中心
Research Center for Economic Law of Anhui University

所 属 类 别 / 高校智库
主 管 单 位 / 安徽大学
成 立 时 间 / 2002 年 9 月
第一负责人 / 华国庆
合 作 机 构 /
办 公 地 址 / 安徽省合肥市蜀山区九龙路 111 号安徽大学磬苑校区社科 A 楼（法学院）507 室、508 室（230601）
电话(传真) / 0551 -63861932（0551 -63861932）
邮　　箱 / ahdx2007@ 126. com
网　　址 / http://jjfz. ahu. edu. cn
主要研究领域：
宏观调控法；市场规制法；经济法主体制度

9 安徽大学拉丁美洲研究所
Institute of Latin America Studies at Anhui University

所 属 类 别 / 合作智库—中外合作
主 管 单 位 / 安徽大学
成 立 时 间 / 2013 年 8 月
第一负责人 / 范和生
合 作 机 构 / 安徽大学，苏里南、墨西哥、哥伦比亚、智利、厄瓜多尔等国高校
办 公 地 址 / 安徽省合肥市蜀山区肥西路 3 号（230039）
电话(传真) / 0551 -65107107
邮　　箱 / fhs117@ sina. com
网　　址 / http://ilas. ahu. edu. cn
主要研究领域：
拉美政治、经济、历史、文化、社会、生态、族群和妇女问题

10 安徽大学农村社会发展研究中心

Research Center for Social Development in Rural Areas of Anhui University

所 属 类 别 / 高校智库
主 管 单 位 / 安徽大学
成 立 时 间 / 2003 年 10 月
第一负责人 / 王邦虎
合 作 机 构 /
办 公 地 址 / 安徽省合肥市蜀山区肥西路 3 号（230039）
电话(传真) / 0551 - 65108525（0551 - 65106014）
邮　　箱 / sunzhf - a@ 163. com
网　　址 / http://rsdrc. ahu. edu. cn
主要研究领域:
农村社会发展

11 安徽工业大学安徽创新驱动发展研究院

所 属 类 别 / 合作智库
主 管 单 位 / 安徽工业大学
成 立 时 间 /
第一负责人 / 洪功翔
合 作 机 构 / 安徽工业大学、马鞍山市人民政府
办 公 地 址 / 安徽省马鞍山市马向路安徽工业大学秀山校区商学院（243032）
电话(传真) / 0555 - 2315478
邮　　箱 / fdc3018@ ahut. edu. cn
网　　址 / http://cxqd. ahut. edu. cn
主要研究领域:
创新与可持续发展；公司治理与风险管控；国有企业创新力；产业创新与区域转型发展；民营经济；开放型经济；金融创新与发展；大宗商品与产业发展

12 安徽工业大学大学生思想政治教育与管理研究中心

所 属 类 别 / 高校智库
主 管 单 位 / 安徽工业大学
成 立 时 间 / 2007 年 3 月
第一负责人 / 高敏
合 作 机 构 /
办 公 地 址 / 安徽省马鞍山市湖东路 59 号（243032）
电话(传真) /
邮　　箱 /
网　　址 / http://szjd. ahut. edu. cn
主要研究领域:
思想政治教育与管理理论；思想政治教育与管理方法；思想政治教育管理体制与运行机制创新

13 安徽工业大学公司治理与运营研究中心

所 属 类 别 / 高校智库
主 管 单 位 / 安徽工业大学
成 立 时 间 / 2002 年 4 月
第一负责人 / 林钟高
合 作 机 构 /
办 公 地 址 / 安徽省马鞍山市湖东路 59 号人文社科基地（243032）
电话(传真) / 0555 - 2311752
邮　　箱 / skjd@ ahut. edu. cn
网　　址 / http://skjd. ahut. edu. cn
主要研究领域:
公司治理与运营

14 安徽建筑大学安徽省城市管理研究中心

所 属 类 别 / 高校智库
主 管 单 位 / 安徽建筑大学
成 立 时 间 / 2014 年
第一负责人 / 丁仁船
合 作 机 构 /
办 公 地 址 / 安徽省合肥市包河区金寨南路 856 号 D 楼（230022）
电话(传真) /
邮　　箱 /
网　　址 / http://www. ahjzu. edu. cn/rwskzdsys
主要研究领域:
城市规划管理；城市公共服务管理；城市资源环境；城市社会安全管理

15 安徽建筑大学安徽省城镇化发展研究中心

所 属 类 别 / 合作智库
主 管 单 位 / 安徽建筑大学
成 立 时 间 / 2012 年 2 月
第一负责人 / 陈晓华
合 作 机 构 / 安徽建筑大学、安徽省城乡规划设计研究院
办 公 地 址 / 安徽省合肥市包河区金寨南路 856 号（230022）
电话(传真) / 0551 - 63513060
邮　　箱 /
网　　址 /
主要研究领域:
新型城镇化与城乡融合发展；国土空间规划与空间治理；城乡遗产与传统聚落保护发展；城市更新与社区营造

16 安徽建筑大学安徽省城镇化建设协同创新中心

所 属 类 别 / 合作智库
主 管 单 位 / 安徽建筑大学
成 立 时 间 / 2012 年 5 月
第一负责人 / 吴运法
合 作 机 构 / 安徽建筑大学、安徽省住房和城乡建设厅、安徽省社会科学院、池州市人民政府、安徽建工集团有限公司、安徽省城乡规划设计研究院、安徽省建筑科学研究设计院、黄山市建筑设计研究院、安徽省自然资源厅、清华大学合肥公共安全研究院
办 公 地 址 / 安徽省合肥市包河区金寨南路 856 号安徽建筑大学北区 F 楼（230022）
电话(传真) / 0551 - 63513049
邮　　箱 /
网　　址 /
主要研究领域：公共安全；地下工程；节能环保

17 安徽建筑大学安徽省建筑经济与房地产管理研究中心

所 属 类 别 / 高校智库
主 管 单 位 / 安徽建筑大学
成 立 时 间 / 2008 年 12 月
第一负责人 / 段宗志
合 作 机 构 /
办 公 地 址 / 安徽省合肥市包河区金寨南路 856 号（230022）
电话(传真) /
邮　　箱 /
网　　址 /
主要研究领域：
建筑经济与房地产管理；技术经济评价；城市社会管理

18 安徽建筑大学安徽省乡村振兴研究院

Anhui Jianzhu University, Anhui Rural Revitalization Research Institute

所 属 类 别 / 高校智库
主 管 单 位 / 安徽建筑大学
成 立 时 间 / 2019 年 3 月
第一负责人 / 蔡新立
合 作 机 构 /
办 公 地 址 / 安徽省合肥市蜀山区紫云路 292 号安徽建筑大学南校区实验综合楼 14 层（230022）
电话(传真) / 0551 - 63828396
邮　　箱 /
网　　址 / http://www.ahjzu.edu.cn/xczx
主要研究领域：乡村振兴产业政策；生态宜居；可持续发展；文创与治理

19 安徽经济管理（干部）学院

所 属 类 别 / 党政智库—省/区/市政府所属
主 管 单 位 / 安徽省政府
成 立 时 间 / 1983 年
第一负责人 / 陈爱军
合 作 机 构 /
办 公 地 址 / 安徽省合肥市包河区望江东路 115 号（230059）
电话(传真) / 0551 - 63414447
邮　　箱 /
网　　址 / http://www.ahsa.edu.cn
主要研究领域:
政府管理；依法行政

20 安徽省经济研究院

所 属 类 别 / 党政智库
主 管 单 位 / 安徽省发展和改革委员会
成 立 时 间 / 2007 年 12 月
第一负责人 / 樊明怀
合 作 机 构 /
办 公 地 址 / 安徽省合肥市包河区福州路与安徽路交口西南角（230091）
电话(传真) / 0551 - 62636941
邮　　箱 /
网　　址 / http://fzggw.ah.gov.cn/jgsz/wsdw/sjjyjy
主要研究领域:
宏观经济决策和管理；农业资源和农业生态环境；重大农业自然灾害的调查、监测和损失评估

21 安徽省人民政府参事室（安徽省文史研究馆）

所 属 类 别 / 党政智库—省/区/市政府所属
主 管 单 位 / 安徽省政府
成 立 时 间 /
第一负责人 / 白和平
合 作 机 构 /
办 公 地 址 / 安徽省合肥市包河区中山路 1 号省行政中心 2 号楼（230001）
电话(传真) / 0551 - 62601757
邮　　箱 /
网　　址 / http://scss.ah.gov.cn
主要研究领域:
安徽省发展战略

22 安徽省人民政府发展研究中心
Development Research Center of Anhui Provincial People's Government

所 属 类 别 / 党政智库—省/区/市政府所属
主 管 单 位 / 安徽省政府
成 立 时 间 /
第一负责人 / 孙东海
合 作 机 构 /
办 公 地 址 / 安徽省合肥市包河区中山路 1 号省行政中心 1 号楼 8 层（230001）
电话(传真) / 0551 - 62663533
邮　　箱 / ahfzyjzx@ sina. com
网　　址 / http://dss. ah. gov. cn
主要研究领域:
宏观经济；产业经济；财政金融；国际经济；农村经济；社会发展

23 安徽省社会科学界联合会
Anhui Province Federation of Social Sciences

所 属 类 别 / 社会智库—社会团体
主 管 单 位 / 中共安徽省委
成 立 时 间 / 1958 年 7 月
第一负责人 / 陶明伦
合 作 机 构 /
办 公 地 址 / 安徽省合肥市包河区徽州大道 1009 号社科大楼 2 层（230053）
电话(传真) / 0551 - 63417233（0551 - 63411194）
邮　　箱 / ahsklbgs@ 163. com
网　　址 / http://www. ahskj. org. cn
主要研究领域:
全面深化改革；美好安徽建设

24 安徽省社会科学院
Anhui Academy of Social Sciences

所 属 类 别 / 科研院所智库
主 管 单 位 / 安徽省政府
成 立 时 间 / 1978 年
第一负责人 / 曾凡银
合 作 机 构 /
办 公 地 址 / 安徽省合肥市包河区卫岗美菱大道 131 号（230002）
电话(传真) / 0551 - 63438366
邮　　箱 / ahsky3438321@ 126. com
网　　址 / http://www. aass. ac. cn
主要研究领域:
经济社会发展战略；城乡经济；新闻传播；当代安徽；安徽旅游；文化扶贫；企业管理创新；房地产；社会结构与分层

B

25 北方工业大学新兴风险研究院
Institute for Emerging Risk Management, North China University of Technology

所 属 类 别 / 高校智库
主 管 单 位 / 北方工业大学
成 立 时 间 / 2017 年 11 月
第一负责人 / 闪淳昌
合 作 机 构 /
办 公 地 址 / 北京市石景山区晋元庄路 5 号博远楼 7 层（100041）
电话(传真) /
邮　　箱 /
网　　址 / http://xxfx. ncut. edu. cn/sy. htm
主要研究领域:
新兴技术；预警与应急管理；城市安全；防灾减灾技术开发和成果

26 北京城市发展研究院
Beijing Institute of Urban Development

所 属 类 别 / 科研院所智库
主 管 单 位 /
成 立 时 间 / 1984 年
第一负责人 / 金良浚
合 作 机 构 /
办 公 地 址 / 北京市西城区复兴门内大街 45 号 3 号楼 5 层（100801）
电话(传真) / 010 - 66094248（010 - 66094247）
邮　　箱 / city100801@ 163. com
网　　址 / http://www. citydlp. com
主要研究领域:
城镇发展战略规划；名城名镇与文化遗产保护；生态文明与环境建设

27 北京城市学院首都城市治理与综合执法研究所

所 属 类 别 / 合作智库
主 管 单 位 / 北京城市学院
成 立 时 间 / 2014 年 7 月
第一负责人 / 王连峰
合 作 机 构 / 北京城市学院、北京市城市管理综合行政执法局
办 公 地 址 / 北京市海淀区北四环中路 269 号教一楼 513 室（100083）
电话(传真) / 010 - 62322709
邮　　箱 / huyafen239@ 126. com
网　　址 /
主要研究领域:
城市治理与综合执法

28 北京城市运行与发展研究中心
Capital Center for City Operations and Development Research

所 属 类 别 / 合作智库—政研合作
主 管 单 位 / 中国科学院
成 立 时 间 / 2008 年 5 月
第一负责人 / 陈锐
合 作 机 构 / 北京市市政市容管理委员会、中国科学院科技政策与管理科学研究所
办 公 地 址 / 北京市海淀区中关村北一条 15 号（100190）
电话(传真) / 010 - 59358514
邮　　箱 / cccod@ casipm. ac. cn
网　　址 /
主要研究领域：
城市运行与发展战略

29 北京大学—林肯研究院城市发展与土地政策研究中心
Peking University - Lincoln Institute Center for Urban Development and Land Policy

所 属 类 别 / 合作智库—中外合作
主 管 单 位 /
成 立 时 间 / 2007 年 10 月
第一负责人 / 刘志
合 作 机 构 / 北京大学、美国林肯土地政策研究院
办 公 地 址 / 北京市海淀区颐和园路 5 号北京大学廖凯原楼 508 室（100871）
电话(传真) / 010 - 62756535（010 - 62757884）
邮　　箱 / contactus@ plc. pku. edu. cn
网　　址 / http://plc. pku. edu. cn
主要研究领域：
房地产税与公共财政；土地政策；住房政策；城市发展与规划；环境与可持续发展

30 北京大学财经法研究中心
Peking University Fiscal Law Research Center

所 属 类 别 / 高校智库
主 管 单 位 / 北京大学
成 立 时 间 / 2003 年 12 月
第一负责人 / 刘剑文
合 作 机 构 /
办 公 地 址 /
电话(传真) /
邮　　箱 /
网　　址 /
主要研究领域：
财税法

31 北京大学法治与发展研究院
Law & Development Academy, Peking University

所 属 类 别 / 高校智库
主 管 单 位 / 北京大学
成 立 时 间 / 2011 年 5 月
第一负责人 / 张守文
合 作 机 构 /
办 公 地 址 / 北京市海淀区颐和园路 5 号北京大学法学院四合院（100871）
电话(传真) / 010 - 62756486（010 - 62756486）
邮　　箱 / lda@ pku. edu. cn
网　　址 / http://www. pkulda. cn
主要研究领域：
经济与社会协调发展、可持续发展、政治体制改革、国家统一和地方自治、城乡统筹、国际关系、国际贸易、公共安全、人权保障等法律问题

32 北京大学非洲研究中心
Center for African Studies of Peking University

所 属 类 别 / 高校智库
主 管 单 位 / 北京大学
成 立 时 间 / 1998 年
第一负责人 / 李安山
合 作 机 构 /
办 公 地 址 / 北京市海淀区颐和园路 5 号（100871）
电话(传真) / 010 - 62751999（010 - 62751639）
邮　　箱 / pkucas@ vip. 163. com
网　　址 / http://caspu. pku. edu. cn
主要研究领域：
非洲政治与经济；非洲社会与发展；非洲历史与考古；非洲文学与文化；非洲与世界；中非关系；世界文明

33 北京大学港澳研究中心
Center for Hong Kong and Macau Studies, Peking University

所 属 类 别 / 高校智库
主 管 单 位 / 北京大学
成 立 时 间 / 1994 年
第一负责人 / 饶戈平
合 作 机 构 /
办 公 地 址 / 北京市海淀区颐和园路 5 号北京大学静园一院（100871）
电话(传真) / 010 - 62751978（010 - 62751978）
邮　　箱 / hkmcstudies@ 163. com
网　　址 /
主要研究领域：港澳问题

34 北京大学公共传播与社会发展研究中心
Center for Public Communication and Social Development, Peking University

所 属 类 别 / 高校智库
主 管 单 位 / 北京大学
成 立 时 间 / 2012 年 11 月
第一负责人 / 师曾志
合 作 机 构 /
办 公 地 址 / 北京市海淀区颐和园路 1 号北大资源宾馆 1501 室 （100871）
电话（传真）/
邮　　箱 / pcsd@ pku. edu. cn
网　　址 /
主要研究领域：
公益传播；公共传播；传播哲学；国学经典与智慧传播；生命传播

35 北京大学公共治理研究所
Institute of Public Governance, Peking University

所 属 类 别 / 高校智库
主 管 单 位 / 北京大学
成 立 时 间 / 2019 年 9 月
第一负责人 / 燕继荣
合 作 机 构 /
办 公 地 址 / 北京市海淀区颐和园路 5 号北京大学廖凯原楼 （100871）
电话（传真）/ 010 - 62750616
邮　　箱 / ggzl@ pku. edu. cn
网　　址 / http://www. ggzl. pku. edu. cn
主要研究领域：
新时代地方治理；国家治理；全球治理

36 北京大学国际安全与和平研究中心
Center for International Security and Peace Studies, Peking University

所 属 类 别 / 高校智库
主 管 单 位 / 北京大学
成 立 时 间 / 1998 年 6 月
第一负责人 / 梁守德
合 作 机 构 /
办 公 地 址 /
电话（传真）/
邮　　箱 /
网　　址 / http://www. cisap. pku. edu. cn
主要研究领域：
国际安全与国家安全；国际安全与和平；国际安全与防务

37 北京大学国际经济研究所
Institute of International Economic Research, Peking University

所属类别 / 合作智库—校社合作
主管单位 / 北京大学
成立时间 / 1997 年
第一负责人 / 王跃生
合作机构 / 北京大学经济学院、香港尚贤教育机构
办公地址 / 北京市海淀区颐和园路 5 号（100871）
电话(传真) / 010 - 62751462
邮　　箱 / fafe@ pku. edu. cn
网　　址 /
主要研究领域：
全球化条件下的中国经济发展；当代国际经济；中国对外开放的宏观、微观经济问题

38 北京大学国际战略研究院
The Institute of International and Strategic Studies, Peking University

所属类别 / 高校智库
主管单位 / 北京大学
成立时间 / 2013 年 10 月
第一负责人 / 王缉思
合作机构 /
办公地址 / 北京市海淀区颐和园路 5 号北京大学北阁（100871）
电话(传真) / 010 - 62756376（010 - 62753063）
邮　　箱 / IISS@ pku. edu. cn
网　　址 / http://www. iiss. pku. edu. cn
主要研究领域：
世界政治；国际安全；国家战略；中国外交；大国战略；地区安全；全球治理

39 北京大学国际政治经济研究中心
Center for International Political Economy, Peking University

所属类别 / 高校智库
主管单位 / 北京大学
成立时间 / 2001 年
第一负责人 / 王勇
合作机构 /
办公地址 / 北京市海淀区颐和园路 5 号北京大学国际关系学院大楼 B201 室（100871）
电话(传真) / 010 - 62756057（010 - 62751639）
邮　　箱 / yowang@ pku. edu. cn
网　　址 /
主要研究领域：
中国对外经贸战略与策略；国际竞争政策；国家发展战略；国际政治、经济和安全战略

40 北京大学国际知识产权研究中心
The Institute for International Intellectual Property of Peking University

所 属 类 别 / 高校智库
主 管 单 位 / 北京大学
成 立 时 间 / 2008 年 12 月
第一负责人 / 易继明
合 作 机 构 /
办 公 地 址 / 北京市海淀区颐和园路 5 号北京大学理科 5 号楼 415 室（100871）
电话(传真) /
邮　　箱 / kjyfl_bj@126.com
网　　址 /
主要研究领域：
知识产权；科技与法律；国家知识产权战略

41 北京大学国家对外文化交流研究基地
National Center for Research into Intercultural Communication of Arts, Peking University

所 属 类 别 / 高校智库
主 管 单 位 / 国家文旅部、北京大学
成 立 时 间 / 2019 年 12 月
第一负责人 / 林一
合 作 机 构 /
办 公 地 址 / 北京市海淀区颐和园路 5 号北京大学红六楼、红三楼（100871）
电话(传真) / 010 - 62760023
邮　　箱 /
网　　址 /
主要研究领域：
国家对外文化政策与战略；跨文化交流与传播；艺术管理与文化产业

42 北京大学国家发展研究院
National School of Development, Peking University

所 属 类 别 / 高端智库，高校智库
主 管 单 位 / 北京大学
成 立 时 间 / 2008 年 10 月
第一负责人 / 姚洋
合 作 机 构 /
办 公 地 址 / 北京市海淀区颐和园路 5 号（100871）
电话(传真) / 010 - 62759033（010 - 62751474）
邮　　箱 / webmaster@nsd.pku.edu.cn
网　　址 / http://nsd.pku.edu.cn
主要研究领域：
人口政策；经济结构调整；政府与市场关系；土地问题

43 北京大学国家现代公共文化研究中心

所 属 类 别 / 高校智库
主 管 单 位 / 北京大学
成 立 时 间 / 2015 年 11 月
第一负责人 / 李国新
合 作 机 构 /
办 公 地 址 /
电话(传真) /
邮　　箱 /
网　　址 /
主要研究领域：
文化改革；现代公共文化服务体系建设

44 北京大学国家治理协同创新中心
Co-innovation Center for State Governance

所 属 类 别 / 合作智库
主 管 单 位 / 北京大学
成 立 时 间 / 2013 年 12 月
第一负责人 / 王浦劬
合 作 机 构 / 北京大学、复旦大学、吉林大学、中山大学、中国财政科学研究院
办 公 地 址 / 北京市海淀区颐和园路 5 号北京大学廖凯原楼 3 层（100871）
电话(传真) / 010 - 62767093（010 - 62754257）
邮　　箱 / gjzlxtcx@ pku. edu. cn
网　　址 / http://www. cicsg. pku. edu. cn
主要研究领域：
国家治理现代化和社会发展

45 北京大学环境与能源经济研究中心
China Center for Energy and Development, Peking University

所 属 类 别 / 高校智库
主 管 单 位 / 北京大学
成 立 时 间 / 2011 年 6 月
第一负责人 / 徐晋涛
合 作 机 构 /
办 公 地 址 / 北京市海淀区颐和园路 5 号北京大学国家发展研究院（100871）
电话(传真) / 010 - 62767657
邮　　箱 / eepc@ nsd. pku. edu. cn
网　　址 /
主要研究领域：
能源安全；新能源技术；低碳环保；自然资源

46 北京大学汇丰金融研究院
The HSBC Financial Research Institute at Peking University

所 属 类 别 / 合作智库—中外合作
主 管 单 位 / 北京大学
成 立 时 间 / 2008 年 12 月
第一负责人 / 海闻
合 作 机 构 / 北京大学、汇丰银行慈善基金会
办 公 地 址 / 广东省深圳市南山区西丽大学城（518055）
电话(传真) / 0755 - 26033507
邮　　箱 / hfri@ phbs. pku. edu. cn
网　　址 / http://hfri. phbs. pku. edu. cn
主要研究领域：
国际金融体制改革；中国金融业发展；中国金融政策

47 北京大学教育经济研究所
Institute of Economics of Education, Peking University

所 属 类 别 / 高校智库
主 管 单 位 / 北京大学
成 立 时 间 / 1999 年
第一负责人 / 丁小浩
合 作 机 构 /
办 公 地 址 / 北京市海淀区颐和园路 5 号（100871）
电话(传真) / 010 - 62755662
邮　　箱 / netgroup@ gse. pku. edu. cn
网　　址 / http://iee. gse. pku. edu. cn
主要研究领域：
教育经济与财政；教育管理

48 北京大学教育信息化国际研究中心
International Research Center for Education and Information, Peking University

所 属 类 别 / 高校智库
主 管 单 位 / 北京大学
成 立 时 间 / 2009 年 12 月
第一负责人 / 贾积有
合 作 机 构 /
办 公 地 址 /
电话(传真) /
邮　　箱 / pkueic@ 163. com
网　　址 / http://ei. pku. edu. cn
主要研究领域：
语言和文化教育与信息技术关系；教育管理与决策信息化

49 北京大学金融信息化研究中心

PKU – ACOM Financial Information Research Center

所属类别／高校智库
主管单位／北京大学
成立时间／
第一负责人／陈钟
合作机构／
办公地址／北京市海淀区中关村北大街 151 号资源大厦 1011 室（100080）
电话(传真)／
邮　箱／
网　址／
主要研究领域：
个人金融消费体系；个人信用系统

50 北京大学金融与产业发展研究中心

所属类别／高校智库
主管单位／北京大学
成立时间／2005 年 8 月
第一负责人／冯科
合作机构／
办公地址／北京市海淀区颐和园路 5 号北京大学经济学院 342 室（100871）
电话(传真)／
邮　箱／fengke@ pku. edu. cn
网　址／
主要研究领域：
金融与产业；产业竞争力；金融体制改革

51 北京大学经济研究所

所属类别／高校智库
主管单位／北京大学
成立时间／1985 年
第一负责人／睢国余
合作机构／
办公地址／北京市海淀区颐和园路 5 号北京大学经济学院 227 室（100871）
电话(传真)／
邮　箱／jingjiyanjiusuo@ pku. edu. cn
网　址／
主要研究领域：
中国宏观经济；中国经济改革和发展；中国社会主义市场经济；转轨经济；货币经济学

52 北京大学经济与人类发展研究中心
Center for Human and Economic Development Studies, Peking University

所 属 类 别 / 高校智库
主 管 单 位 / 北京大学
成 立 时 间 / 2005 年 12 月
第一负责人 / 夏庆杰
合 作 机 构 /
办 公 地 址 / 北京市海淀区颐和园路 5 号北京大学经济学院 426 室（100871）
电话(传真) / 010 - 62758835
邮　　箱 / cheds_pku@163.com
网　　址 / http://www.cheds.pku.edu.cn
主要研究领域:
经济与人类发展；贫困与收入差距测算；国际发展援助；健康问题

53 北京大学流通经济与管理研究中心

所 属 类 别 / 高校智库
主 管 单 位 / 北京大学
成 立 时 间 / 2009 年 5 月
第一负责人 / 王子明
合 作 机 构 /
办 公 地 址 / 北京市海淀区颐和园路 5 号北京大学光华管理学院 2 号楼 453 室（100871）
电话(传真) / 010 - 62755277
邮　　箱 / chenlh@gsm.pku.edu.cn
网　　址 /
主要研究领域:
流通经济；流通政策；流通技术；流通产业组织与管理；流通型企业创新运营模式

54 北京大学美国研究中心
American Studies Center, Peking University

所 属 类 别 / 高校智库
主 管 单 位 / 北京大学
成 立 时 间 / 1980 年
第一负责人 / 袁明
合 作 机 构 /
办 公 地 址 / 北京市海淀区颐和园路 5 号北京大学图书馆 5 层（100871）
电话(传真) / 010 - 62751635（010 - 62751633）
邮　　箱 / yming@pku.edu.cn
网　　址 / http://www.asc.pku.edu.cn
主要研究领域:
美国经济、教育、历史、法律、宗教、新闻传播等

B

55 北京大学欧洲研究中心
Centre for European Studies at Peking University

所属类别 / 高校智库
主管单位 / 北京大学
成立时间 / 1996 年 12 月
第一负责人 / 李强
合作机构 /
办公地址 / 北京市海淀区颐和园路 5 号北京大学陈守仁国际研究中心伟利楼 206 室（100871）
电话(传真) / 010 - 62755367 （010 - 62756875）
邮　　箱 / eucenter@ pku. edu. cn
网　　址 /
主要研究领域：
欧洲语言、文学、历史、哲学、法律、经济等

56 北京大学贫困地区发展研究院
Institute Poverty Research, Peking University

所属类别 / 高校智库
主管单位 / 北京大学
成立时间 / 2005 年 11 月
第一负责人 / 雷明
合作机构 /
办公地址 / 北京市海淀区颐和园路 5 号北京大学光华管理学院 1 号楼 531 室（100871）
电话(传真) / 010 - 62753279
邮　　箱 / huangsk@ pku. edu. com
网　　址 /
主要研究领域：
可持续性减贫；贫困地区可持续发展

57 北京大学人口研究所
Institute of Population Research, Peking University

所属类别 / 高校智库
主管单位 / 北京大学
成立时间 / 1984 年
第一负责人 / 郑晓瑛
合作机构 /
办公地址 / 北京市海淀区颐和园路 5 号北京大学经济学院大楼 2 层（100871）
电话(传真) / 010 - 62751974 （010 - 62751974）
邮　　箱 / rkyjs@ pku. edu. cn
网　　址 / http://ipr. pku. edu. cn
主要研究领域：人口健康与空间科学；老龄与健康；人口健康、环境与发展

58 北京大学人力资源开发与管理研究中心

Center for Human Resource Development and Management Research of Peking University

所属类别 / 高校智库
主管单位 / 北京大学
成立时间 / 2003 年 3 月
第一负责人 / 萧鸣政
合作机构 /
办公地址 / 北京市海淀区颐和园路 5 号北京大学政府管理学院大楼 3310 室（100871）
电话(传真) / 010－62767925（010－62753340）
邮　　箱 / hr@ pkuhr. com
网　　址 /
主要研究领域：
人力资源开发理论与方法；组织战略制定与规划；人才测评与选拔；绩效考评与管理；人力资源管理战略与技术；薪酬设计与管理

59 北京大学日本研究中心

Center for Japanese Studies, Peking University

所属类别 / 高校智库
主管单位 / 北京大学
成立时间 / 1988 年 4 月
第一负责人 / 李玉
合作机构 /
办公地址 / 北京市海淀区颐和园路 5 号北京大学三院（100871）
电话(传真) / 010－62751971（010－62751971）
邮　　箱 / cjs@ pku. edu. cn
网　　址 / http://www. bjlogras. com/bj/index. html
主要研究领域：
日本问题

60 北京大学市场经济研究中心

Market Economy Research Center of Peking University

所属类别 / 高校智库
主管单位 / 北京大学
成立时间 / 1996 年 3 月
第一负责人 / 董志勇
合作机构 /
办公地址 /
电话(传真) / 010－62758957
邮　　箱 / admin@ pku. com
网　　址 /
主要研究领域：宏观市场经济培养和发展；中国企业走向市场经济中的体制改革、经营管理、市场营销、名牌战略

61 北京大学世界新能源战略研究中心
Centre for Global New Energy Strategy Studies, Peking University

所 属 类 别 / 高校智库
主 管 单 位 / 北京大学
成 立 时 间 / 2011 年 3 月
第一负责人 / 王缉思
合 作 机 构 /
办 公 地 址 / 北京市海淀区颐和园路 5 号北京大学国际关系学院 B 座 116 室 (100871)
电话(传真) / 010 - 62754243 (010 - 62754243)
邮　　箱 / cgness@ pku. edu. cn
网　　址 /
主要研究领域:
大国能源外交和能源战略; 能源安全; 新能源技术与政策

62 北京大学首都发展研究院
Beijing Development Institute, Peking University

所 属 类 别 / 合作智库
主 管 单 位 / 中共北京市委、北京市政府、北京大学
成 立 时 间 / 1999 年 3 月
第一负责人 / 李国平
合 作 机 构 / 中共北京市委、北京市政府
办 公 地 址 / 北京市海淀区成府路 298 号方正大厦 3 层 (100871)
电话(传真) / 010 - 82529538
邮　　箱 / bjdi@ pku. edu. cn
网　　址 / http://www. bjdi. pku. edu. cn
主要研究领域:
城市与区域发展; 京津冀协同发展; 首都发展战略; 空间大数据与政策模拟

63 北京大学数字中国研究院
Institute of Digital China, Peking University

所 属 类 别 / 高校智库
主 管 单 位 / 北京大学
成 立 时 间 / 2004 年
第一负责人 / 童庆禧
合 作 机 构 /
办 公 地 址 / 北京市海淀区颐和园路 5 号北京大学遥感楼 410 室 (100871)
电话(传真) / 010 - 62750393
邮　　箱 / idc@ pku. edu. cn
网　　址 /
主要研究领域:
政策与战略; 空间数据; 智慧城市; 数字流域; 信息化创新与治理; 数字减灾与应急管理; 数字家庭与智慧健康

64 北京大学文化产业研究院
Institute for Cultural Industries Peking University

所属类别／高校智库
主管单位／北京大学
成立时间／1999年10月
第一负责人／叶朗
合作机构／
办公地址／北京市海淀区颐和园路5号北京大学燕南园51号院（100871）
电话(传真)／010－62767249
邮　　箱／ici@ pku. edu. cn
网　　址／http://www. ici. pku. edu. cn
主要研究领域：
国家文化产业创新与发展；两岸文创；文化金融；中国品牌

65 北京大学文化与国家行为研究中心
Center for Culture and National Behavior Studies, Peking University

所属类别／高校智库
主管单位／北京大学
成立时间／
第一负责人／尚会鹏
合作机构／
办公地址／北京市海淀区颐和园路5号北京大学国际关系学院大楼B102室（100871）
电话(传真)／010－62751639（010－62751639）
邮　　箱／huipengs@ pku. edu. cn
网　　址／
主要研究领域：
文化与国际关系；危机管理；日本政治

66 北京大学宪法与行政法研究中心

所属类别／高校智库
主管单位／北京大学
成立时间／1999年12月
第一负责人／王锡锌
合作机构／
办公地址／北京市海淀区颐和园路5号北京大学法学院四合院（100871）
电话(传真)／
邮　　箱／pkupubliclaw@ 126. com
网　　址／http://www. publiclaw. cn
主要研究领域：
宪法和行政法、公法基础理论

67 北京大学信息产业战略研究中心

Institute of Information Strategy，Peking University

所属类别／高校智库
主管单位／北京大学
成立时间／2010 年 5 月
第一负责人／王余光
合作机构／
办公地址／北京市海淀区颐和园路 5 号北京大学勺园 2 号楼 523 室（100871）
电话(传真)／010－62763448（010－62763448）
邮　　箱／gxxglyjzx@ pku. edu. cn
网　　址／
主要研究领域：
信息产业战略

68 北京大学信息化与信息管理研究中心

所属类别／高校智库
主管单位／北京大学
成立时间／2009 年
第一负责人／王益明
合作机构／
办公地址／北京市海淀区中关村北大街 151 号北京大学三院 125 室（100871）
电话(传真)／010－62760785（010－82611517）
邮　　箱／yaole@ pku. edu. cn
网　　址／
主要研究领域：
云计算；数字城市；企业集团信息化管控

69 北京大学亚太研究院

The Asia－Pacific Research Institute of Peking University

所属类别／高校智库
主管单位／北京大学
成立时间／2002 年 3 月
第一负责人／吴志攀
合作机构／
办公地址／北京市海淀区中关村北大街 151 号北京大学太平洋大厦（王克桢楼）516 室（100871）
电话(传真)／010－62756800（010－62756794）
邮　　箱／apri@ pku. edu. cn
网　　址／http://www. apri. pku. edu. cn
主要研究领域：
亚太问题

70 北京大学政府管理研究中心

Peking University Research Center of Government Administration

所属类别／高校智库
主管单位／北京大学
成立时间／
第一负责人／阎雨
合作机构／
办公地址／北京市海淀区颐和园路 5 号北京大学政府管理学院 3 层 326 室 – 333 室（100871）
电话(传真)／010 – 62766925（010 – 62767092）
邮　　箱／gmc@ pku. edu. cn
网　　址／
主要研究领域：
产业发展与政府管理关系；政治发展与产业政策关系；文化资源与文化产业关系

71 北京大学政治发展与政府管理研究所

所属类别／高校智库
主管单位／北京大学
成立时间／1999 年 7 月
第一负责人／王浦劬
合作机构／
办公地址／北京市海淀区颐和园路 5 号北京大学政府管理学院（100871）
电话(传真)／
邮　　箱／tling@ pku. edu. cn
网　　址／
主要研究领域：
政治体制；政府管理；国家治理；公共管理

72 北京大学中国保险与社会保障研究中心

China Center for Insurance and Social Security Research, Peking University

所属类别／高校智库
主管单位／北京大学
成立时间／2003 年 9 月
第一负责人／孙祁祥
合作机构／
办公地址／北京市海淀区颐和园路 5 号北京大学经济学院大楼 343 室（100871）
电话(传真)／010 – 62767308（010 – 62767308）
邮　　箱／ccissr@ 126. com
网　　址／http://econ. pku. edu. cn/ccissr
主要研究领域：
保险与社会保障

73 北京大学中国低碳发展研究中心

所 属 类 别 / 高校智库
主 管 单 位 / 北京大学
成 立 时 间 / 2010 年 5 月
第一负责人 / 符国群
合 作 机 构 /
办 公 地 址 / 北京市海淀区颐和园路 5 号北京大学光华管理学院 2 号楼 311 室 (100871)
电话(传真) / 010 - 62755140
邮　　箱 / lowco2@ pku. edu. cn
网　　址 /
主要研究领域:
低碳政策和发展战略; 低碳文化与环境; 低碳发展理论与管理; 低碳转型; 新能源应用与政策; 合同能源管理; 碳金融与碳税

74 北京大学中国都市经济研究基地

所 属 类 别 / 高校智库
主 管 单 位 / 北京大学
成 立 时 间 / 2004 年 9 月
第一负责人 / 张辉
合 作 机 构 /
办 公 地 址 / 北京市海淀区颐和园路 5 号北京大学经济学院大楼 509 室 (100871)
电话(传真) /
邮　　箱 / zhyandgigi@ qq. com
网　　址 / http://ccue. pku. edu. cn
主要研究领域:
城市群研究; 都市产业经济; 都市公共政策

75 北京大学中国国情研究中心
The Research Center For Contemporary China, Peking University

所 属 类 别 / 高校智库
主 管 单 位 / 北京大学
成 立 时 间 / 1988 年
第一负责人 / 沈明明
合 作 机 构 /
办 公 地 址 / 北京市海淀区颐和园路 5 号北京大学廖凯原楼 340 室 (100871)
电话(传真) / 010 - 62755443 (010 - 62751079)
邮　　箱 / rccc@ rcccpku. org
网　　址 / http://www. rccc. pku. edu. cn
主要研究领域:
中国政治、经济、社会、环境保护、公共政策、卫生、文化、交通等

76 北京大学中国教育财政科学研究所

China Institute for Educational Finance Research, Peking University

所属类别/合作智库—政校合作
主管单位/财政部、教育部、北京大学
成立时间/2005 年 10 月
第一负责人/闵维方
合作机构/财政部、教育部、北京大学
办公地址/北京市海淀区颐和园路 5 号北京大学教育学院大楼 4 层（100871）
电话(传真)/010 - 62753138（010 - 62756183）
邮　　箱/ciefr@ pku. edu. cn
网　　址/http://ciefr. pku. edu. cn
主要研究领域:
教育财政

77 北京大学中国社会科学调查中心

Institute of Social Science Survey, Peking University

所属类别/高校智库
主管单位/北京大学
成立时间/2006 年 9 月
第一负责人/李强
合作机构/
办公地址/北京市海淀区颐和园路 5 号北京大学理科 5 号楼 4 层（100871）
电话(传真)/010 - 62767908（010 - 62759641）
邮　　箱/isss@ pku. edu. cn
网　　址/http://www. isss. pku. edu. cn
主要研究领域:
中国家庭追踪调查；中国健康与养老追踪调查

78 北京大学中国社会与发展研究中心

The Center for Sociological Research and Development Studies of China, Peking University

所属类别/高校智库
主管单位/北京大学
成立时间/1988 年 4 月
第一负责人/邱泽奇
合作机构/
办公地址/北京市海淀区颐和园路 5 号北京大学出版社 4 层（100871）
电话(传真)/010 - 62757985（010 - 62751922）
邮　　箱/sachina@ sachina. pku. edu. cn
网　　址/http://www. sachina. edu. cn
主要研究领域:
中国社会运行机制与发展；社会学理论与方法；社会人类学

B

79 北京大学中国与世界研究中心
Center for Chinese and Global Affairs, Peking University

所 属 类 别 / 高校智库
主 管 单 位 / 北京大学
成 立 时 间 / 2005 年 7 月
第一负责人 / 潘维
合 作 机 构 /
办 公 地 址 / 北京市海淀区颐和园路 5 号（100871）
电话(传真) /
邮　　箱 /
网　　址 /
主要研究领域：
中国与世界面临的重大问题；中国社会发展和改革开放中的突出问题

80 北京大学中国战略研究中心
Peking University's China Center for Strategic Studies

所 属 类 别 / 高校智库
主 管 单 位 / 北京大学
成 立 时 间 / 2004 年
第一负责人 / 叶自成
合 作 机 构 /
办 公 地 址 / 北京市海淀区颐和园路 5 号北京大学国际关系学院大楼 B115 室（100871）
电话(传真) / 010 - 62759017（010 - 62760354）
邮　　箱 / yezi0015@ sina. com
网　　址 / http://strategy. pku. edu. cn
主要研究领域：
中国大战略；发展战略；对外战略；经济战略；教育战略；国际战略；文化战略；安全战略

81 北京大学中国政治学研究中心
PKU Research Center for Chinese Politics

所 属 类 别 / 高校智库
主 管 单 位 / 北京大学
成 立 时 间 / 2015 年 10 月
第一负责人 / 俞可平
合 作 机 构 /
办 公 地 址 / 北京市海淀区颐和园路 5 号北京大学（100871）
电话(传真) / 010 - 62758864（010 - 62758864）
邮　　箱 / rccp@ pku. edu. cn
网　　址 / http://www. rccp. pku. edu. cn
主要研究领域：
政治学理论；基本政治制度；政治发展战略

82 北京大学中外人文交流研究基地
Institute for Global Cooperation and Understanding, Peking University

所属类别／高校智库
主管单位／北京大学
成立时间／2011 年 10 月
第一负责人／贾庆国
合作机构／
办公地址／北京市海淀区颐和园路 5 号北京大学国际关系学院 B110 室（100871）
电话(传真)／010－62755785
邮　　箱／igcu@ pku. edu. cn
网　　址／www. igcu. pku. edu. cn
主要研究领域：
全球治理；人文交流；科技发展

83 北京第二外国语学院北京旅游发展研究基地
Research Center for Beijing Tourism Development

所属类别／合作智库
主管单位／北京第二外国语学院
成立时间／2004 年
第一负责人／计金标
合作机构／北京第二外国语学院、北京市教育委员会、北京市旅游发展委员会、北京市哲学社会科学规划办公室
办公地址／北京市朝阳区定福庄南里 1 号（100024）
电话(传真)／010－65778455（010－65795923）
邮　　箱／lishuhong@ bisu. edu. cn
网　　址／http://bjtourism. bisu. edu. cn
主要研究领域：
旅游经济理论；产业政策与建设；旅游规划

84 北京第二外国语学院国家文化发展国际战略研究院（国家文化贸易学术研究平台）
National Institute of Cultural Development（China Institute for Cultural Trade Research）

所属类别／合作智库—政校合作
主管单位／北京第二外国语学院
成立时间／2010 年 12 月
第一负责人／李嘉珊
合作机构／文化和旅游部文化体制改革工作领导小组办公室、北京第二外国语学院
办公地址／北京市朝阳区定福庄南里 1 号（100024）
电话(传真)／010－65778155（010－65778155）
邮　　箱／nicd@ bisu. edu. cn
网　　址／http://nicdnews. bisu. edu. cn
主要研究领域：
国家文化发展；全球文化发展战略；国际文化贸易；国际文化经营管理

85 北京第二外国语学院首都对外文化贸易研究基地
Beijing Research Institute of Cultural Trade, Beijing International Studies University

所 属 类 别 / 高校智库
主 管 单 位 / 北京第二外国语学院
成 立 时 间 / 2015 年 7 月
第一负责人 / 李小牧
合 作 机 构 /
办 公 地 址 / 北京市朝阳区定福庄南里 1 号 (100024)
电话(传真) / 010 - 65778155 (010 - 65778155)
邮　　箱 /
网　　址 / http://brict. bisu. edu. cn
主要研究领域:
国际文化贸易基础理论建构;首都对外文化贸易战略政策措施体系;首都文化企业跨国经营与国际化发展

86 北京第二外国语学院中国文化和旅游产业研究院
China Academy of Culture and Tourism, Beijing International Studies University

所 属 类 别 / 高校智库
主 管 单 位 / 北京第二外国语学院
成 立 时 间 / 2018 年 11 月
第一负责人 / 邹统钎
合 作 机 构 /
办 公 地 址 / 北京市朝阳区定福庄南里 1 号北京第二外国语学院求是楼 1005 室 (100024)
电话(传真) / 010 - 65771736
邮　　箱 / cact@ bisu. edu. cn
网　　址 / http://cact. bisu. edu. cn
主要研究领域:
文化和旅游市场监督;文化和旅游产业发展;文化遗产保护和旅游利用

87 北京第二外国语学院中国“一带一路”战略研究院
China Academy of The Belt and Road Initiative, Beijing International Studies University

所 属 类 别 / 高校智库
主 管 单 位 / 北京第二外国语学院
成 立 时 间 / 2015 年 1 月
第一负责人 / 计金标
合 作 机 构 /
办 公 地 址 / 北京市朝阳区定福庄南里 1 号北京第二外国语学院求是楼 901 室 (100024)
电话(传真) / 010 - 65775477
邮　　箱 / obor@ bisu. edu. cn
网　　址 / http://obor. bisu. edu. cn
主要研究领域:
投资安全;人文外交;语言战略

B

88 北京恩玖非营利组织发展研究中心

所 属 类 别 / 社会智库—民办非企业
主 管 单 位 / 北京市社会科学界联合会
成 立 时 间 / 2010 年 7 月
第一负责人 / 卢德之
合 作 机 构 /
办 公 地 址 / 北京市东城区东四北大街 107 号科林大厦 B 座 205 室 （100007）
电话(传真) / 010 - 65691826 （010 - 65691926）
邮　　箱 / cfc@ foundationcenter. org. cn
网　　址 / http://www. foundationcenter. org. cn
主要研究领域:
非营利组织能力、公信力、自律力建设；非营利组织行业自律标准和社会评价体系；非营利组织信息交流平台建设

89 北京方迪经济发展研究院

Beijing Fangdi Institute of Economic Development

所 属 类 别 / 社会智库—民办非企业
主 管 单 位 / 北京市社会科学界联合会
成 立 时 间 / 2004 年 6 月
第一负责人 / 赵弘
合 作 机 构 /
办 公 地 址 / 北京市西城区北三环中路乙 6 号伦洋大厦 13 层 （100120）
电话(传真) / 010 - 58572828 （010 - 58572827）
邮　　箱 / zbjjlt@ 126. com
网　　址 / http://www. fdyjy. org
主要研究领域: 产业发展规划；区域发展规划；城市（城区）发展规划；园区（功能区）发展规划；总部经济发展规划；重大商业项目策划

90 北京服装学院首都服饰文化与服装产业研究基地

Research Center of Capital Garment Culture and Industry, Beijing Institute of Fashion Technology

所 属 类 别 / 高校智库
主 管 单 位 / 北京服装学院
成 立 时 间 / 2004 年 9 月
第一负责人 / 刘元风
合 作 机 构 /
办 公 地 址 / 北京市朝阳区芍药居甲 1 号 （100029）
电话(传真) / 010 - 64288062
邮　　箱 / sxymyp@ bift. edu. cn
网　　址 / http://jd. bift. edu. cn
主要研究领域:
服饰文化；艺术设计；服装市场营销及国际贸易；服装企业管理、品牌策略

91 北京工商大学首都流通业研究基地

所 属 类 别 / 高校智库
主 管 单 位 / 北京工商大学
成 立 时 间 / 2005 年 4 月
第一负责人 / 谢志华
合 作 机 构 /
办 公 地 址 / 北京市海淀区阜成路 33 号（100048）
电话(传真) /
邮　　箱 /
主要研究领域：
流通产业组织与资本运营；流通产业与市场波动分析；北京流通产业结构创新；流通产业与区域经济协调发展；期货业组织及其运营；流通产业规划与布局；物流体系创新；流通业服务营销；北京生产性服务业；流通产业竞争力；流通产业发展指数；流通企业国际化经营

92 北京工业大学北京现代制造业发展研究基地

所 属 类 别 / 高校智库
主 管 单 位 / 北京工业大学
成 立 时 间 / 2004 年 11 月
第一负责人 / 刘超
合 作 机 构 /
办 公 地 址 / 北京市朝阳区平乐园 100 号北京工业大学经管楼（100124）
电话(传真) / 010 - 67392160（010 - 67391993）
邮　　箱 /
网　　址 /
主要研究领域：
产业政策；资源政策；科技政策；环境政策

93 北京工业大学高等教育研究所
Higher Education Institute of Beijing University of Technology

所 属 类 别 / 高校智库
主 管 单 位 / 北京工业大学
成 立 时 间 / 2006 年 6 月
第一负责人 / 李悦
合 作 机 构 /
办 公 地 址 / 北京市朝阳区平乐园 100 号（100124）
电话(传真) / 010 - 67396335
邮　　箱 / gjs@ bjut. edu. cn
网　　址 /
主要研究领域：
高等教育与大学管理；高校学生事务管理；高等工程教育；大学教学；现代教育技术

94 北京工业大学循环经济研究院
Institute of Recycling Economy, Beijing University of Technology

所属类别／高校智库
主管单位／北京工业大学
成立时间／2005 年 4 月
第一负责人／吴玉锋
合作机构／
办公地址／北京市朝阳区平乐园 100 号（100124）
电话(传真)／010－67396234（010－67396251）
邮　　箱／zuoty@ bjut. edu. cn
网　　址／
主要研究领域：
资源、环境与循环经济

95 北京观恒文化发展研究院

所属类别／社会智库
主管单位／
成立时间／2018 年 11 月
第一负责人／祁述裕
合作机构／
办公地址／北京市东城区法华寺街 91 号国际文化创意中心 6 幢 120 室（100061）
电话(传真)／
邮　　箱／
网　　址／
主要研究领域：
文化理论与实践

96 北京国际城市发展研究院
International Institute for Urban Development, Beijing

所属类别／社会智库—民办非企业
主管单位／北京市社会科学界联合会
成立时间／2001 年 11 月
第一负责人／连玉明
合作机构／
办公地址／北京市朝阳区金台西路 2 号 3 号楼（100026）
电话(传真)／010－85993596
邮　　箱／
网　　址／
主要研究领域：
城市发展；城市决策与预测；城市战略设计和行动计划

97 北京国民经济研究所
National Economic Research Institute

所属类别／社会智库—民办非企业
主管单位／北京市社会科学界联合会
成立时间／1996 年
第一负责人／樊纲
合作机构／
办公地址／北京市西城区木樨地北里甲 11 号国宏大厦 C 座 510 室（100038）
电话(传真)／010－63906531（010－63906530）
邮　　箱／neri@ neri. org. cn
网　　址／http://www. neri. org. cn
主要研究领域：
宏观经济学与宏观经济政策；发展经济学与中国经济发展战略和政策；转轨经济学与经济体制改革政策

98 北京航空航天大学环境治理与可持续性科学研究所
Workshop for Environmental Governance and Sustainability Science, Beihang University

所属类别／高校智库
主管单位／北京航空航天大学
成立时间／2009 年
第一负责人／杨立华
合作机构／
办公地址／北京市海淀区学院路 37 号（100191）
电话(传真)／010－82316974（010－82316974）
邮　　箱／journeyylh@ 163. com
网　　址／
主要研究领域：环境治理与政策；可持续发展；集体行动；制度分析；专家学者参与性治理；多元协作治理

99 北京航空航天大学廉洁研究与教育中心
The Centre for Integrity Research and Education at Beihang University

所属类别／高校智库
主管单位／北京航空航天大学
成立时间／2009 年 12 月
第一负责人／任建明
合作机构／
办公地址／北京市海淀区学院路 37 号北京航空航天大学人文社会科学学院（公共管理学院）（100191）
电话(传真)／010－82313702（010－82313702）
邮　　箱／renjm@ tsinghua. edu. cn
网　　址／http://www. hss. buaa. edu. cn/info/1215/3230. htm
主要研究领域：腐败与反腐败理论及应用研究；廉政政策咨询；廉洁教育和培训

100 北京航空航天大学人文与社会科学高等研究院

Institute for Advanced Studies in Humanities and Social Sciences, Beihang University

所 属 类 别 / 高校智库
主 管 单 位 / 北京航空航天大学
成 立 时 间 / 2010 年 11 月
第一负责人 / 蔡劲松
合 作 机 构 /
办 公 地 址 / 北京市海淀区学院路 37 号北京航空航天大学办公楼西配楼 3 层、5 层（100083）
电话(传真) / 010－82316778
邮　　箱 / gyy29@ buaa. edu. cn
网　　址 / http://gyy. buaa. edu. cn
主要研究领域：文科精英人才培养；文科通识教育；大文科博雅教育

101 北京航空航天大学通用航空产业发展与政策研究中心

General Aviation Industry Development & Policy Research Center of Beihang University

所 属 类 别 / 合作智库—政校合作
主 管 单 位 / 北京航空航天大学
成 立 时 间 / 2010 年
第一负责人 / 高远洋
合 作 机 构 / 国家民航局运输司、北京航空航天大学、中国民航科普基金会、首都公务机公司、中国民用航空杂志社
办 公 地 址 / 北京市海淀区知春路 7 号北航致真大厦 D 座 2204 室（100191）
电话(传真) / 010－82315846
邮　　箱 / chnga@ sina. com
网　　址 / http://ga. buaa. edu. cn
主要研究领域：通用航空领域产业发展政策；行业监管模式和管理体系；产业发展环境；产业发展模式；运营保障系统；商业机会；商业模式；运营管理

102 北京化工大学低碳经济与管理研究中心

所 属 类 别 / 高校智库
主 管 单 位 / 北京化工大学
成 立 时 间 /
第一负责人 / 刘学之
合 作 机 构 /
办 公 地 址 / 北京市朝阳区北三环东路 15 号北京化工大学化纤楼 215 室（100029）
电话(传真) / 010－64434892
邮　　箱 / Liuxuezhi678@ 163. com
网　　址 /
主要研究领域：新能源的技术创新和产业化；碳交易和碳金融；低碳经济发展战略和产业政策；区域节能规划；碳计量和碳减排潜力评估；环境污染评价；水环境

103 北京化工大学运营管理与战略决策研究中心

所属类别／高校智库
主管单位／北京化工大学
成立时间／
第一负责人／辛春林
合作机构／
办公地址／北京市朝阳区北三环东路15号北京化工大学化纤楼428室（100029）
电话(传真)／010－64416739
邮　　箱／xinchl71@163.com
网　　址／http://or.buct.edu.cn
主要研究领域：
石油化工产业发展政策、战略与规划；化工物流业产业发展政策、战略与规划

104 北京建筑大学北京北建大城市规划设计研究院
BUCEA Urban Planning & Design Institute

所属类别／合作智库
主管单位／北京建筑大学
成立时间／2017年
第一负责人／王玮
合作机构／北京建筑大学、清华大学、中国建筑设计研究院、中国城市规划设计研究院、北京市建筑设计研究院、北京市城市规划设计研究院
办公地址／北京市西城区展览馆路1号（100044）
电话(传真)／010－88332623
邮　　箱／
主要研究领域：法定规划，专项规划，其他非法定性规划（设计）

105 北京建筑大学北京未来城市设计高精尖创新中心
Beijing Advanced Innovation Center for Future Urban Design

所属类别／合作智库
主管单位／北京建筑大学
成立时间／2016年
第一负责人／崔愷
合作机构／北京建筑大学、清华大学、中国建筑设计研究院、中国城市规划设计研究院、北京市建筑设计研究院、北京市城市规划设计研究院
办公地址／北京市西城区展览馆路1号（100044）
电话(传真)／010－68322519
邮　　箱／udc@bucea.edu.cn
网　　址／http://udc.bucea.edu.cn
主要研究领域：城市设计的理论与方法体系；文化遗产保护与城市有机更新；绿色城市与绿色建筑；城市地下基础设施更新优化与海绵城市建设；城市设计与管理大数据支撑技术

B

106 北京建筑大学建筑遗产研究院

Academy of Architectural Heritage, Beijing University of Civil Engineering and Architecture

所 属 类 别 / 高校智库
主 管 单 位 / 北京建筑大学
成 立 时 间 /
第一负责人 / 张大玉
办 公 地 址 / 北京市西城区展览馆路 1 号（100044）
电话(传真) / 010 - 68322519
邮　　箱 / aah@ bucea. edu. cn
网　　址 / http://aah. bucea. edu. cn
主要研究领域：
历史城市与古村镇保护；建筑遗产保护修缮；建筑遗产遥感监测与数字化；建筑遗产环境影响评估；建筑遗产法律法规

107 北京交通大学北京交通发展研究基地

所 属 类 别 / 高校智库
主 管 单 位 / 北京交通大学
成 立 时 间 / 2005 年
第一负责人 / 林晓言
合 作 机 构 /
办 公 地 址 /
电话(传真) /
邮　　箱 /
网　　址 /
主要研究领域：
运输经济；物流管理

108 北京交通大学北京综合交通发展研究院

所 属 类 别 / 高校智库
主 管 单 位 / 北京交通大学
成 立 时 间 / 2016 年
第一负责人 /
合 作 机 构 /
办 公 地 址 /
电话(传真) /
邮　　箱 /
网　　址 /
主要研究领域：
面向京津冀一体化的综合交通运输体系构建；面向京津冀一体化的智能交通体系构建

109 北京交通大学中国产业安全研究中心

China Center for Industrial Security Research, Beijing Jiaotong University

所属类别／高校智库
主管单位／北京交通大学
成立时间／2007年11月
第一负责人／李孟刚
合作机构／
办公地址／北京市海淀区西直门外上园村3号北京交通大学7号公寓楼（100044）
电话（传真）／010－51684567（010－51684567）
邮　　箱／
网　　址／
主要研究领域：
产业安全；产业发展；产业政策

110 北京交通大学中国企业兼并重组研究中心

所属类别／高校智库
主管单位／北京交通大学
成立时间／1998年
第一负责人／张秋生
合作机构／
办公地址／北京市海淀区西直门外上园村3号北京交通大学机械工程楼D601室（100044）
电话（传真）／010－51688044（010－51684079）
邮　　箱／mergerforum@bjtu.edu.cn
网　　址／http://sem.bjtu.edu.cn/chinamerger
主要研究领域：
企业兼并重组

111 北京交通发展研究院

Beijing Transportation Research Center

所属类别／科研院所智库
主管单位／
成立时间／2002年1月
第一负责人／郭继孚
合作机构／
办公地址／北京市丰台区六里桥南路甲9号首发大厦A座（100073）
电话（传真）／010－57079900（010－57079800）
邮　　箱／dir@bjtrc.org.cn
网　　址／http://www.bjtrc.org.cn
主要研究领域：
北京城市交通发展战略；智能交通；交通模型

112 北京科技大学教育经济与管理研究所

所 属 类 别 / 高校智库
主 管 单 位 / 北京科技大学
成 立 时 间 / 2009 年 11 月
第一负责人 / 曲绍卫
合 作 机 构 /
办 公 地 址 / 北京市海淀区学院路 30 号北京科技大学土木环境楼 3 层（100083）
电话(传真) / 010 - 62333499
邮 箱 /
网 址 /
主要研究领域:
教育经济与管理；科技与教育管理

113 北京理工大学能源与环境政策研究中心
Center for Energy & Environmental Policy Research, BIT

所 属 类 别 / 高校智库
主 管 单 位 / 北京理工大学
成 立 时 间 / 2009 年
第一负责人 / 魏一鸣
合 作 机 构 /
办 公 地 址 / 北京市海淀区中关村南大街 5 号北京理工大学东门主楼 6 层（100081）
电话(传真) / 010 - 68918651（010 - 68918651）
邮 箱 / CEEPER@ vip. 163. com
网 址 / http://www. ceep. net. cn
主要研究领域:
能源与经济发展；能源供需预测；能源消费模式；能源可持续发展；能源技术政策

114 北京林业大学高等教育研究中心
Institute of Higher Education Beijing Forestry University

所 属 类 别 / 高校智库
主 管 单 位 / 北京林业大学
成 立 时 间 / 1999 年
第一负责人 / 崔一梅
合 作 机 构 /
办 公 地 址 / 北京市海淀区清华东路 35 号北京林业大学第四教学楼 5 层（100083）
电话(传真) / 010 - 62338399
邮 箱 / gj@ bjfu. edu. cn
网 址 / http://a. bjfu. edu. cn/gjyjzx/dtxx/jgdt/index. html
主要研究领域:
高等农林教育

115 北京农学院北京新农村建设研究基地
Beijing Research Center for Rural Development, Beijing University of Agriculture

所 属 类 别 / 高校智库
主 管 单 位 / 北京农学院
成 立 时 间 / 2006 年 12 月
第一负责人 / 刘芳
合 作 机 构 /
办 公 地 址 / 北京市昌平区回龙观北农路 7 号北京农学院科技综合楼 A0218 室（102206）
电话(传真) / 010 - 80796153
邮　　箱 / bjxncjsyjjd@ 126. com
网　　址 / https://xnc. bua. edu. cn
主要研究领域：
新农村建设与发展；新农村建设与传统文化现代转换；科教兴村的理论与实践；北京农业科技园区发展；北京地区都市农业发展

116 北京融智企业社会责任研究院
Beijing Rongzhi Corporate Social Responsibility Institute

所 属 类 别 / 社会智库
主 管 单 位 / 北京市社会科学界联合会
成 立 时 间 / 2009 年 3 月
第一负责人 / 王晓光
合 作 机 构 /
办 公 地 址 / 北京市西城区车公庄大街 9 号五栋大楼 B2 座 302 室（100044）
电话(传真) / 010 - 88395152（010 - 88393579）
邮　　箱 / rzcsri@ rzcsri. org
网　　址 / http://www. rzcsri. com
主要研究领域：
社会责任与可持续发展

117 北京生态文明工程研究院
Beijing Academy of Ecocivilization

所 属 类 别 / 社会智库—民办非企业
主 管 单 位 / 北京市民政局
成 立 时 间 / 2002 年
第一负责人 / 刘宗超
合 作 机 构 /
办 公 地 址 / 北京市通州区通胡大街 70 号百合湾 25 栋 1005 室（101118）
电话(传真) / 010 - 89592080（010 - 89592080）
邮　　箱 / stwmclub@ stwmclub. org
网　　址 / http://www. stwmclub. org
主要研究领域：
全球经济发展；生态保护；文化传承；社会进步

118 北京师范大学出版科学研究院
Beijing Normal University Institute of publishing Science

所属类别 / 合作智库—政校合作
主管单位 / 北京师范大学、国家新闻出版署
成立时间 / 2005 年
第一负责人 / 柳斌杰
合作机构 / 北京师范大学、国家新闻出版署
办公地址 / 北京市海淀区新街口外大街 19 号北京师范大学教三楼出版科学研究院（100875）
电话(传真) / 010 - 58806196
邮　　箱 / chuban@ bnu. edu. cn
网　　址 / https://pub. bnu. edu. cn
主要研究领域：
出版业改革与发展

119 北京师范大学俄罗斯研究中心

所属类别 / 合作智库
主管单位 / 北京师范大学
成立时间 / 2011 年
第一负责人 / 刘娟
合作机构 / 教育部、北京师范大学
办公地址 / 北京市海淀区新街口外大街 19 号北京师范大学后主楼 1004 室（100875）
电话(传真) / 010 - 58804929（010 - 58804929）
邮　　箱 /
网　　址 / http://rus. bnu. edu. cn
主要研究领域：
俄罗斯及苏联独联体国家研究

120 北京师范大学发展研究院
Beijing Normal University School of Development Studies

所属类别 / 高校智库
主管单位 / 北京师范大学
成立时间 / 2011 年 6 月
第一负责人 / 胡必亮
合作机构 /
办公地址 / 北京市海淀区新街口外大街 19 号北京师范大学后主楼 1728 室（100875）
电话(传真) / 010 - 58804258
邮　　箱 / sds@ bnu. edu. cn
网　　址 / http://www. sds. bnu. edu. cn
主要研究领域：
发展理论与发展政策；中国与新兴市场经济体

121 北京师范大学高等教育研究院
Beijing Normal University Institute of Higher Education

所 属 类 别 / 高校智库
主 管 单 位 / 北京师范大学
成 立 时 间 / 2004 年
第一负责人 / 钟秉林
合 作 机 构 /
办 公 地 址 / 北京市海淀区新街口外大街 19 号北京师范大学主楼 A 区 407 室（100875）
电话(传真) / 010－58806407（010－58806407）
邮　　箱 / zhangxuedong28@163.com
网　　址 /
主要研究领域：
高等教育原理；高等教育管理；学位与研究生教育；比较高等教育

122 北京师范大学国家职业教育研究院
National Institute of Vocational Education, Beijing Normal University

所 属 类 别 / 高校智库
主 管 单 位 / 北京师范大学
成 立 时 间 / 2011 年 2 月
第一负责人 / 和震
合 作 机 构 /
办 公 地 址 / 北京市海淀区新街口外大街 19 号（100875）
电话(传真) /
邮　　箱 /
网　　址 / http://nive.bnu.edu.cn
主要研究领域：
职业教育的国家战略、国家制度和国家政策

123 北京师范大学经济与资源管理研究院
Beijing Normal University School of Economics and Resource Management

所 属 类 别 / 高校智库
主 管 单 位 / 北京师范大学
成 立 时 间 / 2001 年 6 月
第一负责人 / 关成华
合 作 机 构 /
办 公 地 址 / 北京市海淀区新街口外大街 19 号北京师范大学后主楼 17 层经济与资源管理研究院（100875）
电话(传真) / 010－58805462（010－58805462）
邮　　箱 / jzy@bnu.edu.cn
网　　址 / http://serm.bnu.edu.cn
主要研究领域：
宏观经济理论；区域经济与城市经济

124 北京师范大学流动儿童教育问题研究中心

所 属 类 别 / 高校智库
主 管 单 位 / 北京师范大学
成 立 时 间 / 2006 年 11 月
第一负责人 / 张燕
合 作 机 构 /
办 公 地 址 /
电话(传真) /
邮　　箱 / zhangxuedong28@ 163. com
网　　址 /
主要研究领域：学前教育事业发展与体制改革；社区学前教育；非正规学前教育；弱势儿童教育；流动儿童学前教育

125 北京师范大学人本发展与管理研究中心

Research Center for Human Resource Development and Management, Beijing Normal University

所 属 类 别 / 高校智库
主 管 单 位 / 北京师范大学
成 立 时 间 / 2006 年
第一负责人 / 李宝元
合 作 机 构 /
办 公 地 址 / 北京市海淀区新街口外大街 19 号北京师范大学新主楼 1626 室（100875）
电话(传真) / 010 - 58807634（010 - 58807634）
邮　　箱 / byli@ 163. com
网　　址 / http://rchrdm. bnu. edu. cn
主要研究领域：
人力资源开发与管理

126 北京师范大学首都教育经济研究院

Beijing Normal University Capital Institute for Economics of Education

所 属 类 别 / 高校智库
主 管 单 位 / 北京师范大学
成 立 时 间 / 2003 年
第一负责人 / 王善迈
合 作 机 构 /
办 公 地 址 / 北京市海淀区新街口外大街 19 号北京师范大学科技楼 C 区 3 层（100875）
电话(传真) /
邮　　箱 /
网　　址 / http://www. ciee. bnu. edu. cn
主要研究领域：
教育经济；教育财政；劳动经济

127 北京师范大学新兴市场研究院
Emerging Markets Institute, Beijing Normal University

所 属 类 别 / 合作智库—中外合作
主 管 单 位 / 北京师范大学
成 立 时 间 / 2011 年 12 月
第一负责人 / 胡必亮
合 作 机 构 / 北京师范大学、新兴市场论坛
办 公 地 址 / 北京市海淀区新街口外大街 19 号北京师范大学京师学堂 2 层 (100875)
电话(传真) / 010 - 58804258
邮　　箱 / emi@ bnu. edu. cn
网　　址 /
主要研究领域:
新兴市场发展

128 北京师范大学政府管理研究院
Academy of Government Beijing Normal University

所 属 类 别 / 高校智库
主 管 单 位 / 北京师范大学
成 立 时 间 / 2011 年
第一负责人 / 唐任伍
合 作 机 构 /
办 公 地 址 / 北京市海淀区新街口外大街 19 号北京师范大学主楼 B 区 501 室 (100875)
电话(传真) / 010 - 58808256
邮　　箱 /
网　　址 /
主要研究领域:
民生问题; 政府效率

129 北京师范大学中国公益研究院
China Philanthropy Research Institute, Beijing Normal University

所 属 类 别 / 合作智库—校社合作
主 管 单 位 / 北京师范大学
成 立 时 间 / 2010 年 6 月
第一负责人 / 王振耀
合 作 机 构 / 北京师范大学、上海李连杰壹基金
办 公 地 址 / 北京市海淀区新街口外大街 19 号京师大厦 1003A 室 (100875)
电话(传真) / 010 - 58801928 (010 - 58801966)
邮　　箱 /
网　　址 / http://www. bnu1. org
主要研究领域:
公益慈善战略规划; 社会福利发展规划、管理模式、业务发展、项目委托管理

130 北京师范大学中国基础教育质量监测协同创新中心

Collaborative Innovation Center of Assessment for Basic Education Quality

所属类别／合作智库
主管单位／北京师范大学
成立时间／2012 年 7 月
第一负责人／
合作机构／华东师范大学、华中师范大学、东北师范大学、西南大学、陕西师范大学、中国教育科学研究院、教育部考试中心、科大讯飞信息科技股份有限公司
办公地址／北京市海淀区新街口外大街 19 号京师学堂 3 层（100875）
电话（传真）／010－58800067（010－58800158）
邮　　箱／
网　　址／http://cicabeq.bnu.edu.cn/zzhx
主要研究领域：
基础教育政策标准体系

131 北京师范大学中国教育创新研究院

China Education Innovation Institute of BNU

所属类别／社会智库—民办非企业
主管单位／北京师范大学
成立时间／2014 年 12 月
第一负责人／刘坚
合作机构／
办公地址／北京市海淀区新街口外大街 19 号京师大厦 9901 室（100875）
电话（传真）／010－58803910
邮　　箱／cnc2049@126.com
网　　址／
主要研究领域：
学校课程；学生学习；质量评价；教师发展；校长领导力

132 北京师范大学中国教育与社会发展研究院

所属类别／高端智库，高校智库
主管单位／北京师范大学
成立时间／
第一负责人／
合作机构／
办公地址／北京市新街口外大街 19 号北京师范大学后主楼 22 层（100875）
电话（传真）／010－58802885（010－58804062）
邮　　箱／
网　　址／
主要研究领域：教育政策研究；社会治理创新研究

133 北京师范大学中国社会管理研究院
China Academy of Social Management Beijing Normal University

所 属 类 别 / 高校智库
主 管 单 位 / 北京师范大学
成 立 时 间 / 2010 年 10 月
第一负责人 / 魏礼群
合 作 机 构 /
办 公 地 址 / 北京市海淀区新街口外大街 19 号北京师范大学后主楼 22 层（100875）
电话(传真) / 010 - 58802885（010 - 58804062）
邮　　箱 / casm@ bnu. edu. cn
网　　址 / http://casm. bnu. edu. cn
主要研究领域:
社会管理

134 北京师范大学中国收入分配研究院
China Institute for Income Distribution, Beijing Normal University

所 属 类 别 / 高校智库
主 管 单 位 / 北京师范大学
成 立 时 间 / 2011 年 11 月
第一负责人 / 宋晓梧
合 作 机 构 /
办 公 地 址 / 北京市海淀区新街口外大街 19 号北京师范大学京师学堂 4 层、京师大厦 9504 室（100875）
电话(传真) /
邮　　箱 /
网　　址 / http://www. ciidbnu. org
主要研究领域:
工资与收入分配；中国贫困问题；政策模拟与评价

135 北京师范大学中国医疗卫生政策研究院
China Institute of Health, Beijing Normal University

所 属 类 别 / 高校智库
主 管 单 位 / 北京师范大学
成 立 时 间 / 2011 年 5 月
第一负责人 / 张文康
合 作 机 构 /
办 公 地 址 / 北京市海淀区新街口外大街 19 号（100875）
电话(传真) /
邮　　箱 /
网　　址 /
主要研究领域:
农村医疗卫生服务体系；精神卫生服务模式

136 北京石油化工学院北京现代产业新区发展研究基地

所 属 类 别 / 高校智库
主 管 单 位 / 北京石油化工学院
成 立 时 间 / 2012 年 8 月
第一负责人 / 郭文莉
合 作 机 构 /
办 公 地 址 / 北京市大兴区黄村清源北路 19 号 (102617)
电话(传真) /
邮　　箱 /
网　　址 /
主要研究领域:
现代产业新区发展

137 北京石油化工学院旅游可持续发展研究中心

所 属 类 别 / 高校智库
主 管 单 位 / 北京石油化工学院
成 立 时 间 / 2018 年 3 月
第一负责人 /
合 作 机 构 /
办 公 地 址 / 北京市大兴区黄村清源北路 19 号 (102617)
电话(传真) / 010 - 81292255
邮　　箱 / Yanxiaofei@ bipt. edu. cn
网　　址 /
主要研究领域:
旅游规划与服务管理; 旅游基础理论; 旅游形象与品牌; 旅游体验; 绿色旅游; 会奖旅游

138 北京石油化工学院能源经济研究中心

所 属 类 别 / 高校智库
主 管 单 位 / 北京石油化工学院
成 立 时 间 / 2005 年
第一负责人 /
合 作 机 构 /
办 公 地 址 / 北京市大兴区黄村清源北路 19 号 (102617)
电话(传真) / 010 - 60228016
邮　　箱 / Wangfengyun@ bipt. edu. cn
网　　址 /
主要研究领域:
区域能源供应与投融资; 特大城市能源需求与效率; 清洁能源发展机制和政策; 京津冀低碳发展与协同减排; 新能源与区域能源产业发展政策

139 北京市朝阳区自然之友环境研究所（自然之友）
Friends of Nature

所属类别／社会智库—民办非企业
主管单位／北京市朝阳区科学技术委员会
成立时间／2010 年 6 月
第一负责人／杨东平
合作机构／
办公地址／北京市北三环中路甲 29 号院 3 号楼华龙大厦 B 座 2106 室（100029）
电话(传真)／010－65232040
邮　　箱／office@ fonchina. org
网　　址／http://www. fon. org. cn
主要研究领域：
固体废弃物处理技术及相关政策；固体废弃物对生态环境的影响

140 北京市经济信息中心
Beijing Economic Information Centre

所属类别／党政智库
主管单位／北京市发展和改革委员会
成立时间／1990 年 10 月
第一负责人／王维然
合作机构／
办公地址／北京市通州区运河东大街 55 号院（101160）
电话(传真)／010－55591399
邮　　箱／
网　　址／http://www. beic. org. cn
主要研究领域：
经济形势分析研究、预测预警和舆情监测

141 北京市科学技术研究院
Beijing Academy of Science and Technology

所属类别／党政智库
主管单位／北京市人民政府
成立时间／1984 年
第一负责人／郑焕敏
合作机构／
办公地址／北京市海淀区西三环北路 27 号（100089）
电话(传真)／010－68417102
邮　　箱／xcc@ bjast. ac. cn
网　　址／http://www. bjast. ac. cn/index. html
主要研究领域：
城市安全与治理；城市环境与生态保护；“高精尖”技术；生物医药与营养健康；科技创新智库；科学普及与传播

142 北京市人力资源研究中心

所 属 类 别 / 党政智库—其他政党系统
主 管 单 位 / 中共北京市委组织部
成 立 时 间 / 2005 年
第一负责人 / 刘敏华
合 作 机 构 /
办 公 地 址 / 北京市东城区和平里东街民旺园乙 19 号 (100013)
电话(传真) / 010 - 64522279 (010 - 64522280)
邮　　箱 / rucwxh@ 126. com
网　　址 /
主要研究领域:
人力资源

143 北京市人民政府参事室

所 属 类 别 / 党政智库—省/区/市政府所属
主 管 单 位 / 北京市政府
成 立 时 间 / 1952 年
第一负责人 /
合 作 机 构 /
办 公 地 址 / 北京市西城区西长安街 7 号 (100031)
电话(传真) / 010 - 66033769
邮　　箱 /
网　　址 /
主要研究领域:
北京市发展战略

144 北京市社会科学界联合会
Beijing Federation of Social Science Circles

所 属 类 别 / 社会智库—社会团体
主 管 单 位 / 中共北京市委
成 立 时 间 / 1983 年 7 月
第一负责人 / 牛青山
合 作 机 构 /
办 公 地 址 / 北京市东城区安外西滨河路 19 号 (100011)
电话(传真) / 010 - 64527100
邮　　箱 / info@ bjskl. gov. cn
网　　址 /
主要研究领域:
首都改革开放; 社会主义现代化建设

145 北京市社会科学院
Beijing Academy of Social Sciences

所 属 类 别 / 科研院所智库
主 管 单 位 / 中共北京市委、北京市政府
成 立 时 间 / 1978 年 8 月
第一负责人 / 唐立军
合 作 机 构 /
办 公 地 址 / 北京市朝阳区北四环中路 33 号 (100101)
电话(传真) / 010－64870891 (010－64872765)
邮　　箱 / beijingshekeyuan@ 163. com
网　　址 / http://www. bass. org. cn
主要研究领域:
首都经济；企业文化；城市问题；文化产业；社区建设

146 北京体育大学冬奥文化研究中心

所 属 类 别 / 高校智库
主 管 单 位 / 北京体育大学
成 立 时 间 /
第一负责人 / 邹新娴
合 作 机 构 /
办 公 地 址 / 北京市海淀区信息路 48 号 (100084)
电话(传真) / 010－62989586
邮　　箱 / zouxx@ bsu. edu. cn
网　　址 /
主要研究领域:
奥林匹克精神与中国精神的融合；北京冬奥会重大理论和实践；奥运会对首都北京城市发展的影响；冬奥会与京津冀协调发展；奥林匹克文化与中国文化传播发展

147 北京体育大学中国运动与健康研究院

所 属 类 别 / 高校智库
主 管 单 位 / 北京体育大学
成 立 时 间 / 2017 年 5 月
第一负责人 / 刘卉
合 作 机 构 /
办 公 地 址 / 北京市海淀区信息路 48 号 (100084)
电话(传真) /
邮　　箱 /
网　　址 / https://cishs. bsu. edu. cn/index. htm
主要研究领域:
国际运动与健康科学研究

B

148 北京外国语大学爱尔兰研究中心
Irish Studies Center, Beijing Foreign Studies University

所 属 类 别 / 高校智库
主 管 单 位 / 北京外国语大学
成 立 时 间 / 2007 年 3 月
第一负责人 / 王展鹏
合 作 机 构 /
办 公 地 址 / 北京市海淀区西三环北路 2 号北京外国语大学东院英语学院楼 212 室（100089）
电话(传真) / 010 - 88817287（010 - 88816282）
邮　　箱 / ireland@ bfsu. edu. cn
网　　址 / https://isc. bfsu. edu. cn
主要研究领域:
爱尔兰文学、文化、历史、政治、经济、国际关系的跨学科研究；中爱关系

149 北京外国语大学澳大利亚研究中心
Australian Studies Center, Beijing Foreign Studies University

所 属 类 别 / 高校智库
主 管 单 位 / 北京外国语大学
成 立 时 间 / 1983 年
第一负责人 / 李建军
合 作 机 构 /
办 公 地 址 / 北京海淀区西三环北路 2 号北京外国语大学英语学院澳大利亚研究中心（100089）
电话(传真) /
邮　　箱 / australianstudies@ bfsu. edu. cn
网　　址 / https://ausc. bfsu. edu. cn
主要研究领域:
澳大利亚语言、文化、政治、经济、社会等；中澳关系研究

150 北京外国语大学奥地利研究中心

所 属 类 别 / 高校智库
主 管 单 位 / 北京外国语大学
成 立 时 间 / 2017 年 9 月
第一负责人 /
合 作 机 构 /
办 公 地 址 / 北京市海淀区西三环北路 2 号（100089）
电话(传真) /
邮　　箱 /
网　　址 /
主要研究领域: 奥地利国别研究；奥地利语言、文化、社会、教育等；中奥关系研究

151 北京外国语大学巴尔干研究中心

所 属 类 别 / 高校智库
主 管 单 位 / 北京外国语大学
成 立 时 间 / 2017 年
第一负责人 / 柯静
合 作 机 构 /
办 公 地 址 / 北京市海淀区西三环北路 2 号（100089）
电话(传真) /
邮　　箱 /
网　　址 /
主要研究领域：
巴尔干地区身份认同；巴尔干地区的经济政治发展与走向；“一带一路”倡议下中国与巴尔干合作研究

152 北京外国语大学保加利亚研究中心

所 属 类 别 / 高校智库
主 管 单 位 / 北京外国语大学
成 立 时 间 / 2018 年 4 月
第一负责人 /
合 作 机 构 /
办 公 地 址 / 北京市海淀区西三环北路 2 号（100089）
电话(传真) /
邮　　箱 /
网　　址 /
主要研究领域：
保加利亚语言、文学、社会、历史、文化等；中保关系研究

153 北京外国语大学北京日本学研究中心

所 属 类 别 / 合作智库
主 管 单 位 / 北京外国语大学
成 立 时 间 / 1985 年 9 月
第一负责人 / 郭连友
合 作 机 构 / 北京外国语大学、教育部、日本国国际交流基金
办 公 地 址 / 北京市海淀区西三环北路 2 号、19 号（100089）
电话(传真) / 010 - 88816584
邮　　箱 / ry6584@ 163. com
网　　址 / https://bjryzx. bfsu. edu. cn
主要研究领域：
日本语言、文学、文化、社会研究

154 北京外国语大学波兰研究中心

所 属 类 别 / 高校智库
主 管 单 位 / 北京外国语大学
成 立 时 间 / 2011 年 12 月
第一负责人 / 赵刚
合 作 机 构 /
办 公 地 址 / 北京市海淀区西三环北路 2 号（100089）
电话(传真) /
邮　　箱 /
网　　址 /
主要研究领域：
当代波兰社会；中波关系

155 北京外国语大学丹麦研究中心

所 属 类 别 / 高校智库
主 管 单 位 / 北京外国语大学
成 立 时 间 /
第一负责人 / 王宇辰
合 作 机 构 /
办 公 地 址 / 北京市海淀区西三环北路 2 号（100089）
电话(传真) /
邮　　箱 /
网　　址 /
主要研究领域：
丹麦语言、政治、经济、文化、社会等；中丹关系

156 北京外国语大学德国研究中心

所 属 类 别 / 高校智库
主 管 单 位 / 北京外国语大学
成 立 时 间 / 2015 年 3 月
第一负责人 / 王建斌
合 作 机 构 /
办 公 地 址 / 广东省佛山市新城顺德区乐从镇岭南大道 2 号中欧中心（528000）
电话(传真) / 0757 – 29398818
邮　　箱 /
网　　址 /
主要研究领域：
德语国家文学、语言学、外交、经济、法律等

157 北京外国语大学东南亚研究中心

所 属 类 别 / 高校智库
主 管 单 位 / 北京外国语大学
成 立 时 间 /
第一负责人 / 米良
合 作 机 构 /
办 公 地 址 / 北京市海淀区西三环北路 2 号（100089）
电话(传真) /
邮　　箱 /
网　　址 /
主要研究领域：
东南亚十国社会文化及本地区共同问题；东南亚历史；当代东南亚政治与经济；中国与东南亚关系问题

158 北京外国语大学俄罗斯研究中心

所 属 类 别 / 高校智库
主 管 单 位 / 北京外国语大学
成 立 时 间 / 2009 年 3 月
第一负责人 / 黄玫
合 作 机 构 /
办 公 地 址 / 北京市海淀区西三环北路 2 号（100089）
电话(传真) /
邮　　箱 /
网　　址 /
主要研究领域：
俄罗斯语言、文学、社会、文化等

159 北京外国语大学二十国集团研究中心
G20 – BFSU Center, Beijing Foreign Studies University

所 属 类 别 / 高校智库
主 管 单 位 / 北京外国语大学
成 立 时 间 / 2010 年
第一负责人 / 牛华勇
合 作 机 构 /
办 公 地 址 / 北京市海淀区西三环北路 19 号综合楼 953 室（100089）
电话(传真) / 010 – 88818121
邮　　箱 / g20@ bfsu. edu. cn
网　　址 / https://g20. bfsu. edu. cn
主要研究领域：
区域与国别经济

B

160 北京外国语大学法语国家与地区研究中心

所 属 类 别 / 高校智库
主 管 单 位 / 北京外国语大学
成 立 时 间 / 2015 年 9 月
第一负责人 / 丁一凡
合 作 机 构 /
办 公 地 址 / 北京市海淀区西三环北路 2 号（100089）
电话(传真) / 010 – 88818701
邮　　箱 / fayuguojia@ 163. com
网　　址 /
主要研究领域：
法语国家相关语言、政治、经济、文化问题

161 北京外国语大学非洲研究中心

所 属 类 别 / 高校智库
主 管 单 位 / 北京外国语大学
成 立 时 间 /
第一负责人 / 孙晓萌
合 作 机 构 /
办 公 地 址 / 北京市海淀区西三环北路 2 号（100089）
电话(传真) /
邮　　箱 /
网　　址 /
主要研究领域：
南非、尼日利亚、肯尼亚、坦桑尼亚、埃塞俄比亚、津巴布韦等非洲重点国别研究；非洲国家与区域研究；中非关系

162 北京外国语大学芬兰研究中心

所 属 类 别 / 高校智库
主 管 单 位 / 北京外国语大学
成 立 时 间 / 2007 年 11 月
第一负责人 /
合 作 机 构 /
办 公 地 址 / 北京市海淀区西三环北路 2 号（100089）
电话(传真) /
邮　　箱 /
网　　址 /
主要研究领域：
芬兰政治、经济、文化等

B

163 北京外国语大学公共外交研究中心

所 属 类 别 / 高校智库
主 管 单 位 / 北京外国语大学
成 立 时 间 / 2010 年 8 月
第一负责人 / 孙有中
合 作 机 构 /
办 公 地 址 / 北京市海淀区西三环北路 2 号北京外国语大学东校区 1 号楼 614 室（100089）
电话(传真) / 010 - 88810852（010 - 88810852）
邮　　箱 / cpds@ bfsu. edu. cn
网　　址 / http://cpds. bfsu. edu. cn
主要研究领域：
公共外交

164 北京外国语大学国际中国文化研究院
International Institute of Chinese Studies, Beijing Foreign Studies University

所 属 类 别 / 高校智库
主 管 单 位 / 北京外国语大学
成 立 时 间 / 1996 年 11 月
第一负责人 / 梁燕
合 作 机 构 /
办 公 地 址 / 北京市海淀区西三环北路 19 号（100089）
电话(传真) / 010 - 88816430（010 - 88810318）
邮　　箱 /
网　　址 / https://iics. bfsu. edu. cn
主要研究领域：
文化政策

165 北京外国语大学国家语言能力发展研究中心
National Research Centre for State Language Capacity, Beijing Foreign Studies University

所 属 类 别 / 高校智库
主 管 单 位 / 北京外国语大学
成 立 时 间 / 2014 年 7 月
第一负责人 / 王文斌
合 作 机 构 /
办 公 地 址 / 北京市海淀区西三环北路 2 号北京外国语大学西院国际大厦 6 层（100089）
电话(传真) / 010 - 88818236
邮　　箱 / daimanchun@ bfsu. edu. cn
网　　址 / https://gynf. bfsu. edu. cn
主要研究领域：
语言理论；语言政策

166 北京外国语大学哈萨克斯坦研究中心

所 属 类 别 / 高校智库
主 管 单 位 / 北京外国语大学
成 立 时 间 / 2015 年 12 月
第一负责人 / 蔡晖
合 作 机 构 /
办 公 地 址 / 北京市海淀区西三环北路 2 号 (100089)
电话(传真) /
邮　　箱 /
网　　址 /
主要研究领域:
哈萨克斯坦区域国别问题

167 北京外国语大学加拿大研究中心
The National Centre for Canadian Studies, Beijing Foreign Studies University

所 属 类 别 / 高校智库
主 管 单 位 / 北京外国语大学
成 立 时 间 / 2006 年 5 月
第一负责人 / 刘琛
合 作 机 构 /
办 公 地 址 / 北京市海淀区西三环北路 2 号北京外国语大学东院英语学院楼 (100089)
电话(传真) /
邮　　箱 /
网　　址 / https://csc.bfsu.edu.cn
主要研究领域:
加拿大政治与外交、公共政策、经济、文学与文化等

168 北京外国语大学柬埔寨研究中心

所 属 类 别 / 高校智库
主 管 单 位 / 北京外国语大学
成 立 时 间 /
第一负责人 / 顾佳赟
合 作 机 构 /
办 公 地 址 / 北京市海淀区西三环北路 2 号 (100089)
电话(传真) /
邮　　箱 /
网　　址 /
主要研究领域:
柬埔寨政治、经济、社会、文化等

169 北京外国语大学拉美研究中心

所 属 类 别 / 合作智库
主 管 单 位 / 北京外国语大学
成 立 时 间 / 2018 年 1 月
第一负责人 /
合 作 机 构 / 北京外国语大学、中国社会科学院拉丁美洲研究所
办 公 地 址 / 北京市海淀区西三环北路 2 号（100089）
电话(传真) / 010 – 88816435（010 – 88817684）
邮　　箱 / bwxyxb@ bfsu. edu. cn
网　　址 /
主要研究领域：
中拉关系；拉美语言文学、社会、经济等

170 北京外国语大学老挝研究中心

所 属 类 别 / 高校智库
主 管 单 位 / 北京外国语大学
成 立 时 间 /
第一负责人 /
合 作 机 构 /
办 公 地 址 / 北京市海淀区西三环北路 2 号（100089）
电话(传真) /
邮　　箱 /
网　　址 /
主要研究领域：
老挝文化、语言、经济、政治等；中老关系；中老人文交流

171 北京外国语大学联合国与国际组织研究中心
BFSU Research Center of United Nations And International Organizations

所 属 类 别 / 高校智库
主 管 单 位 / 北京外国语大学
成 立 时 间 / 2010 年 12 月
第一负责人 / 陈健
合 作 机 构 /
办 公 地 址 / 北京市海淀区西三环北路 2 号北京外国语大学东院行政楼 702 室（100089）
电话(传真) / 010 – 88815039
邮　　箱 / atp@ rcunio. org
网　　址 /
主要研究领域：
国际组织与联合国及其相关领域的理论与实证研究

172　北京外国语大学罗马尼亚研究中心

所属类别／高校智库
主管单位／北京外国语大学
成立时间／
第一负责人／董希骁
合作机构／
办公地址／北京市海淀区西三环北路2号（100089）
电话(传真)／
邮　　箱／
网　　址／
主要研究领域：
罗马尼亚语言、政治、经济、文化等；中罗关系

173　北京外国语大学美国研究中心
American Studies Center, Beijing Foreign Studies University

所属类别／高校智库
主管单位／北京外国语大学
成立时间／1979年
第一负责人／付美榕
合作机构／
办公地址／北京市海淀区西三环北路2号北京外国语大学英语学院楼203室（100089）
电话(传真)／010－88817287
邮　　箱／asc@bfsu.edu.cn
网　　址／https://asc.bfsu.edu.cn
主要研究领域：
美国经济；中美关系

174　北京外国语大学南亚研究中心

所属类别／高校智库
主管单位／北京外国语大学
成立时间／
第一负责人／
合作机构／
办公地址／北京市海淀区西三环北路2号（100089）
电话(传真)／
邮　　箱／
网　　址／
主要研究领域：
南亚国家国别与地区研究；中国与南亚各国关系研究；“一带一路”与中国南亚互联互通研究

175 北京外国语大学太平洋研究中心

Research Centre for Pacific Studies, Beijing Foreign Studies University

所 属 类 别 / 高校智库
主 管 单 位 / 北京外国语大学
成 立 时 间 / 2017 年 3 月
第一负责人 / 李永辉
合 作 机 构 /
办 公 地 址 / 北京市海淀区西三环北路 19 号北京外国语大学西校区国际大厦（100089）
电话(传真) / 010 - 85324937（010 - 85322537）
邮　　箱 / tpyyjzx@ bfsu. edu. cn
网　　址 / http://www. bfsu - rcps. com
主要研究领域:
太平洋区域及南太平洋岛国政治、外交、投资、商贸、法律、语言、文化、旅游、历史等

176 北京外国语大学乌克兰研究中心

所 属 类 别 / 高校智库
主 管 单 位 / 北京外国语大学
成 立 时 间 / 2016 年 6 月
第一负责人 / 劳华夏
合 作 机 构 /
办 公 地 址 / 北京市海淀区西三环北路 2 号（100089）
电话(传真) /
邮　　箱 /
网　　址 /
主要研究领域:
乌克兰语言、文化和国情研究

177 北京外国语大学希腊研究中心

所 属 类 别 / 高校智库
主 管 单 位 / 北京外国语大学
成 立 时 间 / 2017 年 5 月
第一负责人 / 尹亚利
合 作 机 构 /
办 公 地 址 / 北京市海淀区西三环北路 2 号（100089）
电话(传真) /
邮　　箱 /
网　　址 /
主要研究领域:
希腊政治、外交、经济、社会等；中希关系

B

178 北京外国语大学匈牙利研究中心

所 属 类 别 / 高校智库
主 管 单 位 / 北京外国语大学
成 立 时 间 / 2017 年 5 月
第一负责人 / 许衍艺
合 作 机 构 /
办 公 地 址 / 北京市海淀区西三环北路 2 号（100089）
电话(传真) /
邮　　箱 /
网　　址 /
主要研究领域：
匈牙利语言、文化、国别研究；中匈关系研究

179 北京外国语大学伊朗研究中心

所 属 类 别 / 高校智库
主 管 单 位 / 北京外国语大学
成 立 时 间 /
第一负责人 / 于桂丽
合 作 机 构 /
办 公 地 址 / 北京市海淀区西三环北路 2 号（100089）
电话(传真) /
邮　　箱 /
网　　址 /
主要研究领域：
波斯语研究；伊朗文化传播研究；伊朗社会、经济、政治研究；中伊关系研究

180 北京外国语大学意大利研究中心

所 属 类 别 / 高校智库
主 管 单 位 / 北京外国语大学
成 立 时 间 / 2015 年 11 月
第一负责人 / 文铮
合 作 机 构 /
办 公 地 址 / 北京市海淀区西三环北路 2 号（100089）
电话(传真) /
邮　　箱 /
网　　址 /
主要研究领域：
意大利语言、文学、社会等；中意关系研究

181 北京外国语大学印度研究中心

所 属 类 别 / 高校智库
主 管 单 位 / 北京外国语大学
成 立 时 间 /
第一负责人 /
合 作 机 构 /
办 公 地 址 / 北京市海淀区西三环北路 2 号（100089）
电话(传真) /
邮　　箱 /
网　　址 /
主要研究领域：
印度国别研究

182 北京外国语大学英国研究中心
British Studies Centre, Beijing Foreign Studies University

所 属 类 别 / 高校智库
主 管 单 位 / 北京外国语大学
成 立 时 间 / 1989 年
第一负责人 / 王展鹏
合 作 机 构 /
办 公 地 址 / 北京市海淀区西三环北路 2 号北京外国语大学东院英语学院楼 209 室（100089）
电话(传真) /
邮　　箱 / britishstudies@ bfsu. edu. cn
网　　址 / https://brsc. bfsu. edu. cn
主要研究领域：
英国政治、历史、社会、外交、经济、文化等

183 北京外国语大学越南研究中心

所 属 类 别 / 合作智库
主 管 单 位 / 北京外国语大学
成 立 时 间 / 2016 年 12 月
第一负责人 /
合 作 机 构 / 北京外国语大学、越南河内国家大学人文与社会科学大学
办 公 地 址 / 北京市海淀区西三环北路 2 号（100089）
电话(传真) /
邮　　箱 /
网　　址 /
主要研究领域：
越南语言文化及区域研究；中越文化交流；中越关系

184 北京外国语大学中东欧研究中心

所 属 类 别 / 高校智库
主 管 单 位 / 北京外国语大学欧洲语言文化学院
成 立 时 间 / 2011 年
第一负责人 / 丁超
合 作 机 构 /
办 公 地 址 / 北京市海淀区西三环北路 2 号、19 号（100089）
电话(传真) /
邮　　箱 /
网　　址 /
主要研究领域：
中东欧地区政治、经济、文化、社会等

185 北京外国语大学中国马来研究中心

所 属 类 别 / 高校智库
主 管 单 位 / 北京外国语大学
成 立 时 间 / 2005 年
第一负责人 / 吴宗玉
合 作 机 构 /
办 公 地 址 / 北京市海淀区西三环北路 2 号（100089）
电话(传真) /
邮　　箱 /
网　　址 /
主要研究领域：
马来西亚、印尼、文莱、新加坡等马来语区国家的政治、经济、文化以及与中国的关系

186 北京文化遗产保护中心

所 属 类 别 / 社会智库
主 管 单 位 /
成 立 时 间 / 2003 年
第一负责人 /
合 作 机 构 /
办 公 地 址 / 北京市东城区演乐胡同 100 号 123 室（100010）
电话(传真) / 010 - 64036532
邮　　箱 / info@ bjchp. org
网　　址 / http://www. bjchp. org
主要研究领域：
公民社会建设、文化遗产保护、少数民族文化复兴等

187 北京现代循环经济研究院
Beijing Modern Research Institute of Recycling Economy

所属类别／社会智库
主管单位／
成立时间／2004 年 12 月
第一负责人／崔守军
合作机构／
办公地址／北京市东城区北三环东路 37 号世隆国际公寓 B 座 410 室（100029）
电话(传真)／010－84110359
邮　　箱／
网　　址／http://www. riore. org
主要研究领域:
生态文明建设、循环发展、低碳发展、绿色发展等

188 北京新闻文化研究所

所属类别／社会智库
主管单位／北京市社会科学界联合会
成立时间／2003 年 3 月
第一负责人／陈贵
合作机构／
办公地址／北京市朝阳区日坛北路 17 号 A－1015 室（100000）
电话(传真)／010－85626806（010－85626806）
邮　　箱／
网　　址／http://www. bjijc. org. cn
主要研究领域:
新闻文化理论

189 北京印刷学院北京文化产业发展研究院

所属类别／合作智库
主管单位／北京印刷学院
成立时间／2021 年 7 月
第一负责人／
合作机构／北京印刷学院、北京市国有文化资产管理中心
办公地址／北京市大兴区兴盛街 206 号（102600）
电话(传真)／
邮　　箱／
网　　址／
主要研究领域:
北京文化产业研究与发展

190 北京印刷学院文化产业安全研究院
Institute for Culture Industrial Security Research, Beijing Institute of Graphic Communication

所 属 类 别 / 高校智库
主 管 单 位 / 北京印刷学院
成 立 时 间 / 2013 年 4 月
第一负责人 / 李孟刚
合 作 机 构 /
办 公 地 址 / 北京市大兴区兴盛街 206 号 (102600)
电话(传真) / 010 - 60261629
邮　　箱 / icisr2015@ 163. com
网　　址 /
主要研究领域:
文化产业安全

191 北京邮电大学发展战略研究中心
Development strategy research center of BUPT

所 属 类 别 / 高校智库
主 管 单 位 / 北京邮电大学
成 立 时 间 / 2009 年 11 月
第一负责人 / 谢苗峰
合 作 机 构 /
办 公 地 址 / 北京市海淀区西土城路 10 号北京邮电大学科研楼 1 层 (100876)
电话(传真) / 010 - 61198086
邮　　箱 / xmfeng@ bupt. edu. cn
网　　址 / http://fzzl. bupt. edu. cn
主要研究领域:
信息通信行业产业以及战略性新兴产业整体发展规划的战略; 高水平行业特色型大学理论与实践; 科教融和体制机制以及模式

192 北京邮电大学数字文化产业北京市国际科技合作基地

所 属 类 别 / 高校智库
主 管 单 位 / 北京邮电大学
成 立 时 间 /
第一负责人 /
合 作 机 构 /
办 公 地 址 / 北京市海淀区西土城路 10 号北京邮电大学 (100876)
电话(传真) /
邮　　箱 /
网　　址 /
主要研究领域:
数字文化产业

193 北京语言大学阿拉伯研究中心

所 属 类 别 / 高校智库
主 管 单 位 / 北京语言大学
成 立 时 间 / 2012 年 4 月
第一负责人 / 罗林
合 作 机 构 /
办 公 地 址 / 北京市海淀区学院路 15 号（100083）
电话(传真) /
邮　　箱 /
网　　址 / http://ayan1. blcu. edu. cn
主要研究领域:
阿拉伯国家地区政治安全形势、对外关系、经济贸易和金融投资发展；阿拉伯国家地区环境、社会文化和传媒等

194 北京中医药大学北京中医药文化研究基地

所 属 类 别 / 高校智库
主 管 单 位 / 北京中医药大学
成 立 时 间 / 2010 年 12 月
第一负责人 / 靳琦
合 作 机 构 / 北京市哲学社会科学规划办公室、北京市教育委员会
办 公 地 址 / 北京市朝阳区北三环东路 11 号（100013）
电话(传真) /
邮　　箱 /
网　　址 /
主要研究领域:
首都市民中医药健康促进；北京地区中医药文化资源挖掘整理与利用；中医药文化内涵及中医药科普知识传播

195 北京中医药大学卫生政策与管理研究所

所 属 类 别 / 高校智库
主 管 单 位 / 北京中医药大学
成 立 时 间 /
第一负责人 / 房耘耘
合 作 机 构 / 北京市中医管理局
办 公 地 址 / 北京市朝阳区北三环东路 11 号（100029）
电话(传真) /
邮　　箱 /
网　　址 /
主要研究领域:
北京市中医药事业发展中的政策、机制、体制等宏观和瓶颈问题的政策研究

196 渤海大学东北亚走廊研究院（东北亚研究中心）
The Institute of Northeast Asia Corridor, BOHAI University（Northeast Asian Research Center）

所属类别／高校智库
主管单位／渤海大学
成立时间／2017 年 6 月
第一负责人／崔向东
合作机构／
办公地址／辽宁省锦州市松山新区科技路 19 号（121013）
电话(传真)／0416 - 3404627
邮　　箱／wenrg2011@ 126. com
网　　址／http://210. 47. 176. 3/page/depart/dbyyjy/index. asp
主要研究领域：
东北亚走廊与丝绸之路；东北民族与社会发展；东北亚走廊旅游开发；东北亚海洋问题；东北亚国际关系；东北亚区域经济合作；东北生态环境与生态文明；东北民族文化遗产保护；东北近现代社会变迁

197 渤海大学国家新闻出版署新闻出版业科技与标准重点实验室
Key Laboratory of Technology and Standard of Big Data Mining, Governance and Presentation in Digital Publishing, SAPPRFT

所属类别／合作智库
主管单位／渤海大学
成立时间／
第一负责人／秦玉平
合作机构／渤海大学、锦州高新技术产业开发区、辽宁中元至强信息科技有限公司
办公地址／辽宁省锦州市松山新区科技路 19 号渤海大学数字出版大数据重点实验室（121013）
电话(传真)／0416 - 3400028
邮　　箱／zhaoxh@ bhu. edu. cn
网　　址／
主要研究领域：新闻出版业共性关键技术与标准的研发与应用

198 财政部关税政策研究中心

所属类别／党政智库—国务院组成部门所属
主管单位／财政部
成立时间／
第一负责人／蔡强
合作机构／
办公地址／北京市西城区三里河南三巷 3 号（100820）
电话(传真)／010 - 68551114
邮　　箱／webmaster@ mof. gov. cn
网　　址／http://gss. mof. gov. cn
主要研究领域：进出口关税；进口环节税；关税政策

199 财政部国际财经中心
International Economics and Finance Institute

所 属 类 别 / 党政智库—国务院组成部门所属
主 管 单 位 / 财政部
成 立 时 间 / 2004 年 11 月
第一负责人 / 叶建第（主持工作）
合 作 机 构 /
办 公 地 址 / 北京市西城区三里河南三巷 3 号国际财经中心（原亚太中心）（100820）
电话(传真) / 010 - 68141100
邮　　箱 / afdc@ afdc. org. cn
网　　址 / http://iefi. mof. gov. cn
主要研究领域:
国际国内财经热点；重大财经事件走向；财经对外合作与交流

200 察哈尔学会
The Charhar Institute

所 属 类 别 / 社会智库—民办非企业
主 管 单 位 /
成 立 时 间 / 2009 年 10 月
第一负责人 / 韩方明
合 作 机 构 /
办 公 地 址 / 北京市海淀区西三环北路甲 2 号院（北京理工大学国防科技园）2 号楼（100081）
电话(传真) / 010 - 88411147
邮　　箱 / secretariat@ charhar. org. cn
网　　址 / http://www. charhar. org. cn
主要研究领域:
公共外交与国际关系学；和平学

201 长安大学长安文化产业研究中心
Chang'an Cultural Industries Research Center, Chang'an University

所 属 类 别 / 合作智库—政校合作
主 管 单 位 / 长安大学
成 立 时 间 /
第一负责人 / 刘吉发
合 作 机 构 / 陕西省文化厅、长安大学
办 公 地 址 / 陕西省西安市南二环路中段长安大学 418 室（710064）
电话(传真) / 029 - 82335070
邮　　箱 / chdjin@ 126. com
网　　址 / http://cacirc. chd. edu. cn
主要研究领域:
文化产业

C

202 长安大学陕西文化发展与融合创新智库

所 属 类 别 / 高校智库
主 管 单 位 / 长安大学
成 立 时 间 /
第一负责人 / 陈怀平
合 作 机 构 /
办 公 地 址 / 陕西省西安市雁塔区南二环中段长安大学（710064）
电话(传真) /
邮　　箱 / chenhp0929@ chd. edu. cn
网　　址 /
主要研究领域:
陕西文化发展与融合

203 长安大学中国特色社会主义理论体系研究中心

所 属 类 别 / 高校智库
主 管 单 位 / 长安大学
成 立 时 间 /
第一负责人 / 杜向民
合 作 机 构 /
办 公 地 址 / 陕西省西安市雁塔区南二环中段长安大学（710064）
电话(传真) / 029 - 82335026
邮　　箱 / xmdu@ chd. edu. cn
网　　址 / https://mks. chd. edu. cn/2019/0107/c4519a54973/page. htm
主要研究领域:
马克思主义理论；哲学；理论经济学；政治学；法学；社会学；文化学；历史学和生态学等

204 长安大学综合运输经济与管理研究中心

Center of Comprehensive Transportation Economic Management, Chang’an University

所 属 类 别 / 高校智库
主 管 单 位 / 长安大学
成 立 时 间 / 2008 年 10 月
第一负责人 / 吴群琪
合 作 机 构 /
办 公 地 址 / 陕西省西安市雁塔区南二环中段长安大学（710064）
电话(传真) / 029 - 62630071
邮　　箱 / wqq@ chd. edu. cn
网　　址 / http://cctem. chd. edu. cn
主要研究领域:
交通运输系统经济分析；产业经济与交通运输；技术经济与管理；信息管理

205 长安文化产业研究中心（陕西省文化产业协同创新研究中心）

所 属 类 别 / 合作智库
主 管 单 位 / 长安大学
成 立 时 间 / 2015 年 12 月
第一负责人 / 刘吉发
合 作 机 构 / 陕西省文化厅、长安大学
办 公 地 址 / 陕西省西安市雁塔区南二环中段长安大学（710064）
电话(传真) / 029－82335070
邮　　箱 / chdjin@ 126. com
网　　址 / http://cacirc. chd. edu. cn
主要研究领域:
文化产业

206 长策智库
ChangCe Think Tank

所 属 类 别 / 社会智库—企业
主 管 单 位 /
成 立 时 间 / 2009 年
第一负责人 / 陈志武
合 作 机 构 /
办 公 地 址 /
电话(传真) / 010－82190570
邮　　箱 / ChangCeThinktank@ gmail. com
网　　址 / http://www. changce. org. cn
主要研究领域:
气候变化；绿色能源；低碳交通；能源资源；环境治理；医疗服务规章制度；教育改革；食品安全

207 长春工程学院吉林省城市建设发展研究中心

所 属 类 别 / 高校智库
主 管 单 位 / 长春工程学院
成 立 时 间 / 2011 年
第一负责人 / 谭敬胜
合 作 机 构 /
办 公 地 址 / 吉林省长春市朝阳区宽平大路 395 号（130012）
电话(传真) /
邮　　箱 /
网　　址 /
主要研究领域:
房地产；建设项目与投资管理；生态城市规划管理

C

C

208 长春工程学院吉林省房地产研究中心

所 属 类 别 / 高校智库
主 管 单 位 / 长春工程学院
成 立 时 间 / 2017 年
第一负责人 / 谭敬胜
合 作 机 构 /
办 公 地 址 / 吉林省长春市朝阳区宽平大路 395 号 (130012)
电话(传真) /
邮　　箱 /
网　　址 / http://yjzx16. ccit. edu. cn
主要研究领域:
房地产

209 长春工程学院吉林省政府和社会资本合作 (PPP) 研究中心

所 属 类 别 / 高校智库
主 管 单 位 / 长春工程学院
成 立 时 间 / 2017 年
第一负责人 / 王莉
合 作 机 构 /
办 公 地 址 / 吉林省长春市朝阳区宽平大路 395 号 (130012)
电话(传真) /
邮　　箱 /
网　　址 / http://ppp. ccit. edu. cn
主要研究领域:
吉林省政府和社会资本合作

210 长春市社会科学院 (长春市社会科学界联合会)

所 属 类 别 / 科研院所智库
主 管 单 位 /
成 立 时 间 / 1987 年
第一负责人 / 尚洪波
合 作 机 构 /
办 公 地 址 / 吉林省长春市自由大路 5399 号 (130021)
电话(传真) / 0431 - 84638340
邮　　箱 /
网　　址 /
主要研究领域:
长春市经济、社会发展

211 长江教育研究院
Changjiang Educational Research Institute

所 属 类 别 / 合作智库—校企合作
主 管 单 位 / 长江出版集团
成 立 时 间 / 2006 年 12 月
第一负责人 / 周洪宇
合 作 机 构 / 华中师范大学、长江出版集团
办 公 地 址 / 湖北省武汉市洪山区雄楚大道 268 号 B 座 5 层（430070）
电话(传真) / 027 - 87671589
邮　　箱 / cjjy2006@ cjjy. com. cn
网　　址 / http://www. cjjy. com. cn
主要研究领域:
中部地区教育发展

212 长三角城市合作（复旦大学）研究中心

所 属 类 别 / 合作智库—政校合作
主 管 单 位 /
成 立 时 间 / 2009 年 3 月
第一负责人 / 姚新、林尚立
合 作 机 构 / 长江三角洲城市经济协调会、复旦大学
办 公 地 址 / 上海市邯郸路 220 号（200433）
电话(传真) /
邮　　箱 / cdcecc@ fudan. edu. cn
网　　址 / http://www. cdcecc. fudan. edu. cn
主要研究领域:
长三角城市发展

213 常州大学常州现代服务业研究院
Changzhou Institute of Modern Service Industry

所 属 类 别 / 合作智库
主 管 单 位 / 常州大学
成 立 时 间 / 2011 年 12 月
第一负责人 / 沈立峰
合 作 机 构 / 常州市发展和改革委员会、常州大学
办 公 地 址 / 江苏省常州市武进区滆湖中路 21 号（213164）
电话(传真) /
邮　　箱 /
网　　址 / http://xdfwy. cczu. edu. cn
主要研究领域:
现代服务业

C

214 常州大学非物质文化遗产研究基地

所属类别/高校智库
主管单位/常州大学
成立时间/2015 年 1 月
第一负责人/胡学琦
合作机构/
办公地址/江苏省常州市武进区滆湖中路 21 号(213164)
电话(传真)/
邮　　箱/
网　　址/
主要研究领域:
非物质文化遗产

215 常州工学院江苏高校文化创意协同创新中心

所属类别/高校智库
主管单位/常州工学院
成立时间/
第一负责人/李文虎
合作机构/
办公地址/江苏省常州市新北区辽河路 666 号(213032)
电话(传真)/0519－85218382
邮　　箱/lixf@ czu. cn
网　　址/
主要研究领域:
文化创意

216 潮州市"互联网+"研究院

所属类别/合作智库
主管单位/韩山师范学院
成立时间/2016 年 5 月
第一负责人/王会林
合作机构/潮州市人民政府、北京大学深圳研究生院
办公地址/广东省潮州市桥东(521041)
电话(传真)/
邮　　箱/
网　　址/https://czhlw. hstc. edu. cn
主要研究领域:
"互联网+"

217 成都市社会科学界联合会（成都市社会科学院）

所 属 类 别 / 科研院所智库
主 管 单 位 / 中共成都市委
成 立 时 间 / 1979 年 11 月
第一负责人 / 姚凯
合 作 机 构 /
办 公 地 址 / 四川省成都市锦江区晨晖北路 1 号（610000）
电话(传真) / 028 - 68106633
邮　　箱 / webmaster@ cdss. gov. cn
网　　址 / http://www. cdsk. org. cn
主要研究领域：
成都市经济、社会发展；哲学社会科学

218 成都信息工程大学四川省电子商务与现代物流研究中心

Sichuan E-commerce and Modern Logistics Research Center, Chengdu University of Information Technology

所 属 类 别 / 高校智库
主 管 单 位 / 成都信息工程大学
成 立 时 间 /
第一负责人 / 贺盛瑜
合 作 机 构 /
办 公 地 址 / 四川省成都市龙泉驿区阳光城幸福路 10 号（610103）
电话(传真) /
邮　　箱 / wlxybgs@ cuit. edu. cn
网　　址 / http://wlxyyjzx. cuit. edu. cn/index. htm
主要研究领域：
电子商务与产业融合；电子商务与区域经济；物流与供应链管理

219 成都中医药大学民族医药学术传承创新中心

所 属 类 别 / 高校智库
主 管 单 位 / 成都中医药大学
成 立 时 间 / 2018 年
第一负责人 / 张艺
合 作 机 构 /
办 公 地 址 / 四川省成都市温江区柳台大道 1166 号（611137）
电话(传真) / 028 - 61932600
邮　　箱 /
网　　址 / http://mzcx. cdutcm. edu. cn/index. html
主要研究领域：
民族医药学术传承创新

220 **重庆博众城市发展管理研究院**

所属类别 / 社会智库
主管单位 /
成立时间 / 2001 年
第一负责人 / 阎占斌
合作机构 /
办公地址 / 重庆市两江新区高科财富园 2 号 A 栋 7 层（401120）
电话(传真) / 023 - 86898068
邮　　箱 /
网　　址 / http://www.fdcdx.com
主要研究领域：
商业地产；企业管理；旅游地产

221 **重庆大学发展研究中心**
Development Research Center Chongqing University

所属类别 / 高校智库
主管单位 / 重庆大学
成立时间 / 2003 年 10 月
第一负责人 / 李华
合作机构 /
办公地址 / 重庆市沙坪坝区沙正街 174 号重庆大学 A 区主楼 8 层（400030）
电话(传真) / 023 - 65106574
邮　　箱 / lihua@cqu.edu.cn
网　　址 /
主要研究领域：
三峡库区移民与建设；统筹城乡发展与改革；区域经济社会可持续发展

222 **重庆大学公共经济与公共政策研究中心**
Center for Public Economy & Public Policy, Chongqing University

所属类别 / 高校智库
主管单位 / 重庆大学
成立时间 / 2001 年 4 月
第一负责人 / 刘渝琳
合作机构 /
办公地址 / 重庆市沙坪坝区沙正街 174 号重庆大学公共管理学院 214 室（400044）
电话(传真) / 023 - 65106009（023 - 65111107）
邮　　箱 / rucrosa@cqu.edu.cn
网　　址 / http://pep.cqu.edu.cn
主要研究领域：
经济政策与福利制度；地方财政与社会保障；公共服务与政策支持

223 重庆大学国家网络空间安全与大数据法治战略研究院

所 属 类 别 / 高校智库
主 管 单 位 / 重庆大学
成 立 时 间 / 2015 年 9 月
第一负责人 / 齐爱民
合 作 机 构 /
办 公 地 址 / 重庆市沙坪坝区沙正街 174 号重庆大学 A 校区主教学楼 908 室 (400044)
电话(传真) / 023 - 65105002 (023 - 65105002)
邮　　箱 / 815089077@ qq. com
网　　址 / http://bigdata. kejilaw. com
主要研究领域:
网络安全政策; 电子商务; 网络舆情

224 重庆大学经略研究院

所 属 类 别 / 高校智库
主 管 单 位 / 重庆大学
成 立 时 间 / 2015 年 7 月
第一负责人 / 唐杰
合 作 机 构 /
办 公 地 址 / 重庆市沙坪坝区沙正街 174 号重庆大学 A 区文字斋 (400044)
电话(传真) / 023 - 65102006 (023 - 65102006)
邮　　箱 /
网　　址 /
主要研究领域:
外交政策; 国防政策; 军事政策; 财政政策; 劳动政策

225 重庆大学可持续发展研究院
Institute Sustainable Development Center of Chongqing University

所 属 类 别 / 高校智库
主 管 单 位 / 重庆大学
成 立 时 间 / 1997 年 12 月
第一负责人 / 陈德敏
合 作 机 构 /
办 公 地 址 / 重庆市沙坪坝区沙正街 174 号重庆大学 A 区主教 8 层 (400044)
电话(传真) / 023 - 65112881
邮　　箱 / xxxx@ qq. com
网　　址 / http://kcxfz. cqu. edu. cn
主要研究领域:
区域经济; 三峡库区; 西部开发; 科技创新发展; 资源综合利用

C

226 重庆大学西部环境资源法制建设研究中心

Research Centre of Western China Environment and Resources Law of Chongqing University

所 属 类 别 / 高校智库
主 管 单 位 / 重庆大学
成 立 时 间 / 2002 年 6 月
第一负责人 / 黄锡生
合 作 机 构 /
办 公 地 址 / 重庆市沙坪坝区沙正街 174 号（400044）
电话(传真) / 023 - 6661058
邮　　箱 / qp@ cqu. edu. cn
网　　址 / http://law. cqu. edu. cn/zqdxxbhjzyfzjsyjzx/shoye. htm
主要研究领域：
资源保护与综合利用法；环境与资源法学基础理论；经济发展与环境资源保护法；西部对外贸易与环境资源保护法

227 重庆工商大学长江上游经济研究中心

Research Center for Economy of Upper Reaches of the Yangtse River, Chongqing Technology and Business University

所 属 类 别 / 高校智库
主 管 单 位 / 重庆工商大学
成 立 时 间 / 2002 年 9 月
第一负责人 / 孙芳城
合 作 机 构 /
办 公 地 址 / 重庆市南岸区学府大道 19 号（400067）
电话(传真) /
邮　　箱 /
网　　址 / https://cjsy2014. ctbu. edu. cn
主要研究领域：
长江上游地区经济、社会发展

228 重庆工商大学成渝经济区城市群产业发展协同创新中心

所 属 类 别 / 高校智库
主 管 单 位 / 重庆工商大学
成 立 时 间 /
第一负责人 / 杨继瑞
合 作 机 构 /
办 公 地 址 / 重庆市南岸区学府大道 19 号（400067）
电话(传真) /
邮　　箱 / xtzx@ ctbu. edu. cn
网　　址 / https://xtzx. ctbu. edu. cn
主要研究领域：
成渝经济区城市群发展

229 重庆工商大学重庆廉政研究中心

所 属 类 别 / 高校智库
主 管 单 位 / 重庆工商大学
成 立 时 间 / 2008 年 7 月
第一负责人 / 朱伯兰
合 作 机 构 /
办 公 地 址 / 重庆市南岸区学府大道 19 号重庆工商大学慧智楼（400067）
电话(传真) / 023 - 62769968
邮　　箱 / cqlzyjzx@ ctbu. edu. cn
网　　址 / https://lzyjzx2014. ctbu. edu. cn
主要研究领域：
廉政文化与廉政建设；廉政与法治建设；廉政与公共治理；大数据与廉政建设；商务廉政理论与实践

230 重庆工商大学重庆市产业经济研究院
Institute of Industrial Economy, Chongqing Technology and Business University

所 属 类 别 / 高校智库
主 管 单 位 / 重庆工商大学
成 立 时 间 / 2005 年 1 月
第一负责人 / 李敬
合 作 机 构 / 重庆工商大学、重庆社会科学院、重庆邮电大学、重庆交通大学
办 公 地 址 / 重庆市南岸区学府大道 19 号（400067）
电话(传真) / 023 - 62769900（023 - 62769515）
邮　　箱 /
网　　址 / https://iie. ctbu. edu. cn/index. htm
主要研究领域：
产业发展与政策；物流业；国有企业改革与工业经济

231 重庆交通大学西部交通与经济社会发展研究中心
Western China Transportation - Economy - Society Development Study Center, Chongqing Jiaotong University

所 属 类 别 / 高校智库
主 管 单 位 / 重庆交通大学
成 立 时 间 / 2000 年
第一负责人 / 黄承锋
合 作 机 构 /
办 公 地 址 / 重庆市南岸区学府大道 66 号 明德楼 B 栋 4 层（400074）
电话(传真) / 023 - 62651999
邮　　箱 / wtdsc@ cqjtu. edu. cn
网　　址 / http://wtdsc. cqjtu. edu. cn/index. htm
主要研究领域：交通可持续发展；交通、经济、社会可持续发展关系

C

232 **重庆社会科学院（重庆市人民政府发展研究中心）**
Chongqing Academy of Social Sciences

所 属 类 别 / 科研院所智库
主 管 单 位 / 中共重庆市委、重庆市政府
成 立 时 间 / 1987 年 3 月
第一负责人 / 张波
合 作 机 构 /
办 公 地 址 / 重庆市江北区桥北村 270 号（400020）
电话(传真) / 023 - 67992023（023 - 67992028）
邮　　箱 /
网　　址 / http://www.cqass.net.cn/index
主要研究领域：
农村发展；城市发展；产业经济；区域经济；公共政策；装备制造业；公共财政；开放性金融；科技创新；宗教与社会；和谐重庆；非公有经济；现代文化产业发展；国民经济运行与可持续发展

233 **重庆市经济信息中心（重庆市综合经济研究院）**

所 属 类 别 / 党政智库—省/区/市政府所属
主 管 单 位 / 重庆市发展和改革委员会
成 立 时 间 / 2016 年
第一负责人 / 易小光
合 作 机 构 /
办 公 地 址 / 重庆市渝北区黄泥塝黄龙路 18 号（400017）
电话(传真) / 023 - 67085540
邮　　箱 / bangs@cqcei.cn
网　　址 / http://www.cqcei.cn
主要研究领域：
宏观经济分析预测；重大改革事项决策咨询服务；公共资源产品的咨询评估、政务信息资源开发服务

234 **重庆市人民政府参事室**

所 属 类 别 / 党政智库—省/区/市政府所属
主 管 单 位 / 重庆市政府
成 立 时 间 / 1953 年 10 月
第一负责人 / 欧顺清
合 作 机 构 /
办 公 地 址 / 重庆市渝中区人民路 232 号（400015）
电话(传真) / 023 - 63862253
邮　　箱 / cqszfcss@126.com
网　　址 /
主要研究领域：重庆市发展战略

235 重庆市社会科学界联合会
Chongqing Federation of Social Sciences

所 属 类 别／社会智库—社会团体
主 管 单 位／中共重庆市委、重庆市政府
成 立 时 间／1982 年 3 月
第一负责人／张鸣
合 作 机 构／
办 公 地 址／重庆市江北区建新东路 3 号百业兴大厦 28 层（400020）
电话(传真)／023－67731880
邮　　箱／cqssklbgs@163.com
网　　址／http://www.cqskl.com
主要研究领域：
重庆社会主义现代化建设

236 重庆邮电大学网络社会发展问题研究中心

所 属 类 别／高校智库
主 管 单 位／重庆邮电大学
成 立 时 间／2004 年
第一负责人／陈纯柱
合 作 机 构／
办 公 地 址／重庆市南岸区崇文路 2 号（400065）
电话(传真)／
邮　　箱／
网　　址／http://wlsh.cqupt.edu.cn/index.htm
主要研究领域：
网络文化；信息法学；网络经济

237 创新中国智库
China Innovation Thinktank

所 属 类 别／合作智库—多方合作
主 管 单 位／中国科学报社
成 立 时 间／2014 年 11 月
第一负责人／王志珍
合 作 机 构／中国科学报社、中国科技发展战略研究院、农业农村部农村经济研究中心、中国社会科学院工业经济研究所、“千人计划”专家联谊会、北京大学等
办 公 地 址／北京市海淀区中关村南一条乙 3 号中国科学报社（100190）
电话(传真)／010－62580800
邮　　箱／
网　　址／
主要研究领域：国家创新驱动发展战略

C

238 大连海事大学国际海事公约研究中心
International Maritime Conventions Research Center of Dalian Maritime University

所 属 类 别 / 高校智库
主 管 单 位 / 大连海事大学
成 立 时 间 / 2004 年 7 月
第一负责人 / 张仁平
合 作 机 构 /
办 公 地 址 / 辽宁省大连市甘井子区凌海路 1 号大连海事大学综合楼（116026）
电话(传真) / 0411 - 84726138（0411 - 84726138）
邮　　箱 / imcrcdmu@ 163. com
网　　址 / http://imcrc. dlmu. edu. cn
主要研究领域：
国际海事公约前瞻性及国内履约；海事相关国际组织动态；国际海事发展战略

239 大连理工大学港口发展研究中心
Research Center for Port Development Dalian University of Technology

所 属 类 别 / 高校智库
主 管 单 位 / 大连理工大学
成 立 时 间 / 2004 年 4 月
第一负责人 / 洪承礼
合 作 机 构 /
办 公 地 址 / 辽宁省大连市甘井子区凌工路 2 号大连理工大学综合实验 3 号楼 415 室（116024）
电话(传真) / 0411 - 84707174（0411 - 84707174）
邮　　箱 / port_ dlut@ 163. com
网　　址 / http://port. dlut. edu. cn
主要研究领域：
港口规划；港口物流；港口工程设计

240 大连理工大学高等教育研究院
Dalian University of Technology Graduate School of Education

所 属 类 别 / 高校智库
主 管 单 位 / 大连理工大学
成 立 时 间 / 2015 年 4 月
第一负责人 / 姜华
合 作 机 构 /
办 公 地 址 / 辽宁省大连市甘井子区凌工路 2 号（116024）
电话(传真) / 0411 - 84707273
邮　　箱 / liyifei@ dlut. edu. cn
网　　址 / http://gdjyyjzx. dlut. edu. cn
主要研究领域：
高等教育战略与政策；大学组织与管理；大学课程与教学；国际与比较高等教育

241 大连民族大学东北少数民族研究院

所 属 类 别 / 高校智库
主 管 单 位 / 大连民族大学
成 立 时 间 / 2005 年
第一负责人 / 张利国
合 作 机 构 /
办 公 地 址 / 辽宁省大连市金州新区辽河西路 18 号 (116600)
电话(传真) / 0411 - 87656297 (0411 - 87656297)
邮　　箱 /
网　　址 / https://www.dlnu.edu.cn/national
主要研究领域:
中国东北地区及内蒙古东部少数民族的历史、文化、生态、经济和社会发展

242 电子科技大学四川省区域公共管理信息化研究中心

所 属 类 别 / 高校智库
主 管 单 位 / 电子科技大学
成 立 时 间 / 2011 年 11 月
第一负责人 / 祝小宁
合 作 机 构 /
办 公 地 址 / 四川省成都市高新西区西源大道 2006 号电子科技大学清水河校区综合楼 4 层 (611731)
电话(传真) / 028 - 61831213
邮　　箱 / qygggl xxh@163.com
网　　址 / http://rpai.uestc.edu.cn
主要研究领域:
区域公共服务信息化; 区域社会管理信息化

243 电子科技大学中国文化产业战略研究中心

所 属 类 别 / 高校智库
主 管 单 位 / 电子科技大学
成 立 时 间 / 2011 年 12 月
第一负责人 / 谢梅
合 作 机 构 /
办 公 地 址 / 四川省成都市高新西区西源大道 2006 号综合楼 413 室 (611731)
电话(传真) / 028 - 61831117 (028 - 61831117)
邮　　箱 / rcci@tsinghua.edu.cn
网　　址 /
主要研究领域:
文化产业发展; 文化软实力; 文化体制改革; 信息化战略与信息资源管理; 文化政策

244 东北财经大学东北亚经济研究院
Northeast Asia Economic Research Institute, Dongbei University of Finance and Economics

所 属 类 别 / 高校智库
主 管 单 位 / 东北财经大学
成 立 时 间 / 2018 年 7 月
第一负责人 / 王洪章
合 作 机 构 /
办 公 地 址 / 辽宁省大连市沙河口区尖山街 217 号之远楼（116025）
电话(传真) / 0411 - 84713519
邮　　箱 / naeri@ dufe. edu. cn
网　　址 /
主要研究领域：
东北振兴与开放；东北亚区域经济合作

245 东北大学中国东北振兴研究院
China Academy of Northeast Revitalization

所 属 类 别 / 合作智库
主 管 单 位 / 东北大学
成 立 时 间 / 2015 年 10 月
第一负责人 / 赵继、迟福林
合 作 机 构 / 中国（海南）改革发展研究院、东北大学
办 公 地 址 / 辽宁省沈阳市浑南区创新路 195 号（110169）
电话(传真) / 024 - 83656509（024 - 83689000）
邮　　箱 / zgdbzxyjy@ 126. com
网　　址 / http://canr. neu. edu. cn
主要研究领域：
东北振兴理论和政策

246 东北林业大学环境与资源保护法研究中心
Research Center for Environment and Resources Protection Law in Northeast Forestry University

所 属 类 别 / 高校智库
主 管 单 位 / 东北林业大学
成 立 时 间 / 2005 年
第一负责人 / 王宏巍
合 作 机 构 /
办 公 地 址 / 黑龙江省哈尔滨市香坊区和兴路 26 号（150040）
电话(传真) / 0451 - 82191527（0451 - 82191527）
邮　　箱 / nefufxwh@ 163. com
网　　址 /
主要研究领域：
森林法；野生动物保护法；自然保护区法；湿地保护法；环境行政法；生态法

247 东北农业大学新农村发展研究院

所属类别／高校智库
主管单位／东北农业大学
成立时间／2012 年 4 月
第一负责人／朱志猛
合作机构／
办公地址／黑龙江省哈尔滨市香坊区木材街 59 号（150030）
电话(传真)／0451－55190828
邮　　箱／
网　　址／http://xnc.neau.edu.cn
主要研究领域：
区域现代化大农业发展；新农村建设

248 东北师范大学东亚研究院

所属类别／高校智库
主管单位／东北师范大学
成立时间／2004 年
第一负责人／韩东育
合作机构／
办公地址／吉林省长春市南关区人民大街 5268 号（130024）
电话(传真)／0431－85098739（0431－85098587）
邮　　箱／handy916@nenu.edu.cn
网　　址／
主要研究领域：
东亚形势；东亚文明

249 东北师范大学女性研究中心
Women Research Center of Northeast Normal University

所属类别／高校智库
主管单位／东北师范大学
成立时间／1993 年 10 月
第一负责人／马晓燕
合作机构／
办公地址／吉林省长春市南关区人民大街 5268 号（130024）
电话(传真)／0431－85099505（0431－85690012）
邮　　箱／cheny@nenu.edu.cn
网　　址／http://wzhongxin.nenu.edu.cn
主要研究领域：
性别社会学；女性教育；女性心理；女性学；婚姻与家庭；中国女性现实与发展；中外女性比较研究；马克思主义女性理论；老龄与福祉

250 东北师范大学思想政治教育研究中心

所 属 类 别 / 高校智库
主 管 单 位 / 东北师范大学
成 立 时 间 / 2007 年
第一负责人 / 杨晓慧
合 作 机 构 /
办 公 地 址 / 吉林省长春市南关区人民大街 5268 号 (130024)
电话(传真) / 0431 - 85099705
邮　　箱 /
网　　址 / http://sjzx. nenu. edu. cn/ThinkInTeacher/frontcode/pages
主要研究领域:
大学生思想政治教育; 社会主义核心价值体系与青年研究

251 东北师范大学中国农村教育发展研究院
China Institute of Rural Education Development, Northeast Normal University

所 属 类 别 / 高校智库
主 管 单 位 / 东北师范大学
成 立 时 间 / 1999 年 8 月
第一负责人 / 邬志辉
合 作 机 构 /
办 公 地 址 / 吉林省长春市人民大街 5268 号 (130024)
电话(传真) / 0431 - 85099422 (0431 - 85684171)
邮　　箱 / rire@ nenu. edu. cn
网　　址 / http://ire. nenu. edu. cn
主要研究领域:
基础教育政策; 基础教育改革

252 东南大学国家发展与政策研究院
National School of Development and Policy, Southeast University

所 属 类 别 / 高校智库
主 管 单 位 / 东南大学
成 立 时 间 / 2016 年 11 月
第一负责人 / 华生
合 作 机 构 /
办 公 地 址 / 北京市海淀区北四环中路 211 号太极大厦 9 层
电话(传真) /
邮　　箱 /
网　　址 / https://ind. seu. edu. cn
主要研究领域:
发展改革与创新; 人口与健康; 生态文明; 公共安全

253 东南大学中国特色社会主义发展研究院
Institute for the Development of Socialism with Chinese Characteristics, Southeast University

所属类别／高校智库
主管单位／东南大学
成立时间／2015年11月
第一负责人／郭广银
合作机构／
办公地址／江苏省南京市玄武区四牌楼2号东南大学（210096）
电话(传真)／025－83790371（025－83790371）
邮　　箱／
网　　址／
主要研究领域：
社会主义理论创新和教育；创新驱动发展；党的建设与国家治理现代化；中国特色社会主义发展道路；城乡空间发展与江苏新型城镇化；中国特色社会主义在全国特别是江苏的发展状况调查研究

254 东南大学中国艺术发展评价研究院

所属类别／高校智库
主管单位／东南大学
成立时间／2015年
第一负责人／甘锋
合作机构／
办公地址／江苏省南京市玄武区四牌楼2号东南大学（210096）
电话(传真)／
邮　　箱／
网　　址／
主要研究领域：
艺术学评价；艺术大数据与数字人文；文艺评论

255 东南大学最高人民法院司法大数据研究基地
Research Base for Judicial Big Data of Supreme Court, Southeast University

所属类别／合作智库
主管单位／东南大学
成立时间／2016年7月
第一负责人／刘艳红
合作机构／江苏省高级人民法院、东南大学
办公地址／江苏省南京市江宁区东南大学九龙湖校区法学院（211189）
电话(传真)／
邮　　箱／
网　　址／
主要研究领域：司法政策；司法大数据

D

256 东南亚执法研究中心

所属类别 / 高校智库
主管单位 / 云南警官学院
成立时间 / 2018 年 10 月
第一负责人 / 李刚
合作机构 /
办公地址 / 云南省昆明市五华区教场北路 249 号（650223）
电话(传真) / 0871 - 65188018
邮　　箱 /
网　　址 /
主要研究领域：
国际警务执法合作新模式

257 东吴智库
Soochow University Think Tank

所属类别 / 社会智库—民办非企业
主管单位 / 苏州大学
成立时间 / 2011 年
第一负责人 / 田晓明
合作机构 /
办公地址 / 江苏省苏州市十梓街 1 号子实堂 207 室（215006）
电话(传真) / 0512 - 65225275（0512 - 65222481）
邮　　箱 / ttzhang@ suda. edu. cn
网　　址 / http://sutt. suda. edu. cn
主要研究领域：
城镇化与城市发展；城市经济与管理；城市与社会治理；城市文化与传播；城市规划与建设

258 东中西部区域发展和改革研究院
China Region Development & Reform Institute

所属类别 / 党政智库—国务院组成部门所属
主管单位 / 国家民族事务委员会
成立时间 / 2002 年 9 月
第一负责人 / 于今
合作机构 /
办公地址 / 北京市朝阳区朝阳门外大街 3 号（100007）
电话(传真) / 010 - 65524405（010 - 66051655）
邮　　箱 / kxfzg2008@ vip. 163. com
网　　址 /
主要研究领域：
国家政治战略；宏观经济；公共政策；区域与城市发展战略；全球化与国际问题

259 对外经济贸易大学国际经济研究院
Institute of International Economy, University of International Business and Economics

所属类别 / 高校智库
主管单位 / 对外经济贸易大学
成立时间 / 1982 年 10 月
第一负责人 / 桑百川
合作机构 /
办公地址 / 北京市朝阳区惠新东街 10 号对外经济贸易大学科研楼 11 层（100029）
电话(传真) / 010 - 64492251（010 - 64493899）
邮　　箱 /
网　　址 / http://iie.uibe.edu.cn
主要研究领域：
世界经济；国际区域经济合作；国别经济；国际贸易；国际投资；台港澳地区经济

260 对外经济贸易大学国家对外开放研究院
Academy of China Open Economy Studies, UIBE

所属类别 / 高校智库
主管单位 / 对外经济贸易大学
成立时间 / 2017 年 8 月
第一负责人 / 夏文斌
合作机构 /
办公地址 / 北京市朝阳区惠新东街 10 号对外经济贸易大学科研楼 602 室（100029）
电话(传真) / 010 - 64494672（010 - 64494672）
邮　　箱 / guokaiyuan@uibe.edu.cn
网　　址 / http://acoes.uibe.edu.cn
主要研究领域：
国家对外开放基础理论；中国经验及中国模式的普遍性；中国对外开放面临的中期和长期挑战及战略抉择；服务政府和社会的应急性

261 对外经济贸易大学全球价值链研究院
Research Institute for Global Value Chains, University of International Bussiness and Economics

所属类别 / 高校智库
主管单位 / 对外经济贸易大学
成立时间 / 2015 年 5 月
第一负责人 / 武雅斌
合作机构 /
办公地址 / 北京市朝阳区惠新东街 10 号对外经济贸易大学（100029）
电话(传真) /
邮　　箱 /
网　　址 / http://rigvc.uibe.edu.cn
主要研究领域：
全球价值链；国际贸易谈判；产业结构调整升级；企业战略决策制定

262 对外经济贸易大学现代服务业研究中心
China Service Industry Research Center of University of International Business and Economics

所 属 类 别 / 高校智库
主 管 单 位 / 对外经济贸易大学
成 立 时 间 /
第一负责人 / 陈进
合 作 机 构 /
办 公 地 址 / 北京市朝阳区惠新东街 10 号对外经济贸易大学博学楼（100029）
电话(传真) / 010 - 64495013
邮　　箱 / dsjzw@ uibe. edu. cn
网　　址 / http://www. uibe. org
主要研究领域:
现代产业发展规划；现代产业园建设和企业项目运行方案；电子商务；科技金融；智慧商业和新兴产业发展

263 对外经济贸易大学中国—俄罗斯独联体研究中心

所 属 类 别 / 合作智库—政校合作
主 管 单 位 / 黑龙江省政府经济研究中心、对外经济贸易大学
成 立 时 间 / 2003 年 3 月
第一负责人 / 秦宣仁
合 作 机 构 / 黑龙江省政府经济研究中心、对外经济贸易大学
办 公 地 址 / 北京市朝阳区惠新东街 10 号对外经济贸易大学博学楼 7 层（100029）
电话(传真) / 010 - 64492251（010 - 64493899）
邮　　箱 / ccrcis@ china. com
网　　址 /
主要研究领域: 俄罗斯、中亚及独联体其他成员国政治、经济、外交等

264 对外经济贸易大学中国国际低碳经济研究所
Institute of Global Low - carbon Economy

所 属 类 别 / 合作智库—中外合作
主 管 单 位 / 对外经济贸易大学
成 立 时 间 / 2019 年 3 月
第一负责人 / 薛进军
合 作 机 构 / 对外经济贸易大学、日本名古屋大学
办 公 地 址 / 北京市朝阳区惠新东街 10 号对外经济贸易大学国际经济贸易学院国际低碳经济研究所（100029）
电话(传真) / 010 - 64493306
邮　　箱 /
网　　址 /
主要研究领域: 低碳经济理论与模型创新；低碳发展政策；低碳城市建设；气候变化对策；能源战略

265 对外经济贸易大学中国企业国际化经营研究中心
The Research Centre for Internationalization of Chinese Enterprises, UIBE

所 属 类 别 / 高校智库
主 管 单 位 / 对外经济贸易大学
成 立 时 间 / 2008 年 10 月
第一负责人 / 张新民
合 作 机 构 /
办 公 地 址 / 北京市朝阳区惠新东街 10 号对外经济贸易大学诚信楼 711 室、714 室 (100029)
电话(传真) / 010 - 64494028
邮　　箱 / uibe_center@126.com
网　　址 /
主要研究领域:
企业国际化经营

266 对外经济贸易大学中国世界贸易组织研究院
China Institute for WTO Studies of University of International Business and Economics

所 属 类 别 / 高校智库
主 管 单 位 / 对外经济贸易大学
成 立 时 间 / 1991 年 5 月
第一负责人 / 屠新泉
合 作 机 构 /
办 公 地 址 / 北京市朝阳区惠新里东街 10 号对外经济贸易大学逸夫科研楼 5 层 (100029)
电话(传真) / 010 - 64495778 (010 - 64495779)
邮　　箱 / ciwto_uibe@163.com
网　　址 / http://ciwto.uibe.edu.cn
主要研究领域:
世界贸易组织规则体系和运行机制

267 对外经济贸易大学租赁研究中心
Leasing Research Center, University of International Business and Economics

所 属 类 别 / 高校智库
主 管 单 位 / 对外经济贸易大学
成 立 时 间 / 2001 年 4 月
第一负责人 / 史燕平
合 作 机 构 /
办 公 地 址 / 北京市朝阳区惠新东街 10 号对外经济贸易大学博学楼 1114 室 (100029)
电话(传真) / 010 - 88191433
邮　　箱 / leases@163.com
网　　址 /
主要研究领域: 融资租赁

268 福建农林大学茶产业发展研究中心

所属类别 / 高校智库
主管单位 / 福建农林大学
成立时间 / 2015 年 5 月
第一负责人 / 范水生
合作机构 /
办公地址 / 福建省福州市仓山区上下店路 15 号（350002）
电话(传真) /
邮　　箱 /
网　　址 /
主要研究领域：
茶产业发展战略；茶庄园规划与建设；茶叶经济与电子商务；茶叶创意与品牌设计；茶文化与旅游

269 福建农林大学海峡两岸休闲农业发展研究中心

所属类别 / 高校智库
主管单位 / 福建农林大学
成立时间 / 2014 年 5 月
第一负责人 / 朱朝枝
合作机构 /
办公地址 / 福建省福州市仓山区上下店路 15 号（350002）
电话(传真) / 0591 - 83845176
邮　　箱 /
网　　址 /
主要研究领域：
休闲农业与土地利用；休闲农业与生态文明；休闲农业产业政策；休闲农业规划设计；两岸休闲农业协同发展

270 福建农林大学南太平洋岛国研究中心

Research Center for South Pacific Island Countries, Fujian Agriculture and Forestry University

所属类别 / 合作智库
主管单位 / 福建农林大学
成立时间 / 2017 年 6 月
第一负责人 / 庄佩芬
合作机构 / 教育部、福建农林大学
办公地址 / 福建省福州市仓山区上下店路 15 号（350002）
电话(传真) / 0591 - 86398151
邮　　箱 /
网　　址 / https://net. fafu. edu. cn/rcspic
主要研究领域：南太平洋岛国国际援助与合作；南太平洋岛国对外经贸及法律制度；南太平洋岛国国际关系；南太平洋岛国人文教育；南太平洋岛国旅游与发展

F

271 福建农林大学区域特色发展研究院

所 属 类 别 / 高校智库
主 管 单 位 / 福建农林大学
成 立 时 间 / 2012 年 10 月
第一负责人 / 郑庆昌
合 作 机 构 /
办 公 地 址 / 福建省福州市仓山区上下店路 15 号（350002）
电话(传真) / 0591 - 88261383
邮　　箱 /
网　　址 /
主要研究领域:
区域特色发展理论；海峡西岸经济区建设与福建发展战略；创新驱动与产业发展；新型城镇化与农村发展

272 福建农林大学乡村旅游研究中心

所 属 类 别 / 高校智库
主 管 单 位 / 福建农林大学
成 立 时 间 / 2015 年 3 月
第一负责人 / 陈秋华
合 作 机 构 /
办 公 地 址 / 福建省福州市仓山区上下店路 15 号（350002）
电话(传真) / 0591 - 83748972
邮　　箱 /
网　　址 /
主要研究领域:
闽台乡村旅游合作；生态文明与美丽乡村建设；乡村旅游产业经济

273 福建社会科学院
Fujian Academy of Social Sciences

所 属 类 别 / 科研院所智库
主 管 单 位 / 中共福建省委、福建省政府
成 立 时 间 / 1978 年 2 月
第一负责人 / 张帆
合 作 机 构 /
办 公 地 址 / 福建省福州市鼓楼区柳河路 18 号（350001）
电话(传真) / 0591 - 83791486
邮　　箱 /
网　　址 / http://www.fass.net.cn
主要研究领域:
科学发展观；社会主义和谐社会；海峡西岸经济区

274 福建省经济信息中心

所属类别 / 党政智库—省/区/市政府所属
主管单位 / 福建省发展和改革委员会
成立时间 / 1988 年 1 月
第一负责人 / 蔡荣富
合作机构 /
办公地址 / 福建省福州市鼓楼区屏西路 27 号（350003）
电话(传真) / 0591 - 86303728（0591 - 86303737）
邮　　箱 / chenrh@ fujian. gov. cn
网　　址 / http://xxzx. fujian. gov. cn
主要研究领域：
经济指标监测、预测和预警；国民经济与社会发展中长期规划；数字福建；电子政务；温室气体排放；适应气候变化；信息安全

275 福建省人民政府发展研究中心
Development Research Center of Fujian Provincial People's Government

所属类别 / 党政智库—省/区/市政府所属
主管单位 / 福建省政府
成立时间 / 1983 年
第一负责人 / 林向东
合作机构 /
办公地址 / 福建省福州市鼓楼区华林路 76 号省政府大院 8 号（350003）
电话(传真) / 0591 - 87855618（0591 - 87826001）
邮　　箱 / yzzx6363@ 163. com
网　　址 / http://www. fjdrc. org. cn
主要研究领域：
福建经济社会中长期发展战略；产业经济；财政金融；对外经济；社会发展

276 福建省社会科学界联合会
Fujian Federation of Social Science Circles

所属类别 / 社会智库—社会团体
主管单位 / 中共福建省委
成立时间 / 1978 年 7 月
第一负责人 / 邢善萍
合作机构 /
办公地址 / 福建省福州市鼓楼区柳河路 83 号（350001）
电话(传真) / 0591 - 83791490
邮　　箱 / admin@ fjskl. com. cn
网　　址 / https://www. fjskl. org. cn
主要研究领域：
社会主义经济、政治、文化、社会、生态文明建设

F

277 福建师范大学竞争力研究中心

所属类别／合作智库—政校合作
主管单位／福建师范大学
成立时间／2006 年 1 月
第一负责人／李建平
合作机构／福建师范大学、国务院发展研究中心管理世界杂志社、福建省人民政府发展研究中心
办公地址／福建省福州市仓山区上三路 32 号（福建师范大学仓山校区文科楼 9 层）（350007）
电话(传真)／0591－83423549（0591－83465205）
邮　　箱／fjnujzl@ sina. com
网　　址／
主要研究领域：省域经济综合竞争力；环境竞争力；国家创新竞争力；低碳经济竞争力；创意经济竞争力

278 福州大学决策科学研究所
Decision Sciences Institute, Fuzhou University

所属类别／高校智库
主管单位／福州大学
成立时间／2008 年 9 月
第一负责人／王应明
合作机构／
办公地址／福建省福州市大学新区学园路 2 号（350116）
电话(传真)／0591－22866677
邮　　箱／ymwang@ fzu. edu. cn
网　　址／http://dsi. fzu. edu. cn
主要研究领域：决策科学；科技创新

279 福州大学软科学研究所
Institute of Soft Science Fuzhou University

所属类别／高校智库
主管单位／福州大学
成立时间／1987 年
第一负责人／郗永勤
合作机构／
办公地址／福建省福州市鼓楼区工业路 523 号（350002）
电话(传真)／0591－87893307（0591－87893307）
邮　　箱／iss@ fzu. edu. cn
网　　址／http://iss. fzu. edu. cn
主要研究领域：区域和企业发展战略与规划；海峡两岸科技交流与合作；系统科学理论与方法；高技术产业化；科技管理；科技创新与政策；人力资源开发

280 福州大学循环经济研究中心

所 属 类 别 / 高校智库
主 管 单 位 / 福州大学
成 立 时 间 /
第一负责人 / 郗永勤
合 作 机 构 /
办 公 地 址 / 福建省福州市闽侯县大学新区学园路 2 号（350108）
电话(传真) / 0591 - 22866677
邮　　箱 / fzucerc@ 163. com
网　　址 /
主要研究领域:
循环经济；环境保护；生态文明

281 阜阳师范大学安徽优秀传统文化研究中心
The Center of Excellent Traditional Culture Research in Anhui, Fuyang Normal University

所 属 类 别 / 高校智库
主 管 单 位 / 阜阳师范大学
成 立 时 间 / 2015 年 12 月
第一负责人 / 吴海涛
合 作 机 构 /
办 公 地 址 / 安徽省阜阳市清河东路 741 号（236041）
电话(传真) / 0558 - 2595776
邮　　箱 /
网　　址 /
主要研究领域:
皖北地区传统文化的挖掘与整理；皖北地区非物质文化遗产保护与传承研究；皖北地区形象建构与传播；皖北地区文化事业与文化产业协调与发展

282 阜阳师范大学农民工研究中心
The Center for Migrant Workers Studies, Fuyang Normal University

所 属 类 别 / 高校智库
主 管 单 位 / 阜阳师范大学
成 立 时 间 / 2003 年 10 月
第一负责人 / 韦向阳
合 作 机 构 /
办 公 地 址 / 安徽省阜阳市清河东路 741 号（236041）
电话(传真) / 0558 - 2593576
邮　　箱 /
网　　址 /
主要研究领域:
农民工问题

283 阜阳师范大学皖北文化研究中心

The Center of Cultural Research in Northern Anhui, Fuyang Normal University

所 属 类 别 / 高校智库
主 管 单 位 / 阜阳师范大学
成 立 时 间 / 2003 年 10 月
第一负责人 / 吴海涛
合 作 机 构 /
办 公 地 址 / 安徽省阜阳市清河东路 741 号（236041）
电话(传真) / 0558 - 2595026
邮　　箱 /
网　　址 /
主要研究领域：
颍淮文化；阜宿方言；管子经济思想

284 复旦大学城市发展研究院

Urban Development Institute of Fudan University

所 属 类 别 / 高校智库
主 管 单 位 / 复旦大学
成 立 时 间 / 2014 年 11 月
第一负责人 / 梁鸿
合 作 机 构 /
办 公 地 址 / 上海市杨浦区邯郸路 220 号（200433）
电话(传真) /
邮　　箱 /
网　　址 / http://www.udi.fudan.edu.cn
主要研究领域：
城镇化发展中的人口、治理、生态、安全、文化等

285 复旦大学城市规划与发展研究中心

Research Center for Urban Planning and Development of Fudan University

所 属 类 别 / 高校智库
主 管 单 位 / 复旦大学
成 立 时 间 / 2006 年
第一负责人 / 王新军
合 作 机 构 /
办 公 地 址 / 上海市杨浦区邯郸路 220 号（200433）
电话(传真) /
邮　　箱 /
网　　址 / http://www.urbanplanning.fudan.edu.cn
主要研究领域：
城市空间与交通一体化规划；城市空间发展与城市经济发展关系探索；低碳城市规划；城市规划决策支持系统开发

F

286 复旦大学城市环境管理研究中心

所属类别 / 合作智库—政校合作
主管单位 / 上海市市容环境卫生管理局、复旦大学
成立时间 / 2006 年 5 月
第一负责人 / 戴星翼
合作机构 / 上海市市容环境卫生管理局、复旦大学
办公地址 / 上海市杨浦区邯郸路 220 号（200433）
电话(传真) /
邮　　箱 /
网　　址 /
主要研究领域：
公共政策与公共选择；循环经济；城市景观与环境管理；低端经济活动与城市形象管理；城市景观管理标准；大都市郊区农村的环境建设

287 复旦大学东方管理研究院
Institute of Oriental Management, Fudan University

所属类别 / 高校智库
主管单位 / 复旦大学
成立时间 / 2013 年 10 月
第一负责人 / 苏勇
合作机构 /
办公地址 / 上海市杨浦区国顺路 670 号李达三楼 804 室（200433）
电话(传真) / 021 - 25011354（021 - 65643920）
邮　　箱 / iom@fudan.edu.cn
网　　址 / http://www.iom.fudan.edu.cn
主要研究领域：
东方管理思想；东方公共管理；东方社会管理；世界各地华商、华人企业管理；跨文化管理；中国商业形态、商业制度、商业模式

288 复旦大学复旦发展研究院
Fudan Development Institute, Fudan University

所属类别 / 高校智库
主管单位 / 复旦大学
成立时间 / 1993 年 2 月
第一负责人 / 许宁生
合作机构 /
办公地址 / 上海市杨浦区邯郸路 220 号复旦大学智库楼（200433）
电话(传真) / 021 - 55670203（021 - 55670203）
邮　　箱 / fdifudan@fudan.edu.cn
网　　址 / http://fddi.fudan.edu.cn
主要研究领域：国家与上海发展

F

289 复旦大学高等教育研究所
Research Institute for Higher Education, Fudan University

所 属 类 别 / 高校智库
主 管 单 位 / 复旦大学
成 立 时 间 / 1986 年
第一负责人 / 高国希
合 作 机 构 /
办 公 地 址 / 上海市杨浦区邯郸路 220 号光华楼东主楼 2422 室（200433）
电话(传真) / 021 - 65641173
邮　　箱 / fdgjs@ fudan. edu. cn
网　　址 / http://www. ihe. fudan. edu. cn
主要研究领域：
高等教育；教育经济与管理

290 复旦大学公共管理与公共政策研究国家哲学社会科学创新基地

所 属 类 别 / 高校智库
主 管 单 位 / 复旦大学
成 立 时 间 / 2005 年 12 月
第一负责人 / 彭希哲
合 作 机 构 /
办 公 地 址 / 上海市杨浦区邯郸路 220 号复旦大学文科楼 8 层（200433）
电话(传真) / 021 - 55665364（021 - 55665211）
邮　　箱 / gljd@ fudan. edu. cn
网　　址 / http://www. gljd. fudan. edu. cn
主要研究领域：
人口、健康与公共卫生政策；人口与发展的基本态势与社会政策；超大规模社会的公共管理理论与体制机制

291 复旦大学国际公共关系研究中心
International Public Relations Research Center of Fudan University

所 属 类 别 / 高校智库
主 管 单 位 / 复旦大学
成 立 时 间 / 2005 年 4 月
第一负责人 / 孟建
合 作 机 构 /
办 公 地 址 / 上海市杨浦区国定路 400 号复旦大学新闻学院内（200433）
电话(传真) / 021 - 55664695（021 - 55664695）
邮　　箱 / mediamj@ 163. net
网　　址 /
主要研究领域：
国家、城市软实力；国家、城市形象战略；公共外交；公共关系；文化战略与文化产业；政府与企业危机传播管理；新闻发布与新闻发言人

292 复旦大学国际问题研究院
Institution of International Studies, Fudan University

所 属 类 别 / 高校智库
主 管 单 位 / 复旦大学
成 立 时 间 / 2000 年
第一负责人 / 沙祖康
合 作 机 构 /
办 公 地 址 / 上海市杨浦区国权路 680 号（200433）
电话(传真) / 021 - 55664940（021 - 55664941）
邮　　箱 / iis@ fudan. edu. cn
网　　址 / http://www. iis. fudan. edu. cn
主要研究领域:
美国、日本、朝鲜、韩国、俄罗斯、南亚巴基斯坦、法国问题研究；中欧关系；亚太区域合作与治理；国际组织；中国与周边国家关系；中国人文外交

293 复旦大学国土资源经济研究中心

所 属 类 别 / 合作智库—政校合作
主 管 单 位 / 上海市规划和自然资源局、复旦大学
成 立 时 间 / 2010 年 1 月
第一负责人 / 戴星翼
合 作 机 构 / 上海市规划和自然资源局、复旦大学
办 公 地 址 / 上海市杨浦区邯郸路 220 号复旦大学环境科学与工程系（200433）
电话(传真) / 021 - 55665633
邮　　箱 / xqshi@ fudan. edu. cn
网　　址 /
主要研究领域:
国土资源经济；土地管理与利用

294 复旦大学环境经济研究中心
Center for Environment Economics Studies, Fudan University

所 属 类 别 / 高校智库
主 管 单 位 / 复旦大学
成 立 时 间 / 2000 年 11 月
第一负责人 / 李志青
合 作 机 构 /
办 公 地 址 / 上海市杨浦区邯郸路 220 号复旦大学 11 号楼 217 室（200433）
电话(传真) / 021 - 65643145（021 - 65643145）
邮　　箱 / cees_fudan@ 163. com
网　　址 /
主要研究领域:
可持续发展战略与区域发展规划；中国环境问题的跨学科研究；环境经济

F

295 复旦大学金融研究中心
Financial Research Center, Fudan University

所 属 类 别 / 高校智库
主 管 单 位 / 复旦大学
成 立 时 间 / 2012 年
第一负责人 / 孙立坚
合 作 机 构 /
办 公 地 址 / 上海市杨浦区邯郸路 220 号光华楼东辅楼 701 室（200433）
电话(传真) / 021 - 55664665（021 - 55133817）
邮　　箱 / fdfrc@ fudan. edu. cn
网　　址 / http://www. fdfrc. fudan. edu. cn
主要研究领域：
金融业

296 复旦大学美国研究中心
The Center for American Studies, Fudan University

所 属 类 别 / 高校智库
主 管 单 位 / 复旦大学
成 立 时 间 / 1985 年
第一负责人 / 吴心伯
合 作 机 构 /
办 公 地 址 / 上海市杨浦区邯郸路 220 号复旦大学（200433）
电话(传真) / 021 - 65642269（021 - 65119567）
邮　　箱 / cas@ fudan. edu. cn
网　　址 / http://www. cas. fudan. edu. cn
主要研究领域：
美国问题；中美关系

297 复旦大学欧洲问题研究中心
Centre for European Studies, Fudan University

所 属 类 别 / 高校智库
主 管 单 位 / 复旦大学
成 立 时 间 / 1993 年 1 月
第一负责人 / 丁纯
合 作 机 构 /
办 公 地 址 / 上海市杨浦区邯郸路 220 号（200433）
电话(传真) / 021 - 65642668（021 - 65646456）
邮　　箱 / ces@ fudan. edu. cn
网　　址 / http://www. cesfd. org. cn
主要研究领域：
欧洲经济、政治、法律、社会、文化等

298 复旦大学企业发展与创新管理研究中心

所 属 类 别 / 高校智库
主 管 单 位 / 复旦大学
成 立 时 间 / 2003 年
第一负责人 / 芮明杰
合 作 机 构 /
办 公 地 址 / 上海市杨浦区国顺路 670 号思源楼 328 室（200433）
电话(传真) / 021 -25011100
邮　　箱 / cjx@ fudan. edu. cn
网　　址 / http://www. iie. fudan. edu. cn
主要研究领域：
经济发展；产业发展；结构调整；产业规划与政策

299 复旦大学人口与发展政策研究中心
Fudan University Center for Population and Development Policy Studies

所 属 类 别 / 高校智库
主 管 单 位 / 复旦大学
成 立 时 间 /
第一负责人 / 彭希哲
合 作 机 构 /
办 公 地 址 / 上海市杨浦区邯郸路 220 号复旦大学文科楼 821 室（200433）
电话(传真) / 021 -65643261（021 -65643261）
邮　　箱 / cpdps@ fudan. edu. cn
网　　址 / http://cpdps. fudan. edu. cn
主要研究领域：
人口与发展

F

300 复旦大学社会科学高等研究院
Fudan Institute for Advanced Study in Social Sciences

所 属 类 别 / 高校智库
主 管 单 位 / 复旦大学
成 立 时 间 / 2008 年
第一负责人 / 郭苏建
合 作 机 构 /
办 公 地 址 / 上海市杨浦区邯郸路 220 号光华楼东主楼 2807 室（200433）
电话(传真) / 021 -55665552（021 -55665552）
邮　　箱 / ias_fudan@ 126. com
网　　址 / http://www. ias. fudan. edu. cn
主要研究领域：
社会科学综合问题

301 **复旦大学世界经济研究所**
Institute of World Economy of Fudan University

所 属 类 别 / 高校智库
主 管 单 位 / 复旦大学
成 立 时 间 / 1964 年
第一负责人 / 万广华
合 作 机 构 /
办 公 地 址 / 上海市杨浦区国权路 600 号复旦大学经济学院 7 楼（200433）
电话(传真) / 021 - 65643332
邮　　箱 /
网　　址 / http://www.fdiwe.fudan.edu.cn/index.htm
主要研究领域：
世界经济理论；国际金融；国际贸易；国际投资；区域与国别经济

302 **复旦大学司法与诉讼制度研究中心**
Judicial and Procedural System Research Center of Fudan University

所 属 类 别 / 高校智库
主 管 单 位 / 复旦大学
成 立 时 间 / 2008 年 3 月
第一负责人 / 段厚省
合 作 机 构 /
办 公 地 址 / 上海市杨浦区淞沪路 2005 号（200433）
电话(传真) / 021 - 51630083
邮　　箱 / ypxie@fudan.edu.cn
网　　址 /
主要研究领域：
司法与诉讼制度

303 **复旦大学新闻传播与媒介化社会研究国家哲学社会科学创新基地**
The State Innovative Institute for the Studies of Journalism & Communication and Media Society at Fudan University

所 属 类 别 / 高校智库
主 管 单 位 / 复旦大学
成 立 时 间 / 2006 年 3 月
第一负责人 / 童兵
合 作 机 构 /
办 公 地 址 / 上海市杨浦区国定路 400 号复旦大学新闻学院办公楼 406 室（200433）
电话(传真) / 021 - 55664202（021 - 55664202）
邮　　箱 / fdjc985@gmail.com
网　　址 /
主要研究领域：
当代媒介发展；媒介化社会；传播行为；传播社会调控

F

304 **复旦大学信息与传播研究中心**
Center for Information and Communication Studies, Fudan University

所 属 类 别 / 高校智库
主 管 单 位 / 复旦大学
成 立 时 间 / 1984 年
第一负责人 / 黄旦
合 作 机 构 /
办 公 地 址 / 上海市杨浦区国定路400号复旦大学新闻学院办公楼414室（200433）
电话(传真) / 021-65643743（021-65643743）
邮　　箱 / cics@fudan.edu.cn
网　　址 / http://cics.fudan.edu.cn
主要研究领域:
信息与传播

305 **复旦大学选举与人大制度研究中心**

所 属 类 别 / 高校智库
主 管 单 位 / 复旦大学
成 立 时 间 / 2006 年 12 月
第一负责人 / 桑玉成
合 作 机 构 /
办 公 地 址 / 上海市杨浦区邯郸路220号复旦大学国际关系与公共事务学院（200433）
电话(传真) /
邮　　箱 / editors@fepcc.org
网　　址 /
主要研究领域:
选举与人大制度

306 **复旦大学亚洲研究中心**
Asia Research Center, Fudan University

所 属 类 别 / 高校智库
主 管 单 位 / 复旦大学
成 立 时 间 / 2002 年
第一负责人 / 金光耀
合 作 机 构 /
办 公 地 址 / 上海市邯郸路220号复旦大学光华楼西主楼8层（200433）
电话(传真) / 021-55664196（021-55664259）
邮　　箱 / arcfd@fudan.edu.cn
网　　址 / http://arcfd.fudan.edu.cn
主要研究领域:
亚洲历史、语言、文化艺术、教育、宗教、政治、经济、社会、国际关系等

307 复旦大学知识产权研究中心
The Center for Intellectual Property Study, Fudan University

所 属 类 别 / 高校智库
主 管 单 位 / 复旦大学
成 立 时 间 / 1995 年 5 月
第一负责人 / 张乃根
合 作 机 构 /
办 公 地 址 / 上海市杨浦区淞沪路 2005 号法学楼 410 室（200433）
电话(传真) / 021 - 51630042（021 - 51630112）
邮　　箱 / zhangng@ fudan. edu. cn
网　　址 / http://www. ipcenter. fudan. edu. cn
主要研究领域:
知识产权

308 复旦大学中国经济研究中心
Research Institute of Chinese Economy, Fudan University

所 属 类 别 / 高校智库
主 管 单 位 / 复旦大学
成 立 时 间 / 2013 年 8 月
第一负责人 / 张军
合 作 机 构 /
办 公 地 址 / 上海市杨浦区国权路 680 号（200433）
电话(传真) / 021 - 55665708（021 - 55664872）
邮　　箱 / rice@ fudan. edu. cn
网　　址 / https://rice. fudan. edu. cn
主要研究领域:
经济体制改革；财政与货币政策；产业升级与产业政策；城市化与区域发展；农村经济发展；能源环境与可持续发展

309 复旦大学中国社会主义市场经济研究中心
China Center for Economic Studies, Fudan University

所 属 类 别 / 高校智库
主 管 单 位 / 复旦大学
成 立 时 间 / 2000 年 2 月
第一负责人 / 张军
合 作 机 构 /
办 公 地 址 / 上海市杨浦区国权路 600 号复旦大学经济学院 7 层（200433）
电话(传真) / 021 - 65643054（021 - 65643056）
邮　　箱 / ces@ fudan. edu. cn
网　　址 / https://cces. fudan. edu. cn/index. htm
主要研究领域:
当代中国经济；转型与发展经济学；区域经济学；产业经济学

310 复旦大学中国研究院
China Institute, Fudan University

所 属 类 别 / 高端智库，高校智库
主 管 单 位 / 复旦大学
成 立 时 间 / 2015 年
第一负责人 / 张维为
合 作 机 构 /
办 公 地 址 / 上海市杨浦区邯郸路 220 号复旦大学光华楼东主楼 7 层（200433）
电话(传真) / 021 - 65642227（021 - 55661725）
邮　　箱 / zgyjy@ fudan. edu. cn
网　　址 / http://www. cifu. fudan. edu. cn
主要研究领域:
中国道路；中国模式；中国话语

311 复旦大学中外现代化进程研究中心
The Center for Comparative Studies of Modernization, Fudan University

所 属 类 别 / 高校智库
主 管 单 位 / 复旦大学
成 立 时 间 / 2000 年 3 月
第一负责人 / 章清
合 作 机 构 /
办 公 地 址 / 上海市杨浦区邯郸路 220 号复旦大学光华楼西主楼 1803 室（200433）
电话(传真) / 021 - 55665195（021 - 55665020）
邮　　箱 / fdccsm@ fudan. edu. cn
网　　址 / http://www. modernization. fudan. edu. cn
主要研究领域:
上海现代化国际大都市；中国现代化进程；世界现代化进程；比较文明与比较现代化

312 复旦大学住房政策研究中心
Center For Housing Policy Studies, Fudan University

所 属 类 别 / 高校智库
主 管 单 位 / 复旦大学
成 立 时 间 / 2009 年 7 月
第一负责人 / 许征
合 作 机 构 /
办 公 地 址 / 上海市杨浦区国顺路复旦大学管理学院李达三楼 617 室（200433）
电话(传真) / 021 - 65646690（021 - 65642411）
邮　　箱 / chps@ fudan. edu. cn
网　　址 /
主要研究领域:
住房保障；公共住房政策；住房市场调控；住房金融；国际住房政策比较

313 复旦大学宗教与中国国家安全研究中心

所 属 类 别 / 高校智库
主 管 单 位 / 复旦大学
成 立 时 间 / 2013 年 9 月
第一负责人 / 徐以骅
合 作 机 构 /
办 公 地 址 / 上海市邯郸路 220 号复旦大学文科大楼 609 室（200433）
电话(传真) / 021 - 55665488（021 - 55665488）
邮　　箱 / liuqianjie@ fudan. edu. cn
网　　址 / http://www. rans. fudan. edu. cn
主要研究领域:
宗教与中国国家安全；宗教与当前中外关系和中国对外战略；宗教与中国社会安全和国家建设；当前国内外各种宗教运动和现象

314 复旦丁铎尔中心
Fudan Tyndall Centre

所 属 类 别 / 合作智库—中外合作
主 管 单 位 /
成 立 时 间 / 2000 年
第一负责人 / 陈建民、Trevor Davies
合 作 机 构 / 复旦大学、英国丁铎尔中心
办 公 地 址 / 上海市杨浦区国定路 400 号复旦大学新闻学院综合楼 4 层（200433）
电话(传真) / 021 - 65648728（021 - 65648728）
邮　　箱 / jiangping@ fudan. edu. cn
网　　址 / http://tyndallcentre. fudan. edu. cn
主要研究领域:
全球变化影响综合评估；全球变化背景下经济、能源、人类健康和可持续发展的相互关系

315 甘肃省人民政府参事室

所 属 类 别 / 党政智库—省/区/市政府所属
主 管 单 位 / 甘肃省政府办公厅
成 立 时 间 / 2009 年
第一负责人 / 王华存
合 作 机 构 /
办 公 地 址 / 甘肃省兰州市城关区雁宁路 239 号（730030）
电话(传真) / 0931 - 8580411（0931 - 8580411）
邮　　箱 /
网　　址 /
主要研究领域:
甘肃省发展战略

316 甘肃省社会科学界联合会
Federation of Social Sciences Gansu Province

所 属 类 别 / 社会智库—社会团体
主 管 单 位 /
成 立 时 间 / 1985 年 4 月
第一负责人 / 陈青
合 作 机 构 /
办 公 地 址 / 甘肃省兰州市城关区皋兰路 20 号兴中大厦 14 层 (730030)
电话(传真) / 0931 - 8727705 (0931 - 8727705)
邮　　箱 / gssklbgs@163.com
网　　址 / http://www.gsskl.gov.cn
主要研究领域:
甘肃经济、社会发展

317 甘肃省社会科学院
Gansu Academy of Social Sciences

所 属 类 别 / 科研院所智库
主 管 单 位 / 甘肃省政府
成 立 时 间 / 1978 年
第一负责人 / 王福生
合 作 机 构 /
办 公 地 址 / 甘肃省兰州市安宁区建宁东路 277 号 (730071)
电话(传真) / 0931 - 7766766 (0931 - 7768029)
邮　　箱 /
网　　址 / http://www.gsass.net.cn
主要研究领域:
国情调查; 甘肃省情; 西北创造与发展; 社会政策与人口; 文化产业; 西北民族宗教; 金融发展; 社会政策与社会救助

318 甘肃政法大学法治甘肃建设理论研究中心

所 属 类 别 / 高校智库
主 管 单 位 / 甘肃政法大学
成 立 时 间 /
第一负责人 /
合 作 机 构 /
办 公 地 址 / 甘肃省兰州市安宁区安宁西路 6 号 (730070)
电话(传真) / 0931 - 7652053
邮　　箱 /
网　　址 /
主要研究领域:
法治甘肃建设理论; 法律实务; 法治建设现状科学评估

319 甘肃政法大学甘肃省循环经济与可持续发展法制研究中心

Research Center on Circular Economy and Sustainable Development of Gansu Province, Gansu University of Political Science and Law

所 属 类 别 / 高校智库
主 管 单 位 / 甘肃政法大学
成 立 时 间 /
第一负责人 / 李玉基
合 作 机 构 /
办 公 地 址 / 甘肃省兰州市安宁区安宁西路 6 号 (730070)
电话(传真) / 13919039886
邮　　箱 / 996067866@ qq. com
网　　址 /
主要研究领域:
循环经济法制建设; 环境资源法制建设; 区域生态法制建设; 生态金融法制建设

320 甘肃中医药大学西北少数民族教育发展研究中心

所 属 类 别 / 高校智库
主 管 单 位 / 甘肃中医药大学
成 立 时 间 / 1999 年 5 月
第一负责人 / 张俊宗
合 作 机 构 /
办 公 地 址 / 甘肃省兰州市城关区定西东路 35 号 (730000)
电话(传真) /
邮　　箱 /
网　　址 /
主要研究领域:
西北少数民族教育

321 工业和信息化部电信传输研究所

The Research Institute Telecommunications Transmission, Ministry of Industry and Information Technology

所 属 类 别 / 党政智库—国务院组成部门所属
主 管 单 位 / 工业和信息化部
成 立 时 间 / 1972 年
第一负责人 / 刘多
合 作 机 构 /
办 公 地 址 / 北京市海淀区花园北路 52 号 B 座 6 层 (100191)
电话(传真) / 010 - 62300292 (010 - 62300299)
邮　　箱 / ritt@ ritt. cn
网　　址 /
主要研究领域:
通信国家标准、行业标准

G

322 工业和信息化部工业文化发展中心
Industrial Culture Development Center of MIIT

所 属 类 别 / 党政智库—国务院组成部门所属
主 管 单 位 / 工业和信息化部
成 立 时 间 / 2014 年 6 月
第一负责人 / 罗民
合 作 机 构 /
办 公 地 址 / 北京市海淀区万寿路 27 号 （100846）
电话(传真) / 010 - 68200615 （010 - 68200615）
邮　　箱 /
网　　址 / http://www. miit - icdc. org
主要研究领域：工业文化遗产保护和利用；工业设计产业；工艺美术产业；文化创意产业；工业文化遗产项目评估；企业技术创新；名牌和品牌发展策略

323 工业和信息化部国际经济技术合作中心
Center for International Economic and Technological Cooperation of the Ministry of Industry and Information Technology

所 属 类 别 / 党政智库—国务院组成部门所属
主 管 单 位 / 工业和信息化部
成 立 时 间 / 2011 年 7 月
第一负责人 / 郑红
合 作 机 构 /
办 公 地 址 / 北京市海淀区万寿路 27 号院 8 号楼 9 层 （100846）
电话(传真) / 010 - 68207923 （010 - 68207918）
邮　　箱 / daohuijiang@ 126. com
网　　址 / http://www. cietc. org. cn/View/default. aspx
主要研究领域：工业经济；电子信息产业与信息化；信息技术产业；工业和信息化领域涉外法律；全球区域经济合作；节能环保；电子商务

324 工业和信息化部软件与集成电路促进中心（中国电子工业科学技术交流中心）
Ministry of Industry and Information Technology Software and Integrated Circuit Promotion Center

所 属 类 别 / 党政智库—国务院组成部门所属
主 管 单 位 / 工业和信息化部
成 立 时 间 / 1987 年
第一负责人 / 卢山
合 作 机 构 /
办 公 地 址 / 北京市海淀区羊坊店东路 5 号博望园西配楼 10 号 （100038）
电话(传真) / 010 - 63951881 （010 - 63973485）
邮　　箱 / Webmaster@ csip. org. cn
网　　址 /
主要研究领域：工业和信息化战略；知识产权预警

G

325 工业和信息化部通信清算中心

所 属 类 别 / 党政智库—国务院组成部门所属
主 管 单 位 / 工业和信息化部
成 立 时 间 / 1998 年
第一负责人 / 李学林
合 作 机 构 /
办 公 地 址 / 北京市西城区西长安街 13 号（100804）
电话(传真) /
邮　　箱 /
网　　址 / http://qszx. miit. gov. cn
主要研究领域:
通信行业经济；通信行业监管；通信行业财务政策

326 工业和信息化部中小企业发展促进中心（中国中小企业发展促进中心）

China Centre for Promotion of SME Development

所 属 类 别 / 党政智库—国务院组成部门所属
主 管 单 位 / 工业和信息化部
成 立 时 间 / 1986 年 3 月
第一负责人 / 单立坡
合 作 机 构 /
办 公 地 址 / 北京市海淀区西直门北大街 32 号枫蓝国际 A 座 1209 室（100082）
电话(传真) / 010 - 82292016（010 - 82292013）
邮　　箱 / prosme@ 126. com
网　　址 / http://www. chinasme. org. cn
主要研究领域:
中小企业法律法规；中小企业政策；中小企业服务体系

327 公安部公安发展战略研究所

所 属 类 别 / 合作智库
主 管 单 位 / 中国人民公安大学
成 立 时 间 / 2015 年 9 月
第一负责人 / 曹诗权
合 作 机 构 / 公安部、中国人民公安大学
办 公 地 址 / 北京市西城区木樨地南里 1 号（100038）
电话(传真) / 010 - 83901114
邮　　箱 / 20050560@ ppsuc. edu. cn
网　　址 /
主要研究领域:
公安学；公安技术学；法学；管理学

G

328 公安部现代警务改革研究所

所 属 类 别 / 合作智库
主 管 单 位 / 江苏警官学院
成 立 时 间 / 2015 年 9 月
第一负责人 / 张兰青
合 作 机 构 / 公安部、江苏警官学院
办 公 地 址 / 江苏省南京市浦口区石佛寺三宫 48 号 (210031)
电话(传真) /
邮　　箱 /
网　　址 /
主要研究领域:
现代警务机制改革; 公安队伍管理机制改革; 警务治理能力现代化理论与实际

329 公众环境研究中心
Institute of Public and Environmental Affairs

所 属 类 别 / 社会智库—民办非企业
主 管 单 位 / 北京市民政局
成 立 时 间 / 2006 年 6 月
第一负责人 / 马军
合 作 机 构 /
办 公 地 址 / 北京市朝阳区秀水街 1 号建国门外外交公寓 6 - 1 - 91 室 (3 号门) (100600)
电话(传真) / 010 - 67136387
邮　　箱 / ipe@ ipe. org. cn
网　　址 / http://www. ipe. org. cn
主要研究领域:
环境信息; 环境治理

330 光明日报文化产业研究中心

所 属 类 别 / 社会智库
主 管 单 位 / 光明日报社
成 立 时 间 / 2013 年 3 月
第一负责人 / 张玉玲
合 作 机 构 /
办 公 地 址 / 北京市东城区珠市口东大街 (100062)
电话(传真) / 010 - 67078570
邮　　箱 /
网　　址 /
主要研究领域:
中国文化产业发展

331 光明日报智库研究与发布中心

Think Tank Research and Release Center of Guangming Daily

所 属 类 别 / 智库研究与评价机构，社会智库
主 管 单 位 / 光明日报社
成 立 时 间 / 2015 年 5 月
第一负责人 / 王斯敏
合 作 机 构 /
办 公 地 址 / 北京市东城区珠市口东大街 5 号光明日报社（100062）
电话(传真) / 010 – 67078979 （010 – 67078648）
邮　　箱 / gmthinktank@ 126. com
网　　址 /
主要研究领域：
报道中外智库建设情况；发布各类智库成果；组织开展智库研究；举办各类智库活动

332 广东财经大学“一带一路”国际商务研究中心

所 属 类 别 / 高校智库
主 管 单 位 / 广东财经大学
成 立 时 间 / 2019 年 9 月
第一负责人 / 黄庆安
合 作 机 构 /
办 公 地 址 / 广东省广州市海珠区仑头路 21 号（510320）
电话(传真) /
邮　　箱 / qingan. huang@ outlook. com
网　　址 /
主要研究领域：
非洲国家经贸投资合作；共建“一带一路”国家国情研究；自贸试验区与“一带一路”融合；与沿线国家旅游合作研究

333 广东财经大学大健康与康养产业研究中心

所 属 类 别 / 高校智库
主 管 单 位 / 广东财经大学
成 立 时 间 / 2019 年 12 月
第一负责人 / 艾战胜
合 作 机 构 /
办 公 地 址 / 广东省广州市海珠区仑头路 21 号广东财经大学综合楼 922 室（510320）
电话(传真) / 15920898009
邮　　箱 / aizsheng126. com
网　　址 /
主要研究领域：健康促进政策的理论与实践；康养服务与健康老龄化；大健康与康养产业调查与数据分析

334 广东财经大学法律应用研究与咨询服务中心

所 属 类 别 / 高校智库
主 管 单 位 / 广东财经大学
成 立 时 间 /
第一负责人 /
合 作 机 构 /
办 公 地 址 / 广东省广州市海珠区仑头路 21 号（510320）
电话(传真) / 18602012288
邮　　箱 / 29213143@ qq. com
网　　址 /
主要研究领域：
法律应用研究与咨询服务

335 广东财经大学公益诉讼与公益法研究中心

所 属 类 别 / 高校智库
主 管 单 位 / 广东财经大学
成 立 时 间 / 2019 年
第一负责人 / 颜运秋
合 作 机 构 /
办 公 地 址 / 广东省广州市海珠区仑头路 21 号广东财经大学法学院 729 室（510320）
电话(传真) /
邮　　箱 / yyq_ xtu@ 163. com
网　　址 /
主要研究领域：
公益法基本理论与制度；民事公益诉讼理论与制度；行政公益诉讼理论与制度

336 广东财经大学广东省财税大数据重点实验室

所 属 类 别 / 合作智库
主 管 单 位 / 广东财经大学、广州盛祺信息科技股份有限公司
成 立 时 间 / 2019 年 11 月
第一负责人 / 黄光
合 作 机 构 / 广州盛祺信息科技股份有限公司
办 公 地 址 / 广东省广州市海珠区仑头路 21 号（510320）
电话(传真) / 020 - 84096884（020 - 84096885）
邮　　箱 / 355454974@ qq. com
网　　址 /
主要研究领域：
财税大数据基础理论；应用技术和管理模式

337 广东财经大学国土空间信息与规划研究中心

所属类别／高校智库
主管单位／广东财经大学
成立时间／
第一负责人／邹春洋
合作机构／
办公地址／广东省广州市海珠区仑头路21号（510320）
电话(传真)／020－84095118
邮　　箱／cyzou66@126.com
网　　址／
主要研究领域：
国土空间信息与规划；空间信息技术与城乡低碳生态理论与实践

338 广东财经大学海洋经济研究院

所属类别／高校智库
主管单位／广东财经大学
成立时间／2018年
第一负责人／于海峰
合作机构／
办公地址／广东省广州市海珠区仑头路21号（510320）
电话(传真)／020－84261337
邮　　箱／wff@gdufe.edu.cn
网　　址／
主要研究领域：
海洋自然资源资产管理；海洋生态环境；智能海洋经济；海洋发展战略；海洋经济与法律；海洋权益保护

339 广东财经大学老龄社会法治问题研究院

所属类别／高校智库
主管单位／广东财经大学
成立时间／2018年10月
第一负责人／鲁晓明
合作机构／
办公地址／广东省广州市海珠区仑头路21号（510320）
电话(传真)／
邮　　箱／675085820@qq.com
网　　址／
主要研究领域：
老龄社会的法治问题

340 广东财经大学商贸流通研究院（广州现代物流与电子商务发展研究基地）

所 属 类 别 / 高校智库
主 管 单 位 / 广东财经大学
成 立 时 间 / 2002 年
第一负责人 / 王先庆
合 作 机 构 /
办 公 地 址 / 广东省广州市海珠区仑头路 21 号（510320）
电话(传真) / 020 - 84096050（020 - 84096050）
邮　　箱 /
网　　址 / http://lts. gdufe. edu. cn
主要研究领域:
商贸流通

341 广东财经大学粤港澳大湾区创新竞争力研究院
Institute of Innovation Competitiveness of Guangdong, Hong Kong and Macao Bay Area, University of Finance & Economics

所 属 类 别 / 高校智库
主 管 单 位 / 广东财经大学
成 立 时 间 / 2019 年 5 月
第一负责人 / 钟绍伟（执行院长）
合 作 机 构 /
办 公 地 址 / 广东省广州市海珠区仑头路 21 号（510320）
电话(传真) / 020 - 84096984
邮　　箱 /
网　　址 / http://riicba. gdufe. edu. cn
主要研究领域:
产业创新竞争力；制度创新竞争力；人力资源开发创新竞争力

342 广东财经大学粤港澳大湾区研究中心

所 属 类 别 / 高校智库
主 管 单 位 / 广东财经大学
成 立 时 间 /
第一负责人 / 林仲豪
合 作 机 构 /
办 公 地 址 / 广东省广州市海珠区仑头路 21 号（510320）
电话(传真) / 13928573998
邮　　箱 / linzhonghao8218@ 163. com
网　　址 /
主要研究领域:
粤港澳大湾区建设发展

343 广东财经大学粤港澳旅游研究中心

所 属 类 别 / 高校智库
主 管 单 位 / 广东财经大学
成 立 时 间 / 2019 年 12 月
第一负责人 / 吴开军
合 作 机 构 /
办 公 地 址 / 广东省广州市海珠区仑头路 21 号广东财经大学北二楼 643 室（510320）
电话(传真) /
邮　　箱 / guwenjing@ gdufe. edu. cn
网　　址 /
主要研究领域:
粤港澳城市旅游；粤港澳旅游与文化；粤港澳旅游新业态

344 广东财经大学智慧法治研究中心

所 属 类 别 / 高校智库
主 管 单 位 / 广东财经大学
成 立 时 间 / 2019 年 8 月
第一负责人 /
合 作 机 构 /
办 公 地 址 / 广东省广州市海珠区仑头路 21 号（510320）
电话(传真) /
邮　　箱 / sunzhanli@ vip. 126. com
网　　址 /
主要研究领域:
智慧法治理论；智慧立法；智慧监管执法；智慧司法及智慧法律服务

345 广东财经大学智能社会与人的发展研究中心

所 属 类 别 / 高校智库
主 管 单 位 / 广东财经大学
成 立 时 间 /
第一负责人 / 袁继红
合 作 机 构 /
办 公 地 址 / 广东省广州市海珠区仑头路 21 号（510320）
电话(传真) / 020 - 84096467
邮　　箱 / 15302245830@ 163. com
网　　址 /
主要研究领域:
智能社会与人的发展

G

346 广东财经大学中国特色社会主义政治经济学研究中心

所 属 类 别 / 高校智库
主 管 单 位 / 广东财经大学
成 立 时 间 / 2017 年 3 月
第一负责人 / 方兴起
合 作 机 构 /
办 公 地 址 / 广东省广州市海珠区仑头路 21 号（510320）
电话(传真) / 15918887980
邮　　箱 / fangxq@ scnu. edu. cn
网　　址 /
主要研究领域:
马克思经济学和中国化的马克思主义经济理论

347 广东财经大学珠三角科技金融产业协同创新发展中心

所 属 类 别 / 高校智库
主 管 单 位 / 广东财经大学
成 立 时 间 /
第一负责人 / 邹新月
合 作 机 构 / 暨南大学、佛山高新区、广州银行
办 公 地 址 / 广东省广州市海珠区仑头路 21 号（510320）
电话(传真) /
邮　　箱 /
网　　址 / http://xtzx. gdufe. edu. cn
主要研究领域:
微金融与科技企业融资；珠三角高新技术产业金融；科技行业财税调控及绩效评价；科技金融产品创新与风险管理；互联网金融与金融信息安全；科技金融法律保障体系

348 广东南方金融创新研究院
Guangdong Southern Finance Innovation Research

所 属 类 别 / 社会智库
主 管 单 位 /
成 立 时 间 / 2014 年
第一负责人 /
合 作 机 构 /
办 公 地 址 / 广东省广州大道北 197 号新达城广场北塔 2005 室（510075）
电话(传真) / 020 - 89993197
邮　　箱 / 1019672173@ qq. com
网　　址 / http://www. gsfir. com/index. jhtml
主要研究领域:
金融发展、风险防范

349 广东南方民间智库咨询服务中心

所 属 类 别／社会智库—民办非企业
主 管 单 位／南方报业传媒集团
成 立 时 间／2012 年 1 月
第一负责人／乔建
合 作 机 构／
办 公 地 址／广东省广州市天河区广州大道中 289 号南方报业传媒集团（510600）
电话(传真)／020 - 83002589（020 - 83002589）
邮　　箱／oewenzheng@ 126. com
网　　址／
主要研究领域：
广东社会、产业与区域经济发展

350 广东省人民政府参事室（广东省人民政府文史研究馆）

所 属 类 别／党政智库—省/区/市政府所属
主 管 单 位／广东省政府
成 立 时 间／1951 年 1 月
第一负责人／杨汉卿
合 作 机 构／
办 公 地 址／广东省广州市越秀区解放北路 542 号（510030）
电话(传真)／020 - 83333877
邮　　箱／
网　　址／http://gdcss. gd. gov. cn
主要研究领域：
广东省发展战略

351 广东省人民政府发展研究中心

Development Research Center, the People's Government of Guangdong Province

所 属 类 别／党政智库—省/区/市政府所属
主 管 单 位／广东省政府
成 立 时 间／1986 年
第一负责人／钟旋辉
合 作 机 构／
办 公 地 址／广东省广州市越秀区东风中路 305 号大院 8 号楼 5 层、6 层（510040）
电话(传真)／020 - 83132970（020 - 83344485）
邮　　箱／gdrci@ 163. com
网　　址／http://gdyjzx. gd. gov. cn
主要研究领域：
宏观经济；发展战略和区域经济；产业经济和产业；农村经济；对外经济关系；社会发展；企业改革和发展；财税金融

352 广东省社会科学界联合会
Guangdong Social Sciences Association

所 属 类 别 / 社会智库—社会团体
主 管 单 位 / 中共广东省委、广东省政府
成 立 时 间 / 1960 年 2 月
第一负责人 / 张知干
合 作 机 构 /
办 公 地 址 / 广东省广州市天河北路 618 号（510635）
电话(传真) / 020 - 83880613
邮　　箱 /
网　　址 / http://www.gdskl.com.cn
主要研究领域:
经济特区；港澳经济；外向型经济；华人华侨；第三产业经济；政治文明

353 广东省社会科学院
Guangdong Academy of Social Sciences

所 属 类 别 / 科研院所智库
主 管 单 位 / 中共广东省委、广东省政府
成 立 时 间 / 1972 年
第一负责人 / 郭跃文
合 作 机 构 /
办 公 地 址 / 广东省广州市天河区天河北路 618 号（510635）
电话(传真) / 020 - 38809459
邮　　箱 /
网　　址 / http://www.gdass.gov.cn
主要研究领域:
财政金融；现代化战略；文化产业；经济问题；社会与人口

354 广东省社会治理研究中心（华南理工大学）

所 属 类 别 / 高校智库
主 管 单 位 / 华南理工大学
成 立 时 间 / 2015 年 3 月
第一负责人 / 吴克昌
合 作 机 构 /
办 公 地 址 / 广东省广州市天河区五山路 381 号华南理工大学公共管理学院（510640）
电话(传真) / 020 - 87114133（020 - 87114133）
邮　　箱 /
网　　址 /
主要研究领域:
社会保障政策；民政政策；社会建设与社会政策

355 广东外语外贸大学低碳经济与环境能源法研究中心

所属类别／高校智库
主管单位／广东外语外贸大学
成立时间／
第一负责人／杨解君
合作机构／
办公地址／广东省广州市白云区白云大道北 2 号广东外语外贸大学（510420）
电话(传真)／
邮　　箱／
网　　址／
主要研究领域：
低碳经济与能源；应对气候变化与环境法

356 广东外语外贸大学广东国际战略研究院

Guangdong Institute for International Strategies, Guangdong University of Foreign Studies

所属类别／高校智库
主管单位／广东外语外贸大学
成立时间／2009 年 11 月
第一负责人／欧阳卫民
合作机构／
办公地址／广东省广州市白云区白云大道北 2 号广东国际战略研究院（510420）
电话(传真)／020－36205613（020－86253521）
邮　　箱／giis2015@ qq. com
网　　址／https://giis. gdufs. edu. cn
主要研究领域：
广东国际化战略理论、实践与政策

357 广东外语外贸大学广州国际商贸中心重点研究基地

Institute of City Strategy Studies, Guangdong University of Foreign Studies

所属类别／高校智库
主管单位／广东外语外贸大学
成立时间／2010 年
第一负责人／张昱
合作机构／
办公地址／广东省广州市番禺区大学城外环东路 178 号（510006）
电话(传真)／020－39328916
邮　　箱／
网　　址／https://gzsm. gdufs. edu. cn/index. jsp
主要研究领域：
开放型经济研究；区域与城市；现代产业体系

358 广东外语外贸大学国际服务外包研究院（国际服务经济研究院）

所 属 类 别 / 高校智库
主 管 单 位 / 广东外语外贸大学
成 立 时 间 / 2009 年 10 月 （2012 年）
第一负责人 / 林吉双
合 作 机 构 /
办 公 地 址 / 广东省广州市番禺小谷围大学城 （510006）
电话(传真) / 020 - 39328926 （020 - 39328926）
邮　　箱 / 201120065@ oamail. gdufs. edu. cn
网　　址 / https://riiso - e. gdufs. edu. cn
主要研究领域:
国际服务外包; 国际服务经济理论和实践前沿

359 广东外语外贸大学国际经济贸易研究中心

Research Center for International Trade and Economics, Guangdong University of Foreign Studies

所 属 类 别 / 高校智库
主 管 单 位 / 广东外语外贸大学
成 立 时 间 / 2006 年 4 月
第一负责人 / 陈万灵
合 作 机 构 /
办 公 地 址 / 广东省广州市白云区白云大道北 2 号广东外语外贸大学 （南校区） 校行政楼 412 室 （510420）
电话(传真) / 020 - 39328818
邮　　箱 /
网　　址 / https://rcite. gdufs. edu. cn
主要研究领域:
WTO 与中国外经贸发展理论; 区域经济一体化与粤港澳合作; 国际投资与跨国公司

360 广东外语外贸大学加拿大研究中心

Center for Canadian Studies, Guangdong University of Foreign Studies

所 属 类 别 / 高校智库
主 管 单 位 / 广东外语外贸大学
成 立 时 间 / 1995 年
第一负责人 / 唐小松
合 作 机 构 /
办 公 地 址 / 广东省广州市白云大道北 2 号广东外语外贸大学科研楼 507 室 （510420）
电话(传真) / 020 - 36602075 （020 - 36602075）
邮　　箱 / gdufsccs@ 163. com
网　　址 / http://ccs. gdufs. edu. cn
主要研究领域: 加拿大政治与外交、经济与贸易、社会与法律、文化与教育

361 广东外语外贸大学欧洲研究中心
Center for European studies, Guangdong University of Foreign Studies

所 属 类 别 / 高校智库
主 管 单 位 / 广东外语外贸大学
成 立 时 间 / 1997 年
第一负责人 / 孙楚仁
合 作 机 构 /
办 公 地 址 / 广东省广州市白云区白云大道北 2 号广东外语外贸大学（510420）
电话(传真) / 020 - 36641366
邮　　箱 / esc@ gdufs. edu. cn
网　　址 / https://ces. gdufs. edu. cn
主要研究领域:
欧洲问题

362 广东外语外贸大学区域一体化法治研究中心（广东省地方立法研究评估与咨询服务基地、信访法治与国家治理研究中心、党内法规研究中心）

所 属 类 别 / 高校智库
主 管 单 位 / 广东外语外贸大学
成 立 时 间 / 2010 年 12 月（2013 年 5 月；2014 年 3 月；2017 年 7 月）
第一负责人 / 朱最新
合 作 机 构 /
办 公 地 址 / 广东省广州市白云区白云大道北 2 号广东外语外贸大学（510420）
电话(传真) /
邮　　箱 /
网　　址 / https://fzw2008. gdufs. edu. cn
主要研究领域:
区域一体化进程中法律领域的重大理论和实践问题

363 广东外语外贸大学粤港澳大湾区研究院
Institute of Studies for the Great Bay Area（Guangdong, Hong - kong, Macau), Guangdong University of Foreign Studies

所 属 类 别 / 高校智库
主 管 单 位 / 广东外语外贸大学
成 立 时 间 / 2017 年 6 月
第一负责人 / 申明浩
合 作 机 构 /
办 公 地 址 / 广东省广州市白云区白云大道北 2 号广东外语外贸大学（510420）
电话(传真) / 020 - 86253521
邮　　箱 /
网　　址 / https://ygadwq. gdufs. edu. cn/index. htm
主要研究领域:
粤港澳大湾区的理论、政策和实践问题

364 广东外语外贸大学粤商研究中心
Center for Cantonese Merchants Research, Guangdong University of Foreign Studies

所 属 类 别 / 高校智库
主 管 单 位 / 广东外语外贸大学
成 立 时 间 /
第一负责人 / 申明浩
合 作 机 构 /
办 公 地 址 / 广东省广州市白云区白云大道北 2 号广东外语外贸大学院系办公楼粤商研究中心（510420）
电话(传真) / 020 - 39327245（020 - 39328916）
邮　　箱 / GDCCMR@ 163. com
网　　址 / https://ys. gdufs. edu. cn
主要研究领域：粤商兴衰与社会经济发展规律

365 广东亚太创新经济研究院
Asia - pacific Innovation Economic Research Institute of Guangdong

所 属 类 别 / 社会智库
主 管 单 位 / 广东省社会科学界联合会
成 立 时 间 / 2013 年 11 月
第一负责人 / 刘江华
合 作 机 构 /
办 公 地 址 / 广东省广州市天河区珠江西路 5 号广州国际金融中心 3511 室、3512 室（510063）
电话(传真) / 020 - 87350999
邮　　箱 / ask@ gder. org
网　　址 /
主要研究领域：全球经济；国内经济改革；经济社会发展

366 广西大学中国—东盟研究院
China - ASEAN Research Institute of Guangxi University

所 属 类 别 / 高校智库
主 管 单 位 / 广西大学
成 立 时 间 / 2005 年 1 月
第一负责人 / 范祚军
合 作 机 构 /
办 公 地 址 / 广西南宁市西乡塘区大学路 100 号广西大学国际学院（530000）
电话(传真) / 0771 - 3274451
邮　　箱 / webmaster@ gxu. edu. cn
网　　址 / http://cari. gxu. edu. cn
主要研究领域：中国—东盟自由贸易区发展；大湄公河（GMS）；泛北部湾区域发展；中马产业园发展；中国—东盟生态；中国—东盟财政金融政策；国际关系；民族文化；法律关系

G

367 广西民族大学东盟研究中心

所属类别 / 高校智库
主管单位 / 广西民族大学
成立时间 / 2011 年
第一负责人 / 杨晓强
合作机构 /
办公地址 / 广西南宁市西乡塘区大学西路 158 号广西民族大学思源湖校区
电话(传真) / 0771 - 3267011
邮　　箱 / dongmengketi@ 163. com
网　　址 / http://dnyjzx. gxun. edu. cn/index. jsp
主要研究领域:
东南亚国别与区域问题；中国—东盟关系的发展

368 广西社会科学界联合会
Guangxi Federation of Social Sciences

所属类别 / 社会智库—社会团体
主管单位 / 中共广西壮族自治区委
成立时间 / 1984 年 12 月
第一负责人 / 朱东
合作机构 /
办公地址 / 广西南宁市金湖路 53 号（530022）
电话(传真) / 0771 - 5868841（0771 - 5880533）
邮　　箱 / gxsklxx@ 163. com
网　　址 / http://www. gxskl. gov. cn
主要研究领域:
广西社会主义经济建设、政治建设、文化建设、社会建设、生态文明建设

369 广西社会科学院
Guangxi Academy of Social Sciences

所属类别 / 科研院所智库
主管单位 / 广西壮族自治区政府
成立时间 / 1977 年 9 月
第一负责人 / 陈立生
合作机构 /
办公地址 / 广西南宁市青秀区新竹路 5 号（530022）
电话(传真) / 0771 - 5865753（0771 - 5865753）
邮　　箱 / 1758639986@ qq. com
网　　址 / http://www. gass. gx. cn
主要研究领域:
中国特色社会主义；区域经济；工业经济；农村发展；文化建设；东南亚及东盟问题；当代广西

370 广西西大旅游科学研究院

Guangxi Xida Institute of Tourism Science

所 属 类 别 / 高校智库
主 管 单 位 / 广西大学
成 立 时 间 / 2007 年
第一负责人 / 杨永德
合 作 机 构 /
办 公 地 址 / 广西南宁市青秀区民族大道 12 号丽原天际大厦 38 楼 3807 室（530001）
电话(传真) / 0771 - 3809536（0771 - 3809535）
邮　　箱 / gxxdlky@ 163. com
网　　址 / http://www. xdly. org
主要研究领域:
旅游资源开发与规划；生态旅游；旅游经济；旅游教育；旅游管理

371 广西壮族自治区人民政府参事室（文史研究馆）

所 属 类 别 / 党政智库—省/区/市政府所属
主 管 单 位 / 广西壮族自治区政府办公厅
成 立 时 间 / 2005 年 12 月
第一负责人 / 唐宁
合 作 机 构 /
办 公 地 址 / 广西南宁市青秀区民生路 2 号自治区政府大院 3 号楼（530012）
电话(传真) / 0771 - 2810331（0771 - 2810331）
邮　　箱 / gxcanshiwenshi@ 163. com
网　　址 /
主要研究领域:
广西发展战略

372 广西壮族自治区人民政府发展研究中心

所 属 类 别 / 党政智库—省/区/市政府所属
主 管 单 位 / 广西壮族自治区政府
成 立 时 间 / 2001 年 4 月
第一负责人 / 杨丛
合 作 机 构 /
办 公 地 址 / 广西南宁市青秀区民生路 2 号政府大院（530012）
电话(传真) / 0771 - 2807651（0771 - 2619178）
邮　　箱 /
网　　址 /
主要研究领域:
西部大开发；产业政策；对外贸易；周边国家和地区经济与社会；人力资源开发；收入分配；社会保障；自然资源合理开发与利用；环境保护

373 广州大学广州发展研究院（广东发展研究院）

Guangzhou Development Research Institute (Guangdong Development Research Institute), Guangzhou University

所 属 类 别 / 高校智库
主 管 单 位 / 广州大学
成 立 时 间 / 2003 年 2 月
第一负责人 / 谭苑芳
合 作 机 构 /
办 公 地 址 / 广东省广州市桂花岗东 1 号广州大学桂花岗校区 3 号楼（数理楼）5 层（510405）
电话(传真) / 020 - 86236001（020 - 86236001）
邮　　箱 / gzfzyjy@126.com
网　　址 / http://gda.gzhu.edu.cn
主要研究领域：
特大城市经济社会发展战略；新型城镇化；科技创新与文化软实力

374 广州市社会科学院

Guangzhou Academy of Social Sciences

所 属 类 别 / 科研院所智库
主 管 单 位 / 中共广州市委
成 立 时 间 / 1981 年 7 月
第一负责人 / 张跃国
合 作 机 构 /
办 公 地 址 / 广东省广州市白云区云城街润云路 220 号（510410）
电话(传真) / 020 - 86464336（020 - 86464123）
邮　　箱 / office1@gzass.net
网　　址 / http://www.gzass.gd.cn
主要研究领域：
社会学与社会政策；宏观经济；区域经济；城市管理；现代市场；数量经济；产业经济与企业管理；国际问题；科技政策；政治法律

375 广州中医药大学高等教育研究所

所 属 类 别 / 高校智库
主 管 单 位 / 广州中医药大学
成 立 时 间 /
第一负责人 / 陈建南
合 作 机 构 /
办 公 地 址 / 广东省广州市番禺区广州大学城外环东路 232 号广州中医药大学（510006）
电话(传真) /
邮　　箱 /
网　　址 /
主要研究领域：高等教育

376 贵州大学东盟研究院

Association of Southeast Asian Nations Research Institute, Guizhou University

所 属 类 别 / 高校智库
主 管 单 位 / 贵州大学
成 立 时 间 / 2009 年
第一负责人 / 任钢建
合 作 机 构 /
办 公 地 址 / 贵州省贵阳市花溪区贵州大学西校区 （550025）
电话(传真) / 0851 - 83654336 （0851 - 83644336）
邮　　箱 / asean_ gzu@ 163. com
网　　址 /
主要研究领域:
东盟国家教育、文化、农业经济、国际政治

377 贵州大学人口·社会·法制研究中心

所 属 类 别 / 高校智库
主 管 单 位 / 贵州大学
成 立 时 间 / 2004 年 5 月
第一负责人 / 杨军昌
合 作 机 构 /
办 公 地 址 / 贵州省贵阳市花溪区贵州大学西校区 （550025）
电话(传真) / 0851 - 88292178 （0851 - 83621956）
邮　　箱 / po@ gzu. edu. cn
网　　址 /
主要研究领域:
人口与社会发展; 人口与法制; 人的全面发展与政治文明建设

378 贵州大学人类学研究所

所 属 类 别 / 高校智库
主 管 单 位 / 贵州大学
成 立 时 间 / 2005 年 11 月
第一负责人 / 杨志强
合 作 机 构 /
办 公 地 址 / 贵州省贵阳市花溪区贵州大学花溪北校区 （550025）
电话(传真) /
邮　　箱 / giagzu@ 163. com
网　　址 /
主要研究领域:
族群边界、族群关系与民族认同; 旅游人类学视野中的民族旅游开发与遗产保护; 当代少数民族农村的社会变迁

379 贵州民族大学法学研究院

所 属 类 别 / 高校智库
主 管 单 位 / 贵州民族大学
成 立 时 间 / 2010 年 10 月
第一负责人 / 谭振亭
合 作 机 构 /
办 公 地 址 / 贵州省贵阳市花溪区花溪大道南段行政楼 123 室（550025）
电话(传真) / 0851 - 83610172
邮　　箱 / fxyjygzmu@ sina. com
网　　址 / http://fxyjy. gzmu. edu. cn
主要研究领域:
法学

380 贵州民族大学贵州民族科学研究院

所 属 类 别 / 高校智库
主 管 单 位 / 贵州民族大学
成 立 时 间 / 2004 年 9 月
第一负责人 / 杨昌儒
合 作 机 构 /
办 公 地 址 / 贵州省贵阳市花溪区花溪大道南段（550025）
电话(传真) / 0851 - 83610003（0851 - 83610003）
邮　　箱 / mzyjy@ gzmu. edu. cn
网　　址 / http://mkyjy. gzmu. edu. cn
主要研究领域:
民族学人类学理论；民族经济；民族教育；民族语言文字；民族历史文化；彝文文献；傩戏和傩文化

381 贵州民族大学贵州山地旅游与民族经济研究院

所 属 类 别 / 高校智库
主 管 单 位 / 贵州民族大学
成 立 时 间 / 2016 年
第一负责人 / 龚锐
合 作 机 构 /
办 公 地 址 / 贵州省贵阳市花溪区花溪大道南段（550025）
电话(传真) /
邮　　箱 /
网　　址 /
主要研究领域:
山地旅游与民族经济

G

382 贵州民族大学贵州世居民族研究中心

所 属 类 别 / 高校智库
主 管 单 位 / 贵州民族大学
成 立 时 间 / 2004 年 5 月
第一负责人 / 周相卿
合 作 机 构 /
办 公 地 址 / 贵州省贵阳市花溪区花溪大道南段（550025）
电话(传真) / 0851 - 3610003（0851 - 3610003）
邮　　箱 / mzyjzx@ gznc. edu. cn
网　　址 / http://sjwh. gzmu. edu. cn
主要研究领域:
贵州世居民族

383 贵州民族大学民族文化产业发展研究中心

Development Research Center of National Culture Industries in Guizhou Minzu University

所 属 类 别 / 高校智库
主 管 单 位 / 贵州民族大学
成 立 时 间 / 2012 年 12 月
第一负责人 / 喻健
合 作 机 构 /
办 公 地 址 / 贵州省贵阳市花溪区贵州民族大学（老校区）实训大楼二楼（550025）
电话(传真) / 0851 - 8526785
邮　　箱 / mzwhcy@ 126. com
网　　址 / http://whcyzx. gzmu. edu. cn
主要研究领域:
民族文化产业

384 贵州民族大学社会建设与反贫困研究院

所 属 类 别 / 高校智库
主 管 单 位 / 贵州民族大学
成 立 时 间 /
第一负责人 / 黄路
合 作 机 构 /
办 公 地 址 / 贵州省贵阳市花溪区花溪大道南段（550025）
电话(传真) /
邮　　箱 /
网　　址 /
主要研究领域:
社会建设与反贫困

385 贵州省大数据产业发展应用研究院
Guizhou Big Data Academy

所 属 类 别 / 合作智库
主 管 单 位 / 贵州大学
成 立 时 间 / 2014 年 5 月
第一负责人 / 梅宏
合 作 机 构 / 贵阳市人民政府、贵安新区、贵州大学
办 公 地 址 / 贵州省贵阳市南明区沙冲南路 32 号 (550007)
电话(传真) /
邮　　箱 /
网　　址 /
主要研究领域:
大数据产业

386 贵州省人民政府参事室

所 属 类 别 / 党政智库—省/区/市政府所属
主 管 单 位 / 中共贵州省委、贵州省政府
成 立 时 间 / 1951 年 4 月
第一负责人 / 吴向东
合 作 机 构 /
办 公 地 址 / 贵州省贵阳市云岩区中华北路 242 号 (550004)
电话(传真) / 0851 - 86833668
邮　　箱 /
网　　址 / http://www.guizhou.gov.cn/zwgk/zfjg/gzsrmzfbgt/fdzz_32885/index.html
主要研究领域:
贵州省发展战略

387 贵州省人民政府发展研究中心
Development Research Center of Guizhou Provincial People's Government

所 属 类 别 / 党政智库—省/区/市政府所属
主 管 单 位 / 中共贵州省委、贵州省政府
成 立 时 间 / 1986 年
第一负责人 / 陈朝伦
合 作 机 构 /
办 公 地 址 / 贵州省贵阳市云岩区八角岩省政府大院 9 号楼 (550004)
电话(传真) / 0851 - 86892633 (0851 - 86892633)
邮　　箱 / drc332@126.com
网　　址 / http://drc.guizhou.gov.cn
主要研究领域:
贵州省经济社会发展战略与规划; 农村经济; 工业经济; 财政金融贸易; 社会发展; 对外经济

G

388 贵州省社会科学界联合会
Guizhou Provincial Federation of Social Sciences

所属类别 / 社会智库—社会团体
主管单位 / 中共贵州省委、贵州省政府
成立时间 / 1980 年 4 月
第一负责人 / 徐静
合作机构 /
办公地址 / 贵州省贵阳市云岩区省府路 51 号（550001）
电话(传真) / 0851 – 5252126（0851 – 5252126）
邮　　箱 / gzskl2009@163.com
网　　址 / http://www.gzskl.gov.cn
主要研究领域：
贵州经济社会发展

389 贵州省社会科学院
Guizhou Academy of Social Sciences

所属类别 / 科研院所智库
主管单位 / 中共贵州省委、贵州省政府
成立时间 / 1978 年 3 月
第一负责人 / 张学立
合作机构 /
办公地址 / 贵州省贵阳市南明区梭石巷 19 号（550002）
电话(传真) / 0851 – 85929090（0851 – 85929673）
邮　　箱 / gzskydzb@126.com
网　　址 / http://sky.guizhou.gov.cn
主要研究领域：
传媒与舆情；区域经济；城市经济；农村发展；对外经济；文化产业；扶贫

390 国观智库
Grand View Think Tank

所属类别 / 社会智库—企业
主管单位 /
成立时间 / 2013 年
第一负责人 / 任力波
合作机构 /
办公地址 / 北京市西城区宣武门外南柳巷 3 号（100052）
电话(传真) / 010 – 62158609
邮　　箱 / Info@grandviewcn.com
网　　址 / http://www.grandviewcn.com
主要研究领域：
海洋战略与安全；"一带一路"投资与风险；边疆综合治理与周边安全；东北亚安全与合作；中欧关系；中美关系

391 国家创新与发展战略研究会
China Institute for Innovation & Development Strategy

所 属 类 别 / 社会智库—民办非企业
主 管 单 位 / 中国科学院
成 立 时 间 / 2010 年 5 月
第一负责人 / 郑必坚
合 作 机 构 /
办 公 地 址 / 北京市东城区五道营胡同 3 号院（100007）
电话(传真) / 010 - 84370200（010 - 64968010）
邮　　箱 / ciids@ ciids. cn
网　　址 / http://www. ciids. cn
主要研究领域:
科技创新；经济发展；社会治理；文化建设；国际战略

392 国家毒品问题治理研究中心
National Research Center of Drug Issues Governance Research Center of Drug Crime and Countermeasures

所 属 类 别 / 合作智库
主 管 单 位 / 最高人民法院刑事审判第五庭、国家禁毒委员会办公室、西南政法大学
成 立 时 间 / 2017 年 6 月
第一负责人 / 唐力
合 作 机 构 / 最高人民法院刑事审判第五庭、国家禁毒委员会办公室、西南政法大学
办 公 地 址 / 重庆市渝北区宝圣大道 301 号（401120 ）
电话(传真) /
邮　　箱 /
网　　址 / http://dcppc. swupl. edu. cn
主要研究领域: 周边国家毒品犯罪形势；法律规定和司法政策

393 国家发展和改革委员会国防动员研究发展中心

所 属 类 别 / 党政智库—国务院组成部门所属
主 管 单 位 / 国家发展和改革委员会
成 立 时 间 / 1997 年 3 月
第一负责人 / 毕智勇
合 作 机 构 /
办 公 地 址 / 北京市西城区月坛北小街 2 号院 3 号楼 3352 室（100837）
电话(传真) / 010 - 68016481（010 - 68016481）
邮　　箱 / tyhrsgl@ sina. com
网　　址 /
主要研究领域: 国防动员；国防动员理论、方针、政策及法规；国防经济；国防建设；经济建设和社会发展的关系

G

394 国家发展和改革委员会国际合作中心

International Cooperation Center of National Development and Reform Commission

所属类别 / 党政智库—国务院组成部门所属
主管单位 / 国家发展和改革委员会
成立时间 / 1993 年
第一负责人 / 黄勇
合作机构 /
办公地址 / 北京市西城区白云路 1 号 7 层（100045）
电话(传真) / 010 - 63269862（010 - 63264390）
邮　　箱 / postermaster@ icc - ndrc. org. cn
网　　址 / http://www. icc - ndrc. org. cn
主要研究领域:
对外开放；海外投资政策

395 国家发展和改革委员会国家节能中心

National Energy Conservation Center

所属类别 / 党政智库—国务院组成部门所属
主管单位 / 国家发展和改革委员会
成立时间 / 2008 年
第一负责人 / 任献光
合作机构 /
办公地址 / 北京市西城区三里河北街 12 号（100045）
电话(传真) / 010 - 68536001（010 - 68536001）
邮　　箱 / necc@ chinanecc. cn
网　　址 / http://www. chinanecc. cn
主要研究领域:
节能政策；节能法规；节能管理

396 国家工业信息安全发展研究中心（工业和信息化部电子第一研究所）

所属类别 / 党政智库—国务院组成部门所属
主管单位 / 工业和信息化部
成立时间 / 1959 年
第一负责人 / 赵岩
合作机构 /
办公地址 / 北京市石景山区鲁谷路 35 号（100040）
电话(传真) / 010 - 68632898
邮　　箱 /
网　　址 / http://www. etiri. com. cn
主要研究领域:
两化融合；物联网；信息安全；工业经济；基础软件；战略情报；知识产权

397 国家广播电视总局广播电视规划院
Academy of Broadcasting Planning, NRTA

所 属 类 别 / 党政智库—国务院直属机构所属
主 管 单 位 / 国家广播电视总局
成 立 时 间 / 2004 年 4 月
第一负责人 / 余英
合 作 机 构 /
办 公 地 址 / 北京市西城区复兴门外大街 2 号（100866）
电话(传真) / 010 - 86091273（010 - 86096445）
邮　　箱 / zongheban@ abp2003. cn
网　　址 / http://www. abp2003. cn/index. html
主要研究领域：
广播电视标准和规划；广播电视及网络视听信息；广播电视技术政策

398 国家广播电视总局广播电视科学研究院
Academy of Broadcasting Science, NRTA

所 属 类 别 / 党政智库—国务院直属机构所属
主 管 单 位 / 国家广播电视总局
成 立 时 间 / 1958 年 10 月
第一负责人 / 邹峰
合 作 机 构 /
办 公 地 址 / 北京市西城区复兴门外大街 2 号（100866）
电话(传真) / 010 - 86092098（010 - 86092048）
邮　　箱 / wangzhiqin@ abs. ac. cn
网　　址 / http://www. abs. ac. cn
主要研究领域：
广播电视技术标准；广播影视技术发展战略；广播影视公共服务；广播影视产业发展

399 国家海洋环境预报中心（自然资源部海啸预警中心）
National Marine Environmental Forecasting Center

所 属 类 别 / 党政智库—国务院部委管理的国家局所属
主 管 单 位 / 自然资源部
成 立 时 间 / 1965 年
第一负责人 / 于福江
合 作 机 构 /
办 公 地 址 / 北京市海淀区大慧寺路 8 号（100081）
电话(传真) / 010 - 62105754（010 - 62173620）
邮　　箱 / webmaster@ nmefc. gov. cn
网　　址 / http://www. nmefc. cn
主要研究领域：
海洋环境预报业务发展规划和管理制度；海洋环境、海洋灾害预报预警；海洋预报；海洋应对气候变化；海洋环境；海洋环境评价

G

400 国家监察委员会廉政理论研究中心

所 属 类 别 / 党政智库—中国共产党中央各部门所属
主 管 单 位 / 中央纪委、国家监察委员会
成 立 时 间 /
第一负责人 / 柳林
合 作 机 构 /
办 公 地 址 / 北京市西城区广安门南街甲 2 号（100053）
电话(传真) / 010 - 59598184
邮　　箱 /
网　　址 /
主要研究领域:
廉政理论与实践

401 国家教育发展研究中心（教育部教育发展研究中心）
National Center for Education Development Research

所 属 类 别 / 党政智库—国务院组成部门所属
主 管 单 位 / 教育部
成 立 时 间 / 1986 年
第一负责人 / 彭斌柏
合 作 机 构 /
办 公 地 址 / 北京市西城区西单大木仓胡同 37 号（100816）
电话(传真) / 010 - 66097042
邮　　箱 / ncedr@ moe. edu. cn
网　　址 / http://www. ncedr. edu. cn
主要研究领域:
教育发展战略；教育体制改革；国际教育政策比较

402 国家教育行政学院
National Academy of Education Administration

所 属 类 别 / 党政智库—国务院组成部门所属
主 管 单 位 / 教育部
成 立 时 间 / 1980 年 8 月
第一负责人 / 怀进鹏
合 作 机 构 /
办 公 地 址 / 北京市大兴区清源北路 8 号（102617）
电话(传真) / 010 - 69248888（010 - 69260513）
邮　　箱 / webmaster@ naea. edu. cn
网　　址 / http://www. naea. edu. cn
主要研究领域:
教育管理；教育行政；教育改革；比较教育；教育公共关系；现代教育信息技术；教育经济学

G

403 国家金融与发展实验室
National Institution for Finance & Development

所属类别／高端智库，科研院所智库
主管单位／中国社会科学院
成立时间／2015 年 5 月
第一负责人／李扬
合作机构／
办公地址／北京市朝阳区京广中心商务楼 9 层（100020）
电话(传真)／010－65973608（010－65973508）
邮　　箱／office@ nifd. cn
网　　址／http://www. nifd. cn
主要研究领域：
货币金融政策；金融改革与发展；金融创新与监管；金融安全与风险管理；全球协调与政策协调

404 国家粮食和物资储备局国家粮油信息中心
China National Grain & Oils Information Center

所属类别／党政智库—国务院部委管理的国家局所属
主管单位／国家粮食和物资储备局
成立时间／1993 年
第一负责人／周冠华
合作机构／
办公地址／北京市海淀区北小马厂华天大厦 17 层（100038）
电话(传真)／010－58891290
邮　　箱／market1@ mx. cei. gov. cn
网　　址／http://www. grainoil. com. cn
主要研究领域：
国内外粮油市场监测及预测

405 国家粮食和物资储备局科学研究院
Academy of National Food and Strategic Reserves Administration

所属类别／党政智库—国务院部委管理的国家局所属
主管单位／国家粮食和物资储备局
成立时间／1957 年 1 月
第一负责人／翟江临
合作机构／
办公地址／北京市西城区百万庄大街 11 号（100037）
电话(传真)／010－58523592
邮　　箱／bgs@ chinagrain. org
网　　址／http://www. ags. ac. cn
主要研究领域：粮油储藏与品质保鲜；粮油资源加工转化及综合利用；粮油食品营养与安全控制；粮油标准及检测；粮食物流工程；粮食技术经济与产业发展战略

406 国家林业和草原局调查规划设计院

所 属 类 别 / 党政智库—国务院直属机构所属
主 管 单 位 / 国家林业和草原局
成 立 时 间 / 1954 年
第一负责人 / 刘国强
合 作 机 构 /
办 公 地 址 / 北京市东城区和平里东街 18 号国家林业局 4 号楼（100714）
电话(传真) / 010 - 84238036（010 - 64212834）
邮　　箱 / ghybgs@ afip. com. cn
网　　址 / http://www. forestry. gov. cn/ghy/index. html
主要研究领域:
林业资源监测；林业信息化建设；林业规划

407 国家林业和草原局华东调查规划设计院

所 属 类 别 / 党政智库—国务院直属机构所属
主 管 单 位 / 国家林业和草原局
成 立 时 间 / 1980 年
第一负责人 / 于辉
合 作 机 构 /
办 公 地 址 / 浙江省杭州市江干区德胜东路 3311 号（310019）
电话(传真) / 0571—81069600
邮　　箱 /
网　　址 / http://www. forestry. gov. cn/hdy/index. html
主要研究领域:
森林资源监测；生态状况监测；林业碳汇监测；林业规划；林业行业标准

408 国家林业和草原局经济发展研究中心

所 属 类 别 / 党政智库—国务院直属机构所属
主 管 单 位 / 国家林业和草原局
成 立 时 间 / 2000 年
第一负责人 / 李冰
合 作 机 构 /
办 公 地 址 / 北京市东城区和平里东街 18 号（100714）
电话(传真) / 010 - 84239177
邮　　箱 /
网　　址 / http://www. forestry. gov. cn/jjyj/index. html
主要研究领域:
林业发展与“三农”；农村林业减贫；林业宏观发展战略与对策；林业发展理论与政策；林业就业与生物质能源；林业法制；林业碳汇市场机制

G

409 国家林业和草原局林产工业规划设计院

所属类别／党政智库—国务院直属机构所属
主管单位／国家林业和草原局
成立时间／1958 年
第一负责人／周岩
合作机构／
办公地址／北京市东城区和平里东街 18 号（100010）
电话(传真)／010－85128090
邮　　箱／guojimuye@163.com
网　　址／http://www.forestry.gov.cn/sjy/index.html
主要研究领域：
林业产业规划；林业政策；碳汇计量与监测；自然保护区规划；森林资源调查

410 国家林业和草原局泡桐研究开发中心（中国林业科学研究院经济林研究开发中心）

Non－timber Forest Research and Development Center of Chinese Academy of Forestry

所属类别／党政智库—国务院直属机构所属
主管单位／中国林业科学研究院
成立时间／1984 年
第一负责人／李芳东
合作机构／
办公地址／河南省郑州市金水区纬五路 3 号（450003）
电话(传真)／0371－65995014（0371－65953628）
邮　　箱／office@paulownia.ac.cn
网　　址／http://paulownia.caf.ac.cn
主要研究领域：
泡桐和经济林的应用基础、应用研究和技术开发

411 国家林业和草原局西北林业调查规划设计院

Northwest Institute of Forest Inventory，Planning and Design，State Forestry Administration

所属类别／党政智库—国务院直属机构所属
主管单位／国家林业和草原局
成立时间／1955 年
第一负责人／李谭宝
合作机构／
办公地址／陕西省西安市碑林区金花南路 156 号（710048）
电话(传真)／029－83251351
邮　　箱／xbybgs@nwif.cn
网　　址／http://www.forestry.gov.cn/xby/index.html
主要研究领域：
森林资源监测；林业调查规划；林业综合开发

412 国家林业和草原局西北自然保护区研究中心
Northwest Nature Reserve Research Center of State Forestry Administration

所 属 类 别 / 党政智库—国务院直属机构所属
主 管 单 位 / 西北农林科技大学
成 立 时 间 / 2007 年 1 月
第一负责人 / 张文辉
合 作 机 构 /
办 公 地 址 / 陕西省咸阳市杨凌区邰城路 3 号西北农林科技大学林学院（712100）
电话(传真) / 029 - 87082230（029 - 87082216）
邮　　箱 /
网　　址 / https://cf. nwsuaf. edu. cn/kytg/kjcg/383114. htm（非独立官网）
主要研究领域:
保护区科学管理；保护区规范化评价、监测与数据共享；保护区生态与生物多样性

413 国家林业和草原局中南调查规划设计院

所 属 类 别 / 党政智库—国务院直属机构所属
主 管 单 位 / 国家林业和草原局
成 立 时 间 / 1962 年
第一负责人 / 彭长清
合 作 机 构 /
办 公 地 址 / 湖南省长沙市雨花区香樟东路 143 号（410014）
电话(传真) / 0731 - 85679783（0731 - 85582003）
邮　　箱 / csfipi@ sina. com
网　　址 / http://www. forestry. gov. cn/zny/index. html
主要研究领域:
森林资源监测；林政资源管理；林业行业标准；自然资源综合考察；资产评估；水土保持调查；水土保持规划与设计

414 国家林业和草原局自然保护区研究中心
Nature Reserve Research Center of State Forestry Administration, P. R. China

所 属 类 别 / 高校智库
主 管 单 位 / 北京林业大学、国家林业和草原局
成 立 时 间 / 2001 年 12 月
第一负责人 / 杜华
合 作 机 构 /
办 公 地 址 / 北京市海淀区清华东路 35 号（100083）
电话(传真) / 010 - 62338266（010 - 62338547）
邮　　箱 / nrrc8266@ fnrrc. com
网　　址 / http://www. fnrrc. com
主要研究领域:
野生动植物资源；自然保护区经济与政策

415 国家能源委员会专家咨询委员会

所 属 类 别 / 党政智库—国务院议事协调机构所属
主 管 单 位 / 国家能源委员会
成 立 时 间 / 2007 年 12 月
第一负责人 / 张国宝
合 作 机 构 /
办 公 地 址 /
电话(传真) /
邮　　箱 /
网　　址 /
主要研究领域:
国家能源战略规划; 国家能源政策

416 国家市场监督管理总局行政学院
School of Administration of the State Administration for Market Regulation

所 属 类 别 / 党政智库—国务院直属机构所属
主 管 单 位 / 国家市场监督管理总局
成 立 时 间 / 2008 年
第一负责人 / 马正其
合 作 机 构 /
办 公 地 址 / 广东省深圳市南山区龙珠大道 66 号 (518055)
电话(传真) / 0755 - 86234888
邮　　箱 /
网　　址 / http://www.sasamr.org.cn
主要研究领域:
工商行政管理

417 国家税务总局税收科学研究所
Taxation Institute of State Administration of Taxation

所 属 类 别 / 党政智库—国务院直属机构所属
主 管 单 位 / 国家税务总局
成 立 时 间 / 1998 年 10 月
第一负责人 / 谭珩
合 作 机 构 /
办 公 地 址 / 北京市海淀区羊坊店西路 5 号 (100038)
电话(传真) / 010 - 63417114 (010 - 63417992)
邮　　箱 /
网　　址 / http://www.chinatax.gov.cn/chinatax/n810209/n810590/n1044718/index.html (非独立官网)
主要研究领域:
税收理论; 税收政策; 税收制度; 税收管理; 国外税收理论、政策、制度和管理

G

418 国家体育总局体育科学研究所
China Institute of Sport Science

所 属 类 别 / 党政智库—国务院直属机构所属
主 管 单 位 / 国家体育总局
成 立 时 间 / 1958 年
第一负责人 / 冯连世
合 作 机 构 /
办 公 地 址 / 北京市东城区体育馆路 11 号（100061）
电话(传真) / 010 - 87182527（010 - 87182600）
邮　　箱 / kys@ ciss. cn
网　　址 / http://www. ciss. cn
主要研究领域:
国民体质监测和健身；优秀运动员竞技能力；体育产业发展与政策；体育工程技术

419 国家统计局国际统计信息中心

所 属 类 别 / 党政智库—国务院直属机构所属
主 管 单 位 / 国家统计局
成 立 时 间 /
第一负责人 / 张军
合 作 机 构 /
办 公 地 址 / 北京市西城区月坛南街 75 号（100826）
电话(传真) / 010 - 63266600
邮　　箱 / info@ gj. stats. cn
网　　址 / http://www. stats. gov. cn/zjtj/gjtjj/jgsz/sydw/200109/t20010907_52335. html
主要研究领域:
国际统计制度方法；国际统计比较

420 国家统计局统计科学研究所
The National Statistical Society of China

所 属 类 别 / 党政智库—国务院直属机构所属
主 管 单 位 / 国家统计局
成 立 时 间 / 1980 年
第一负责人 / 闾海琪
合 作 机 构 /
办 公 地 址 / 北京市西城区月坛南街 75 号（100826）
电话(传真) / 010 - 68783956
邮　　箱 / yjsinfo@ stats. gov. cn
网　　址 / http://www. nssc. stats. gov. cn
主要研究领域:
统计学基础理论；统计制度方法改革；数理统计与抽样技术；宏观经济运行监测和预警

421 国家统计局中国经济景气监测中心
China Economic Monitoring & Analysis Center

所 属 类 别 / 党政智库—国务院直属机构所属
主 管 单 位 / 国家统计局
成 立 时 间 / 1999 年 6 月
第一负责人 / 潘建成
合 作 机 构 /
办 公 地 址 / 北京市丰台区西三环南路甲 6 号国统宾馆写字楼 6 层（100073）
电话(传真) / 010 - 63375617（010 - 63375616）
邮　　箱 / tyc@ stats. gov. cn
网　　址 /
主要研究领域：
经济和社会景气监测

422 国家统计局统计科学研究所山东大学研究基地（山东大学生活质量与公共政策研究中心）

所 属 类 别 / 高校智库
主 管 单 位 / 山东大学
成 立 时 间 / 2009 年（2010 年）
第一负责人 / 邢占军
合 作 机 构 /
办 公 地 址 / 山东省青岛市即墨区鳌山卫街道滨海路 72 号（266237）
电话(传真) / 0532 - 58630326
邮　　箱 / webmaster@ sdu. edu. cn
网　　址 / http://www. shzlyj. qd. sdu. edu. cn
主要研究领域：
中国国民幸福感；居民生活质量；生活质量与公共政策；公共部门人力资源评价

423 国家卫生健康委人口文化发展中心
Population Culture Development Center, NHC

所 属 类 别 / 党政智库—国务院组成部门所属
主 管 单 位 / 国家卫生健康委员会
成 立 时 间 / 2006 年 8 月
第一负责人 /
合 作 机 构 /
办 公 地 址 / 北京市丰台区莱户营天伦北里小区 7 号楼（100054）
电话(传真) / 010 - 63505117
邮　　箱 /
网　　址 / https://www. nhfpcpcdc. org. cn/homePage/homePage
主要研究领域：
人口与发展政策；人口与计划生育公共管理及服务

424 国家卫生健康委卫生发展研究中心
China National Health Development Research Center

所 属 类 别 / 党政智库—国务院组成部门所属
主 管 单 位 / 国家卫生健康委员会
成 立 时 间 / 1991 年
第一负责人 / 傅卫
合 作 机 构 /
办 公 地 址 / 北京市海淀区学院路 38 号（100191）
电话(传真) / 010 - 82805576（010 - 82805576）
邮　　箱 / wsfzyjzxzp@ sina. com
网　　址 / http://www. cnhdrc. cn/nhei/index. shtml
主要研究领域：
卫生政策；卫生财政；医疗保障制度；医院管理与改革；农村卫生；社区卫生；公共卫生与风险；卫生人力资源；卫生发展战略；卫生经济信息；新型农村合作医疗

425 国家卫生健康委医药卫生科技发展研究中心
Development Center for Medical Science and Technology, National Health Commission of the People's Republic of China

所 属 类 别 / 党政智库—国务院组成部门所属
主 管 单 位 / 国家卫生健康委员会
成 立 时 间 /
第一负责人 / 郑忠伟
合 作 机 构 /
办 公 地 址 / 北京市西城区车公庄大街 9 号五栋大楼 B3 座 2 层、5 层（100044）
电话(传真) / 010 - 88387015（010 - 88387015）
邮　　箱 / dcmst@ dcmst. org. cn
网　　址 / https://www. dcmst. org. cn
主要研究领域：卫生健康科技发展重大政策；战略和规划研究

426 国家卫生健康委医院管理研究所
National Institute of Hospital Administration

所 属 类 别 / 党政智库—国务院组成部门所属
主 管 单 位 / 国家卫生健康委员会
成 立 时 间 / 1991 年 8 月
第一负责人 / 叶全富
合 作 机 构 /
办 公 地 址 / 北京市海淀区首体南路 6 号院 3 号楼（100044）
电话(传真) /
邮　　箱 / s62026607@ 163. com
网　　址 / http://www. niha. org. cn
主要研究领域：医院管理科学；医疗质量管理；医疗服务评价；医疗安全与风险管理；医院战略与发展；药事管理

427 国家卫生健康委职业安全卫生研究中心（煤炭工业职业医学研究中心）
National Center for Occupational Safety and Health, NHC (National Center for Occupational Medicine of Coal Industry, NHC)

所 属 类 别 / 党政智库—国务院直属机构所属
主 管 单 位 / 国家卫生健康委员会
成 立 时 间 / 1986 年 5 月
第一负责人 / 樊晶光
合 作 机 构 /
办 公 地 址 / 北京市门头沟区石龙北路 27 号（102308）
电话(传真) / 010 - 69805342（010 - 69805342）
邮　　箱 / niosh@ niosh. org. cn
网　　址 / http://www. niosh. org. cn
主要研究领域：
职业卫生政策、法律规章、标准规范；职业卫生基础理论；职业危害防治；职业危害事故调查

428 国家卫生健康委员会新探健康发展研究中心
Think Tank Research Center for Health Development

所 属 类 别 / 社会智库—民办非企业
主 管 单 位 / 国家卫生健康委员会
成 立 时 间 / 2001 年 9 月
第一负责人 / 王克安
合 作 机 构 /
办 公 地 址 / 北京市大兴区亦庄天宝园 6 里 6 号楼 101 室（100176）
电话(传真) / 010 - 67804214（010 - 67804204）
邮　　箱 / tthdrc@ sina. com
网　　址 / http://www. healthtt. org. cn
主要研究领域：疾病预防与控制；公共卫生；医疗保健

429 国家文化产业创新与发展研究基地
Cultural Industry Innovation & Development Academe

所 属 类 别 / 合作智库—政校合作
主 管 单 位 / 文化和旅游部、上海交通大学
成 立 时 间 / 1999 年 12 月
第一负责人 / 胡惠林
合 作 机 构 / 文化和旅游部、上海交通大学
办 公 地 址 / 上海市徐汇区华山路 1954 号（200030）
电话(传真) / 021 - 34205808（021 - 34205809）
邮　　箱 / kanghua99@ hotmail. com
网　　址 /
主要研究领域：WTO 与中国文化产业；文化发展战略；文化产业发展；文化体制改革；中国文化安全形势与对策；中国文化消费；文化资本与文化投融资体系

430 国家信息化专家咨询委员会

所 属 类 别 / 党政智库—国务院组成部门所属
主 管 单 位 / 工业和信息化部
成 立 时 间 / 2001 年 8 月
第一负责人 / 奚国华
合 作 机 构 /
办 公 地 址 / 北京市海淀区万寿路 27 号院电子大厦 28 层（100846）
电话(传真) / 010 - 68558354
邮　　箱 /
网　　址 /
主要研究领域:
国家信息化发展战略

431 国家信息中心（国家电子政务外网管理中心）

The State Information Center (Administration Center of China E - government Network)

所 属 类 别 / 党政智库—国务院组成部门所属
主 管 单 位 / 国家发展和改革委员会
成 立 时 间 / 1987 年 1 月
第一负责人 / 刘宇南
合 作 机 构 /
办 公 地 址 / 北京市西城区三里河路 58 号（100045）
电话(传真) / 010 - 68557000（010 - 68533919）
邮　　箱 / nicjubao@ sic. gov. cn
网　　址 / http://www. sic. gov. cn
主要研究领域:
信息化决策；电子政务；电子商务；信息资源开发；信息安全

432 国家药品监督管理局南方医药经济研究所

NMPA Southern Medicine Economic Research Institute

所 属 类 别 / 党政智库—国务院直属机构所属
主 管 单 位 / 国家药品监督管理局
成 立 时 间 / 1996 年 10 月
第一负责人 / 林建宁
合 作 机 构 /
办 公 地 址 / 广东省广州市越秀区东风东路 753 号天誉商务大厦西塔 6 层（510080）
电话(传真) / 020 - 37886766
邮　　箱 / nfshr888@ 126. com
网　　址 / http://www. smei. net. cn
主要研究领域:
食品药品监督管理政策法规；保健食品、化妆品、医药产业政策

433 国家应对气候变化战略研究和国际合作中心
National Center for Climate Change Strategy and International Cooperation

所 属 类 别 / 党政智库—国务院组成部门所属
主 管 单 位 / 国家发展和改革委员会
成 立 时 间 / 2012 年 6 月
第一负责人 / 徐华清
合 作 机 构 /
办 公 地 址 / 北京市西城区后英房胡同 5 号环境国际公约履约大楼 4 层（100035）
电话(传真) / 010 – 82200550
邮　　箱 /
网　　址 / http://www.ncsc.org.cn
主要研究领域:
应对气候变化；碳市场

434 国家邮政局发展研究中心
Development & Research Center of the State Post Bureau

所 属 类 别 / 党政智库—国务院部委管理的国家局所属
主 管 单 位 / 国家邮政局
成 立 时 间 / 2010 年 1 月
第一负责人 / 沈鸿雁
合 作 机 构 /
办 公 地 址 / 北京市西城区北礼士路甲 8 号（100868）
电话(传真) / 010 – 88323358（010 – 88323333）
邮　　箱 / zycf@spb.gov.cn
网　　址 /
主要研究领域:
邮政业发展战略和纲要规划；邮政业发展政策；邮政业法规、法制体系及管理体制

435 国家知识产权局知识产权发展研究中心
Intellectual Property Development & Research Center, State Intellectual Property Office

所 属 类 别 / 党政智库—国务院直属机构所属
主 管 单 位 / 国家知识产权局
成 立 时 间 / 2001 年 5 月
第一负责人 / 韩秀成
合 作 机 构 /
办 公 地 址 / 北京市海淀区蓟门桥西土城路 6 号（100088）
电话(传真) / 010 – 62083816（010 – 62083849）
邮　　箱 / gaoxiaobin@sipo.gov.cn
网　　址 / http://www.cnipa-ipdrc.org.cn
主要研究领域:
知识产权战略；知识产权相关法律；知识产权政策及实务

436 国家宗教事务局宗教研究中心
Center for Religious Research of China

所 属 类 别 / 党政智库—国务院直属机构所属
主 管 单 位 / 国家宗教事务局
成 立 时 间 / 1989 年
第一负责人 / 张训谋
合 作 机 构 /
办 公 地 址 / 北京市西城区后海北沿 44 号（100009）
电话(传真) / 010 - 64095366（010 - 64095229）
邮　　箱 / crrc2013@ 163. com
网　　址 /
主要研究领域:
党的宗教理论政策；国内外宗教形式

437 国网能源研究院
State Grid Corporation of China

所 属 类 别 / 社会智库—企业
主 管 单 位 / 国家电网公司
成 立 时 间 / 2009 年 10 月
第一负责人 / 张运洲
合 作 机 构 /
办 公 地 址 / 北京市昌平区七家镇未来科技城北区国家电网公司园区（102209）
电话(传真) / 010 - 66603900（010 - 66603901）
邮　　箱 / sgeri@ sgeri. sgcc. com. cn
网　　址 / https://sgerisgcc. solarbe. com
主要研究领域:
电力行业规划；能源与环保；电力供需分析；企业战略与管理；体制改革与电力市场；智能电网；新能源；电力价格

438 国务院参事室
Counsellors' Office of the State Council

所 属 类 别 / 党政智库—国务院直属机构所属
主 管 单 位 / 国务院
成 立 时 间 / 1949 年 11 月
第一负责人 / 王仲伟
合 作 机 构 /
办 公 地 址 / 北京市东城区前门东大街 11 号（100006）
电话(传真) / 010 - 65287977
邮　　箱 / gwycss@ 163. com
网　　址 / http://www. counsellor. gov. cn
主要研究领域:
国家发展战略

439 国务院发展研究中心
Development Research Center of the State Council

所 属 类 别 / 高端智库，党政智库
主 管 单 位 / 国务院
成 立 时 间 / 1980 年
第一负责人 / 马建堂
合 作 机 构 /
办 公 地 址 / 北京市东城区朝阳门内大街 225 号（100010）
电话(传真) / 010 - 65236066（010 - 65236060）
邮　　箱 / drc@ drc. gov. cn
网　　址 / http://www. drc. gov. cn
主要研究领域：
宏观经济形势；产业经济；产业政策；对外开放；人力资源开发；收入分配；社会保障政策；自然资源开发与利用；生态平衡与环境保护政策

440 国务院发展研究中心产业经济研究部

所 属 类 别 / 党政智库—国务院直属事业单位所属
主 管 单 位 / 国务院发展研究中心
成 立 时 间 /
第一负责人 / 赵昌文
合 作 机 构 /
办 公 地 址 / 北京市东城区朝阳门内大街 225 号（100010）
电话(传真) / 010 - 65276669（010 - 65276669）
邮　　箱 / drc@ drc. gov. cn
网　　址 / http://www. drc. gov. cn/yjlyyyjbm/11. html
主要研究领域：
产业结构；产业组织；产业布局；产业政策；产业竞争力

441 国务院发展研究中心创新发展研究部

所 属 类 别 / 党政智库—国务院直属事业单位所属
主 管 单 位 / 国务院发展研究中心
成 立 时 间 / 1981 年
第一负责人 / 马名杰
合 作 机 构 /
办 公 地 址 / 北京市东城区朝阳门内大街 225 号（100010）
电话(传真) / 010 - 65230650
邮　　箱 /
网　　址 / https://www. drc. gov. cn/yjlyyyjbm/12. html
主要研究领域：国家创新发展的战略、制度与政策；国家和区域创新体系建设、体制机制和战略；高新技术产业发展、传统产业升级、创业和新业态培育的战略与政策；创新在经济发展和转型中的作用

442 国务院发展研究中心对外经济研究部

所 属 类 别 / 党政智库—国务院直属事业单位所属
主 管 单 位 / 国务院发展研究中心
成 立 时 间 /
第一负责人 / 张绮
合 作 机 构 /
办 公 地 址 / 北京市东城区朝阳门内大街 225 号 （100010）
电话(传真) /
邮　　箱 /
网　　址 / http://www. drc. gov. cn/yjlyyyjbm/13. html
主要研究领域：
对外贸易；国际金融；港澳台经济及其与大陆经济的联系；区域经济合作和多边贸易体制；世界经济发展动态；世界主要国家发展

443 国务院发展研究中心发展战略和区域经济研究部

所 属 类 别 / 党政智库—国务院直属事业单位所属
主 管 单 位 / 国务院发展研究中心
成 立 时 间 /
第一负责人 / 侯永志
合 作 机 构 /
办 公 地 址 / 北京市东城区朝阳门内大街 225 号 （100010）
电话(传真) /
邮　　箱 /
网　　址 / http://www. drc. gov. cn/yjlyyyjbm/9. html
主要研究领域：
国家中长期发展战略；区域经济；应对气候变化和绿色发展；政策分析模型

444 国务院发展研究中心港澳研究所

所 属 类 别 / 党政智库—国务院直属事业单位所属
主 管 单 位 / 国务院发展研究中心
成 立 时 间 /
第一负责人 / 朱育诚
合 作 机 构 /
办 公 地 址 / 北京市海淀区中关村南大街 36 号湖北大厦 1706 室 （100081）
电话(传真) / 010 - 62120518
邮　　箱 /
网　　址 /
主要研究领域：
香港、澳门的政治、经济、社会、文化、宗教等

445 国务院发展研究中心公共管理与人力资源研究所

所 属 类 别 / 党政智库—国务院直属事业单位所属
主 管 单 位 / 国务院发展研究中心
成 立 时 间 /
第一负责人 / 李建伟
合 作 机 构 /
办 公 地 址 / 北京市东城区朝阳门内大街 225 号 (100010)
电话(传真) / 010 - 65233111
邮　　箱 /
网　　址 / http://www.drc.gov.cn/yjlyyyjbm/19.html
主要研究领域:
公共政策; 公共服务; 公共预算; 公共危机与管理; 人力资源

446 国务院发展研究中心国际技术经济研究所
Institute of International Technology and Economy

所 属 类 别 / 党政智库—国务院直属事业单位所属
主 管 单 位 / 国务院发展研究中心
成 立 时 间 / 1985 年 11 月
第一负责人 / 郭玖晖
合 作 机 构 /
办 公 地 址 / 北京市海淀区小南庄 20 号楼 A 座 (100086)
电话(传真) / 010 - 82636558
邮　　箱 / gjjsjjyjs@126.com
网　　址 / http://www.drciite.org
主要研究领域:
美国、欧盟、日本、俄罗斯、印度、巴西等国家与地区的科技战略、宏观经济发展态势; 科技与经济的关系; 世界高新科技发展态势

447 国务院发展研究中心宏观经济研究部

所 属 类 别 / 党政智库—国务院直属事业单位所属
主 管 单 位 / 国务院发展研究中心
成 立 时 间 /
第一负责人 / 陈昌盛
合 作 机 构 /
办 公 地 址 / 北京市东城区朝阳门内大街 225 号 (100010)
电话(传真) /
邮　　箱 /
网　　址 / http://www.drc.gov.cn/yjlyyyjbm/8.html
主要研究领域:
宏观经济形势; 财政政策; 货币政策

448 国务院发展研究中心金融研究所

所 属 类 别 / 党政智库—国务院直属事业单位所属
主 管 单 位 / 国务院发展研究中心
成 立 时 间 / 1981 年
第一负责人 / 吴振宇
合 作 机 构 /
办 公 地 址 / 北京市东城区朝阳门内大街 225 号（100010）
电话(传真) / 010 - 85112010（010 - 85112010）
邮　　箱 /
网　　址 / http://www. drc. gov. cn/yjlyyyjbm/17. html
主要研究领域:
货币政策；银行监管政策；保险监管政策；证券监管政策；汇率监管政策

449 国务院发展研究中心民族发展研究所

National Development Research Institute Under the State Council Development Research Center

所 属 类 别 / 党政智库—国务院直属事业单位所属
主 管 单 位 / 国务院发展研究中心
成 立 时 间 /
第一负责人 / 廖跃文
合 作 机 构 /
办 公 地 址 / 北京市海淀区远大路 20 号鹏安世纪 F 座 10E 室（100837）
电话(传真) / 010 - 88509109
邮　　箱 /
网　　址 /
主要研究领域:
民族地区经济、社会发展

450 国务院发展研究中心农村经济研究部

所 属 类 别 / 党政智库—国务院直属事业单位所属
主 管 单 位 / 国务院发展研究中心
成 立 时 间 /
第一负责人 / 叶兴庆
合 作 机 构 /
办 公 地 址 / 北京市东城区朝阳门内大街 225 号（100010）
电话(传真) / 010 - 65231367（010 - 65231367）
邮　　箱 /
网　　址 / http://www. drc. gov. cn/yjlyyyjbm/10. html
主要研究领域：食品安全与监管；农民收入与消费；农村土地制度改革；农村金融；农村公共财政；农业基础设施；生态环境；农业科技；农村非农产业；农民工权益；城镇化；农村教育、卫生与扶贫

451 国务院发展研究中心欧亚社会发展研究所

所属类别／党政智库—国务院直属事业单位所属
主管单位／国务院发展研究中心
成立时间／1989 年 7 月
第一负责人／李庆义
合作机构／
办公地址／北京市海淀区中关村东路 21 号（100083）
电话(传真)／010－82864319（010－82864319）
邮　　箱／easdri@ 126. com
网　　址／http://www. easdri. org. cn
主要研究领域：
欧亚各国的政治、经济、社会发展；欧亚各国对外关系；欧亚各国发展政策及其与全球政治、经济发展的相互影响

452 国务院发展研究中心企业研究所

所属类别／党政智库—国务院直属事业单位所属
主管单位／国务院发展研究中心
成立时间／1981 年
第一负责人／马骏
合作机构／
办公地址／北京市东城区朝阳门内大街 225 号（100010）
电话(传真)／010－65281878（010－65231008）
邮　　箱／
网　　址／
主要研究领域：国有企业改革；中小企业创新；民营企业创新；外资企业发展；中国企业“走出去”；企业制度；公司金融；企业创新

453 国务院发展研究中心社会发展研究部

Research Department of Social Development, Development Research Center of the State Council

所属类别／党政智库—国务院直属事业单位所属
主管单位／国务院发展研究中心
成立时间／1998 年
第一负责人／葛延风
合作机构／
办公地址／北京市东城区朝阳门内大街 225 号（100010）
电话(传真)／010－65233153（010－65233153）
邮　　箱／
网　　址／https://www. drc. gov. cn/yjlyyyjbm/14. html
主要研究领域：社会保障；收入分配；人口与就业；公共服务体制改革；社会治理与社会资源；环境；可持续发展

454 国务院发展研究中心世界发展研究所

所 属 类 别 / 党政智库—国务院直属事业单位所属
主 管 单 位 / 国务院发展研究中心
成 立 时 间 /
第一负责人 /
合 作 机 构 /
办 公 地 址 / 北京市东城区和平里南街五区 18 号龙绍衡大厦 516 室 （100013）
电话(传真) / 010 - 84211038
邮　　箱 /
网　　址 /
主要研究领域:
世界政治；世界经济；社会发展

455 国务院发展研究中心市场经济研究所

所 属 类 别 / 党政智库—国务院直属事业单位所属
主 管 单 位 / 国务院发展研究中心
成 立 时 间 / 1981 年
第一负责人 / 王微
合 作 机 构 /
办 公 地 址 / 北京市东城区朝阳门内大街 225 号 （100010）
电话(传真) /
邮　　箱 / mei@ drc. gov. cn
网　　址 / http://www. drc. gov. cn/yjlyyyjbm/15. html
主要研究领域:
市场体系；市场竞争环境；市场发展形势；企业改革与发展

456 国务院发展研究中心信息中心

所 属 类 别 / 党政智库—国务院直属事业单位所属
主 管 单 位 / 国务院发展研究中心
成 立 时 间 /
第一负责人 / 王金照
合 作 机 构 /
办 公 地 址 / 北京市东城区朝阳门内大街 225 号 （100010）
电话(传真) / 010 - 65237202 （010 - 65270099）
邮　　箱 / drcinfo@ drc. gov. cn
网　　址 /
主要研究领域:
国家信息化政策与战略；构建健康经济理论及其产业体系、战略思路和政策保障；产业与区域经济发展

457 国务院发展研究中心亚非发展研究所

Asia – Africa Development Research Institute of the Development Research Center of the State Council, P. R. C.

所 属 类 别 / 党政智库—国务院直属事业单位所属
主 管 单 位 / 国务院发展研究中心
成 立 时 间 / 1994 年 1 月
第一负责人 / 徐伟
合 作 机 构 /
办 公 地 址 / 北京市海淀区知春路 61 号 5 层（100190）
电话(传真) / 010 – 62625973（010 – 68745697）
邮　　箱 / aareview@ vip. 163. com
网　　址 / http://www. aadrc. org. cn
主要研究领域:
亚非国家与地区发展战略及其政治、经济、科技、文化问题

458 国务院发展研究中心资源与环境政策研究所

所 属 类 别 / 党政智库—国务院直属事业单位所属
主 管 单 位 / 国务院发展研究中心
成 立 时 间 /
第一负责人 / 高世楫
合 作 机 构 /
办 公 地 址 / 北京市东城区朝阳门内大街 225 号（100010）
电话(传真) / 010 – 51780020
邮　　箱 /
网　　址 / http://www. drc. gov. cn/yjlyyyjbm/18. html
主要研究领域:
生态文明；可持续发展；资源能源开发与利用；国家资源能源安全；环境保护和治理；绿色发展；循环发展；低碳发展；国土空间开发；海洋生态环境

459 国务院法制办公室政府法制研究中心

Legislative Affairs Office of the State Council P. R. China

所 属 类 别 / 党政智库—国务院办事机构所属
主 管 单 位 / 国务院法制办公室
成 立 时 间 / 1954 年 11 月
第一负责人 / 李明征
合 作 机 构 /
办 公 地 址 /
电话(传真) /
邮　　箱 /
网　　址 / http://www. chinalaw. gov. cn/organization/node_ zffzyjzx. html（非独立官网）
主要研究领域: 政府法制；依法行政基础理论；政府立法；行政执法；行政执法监督；宪法、国家法、行政法、民法、商法等的应用；世界贸易组织规则

G

460 国务院港澳事务办公室港澳研究所
Hong Kong and Macao Affairs Office of the State Council

所 属 类 别 / 党政智库—国务院办事机构所属
主 管 单 位 / 国务院港澳事务办公室
成 立 时 间 /
第一负责人 / 杨光
合 作 机 构 /
办 公 地 址 / 北京市西城区月坛南街 77 号（100045）
电话(传真) / 010 - 68579977（010 - 68576639）
邮　　箱 / service@ hmo. gov. cn
网　　址 /
主要研究领域：
香港、澳门的政治、经济、社会、文化、法律等

461 国务院国有资产监督管理委员会研究中心
State - owned Assets Supervision and Administration Commission of the State Council

所 属 类 别 / 党政智库—国务院直属特设机构所属
主 管 单 位 / 国务院国有资产监督管理委员会
成 立 时 间 / 2008 年
第一负责人 / 郝鹏
合 作 机 构 /
办 公 地 址 / 北京市宣武门西大街 26 号（100053）
电话(传真) / 010 - 68391708
邮　　箱 / zhouzhao@ sasac. gov. cn
网　　址 / http://www. sasac. gov. cn/index. html
主要研究领域：
国有资产监管；国有企业改革；国有经济结构调整

462 哈尔滨工程大学企业创新研究所

所 属 类 别 / 高校智库
主 管 单 位 / 哈尔滨工程大学经济管理学院
成 立 时 间 / 2005 年 11 月
第一负责人 / 李柏洲
合 作 机 构 /
办 公 地 址 / 黑龙江省哈尔滨市南岗区南通大街 145 号哈尔滨工程大学 31 号楼（150001）
电话(传真) /
邮　　箱 /
网　　址 /
主要研究领域：区域创新系统；企业技术创新与成长；知识管理理论与方法；国防科技工业创新管理

463 哈尔滨工程大学人工智能研究院

所 属 类 别 / 高校智库
主 管 单 位 / 哈尔滨工程大学
成 立 时 间 / 2018 年 6 月
第一负责人 / 刘劼
合 作 机 构 /
办 公 地 址 / 黑龙江省哈尔滨市南岗区南通大街 145 号（150001）
电话(传真) /
邮　　箱 /
网　　址 /
主要研究领域：
人工智能

464 哈尔滨工程大学灾难与危机管理研究所

所 属 类 别 / 高校智库
主 管 单 位 / 哈尔滨工程大学经济管理学院
成 立 时 间 / 2009 年
第一负责人 / 宋艳
合 作 机 构 /
办 公 地 址 / 黑龙江省哈尔滨市南岗区南通大街 145 号哈尔滨工程大学 31 号楼（150001）
电话(传真) /
邮　　箱 /
网　　址 /
主要研究领域：
危机响应与信息系统研究

465 哈尔滨工程大学中国制造和国家安全产业研究院

所 属 类 别 / 合作智库—校企合作
主 管 单 位 / 哈尔滨工程大学
成 立 时 间 / 2017 年 9 月
第一负责人 / 武博祎
合 作 机 构 / 中国国际工程咨询公司、哈尔滨工程大学
办 公 地 址 / 黑龙江省哈尔滨市南岗区南通大街 145 号（150001）
电话(传真) /
邮　　箱 /
网　　址 /
主要研究领域：
中国制造和国家安全产业

466 哈尔滨工业大学经济管理与人文社会科学研究院
Institute of Economics Management Humanities and Social Science, Harbin Institute of Technology

所 属 类 别 / 高校智库
主 管 单 位 / 哈尔滨工业大学
成 立 时 间 / 2012 年 5 月
第一负责人 /
合 作 机 构 /
办 公 地 址 / 黑龙江省哈尔滨市南岗区邮政街 434 号哈尔滨工业大学国家大学科技园 1004 室（150006）
电话(传真) / 0451 - 86262113
邮　　箱 / emhshit@ hit. edu. cn407
网　　址 /
主要研究领域：
公共管理；信息管理与决策科学；区域发展；环境与资源；中俄关系；东北亚研究

467 哈尔滨市社会科学院

所 属 类 别 / 科研院所智库
主 管 单 位 / 中共哈尔滨市委、哈尔滨市政府
成 立 时 间 / 1979 年 9 月
第一负责人 / 陈烨
合 作 机 构 /
办 公 地 址 / 黑龙江省哈尔滨市道里区柳树街 9 号（150010）
电话(传真) / 0451 - 87283010（0451 - 87283011）
邮　　箱 / hrbass@ 126. com
网　　址 / http://www. hrbass. org. cn
主要研究领域：改革开放和社会主义现代化建设；哈尔滨市改革、发展和全面建设小康社会进程中面临的重大问题

468 海国图智研究院

所 属 类 别 / 社会智库—企业
主 管 单 位 /
成 立 时 间 / 2015 年
第一负责人 / 陈定定
合 作 机 构 /
办 公 地 址 / 广东省广州市天河区谭村路 348 号马赛国际商务中心 2710 - 2714 室（510635）
电话(传真) / 020 - 37276476
邮　　箱 / media@ intellisia. org
网　　址 / http://www. intellisia. org
主要研究领域：国际安全；全球政治经济；中国外交

469 海南低碳经济政策与产业技术研究院
Hainan Policy and Industrial Research Institute of Low – Carbon Economy

所 属 类 别 / 合作智库—多方合作
主 管 单 位 / 海南省发展和改革委员会
成 立 时 间 / 2010 年 2 月
第一负责人 / 刘燕华
合 作 机 构 / 海南大学、清华大学、中国可再生能源学会
办 公 地 址 / 海南省海口市美兰区人民大道 58 号海南大学泰坚楼 305 室（570228）
电话(传真) / 0898 – 66276232
邮　　箱 / hndty@ hainu. edu. cn
网　　址 / https://hb. hainanu. edu. cn/ditan
主要研究领域：
海南低碳经济政策及发展战略；新能源及节能减排技术

470 海南国际旅游岛发展研究院
Hainan Institute of Development on International Tourist Destination

所 属 类 别 / 合作智库—校校合作
主 管 单 位 / 海南大学、南开大学
成 立 时 间 / 2010 年 5 月
第一负责人 / 侯自新
合 作 机 构 / 海南大学、南开大学
办 公 地 址 / 海南省海口市美兰区人民大道 58 号海南大学社会科学学科楼 A 栋（570228）
电话(传真) / 0898 – 66270393
邮　　箱 / hainanyjy@ 126. com
网　　址 / https://www. hainanu. edu. cn/hiditd
主要研究领域：
现代旅游业与文化产业；区域经济；现代物流；金融制度；现代农业

471 海南省开放型经济研究院

所 属 类 别 / 合作智库
主 管 单 位 / 海南大学
成 立 时 间 / 2019 年 9 月
第一负责人 / 李世杰
合 作 机 构 / 国务院发展研究中心对外经济研究部、海南大学、商务部国际贸易经济合作研究院、海南省委政策研究室
办 公 地 址 / 海南省海口市人民大道 58 号（570228）
电话(传真) / 0898 – 66292530
邮　　箱 / hnioes@ hainanu. edu. cn
网　　址 / https://www. hainanu. edu. cn/hnioes
主要研究领域：中国特色自由贸易港建设

H

472 海南省科学发展研究院

所属类别/社会智库—民办非企业
主管单位/
成立时间/2013年7月
第一负责人/李全
合作机构/
办公地址/海南省海口市美兰区国兴大道北侧国兴城三期10栋23层院办（570203）
电话(传真)/0898－65256501（0898－65256500）
邮　　箱/hkyhxy@126.com
网　　址/http://www.scienceacademe.com
主要研究领域：
经济问题；管理科学；生态环境；社会问题；南海问题

473 海南省南海政策与法律研究中心
Research Center for Policy and Law of the South China of Hainan Province

所属类别/合作智库
主管单位/海南大学
成立时间/2011年12月
第一负责人/张良福（常务副主任）
合作机构/海南省社会科学界联合会、海南大学
办公地址/海南省海口市人民大道58号海南大学社科大楼C栋718室（570228）
电话(传真)/0898－66279188
邮　　箱/lrcscs@163.com
网　　址/https://www.hainanu.edu.cn/nhlaw
主要研究领域：
南海安全战略；南海海洋争端解决机制；南海问题的国际法理；南海海上通道安全法律问题；南海资源开发法律问题；国家海上管辖权和海洋执法法律问题；南海海洋环境保护机制；南海区域合作制度；海洋经济法律制度

474 海南省社会科学界联合会
Hainan Federation of Humanities and Social Sciences Circles

所属类别/社会智库—社会团体
主管单位/中共海南省委
成立时间/1990年1月
第一负责人/钟业昌
合作机构/
办公地址/海南省海口市琼山区文坛路2号海南工商职业学院行政楼6楼（570203）
电话(传真)/0898－65333713（0898－65333713）
邮　　箱/hnxhxs@163.com
网　　址/http://www.hnskl.net
主要研究领域：海南省物质文明、精神文明建设

475 海南省社会科学院

所 属 类 别 / 科研院所智库
主 管 单 位 / 海南省政府
成 立 时 间 / 2013 年 12 月
第一负责人 / 钟业昌
合 作 机 构 /
办 公 地 址 / 海南省海口市琼山区文坛路 2 号海南工商职业学院行政楼 6 层（570203）
电话(传真) / 0898－65333713
邮　　箱 /
网　　址 / http://www.hnskl.net/web/default/index.jsp
主要研究领域：
海南经济、社会发展；地方历史文化

476 海南师范大学菲律宾研究中心

所 属 类 别 / 高校智库
主 管 单 位 / 海南师范大学
成 立 时 间 /
第一负责人 / 刘锋
合 作 机 构 /
办 公 地 址 / 海南省海口市龙昆南路 99 号（571158）
电话(传真) / 0898－65805983
邮　　箱 / hsrsc@hainnu.edu.cn
网　　址 /
主要研究领域：
菲律宾国别研究；中菲关系研究

477 海南师范大学南海区域文化研究中心

所 属 类 别 / 高校智库
主 管 单 位 / 海南师范大学
成 立 时 间 / 2008 年 7 月
第一负责人 / 张兴吉
合 作 机 构 /
办 公 地 址 / 海南省海口市龙昆南路 99 号（571158）
电话(传真) / 0898－65813193（0898－65813193）
邮　　箱 / nhqywh@163.com
网　　址 / http://nhyj.hainnu.edu.cn
主要研究领域：
南海区域历史文化

478 海南亚太观察研究院
Hainan Institute for World Watch (HNIWW)

所 属 类 别 / 社会智库
主 管 单 位 /
成 立 时 间 / 2009 年
第一负责人 / 孙杨
合 作 机 构 /
办 公 地 址 / 海南省海口市人民大道 70 - 3 海南亚太观察研究院 (570100)
电话(传真) / 0898 - 66272452 (0898 - 66272492)
邮　　箱 / hniww@ hniww. cn
网　　址 / http://www. hniww. cn
主要研究领域:
中国与南亚及东盟国家关系；南亚及东南亚地区区域经济合作与经济一体化；海洋问题；气候变化、跨境水资源纠纷、粮食安全、网络安全等非传统安全问题

479 海峡两岸关系研究中心

所 属 类 别 / 党政智库—中国共产党中央各部门所属
主 管 单 位 / 中共中央台湾工作办公室、国务院台湾事务办公室
成 立 时 间 / 2000 年 9 月
第一负责人 / 仇开明
合 作 机 构 /
办 公 地 址 / 北京市西城区阜成门外大街甲 35 号 (100037)
电话(传真) / 010 - 88383896 (010 - 68332824)
邮　　箱 /
网　　址 /
主要研究领域:
台湾政治、经济、法律、军事、历史、社会与媒体及对外关系

480 杭州电子科技大学信息化发展智库

所 属 类 别 / 高校智库
主 管 单 位 / 杭州电子科技大学
成 立 时 间 / 2012 年 6 月
第一负责人 / 辛金国
合 作 机 构 /
办 公 地 址 / 浙江省杭州市下沙高教园区 2 号大街杭州电子科技大学科技馆 6 楼 605 室 (310018)
电话(传真) / 0571 - 86873882
邮　　箱 / wljj@ hdu. edu. cn
网　　址 / http://xxhzk. hdu. edu. cn
主要研究领域:
信息化与社会治理创新；信息化与市场发展监管；信息化与产业转型升级

481 杭州市社会科学院
Hangzhou Academy of Social Sciences

所 属 类 别 / 科研院所智库
主 管 单 位 / 中共杭州市委宣传部
成 立 时 间 / 1983 年
第一负责人 / 卓超
合 作 机 构 /
办 公 地 址 / 浙江省杭州市新业路 311 号市民中心 D 座（310020）
电话(传真) / 0571 -85811575（0571 -85153710）
邮　　箱 / hzssk185811575@163.com
网　　址 /
主要研究领域：
社会科学基础与应用

482 合肥工业大学安徽科技与产业发展研究院（智库）

所 属 类 别 / 合作智库
主 管 单 位 / 安徽省委宣传部
成 立 时 间 /
第一负责人 /
合 作 机 构 / 安徽省委宣传部、合肥工业大学
办 公 地 址 / 安徽省合肥市包河区屯溪路 193 号（230003）
电话(传真) /
邮　　箱 /
网　　址 /
主要研究领域：
科技与产业发展

483 合肥工业大学安徽省中国特色社会主义理论体系研究基地

所 属 类 别 / 合作智库
主 管 单 位 / 安徽省委宣传部
成 立 时 间 / 2018 年 7 月
第一负责人 /
合 作 机 构 / 安徽省委宣传部、合肥工业大学
办 公 地 址 / 安徽省合肥市包河区屯溪路 193 号（230000）
电话(传真) /
邮　　箱 /
网　　址 /
主要研究领域：
中国特色社会主义理论体系研究

484 合肥工业大学产业转移与创新发展研究中心

所 属 类 别 / 合作智库
主 管 单 位 / 安徽省教育厅
成 立 时 间 / 2003 年 10 月
第一负责人 /
合 作 机 构 / 安徽省教育厅、合肥工业大学
办 公 地 址 / 安徽省合肥市包河区屯溪路 193 号 （230001）
电话(传真) /
邮　　箱 /
网　　址 /
主要研究领域：
产业转移与创新发展的过程机理；产业转移与创新发展的战略规划及政策体系；产业转移与创新发展的区域合作

485 合肥工业大学工业信息与经济研究中心

所 属 类 别 / 合作智库
主 管 单 位 / 安徽省教育厅
成 立 时 间 /
第一负责人 /
合 作 机 构 / 安徽省教育厅、合肥工业大学
办 公 地 址 / 安徽省合肥市包河区屯溪路 193 号 （230002）
电话(传真) /
邮　　箱 /
网　　址 /
主要研究领域：
工业信息与经济

486 合肥工业大学现代科技发展与马克思主义理论研究中心

所 属 类 别 / 合作智库
主 管 单 位 / 安徽省教育厅
成 立 时 间 / 2004 年
第一负责人 /
合 作 机 构 / 安徽省教育厅、合肥工业大学
办 公 地 址 / 安徽省合肥市包河区屯溪路 193 号 （230004）
电话(传真) /
邮　　箱 /
网　　址 /
主要研究领域：
马克思主义与科学技术发展的互动；绿色文化与和谐社会构建；科学发展观与中国特色社会主义；马克思主义理论教育方法与规律

487 合肥市社会科学院（合肥市社会科学界联合会、中共合肥市委讲师团）

所 属 类 别 / 科研院所智库
主 管 单 位 / 合肥市委、合肥市政府
成 立 时 间 / 2013 年 11 月
第一负责人 / 王道才
合 作 机 构 /
办 公 地 址 / 安徽省合肥市东流路 100 号合肥市政务中心 A 座 1113 室（230071）
电话(传真) / 0551 - 63537557
邮　　箱 / hfskljst@ 126. com
网　　址 / http://www. hfsskl. org. cn/dwgk/dwjj/index. html
主要研究领域:
经济、政治、文化、社会以及生态文明建设相关问题

488 河北大学雄安新区研究院

所 属 类 别 / 高校智库
主 管 单 位 / 河北大学
成 立 时 间 /
第一负责人 / 康乐
合 作 机 构 /
办 公 地 址 / 河北省保定市五四东路 180 号（071002）
电话(传真) /
邮　　箱 /
网　　址 /
主要研究领域:
雄安新区产业转型升级；生态环境保护；历史文化研究

H

489 河北地质大学经济研究所

所 属 类 别 / 高校智库
主 管 单 位 / 河北地质大学
成 立 时 间 / 1987 年 7 月
第一负责人 / 王殿茹
合 作 机 构 /
办 公 地 址 / 河北省石家庄槐安东路 136 号（050031）
电话(传真) /
邮　　箱 /
网　　址 / http://jjyjs. hgu. edu. cn/index. htm
主要研究领域:
河北省战略研究；河北欠发达地区发展；三农问题；科技教育；循环经济；资源问题；财税改革；西部开发；构建和谐社会

490 河北地质大学网络信息安全实验室

所 属 类 别 / 高校智库
主 管 单 位 / 河北地质大学
成 立 时 间 / 2005 年
第一负责人 / 硕良勋
合 作 机 构 /
办 公 地 址 / 河北省石家庄槐安东路 136 号（050031）
电话(传真) / 0311 - 87208114
邮　　箱 / xywmail@ sjzue. edu. cn
网　　址 / http://wlaqsys. hgu. edu. cn
主要研究领域:
信息安全；网络舆情监控；web 智能；社团发现；云计算

491 河北工程技术学院城市发展研究所

所 属 类 别 / 高校智库
主 管 单 位 / 河北工程技术学院
成 立 时 间 /
第一负责人 / 吴满财
合 作 机 构 /
办 公 地 址 / 河北省石家庄市桥西区宫北路 11 号（050091）
电话(传真) /
邮　　箱 /
网　　址 /
主要研究领域:
城镇建设与发展模式的理论研究

H

492 河北工业大学京津冀发展研究中心

所 属 类 别 / 高校智库
主 管 单 位 / 河北工业大学
成 立 时 间 / 2012 年 6 月
第一负责人 / 马树强
合 作 机 构 /
办 公 地 址 / 天津市红桥区光荣道 8 号河北工业大学东院 7 教 1306 室（300130）
电话(传真) / 022 - 60204504（022 - 60204504）
邮　　箱 / jjjyanjiuzhongxin@ 163. com
网　　址 /
主要研究领域:
经济发展；社会管理；高等教育

493 河北农业大学河北省山区研究所
Mountains Area Research Institute of Hebei Province, Hebei Agricultural University

所 属 类 别 / 高校智库
主 管 单 位 / 河北农业大学
成 立 时 间 / 1982 年
第一负责人 / 张建恒
合 作 机 构 /
办 公 地 址 / 河北省保定市莲池区灵雨寺街 289 号（071001）
电话(传真) / 0312 - 7521230
邮　　箱 / shys@ hebau. edu. cn
网　　址 / http://shanyansuo. hebau. edu. cn
主要研究领域:
种子和苗木繁育；饲料与兽药；新型化肥与农药、农产品加工

494 河北省宏观经济研究所
Macroeconomic Research of Hebei

所 属 类 别 / 党政智库—省/区/市政府所属
主 管 单 位 / 河北省发展和改革委员会
成 立 时 间 / 1995 年 8 月
第一负责人 / 高智
合 作 机 构 /
办 公 地 址 / 河北省石家庄市中山西路 469 号 7 楼（050000）
电话(传真) / 0311 - 87801897
邮　　箱 /
网　　址 /
主要研究领域:
区域经济；产业经济；技术经济；资源经济；生态经济；环境经济；社会发展

495 河北省人民政府研究室
The Research Office of Hebei Provincial Government

所 属 类 别 / 党政智库—省/区/市政府所属
主 管 单 位 / 河北省政府
成 立 时 间 /
第一负责人 / 刘智
合 作 机 构 /
办 公 地 址 / 河北省石家庄市长安区裕华东路 113 号（050011）
电话(传真) / 0311 - 87902564（0311 - 87902564）
邮　　箱 / hbszfyjszwgk@ 163. com
网　　址 / http://www. hebyjs. gov. cn
主要研究领域:
宏观经济调控；农村经济；社会发展；社会保障；政府建设；事业单位改革；公共安全；社会稳定；城乡建设；交通运输；产业政策；信息化建设

496 河北省社会科学界联合会
Hebei Federation of Social Science Circles

所 属 类 别 / 社会智库—社会团体
主 管 单 位 / 中共河北省委
成 立 时 间 / 1980 年 11 月
第一负责人 / 宋文新
合 作 机 构 /
办 公 地 址 / 河北省石家庄市桥西区裕华西路 67 号（050051）
电话(传真) / 0311 - 83035748（0311 - 83058694）
邮 箱 / sklmsc@ hebskl. cn
网 址 / http://www. hebsky. org. cn
主要研究领域：河北经济建设、政治建设、文化建设、社会建设、生态文明建设；全面建成小康社会

497 河北省社会科学院
Hebei Academy of Social Sciences

所 属 类 别 / 科研院所智库
主 管 单 位 / 中共河北省委、河北省政府
成 立 时 间 / 1981 年
第一负责人 / 康振海
合 作 机 构 /
办 公 地 址 / 河北省石家庄市桥西区裕华西路 67 号（050051）
电话(传真) / 0311 - 83035743（0311 - 83018546）
邮 箱 / hebskyxxzx@ 163. com
网 址 / http://www. hebsky. org. cn
主要研究领域：农村经济；区域经济；当代文化（文学）发展；人口社会；服务经济；人力资源开发；地方法制建设；新闻传播；宏观经济政策

H

498 河北师范大学河北省数字教育协同创新中心
Hebei Digital Education Collaborative Innovation Center, Hebei Normal University

所 属 类 别 / 高校智库
主 管 单 位 / 河北师范大学
成 立 时 间 / 2013 年 12 月
第一负责人 / 刘敬泽
合 作 机 构 / 河北出版传媒集团有限责任公司、中国移动通信集团河北有限公司、河北省教育科学研究所、美国佳诚国际股份有限公司、香港浸会大会、北京拓思德科技有限公司、深圳宸睿科技有限公司、深圳善科教育科技有限公司
办 公 地 址 / 河北省石家庄市南二环东路 20 号（050024）
电话(传真) /
网 址 / http://szjy. hebtu. edu. cn
主要研究领域：数字教育

499 河北师范大学秘鲁研究中心

所 属 类 别 / 高校智库
主 管 单 位 / 河北师范大学
成 立 时 间 / 2013 年 4 月
第一负责人 / 戴建兵
合 作 机 构 /
办 公 地 址 / 河北省石家庄市南二环东路 20 号（050024）
电话(传真) /
邮 箱 /
网 址 /
主要研究领域：
秘鲁文化、教育、政治和经济；中秘关系；中秘人文交流

500 河北师范大学印尼研究中心

Hebei Normal University Indonesia Research Center, Hebei Normal University

所 属 类 别 / 高校智库
主 管 单 位 / 河北师范大学
成 立 时 间 / 2012 年 11 月
第一负责人 / 戴建兵
合 作 机 构 /
办 公 地 址 / 河北省石家庄市裕华区南二环东路 20 号（050024）
电话(传真) /
邮 箱 / gjhzc@ hebtu. edu. cn
网 址 / http://io. hebtu. edu. cn/ynyjzx
主要研究领域：
印尼国别研究；中印关系

501 河北师范大学中国—俄罗斯远东研究中心

Hebei Normal University Russian Far East Research Center, Hebei Normal University

所 属 类 别 / 高校智库
主 管 单 位 / 河北师范大学
成 立 时 间 / 2016 年 11 月
第一负责人 / 戴建兵
合 作 机 构 /
办 公 地 址 / 河北省石家庄市裕华区南二环东路 20 号（050024）
电话(传真) /
邮 箱 /
网 址 / http://io. hebtu. edu. cn/elsyjzx
主要研究领域：
俄罗斯政治、经济、文化、外交等；中俄历史及关系

502 河北师范大学中国共产党革命精神与文化资源研究中心

所 属 类 别 / 高校智库
主 管 单 位 / 河北师范大学
成 立 时 间 / 2013 年 6 月
第一负责人 / 戴建兵
合 作 机 构 /
办 公 地 址 / 河北省石家庄市南二环东路 20 号（050024）
电话(传真) / 0311 - 80789460
邮　　箱 / hbsdxbpjd@163. com
网　　址 / http://xbpjd. hebtu. edu. cn
主要研究领域：
西柏坡经验与马克思主义中国化；西柏坡与中国特色社会主义道路探索；西柏坡精神与全面提高党的建设科学化水平

503 河海大学东部资源环境与持续发展研究中心

Research Center of Eastern Resource Environment and Sustainable Development

所 属 类 别 / 合作智库—研校合作
主 管 单 位 / 河海大学
成 立 时 间 / 1994 年 12 月
第一负责人 / 严以新、郑垂勇
合 作 机 构 / 中国科学院南京分院、南京大学、河海大学、南京农业大学
办 公 地 址 / 江苏省南京市鼓楼区西康路 1 号河海大学闻天馆 7 层（210098）
电话(传真) / 025 - 83733096（025 - 83733096）
邮　　箱 / zhaomin3451@sina. com
网　　址 /
主要研究领域：
人口、资源、环境与可持续发展；东部沿海区域发展与城乡建设

H

504 河海大学社区研究中心

Community Research Center of Hohai University

所 属 类 别 / 高校智库
主 管 单 位 / 河海大学
成 立 时 间 / 2009 年 3 月
第一负责人 / 孙其昂
合 作 机 构 /
办 公 地 址 / 江苏省南京市江宁区佛城西路 8 号（211100）
电话(传真) / 025 - 83786075（025 - 83786075）
邮　　箱 / community_hhu@163. com
网　　址 /
主要研究领域：
马克思主义理论；马克思主义社会学；马克思主义政治学

505 河海大学水利经济研究所
Institute Research of Water Economy, Hohai University

所 属 类 别 / 合作智库—政校合作
主 管 单 位 / 水利部计划司、河海大学
成 立 时 间 / 1985 年
第一负责人 / 袁汝华
合 作 机 构 / 水利部计划司、河海大学
办 公 地 址 / 江苏省南京市江宁区佛城西路 8 号河海大学博学楼 B504 室 (211100)
电话(传真) / 025 - 68514715 (025 - 68514715)
邮　　箱 / yrh@ hhu. edu. cn
网　　址 /
主要研究领域:
水利经济; 建设项目评价; 经济政策; 能源经济; 企业管理; 资产评估

506 河海大学中国移民研究中心（水利部水库移民经济研究中心）
National Research Center for Resettlement, Hohai University

所 属 类 别 / 合作智库—政校合作
主 管 单 位 / 水利部移民局
成 立 时 间 / 1993 年 2 月
第一负责人 / 施国庆
合 作 机 构 / 水利部移民局、河海大学
办 公 地 址 / 江苏省南京市江宁区佛城西路 8 号河海大学江宁校区厚学楼 (211100)
电话(传真) / 025 - 83786503 (025 - 83718914)
邮　　箱 / nrcr@ hhu. edu. cn
网　　址 / http://www. chinaresettlement. com
主要研究领域:
工程移民; 生态移民; 环境移民; 灾害移民

507 河南财经政法大学东北亚研究中心
Northeast Asian Research Center, Henan University of Economics and Law

所 属 类 别 / 高校智库
主 管 单 位 / 河南财经政法大学
成 立 时 间 / 2018 年
第一负责人 / 郭宏
合 作 机 构 /
办 公 地 址 / 河南省郑州市金水东路 180 号河南财经政法大学实验楼 B 座 4 楼 (450000)
电话(传真) /
邮　　箱 / naschuel@ 163. comn
网　　址 / http://nasc. huel. edu. cn
主要研究领域:
东北亚国家和区域政治、经济、文化、社会等

508 河南财经政法大学河南经济研究中心

所属类别 / 高校智库
主管单位 / 河南财经政法大学
成立时间 / 1994 年
第一负责人 / 郭军
合作机构 /
办公地址 / 河南省金水东路 180 号（450046）
电话(传真) / 0371 - 86547508
邮　　箱 /
网　　址 / http://hnerc. huel. edu. cn
主要研究领域：
河南经济；农户与农区经济发展；现代企业发展战略与公司治理

509 河南财经政法大学现代服务业河南省协同创新中心

Henan Collaborative Innovation Center of Modern Service Industry, Henan University of Economics and Law

所属类别 / 高校智库
主管单位 / 河南财经政法大学
成立时间 / 2012 年
第一负责人 / 杨健燕
合作机构 /
办公地址 / 河南省金水东路 180 号（450046）
电话(传真) / 0371 - 86255953
邮　　箱 / xiandaifuwuye827@ 163. com
网　　址 / http://fwyzx. huel. edu. cn
主要研究领域：
现代服务业

H

510 河南财经政法大学政府经济发展与社会管理创新研究中心

所属类别 / 高校智库
主管单位 / 河南财经政法大学
成立时间 / 2012 年 12 月
第一负责人 / 杨宏志
合作机构 /
办公地址 / 河南省郑州市金水东路 1 号行政楼 308 室（450046）
电话(传真) /
邮　　箱 /
网　　址 / http://zfjjfz. huel. edu. cn
主要研究领域：
政府经济发展与社会管理创新研究

511　河南财政金融学院高等教育研究中心

所 属 类 别／高校智库
主 管 单 位／河南财政金融学院
成 立 时 间／2004 年 12 月
第一负责人／刘筠
合 作 机 构／
办 公 地 址／河南省郑州市郑东新区龙子湖高校园区龙子湖北路 22 号（450046）
电话(传真)／0371－69303823
邮　　箱／gjs707@126.com
网　　址／
主要研究领域：
高等教育

512　河南大学高等人文研究院
Institute for Advanced Humanities Studies of Henan University

所 属 类 别／高校智库
主 管 单 位／河南大学
成 立 时 间／2017 年 7 月
第一负责人／
合 作 机 构／
办 公 地 址／河南省开封市金明大道（475000）
电话(传真)／0371－25551950
邮　　箱／
网　　址／http://gyy.henu.edu.cn
主要研究领域：
人文学科综合研究

513　河南大学黄河文明省部共建协同创新中心
Collaborative Innovation Center of Yellow River Civiliaztion Provincial Co-construction

所 属 类 别／合作智库
主 管 单 位／河南大学
成 立 时 间／2018 年
第一负责人／苗长虹
合 作 机 构／河南大学、北京大学、西北大学、山东师范大学、中国社会科学院考古研究所、历史研究所、近代史研究所、世界文明比较中心、中国科学院地理科学与资源研究所、水利部黄河水利委员会等
办 公 地 址／河南省开封市金明大道（475000）
电话(传真)／
邮　　箱／
网　　址／http://yrc.henu.edu.cn/index.htm
主要研究领域：黄河文明；黄河学术话语体系

H

514 河南大学黄河文明与可持续发展研究中心

所 属 类 别 / 高校智库
主 管 单 位 / 河南大学
成 立 时 间 / 2004 年
第一负责人 / 傅伯杰
合 作 机 构 /
办 公 地 址 / 河南省开封市金明大道（475000）
电话(传真) /
邮　　箱 /
网　　址 / http://yrc. henu. edu. cn/index. htm
主要研究领域：
黄河文明与沿岸地区可持续发展

515 河南大学区域发展与规划研究中心
Research Center of Regional Development and Planning, Henan University

所 属 类 别 / 高校智库
主 管 单 位 / 河南大学
成 立 时 间 / 2005 年
第一负责人 /
合 作 机 构 /
办 公 地 址 / 河南省开封市金明大道（475004）
电话(传真) / 0371 - 23881850
邮　　箱 /
网　　址 / http://irdp. henu. edu. cn
主要研究领域：
区域经济；城市与区域发展；资源开发与规划

516 河南大学以色列研究中心

所 属 类 别 / 高校智库
主 管 单 位 / 河南大学
成 立 时 间 / 2002 年
第一负责人 / 胡浩
合 作 机 构 /
办 公 地 址 / 河南省开封市金明大道（475001）
电话(传真) / 0371 - 22868833
邮　　箱 /
网　　址 / http://lsxy. henu. edu. cn/info/1042/1394. htm（非独立官网）
主要研究领域：
犹太史；以色列史；中东问题

517 河南大学中原发展研究院

所 属 类 别 / 合作智库
主 管 单 位 / 河南大学
成 立 时 间 / 2013 年
第一负责人 / 耿明斋
合 作 机 构 / 河南大学、河南省人民政府研究室、河南省发展和改革委员会
办 公 地 址 / 河南省开封市金明大道（475000）
电话(传真) / 0371 - 23881986
邮　　箱 /
网　　址 / http://zyzk.henu.edu.cn/index.htm
主要研究领域：
中原经济、社会发展

518 河南牧业经济学院爱尔兰研究中心

所 属 类 别 / 高校智库
主 管 单 位 / 河南牧业经济学院
成 立 时 间 / 2017 年 11 月
第一负责人 / 罗士喜
合 作 机 构 /
办 公 地 址 / 河南省郑州市郑东新区龙子湖北路 6 号（450046）
电话(传真) / 0371 - 63515962
邮　　箱 /
网　　址 /
主要研究领域：
爱尔兰经济、社会、政治、文化等；中爱关系

519 河南省人民政府参事室

所 属 类 别 / 党政智库—省/区/市政府所属
主 管 单 位 / 河南省政府
成 立 时 间 / 1979 年
第一负责人 /
合 作 机 构 /
办 公 地 址 / 河南省郑州市金水区金水路 14 号（450014）
电话(传真) / 0371 - 65903488
邮　　箱 /
网　　址 / http://www.henan.gov.cn/hncss
主要研究领域：
河南省发展战略

520 河南省社会科学界联合会
Henan Provincial Social Science Circles Federation

所 属 类 别 / 社会智库—社会团体
主 管 单 位 / 中共河南省委
成 立 时 间 / 1964 年 2 月
第一负责人 / 李庚香
合 作 机 构 /
办 公 地 址 / 河南省郑州市金水区丰产路 23 号（450002）
电话(传真) / 0371—63936765（0371 - 63935471）
邮　　箱 / admin@ 163. com
网　　址 / http://www. hnskl. org
主要研究领域:
中原崛起；河南振兴；富民强省

521 河南省社会科学院

所 属 类 别 / 科研院所智库
主 管 单 位 / 中共河南省委、河南省政府
成 立 时 间 / 1979 年 12 月
第一负责人 / 谷建全
合 作 机 构 /
办 公 地 址 / 河南省郑州市金水区丰产路 21 号（450002）
电话(传真) / 0371 - 63936112（0371 - 63936112）
邮　　箱 / zzhnass@ 163. com
网　　址 / http://www. hnass. com. cn
主要研究领域:
河南省经济社会发展战略；中国特色社会主义；河南区域经济；中原文化；农村发展；城市与环境；社会发展

522 河南师范大学公共政策与社会管理创新研究中心
Institute for Public Policy and Social Management Innovation, Henan Normal University

所 属 类 别 / 高校智库
主 管 单 位 / 河南师范大学
成 立 时 间 /
第一负责人 / 程秀波
合 作 机 构 /
办 公 地 址 / 河南省新乡市建设东路 46 号河南师范大学东校区政管楼 519 室（453007）
电话(传真) /
邮　　箱 / ipsa2012@ 163. com
网　　址 / https://www. htu. edu. cn/ipsa
主要研究领域:
公共政策与社会管理创新研究

523 河南师范大学河南省中国特色社会主义理论体系研究中心

Henan Research Center of Chinese Characteristic Socialism Theoretical System, Henan Normal University

所 属 类 别 / 高校智库
主 管 单 位 / 河南师范大学
成 立 时 间 / 1999 年
第一负责人 / 王桂兰
合 作 机 构 /
办 公 地 址 / 河南省新乡市建设东路 46 号河南师范大学文科楼 (453007)
电话(传真) / 0373 – 3329295 (0373 – 3329295)
邮　　箱 / mengke9071@163.com
网　　址 / https://www.htu.edu.cn/zgtsyj
主要研究领域:
中国特色社会主义理论体系

524 河南师范大学科技与社会研究所

所 属 类 别 / 高校智库
主 管 单 位 / 河南师范大学
成 立 时 间 / 1986 年 9 月
第一负责人 / 梁立明
合 作 机 构 /
办 公 地 址 / 河南省新乡市建设东路 46 号 (453007)
电话(传真) /
邮　　箱 /
网　　址 / https://www.htu.edu.cn/kjysh
主要研究领域:
科技与社会研究

525 河南师范大学青少年问题研究中心

Research Center of Teenager Issues, Henan Normal University

所 属 类 别 / 高校智库
主 管 单 位 / 河南师范大学
成 立 时 间 / 2003 年 3 月
第一负责人 / 高中建
合 作 机 构 /
办 公 地 址 / 河南省新乡市建设东路 46 号 (453007)
电话(传真) / 0373 – 3329311
邮　　箱 / Qshn@henannu.edu.cn
网　　址 / https://www.htu.edu.cn/qsnyj
主要研究领域:
青年科学社会学；青年发展与问题；青少年教育

526 河南师范大学三农法律问题研究中心

Research Center on Legal Issues of Agriculture, Rural Areas and Farmers, Henan Normal University

所 属 类 别 / 高校智库
主 管 单 位 / 河南师范大学
成 立 时 间 / 2005 年
第一负责人 / 黄进才
合 作 机 构 /
办 公 地 址 / 河南省新乡市建设东路 46 号（453007）
电话(传真) / 0373 - 3830353
邮　　箱 / hnsnfh@163.com
网　　址 / https://www.htu.edu.cn/sannong
主要研究领域：
农村土地制度；农民（农民工）权益；农村社会保障；农产品质量安全；乡村治理

527 河南师范大学中原非物质文化遗产保护研究中心

所 属 类 别 / 高校智库
主 管 单 位 / 河南师范大学
成 立 时 间 / 2009 年
第一负责人 / 丁永祥
合 作 机 构 /
办 公 地 址 / 河南省新乡市建设东路 46 号（453007）
电话(传真) /
邮　　箱 /
网　　址 /
主要研究领域：
中原民间艺术保护与产业开发；非物质文化遗产保护理论；中原方言与民俗文化；中原非物质文化遗产文献整理

528 河南师范大学中原文化生态研究中心

所 属 类 别 / 高校智库
主 管 单 位 / 河南师范大学
成 立 时 间 /
第一负责人 /
合 作 机 构 /
办 公 地 址 / 河南省新乡市建设东路 46 号（453007）
电话(传真) /
邮　　箱 /
网　　址 /
主要研究领域：
中原文化生态

529 黑龙江省人民政府参事室

所 属 类 别 / 党政智库—省/区/市政府所属
主 管 单 位 / 黑龙江省政府
成 立 时 间 / 1957 年 7 月
第一负责人 / 王建国
合 作 机 构 /
办 公 地 址 / 黑龙江省哈尔滨市南岗区红军街 77 号（150001）
电话(传真) / 0451 - 53630278（0451 - 53630278）
邮　　箱 / hljscss@ 126. com
网　　址 /
主要研究领域：
黑龙江省发展战略

530 黑龙江省社会科学界联合会
Heilongjiang Federation of Social Sciences

所 属 类 别 / 社会智库—社会团体
主 管 单 位 / 中共黑龙江省委宣传部
成 立 时 间 / 1958 年
第一负责人 / 贾玉梅
合 作 机 构 /
办 公 地 址 / 黑龙江省哈尔滨市南岗区中宣街 20 - 6 号科技大厦 8 层、9 层（150001）
电话(传真) / 0451 - 82808217（0451 - 82808201）
邮　　箱 / bgs8201@ 163. com
网　　址 / http://www. hljskl. gov. cn/new/index. html
主要研究领域：
黑龙江省社会主义物质文明、精神文明、政治文明

531 黑龙江省社会科学院（黑龙江政府发展研究中心）
Heilongjiang Provincial Academy of Social Sciences

所 属 类 别 / 科研院所智库
主 管 单 位 / 黑龙江省政府
成 立 时 间 / 1979 年
第一负责人 / 董伟俊
合 作 机 构 /
办 公 地 址 / 黑龙江省哈尔滨市松北区世博路 1000 号（150028）
电话(传真) / 0451 - 58670434（0451 - 58670020）
邮　　箱 /
网　　址 /
主要研究领域：
世界经济；农业经济管理；产业经济；东北亚区域经济；中俄关系；县域经济；黑龙江流域文明；旅游经济；城市社会

532 衡水学院河北省非物质文化遗产研究基地
The Research Base of Intangible Cultural Heritage

所属类别／高校智库
主管单位／衡水学院
成立时间／
第一负责人／
合作机构／
办公地址／河北省衡水市和平西路 1088 号（053000）
电话(传真)／
邮　　箱／
网　　址／http://fwzwhyc.hsnc.edu.cn
主要研究领域：
非物质文化遗产

533 衡水学院河北省生态文明建设与县域经济发展研究基地

所属类别／合作智库
主管单位／衡水学院
成立时间／2013 年 12 月
第一负责人／王守忠
合作机构／河北省社科联、衡水学院
办公地址／河北省衡水市和平西路 1088 号（053000）
电话(传真)／0318－6012979
邮　　箱／
网　　址／http://stxyjd.hsnc.edu.cn
主要研究领域：
生态文明建设；区域生态文化与非物质文化遗产；生态系统与环境保护；县域经济与可持续发展

534 洪范法律与经济研究所
Hongfan Legal and Economic Studies

所属类别／社会智库—企业
主管单位／北京洪范东方咨询服务中心
成立时间／2004 年
第一负责人／王涌
合作机构／
办公地址／北京市海淀区翠微中里 14 号楼 4 层 B 区（100081）
电话(传真)／010－52322552（010－52322552）
邮　　箱／office@hongfan.org.cn
网　　址／http://www.hongfan.org.cn/web/index.php
主要研究领域：
中国经济改革；法治；法律与社会；公共经济；发展与转型经济

535 湖北大学高等人文研究院
Institute for Advanced Humanistic Studies, Hubei University

所属类别／高校智库
主管单位／湖北大学
成立时间／2013 年 6 月
第一负责人／陈荣卓
合作机构／
办公地址／湖北省武汉市武昌区友谊大道 368 号湖北大学人文逸夫楼 4 层（430062）
电话(传真)／027－88046421（027－88046421）
邮　　箱／lijialian@126.com
网　　址／http://ifahs.hubu.edu.cn
主要研究领域：
中国文化发展；湖北文化发展；世界文化发展

536 湖北法治发展战略研究院（中南财经政法大学法治发展与司法改革研究中心）

所属类别／社会智库
主管单位／
成立时间／2012 年 11 月
第一负责人／徐汉明
合作机构／
办公地址／湖北省武汉市东湖高新技术开发区南湖大道特一号（430073）
电话(传真)／027－87107128（027－87108590）
邮　　箱／fazhihubei@qq.com
网　　址／https://fa-ce.zuel.edu.cn
主要研究领域：
司法政策

537 湖北美术学院湖北省非物质文化遗产研究中心

所属类别／高校智库
主管单位／湖北美术学院
成立时间／2013 年 10 月
第一负责人／张昕
合作机构／
办公地址／湖北省武汉市武昌区中山路 374 号（430060）
电话(传真)／
邮　　箱／
网　　址／http://fyzx.hifa.edu.cn//index.htm
主要研究领域：
非物质文化遗产

538 湖北民族大学湖北民族学院鄂西生态文化旅游研究中心

所 属 类 别 / 高校智库
主 管 单 位 / 湖北民族大学
成 立 时 间 / 2012 年 2 月
第一负责人 / 胡静
合 作 机 构 /
办 公 地 址 / 湖北省恩施市学院路 39 号 (445000)
电话(传真) / 0718 - 8438945 (0718 - 8437832)
邮　　箱 / webmaster@ hbmy. edu. cn
网　　址 /
主要研究领域:
鄂西生态文化旅游圈体制创新; 旅游资源规划与开发; 文化品牌建设; 绿色低碳产业

539 湖北省人民政府参事室

所 属 类 别 / 党政智库—省/区/市政府所属
主 管 单 位 / 湖北省政府
成 立 时 间 / 1979 年
第一负责人 / 王太晖
合 作 机 构 /
办 公 地 址 / 湖北省武汉市武昌区洪山侧路 27 号 (430071)
电话(传真) / 027 - 87306925 (027 - 87233262)
邮　　箱 / hbszfcss@ 163. com
网　　址 /
主要研究领域:
湖北省发展战略

H

540 湖北省人民政府研究室
Hubei Government Research

所 属 类 别 / 党政智库—省/区/市政府所属
主 管 单 位 / 湖北省政府
成 立 时 间 /
第一负责人 / 覃道明
合 作 机 构 /
办 公 地 址 / 湖北省武汉市武昌区洪山路 7 号政府大楼 (430071)
电话(传真) / 027 - 87235450
邮　　箱 / hbzfyjs@ hbzyw. gov. cn
网　　址 / http://zys. hubei. gov. cn
主要研究领域:
决策咨询交流; 智力资源整合; 智力成果采购

541 湖北省社会科学界联合会

所 属 类 别 / 社会智库—社会团体
主 管 单 位 / 中共湖北省委、湖北省政府
成 立 时 间 / 1959 年 9 月
第一负责人 / 喻立平（常务副主席）
合 作 机 构 /
办 公 地 址 / 湖北省武汉市武昌区紫阳东路 45 号（430070）
电话(传真) / 027 - 87839901（027 - 87324788）
邮　　箱 / hbskl@ 163. com
网　　址 / http://www. hbskw. com
主要研究领域:
湖北经济、社会发展

542 湖北省社会科学院
Hubei Academy of Social Sciences

所 属 类 别 / 科研院所智库
主 管 单 位 / 湖北省政府
成 立 时 间 / 1978 年 6 月
第一负责人 / 刘光远
合 作 机 构 /
办 公 地 址 / 湖北省武汉市武昌区东湖路 165 号（430077）
电话(传真) / 027 - 86783511（027 - 86783511）
邮　　箱 / bgs@ hbsky. cn
网　　址 / http://www. hbsky. cn
主要研究领域:
社会主义商品经济；老工业基地改造；国企改革；武汉城市圈；长江经济带开放开发；长江中游城市群；鄂西生态文化旅游圈；新农村建设

H

543 湖北省中国特色社会主义理论体系研究中心中南民族大学分中心

所 属 类 别 / 高校智库
主 管 单 位 / 中南民族大学
成 立 时 间 / 2013 年
第一负责人 / 徐柏才
合 作 机 构 /
办 公 地 址 / 湖北省武汉市洪山区民族大道 182 号中南民族大学 1 号教学楼 401 室（430074）
电话(传真) / 027 - 67842214
邮　　箱 /
网　　址 / https://www. scuec. edu. cn/shzyyj/index. htm
主要研究领域:
中国特色社会主义理论体系

544 湖北文理学院鄂北区域发展研究中心

所 属 类 别 / 高校智库
主 管 单 位 / 湖北文理学院
成 立 时 间 / 2003 年 6 月
第一负责人 / 张弢
合 作 机 构 /
办 公 地 址 / 湖北省襄阳市隆中路 296 号（441053）
电话(传真) /
邮　　箱 /
网　　址 / http://zt - ebqy. hbuas. edu. cn
主要研究领域:
鄂北区域发展

545 湖北中医药大学中医药发展研究中心

所 属 类 别 / 高校智库
主 管 单 位 / 湖北中医药大学
成 立 时 间 /
第一负责人 /
合 作 机 构 /
办 公 地 址 / 湖北省武汉市洪山区黄家湖西路 16 号（430065）
电话(传真) /
邮　　箱 /
网　　址 /
主要研究领域:
中医药发展

H

546 湖南大学风险导向审计研究基地

所 属 类 别 / 合作智库—政校合作
主 管 单 位 / 湖南省审计厅、湖南大学
成 立 时 间 / 2008 年
第一负责人 / 刘桂良
合 作 机 构 / 湖南省审计厅、湖南大学
办 公 地 址 / 湖南省长沙市岳麓区湖南大学北校区工商管理学院红楼 101 室（410082）
电话(传真) /
邮　　箱 / irahnu@ 163. com
网　　址 /
主要研究领域:
风险导向下的公司审计；风险导向下的政府审计

547 湖南大学国际贸易研究基地

所 属 类 别／高校智库
主 管 单 位／湖南大学
成 立 时 间／2003 年 8 月
第一负责人／张亚斌
合 作 机 构／
办 公 地 址／湖南省长沙市岳麓区麓山南路 2 号（410082）
电话(传真)／0731－88684825
邮　　箱／
网　　址／
主要研究领域：
国际贸易与经济增长；中国对外贸易发展；产业与区域发展

548 湖南大学教育科学研究院
Research Institute of Education Science, Hunan University

所 属 类 别／高校智库
主 管 单 位／湖南大学
成 立 时 间／1981 年
第一负责人／余小波
合 作 机 构／
办 公 地 址／湖南省长沙市岳麓区麓山南路 2 号（410082）
电话(传真)／0731－88822454
邮　　箱／jxtan@hnu.edu.cn
网　　址／http://edu.hnu.edu.cn
主要研究领域：
教育质量与评价；有效教学；教师教育；高等教育管理；大学分层与定位

549 湖南大学金融发展与信用管理研究中心

所 属 类 别／合作智库
主 管 单 位／湖南大学
成 立 时 间／2006 年 2 月
第一负责人／杨胜刚
合 作 机 构／湖南省人民政府、中国人民银行长沙中心支行
办 公 地 址／湖南省长沙市岳麓区麓山南路 2 号湖南大学（410082）
电话(传真)／
邮　　箱／
网　　址／
主要研究领域：
信用理论；信用评估

550 湖南大学廉政研究中心（湖南省廉政研究基地）

Center for Corruption Studies, Hunan University (Hunan Provincial Research Base of Corruption Studies)

所 属 类 别 / 高校智库
主 管 单 位 / 湖南大学
成 立 时 间 / 2002 年 12 月
第一负责人 / 邓频声
合 作 机 构 /
办 公 地 址 / 湖南省长沙市岳麓区麓山南路 2 号（410082）
电话(传真) /
邮　　箱 /
网　　址 / http://www.hunanlz.com
主要研究领域：
中外廉政思想；廉政制度；廉政政策分析；廉政发展

551 湖南大学中国文化软实力研究中心

所 属 类 别 / 高校智库
主 管 单 位 / 湖南大学
成 立 时 间 / 2009 年 3 月
第一负责人 / 卫建林
合 作 机 构 /
办 公 地 址 / 湖南省长沙市岳麓区麓山南路 2 号湖南大学中国文化软实力研究中心（410082）
电话(传真) / 0731 - 8823372（0731 - 88823372）
邮　　箱 / whrsl@hnu.edu.cn
网　　址 / http://www.zgwhrsl.com
主要研究领域：
马克思主义软实力；中国传统文化软实力；文化产业；文化软实力评价；信用文化；廉洁文化；教育文化；中国文化国际传播

552 湖南警察学院湖南省公安理论与公共安全研究基地

所 属 类 别 / 高校智库
主 管 单 位 / 湖南警察学院
成 立 时 间 / 2011 年 1 月
第一负责人 /
合 作 机 构 /
办 公 地 址 / 湖南省长沙市经济技术开发区远大三路九号（410138）
电话(传真) /
邮　　箱 /
网　　址 /
主要研究领域：公安理论与公共安全

553 湖南省农村发展研究院
Rural Development Research Institute of Human

所 属 类 别 / 科研院所智库
主 管 单 位 / 湖南省政府
成 立 时 间 / 2011 年 3 月
第一负责人 / 柳中辉
合 作 机 构 /
办 公 地 址 / 湖南省长沙市开福区浏河村巷 37 号湖南省社会科学院办公楼 7 楼（410003）
电话(传真) / 0731 - 84210181 （0731 - 84210181）
邮　　箱 / hnnyy@ vip. 163. com
网　　址 / https://www. zgxcfx. com/hnnyy
主要研究领域:
农业政策; 城乡建设政策

554 湖南省人民政府参事室（湖南省文史研究馆）

所 属 类 别 / 党政智库—省/区/市政府所属
主 管 单 位 / 湖南省政府
成 立 时 间 / 1953 年 1 月
第一负责人 / 李文才
合 作 机 构 /
办 公 地 址 / 湖南省长沙市开福区衡清里 5 号（410005）
电话(传真) / 0731 - 84441852
邮　　箱 / hncss@ hunan. gov. cn
网　　址 / http://css. hunan. gov. cn
主要研究领域:
湖南省发展战略

555 湖南省人民政府发展研究中心（政务服务中心）

所 属 类 别 / 党政智库—省/区/市政府所属
主 管 单 位 / 湖南省政府
成 立 时 间 / 1988 年 7 月
第一负责人 / 谈文胜
合 作 机 构 /
办 公 地 址 / 湖南省长沙市芙蓉区五一大道 351 号省政府机关 2 院（410001）
电话(传真) / 0731 - 82212379 （0731 - 84443038）
邮　　箱 / webmaster@ hunan. gov. cn
网　　址 / http://fzyj. hunan. gov. cn
主要研究领域: 宏观经济政策; 产业政策; 人力资源开发; 收入分配; 就业; 社会保障; 环境保护; 城市化; 可持续发展; 国有资产管理; 对外投资; 公共财力分配

556 湖南省社会科学界联合会
Hunan Federation of Social Science Circles

所 属 类 别 / 社会智库—社会团体
主 管 单 位 / 中共湖南省委、湖南省政府
成 立 时 间 / 1979 年 7 月
第一负责人 / 张宏森
合 作 机 构 /
办 公 地 址 / 湖南省长沙市开福区德雅路浏河村巷 37 号（410003）
电话(传真) / 0731 －89716099（0731 －89716099）
邮　　箱 / hhnskw@ 163. com
网　　址 / http://www. hnsk. gov. cn
主要研究领域:
湖南经济、社会发展

557 湖南省社会科学院
Hunan Academy of Social Sciences

所 属 类 别 / 科研院所智库
主 管 单 位 / 中共湖南省委、湖南省政府
成 立 时 间 / 1979 年 2 月
第一负责人 / 曹普华
合 作 机 构 /
办 公 地 址 / 湖南省长沙市开福区德雅路浏河村巷 37 号（410003）
电话(传真) / 0731 －84219501
邮　　箱 / hnass2008@ 126. com
网　　址 / http://www. hnass. cn
主要研究领域:
区域经济；“三农”问题；两型社会；城乡社会发展；人力资源

558 湖南师范大学“一带一路”文化交流与传播中心

所 属 类 别 / 高校智库
主 管 单 位 / 湖南师范大学
成 立 时 间 / 2017 年 6 月
第一负责人 / 邓颖玲
合 作 机 构 /
办 公 地 址 / 湖南省长沙市岳麓区麓山路 36 号中和楼 616 室（410081）
电话(传真) /
邮　　箱 /
网　　址 /
主要研究领域:
共建“一带一路”国家和地区的文化交流与传播

559 湖南师范大学大国经济研究中心

Center of Large Country Economy Research, Hunan Normal University

所属类别/高校智库
主管单位/湖南师范大学
成立时间/2014年12月
第一负责人/欧阳峣
合作机构/
办公地址/湖南省长沙市岳麓区麓山路36号（410081）
电话(传真)/
邮　　箱/
网　　址/https://dgjj.hunnu.edu.cn/index.htm
主要研究领域：
大国经济发展理论；大国区域协调发展；大国经济内外平衡

560 湖南师范大学道德文化研究院

所属类别/高校智库
主管单位/湖南师范大学
成立时间/1983年
第一负责人/欧阳峣
合作机构/
办公地址/湖南省长沙市岳麓区麓山路36号（410081）
电话(传真)/0731－88872593
邮　　箱/394932280@qq.com
网　　址/https://ethics.hunnu.edu.cn/index.htm
主要研究领域：
道德文化

561 湖南师范大学东北亚研究中心

所属类别/高校智库
主管单位/湖南师范大学
成立时间/2018年1月
第一负责人/蔡美花
合作机构/
办公地址/湖南省长沙市岳麓区麓山路36号中和楼617室（410081）
电话(传真)/
邮　　箱/
网　　址/
主要研究领域：
东北亚历史与文化；“一带一路”与东北亚区域合作；周边大国与东北亚战略

562 湖南师范大学俄罗斯研究中心（湖南省俄罗斯文化研究与交流中心）

所 属 类 别 / 高校智库
主 管 单 位 / 湖南师范大学
成 立 时 间 / 2014 年 1 月
第一负责人 / 高荣国
合 作 机 构 /
办 公 地 址 / 湖南省长沙市岳麓区麓山路 36 号腾龙楼 507 室（410081）
电话(传真) / 15116115206
邮　　箱 /
网　　址 /
主要研究领域：
俄罗斯国情与文化

563 湖南师范大学非洲研究中心

所 属 类 别 / 高校智库
主 管 单 位 / 湖南师范大学
成 立 时 间 / 2017 年 3 月
第一负责人 / 陈晓红
合 作 机 构 /
办 公 地 址 / 湖南省长沙市岳麓区麓山路 36 号（410081）
电话(传真) /
邮　　箱 /
网　　址 /
主要研究领域：
中非经贸博览会的机制和举措；非洲国家投资法、环境法、贸易法及劳工法；中非旅游及人文合作

564 湖南师范大学国家治理研究所

所 属 类 别 / 高校智库
主 管 单 位 / 湖南师范大学
成 立 时 间 / 2017 年
第一负责人 / 王敏
合 作 机 构 /
办 公 地 址 / 湖南省长沙市岳麓区麓山路 36 号（410081）
电话(传真) /
邮　　箱 /
网　　址 /
主要研究领域：
政治发展理论；国家治理现代化；当代中国政府管理与发展；“放管服”改革

565 湖南师范大学湖南省传媒发展研究基地

所 属 类 别 / 高校智库
主 管 单 位 / 湖南师范大学新闻与传播学院
成 立 时 间 / 2010 年
第一负责人 / 蔡骐
合 作 机 构 /
办 公 地 址 / 湖南省长沙市岳麓区麓山路 36 号（410081）
电话(传真) /
邮　　箱 /
网　　址 /
主要研究领域：
传播学

566 湖南师范大学湖南省中外文化传播研究基地

所 属 类 别 / 高校智库
主 管 单 位 / 湖南师范大学
成 立 时 间 / 2002 年
第一负责人 / 郑燕虹
合 作 机 构 /
办 公 地 址 / 湖南省长沙市岳麓区麓山路 36 号中和楼 618 室（410081）
电话(传真) /
邮　　箱 /
网　　址 /
主要研究领域：
中外文化传播

567 湖南师范大学科学社会主义研究所

所 属 类 别 / 高校智库
主 管 单 位 / 湖南师范大学公共管理学院
成 立 时 间 / 2003 年
第一负责人 / 严小龙
合 作 机 构 /
办 公 地 址 / 湖南省长沙市岳麓区麓山路 36 号（410081）
电话(传真) /
邮　　箱 /
网　　址 /
主要研究领域：
科学社会主义

568 湖南师范大学美国研究中心
American Studies Center of Hunan Normal University

所 属 类 别 / 合作智库—中外合作
主 管 单 位 / 湖南师范大学
成 立 时 间 / 2014 年 1 月
第一负责人 / 曾艳钰
合 作 机 构 / 湖南师范大学、美国南犹他大学
办 公 地 址 / 湖南省长沙市岳麓区麓山路 36 号腾龙楼 513 室（410081）
电话(传真) /
邮　　箱 /
网　　址 /
主要研究领域：
美国文学与文化；美国文化外交与文化传播

569 湖南师范大学南亚研究中心

所 属 类 别 / 高校智库
主 管 单 位 / 湖南师范大学
成 立 时 间 / 2019 年 6 月
第一负责人 / 刘曙雄
合 作 机 构 /
办 公 地 址 / 湖南省长沙市岳麓区麓山路 36 号腾龙楼 503 室（410081）
电话(传真) /
邮　　箱 / nyyjzx@ hunnu. edu. cn
网　　址 /
主要研究领域：
外国文学；比较文学与跨文化；国别与区域

570 湖南师范大学人工智能道德决策研究所
Institute for Artificial Intelligence Moral Decision – Making, Hunan Normal University

所 属 类 别 / 高校智库
主 管 单 位 / 湖南师范大学
成 立 时 间 / 2017 年 6 月
第一负责人 / 李伦
合 作 机 构 /
办 公 地 址 / 湖南省长沙市岳麓区麓山路 36 号景德楼三楼 301 室（410081）
电话(传真) / 0731 – 88872175
邮　　箱 / ethics@ hunnu. edu. cn
网　　址 / https://aiethics. hunnu. edu. cn/index. jsp
主要研究领域：
人工智能道德哲学、算法伦理、设计伦理、社会伦理

571 湖南师范大学人口研究所

所 属 类 别／高校智库
主 管 单 位／湖南师范大学公共管理学院
成 立 时 间／2003 年
第一负责人／王翠绒
合 作 机 构／
办 公 地 址／湖南省长沙市岳麓区麓山路 36 号（410081）
电话(传真)／
邮　　箱／
网　　址／
主要研究领域：
人口学原理及当代人口政策、人口伦理、婚姻与家庭、人口迁移与城市融合、老年人口养护等

572 湖南师范大学社会治理与社会政策研究所

所 属 类 别／高校智库
主 管 单 位／湖南师范大学
成 立 时 间／
第一负责人／肖汉仕
合 作 机 构／
办 公 地 址／湖南省长沙市岳麓区麓山路 36 号（410081）
电话(传真)／
邮　　箱／
网　　址／
主要研究领域：
社会治理理论；社会政策；社区治理；社会工作；社会保障；全民健心工程；人口政策

573 湖南师范大学生态文明研究院

所 属 类 别／高校智库
主 管 单 位／湖南师范大学
成 立 时 间／2013 年 6 月
第一负责人／刘湘溶
合 作 机 构／
办 公 地 址／湖南省长沙市岳麓区麓山路 36 号（410081）
电话(传真)／
邮　　箱／
网　　址／
主要研究领域：
生态文明

574 湖南师范大学思想政治教育研究所
Institute of Ideological and Political Education, Hunan Normal University

所 属 类 别 / 高校智库
主 管 单 位 / 湖南师范大学
成 立 时 间 / 2009 年 7 月
第一负责人 / 彭继红
合 作 机 构 /
办 公 地 址 / 湖南省长沙市岳麓区麓山路 36 号湖南师范大学景德楼中栋 303 号办公室（410081）
电话(传真) /
邮　　箱 /
网　　址 / https://szs. hunnu. edu. cn
主要研究领域：
网络思想政治教育；中外德育；思政课课程建设；思政史研究；企业思想政治工作

575 湖南师范大学外交研究中心
The Center for Diplomatic Studies, Hunan Normal University

所 属 类 别 / 高校智库
主 管 单 位 / 湖南师范大学
成 立 时 间 / 2019 年 3 月
第一负责人 / 滕建群
合 作 机 构 /
办 公 地 址 / 湖南省长沙市岳麓区麓山路 36 号（410081）
电话(传真) /
邮　　箱 / howardhqk@ hunnu. edu. cn
网　　址 /
主要研究领域：
国际关系；对外政策

H

576 湖南师范大学中共党史党建研究所

所 属 类 别 / 高校智库
主 管 单 位 / 湖南师范大学
成 立 时 间 / 1998 年
第一负责人 / 谭献民
合 作 机 构 /
办 公 地 址 / 湖南省长沙市岳麓区麓山路 36 号（410081）
电话(传真) /
邮　　箱 /
网　　址 /
主要研究领域：中共党史；党的学说与党的建设史；党领导新型政党制度研究；党领导社会建设史；中国共产党思想政治教育史

577 湖南师范大学中国特色社会主义道德文化省部共建协同创新中心

所 属 类 别 / 合作智库
主 管 单 位 / 湖南师范大学
成 立 时 间 / 2012 年 7 月
第一负责人 /
合 作 机 构 / 中国社会科学院哲学研究所、湖南大学和南京师范大学
办 公 地 址 / 湖南省长沙市岳麓区麓山路 36 号（410081）
电话(传真) /
邮　　箱 /
网　　址 /
主要研究领域：
中国特色社会主义道德文化

578 华北电力大学北京能源发展研究基地
Research Center for Beijing Energy Development, North China Electric Power University

所 属 类 别 / 合作智库—政校合作
主 管 单 位 / 华北电力大学
成 立 时 间 / 2006 年 11 月
第一负责人 / 王伟
合 作 机 构 / 北京市教育委员会、北京市哲学社会科学规划办公室
办 公 地 址 / 北京市昌平区回龙观北农路 2 号华北电力大学教三楼 A 区 227 室（102206）
电话(传真) / 010 - 61773367（010 - 61773367）
邮　　箱 / energybase@ 126. com
网　　址 / https://bjnyjd. ncepu. edu. cn/index. htm
主要研究领域：
能源法；能源教育；能源信息

579 华北电力大学高等教育研究所
Higher Education Research Institute, North China Electric Power University

所 属 类 别 / 高校智库
主 管 单 位 / 华北电力大学
成 立 时 间 / 2004 年
第一负责人 / 荀振芳
合 作 机 构 /
办 公 地 址 / 北京市昌平区朱辛庄华北电力大学高等教育研究所（102206）
电话(传真) / 010 - 61772229
邮　　箱 / gaojiaosuo@ ncepu. edu. cn
网　　址 / http://gjs. ncepu. edu. cn
主要研究领域：
工程教育；能源教育；比较高等教育；高等教育管理；高水平大学发展；教学评价；研究生教育评价

H

580 华北水利水电大学城市规划设计研究所

所 属 类 别 / 高校智库
主 管 单 位 / 华北水利水电大学
成 立 时 间 /
第一负责人 / 张少伟
合 作 机 构 /
办 公 地 址 / 河南省郑州市北环路 36 号 (450045)
电话(传真) /
邮　　箱 /
网　　址 /
主要研究领域:
区域规划;城镇体系规划;城市发展战略;城市总体规划;分区规划;详细规划和城市设计等各类规划的咨询和实际任务;开展区域与城市发展策划;建设项目的评估;可行性分析

581 华北水利水电大学建筑设计及理论研究所

所 属 类 别 / 高校智库
主 管 单 位 / 华北水利水电大学
成 立 时 间 /
第一负责人 / 李红光
合 作 机 构 /
办 公 地 址 / 河南省郑州市北环路 36 号 (450045)
电话(传真) /
邮　　箱 /
网　　址 /
主要研究领域:
建筑设计;城市设计;室内设计;风景园林设计;环境景观设计;建筑需求分析;城市问题;公共空间;专项建筑;传统建筑理论探索;乡土建筑;传统民居

582 华东检察研究院

所 属 类 别 / 合作智库
主 管 单 位 / 华东政法大学
成 立 时 间 / 2015 年 11 月
第一负责人 / 叶青
合 作 机 构 / 最高人民检察院检察理论研究所、华东地区检察机关
办 公 地 址 / 上海市长宁区万航渡路 1575 号
电话(传真) /
邮　　箱 /
网　　址 /
主要研究领域:
检察政策;检察改革

583 华东理工大学能源经济与环境管理研究中心

所属类别／高校智库
主管单位／华东理工大学
成立时间／2009 年
第一负责人／马铁驹
合作机构／
办公地址／上海市梅陇路 130 号（200237）
电话(传真)／
邮　　箱／
网　　址／
主要研究领域：
能源产业政策；能源技术系统；能源金融；能源产业空间经济计量与优化；能源与低碳供应链管理

584 华东理工大学中国城乡发展研究中心

Center for China's Urban - Rural Development Studies, East China University of Science and Technology

所属类别／高校智库
主管单位／华东理工大学
成立时间／
第一负责人／熊万胜
合作机构／
办公地址／上海市徐汇区梅陇路 130 号（200237）
电话(传真)／021 - 64252541
邮　　箱／wshxiong@ hotmail. com
网　　址／http://www. zgcxfz. net/cxfz
主要研究领域：
城乡一体化；土地制度

585 华东理工大学中国特色可持续城市化研究基地

所属类别／高校智库
主管单位／华东理工大学
成立时间／2015 年 11 月
第一负责人／鲍宗豪
合作机构／
办公地址／上海市徐汇区梅陇路 130 号（200237）
电话(传真)／
邮　　箱／
网　　址／
主要研究领域：
城市科学发展；城市社会治理；城市环境治理；城市文明测评

H

586 华东师范大学澳大利亚研究中心

所属类别 / 高校智库
主管单位 / 华东师范大学
成立时间 / 1985 年
第一负责人 / 陈弘
合作机构 /
办公地址 / 上海市普陀区中山北路 3663 号华东师范大学（200062）
电话(传真) / 021 - 62238888
邮　　箱 / ecnudaisy@ 163. com
网　　址 / http://asc. ecnu. edu. cn/_s220/_t1228/main. psp
主要研究领域：
澳大利亚文学、文化、历史、国际关系、经济、贸易与金融、教育、城市规划、社会福利等

587 华东师范大学长三角区域一体化创新基地
Institute for Yangtze River Delta Regional Integration, East China Normal University

所属类别 / 高校智库
主管单位 / 华东师范大学
成立时间 / 2010 年 1 月
第一负责人 / 曾刚
合作机构 /
办公地址 / 上海市普陀区中山北路 3663 号华东师范大学（200062）
电话(传真) /
邮　　箱 /
网　　址 /
主要研究领域：
生态文明建设；区域经济协调发展战略

588 华东师范大学城市发展研究院（上海城市发展协同创新中心）
Institute of Urban Development, East China Normal University

所属类别 / 高校智库
主管单位 / 华东师范大学
成立时间 / 2013 年 10 月
第一负责人 / 曾刚
合作机构 /
办公地址 / 上海市普陀区中山北路 3663 号华东师范大学地理馆 3 层（200062）
电话(传真) / 021 - 62232980（021 - 62232952）
邮　　箱 / office@ iud. ecnu. edu. cn
网　　址 / http://www. iud. ecnu. edu. cn
主要研究领域：
城市演变与中国城市特色；城市体系与创新合作互动；城市安全与社会治理

589　华东师范大学俄罗斯研究中心

所 属 类 别 / 高校智库
主 管 单 位 / 华东师范大学
成 立 时 间 / 1999 年
第一负责人 / 冯绍雷
合 作 机 构 /
办 公 地 址 / 上海市中山北路 3663 号 华东师范大学理科楼 A－403 室（200062）
电话(传真) / 021－62233816
邮　　箱 / zry_ abc@ hotmail. com
网　　址 / https://rus. ecnu. edu. cn
主要研究领域：
俄罗斯与欧亚问题

590　华东师范大学高等教育研究所
Institute of Higher Education, East China Normal University

所 属 类 别 / 高校智库
主 管 单 位 / 华东师范大学
成 立 时 间 / 1982 年
第一负责人 / 阎光才
合 作 机 构 /
办 公 地 址 / 上海市普陀区中山北路 3663 号华东师范大学文科大楼 1415 室（200062）
电话(传真) / 021－62232291（021－62229173）
邮　　箱 / ecnugjs@ 126. com
网　　址 / http://www. ihe. ecnu. edu. cn
主要研究领域：
高等教育哲学；高等教育管理；高等教育评估；高等教育政策；国际和比较高等教育；教师教育；学生发展与就业辅导

591　华东师范大学国际关系与地区发展研究院
School of Advanced International and Area Studies, East China Normal University

所 属 类 别 / 高校智库
主 管 单 位 / 华东师范大学
成 立 时 间 / 2004 年 9 月
第一负责人 / 刘军
合 作 机 构 /
办 公 地 址 / 上海市普陀区中山北路 3663 号华东师范大学理科楼 A 座 403 室（200062）
电话(传真) / 021－62232113
邮　　箱 / jchen@ saias. ecnu. edu. cn
网　　址 / http://www. saias. ecnu. edu. cn
主要研究领域：
俄罗斯与欧亚问题；周边合作与发展；欧盟与欧洲国家问题；国际发展

592 华东师范大学国际教师教育中心
International Center of Teacher Education, East China Normal University

所 属 类 别 / 高校智库
主 管 单 位 / 华东师范大学
成 立 时 间 / 2004 年
第一负责人 / 黄美旭
合 作 机 构 /
办 公 地 址 / 上海市普陀区中山北路 3663 号（200062）
电话(传真) / 021 - 62237101 （021 - 62237101）
邮　　箱 / icte@ admin. ecnu. edu. cn
网　　址 / http://www. icte. ecnu. edu. cn
主要研究领域:
教育改革；教师专业标准；教师专业发展

593 华东师范大学基础教育改革与发展研究所
Institute of Schooling Reform and Development, East China Normal University

所 属 类 别 / 高校智库
主 管 单 位 / 华东师范大学
成 立 时 间 / 2000 年 3 月
第一负责人 / 李政涛
合 作 机 构 /
办 公 地 址 / 上海市普陀区中山北路 3663 号（200062）
电话(传真) / 021 - 62233197
邮　　箱 / isrd@ ecnu. edu. cn
网　　址 /
主要研究领域:
学校综合改革；教育政策理论；教育与学生发展；教师教育

594 华东师范大学课程与教学研究所
The Institute of Curriculum and Instruction of East China Normal University

所 属 类 别 / 高校智库
主 管 单 位 / 华东师范大学
成 立 时 间 / 1999 年
第一负责人 / 崔允漷
合 作 机 构 /
办 公 地 址 / 上海市普陀区中山北路 3663 号（200062）
电话(传真) / 021 - 62233405 （021 - 62233405）
邮　　箱 / ecnuici@ 163. com
网　　址 / http://www. kcs. ecnu. edu. cn
主要研究领域:
课程理论国际化；课程评价与政策；学科课程；教师专业发展与学习科学

595 华东师范大学旅游规划与发展研究中心
Research Center of Tourism Planning and Development, East China Normal University

所 属 类 别 / 高校智库
主 管 单 位 / 华东师范大学
成 立 时 间 / 2002 年 5 月
第一负责人 / 冯学钢
合 作 机 构 /
办 公 地 址 / 上海市闵行区东川路 500 号法商楼商学院 402 室 (200241)
电话(传真) /
邮　　箱 /
网　　址 /
主要研究领域:
旅游规划; 景观设计; 遗产保护; 城市、区域发展与管理战略

596 华东师范大学全球创新与发展研究院
Institute for Innovation and Strategic Studies, East China Normal University

所 属 类 别 / 高校智库
主 管 单 位 / 华东师范大学
成 立 时 间 / 2009 年
第一负责人 / 杜德斌
合 作 机 构 /
办 公 地 址 / 上海市普陀区中山北路 3663 号华东师范大学文科大楼 12 层 (200062)
电话(传真) / 021 - 62237315 (021 - 62237315)
邮　　箱 /
网　　址 / http://iss.ecnu.edu.cn
主要研究领域:
科技创新战略; 区域创新发展; 国家地缘安全战略

H

597 华东师范大学人口研究所
East China Normal University Population Research Institute

所 属 类 别 / 高校智库
主 管 单 位 / 华东师范大学
成 立 时 间 / 1983 年 6 月
第一负责人 / 吴瑞君
合 作 机 构 /
办 公 地 址 / 上海市闵行区东川路 500 号法商楼 509 室 (200241)
电话(传真) / 021 - 54342981
邮　　箱 / rjwu@re.ecnu.edu.cn
网　　址 /
主要研究领域:
人口迁移与城市化; 人口社会经济问题; 老龄化和社会保障; 国际移民、海外人才与侨务政策

598 华东师范大学上海终身教育研究院
Shanghai Municipal Institute for Lifelong Education, East China Normal University

所 属 类 别 / 高校智库
主 管 单 位 / 华东师范大学
成 立 时 间 / 2012 年 7 月
第一负责人 / 李家成（执行副院长）
合 作 机 构 /
办 公 地 址 / 上海市普陀区中山北路 3663 号文科大楼 301 室（200062）
电话(传真) / 021 - 62233027（021 - 62233027）
邮　　箱 / mail@ smile. ecnu. edu. cn
网　　址 / http://www. smile. ecnu. edu. cn
主要研究领域:
终身教育

599 华东师范大学社会学研究所

所 属 类 别 / 高校智库
主 管 单 位 / 华东师范大学
成 立 时 间 / 2000 年
第一负责人 / 文军
合 作 机 构 /
办 公 地 址 / 上海市闵行区东川路 500 号法商楼北楼 511 室（200241）
电话(传真) / 021 - 53432977（021 - 54345171）
邮　　箱 / jwen@ soci. ecnu. edu. cn
网　　址 /
主要研究领域:
当代西方社会学理论；城市社会学；教育社会学；女性主义及文化研究

600 华东师范大学中国现代城市研究中心
Center for Modern Chinese City Studies, East China Normal University

所 属 类 别 / 高校智库
主 管 单 位 / 华东师范大学
成 立 时 间 / 2003 年 3 月
第一负责人 / 曾刚
合 作 机 构 /
办 公 地 址 / 上海市普陀区中山北路 3663 号华东师范大学地理馆 308 室（200062）
电话(传真) / 021 - 62232980
邮　　箱 / cmccs@ mail. ecnu. edu. cn
网　　址 / http://ccmc. ecnu. edu. cn
主要研究领域:
城市经济与可持续发展；城市人口与社会发展；城市史；城市文化；城市制度

601　华东师范大学中国现代思想文化研究所

所 属 类 别 / 高校智库
主 管 单 位 / 华东师范大学
成 立 时 间 / 1999 年
第一负责人 / 杨国荣
合 作 机 构 /
办 公 地 址 / 上海市闵行区东川路 500 号华东师范大学（200241）
电话(传真) / 021 - 54341146
邮　　箱 / sixiangsuo@ 126. com
网　　址 / http://chinese - thought. ecnu. edu. cn/main. htm
主要研究领域：
中国现代思想文化；中西思想文化比较；中国现代城市文化；中国现代农村文化；当代中国文化建设

602　华东师范大学周边国家研究院（冷战国际史研究中心）
Institute for Studies of China`s Neighboring Countries and Regions Center for Cold War International History Studies, East China Normal University

所 属 类 别 / 高校智库
主 管 单 位 / 华东师范大学
成 立 时 间 / 2001 年
第一负责人 / 沈志华
合 作 机 构 /
办 公 地 址 / 上海市普陀区中山北路 3663 号华东师范大学（200062）
电话(传真) /
邮　　箱 /
网　　址 / http://ccwihs. ecnu. edu. cn/main. psp
主要研究领域：
冷战国际史

603　华东师范大学周边合作与发展协同创新中心
Research Center for Co-development with Neighboring Countries, East China Normal University

所 属 类 别 / 合作智库
主 管 单 位 / 华东师范大学
成 立 时 间 / 2012 年 9 月
第一负责人 / 冯绍雷
合 作 机 构 / 北京大学、复旦大学
办 公 地 址 / 上海市中山北路 3663 号（200062）
电话(传真) / 021 - 62233321（021 - 62232109）
邮　　箱 / zhoubiancenter@ yeah. net
网　　址 / https://zhoubian. ecnu. edu. cn
主要研究领域：
外交；国家安全；国际经济

604 华坤女性生活调查中心
Huakun Women's Life Survey Center

所 属 类 别 / 社会智库—民办非企业
主 管 单 位 / 中华全国妇女联合会
成 立 时 间 / 2002 年 9 月
第一负责人 / 韩湘景
合 作 机 构 /
办 公 地 址 / 北京市东城区史家胡同甲 24 号 (100010)
电话(传真) / 010 - 65226583 (010 - 65270056)
邮　　箱 / hanxiangjing@ 263. net
网　　址 /
主要研究领域:
女性生活；女性调查

605 华南理工大学公共政策研究院
Institute of Public Policy at South China University of Technology

所 属 类 别 / 高校智库
主 管 单 位 / 华南理工大学
成 立 时 间 / 2012 年
第一负责人 / 张锋
合 作 机 构 /
办 公 地 址 / 广东省广州市天河区五山路 381 号华南理工大学汽车大楼 15 层 (510640)
电话(传真) / 020 - 87111850 (020 - 87111856)
邮　　箱 / liujincheng@ ipp. org. cn
网　　址 / http://www. ipp. org. cn
主要研究领域:
知识创新；公共政策

H

606 华南理工大学现代服务业研究院

所 属 类 别 / 合作智库—政校合作
主 管 单 位 / 广东省发展和改革委员会、华南理工大学
成 立 时 间 / 2009 年 1 月
第一负责人 / 宋海
合 作 机 构 / 广东省发展和改革委员会、华南理工大学
办 公 地 址 / 广东省广州市番禺区广州大学城华南理工大学 B5、B10 楼 (510006)
电话(传真) / 020 - 39381068 (020 - 39381068)
邮　　箱 / x2jm@ scut. edu. cn
网　　址 /
主要研究领域:
现代服务业宏观战略；现代服务业中观产业；现代服务业微观企业；现代服务业技术进步；现代服务业管理

607 华南师范大学民族体质与健康研究中心

所属类别／高校智库
主管单位／华南师范大学
成立时间／2004 年
第一负责人／杨文轩
合作机构／
办公地址／广东省广州市番禺区广州大学城外环西路 378 号艺体 3 栋（510006）
电话(传真)／
邮　　箱／scnuphrc@ 163. com
网　　址／
主要研究领域：
青少年学生心理健康；教育、体育与青少年学生全面发展；青少年学生体质健康

608 华侨大学华侨华人研究院（国际关系学院）
Institute of Overseas Chinese, Huaqiao University

所属类别／高校智库
主管单位／国务院侨务办公室
成立时间／2009 年 9 月
第一负责人／林宏宇
合作机构／
办公地址／福建省厦门市集美区集美大道 668 号 A 区 14 层（361021）
电话(传真)／0592 - 6162101（0592 - 6162101）
邮　　箱／cir@ hqu. edu. cn
网　　址／https://cir. hqu. edu. cn
主要研究领域：
华侨华人；国际关系

609 华侨大学泰国研究所

所属类别／合作智库
主管单位／华侨大学
成立时间／2011 年 4 月
第一负责人／林宏宇
合作机构／华侨大学、泰国国家研究院
办公地址／福建省厦门市集美大道 668 号（361021）
电话(传真)／
邮　　箱／
网　　址／
主要研究领域：
泰国政治、经济、文化、外交等；中泰关系研究

610 华夏新供给经济学研究院
China Academy of New Supply - side Economics

所 属 类 别 / 社会智库—民办非企业
主 管 单 位 / 北京市民政局
成 立 时 间 / 2013 年 9 月
第一负责人 / 王广宇
合 作 机 构 /
办 公 地 址 / 北京市海淀区西三环北路 89 号中国外文大厦 A 座 1106 室（100089）
电话(传真) / 010 - 88820134（010 - 88820942）
邮　　箱 /
网　　址 / http://www. newsupplyecon. org
主要研究领域:
新供给经济学理论与政策

611 华中科技大学非传统安全研究中心

所 属 类 别 / 高校智库
主 管 单 位 / 华中科技大学
成 立 时 间 / 2008 年 12 月
第一负责人 / 杨勇
合 作 机 构 /
办 公 地 址 / 湖北省武汉市洪山区珞喻路 1037 号（430074）
电话(传真) /
邮　　箱 / 33811022@ qq. com
网　　址 /
主要研究领域:
网络舆情与社会安全；粮食和食品安全；新能源与环境安全；金融工程与政权安全；跨流域调水实时监控与应急响应

612 华中科技大学国家治理研究院
The Institute of State Governance, Huazhong University of Science and Technology

所 属 类 别 / 高校智库
主 管 单 位 / 华中科技大学
成 立 时 间 / 2014 年 2 月
第一负责人 / 欧阳康
合 作 机 构 /
办 公 地 址 / 湖北省武汉市洪山区珞喻路 1037 号（430074）
电话(传真) / 027 - 87793020
邮　　箱 / isg@ hust. edu. cn
网　　址 / http://isg. hust. edu. cn
主要研究领域:
国家治理和中国未来发展；国家治理体系和治理能力现代化

613 华中科技大学教育科学研究院
Science and Technology, Huazhong University of Science and Technology

所 属 类 别 / 高校智库
主 管 单 位 / 华中科技大学
成 立 时 间 / 2000 年 12 月
第一负责人 / 陈廷柱
合 作 机 构 /
办 公 地 址 / 湖北省武汉市洪山区珞喻路 1037 号 (430074)
电话(传真) /
邮　　箱 / jky@ hust. edu. cn
网　　址 / http://jky. hust. edu. cn
主要研究领域:
高等教育政策与管理; 国际与比较教育; 学位与研究生教育; 基础教育理论与改革

614 华中科技大学张培刚发展研究院
Peikang Chang Institute for Development Studies, Huazhong University

所 属 类 别 / 高校智库
主 管 单 位 / 华中科技大学
成 立 时 间 / 2011 年 4 月
第一负责人 / 张建华
合 作 机 构 /
办 公 地 址 / 湖北省武汉市洪山区珞喻路 1037 号华中科技大学经济学院 506 室 (430074)
电话(传真) / 027 - 87542253 (027 - 87542253)
邮　　箱 / hao_ zhang@ hust. edu. cn
网　　址 / http://cids. hust. edu. cn
主要研究领域: 农业与工业化; 大国经济发展; 贫困与福利问题; 结构调整与产业发展; 低碳与循环经济; 城市化与区域发展

615 华中农业大学高等教育研究所

所 属 类 别 / 高校智库
主 管 单 位 / 华中农业大学
成 立 时 间 / 1985 年
第一负责人 / 刘松年
合 作 机 构 /
办 公 地 址 / 湖北省武汉市洪山区狮子山街 1 号 (430070)
电话(传真) / 027 - 87282036
邮　　箱 / gjs@ mail. hzau. edu. cn
网　　址 /
主要研究领域: 高等农业教育; 教育经济与管理; 教育行政管理; 农业科技组织与服务

616 华中农业大学宏观农业研究院
Macro Agriculture Research Institute, Huazhong Agricultural University

所 属 类 别 / 高校智库
主 管 单 位 / 华中农业大学经济管理学院、植物科学技术学院、资源与环境学院、信息学院
成 立 时 间 /
第一负责人 / 游良志
合 作 机 构 /
办 公 地 址 / 湖北省武汉市洪山区狮子山街 1 号 (430070)
电话(传真) / 027 - 87285015
邮　　箱 / mari@ hzau. edu. cn
网　　址 / http://mari. hzau. edu. cn/home. htm
主要研究领域:
宏观农业研究

617 华中农业大学湖北农村发展研究中心
Hubei Rural Development Research Center, Huazhong Agricultural University

所 属 类 别 / 高校智库
主 管 单 位 / 华中农业大学
成 立 时 间 / 2002 年 12 月
第一负责人 / 张俊飚
合 作 机 构 /
办 公 地 址 / 湖北省武汉市洪山区狮子山街 1 号 (430070)
电话(传真) / 027 - 68756919 (027 - 68756919)
邮　　箱 /
网　　址 / http://nfzx. hzau. edu. cn
主要研究领域: 湖北农业经济发展 (品牌农业、现代农业、循环农业等); 农村小康建设; 食品安全; 农产品生产优势布局; 土地资源利用; 农村社会保障

618 华中师范大学国家文化产业研究中心
National Research Center of Cultural Industries in Center China Normal University

所 属 类 别 / 合作智库—政校合作
主 管 单 位 / 文化和旅游部、湖北省文化厅、华中师范大学
成 立 时 间 / 2006 年
第一负责人 / 黄永林
合 作 机 构 / 文化和旅游部、湖北省文化厅、华中师范大学
办 公 地 址 / 湖北省武汉市洪山区珞喻路 152 号逸夫苑 (科学会堂) 南楼 3 层 (430079)
电话(传真) / 027 - 67867695
邮　　箱 / nrcc2006@ 163. com
网　　址 / http://nrcci. ccnu. edu. cn
主要研究领域: 文化产业发展

H

619 华中师范大学可持续发展研究中心
Research Institute of Sustainable Development of Central China Normal University

所 属 类 别 / 高校智库
主 管 单 位 / 华中师范大学
成 立 时 间 / 1996 年 8 月
第一负责人 / 龚胜生
合 作 机 构 /
办 公 地 址 / 湖北省武汉市洪山区珞喻路 152 号（430079）
电话(传真) / 13517292161
邮　　箱 / shshgong@ sina. com
网　　址 / http://risd. ccnu. edu. cn
主要研究领域:
可持续发展；历史；医学；地理学

620 华中师范大学中国农村研究院
Center of Chinese Rural Studies of Central China Normal University

所 属 类 别 / 高校智库
主 管 单 位 / 华中师范大学
成 立 时 间 / 1990 年
第一负责人 / 邓大才
合 作 机 构 /
办 公 地 址 / 湖北省武汉市洪山区珞喻路 152 号（430079）
电话(传真) / 027 - 67865189（027 - 67865189）
邮　　箱 / newccrs@ 126. com
网　　址 / http://ccrs. ccnu. edu. cn
主要研究领域:
中国农村经济、社会、文化、教育等

621 淮北师范大学安徽优秀传统文化研究中心
Anhui Excellent Traditional Culture Research Center, Huaibei Normal University

所 属 类 别 / 高校智库
主 管 单 位 / 淮北师范大学
成 立 时 间 / 2015 年 12 月
第一负责人 / 牛继清
合 作 机 构 /
办 公 地 址 / 安徽省淮北市东山路 100 号（235000）
电话(传真) /
邮　　箱 /
网　　址 / http://www. chnu. edu. cn/Category_3235/Index. aspx
主要研究领域:
地方文化建设与文化旅游开发；安徽优秀传统文化普及与社会化；女性文化与美好家庭建设；安徽文献研究与推介

622 淮北师范大学高等教育中心

所属类别 / 高校智库
主管单位 / 淮北师范大学
成立时间 /
第一负责人 / 文胜利
合作机构 /
办公地址 / 安徽省淮北市东山路 100 号（235000）
电话(传真) / 0561 - 3803809
邮　　箱 / hbsdgjzx@ 163. com
网　　址 / http://www. chnu. edu. cn/Category_6001/Index. aspx
主要研究领域：
高等教育

623 淮北师范大学皖北经济与社会发展研究中心

所属类别 / 高校智库
主管单位 / 淮北师范大学
成立时间 / 2009 年 9 月
第一负责人 / 贾敬全
合作机构 /
办公地址 / 安徽省淮北市东山路 100 号（235000）
电话(传真) / 0561 - 3801698
邮　　箱 /
网　　址 / http://www. chnu. edu. cn/Category_174/Index. aspx
主要研究领域：
皖北区域经济发展；皖北社会管理创新；皖北“四化”统筹发展；皖北文化旅游发展

H

624 淮北师范大学新闻与传播研究所

Institute of Journalism and Communication, Huaibei Normal University

所属类别 / 高校智库
主管单位 / 淮北师范大学
成立时间 /
第一负责人 / 谢天勇
合作机构 /
办公地址 / 安徽省淮北市东山路 100 号（235000）
电话(传真) /
邮　　箱 /
网　　址 / http://www. chnu. edu. cn/Category_6655/Index. aspx
主要研究领域：
媒体融合理论与实务；新媒体与社会；皖北文化传播与开发

625 淮北师范大学政治经济学研究中心

所 属 类 别 / 高校智库
主 管 单 位 / 淮北师范大学
成 立 时 间 / 2018 年 7 月
第一负责人 / 段学慧
合 作 机 构 /
办 公 地 址 / 安徽省淮北市东山路 100 号（235000）
电话(传真) /
邮　　箱 /
网　　址 / http://www.chnu.edu.cn/Category_6565/Index.aspx
主要研究领域:
《资本论》及其当代价值；马克思主义政治经济学；马克思主义经济学与西方经济学比较研究；习近平新时代中国特色社会主义经济思想

626 淮北师范大学中国特色社会主义理论体系研究基地

所 属 类 别 / 高校智库
主 管 单 位 / 淮北师范大学
成 立 时 间 / 2018 年 7 月
第一负责人 / 王磊
合 作 机 构 /
办 公 地 址 / 安徽省淮北市东山路 100 号（235000）
电话(传真) /
邮　　箱 /
网　　址 /
主要研究领域:
中国特色社会主义理论体系

627 淮南师范学院资源型城市发展研究中心

所 属 类 别 / 高校智库
主 管 单 位 / 淮南师范学院
成 立 时 间 / 2011 年
第一负责人 / 白林
合 作 机 构 /
办 公 地 址 / 安徽省淮南市洞山西路淮南师范学院泉山校区（241000）
电话(传真) / 0554－6862930
邮　　箱 /
网　　址 / http://211.70.176.141/zyzx
主要研究领域:
采煤沉陷区综合治理机制和路径；资源型城市中小企业转型发展；资源型城市新型城镇化发展

628 黄河科技学院经济研究所
Institute of Economics, Huanghe S&T University

所 属 类 别 / 高校智库
主 管 单 位 / 黄河科技学院
成 立 时 间 / 2008 年 4 月
第一负责人 / 刘玉玲
合 作 机 构 /
办 公 地 址 / 河南省郑州市航海中路 94 号商贸学院 302 东（450015）
电话(传真) /
邮　　箱 / jjyjs2008@ 163. com
网　　址 /
主要研究领域：
区域经济；金融与投资；风险与危机管理

629 黄河科技学院民办教育研究院

所 属 类 别 / 高校智库
主 管 单 位 / 黄河科技学院
成 立 时 间 /
第一负责人 / 王建庄
合 作 机 构 /
办 公 地 址 / 河南省郑州市航海中路 94 号（450015）
电话(传真) /
邮　　箱 /
网　　址 /
主要研究领域：
民办教育

H

630 黄河科技学院河南中原创新发展研究院
Henan Zhongyuan Innovation Development Institute, Huanghe S&T University

所 属 类 别 / 高校智库
主 管 单 位 / 黄河科技学院
成 立 时 间 / 2016 年 9 月
第一负责人 / 喻新安
合 作 机 构 /
办 公 地 址 / 河南省郑州市紫荆山南路 666 号
电话(传真) / 0371 - 68787369
邮　　箱 / zhcfyjy@ 126. com
网　　址 / https://www2. hhstu. edu. cn/cxyjy
主要研究领域：
区域经济；产业经济；体制改革

631 机械工业经济管理研究院
Research Institute of Machinery Industry Economic & Management

所属类别 / 党政智库—国务院直属特设机构所属
主管单位 / 国务院国有资产监督管理委员会
成立时间 / 1982 年
第一负责人 / 徐东华
合作机构 /
办公地址 / 北京市西城区广安门外大街甲 397 号（100055）
电话(传真) / 010－83069019（010－83069020）
邮　　箱 /
网　　址 / http://www.miem.org.cn
主要研究领域:
政策研究；战略规划；产业经济；技术引进；政府采购；网络经济；国际贸易；企业融资；两化融合；精益管理；电子商务；环境能源

632 吉林大学东北亚研究院
Northeast Asian Studies College, Jilin University

所属类别 / 高校智库
主管单位 / 吉林大学
成立时间 / 1994 年 4 月
第一负责人 / 吴昊
合作机构 /
办公地址 / 吉林省长春市朝阳区前进大街 2699 号（130012）
电话(传真) / 0431－85166390
邮　　箱 /
网　　址 / http://nasa.jlu.edu.cn
主要研究领域:
世界经济；区域经济；国际政治；历史与文化；人口、资源与环境；图们江国际开发

633 吉林大学高等教育研究所
Institute for Higher Education of Jilin University

所属类别 / 高校智库
主管单位 / 吉林大学
成立时间 / 1986 年 5 月
第一负责人 / 赵俊芳
合作机构 /
办公地址 / 吉林省长春市朝阳区前进大街 2699 号（130012）
电话(传真) / 0431－85168784
邮　　箱 / zhaojf@jlu.edu.cn
网　　址 / http://gjs.jlu.edu.cn
主要研究领域:
现代大学制度；网络教育研究与应用；学位与研究生教育；超越式学习

634 吉林大学国际关系研究所
The Institute of International Studies, Jilin University

所属类别 / 高校智库
主管单位 / 吉林大学
成立时间 / 2002 年
第一负责人 / 刘德斌
合作机构 /
办公地址 / 吉林省长春市朝阳区前进大街 2699 号（130012）
电话(传真) / 0431 - 85167192
邮　　箱 / iis@ jlu. edu. cn
网　　址 / http://iis. jlu. edu. cn
主要研究领域:
国际关系；东亚国际关系；美国外交与软权力

635 吉林大学农村发展研究中心
Center for Rural Development Research of Jilin University

所属类别 / 高校智库
主管单位 / 吉林大学
成立时间 / 2009 年 12 月
第一负责人 / 韩喜平
合作机构 /
办公地址 / 吉林省长春市朝阳区前进大街 2699 号（130012）
电话(传真) / 0431 - 85151043（0431 - 85151041）
邮　　箱 / hanxp@ jlu. edu. cn
网　　址 /
主要研究领域:
农村社会经济结构；农村土地制度；农村生产的组织和管理；农村经济管理体制；农村人口与就业

636 吉林大学欧洲研究中心
Centre for European Studies of Jilin University

所属类别 / 高校智库
主管单位 / 吉林大学
成立时间 / 1998 年 11 月
第一负责人 / 杜莉
合作机构 /
办公地址 / 吉林省长春市朝阳区前进大街 2699 号（130012）
电话(传真) /
邮　　箱 / escjlu@ 126. com
网　　址 / http://esc. jlu. edu. cn
主要研究领域:
欧洲经贸与金融；欧洲法律；欧洲政治和国际关系；欧洲哲学；欧洲文化与教育

637 吉林大学社会公正与政府治理研究中心
Research Center for Social Justice and Governance of Jilin University

所属类别／高校智库
主管单位／吉林大学
成立时间／
第一负责人／周光辉
合作机构／
办公地址／吉林省长春市朝阳区前进大街 2699 号匡亚明楼 3 层（130012）
电话(传真)／0431－85155432
邮　　箱／mijy@jlu.edu.cn
网　　址／
主要研究领域：
社会正义；当代中国民主建设；政府治理；公民文化

638 吉林大学数量经济研究中心
Center for Quantitative Economics of Jilin University

所属类别／高校智库
主管单位／吉林大学
成立时间／1999 年 10 月
第一负责人／孙巍
合作机构／
办公地址／吉林省长春市朝阳区前进大街 2699 号（130012）
电话(传真)／0431－85166059（0431－85166059）
邮　　箱／webmaster@jlucqe.org
网　　址／http://jlucqe.jlu.edu.cn
主要研究领域：
经济增长；经济波动与经济政策；金融与投资；区域经济和产业经济；经济系统模拟实验和经济权力范式；经济博弈论

639 吉林大学中国地方政府创新研究中心
Center for Chinese Local Government Innovations Jilin University

所属类别／高校智库
主管单位／吉林大学
成立时间／2011 年 10 月
第一负责人／李靖
合作机构／
办公地址／吉林省长春市朝阳区前进大街 2699 号（130012）
电话(传真)／0431－85166271
邮　　箱／jluinnovation@gmail.com
网　　址／
主要研究领域：
政治改革；行政改革；公共服务；社会管理

J

640 吉林大学中国国有经济研究中心

China Center for Public Sector Economy Research at Jilin University

所 属 类 别 / 高校智库
主 管 单 位 / 吉林大学
成 立 时 间 / 1999 年
第一负责人 / 李政涛
合 作 机 构 /
办 公 地 址 / 吉林省长春市朝阳区前进大街 2699 号（130012）
电话(传真) / 0431 - 85168829
邮　　箱 / ccpser@ jlu. edu. cn
网　　址 / http://ccpser. jlu. edu. cn
主要研究领域：
国有经济调整和发展；国有企业战略改组与改革

641 吉林大学中国人口老龄化与经济社会发展研究中心

所 属 类 别 / 合作智库
主 管 单 位 / 吉林大学
成 立 时 间 / 2009 年 5 月
第一负责人 / 王晓峰
合 作 机 构 / 国家卫生健康委员会
办 公 地 址 / 吉林省长春市朝阳区前进大街 2699 号（130013）
电话(传真) / 0431 - 85166379（0431 - 85166393）
邮　　箱 /
网　　址 /
主要研究领域：
人口老龄化；人口发展战略

642 吉林建筑大学吉林建筑文化研究基地

所 属 类 别 / 高校智库
主 管 单 位 / 吉林建筑大学
成 立 时 间 / 2015 年 9 月
第一负责人 / 张俊峰
合 作 机 构 /
办 公 地 址 / 吉林省长春市新城大街 5088 号（130118）
电话(传真) / 0431 - 84566083
邮　　箱 /
网　　址 / http://www. dbacrc. org
主要研究领域：
地域建筑历史；文化和遗产保护

643 吉林省人民政府参事室

所 属 类 别 / 党政智库—省/区/市政府所属
主 管 单 位 / 吉林省政府
成 立 时 间 /
第一负责人 / 高长波
合 作 机 构 /
办 公 地 址 / 吉林省长春市宽城区新发路 329 号（130051）
电话(传真) / 0431 – 88905298
邮　　箱 / liweida@ jl. gov. cn
网　　址 /
主要研究领域:
吉林省发展战略

644 吉林省人民政府发展研究中心（吉林省人民政府发展战略研究院）
Development Research Center, The People's Government of Jilin Province

所 属 类 别 / 党政智库—省/区/市政府所属
主 管 单 位 / 吉林省政府
成 立 时 间 / 1983 年 5 月
第一负责人 / 张立民
合 作 机 构 /
办 公 地 址 / 吉林省长春市朝阳区人民大街 1485 号（130051）
电话(传真) / 0431 – 88906681（0431 – 88906543）
邮　　箱 / fzzx_ xxc@ mail. jl. gov. cn
网　　址 / http://fzzx. jl. gov. cn
主要研究领域:
政治管理；经济管理；社会管理；生态文明；工业化；信息化；城镇化；农业现代化；老工业基地建设；开发开放；农村发展；社会发展

645 吉林省社会科学界联合会
Jilin Union of Social Sciences Circles

所 属 类 别 / 社会智库—社会团体
主 管 单 位 / 吉林省政府
成 立 时 间 / 1984 年 12 月
第一负责人 / 石玉钢
合 作 机 构 /
办 公 地 址 / 吉林省长春市二道区自由大路 5399 号（130033）
电话(传真) / 0431 – 84638340（0431 – 84668875）
邮　　箱 / jlsk. 623@ 163. com
网　　址 / http://www. jlskl. cn
主要研究领域:
吉林经济与社会发展；东北边疆历史与文化；东北亚国际关系

J

646 吉林省社会科学院
Jilin Academy of Social Sciences

所 属 类 别 / 科研院所智库
主 管 单 位 / 中共吉林省委
成 立 时 间 / 1978 年 10 月
第一负责人 / 王颖
合 作 机 构 /
办 公 地 址 / 吉林省长春市二道区自由大路 5399 号（130033）
电话(传真) / 0431 - 84638323（0431 - 84638321）
邮　　箱 / jilinskw5@ 126. com
网　　址 / http://www. jlass. org. cn
主要研究领域:
吉林经济与社会发展；东北边疆历史与文化；东北亚国际关系

647 吉林师范大学当代中国马克思主义研究所

所 属 类 别 / 高校智库
主 管 单 位 / 吉林师范大学
成 立 时 间 / 1998 年
第一负责人 / 张波
合 作 机 构 /
办 公 地 址 / 吉林省四平市铁西区海丰大街 1301 号（136000）
电话(传真) /
邮　　箱 / yw - xu@ 163. com
网　　址 / http://web. jlnu. edu. cn/mksyjs/index. htm
主要研究领域:
马克思主义理论与实践；思想政治教育理论与实践；中国革命与建设的理论与实践

648 吉林体育学院吉林省体育产业研究基地

所 属 类 别 / 合作智库
主 管 单 位 / 吉林体育学院
成 立 时 间 / 2011 年 12 月
第一负责人 / 张瑞林
合 作 机 构 / 山东泰山体育集团、国家体育用品工程技术研究中心
办 公 地 址 / 吉林省长春市南关区自由大路 2476 号（130022）
电话(传真) / 0431 - 85267885（0431 - 82839755）
邮　　箱 /
网　　址 /
主要研究领域:
体育产业发展战略；体育用品共性技术；体育彩票业；冰雪旅游业；运动健康养老业；自主知识产权新产品研发；体育用品标准化生产

649 吉林外国语大学“一带一路”语言文化服务协同创新中心

所 属 类 别 / 高校智库
主 管 单 位 / 吉林外国语大学
成 立 时 间 / 2012 年
第一负责人 / 刘力臻
合 作 机 构 /
办 公 地 址 / 吉林省长春市净月大街 3658 号（130117）
电话(传真) /
邮　　箱 /
网　　址 /
主要研究领域：
“一带一路”语言文化服务

650 吉林外国语大学民办高等教育研究院

所 属 类 别 / 高校智库
主 管 单 位 / 吉林外国语大学
成 立 时 间 / 2004 年
第一负责人 /
合 作 机 构 /
办 公 地 址 / 吉林省长春市净月大街 3658 号（130117）
电话(传真) / 0431 - 84565079
邮　　箱 /
网　　址 /
主要研究领域：
民办高等教育基本理论；民办高等教育政策与法律；非营利性民办高校办学模式

651 吉林外国语大学中外文化研究院

所 属 类 别 / 高校智库
主 管 单 位 / 吉林外国语大学
成 立 时 间 /
第一负责人 /
合 作 机 构 /
办 公 地 址 / 吉林省长春市净月大街 3658 号（130117）
电话(传真) /
邮　　箱 /
网　　址 /
主要研究领域：
中外文化

652 济南大学冰岛研究中心

所 属 类 别／高校智库
主 管 单 位／济南大学
成 立 时 间／2018 年 1 月
第一负责人／张守凤
合 作 机 构／
办 公 地 址／山东省济南市南辛庄西路 336 号（250022）
电话(传真)／
邮　　箱／webmaster@ ujn. edu. cn
网　　址／
主要研究领域：
冰岛经济、社会发展

653 济南大学非洲研究中心

所 属 类 别／高校智库
主 管 单 位／济南大学
成 立 时 间／2018 年 1 月
第一负责人／李常磊
合 作 机 构／
办 公 地 址／山东省济南市南辛庄西路 336 号（250022）
电话(传真)／
邮　　箱／webmaster@ ujn. edu. cn
网　　址／
主要研究领域：
非洲问题

654 吉首大学人类学民族学研究所

所 属 类 别／高校智库
主 管 单 位／吉首大学
成 立 时 间／2004 年
第一负责人／罗康隆
合 作 机 构／
办 公 地 址／湖南省吉首市人民南路 120 号（416000）
电话(传真)／0743 - 8563903（0743 - 8563903）
邮　　箱／
网　　址／
主要研究领域：
人类学；民族学

655 吉首大学武陵山片区扶贫与发展协同创新中心

所 属 类 别 / 高校智库
主 管 单 位 / 吉首大学
成 立 时 间 / 2013 年 3 月
第一负责人 /
合 作 机 构 /
办 公 地 址 / 湖南省吉首市人民南路 120 号（416000）
电话(传真) / 0743 – 8564491
邮　　箱 / 2270741883@ qq. com
网　　址 /
主要研究领域:
武陵山片区扶贫与发展

656 吉首大学武陵山区扶贫开发研究中心

所 属 类 别 / 高校智库
主 管 单 位 / 吉首大学
成 立 时 间 / 1982 年
第一负责人 / 龙先琼
合 作 机 构 /
办 公 地 址 / 湖南省吉首市人民南路 120 号（416000）
电话(传真) /
邮　　箱 /
网　　址 /
主要研究领域:
武陵山区扶贫开发

657 吉首大学武陵山区民族生态文化研究协同中心
Ethnic Ecological Culture Research Collaborative Innovation Center, Jishou University

所 属 类 别 / 高校智库
主 管 单 位 / 吉首大学
成 立 时 间 /
第一负责人 / 罗康隆
合 作 机 构 /
办 公 地 址 / 湖南省吉首市人民南路 120 号（416000）
电话(传真) /
邮　　箱 /
网　　址 /
主要研究领域:
民族生态文化

658 济南社会科学院

所 属 类 别 / 科研院所智库
主 管 单 位 / 中共济南市委
成 立 时 间 / 1992 年 4 月
第一负责人 / 马军远
合 作 机 构 /
办 公 地 址 / 山东省济南市马鞍山路 14 号（250002）
电话(传真) /
邮　　箱 /
网　　址 / http://www.jinan.gov.cn/col/col56265/index.html
主要研究领域:
政府决策服务；社会科学基础理论

659 暨南大学产业经济研究院

Institute of Industrial Economics, Jinan University

所 属 类 别 / 高校智库
主 管 单 位 / 暨南大学
成 立 时 间 / 2006 年 4 月
第一负责人 / 陶锋
合 作 机 构 /
办 公 地 址 / 广东省广州市天河区黄埔大道西 601 号惠全楼 3 层（510632）
电话(传真) / 020 - 85228911（020 - 85228911）
邮　　箱 / oiie@jnu.edu.cn
网　　址 / http://iie.jnu.edu.cn
主要研究领域:
产业竞争力；产业发展规划；创新政策与企业发展战略

660 暨南大学东南亚研究所

所 属 类 别 / 高校智库
主 管 单 位 / 暨南大学
成 立 时 间 / 1960 年
第一负责人 / 庄礼伟
合 作 机 构 /
办 公 地 址 / 广东省广州市黄埔大道西 601 号暨南大学第二文科楼（510632）
电话(传真) / 020 - 85220292（020 - 85226237）
邮　　箱 / oggy@jnu.edu.cn
网　　址 / https://dnyyj.jnu.edu.cn
主要研究领域:
东南亚地区的政治、经济、国际关系等；华侨华人问题

661　暨南大学菲律宾研究中心

所 属 类 别 / 高校智库
主 管 单 位 / 暨南大学
成 立 时 间 /
第一负责人 / 代帆
合 作 机 构 /
办 公 地 址 / 广东省广州市黄埔大道西 601 号（510632）
电话(传真) /
邮　　箱 /
网　　址 /
主要研究领域:
菲律宾政治、经济、文化、社会等

662　暨南大学广东产业发展与粤港澳台区域合作研究中心
Research Center for Industrial Development and Regional Cooperation Between Guangdong, HongKong, Macau, and Taiwan, Jinan University

所 属 类 别 / 高校智库
主 管 单 位 / 暨南大学
成 立 时 间 / 2009 年 1 月
第一负责人 / 陈恩
合 作 机 构 /
办 公 地 址 / 广东省广州市天河区黄埔大道西 601 号（510632）
电话(传真) / 020 - 85220186（020 - 85220187）
邮　　箱 / tqhuang@ jnu. edu. cn
网　　址 /
主要研究领域:
产业布局与区域协调发展；产业发展与产业规划；粤港澳台区域合作

663　暨南大学华侨华人研究院（国际关系学院）
Academy of Overseas Chinese Studies（School of International Studies）, Jinan University

所 属 类 别 / 高校智库
主 管 单 位 / 暨南大学
成 立 时 间 / 2006 年 11 月
第一负责人 / 张振江
合 作 机 构 /
办 公 地 址 / 广东省广州市天河区黄埔大道西 601 号（510632）
电话(传真) / 020 - 85220514
邮　　箱 / ohqhr@ jnu. edu. cn
网　　址 / https://sis - aocs. jnu. edu. cn/main. htm
主要研究领域:
华侨华人问题

J

664 暨南大学金融研究所
Institute of Finance of Jinan University

所 属 类 别 / 高校智库
主 管 单 位 / 暨南大学
成 立 时 间 / 1998 年
第一负责人 / 白钦先
合 作 机 构 /
办 公 地 址 / 广东省广州市天河区黄埔大道西 601 号暨南大学经济学院 (510632)
电话(传真) / 020 - 85220465 (020 - 85220465)
邮　　箱 / ojrs@ jnu. edu. cn
网　　址 / http://fi. jnu. edu. cn
主要研究领域:
资本市场; 公司金融; 微观金融

665 暨南大学拉美中心

所 属 类 别 / 高校智库
主 管 单 位 / 暨南大学
成 立 时 间 / 2016 年 8 月
第一负责人 / 潘灯
合 作 机 构 /
办 公 地 址 / 广东省广州市黄埔大道西 601 号 (510632)
电话(传真) / 020 - 85220078
邮　　箱 /
网　　址 /
主要研究领域:
中拉经贸合作、学术交流等

666 暨南大学企业发展研究所

所 属 类 别 / 高校智库
主 管 单 位 / 暨南大学
成 立 时 间 / 2003 年 7 月
第一负责人 / 卫海英
合 作 机 构 /
办 公 地 址 / 广东省广州市天河区黄埔大道西 601 号暨南大学惠全楼 (510632)
电话(传真) / 020 - 85220860
邮　　箱 / edri@ jnu. edu. cn
网　　址 / http://edri. jnu. edu. cn
主要研究领域:
社会责任观下的会计与财务; 行为公司财务和管理会计; 组织行为与人力资源管理; 生产运营与物流管理; 品牌营销与旅游管理

667 暨南大学印度尼西亚研究中心

所 属 类 别 / 高校智库
主 管 单 位 / 暨南大学
成 立 时 间 /
第一负责人 / 李皖南
合 作 机 构 /
办 公 地 址 / 广东省广州市黄埔大道西 601 号暨南大学（510632）
电话(传真) /
邮　　箱 /
网　　址 /
主要研究领域：
印度尼西亚政治、经济、文化等

668 暨南大学中国（广东）自由贸易试验区研究院

所 属 类 别 / 合作智库
主 管 单 位 / 广州南沙开发区管委会、中山大学、暨南大学
成 立 时 间 / 2015 年 5 月
第一负责人 / 胡军
合 作 机 构 / 广州南沙开发区管委会、中山大学、暨南大学
办 公 地 址 / 广东省广州市黄埔大道西 601 号暨南大学（510632）
电话(传真) / 020 - 85220695
邮　　箱 / gdzmq@ jnu. edu. cn
网　　址 /
主要研究领域：
构建与高标准的国际投资贸易规则相适应的制度、政策体系

669 暨南大学资源环境与可持续发展研究所

Institute of Resource, Environment and Sustainable Development Research, Jinan University

所 属 类 别 / 高校智库
主 管 单 位 / 暨南大学
成 立 时 间 / 2011 年 4 月
第一负责人 / 傅京燕
合 作 机 构 /
办 公 地 址 / 广东省广州市天河区黄埔大道西 601 号暨南大学中惠楼 501 室（510632）
电话(传真) / 020 - 85226192（020 - 85226192）
邮　　箱 / iresd2011@ 163. com
网　　址 / http://iresd. jnu. edu. cn
主要研究领域：
低碳与可持续发展；碳排放权交易；生态补偿

J

670 江南大学江苏省食品安全研究基地

所属类别 / 高校智库
主管单位 / 江南大学
成立时间 / 2008 年 8 月
第一负责人 / 徐立青
合作机构 /
办公地址 / 江苏省无锡市蠡湖大道 1800 号
电话(传真) / 0510 – 85329081
邮　　箱 / foodsci@ jiangnan. edu. cn
网　　址 /
主要研究领域:
食品安全与消费行为; 食品安全与生产者行为; 食品安全与政府咨询决策

671 江南大学食品安全风险治理研究院

所属类别 / 合作智库
主管单位 / 江南大学
成立时间 / 2016 年 7 月
第一负责人 / 吴林海
合作机构 / 江苏省食品药品监督管理局
办公地址 / 江苏省无锡市蠡湖大道 1800 号江南大学 (214122)
电话(传真) / 0510 – 85325277 (0510 – 85326659)
邮　　箱 /
网　　址 /
主要研究领域:
食品安全风险治理; 食品安全消费; 食品产业政策; 食品安全监管体制

672 江苏长江产业经济研究院

所属类别 / 合作智库
主管单位 / 南京大学
成立时间 / 2015 年 11 月
第一负责人 / 刘志彪
合作机构 / 江苏省政府政策研究室
办公地址 / 江苏省南京市鼓楼区汉口路 22 号南京大学鼓楼校区北园丙丁楼 (210094)
电话(传真) / 025 – 83576316
邮　　箱 / idei@ nju. edu. cn
网　　址 / http://www. yangtze – idei. cn
主要研究领域:
产业经济; 产业政策; 宏观经济; 企业发展战略

673 江苏大学中国农业装备产业发展研究院（新农村发展研究院）
China Research Institute for Agricultural Equipment Industry Development（Research Institute for New Rural Development of Jiangsu University）

所属类别／高校智库
主管单位／江苏大学
成立时间／2013 年 12 月
第一负责人／李洪波
合作机构／
办公地址／江苏省镇江市学府路 301 号（212013）
电话(传真)／0511－88790366
邮　　箱／ctm9924@ ujs. edu. cn
网　　址／https://xny. ujs. edu. cn
主要研究领域:
新农村战略

674 江苏第二师范学院江苏省教育科学研究院（教育现代化研究院）

所属类别／高校智库
主管单位／江苏第二师范学院
成立时间／
第一负责人／李洪天
合作机构／
办公地址／江苏省南京市北京西路 77 号（210013）
电话(传真)／
邮　　箱／
网　　址／http://iem. jssnu. edu. cn
主要研究领域:
教育科学

675 江苏海洋大学海洋经济与文化学科平台

所属类别／高校智库
主管单位／江苏海洋大学
成立时间／2017 年 5 月
第一负责人／赵炳起
合作机构／
办公地址／江苏省连云港市苍梧路 59 号（222005）
电话(传真)／
邮　　箱／
网　　址／http://oeoc. jou. edu. cn
主要研究领域:
海洋经济与管理；海洋文化与法律

676 江苏理工学院常州民营经济研究所

所 属 类 别 / 高校智库
主 管 单 位 / 江苏理工学院
成 立 时 间 / 2003 年 10 月
第一负责人 / 谢忠秋
合 作 机 构 /
办 公 地 址 / 江苏省常州市中吴大道 1801 号 (213001)
电话(传真) /
邮　　箱 /
网　　址 /
主要研究领域:
民营经济发展; 产业经济管理; 政府宏观决策

677 江苏省公共安全研究院 (江苏警官学院现代警务研究中心)

所 属 类 别 / 合作智库
主 管 单 位 / 江苏警官学院
成 立 时 间 /
第一负责人 / 张兰青
合 作 机 构 / 公安部、江苏省公安厅
办 公 地 址 / 江苏省南京市浦口区石佛寺三宫 48 号 (210031)
电话(传真) / 025 - 52881585
邮　　箱 / jwyj@ jspi. cn
网　　址 / http://zq. jspi. cn/jwzx
主要研究领域:
公共安全理论与战略; 社会稳定与风险治理; 社会治安防控体系建设

678 江苏省人民政府参事室

所 属 类 别 / 党政智库—省/区/市政府所属
主 管 单 位 / 江苏省政府
成 立 时 间 / 1953 年 2 月
第一负责人 / 谢润盛
合 作 机 构 /
办 公 地 址 / 江苏省南京市鼓楼区中山北路 283 号 10 号楼 (210011)
电话(传真) / 025 - 85699681
邮　　箱 / 510060189@ qq. com
网　　址 / http://szfcss. jiangsu. gov. cn
主要研究领域:
江苏省发展战略

679 江苏省社会科学院
Jiangsu Provincial Academy of Social Sciences

所 属 类 别 / 科研院所智库
主 管 单 位 / 江苏省政府
成 立 时 间 / 1980 年
第一负责人 / 夏锦文
合 作 机 构 /
办 公 地 址 / 江苏省南京市建邺路 168 号江苏省社会科学院（210004）
电话(传真) / 025 - 85699806（025 - 85699807）
邮　　箱 / yzxx@ jsass. org. cn
网　　址 / http://www. jsass. org. cn
主要研究领域：
市场经济理论；江苏经济发展战略；现代化；农村工业化；城市化；社会保障；新社会阶层；WTO 法规

680 江苏省苏科创新战略研究院

所 属 类 别 / 社会智库
主 管 单 位 / 江苏省科协技术协会
成 立 时 间 / 2016 年 10 月
第一负责人 / 李荣志
合 作 机 构 /
办 公 地 址 / 江苏省南京市梦都大街 50 号科技工作者活动中心 511 室（210019 ）
电话(传真) / 025 - 68155912
邮　　箱 / skzlyjy@ 163. com
网　　址 /
主要研究领域：
科技创新发展战略；科技创新政策和评估；科技创新文化；科技环境与人才

681 江苏省文化艺术研究院
Jiangsu Provincial Academy of Culture and Arts

所 属 类 别 / 党政智库
主 管 单 位 / 江苏省文化和旅游厅
成 立 时 间 / 2005 年 11 月
第一负责人 / 张超
合 作 机 构 /
办 公 地 址 / 江苏省南京市秦淮区中山南路 89 号江苏文化大厦 8 层（210005）
电话(传真) / 025 - 84699068（025 - 84699068）
邮　　箱 /
网　　址 / http://www. jssyyy. net
主要研究领域：世界各国有益的文化艺术成果；本地区文化艺术的生产、建设及发展；艺术科学基础理论

682 江苏省物联网技术与应用协同创新中心（南京邮电大学物联网研究院）

所属类别 / 高校智库
主管单位 / 南京邮电大学
成立时间 /
第一负责人 / 朱洪波
合作机构 /
办公地址 / 江苏省南京市鼓楼区新模范马路 66 号南京邮电大学物联网科技园（210003）
电话(传真) / 025 - 83535035
邮　　箱 / shaoc@ njupt. edu. cn
网　　址 / http://ciciot. njupt. edu. cn
主要研究领域：
物联网技术创新

683 江苏省战略与发展研究中心

所属类别 / 党政智库
主管单位 / 江苏省发展和改革委员会
成立时间 / 2019 年 8 月
第一负责人 / 孙志高
合作机构 /
办公地址 / 江苏省南京市鼓楼区北京西路 70 号 15 号楼（210013）
电话(传真) / 025 - 86883600
邮　　箱 /
网　　址 /
主要研究领域：
现代产业体系；投资消费；数字经济；区域协调发展；乡村振兴；人口与社会；绿色发展；能源环境

684 江苏省哲学社会科学界联合会
Jiangsu Provincial Federation of Philosophy and Social Sciences

所属类别 / 社会智库—社会团体
主管单位 / 中共江苏省委、江苏省政府
成立时间 / 1979 年
第一负责人 / 曲福田
合作机构 /
办公地址 / 江苏省南京市秦淮区建邺路 168 号（210004）
电话(传真) / 025 - 83370457
邮　　箱 / js_ skw@ 163. com
网　　址 / http://www. js - skl. org. cn
主要研究领域：
江苏省经济、政治、文化、社会、生态文明建设等；党的建设

685 江苏师范大学“一带一路”研究院

所 属 类 别 / 合作智库
主 管 单 位 / 江苏师范大学
成 立 时 间 / 2015 年 11 月
第一负责人 / 华桂宏
合 作 机 构 / 徐州市人民政府
办 公 地 址 / 江苏省徐州市和平路 57 号（221009）
电话(传真) / 0516 - 83867180（0516 - 83867791）
邮　　箱 / hhfzyjy@ jsnu. edu. cn
网　　址 / http://bri. jsnu. edu. cn
主要研究领域：
江苏发展；国际经贸与国别关系；历史文化与旅游发展；人才培养；国际交流

686 江西财经大学财税研究中心

Jiangxi University of Finance and Economics Research Center of Finance and Taxation

所 属 类 别 / 高校智库
主 管 单 位 / 江西财经大学
成 立 时 间 / 2009 年 7 月
第一负责人 / 席卫群
合 作 机 构 /
办 公 地 址 / 江西省南昌市昌北国家经济技术开发区双港东大街 169 号（330013）
电话(传真) / 0791 - 83816063
邮　　箱 / csyjzx@ jxufe. edu. cn
网　　址 / http://csyjzx. jxufe. edu. cn
主要研究领域：
税收理论与政策研究；财政理论与政策研究

687 江西财经大学财政大数据分析中心

所 属 类 别 / 合作智库
主 管 单 位 / 江西财经大学
成 立 时 间 /
第一负责人 / 夏家莉
合 作 机 构 / 江西财经大学、江西省财政部、江西省政府
办 公 地 址 / 江西省南昌市昌北国家经济技术开发区双港东大街 169 号（330013）
电话(传真) /
邮　　箱 /
网　　址 / http://czdsj. jxufe. edu. cn
主要研究领域：
财政大数据分析

688 江西财经大学产业集群与企业发展研究中心
Research Center of Cluster and Enterprise Development, Jiangxi University of Finance and Economics

所 属 类 别 / 高校智库
主 管 单 位 / 江西财经大学
成 立 时 间 / 1998 年 7 月
第一负责人 / 曹元坤
合 作 机 构 /
办 公 地 址 / 江西省南昌市昌北国家经济技术开发区双港东大街 169 号北区综合楼（330013）
电话(传真) / 0791 - 83816363 （0791 - 83816363）
邮 箱 / 81605876@ qq. com
网 址 / http://qyzx. jxufe. edu. cn
主要研究领域：
产业集群成长研究；工业园区发展研究；企业经营与管理研究

689 江西财经大学产业经济研究院
Institute of Industrial Economics, Jiangxi University of Finance and Economics

所 属 类 别 / 高校智库
主 管 单 位 / 江西财经大学
成 立 时 间 /
第一负责人 / 王自力
合 作 机 构 /
办 公 地 址 / 江西省南昌市昌北国家经济技术开发区双港东大街 169 号（330013）
电话(传真) / 0791 - 83816310 （0791 - 83816310）
邮 箱 / cyjj901@ jxufe. edu. cn
网 址 / http://cyjj. jxufe. edu. cn
主要研究领域：
产业经济

J

690 江西财经大学法治江西建设协同创新中心

所 属 类 别 / 高校智库
主 管 单 位 / 江西财经大学
成 立 时 间 / 2015 年 12 月
第一负责人 /
合 作 机 构 /
办 公 地 址 / 江西省南昌市昌北国家经济技术开发区双港东大街 169 号（330013）
电话(传真) /
邮 箱 /
网 址 /
主要研究领域：
法治江西建设

691 江西财经大学高等教育研究所
Institute of Higher Education, Jiangxi University of Finance and Economics

所 属 类 别 / 高校智库
主 管 单 位 / 江西财经大学
成 立 时 间 / 2006 年
第一负责人 / 钱建豪
合 作 机 构 /
办 公 地 址 / 江西省南昌市昌北国家经济技术开发区双港东大街 169 号南区八楼（330013）
电话(传真) / 0791 - 83823093
邮　　箱 / 183598759@ qq. com
网　　址 / http://gjs. jxufe. edu. cn
主要研究领域:
高等教育

692 江西财经大学公共政策评价中心

所 属 类 别 / 高校智库
主 管 单 位 / 江西财经大学
成 立 时 间 / 2020 年 6 月
第一负责人 / 杨得前
合 作 机 构 /
办 公 地 址 / 江西省南昌市昌北国家经济技术开发区双港东大街 169 号（330013）
电话(传真) / 0791 - 83868067
邮　　箱 / xkxtzx@ 163. com
网　　址 / http://xkxtzx. jxufe. edu. cn
主要研究领域:
江西全面建成小康社会决策支持

693 江西财经大学规制与竞争研究中心
Center for Regulation and Competition, Jiangxi University of Finance and Economics

所 属 类 别 / 高校智库
主 管 单 位 / 江西财经大学
成 立 时 间 / 1999 年 12 月
第一负责人 / 陈明
合 作 机 构 /
办 公 地 址 / 江西省南昌市昌北国家经济技术开发区双港东大街 169 号（330013）
电话(传真) / 0791 - 3816310（0791 - 3816310）
邮　　箱 / cygz@ jxufe. edu. cn
网　　址 / http://cygz. jxufe. edu. cn
主要研究领域:
规制理论与政策；公共行政管理与政府管理；竞争政策

694 江西财经大学江西法治政府研究中心

所 属 类 别 / 高校智库
主 管 单 位 / 江西财经大学
成 立 时 间 / 2010 年 9 月
第一负责人 / 易有禄
合 作 机 构 /
办 公 地 址 / 江西省南昌市昌北国家经济技术开发区玉屏大道
电话(传真) / 0791 - 83816810
邮　　箱 /
网　　址 / http://fzjx. jxufe. edu. cn
主要研究领域:
法治政府

695 江西财经大学江西经济发展与改革研究院

所 属 类 别 / 高校智库
主 管 单 位 / 江西财经大学
成 立 时 间 /
第一负责人 / 吴志军
合 作 机 构 /
办 公 地 址 / 江西省南昌市昌北国家经济技术开发区双港东大街 169 号 (330013)
电话(传真) / 0791 - 83816902
邮　　箱 / jjys902@ 163. com
网　　址 / http://jjys. jxufe. edu. cn
主要研究领域:
区域金融; 区域政策; 区域旅游; 区域产业; 乡村振兴; 科技创新; 区域协调; 对外开放

696 江西财经大学江西生态法律研究中心

所 属 类 别 / 高校智库
主 管 单 位 / 江西财经大学
成 立 时 间 /
第一负责人 / 王柱国
合 作 机 构 /
办 公 地 址 / 江西省南昌市昌北国家经济技术开发区江西财经大学麦庐园法体楼 (330032)
电话(传真) / 0791 - 83816810
邮　　箱 /
网　　址 / http://stfl. jxufe. edu. cn
主要研究领域:
江西生态法律

697 江西财经大学江西省经济预测与决策研究中心

所 属 类 别／高校智库
主 管 单 位／江西财经大学
成 立 时 间／
第一负责人／
合 作 机 构／
办 公 地 址／江西省南昌市昌北国家经济技术开发区双港东大街 169 号（330013）
电话(传真)／
邮　　箱／
网　　址／
主要研究领域：
经济预测与决策

698 江西财经大学江西省科技经济决策融合软科学研究基地

所 属 类 别／高校智库
主 管 单 位／江西财经大学
成 立 时 间／
第一负责人／
合 作 机 构／
办 公 地 址／江西省南昌市昌北国家经济技术开发区双港东大街 169 号（330013）
电话(传真)／
邮　　箱／
网　　址／
主要研究领域：
科技经济决策融合软科学

699 江西财经大学江西省生态文明制度建设协同创新中心

所 属 类 别／高校智库
主 管 单 位／江西财经大学
成 立 时 间／2016 年 9 月
第一负责人／谢花林
合 作 机 构／
办 公 地 址／江西省南昌市昌北国家经济技术开发区双港东大街 169 号南区综合楼十一楼（330013）
电话(传真)／0791 - 83820732
邮　　箱／slendershu@163.com
网　　址／http://stwm.jxufe.edu.cn
主要研究领域：
生态文明制度建设

J

700 江西财经大学江西省战略性新兴产业发展监测、预警与决策支持协同创新中心

Strategic and Emerging Industries of Jiangxi Province Monitoring and Early Warning and Decision Support Platform

所属类别 / 合作智库

主管单位 / 江西财经大学

成立时间 /

第一负责人 / 卢福财

合作机构 / 江西财经大学、中国科学院预测科学研究中心、江西省工业信息化委员会、江西省发改委、江西省统计局、江西省科技厅、江西铜业集团公司、江西洪都航空工业（集团）有限责任公司

办公地址 / 江西省南昌市昌北国家经济技术开发区双港东大街 169 号（330013）

电话(传真) / 0791 – 83813649（0791 – 83813649）

邮　　箱 / xtcxzx@ jxufe. edu. cn

网　　址 / http://xtcxzx. jxufe. edu. cn

主要研究领域：战略性新兴产业发展监测；预警与决策支持

701 江西财经大学金融发展与风险防范研究中心

Research Center for Financial Development and Risk Prevention, Jiangxi University of Finance and Economics

所属类别 / 高校智库

主管单位 / 江西财经大学

成立时间 / 2006 年 7 月

第一负责人 / 胡援成

合作机构 /

办公地址 / 江西省南昌市昌北国家经济技术开发区双港东大街 169 号财税楼四楼（330013）

电话(传真) / 0791 – 83802306

邮　　箱 / iifs@ jxufe. edu. cn

网　　址 / http://jrzx. jxufe. edu. cn

主要研究领域：金融发展和金融风险与防范

J

702 江西财经大学金融管理国际研究院

International Institute for Financial Studies, Jiangxi University of Finance and Economics

所属类别 / 高校智库

主管单位 / 江西财经大学

成立时间 / 2011 年 11 月

第一负责人 / 石劲

合作机构 /

办公地址 / 江西省南昌市昌北国家经济开发区双港路 169 号（330013）

电话(传真) / 0791 – 83802306

邮　　箱 /

网　　址 / http://iifs. jxufe. edu. cn

主要研究领域：国际金融管理

703 江西财经大学科技金融研究中心

所属类别 / 合作智库
主管单位 / 江西财经大学
成立时间 / 2008 年 8 月
第一负责人 / 桂荷发
合作机构 / 江西财经大学、江西省科技金融促进会
办公地址 / 江西省南昌市庐山南大道（330013）
电话(传真) / 0791 – 83816691
邮　　箱 /
网　　址 / http://kjjr.jxufe.edu.cn/news – list – rcostf.html
主要研究领域:
科技金融

704 江西财经大学社会工作与社会政策研究中心

所属类别 / 高校智库
主管单位 / 江西财经大学
成立时间 / 2013 年 6 月
第一负责人 / 陈家琪
合作机构 /
办公地址 / 江西省南昌市昌北国家经济技术开发区玉屏大道江西财经大学人文学院四楼（330013）
电话(传真) / 0791 – 83843789（0791 – 83983526）
邮　　箱 /
网　　址 / http://swc.jxufe.edu.cn
主要研究领域:
社会工作与社会政策

705 江西财经大学生态经济研究院

所属类别 / 高校智库
主管单位 / 江西财经大学
成立时间 / 2015 年 11 月
第一负责人 / 廖进球
合作机构 /
办公地址 / 江西省南昌市昌北国家经济技术开发区双港东大街 169 号北区综合楼 10 楼（330013）
电话(传真) / 0791 – 83810553（0791 – 83810553）
邮　　箱 / pyy@jxufe.edu.cn
网　　址 / http://pyhee.jxufe.edu.cn
主要研究领域:
生态经济

706 江西财经大学生态文明与现代中国研究中心

所 属 类 别 / 高校智库
主 管 单 位 / 江西财经大学
成 立 时 间 / 2004 年
第一负责人 / 温锐
合 作 机 构 /
办 公 地 址 / 江西省南昌市昌北国家经济技术开发区双港东大街 169 号（330013）
电话(传真) / 0791 - 83820732（0791 - 83820732）
邮　　箱 / jcstwmzx@ 126. com
网　　址 / http://stzg. jxufe. edu. cn
主要研究领域:
生态文明与现代中国

707 江西财经大学现代金融研究院

Research Institute of Finance, Jiangxi University of Finance and Economics

所 属 类 别 / 高校智库
主 管 单 位 / 江西财经大学
成 立 时 间 / 2017 年 12 月
第一负责人 / 王小平
合 作 机 构 /
办 公 地 址 / 江西省南昌市庐山南大道（330013）
电话(传真) / 0791 - 83816691
邮　　箱 /
网　　址 / http://kjjr. jxufe. edu. cn
主要研究领域:
现代金融

708 江西科技师范大学数字化社会与地方文化发展研究中心

所 属 类 别 / 高校智库
主 管 单 位 / 江西科技师范大学
成 立 时 间 /
第一负责人 / 黄细嘉
合 作 机 构 /
办 公 地 址 / 江西省南昌市红角洲学府大道 589 号（330038）
电话(传真) / 0791 - 83883066
邮　　箱 /
网　　址 / http://dffz. jxstnu. edu. cn
主要研究领域:
数字化社会与地方文化发展

709　江西科技师范大学职业教育研究院

所属类别／高校智库
主管单位／江西科技师范大学
成立时间／1985 年
第一负责人／施晶晖
合作机构／
办公地址／江西省南昌市昌北经济开发区枫林大道 605 号（330013）
电话(传真)／0791－83847542
邮　　箱／
网　　址／http://jxzj. jxstnu. edu.
主要研究领域：
职业教育

710　江西科技学院跨文化交际研究所
Institute of Intercultural Communication, Jiangxi University of Technology

所属类别／高校智库
主管单位／江西科技学院
成立时间／2014 年
第一负责人／
合作机构／
办公地址／江西省南昌市瑶湖高校园区江西科技学院（330098）
电话(传真)／
邮　　箱／
网　　址／
主要研究领域：
跨文化教育；跨文化交际与管理

711　江西省党风廉政建设研究中心（南昌大学廉政研究中心）
Jiangxi Center for Anti－Corruption Studies（Center for Anti－Corruption Studies, Nanchang University）

所属类别／合作智库—政校合作
主管单位／中共江西省纪委、南昌大学
成立时间／2009 年 5 月
第一负责人／廖晓明（常务副主任）
合作机构／中共江西省纪委、南昌大学
办公地址／江西省南昌市红谷滩新区学府大道 999 号法学楼 4 层（330031）
电话(传真)／0791－83969236
邮　　箱／cacs@ ncu. edu. cn
网　　址／http://cacs. ncu. edu. cn
主要研究领域：
反腐倡廉理论；反腐倡廉建设

712 江西省人民政府参事室

所 属 类 别 / 党政智库—省/区/市政府所属
主 管 单 位 / 江西省政府
成 立 时 间 / 1950 年
第一负责人 /
合 作 机 构 /
办 公 地 址 / 江西省南昌市东湖区省府北二路 100 号（330000）
电话(传真) / 0791 - 6212341
邮　　箱 /
网　　址 /
主要研究领域：
江西省发展战略

713 江西省社会科学界联合会
Jiangxi Federation of Social Sciences

所 属 类 别 / 社会智库—社会团体
主 管 单 位 / 中共江西省委
成 立 时 间 / 1980 年 5 月
第一负责人 / 罗勇兵
合 作 机 构 /
办 公 地 址 / 江西省南昌市东湖区洪都北大道 649 号（330077）
电话(传真) / 0791 - 88595983（0791 - 88592895）
邮　　箱 / jxsslbgs@163. com
网　　址 / http://www. jxskw. gov. cn
主要研究领域：
改革开放和现代化建设重大理论与实践问题

714 江西省社会科学院
Jiangxi Academy of Social Sciences

所 属 类 别 / 科研院所智库
主 管 单 位 / 江西省政府
成 立 时 间 / 1984 年
第一负责人 / 蒋金法
合 作 机 构 /
办 公 地 址 / 江西省南昌市东湖区洪都北大道 649 号（330077）
电话(传真) / 0791 - 88596284（0791 - 88596284 ）
邮　　箱 / webmaster@jxsky. org. cn
网　　址 / http://www. jxsky. org. cn
主要研究领域：
执政党建设；区域经济学与应用对策；生态经济；生态文明

J

715 江西师范大学当代形态文艺学研究中心

所属类别／高校智库
主管单位／江西师范大学
成立时间／2003 年 4 月
第一负责人／
合作机构／
办公地址／江西省南昌市紫阳大道 99 号（330022）
电话(传真)／
邮　　箱／
网　　址／https://wyx.jxnu.edu.cn
主要研究领域：
文艺学基本理论与当代创新；文艺美学与当代审美文化；中国诗学与赣文化

716 江西师范大学管理决策评价研究中心

所属类别／高校智库
主管单位／江西师范大学
成立时间／2011 年
第一负责人／梅国平
合作机构／
办公地址／江西省南昌市紫阳大道 99 号（330022）
电话(传真)／
邮　　箱／
网　　址／https://gljcpj.jxnu.edu.cn
主要研究领域：
管理决策评价

717 江西师范大学江西经济发展研究

所属类别／高校智库
主管单位／江西师范大学
成立时间／2014 年 9 月
第一负责人／梅国平
合作机构／
办公地址／江西省南昌市紫阳大道 99 号江西师范大学瑶湖校区瑶湖校区音乐艺术广场东面（330022）
电话(传真)／0791－88122877
邮　　箱／jxfzyj@jxnu.edu.cn
网　　址／https://jxfzyjy.jxnu.edu.cn
主要研究领域：
经济发展

718 江西师范大学马达加斯加研究中心

所 属 类 别 / 高校智库
主 管 单 位 / 江西师范大学
成 立 时 间 / 2015 年 6 月
第一负责人 / 李勇忠
合 作 机 构 /
办 公 地 址 / 江西省南昌市紫阳大道 99 号 （330022）
电话(传真) / 0791 – 88121752
邮　　箱 / madagascarstudies@ 163. com
网　　址 / http://mrc. jxnu. edu. cn
主要研究领域：
马达加斯加的政治、经济、文化、社会等

719 江西师范大学苏区振兴研究院

所 属 类 别 / 高校智库
主 管 单 位 / 江西师范大学
成 立 时 间 / 2012 年
第一负责人 / 刘善庆
合 作 机 构 /
办 公 地 址 / 江西省南昌市紫阳大道 99 号江西师范大学瑶湖校区名达楼 6 层 （330022）
电话(传真) / 0791 – 88121059
邮　　箱 / sqzxyjy@ 163. com
网　　址 / https://sqzxyjy. jxnu. edu. cn
主要研究领域：
苏区振兴

720 江西师范大学文化研究院

所 属 类 别 / 高校智库
主 管 单 位 / 江西师范大学
成 立 时 间 / 2005 年 7 月
第一负责人 /
合 作 机 构 /
办 公 地 址 / 江西省南昌市北京西路 437 号 （330027）
电话(传真) / 0791 – 88506720
邮　　箱 /
网　　址 / https://blwh. jxnu. edu. cn
主要研究领域：
赣文化；文化产业；叙事学；宗教文化

721 交通运输部公路科学研究院
Research Institute of Highway Ministry of Transport

所 属 类 别 / 党政智库—国务院组成部门所属
主 管 单 位 / 交通运输部
成 立 时 间 / 1956 年
第一负责人 / 张劲泉
合 作 机 构 /
办 公 地 址 / 北京市海淀区西土城路 8 号（100088）
电话(传真) / 010 - 62079548
邮　　箱 /
网　　址 / http://www.rioh.cn
主要研究领域：
道路工程；桥梁工程；交通工程；智能交通；汽车运用工程；道路运输与物流；公路生态与环境保护工程

722 交通运输部规划研究院
Transport Planning and Research Institute, Ministry of Transport

所 属 类 别 / 党政智库—国务院组成部门所属
主 管 单 位 / 交通运输部
成 立 时 间 / 1998 年 3 月
第一负责人 / 杨文银
合 作 机 构 /
办 公 地 址 / 北京市朝阳区曙光西里甲 6 号 2 号楼（100028）
电话(传真) / 010 - 59629011（010 - 59629000）
邮　　箱 / tpri_hr001@163.com
网　　址 / http://www.tpri.org.cn
主要研究领域：综合运输体系建设；交通运输行业发展战略；交通运输行业物流发展；环境保护；节能减排；安全应急；信息化

723 交通运输部科学研究院
China Academy of Transportation Sciences

所 属 类 别 / 党政智库—国务院组成部门所属
主 管 单 位 / 交通运输部
成 立 时 间 / 1960 年
第一负责人 / 石宝林
合 作 机 构 /
办 公 地 址 / 北京市朝阳区惠新里 240 号（100029）
电话(传真) / 010 - 58278413（010 - 58278432）
邮　　箱 /
网　　址 /
主要研究领域：交通信息化；交通环境保护与安全；城市交通；交通标准计量；公路工程技术

724 交通运输部水运科学研究院
China Waterborne Transport Research Institute

所 属 类 别 / 党政智库—国务院组成部门所属
主 管 单 位 / 交通运输部
成 立 时 间 / 1956 年 6 月
第一负责人 / 费维军
合 作 机 构 /
办 公 地 址 / 北京市海淀区西土城路 8 号 （100088）
电话(传真) / 010 - 65290216
邮　　箱 / yuanban@ wtiac. cn
网　　址 / http://www. wti. ac. cn
主要研究领域:
水运经济；安全应急；环保节能；现代物流；智能交通

725 教育部—北京大学人力资本与国家政策研究中心
Center for Human Capital and Policy, Ministry of Education - Peking University

所 属 类 别 / 合作智库—政校合作
主 管 单 位 / 教育部、北京大学
成 立 时 间 / 2011 年 9 月
第一负责人 / 刘伟
合 作 机 构 / 教育部、北京大学
办 公 地 址 / 北京市海淀区颐和园路 5 号北京大学国家发展研究院 （100871）
电话(传真) /
邮　　箱 / webmaster@ nsd. pku. edu. cn
网　　址 /
主要研究领域:
教育资源配置对城镇化进程的影响；人力资源强国与基本公共教育服务体系；中国经济发展方式与人力资本投资

J

726 教育部高等教育教学评估中心
Higher Education Evaluation Center of the Ministry of Education

所 属 类 别 / 党政智库—国务院组成部门所属
主 管 单 位 / 教育部
成 立 时 间 / 2004 年 8 月
第一负责人 / 范唯
合 作 机 构 /
办 公 地 址 / 北京市海淀区魏公村路 2 号中央广播电视大学魏公村学区办公大楼 11 层、12 层 （100081）
电话(传真) / 010 - 56973102
邮　　箱 / pgzx@ moe. edu. cn
网　　址 / http://www. heec. edu. cn
主要研究领域：教育教学改革与评估

727 教育部高等学校社会科学发展研究中心

所 属 类 别 / 党政智库—国务院组成部门所属
主 管 单 位 / 教育部
成 立 时 间 / 1986 年 11 月
第一负责人 / 王炳林
合 作 机 构 /
办 公 地 址 / 北京市海淀区中关村大街 35 号 (100080)
电话(传真) / 010 - 62514703 (010 - 62514703)
邮　　箱 /
网　　址 /
主要研究领域:
哲学社会科学理论;中国特色社会主义;哲学社会科学发展动态

728 教育部科技发展中心

Ministry of Education, Science and Technology Development Center

所 属 类 别 / 党政智库—国务院组成部门所属
主 管 单 位 / 教育部
成 立 时 间 /
第一负责人 / 李志民
合 作 机 构 /
办 公 地 址 / 北京市海淀区中关村大街 35 号 (100080)
电话(传真) / 010 - 62514695 (010 - 62514678)
邮　　箱 / cutech@ cutech. edu. cn
网　　址 /
主要研究领域:
高等学校科技政策;高校产业改革与发展

729 教育部民族教育发展中心

所 属 类 别 / 党政智库—国务院组成部门所属
主 管 单 位 / 教育部
成 立 时 间 / 2011 年 12 月
第一负责人 / 郭岩
合 作 机 构 /
办 公 地 址 / 北京市西城区西单大木仓胡同 37 号 (100816)
电话(传真) / 010 - 66090798 (010 - 66090526)
邮　　箱 / mjzx@ moe. edu. cn
网　　址 / http://mjzx. moe. edu. cn
主要研究领域:
民族教育发展战略

730 教育部学位与研究生教育发展中心
China Academic Degrees and Graduate Education Development Center

所 属 类 别 / 党政智库—国务院组成部门所属
主 管 单 位 / 教育部
成 立 时 间 / 2003 年
第一负责人 / 黄宝印
合 作 机 构 /
办 公 地 址 / 北京市海淀区王庄路 1 号同方科技大厦 B 座 17 层（100083）
电话(传真) / 010 - 82378812（010 - 82379482）
邮　　箱 / bgs@ cdgdc. edu. cn
网　　址 / http://www. chinadegrees. cn
主要研究领域:
学位与研究生教育评估；全国学位与研究生教育信息系统

731 教育部语言文字应用研究所
Institute of Applied Linguistics Ministry of Education

所 属 类 别 / 党政智库—国务院组成部门所属
主 管 单 位 / 教育部
成 立 时 间 / 1984 年 9 月
第一负责人 / 刘朋建
合 作 机 构 /
办 公 地 址 / 北京市东城区朝阳门内南小街 51 号（100010）
电话(传真) / 010 - 65592909
邮　　箱 / yysbgsh@ sina. com
网　　址 /
主要研究领域:
语言文字应用；语言政策；语言规划

732 金善宝农业现代化发展研究院

所 属 类 别 / 合作智库
主 管 单 位 / 南京农业大学
成 立 时 间 / 2015 年
第一负责人 / 陈利根
合 作 机 构 / 江苏省农工办、江苏省农委
办 公 地 址 /
电话(传真) /
邮　　箱 /
网　　址 /
主要研究领域:
农村产权制度改革；新型农业经营体系构建；美丽乡村与特色小镇建设；农业产业组织发展与升级；农村环境整治；苏南集体经济建设

J

733 经济日报社中国经济趋势研究院

所 属 类 别 / 社会智库
主 管 单 位 / 经济日报（集团）
成 立 时 间 / 2015 年 9 月
第一负责人 / 孙世芳
合 作 机 构 /
办 公 地 址 / 北京市西城区白纸坊东街（100054）
电话(传真) / 010 – 58392840
邮　　箱 /
网　　址 /
主要研究领域：
经济理论基础；中国经济趋势；经济预期分析

734 景德镇学院高教研究与评估所

所 属 类 别 / 高校智库
主 管 单 位 / 景德镇学院
成 立 时 间 /
第一负责人 / 胡祥青
合 作 机 构 /
办 公 地 址 / 江西省景德镇市浮梁县浮梁镇浮梁大道 3 号（333499）
电话(传真) /
邮　　箱 / jdzxygjs@163.com
网　　址 / http://gjs.jdzu.edu.cn
主要研究领域：
高教研究与评估

735 九江学院柬埔寨研究中心
Center for Cambodian Studies, Jiujiang University

所 属 类 别 / 高校智库
主 管 单 位 / 九江学院
成 立 时 间 / 2017 年 5 月
第一负责人 / 刘晓东
合 作 机 构 /
办 公 地 址 / 江西省九江市前进东路 551 号（332005）
电话(传真) /
邮　　箱 /
网　　址 / https://cambodia.jju.edu.cn
主要研究领域：
柬埔寨问题

J

736 九江学院江西长江经济带研究院
Jiangxi Yangtze River Economic Zone Research Institute, Jiujiang University

所 属 类 别 / 高校智库
主 管 单 位 / 九江学院
成 立 时 间 / 2018 年 11 月
第一负责人 / 赵伟
合 作 机 构 /
办 公 地 址 / 江西省九江市前进东路 551 号厚德楼 7 层 (332005)
电话(传真) / 0792 - 8312256
邮　　箱 /
网　　址 / https://cjjjd. jju. edu. cn
主要研究领域:
江西长江经济带

737 九江学院鄱阳湖生态经济研究中心
Poyang Lake Eco-economy Research Center, Jiujiang University

所 属 类 别 / 合作智库
主 管 单 位 / 九江学院
成 立 时 间 / 2008 年 3 月
第一负责人 / 陶春元
合 作 机 构 / 九江学院、江西省山江湖开发治理委员会办公室
办 公 地 址 / 江西省九江市前进东路 551 号厚德楼 624 室 (332005)
电话(传真) / 0792 - 8312256 (0792 - 8312256)
邮　　箱 /
网　　址 / https://poyanghu. jju. edu. cn
主要研究领域:
鄱阳湖生态经济

738 九江学院沿江产业开发研究中心

所 属 类 别 / 高校智库
主 管 单 位 / 九江学院
成 立 时 间 / 2008 年 9 月
第一负责人 / 纪岗昌
合 作 机 构 /
办 公 地 址 / 江西省九江市前进东路 551 号 (332005)
电话(传真) / 0792 - 8312081 (0792 - 8312081)
邮　　箱 /
网　　址 / http://yjcyyjzx. jju. edu. cn
主要研究领域:
沿江产业开发

739 喀什大学南疆经济与社会发展研究中心

所 属 类 别 / 高校智库
主 管 单 位 / 喀什大学
成 立 时 间 / 2011 年 5 月
第一负责人 / 马戎
合 作 机 构 /
办 公 地 址 / 新疆喀什市学院路 29 号喀什大学（844008）
电话(传真) /
邮　　箱 /
网　　址 /
主要研究领域：
南疆经济与社会发展

740 科学技术部高技术研究发展中心

所 属 类 别 / 党政智库—国务院组成部门所属
主 管 单 位 / 科学技术部
成 立 时 间 / 1994 年
第一负责人 / 刘敏
合 作 机 构 /
办 公 地 址 / 北京市海淀区三里河路 1 号西苑饭店 9 号楼（100044）
电话(传真) / 010 - 68339522
邮　　箱 / mxh@ htrdc. com
网　　址 / http://www. htrdc. com
主要研究领域：
基础科学；高新技术发展

741 昆明市社会科学院（昆明社会治理研究院）

所 属 类 别 / 科研院所智库
主 管 单 位 / 昆明市政府
成 立 时 间 / 1998 年 5 月
第一负责人 / 赵龙
合 作 机 构 /
办 公 地 址 / 云南省昆明市呈贡区锦绣大街 1 号昆明市级行政中心 7 号楼（北）2 楼（650500）
电话(传真) / 0871 - 65955258（0871 - 63172905）
邮　　箱 / kmskybgs@ 126. com
网　　址 / http://sky. km. gov. cn
主要研究领域：
经济、社会、财政、教育科学等

742 昆山杜克大学全球健康研究中心

所 属 类 别 / 合作智库
主 管 单 位 / 昆山杜克大学
成 立 时 间 / 2013 年
第一负责人 / 汤胜蓝
合 作 机 构 / 昆山杜克大学、杜克大学全球健康研究所
办 公 地 址 / 江苏省昆山市杜克大道 8 号（215316）
电话(传真) /
邮　　箱 /
网　　址 / https://dukekunshan. edu. cn/zh/global – health/global – health – research – center
主要研究领域:
慢性非传染性疾病；环境卫生；卫生政策及卫生体系

743 蓝迪国际智库（中国社会科学院“一带一路”国际智库）
RDI Think – Tank Platform（BRI International Think Tank of Chinese Academy of Social Sciences, CASS）

所 属 类 别 / 社会智库
主 管 单 位 / 中国社会科学院
成 立 时 间 / 2015 年 4 月
第一负责人 / 徐文清
合 作 机 构 /
办 公 地 址 / 北京市朝阳区日坛路 1 号 2 层 204 室（100007）
电话(传真) / 010 – 85635860
邮　　箱 / webmaster@ rdi. org. cn
网　　址 / http://www. rdi. org. cn
主要研究领域:
“一带一路”倡议

744 兰州城市学院城市环境与污染治理研究所
Institute of Urban Environment and Pollution Treatment, IUEPT

所 属 类 别 / 高校智库
主 管 单 位 / 兰州城市学院
成 立 时 间 / 2007 年 5 月
第一负责人 /
合 作 机 构 /
办 公 地 址 / 甘肃省兰州市安宁区街坊路 11 号（730070）
电话(传真) / 0931 – 7601083（0931 – 7601083）
邮　　箱 /
网　　址 / http://cshjyjs. lzcu. edu. cn/index. htm
主要研究领域:
城市生态环境保护；城市环境污染治理；城市环境修复；城市环境政策

745 兰州城市学院城市社会心理研究中心

所 属 类 别 / 高校智库
主 管 单 位 / 兰州城市学院
成 立 时 间 / 2011 年 10 月
第一负责人 / 张海钟
合 作 机 构 /
办 公 地 址 / 甘肃省兰州市安宁区街坊路 11 号 (730070)
电话(传真) /
邮　　箱 /
网　　址 / http://xlyjzx. lzcu. edu. cn
主要研究领域:
城市社会心理

746 兰州大学"一带一路"研究中心
Research Center for the Belt and Road of Lanzhou University

所 属 类 别 / 高校智库
主 管 单 位 / 兰州大学
成 立 时 间 / 2014 年 12 月
第一负责人 / 沙勇忠
合 作 机 构 /
办 公 地 址 / 甘肃省兰州市城关区天水南路 222 号 (730000)
电话(传真) / 0931 - 8915895 (0931 - 8915895)
邮　　箱 / ldbr@ lzu. edu. cn
网　　址 / http://ldbr. lzu. edu. cn
主要研究领域:
民族政策; 外交政策; 金融政策; 财政政策; 资源政策

747 兰州大学阿富汗研究中心
The Center for Afghanistan Studies, Lanzhou University

所 属 类 别 / 高校智库
主 管 单 位 / 兰州大学
成 立 时 间 / 2017 年 6 月
第一负责人 / 朱永彪
合 作 机 构 /
办 公 地 址 / 甘肃省兰州市城关区天水南路 222 号 (730000)
电话(传真) /
邮　　箱 / afhlzu@ 163. com
网　　址 / http://afuhan. org
主要研究领域:
阿富汗问题; 反恐问题

748 兰州大学格鲁吉亚研究中心
Georgia Research Center of Lanzhou University

所 属 类 别 / 高校智库
主 管 单 位 / 兰州大学
成 立 时 间 / 2017 年 3 月
第一负责人 / 车如山
合 作 机 构 /
办 公 地 址 / 甘肃省兰州市城关区天水南路 222 号 (730000)
电话(传真) / 0931 - 8912125 (0931 - 8912123)
邮 箱 / ldbr@ lzu. edu. cn
网 址 / http://grc. lzu. edu. cn
主要研究领域: 中格关系; 格鲁吉亚对外政策、经济政策与形势; 格鲁吉亚民族个性; 格鲁吉亚历史与地理; 格鲁吉亚文化

749 兰州大学社会与经济发展研究评价中心
Institute of Sociology & Center of Social and Economic Development Research, Lanzhou University

所 属 类 别 / 高校智库
主 管 单 位 / 兰州大学
成 立 时 间 / 1995 年
第一负责人 /
合 作 机 构 /
办 公 地 址 / 甘肃省兰州市城关区天水南路兰州大学齐云楼 1821 室 (730000)
电话(传真) / 0931 - 8910943 (0931 - 8910943)
邮 箱 / xibushehuixue@ 163. com
网 址 /
主要研究领域: 资源环境与社会发展; 社会政策评估; 民族社会发展; 民族社会学与文化人类学

750 兰州大学西北少数民族研究中心 (兰州大学民族学研究院)
Publications Center for Studies of Ethnic Minorities in Northwest China of Lanzhou University (Ethnology Institute of Lanzhou University)

所 属 类 别 / 高校智库
主 管 单 位 / 兰州大学
成 立 时 间 / 2000 年
第一负责人 / 赵利生
合 作 机 构 /
办 公 地 址 / 甘肃省兰州市城关区嘉峪关西路 9 号兰州大学一分部衡山堂 4 层 (730020)
电话(传真) / 0931 - 8913764
邮 箱 / lzdxmyzx@ 163. com
网 址 / http://rcenw. lzu. edu. cn
主要研究领域: 中国民族关系; 西北少数民族及地区史; 西北跨国民族; 民族社会

751 兰州大学意大利研究中心

所 属 类 别 / 高校智库
主 管 单 位 / 兰州大学
成 立 时 间 / 2011 年 11 月
第一负责人 / 刘光华
合 作 机 构 /
办 公 地 址 / 甘肃省兰州市城关区天水南路 222 号（730000）
电话(传真) / 0931 - 8912125（0931 - 8912123 ）
邮　　箱 / ldbr@ lzu. edu. cn
网　　址 /
主要研究领域:
中意关系

752 兰州大学印度研究中心

所 属 类 别 / 高校智库
主 管 单 位 / 兰州大学
成 立 时 间 / 2009 年
第一负责人 / 毛世昌
合 作 机 构 /
办 公 地 址 / 甘肃省兰州市城关区天水南路 222 号（730000）
电话(传真) / 0931 - 8912125（0931 - 8912123 ）
邮　　箱 / ldbr@ lzu. edu. cn
网　　址 /
主要研究领域:
印度文化；中印关系；印度文学、宗教；中印文化交流

753 兰州大学中亚研究所
Institute for Central Asian Studies Lanzhou University

所 属 类 别 / 高校智库
主 管 单 位 / 兰州大学
成 立 时 间 / 1994 年 3 月
第一负责人 / 杨恕
合 作 机 构 /
办 公 地 址 / 甘肃省兰州市城关区天水南路 222 号（730000）
电话(传真) / 0931 - 8912982（0931 - 8912982）
邮　　箱 / icas@ lzu. edu. cn
网　　址 / http://icas. lzu. edu. cn
主要研究领域:
中亚政治、经济、民族、宗教、历史、文化、科教、资源环境及人口等；反分裂主义；反恐怖主义

754 兰州市社会科学院（兰州市社会科学界联合会）

所 属 类 别 / 科研院所智库
主 管 单 位 / 兰州市人民政府
成 立 时 间 / 1985 年 7 月
第一负责人 / 曾月梅
合 作 机 构 /
办 公 地 址 / 甘肃省兰州市城关区皋兰路 12 号（730070）
电话(传真) /
邮　　箱 /
网　　址 / http://sky. lanzhou. gov. cn
主要研究领域：
区域经济、社会发展问题

755 乐山师范学院老挝研究中心

所 属 类 别 / 高校智库
主 管 单 位 / 乐山师范学院
成 立 时 间 / 2016 年 4 月
第一负责人 / 邓健
合 作 机 构 /
办 公 地 址 / 四川省乐山市市中区滨河路 778 号（614004）
电话(传真) / 0833 - 2276382（0833 - 2276382）
邮　　箱 /
网　　址 / http://lwyjzx. lsnu. edu. cn/index. htm
主要研究领域：
老挝经济发展；中老经济合作

756 乐山师范学院乐山市廉政研究中心

所 属 类 别 / 高校智库
主 管 单 位 / 乐山师范学院
成 立 时 间 /
第一负责人 / 陈范华
合 作 机 构 /
办 公 地 址 / 四川省乐山市市中区滨河路 778 号（614004）
电话(传真) /
邮　　箱 /
网　　址 / http://lzyjzx. lsnu. edu. cn/index. htm
主要研究领域：
廉政研究

757 乐山师范学院四川基层公共文化服务研究中心
Sichuan Grassroots Public Cultural Service Research Center

所属类别／合作智库
主管单位／乐山师范学院
成立时间／2014 年 7 月
第一负责人／
合作机构／乐山师范学院、乐山市文化广电新闻出版局
办公地址／四川省乐山市市中区滨河路 778 号四川基层公共文化服务研究中心（614004）
电话（传真）／0833－2277396
邮　　箱／
网　　址／
主要研究领域：
四川省基层公共文化服务

758 乐山师范学院四川旅游发展研究中心

所属类别／高校智库
主管单位／乐山师范学院
成立时间／
第一负责人／郭剑英
合作机构／
办公地址／四川省乐山市市中区滨河路 778 号（614000）
电话（传真）／0833－2271010
邮　　箱／
网　　址／http://lyfz.lsnu.edu.cn/index.htm
主要研究领域：
旅游科学

759 乐山师范学院四川特殊教育发展研究中心
Sichuan Special Education Development Research Center, Leshan Normal University

所属类别／高校智库
主管单位／乐山师范学院
成立时间／2014 年 7 月
第一负责人／汪红烨
合作机构／
办公地址／四川省乐山市市中区滨河路 778 号（614004）
电话（传真）／0833－2277955
邮　　箱／
网　　址／http://tjfzyjzx.lsnu.edu.cn/index.htm
主要研究领域：特殊儿童权益与社会支持系统；教康整合；特殊教育教师教育；残疾人高等教育

760 联合国教科文组织国际工程教育中心
International Centre for Engineering Education under the Auspices of UNESCO

所属类别/合作智库
主管单位/清华大学
成立时间/2015 年 11 月
第一负责人/吴启迪
合作机构/中国工程院
办公地址/北京市海淀区清华大学文南楼 4 层（100084）
电话(传真)/010 - 62783326（010 - 62782667）
邮　　箱/icee@ tsinghua. edu. cn
网　　址/http://www. icee - unesco. org/unesco
主要研究领域：
工程教育

761 辽宁大学金融研究中心
Center for Financial Studies Liaoning University

所属类别/高校智库
主管单位/辽宁大学
成立时间/2007 年 5 月
第一负责人/曲昭光
合作机构/
办公地址/辽宁省沈阳市沈北新区道义南大街 58 号辽宁大学蒲河校区则行楼 4 层（110136）
电话(传真)/024 - 62602979（024 - 62602979）
邮　　箱/cfslnumail@ 126. com
网　　址/
主要研究领域：
区域金融理论和应用；金融改革和地方经济社会发展

762 辽宁大学人口研究所
Liaoning University Population research institute

所属类别/合作智库—中外合作
主管单位/辽宁大学
成立时间/1983 年
第一负责人/穆怀中
合作机构/辽宁大学、联合国人口基金
办公地址/辽宁省沈阳市沈北新区道义南大街 58 号（110136）
电话(传真)/024 - 62602247（024 - 62602247）
邮　　箱/ldrkyjs2046@ 163. com
网　　址/http://rkyjs. lnu. edu. cn
主要研究领域：
资源型城市可持续发展；社会保障；人口与就业

763 辽宁大学日本研究所
Liaoning University Institute of Japan Studies, Liaoning University

所 属 类 别／高校智库
主 管 单 位／辽宁大学
成 立 时 间／1971 年
第一负责人／王铁军
合 作 机 构／
办 公 地 址／辽宁省沈阳市皇姑区崇山中路 66 号（110036）
电话(传真)／
邮　　箱／
网　　址／http://rbyjs.lnu.edu.cn
主要研究领域:
日本经济体制；中日经济关系；日本官僚制度；中日关系

764 辽宁大学亚洲研究中心
The Asia Research Centre of Liaoning University

所 属 类 别／高校智库
主 管 单 位／辽宁大学
成 立 时 间／
第一负责人／
合 作 机 构／
办 公 地 址／辽宁省沈阳市沈北新区道义南大街 58 号（110036）
电话(传真)／024－62602345
邮　　箱／
网　　址／http://arc.lnu.edu.cn
主要研究领域:
亚洲政治、经济、文化、历史、宗教、哲学、政策、制度等

765 辽宁大学中国特色社会主义研究中心
Liaoning University Chinese Characteristic Socialism Research Center

所 属 类 别／高校智库
主 管 单 位／辽宁大学
成 立 时 间／1994 年 6 月
第一负责人／周浩波
合 作 机 构／
办 公 地 址／辽宁省沈阳市皇姑区崇山中路 66 号（110036）
电话(传真)／024－62205265
邮　　箱／dyzx@lnu.edu.cn
网　　址／http://shzyyjzx.lnu.edu.cn
主要研究领域:
中国特色社会主义

766 辽宁大学转型国家经济政治研究中心
Research Center for the Economies and Politics of Transitional Countries, Liaoning University

所属类别 / 高校智库
主管单位 / 辽宁大学
成立时间 / 1973 年
第一负责人 / 刘洪钟
合作机构 /
办公地址 / 辽宁省沈阳市沈北新区道义南大街 58 号（110136）
电话(传真) / 024 - 62602446（024 - 62602447）
邮　　箱 / rceptc@ lnu. edu. cn
网　　址 / http://rceptc. lnu. edu. cn
主要研究领域:
俄罗斯、东欧等转型国家经济、政治问题

767 辽宁对外经贸学院大连会展经济研究中心
Dalian MICE Economy Research Center, Liaoning University of International Business and Economics

所属类别 / 高校智库
主管单位 / 辽宁对外经贸学院
成立时间 / 2014 年
第一负责人 / 高欣
合作机构 /
办公地址 / 辽宁省大连市旅顺经济开发区顺乐街 33 号（116052）
电话(传真) /
邮　　箱 /
网　　址 / http://219. 216. 224. 100/hzjj
主要研究领域:
会展产业政策；发展规划；战略布局；会展产业结构调整与升级

768 辽宁对外经贸学院大数据研究院

所属类别 / 高校智库
主管单位 / 辽宁对外经贸学院
成立时间 / 2019 年 3 月
第一负责人 / 陈广山
合作机构 /
办公地址 / 辽宁省大连市旅顺经济开发区顺乐街 33 号主楼 4002 室（116052）
电话(传真) / 0411 - 86208803
邮　　箱 / 378884030@ qq. com
网　　址 / http://219. 216. 224. 100/xxglyxxxtyjs
主要研究领域:
应用理论；技术应用；教育科学

769 辽宁对外经贸学院高等教育研究院

所 属 类 别 / 高校智库
主 管 单 位 / 辽宁对外经贸学院
成 立 时 间 / 2004 年 5 月
第一负责人 / 崔丽英
合 作 机 构 /
办 公 地 址 / 辽宁省大连市旅顺经济开发区顺乐街 33 号 (116052)
电话(传真) / 0411 - 86208813
邮　　箱 / gaojiaoyanjiu@ luibe. edu. cn
网　　址 / http://219. 216. 224. 100/gjyjs
主要研究领域:
高校战略与规划; 高等教育理论与实践; 高等教育政策与法规; 应用型高校学科建设; 高等教育质量评价

770 辽宁对外经贸学院国际经济与贸易研究院

Academy for International Trade & Economics of Liaoning University of International Business and Economics

所 属 类 别 / 高校智库
主 管 单 位 / 辽宁对外经贸学院
成 立 时 间 /
第一负责人 / 张颖
合 作 机 构 /
办 公 地 址 / 辽宁省大连市旅顺经济开发区顺乐街 33 号 (116052)
电话(传真) / 0411 - 86208813
邮　　箱 / guomaosuo2017@ 163. com
网　　址 / http://219. 216. 224. 100/gjmy
主要研究领域:
国际服务贸易; 国际经济; 中国对外贸易; 跨境电子商务

771 辽宁对外经贸学院老龄科学研究院

所 属 类 别 / 高校智库
主 管 单 位 / 辽宁对外经贸学院
成 立 时 间 / 2010 年 10 月
第一负责人 / 阎永胜
合 作 机 构 /
办 公 地 址 / 辽宁省大连市旅顺经济开发区顺乐街 33 号主楼 6006 室 (116052)
电话(传真) / 0411 - 86208203
邮　　箱 / yanyongshengdalian@ 126. com
网　　址 / http://219. 216. 224. 100/gwfl
主要研究领域:
老年福利学; 社会福祉国际比较; 养老机构管理; 老年服务人才

772　辽宁对外经贸学院辽宁省民办高等教育可持续发展研究基地

所 属 类 别 / 高校智库
主 管 单 位 / 辽宁对外经贸学院
成 立 时 间 /
第一负责人 / 吕红军
合 作 机 构 /
办 公 地 址 / 辽宁省大连市旅顺经济开发区顺乐街 33 号（116052）
电话(传真) / 0411 - 86208813
邮　　箱 / heluibe@ 163. com
网　　址 / http://219. 216. 224. 100/gaojiao2
主要研究领域:
高等教育

773　辽宁对外经贸学院区域经济合作与发展研究院
Research Center for Regional Economic Development, Liaoning University of International Business and Economics

所 属 类 别 / 高校智库
主 管 单 位 / 辽宁对外经贸学院
成 立 时 间 / 2014 年 12 月
第一负责人 / 常虹
合 作 机 构 /
办 公 地 址 / 辽宁省大连市旅顺经济开发区顺乐街 33 号（116052）
电话(传真) /
邮　　箱 /
网　　址 / http://219. 216. 224. 100/qwjj
主要研究领域:
区域经贸发展;“互联网 +” 外贸; 金融创新与发展; 地区金融服务与应用

774　辽宁对外经贸学院区域旅游研究中心
Research Center for Regional Tourism, Liaoning University of International Business and Economics

所 属 类 别 / 高校智库
主 管 单 位 / 辽宁对外经贸学院
成 立 时 间 / 2012 年 11 月
第一负责人 / 王恒
合 作 机 构 /
办 公 地 址 / 辽宁省大连市旅顺经济开发区顺乐街 33 号（116052）
电话(传真) /
邮　　箱 /
网　　址 / http://219. 216. 224. 100/lv
主要研究领域:
区域旅游开发; 区域旅游管理

775 辽宁对外经贸学院区域物流协同发展研究中心

所 属 类 别 / 高校智库
主 管 单 位 / 辽宁对外经贸学院
成 立 时 间 / 2017 年 12 月
第一负责人 / 王智泓
合 作 机 构 /
办 公 地 址 / 辽宁省大连市旅顺经济开发区顺乐街 33 号 (116052)
电话(传真) / 0411 - 86208803
邮　　箱 /
网　　址 / http://219.216.224.100/qywl
主要研究领域:
区域物流; 区域电商

776 辽宁对外经贸学院日本语言与文化研究中心

所 属 类 别 / 高校智库
主 管 单 位 / 辽宁对外经贸学院
成 立 时 间 / 2012 年 7 月
第一负责人 / 吕汝泉
合 作 机 构 /
办 公 地 址 / 辽宁省大连市旅顺经济开发区顺乐街 33 号 (116052)
电话(传真) /
邮　　箱 /
网　　址 / http://219.216.224.100/wy
主要研究领域:
日本语言; 日本文学; 日本社会; 日本经济; 日本企业管理

777 辽宁社会科学院
Liaoning Academy of Social Sciences

所 属 类 别 / 科研院所智库
主 管 单 位 / 辽宁省政府
成 立 时 间 / 1977 年
第一负责人 / 李万军
合 作 机 构 /
办 公 地 址 / 辽宁省沈阳市皇姑区泰山路 86 号 (110031)
电话(传真) / 024 - 86806061
邮　　箱 / lassorg@163.com
网　　址 / http://www.lass.net.cn
主要研究领域:
东北亚问题; 农村发展; 低碳发展; 边疆史地; 城市发展; 产业经济与 WTO; 人力资源

778 辽宁省人民政府参事室

所 属 类 别 / 党政智库—省/区/市政府所属
主 管 单 位 / 辽宁省政府
成 立 时 间 /
第一负责人 / 徐岩
合 作 机 构 /
办 公 地 址 / 辽宁省沈阳市皇姑区北陵大街 45 - 9 号（110032）
电话(传真) /
邮　　箱 /
网　　址 /
主要研究领域:
辽宁省发展战略

779 辽宁省社会科学界联合会
Liaoning Provincial Federation Social Science Circles

所 属 类 别 / 社会智库—社会团体
主 管 单 位 / 中共辽宁省委
成 立 时 间 / 1978 年
第一负责人 / 石坚
合 作 机 构 /
办 公 地 址 / 辽宁省沈阳市和平区和平南大街 45 号（110006）
电话(传真) / 024 - 23264268
邮　　箱 /
网　　址 / http://www. lnskl. org. cn
主要研究领域:
社会主义物质文明、精神文明

780 辽宁师范大学澳大利亚研究中心
Centre for Australian Studies at Liaoning Normal University

所 属 类 别 / 高校智库
主 管 单 位 / 辽宁师范大学
成 立 时 间 / 2010 年 9 月
第一负责人 / 冷慧
合 作 机 构 /
办 公 地 址 / 辽宁省大连市沙河口区黄河路 850 号（116038）
电话(传真) / 0411 - 82159071
邮　　箱 / caslnnu@ gmail. com
网　　址 /
主要研究领域:
澳大利亚问题

781 辽宁中医药大学高等中医药教育研究及评价中心
Higher TCM Education Research and Assessment Center, Liaoning University of Traditional Chinese Medicine

所 属 类 别 / 高校智库
主 管 单 位 / 辽宁中医药大学
成 立 时 间 /
第一负责人 / 贾连群
合 作 机 构 /
办 公 地 址 / 辽宁省大连市双 D 港生命 1 路 77 号（116600）
电话(传真) /
邮　　箱 /
网　　址 /
主要研究领域：
中医药教育教学研究与评价

782 瞭望智库（新华社大数据智库云平台）
Liaowang Institute

所 属 类 别 / 社会智库—企业
主 管 单 位 /
成 立 时 间 /
第一负责人 / 王建军
合 作 机 构 /
办 公 地 址 / 北京市西城区宣武门外大街甲 1 号环球财讯中心（100052）
电话(传真) / 010 – 63158885
邮　　箱 / lwinst@ lwinst. com
网　　址 / http://www. lwinst. com
主要研究领域：
国情国策；区域发展；行业运行

783 零点有数
Dataway

所 属 类 别 / 社会智库—企业
主 管 单 位 /
成 立 时 间 / 1992 年
第一负责人 / 袁岳
合 作 机 构 /
办 公 地 址 / 北京市朝阳区酒仙桥中路 24 号院 1 号楼 878 东区 8 层（100015）
电话(传真) / 010 – 53896000（010 – 53896001）
邮　　箱 /
网　　址 / http://www. horizon – china. com
主要研究领域：
专业调研；策略咨询；互动营销；公共呼叫；跨国投资；主题地产全案服务

784 洛阳师范学院河南省公共文化研究中心
Henan Research Center for Public Culture, Luoyang Normal University

所 属 类 别 / 高校智库
主 管 单 位 / 洛阳师范学院
成 立 时 间 / 2016 年 1 月
第一负责人 / 时明德
合 作 机 构 /
办 公 地 址 / 河南省洛阳市洛龙区龙门大道 71 号 (471023)
电话(传真) / 0379 - 68618586
邮　　箱 / hnsggwhyjzx@ 163. com
网　　址 / http://sites. lynu. edu. cn/ggwhyjzx
主要研究领域:
公共文化

785 洛阳师范学院意大利研究中心
International and Regional Research Center of the Ministry of Education Italian Research Center, Luoyang Normal University

所 属 类 别 / 高校智库
主 管 单 位 / 洛阳师范学院
成 立 时 间 /
第一负责人 /
合 作 机 构 /
办 公 地 址 / 河南省洛阳市洛龙区龙门大道 71 号 (471023)
电话(传真) /
邮　　箱 / lnuitaliancenter@ 163. com
网　　址 / http://sites. lynu. edu. cn/italy
主要研究领域:
意大利问题

786 绵阳师范学院生态安全与保护四川省重点实验室

所 属 类 别 / 高校智库
主 管 单 位 / 绵阳师范学院
成 立 时 间 / 2011 年 6 月
第一负责人 / 董鸣
合 作 机 构 /
办 公 地 址 / 四川省绵阳市高新区绵兴西路 (621006)
电话(传真) / 0816 - 2579941 (0816 - 2579941)
邮　　箱 / mszxst@ 163. com
网　　址 / http://zdsys. mnu. cn/index. htm
主要研究领域:
生态安全风险评价；受损生态系统恢复重建；野生动植物保护与资源可持续利用

787 绵阳师范学院四川县域经济发展研究中心

Research Center of Sichuan County Economic Development, Mianyang Techers' College

所 属 类 别 / 高校智库
主 管 单 位 / 绵阳师范学院
成 立 时 间 / 2014 年
第一负责人 / 许小君
合 作 机 构 /
办 公 地 址 / 四川省绵阳市高新区绵兴西路 166 号，绵阳师范学院磨家校区（621006）
电话（传真）/ 0816 - 2578463
邮　　箱 / scxyjjyjzx@ 163. com
网　　址 / http://xyjj. mnu. cn/default
主要研究领域：
四川县域经济发展

788 民政部国家减灾中心（民政部卫星减灾应用中心）

National Disaster Reduction Center of China

所 属 类 别 / 党政智库—国务院组成部门所属
主 管 单 位 / 民政部
成 立 时 间 / 2002 年 4 月
第一负责人 / 庞陈敏
合 作 机 构 /
办 公 地 址 / 北京市朝阳区百子湾广百东路 6 号院（100124）
电话（传真）/ 010 - 52811312（010 - 52811300）
邮　　箱 / webmaster@ ndrcc. gov. cn
网　　址 /
主要研究领域：减灾救灾数据信息；灾害及风险评估；空间科技应用；科学技术与政策法规；减灾救灾重大工程规划；减灾救灾公共政策；灾后心理干预

789 民政部一零一研究所

所 属 类 别 / 党政智库—国务院组成部门所属
主 管 单 位 / 民政部
成 立 时 间 / 1989 年
第一负责人 / 刘锋
合 作 机 构 /
办 公 地 址 / 北京市丰台区南四环西路 188 号 10 区 33 号楼（100070）
电话（传真）/ 010 - 63706758 - 6269
邮　　箱 /
网　　址 / http://101. mca. gov. cn
主要研究领域：殡葬科学技术与基础理论；殡葬建筑；殡葬行业技术标准；殡葬行业环境监测、评价与治理；殡葬政策；殡葬的文化、人文、历史等

790 民政部政策研究中心

所 属 类 别 / 党政智库—国务院组成部门所属
主 管 单 位 / 民政部
成 立 时 间 / 1998 年
第一负责人 / 王杰秀
合 作 机 构 /
办 公 地 址 / 北京市东城区北河沿大街 147 号 (100721)
电话(传真) / 010 - 58123114
邮　　箱 / 634569064@ qq. com
网　　址 / http://zyzx. mca. gov. cn
主要研究领域:
民政政策; 民政理论

791 闽江学院海西财政与金融发展研究中心
Research Center for Fiscal and Financial Development in Haixi, Minjiang University

所 属 类 别 / 高校智库
主 管 单 位 / 闽江学院
成 立 时 间 / 2010 年 3 月
第一负责人 / 潘长风
合 作 机 构 /
办 公 地 址 / 福建省福州市闽侯县溪源路 200 号闽江学院福万楼 (350108)
电话(传真) / 13799996518
邮　　箱 / hxczyjr@ 163. com
网　　址 / http://haixi. mju. edu. cn
主要研究领域:
福建自贸实验区财税、金融、产业等

792 闽江学院互联网创新研究院
Internet Innovation Research Center, IIRC

所 属 类 别 / 合作智库
主 管 单 位 / 闽江学院
成 立 时 间 / 2014 年 9 月
第一负责人 / 林中燕
合 作 机 构 / 福建省电子商务促进会、福建纵腾网络有限公司
办 公 地 址 / 福建省福州市闽侯县上街镇溪源宫路 200 号闽江学院新华都商学院 A212 (350108)
电话(传真) /
邮　　箱 /
网　　址 / http://iirc. mju. edu. cn
主要研究领域:
智慧健康; 农村电商; 跨境电商

793 闽江学院新媒体传播研究中心

所 属 类 别 / 高校智库
主 管 单 位 / 闽江学院
成 立 时 间 /
第一负责人 / 刘建萍
合 作 机 构 /
办 公 地 址 / 福建省福州市闽侯县上街镇溪源宫路 200 号 (350108)
电话(传真) /
邮　　箱 /
网　　址 / http://nmcc. mju. edu. cn
主要研究领域:
新媒体传播

794 牡丹江师范学院澳大利亚研究中心
Australian Studies Centres

所 属 类 别 / 高校智库
主 管 单 位 / 牡丹江师范学院
成 立 时 间 / 2009 年 8 月
第一负责人 / 梁中贤
合 作 机 构 /
办 公 地 址 / 黑龙江省牡丹江市爱民区文化街 191 号 (157011)
电话(传真) /
邮　　箱 /
网　　址 / http://asc. mdjnu. cn
主要研究领域:
澳大利亚问题

795 南昌大学江西发展研究院
Institute of Jiangxi Development Studies, Nanchang University

所 属 类 别 / 高校智库
主 管 单 位 / 南昌大学
成 立 时 间 / 2015 年 5 月
第一负责人 / 黄细嘉
合 作 机 构 /
办 公 地 址 / 江西省南昌市红谷滩新区学府大道 999 号南昌大学前湖校区行政楼 3 楼 (330031)
电话(传真) / 0791 - 83968323 (0791 - 83968322)
邮　　箱 / jxfzck@ ncu. edu. cn
网　　址 / http://jxfzyjy. ncu. edu. cn
主要研究领域:
江西经济; 江西社会发展

796 南昌大学立法研究中心

所 属 类 别 / 高校智库
主 管 单 位 / 南昌大学
成 立 时 间 / 2005 年 4 月
第一负责人 / 程样国
合 作 机 构 /
办 公 地 址 / 江西省南昌市青山湖区南京东路 235 号（330047）
电话(传真) / 0791 - 88304101
邮　　箱 /
网　　址 / http://lfzx. ncu. edu. cn
主要研究领域:
宪法；行政法；经济法；刑事法

797 南昌大学旅游研究院
The Center for Tourism Planning and Research of Nanchang University

所 属 类 别 / 高校智库
主 管 单 位 / 南昌大学
成 立 时 间 / 2006 年
第一负责人 / 黄细嘉
合 作 机 构 /
办 公 地 址 / 江西省南昌市新建区红谷滩新区学府大道 999 号（330031）
电话(传真) / 0791 - 3969461 （0791 - 3969463）
邮　　箱 /
网　　址 / http://lygh. ncu. edu. cn
主要研究领域:
旅游规划；旅游策划；旅游咨询

798 南昌大学中国中部经济社会发展研究中心
The Research Center of Central China Economic Development, Nanchang University

所 属 类 别 / 高校智库
主 管 单 位 / 南昌大学
成 立 时 间 / 2000 年 6 月
第一负责人 / 况学文
合 作 机 构 /
办 公 地 址 /
电话(传真) /
邮　　箱 /
网　　址 / http://ccced. ncu. edu. cn
主要研究领域:
中部区域经济协调发展；中部产业经济发展；中部自然资源开发与生态经济；中部人力资源开发与新经济

799 南方国际人才研究院
South China Global Talent Institute

所 属 类 别 / 社会智库—民办非企业
主 管 单 位 /
成 立 时 间 / 2012 年 12 月
第一负责人 / 王辉耀
合 作 机 构 /
办 公 地 址 / 广东省广州市番禺区大学城外环东路 232 号国家数字家庭基地 B 栋 214 室（510006）
电话(传真) / 020 - 31056144（020 - 31056144）
邮　　箱 / info@ scgti. org
网　　址 / http://www. scgti. org
主要研究领域:
人才；科技；教育；可持续发展

800 南华大学核能经济与管理研究中心

所 属 类 别 / 高校智库
主 管 单 位 / 南华大学
成 立 时 间 / 2001 年
第一负责人 / 钱积惠
合 作 机 构 /
办 公 地 址 / 湖南省衡阳市常胜西路 28 号（421001）
电话(传真) / 0734 - 8160588（0734 - 8282768）
邮　　箱 / uscnec@ 126. com
网　　址 /
主要研究领域:
核能经济与管理

801 南华大学马克思主义发展哲学理论与实践研究基地

所 属 类 别 / 高校智库
主 管 单 位 / 南华大学
成 立 时 间 /
第一负责人 /
合 作 机 构 /
办 公 地 址 / 湖南省衡阳市常胜西路 28 号（421001）
电话(传真) /
邮　　箱 /
网　　址 /
主要研究领域:
马克思主义理论；党的理论研究与宣传；中国特色社会主义理论

802 南疆教育发展研究中心

所属类别／合作智库
主管单位／喀什大学、新疆维吾尔自治区教育厅
成立时间／2011 年 11 月 23 日
第一负责人／刘健
合作机构／喀什大学、新疆维吾尔自治区教育厅
办公地址／新疆喀什市学院路 29 号喀什大学体育馆二楼（844008）
电话(传真)／0998—2893063
邮　　箱／kssynjzx@163.com
网　　址／http://njjy.ksu.edu.cn
主要研究领域：
南疆双语教育；南疆思想政治教育；南疆教师教育

803 南京财经大学创新创业研究院

所属类别／合作智库
主管单位／南京财经大学
成立时间／2019 年 10 月
第一负责人／张晓东
合作机构／南京财经大学、南京敏捷智库
办公地址／江苏省南京市仙林大学城文苑路 3 号（210023）
电话(传真)／
邮　　箱／
网　　址／
主要研究领域：
创新创业；数字化与智能化；认知科学与数据管理；未来管理；中国特色管理

804 南京财经大学江苏创新发展研究院（中国区域金融研究中心、比较法研究所）

所属类别／高校智库
主管单位／南京财经大学
成立时间／
第一负责人／
合作机构／
办公地址／江苏省南京市仙林大学城文苑路 3 号（210023）
电话(传真)／
邮　　箱／
网　　址／
主要研究领域：
中国区域金融研究；比较法

805 南京财经大学江苏现代财税治理协同创新中心
Jiangsu Modern Finance and Taxation Collaborative Innovation Center

所 属 类 别 / 合作智库
主 管 单 位 / 南京财经大学
成 立 时 间 / 2017 年 9 月
第一负责人 /
合 作 机 构 / 江苏省财政厅、南京财经大学
办 公 地 址 / 江苏省南京市鼓楼区南京财经大学科技园 B 座 1303 室（210000）
电话(传真) / 025 - 86436558
邮　　箱 / cszlxtcxzx@ 163. com
网　　址 / http://jscsxt. nufe. edu. cn
主要研究领域:
财税治理

806 南京财经大学江苏现代服务业研究院
Jiangsu Institute of Modern Service Industry

所 属 类 别 / 合作智库
主 管 单 位 / 南京财经大学
成 立 时 间 / 2010 年 12 月
第一负责人 / 宣烨
合 作 机 构 / 江苏省发展和改革委员会
办 公 地 址 / 江苏省南京市鼓楼区铁路北街 128 号南京财经大学综合楼 410 室（210046）
电话(传真) / 025 - 83494746（025 - 83494746）
邮　　箱 / jsfuwu@ qq. com
网　　址 / http://msi. nufe. edu. cn
主要研究领域:
现代服务业

807 南京财经大学粮食经济研究院
Institute of Food Economics of NJUE

所 属 类 别 / 高校智库
主 管 单 位 / 南京财经大学
成 立 时 间 / 1988 年
第一负责人 / 曹宝明
合 作 机 构 /
办 公 地 址 / 江苏省南京市仙林大学城文苑路 3 号（210023）
电话(传真) / 025 - 83495889
邮　　箱 / cbm20000@ 163. com
网　　址 / http://ife. nufe. edu. cn
主要研究领域:
粮食流通；粮食安全；世界粮食

808 南京大学长江三角洲经济社会发展研究中心
Yangtze River Delta Economics and Social Development Research Center of Nanjing University

所 属 类 别 / 合作智库—政校合作
主 管 单 位 / 教育部、南京大学
成 立 时 间 / 2001 年 2 月
第一负责人 / 洪银兴
合 作 机 构 / 教育部、南京大学
办 公 地 址 / 江苏省南京市鼓楼区汉口路 22 号安中（EMBA）大楼（210093）
电话(传真) / 025 - 83595262（025 - 83595262）
邮　　箱 / JiangNing@ nju. edu. cn
网　　址 / https://cyd. nju. edu. cn
主要研究领域：长江三角洲地区经济运行、经济发展；城市发展；区域与产业发展

809 南京大学城市科学研究院（江苏省城市现代化研究基地）
Institute of Urban Science, Nanjing University

所 属 类 别 / 高校智库
主 管 单 位 / 南京大学
成 立 时 间 / 2010 年 11 月
第一负责人 / 张鸿雁
合 作 机 构 /
办 公 地 址 / 江苏省南京市栖霞区仙林大道 163 号南京大学仙林校区河仁楼（210046）
电话(传真) / 025 - 83595711（025 - 83594343）
邮　　箱 / ius@ nju. edu. cn
网　　址 / http://ius. nju. edu. cn
主要研究领域：城市现代化与城市战略；城乡一体化规划；区域经济发展；城市文化资本整合与城市整体形象策划；城市产业升级和空间布局；城市应急系统

810 南京大学非洲研究所
Center of African Studies, Nanjing University

所 属 类 别 / 高校智库
主 管 单 位 / 南京大学
成 立 时 间 / 1964 年
第一负责人 / 张振克
合 作 机 构 /
办 公 地 址 / 江苏省南京市栖霞区仙林大道 163 号（210023）
电话(传真) / 025 - 83686694（025 - 89682686）
邮　　箱 / casnju@ 126. com
网　　址 /
主要研究领域：非洲自然资源与环境；非洲城市化；非洲农业和乡村发展；非洲港口与区域发展；非洲海洋渔业；非洲地缘战略与中非关系；非洲科技教育合作

811 南京大学公共事务与地方治理研究中心

所 属 类 别 / 高校智库
主 管 单 位 / 南京大学
成 立 时 间 / 1997 年
第一负责人 / 肖唐镖
合 作 机 构 /
办 公 地 址 / 江苏省南京市栖霞区仙林大道 163 号南京大学政府管理学院圣达楼（210023）
电话（传真）/ 025 - 89680610
邮　　箱 /
网　　址 /
主要研究领域：政府管理与政治过程；地方治理与公共政策；社会稳定与危机管理；社会组织与民众行为

812 南京大学教育研究院
Institute of Education, Nanjing University

所 属 类 别 / 高校智库
主 管 单 位 / 南京大学
成 立 时 间 / 2009 年 11 月
第一负责人 / 王运来
合 作 机 构 /
办 公 地 址 / 江苏省南京市鼓楼区汉口路 22 号逸夫管理科学楼 19 层（210093）
电话（传真）/ 025 - 83686057（025 - 83686057）
邮　　箱 / wangyunl@ nju. edu. cn
网　　址 / http://edu. nju. edu. cn
主要研究领域：
高等教育；网络化学习与管理；课程与教学；教育经济与管理；教育政策与领导

813 南京大学能源科学研究院
Institute of Energy Sciences, Nanjing University

所 属 类 别 / 高校智库
主 管 单 位 / 南京大学
成 立 时 间 / 2010 年 10 月
第一负责人 / 贾承造
合 作 机 构 /
办 公 地 址 / 江苏省南京市鼓楼区汉口路 22 号南京大学科学楼 1205 室（210093）
电话（传真）/ 025 - 83686309
邮　　箱 /
网　　址 /
主要研究领域：全球能源经济战略宏观评价与预测；能源与经济发展战略的制约关系和规律；能源开发应用过程的制约因素与管理模式

814 南京大学人文地理研究中心
Research Center of Human Geography, Nanjing University

所 属 类 别 / 高校智库
主 管 单 位 / 南京大学
成 立 时 间 / 2012 年
第一负责人 / 黄贤金
合 作 机 构 /
办 公 地 址 / 江苏省南京市鼓楼区汉口路 22 号南京大学鼓楼校区东北楼 211 室 (210093)
电话(传真) / 025 - 83595964
邮　　箱 / huge_nju@163.com
网　　址 /
主要研究领域: 城镇化战略; 区域可持续开发与土地集约利用; 城市规划; 旅游与文化地理

815 南京大学社会风险与公共危机管理研究中心
Center for Societal Risk and Public Crisis Management Studies, Nanjing University

所 属 类 别 / 高校智库
主 管 单 位 / 南京大学
成 立 时 间 / 2005 年
第一负责人 / 童星
办 公 地 址 / 江苏省南京市鼓楼区汉口路 22 号南京大学政府管理学院 (圣达楼) (210093)
电话(传真) / 025 - 89681072 (025 - 89681072)
邮　　箱 / gggl@nju.edu.cn
网　　址 / http://rdc.nju.edu.cn
主要研究领域: 风险、灾害与危机管理

816 南京大学中国南海研究协同创新中心
Collaborative Innovation Center of South China Sea Studies

所 属 类 别 / 合作智库—研校合作
主 管 单 位 / 南京大学
成 立 时 间 / 2012 年 7 月
第一负责人 / 王颖
合 作 机 构 / 中国南海研究院、海军指挥学院、中国人民大学、四川大学、中国科学院、中国社会科学院、南京大学等
办 公 地 址 / 江苏省南京市鼓楼区汉口路 22 号逸天管理科学楼三楼 (210093)
电话(传真) / 025 - 83597212 (025 - 83597212)
邮　　箱 / nanhai@nju.edu.cn
网　　址 / http://nanhai.nju.edu.cn
主要研究领域: 南海法律与国际关系; 南海周边国家政治经济社会; 南海舆情监测; 南海问题政策与战略

817 南京大学中国语言战略研究中心
The China Centre for Linguistic and Strategic Studies

所 属 类 别 / 合作智库—政校合作
主 管 单 位 / 南京大学
成 立 时 间 / 2007 年 11 月
第一负责人 / 徐大明
合 作 机 构 / 教育部语言文字信息管理司、南京大学
办 公 地 址 / 江苏省南京市鼓楼区汉口路 22 号南京大学（210093）
电话(传真) / 025 - 83685891
邮　　箱 / xudaming@ nju. edu. cn
网　　址 /
主要研究领域：
语言规划；语言战略；语言社区规划；语言交换；城市语言；语言经济；语言就业；语言消费

818 南京大学中国直销研究中心
China Direct Selling Research Center, Nanjing University

所 属 类 别 / 高校智库
主 管 单 位 / 南京大学
成 立 时 间 / 2006 年 2 月
第一负责人 / 赵曙明
合 作 机 构 /
办 公 地 址 / 江苏省南京市鼓楼区南京大学商学院安中楼 1308 室（210093）
电话(传真) / 025 - 83592590（025 - 83621151）
邮　　箱 / yrdong@ nju. edu. cn
网　　址 /
主要研究领域：
直销监管与环境建设；直销企业转型与管理；直销企业国际化经营

819 南京大学中国智库研究与评价中心
China Think Tank Research and Evaluation Center at Nanjing University

所 属 类 别 / 智库研究与评价机构，高校智库
主 管 单 位 / 南京大学
成 立 时 间 / 2015 年 5 月
第一负责人 / 李刚
合 作 机 构 /
办 公 地 址 / 江苏省南京市栖霞区仙林大道 163 号南京大学仙林校区信息管理学院潘琦楼 A403（210023）
电话(传真) / 025 - 89681397
邮　　箱 / ctti@ nju. edu. cn
网　　址 / http://cttrec. nju. edu. cn
主要研究领域：智库数据收集处理；智库机构评价管理；智库研究；智库人才培养

820 南京航空航天大学国家文化产业研究中心

National Research Center for Cultural Industry in Nanjing University of Aeronautics and Astronautics

所 属 类 别 / 高校智库
主 管 单 位 / 南京航空航天大学
成 立 时 间 / 2005 年
第一负责人 / 王立庆
合 作 机 构 /
办 公 地 址 / 江苏省南京市白下区御道街 29 号南京航空航天大学大学生活动中心西 207 室（210016）
电话(传真) / 025－52075805
邮　　箱 /
网　　址 /
主要研究领域：文化产业

821 南京航空航天大学科学发展研究中心

所 属 类 别 / 高校智库
主 管 单 位 / 南京航空航天大学
成 立 时 间 / 2008 年 11 月
第一负责人 / 刘思峰
合 作 机 构 /
办 公 地 址 / 江苏省南京市白下区御道街 29 号南京航空航天大学（210016）
电话(传真) /
邮　　箱 /
网　　址 /
主要研究领域：
区域经济发展；公共政策评价

822 南京航空航天大学能源软科学研究中心

Research Center for Soft Energy Science, Nanjing University of Aeronautics and Astronautics

所 属 类 别 / 高校智库
主 管 单 位 / 南京航空航天大学
成 立 时 间 / 2008 年
第一负责人 / 周德群
合 作 机 构 /
办 公 地 址 / 江苏省南京市江宁区将军大道 29 号南京航空航天大学经济与管理学院 4 楼 0420 室（211100）
电话(传真) / 025－84893751－813（025－84892700）
邮　　箱 / zdl@ nuaa. edu. cn
网　　址 / http://www. china3e. org. cn
主要研究领域：能源效率与节能；碳排放与低碳发展；新能源产业规划与政策；能源企业管理

823 南京理工大学江苏人才发展战略研究院

Jiangsu Academy of Talent Development, Nanjing University of Science & Technology

所属类别 / 高校智库
主管单位 / 南京理工大学
成立时间 / 2015 年 5 月
第一负责人 / 廖文和
合作机构 /
办公地址 / 江苏省南京市玄武区孝陵卫 200 号（210014）
电话(传真) / 025 - 84303966
邮　　箱 / jatd2015@163.com
网　　址 / http://www.jatd.org
主要研究领域：
人才合作交流；人才培养；人才引进；人才制度；人才信息

824 南京林业大学城市规划与设计研究所

所属类别 / 高校智库
主管单位 / 南京林业大学风景园林学院
成立时间 / 2008 年
第一负责人 / 唐晓岚
合作机构 /
办公地址 / 江苏省南京市龙蟠路 159 号（210037）
电话(传真) /
邮　　箱 /
网　　址 /
主要研究领域：
城镇规划方向；城市设计；城市景观生态规划

825 南京林业大学高等教育研究所

所属类别 / 高校智库
主管单位 / 南京林业大学
成立时间 / 1984 年 9 月
第一负责人 / 周统建
合作机构 /
办公地址 / 江苏省南京市龙蟠路 159 号（210037）
电话(传真) / 025 - 85427991（025 - 85427991）
邮　　箱 / lyl@njfu.edu.cn
网　　址 / http://gjs.njfu.edu.cn
主要研究领域：
高等教育

826 南京林业大学国家林业和草原局林产品经济贸易研究中心

Research Center for Economics and Trade in Forest Products of the State Forestry Administration, Nanjing Forestry University

所 属 类 别 / 高校智库
主 管 单 位 / 南京林业大学
成 立 时 间 / 1992 年 11 月
第一负责人 / 聂影
合 作 机 构 /
办 公 地 址 / 江苏省南京市龙蟠路 159 号南京林业大学逸夫科技楼（210037）
电话（传真）/ 025 - 85427378
邮　　箱 / sinofortrade@ sina. com
网　　址 / http://www. rcetfor. org
主要研究领域：
林产品贸易与市场

827 南京林业大学环境与发展系统工程研究所

所 属 类 别 / 高校智库
主 管 单 位 / 南京林业大学经济管理学院
成 立 时 间 / 2008 年 11 月
第一负责人 / 张智光
合 作 机 构 /
办 公 地 址 / 江苏省南京市龙蟠路 159 号（210037）
电话（传真）/
邮　　箱 /
网　　址 /
主要研究领域：
环境与发展系统工程

828 南京林业大学江苏环境与发展研究中心

所 属 类 别 / 高校智库
主 管 单 位 / 南京林业大学
成 立 时 间 / 2010 年 4 月
第一负责人 / 王国聘
合 作 机 构 /
办 公 地 址 / 江苏省南京市龙蟠路 159 号南京林业大学（210037）
电话（传真）/
邮　　箱 /
网　　址 /
主要研究领域：
生态伦理与环境保护

829 南京林业大学交通运输研究所

所 属 类 别 / 高校智库
主 管 单 位 / 南京林业大学汽车与交通工程学院
成 立 时 间 /
第一负责人 / 马健霄
合 作 机 构 /
办 公 地 址 / 江苏省南京市龙蟠路 159 号南京林业大学（210037）
电话(传真) / 025 - 85427652（025 - 85428646）
邮　　箱 /
网　　址 /
主要研究领域：
交通规划；交通设计；交通安全；交通调查；内河水运

830 南京林业大学马克思主义理论研究中心

所 属 类 别 / 高校智库
主 管 单 位 / 南京林业大学马克思主义学院
成 立 时 间 /
第一负责人 /
合 作 机 构 /
办 公 地 址 / 江苏省南京市龙蟠路 159 号（210037）
电话(传真) /
邮　　箱 /
网　　址 /
主要研究领域：
马克思主义理论

831 南京林业大学企业管理与发展研究中心

所 属 类 别 / 高校智库
主 管 单 位 / 南京林业大学经济管理学院
成 立 时 间 /
第一负责人 /
合 作 机 构 /
办 公 地 址 / 江苏省南京市龙蟠路 159 号南京林业大学 11 号楼 C 区 219 室
电话(传真) /
邮　　箱 /
网　　址 /
主要研究领域：
企业管理与发展

832 南京林业大学森林保护研究所

所 属 类 别 / 高校智库
主 管 单 位 / 南京林业大学
成 立 时 间 /
第一负责人 / 叶建仁
合 作 机 构 /
办 公 地 址 / 江苏省南京市龙蟠路 159 号（210037）
电话(传真) /
邮　　箱 /
网　　址 /
主要研究领域:
森林保护

833 南京林业大学森林旅游研究中心

所 属 类 别 / 高校智库
主 管 单 位 / 南京林业大学
成 立 时 间 /
第一负责人 / 程南洋
合 作 机 构 /
办 公 地 址 / 江苏省南京市龙蟠路 159 号（210037）
电话(传真) /
邮　　箱 /
网　　址 /
主要研究领域:
森林旅游

834 南京林业大学社会生态研究所

所 属 类 别 / 高校智库
主 管 单 位 / 南京林业大学
成 立 时 间 / 2008 年 11 月
第一负责人 / 王国聘
合 作 机 构 /
办 公 地 址 / 江苏省南京市龙蟠路 159 号（210037）
电话(传真) /
邮　　箱 /
网　　址 /
主要研究领域:
社会生态

835 南京林业大学生态经济研究中心

所属类别／高校智库
主管单位／南京林业大学经济管理学院
成立时间／2008年9月
第一负责人／温作民
合作机构／
办公地址／江苏省南京市龙蟠路159号南京林业大学11号楼C区128室（210037）
电话(传真)／025－85427806
邮　　箱／zmwen@njfu.edu.cn
网　　址／https://rcee.njfu.edu.cn/index.asp
主要研究领域：
生态经济

836 南京林业大学现代物流研究中心

所属类别／高校智库
主管单位／南京林业大学经济管理学院
成立时间／
第一负责人／聂影
合作机构／
办公地址／江苏省南京市龙蟠路159号南京林业大学11号楼C区219室（210037）
电话(传真)／
邮　　箱／
网　　址／
主要研究领域：
现代物流

837 南京林业大学新农村规划建设研究所

所属类别／高校智库
主管单位／南京林业大学风景园林学院
成立时间／2007年
第一负责人／丁彦芬
合作机构／
办公地址／江苏省南京市龙蟠路159号南京林业大学风景园林学院逸夫楼6层（210037）
电话(传真)／
邮　　箱／
网　　址／
主要研究领域：
新农村规划建设

N

838 南京林业大学沿海资源与环境研发中心

所 属 类 别 / 高校智库
主 管 单 位 / 南京林业大学
成 立 时 间 /
第一负责人 /
合 作 机 构 /
办 公 地 址 / 江苏省南京市龙蟠路 159 号（210037）
电话(传真) /
邮　　箱 /
网　　址 /
主要研究领域:
沿海资源与环境研发

839 南京农业大学高等教育研究所
Institute for Higher Education of Nanjing Agricultural University

所 属 类 别 / 高校智库
主 管 单 位 / 南京农业大学
成 立 时 间 / 2002 年 3 月
第一负责人 / 刘志民
合 作 机 构 /
办 公 地 址 / 江苏省南京市玄武区卫岗 1 号（210095）
电话(传真) / 025－84399705（025－84396653）
邮　　箱 / gjs@ njau. edu. cn
网　　址 / http://gjs. njau. edu. cn
主要研究领域:
教育经济；教育管理；教育政策；教育发展战略与规划；高等农业教育

840 南京农业大学区域农业研究所
Institute of Regional Agriculture Research, Nanjing Agricultural University

所 属 类 别 / 高校智库
主 管 单 位 / 南京农业大学
成 立 时 间 / 1996 年
第一负责人 / 朱利群
合 作 机 构 /
办 公 地 址 / 江苏省南京市玄武区卫岗 1 号南京农业大学逸夫楼 8051 室（210095）
电话(传真) / 025－84396365（025－84396365）
邮　　箱 / zhulq@ njau. edu. cn
网　　址 / http://agriplan. njau. edu. cn
主要研究领域:
区域农业发展战略与产业规划；农业开发项目和园区规划设计；农村生态环境保护与综合整治规划；农村发展政策与法规体系；区域生态经济社会系统规划

841 南京审计大学城市发展研究院
Institute of Urban Development, Nanjing Audit University, IUD

所 属 类 别 / 高校智库
主 管 单 位 / 南京审计大学
成 立 时 间 / 2016 年
第一负责人 / 宋顺锋
合 作 机 构 /
办 公 地 址 / 江苏省南京市浦口区江浦街道雨山西路 86 号 (211815)
电话(传真) /
邮　　箱 /
网　　址 / http://iud.nau.edu.cn
主要研究领域:
应用经济学

842 南京审计大学国家监察与审计法治研究院

所 属 类 别 / 高校智库
主 管 单 位 / 南京审计大学
成 立 时 间 / 2017 年 4 月
第一负责人 / 秦前红
合 作 机 构 /
办 公 地 址 / 江苏省南京市浦口区江浦街道雨山西路 86 号 (211815)
电话(传真) /
邮　　箱 /
网　　址 /
主要研究领域:
国家监察与审计法治

843 南京审计大学国家治理与国家审计研究院

所 属 类 别 / 高校智库
主 管 单 位 / 南京审计大学
成 立 时 间 / 2016 年 8 月
第一负责人 / 金太军
合 作 机 构 /
办 公 地 址 / 江苏省南京市浦口区江浦街道雨山西路 86 号 (211815)
电话(传真) / 025 - 58312064
邮　　箱 / honors.college@outlook.com
网　　址 /
主要研究领域:
国家治理与国家审计

844 南京审计大学经济与金融研究院
Institute of Economics and Finance, IEF, Nanjing Audit University

所 属 类 别 / 高校智库
主 管 单 位 / 南京审计大学
成 立 时 间 / 2015 年 10 月
第一负责人 / 孙杨
合 作 机 构 /
办 公 地 址 / 江苏省南京市浦口区江浦街道雨山西路 86 号（211815）
电话(传真) / 025 - 58318726
邮　　箱 / ief@ nau. edu. cn
网　　址 / http://ief. nau. edu. cn
主要研究领域:
经济与金融

845 南京审计大学社会与经济研究院
the Institute for Social and Economic Research (ISER), Nanjing Audit University

所 属 类 别 / 高校智库
主 管 单 位 / 南京审计大学
成 立 时 间 / 2016 年 9 月
第一负责人 / 孙宁
合 作 机 构 /
办 公 地 址 / 江苏省南京市浦口区江浦街道雨山西路 86 号（211815）
电话(传真) / 025 - 58312807
邮　　箱 /
网　　址 / http://iser. nau. edu. cn
主要研究领域:
社会与经济

846 南京审计大学审计与评估研究院
College of Auditing and Evaluation (Honors College), Nanjing Audit University

所 属 类 别 / 高校智库
主 管 单 位 / 南京审计大学
成 立 时 间 / 2015 年 10 月
第一负责人 / 朱乔
合 作 机 构 /
办 公 地 址 / 江苏省南京市浦口区江浦街道雨山西路 86 号南京审计大学位育楼 4 楼（211815）
电话(传真) /
邮　　箱 / honors. college@ outlook. com
网　　址 / http://cae. nau. edu. cn
主要研究领域:
审计与评估

847 南京审计大学自然资源与环境审计研究院

所 属 类 别 / 高校智库
主 管 单 位 / 南京审计大学
成 立 时 间 /
第一负责人 /
合 作 机 构 /
办 公 地 址 / 江苏省南京市浦口区江浦街道雨山西路 86 号（211815）
电话(传真) /
邮　　箱 /
网　　址 /
主要研究领域:
自然资源与环境审计

848 南京师范大学道德教育研究所
Research Institute of Moral Education, Nanjing Normal University

所 属 类 别 / 高校智库
主 管 单 位 / 南京师范大学
成 立 时 间 / 1994 年 8 月
第一负责人 / 冯建军
合 作 机 构 /
办 公 地 址 / 江苏省南京市宁海路 122 号田家炳楼南楼 7 楼（210024）
电话(传真) / 025 - 83598304（025 - 83721092）
邮　　箱 /
网　　址 / http://dys.njnu.edu.cn
主要研究领域:
德育基础理论；德育课程发展；传统文化与道德教育；品德心理；公民教育

849 南京师范大学教育科学研究院

所 属 类 别 / 高校智库
主 管 单 位 / 南京师范大学
成 立 时 间 / 1983 年 7 月
第一负责人 / 顾建军
合 作 机 构 /
办 公 地 址 / 江苏省南京市鼓楼区宁海路 122 号（210024）
电话(传真) / 13584033360
邮　　箱 / peaceman001@163.com
网　　址 /
主要研究领域:
学前教育；高等教育；心理教育咨询；教育政策与管理；基础教育课程改革；实验学校；美育；德育；教育社会学

N

850 南京师范大学中国法治现代化研究院
Institute for Chinese Legal Modernizations Studies, Nanjing Normal University

所 属 类 别 / 高校智库
主 管 单 位 / 南京师范大学
成 立 时 间 / 2015 年 10 月
第一负责人 / 公丕祥
合 作 机 构 /
办 公 地 址 / 江苏省南京市宁海路 122 号（210097）
电话(传真) / 025 - 85891703
邮　　箱 / huweijia@ sina. com
网　　址 /
主要研究领域:
法治发展战略；立法发展；法治政府；司法改革与现代化；法治社会；区域法治发展；中国法治国情调查

851 南京市社会科学院（南京市社会科学界联合会）

所 属 类 别 / 科研院所智库
主 管 单 位 / 南京市政府
成 立 时 间 / 1997 年 1 月
第一负责人 / 曹劲松
合 作 机 构 /
办 公 地 址 / 江苏省南京市成贤街 43 号（210018）
电话(传真) /
邮　　箱 /
网　　址 / http://ass. nanjing. gov. cn
主要研究领域:
经济发展；社会发展；文化与历史

852 南京特殊教育师范学院特殊教育研究中心

所 属 类 别 / 高校智库
主 管 单 位 / 南京特殊教育师范学院
成 立 时 间 /
第一负责人 / 史万兵
合 作 机 构 /
办 公 地 址 / 江苏省南京市栖霞区神农路 1 号（210038）
电话(传真) /
邮　　箱 / wanbingshi@ 163. com
网　　址 / http://ise. njts. edu. cn
主要研究领域:
特殊教育

853 南京特殊教育师范学院中国残疾人数据科学研究院

Chinese Academy of Disability Data Sciences, Nanjing Normal University of Special Education

所 属 类 别 / 高校智库
主 管 单 位 / 南京特殊教育师范学院
成 立 时 间 / 2016 年 3 月
第一负责人 / 凌迎兵
合 作 机 构 /
办 公 地 址 / 江苏省南京市栖霞区神农路 1 号（210038）
电话(传真) / 025 - 89668166
邮　　箱 / cadd@ njts. edu. cn
网　　址 / https://cadd. njts. edu. cn
主要研究领域:
残疾人发展统计体系；残疾人发展评价；残疾人公共服务和残疾人发展政策

854 南京信息工程大学江北新区发展研究院

所 属 类 别 / 合作智库—多方合作
主 管 单 位 / 南京信息工程大学
成 立 时 间 / 2017 年 8 月
第一负责人 /
合 作 机 构 / 南京信息工程大学、南京市江北新区管理委员会、中国社科院工业经济研究所、江苏省人民政府研究室、中共江苏省委《群众》杂志社、南京市社会科学院
办 公 地 址 / 江苏省南京市浦口区宁六路 219 号（210044）
电话(传真) / 025 - 58731173
邮　　箱 / nuist_ thinktank@ 163. com
网　　址 /
主要研究领域: 南京江北新区战略发展

855 南京信息工程大学气候变化与公共政策研究院

Institute of Climate Change and Public Policy, Nanjing University of Information Science & Technology

所 属 类 别 / 高校智库
主 管 单 位 / 南京信息工程大学
成 立 时 间 / 2007 年 3 月
第一负责人 / 史军
合 作 机 构 /
办 公 地 址 / 江苏省南京市浦口区宁六路 219 号气候变化与公共政策研究院（210044）
电话(传真) /
邮　　箱 / climatepolicy@ 126. com
网　　址 /
主要研究领域: 应对气候变化的政策理论基础；气象灾害危机管理；应对气候变化的法律机制；适应气候变化的低碳发展模式

856 南京信息工程大学气候与环境治理研究院
Research Institute of Climatic and Environmental Governance (RICEG), Nanjing University of Information Science & Technology

所属类别 / 高校智库
主管单位 / 南京信息工程大学
成立时间 /
第一负责人 / 陈俊
合作机构 /
办公地址 / 江苏省南京市浦口区宁六路 219 号（210044）
电话（传真）/ 025 - 58731224
邮　　箱 / nuist_thinktank@163.com
网　　址 / https://riceg.nuist.edu.cn
主要研究领域：
气候变化；环境污染；雾霾治理；低碳发展；气候政策和生态文化

857 南京信息工程大学气候与应用前沿研究院
Institute for Climate and Application Research, Nanjing University of Information Science & Technology

所属类别 / 高校智库
主管单位 / 南京信息工程大学
成立时间 /
第一负责人 / 罗京佳
合作机构 /
办公地址 / 江苏省南京市宁六路 219 号（210044）
电话（传真）/ 025 - 58731101（025 - 57792648）
邮　　箱 / icar@nuist.edu.cn
网　　址 / https://icar.nuist.edu.cn
主要研究领域：
气候与应用

858 南京信息工程大学生态气象环境研究中心

所属类别 / 高校智库
主管单位 / 南京信息工程大学
成立时间 / 2013 年 1 月
第一负责人 / 陈吉泉
合作机构 /
办公地址 / 江苏省南京市浦口区宁六路 219 号（210044）
电话（传真）/
邮　　箱 /
网　　址 /
主要研究领域：
生态气象环境

859　南京信息工程大学生态研究院

所 属 类 别 / 高校智库
主 管 单 位 / 南京信息工程大学
成 立 时 间 / 2019 年 4 月
第一负责人 / 周国逸
合 作 机 构 /
办 公 地 址 / 江苏省南京市浦口区宁六路 219 号（210044）
电话(传真) /
邮　　箱 /
网　　址 /
主要研究领域:
生态研究

860　南京医科大学人口健康与社会发展研究中心

Center for Population Health and Social Development Studies, Nanjing Medical University

所 属 类 别 / 高校智库
主 管 单 位 / 南京医科大学
成 立 时 间 / 2015 年 6 月
第一负责人 / 冷明祥
合 作 机 构 /
办 公 地 址 / 江苏省南京市鼓楼区汉中路 140 号（210029）
电话(传真) / 025 - 86862613
邮　　箱 / rcphsd@ njmu. edu. cn
网　　址 / http://rcphsd. njmu. edu. cn
主要研究领域:
人口健康与社会发展

861　南京医科大学卫生政策研究中心

Center for Health Polity Studies, Nanjing Medical University

所 属 类 别 / 高校智库
主 管 单 位 / 南京医科大学
成 立 时 间 / 2011 年 11 月
第一负责人 / 陈家应
合 作 机 构 /
办 公 地 址 / 江苏省南京市江宁区龙眠大道 101 号（211166）
电话(传真) /
邮　　箱 /
网　　址 /
主要研究领域:
卫生政策

862 南京邮电大学大数据研究院

所 属 类 别 / 高校智库
主 管 单 位 / 南京邮电大学
成 立 时 间 /
第一负责人 / 李涛
合 作 机 构 /
办 公 地 址 / 江苏省南京市亚东新城文苑路 9 号、6 号学科楼（210023）
电话（传真）/
邮　　箱 /
网　　址 /
主要研究领域：
大数据

863 南京邮电大学大运河研究中心

所 属 类 别 / 高校智库
主 管 单 位 / 南京邮电大学
成 立 时 间 / 2018 年 1 月
第一负责人 / 王佳宁
合 作 机 构 /
办 公 地 址 / 江苏省南京市栖霞区文苑路 9 号（210023）
电话（传真）/
邮　　箱 /
网　　址 /
主要研究领域：
国家大运河文化带发展战略

864 南京邮电大学国际电联经济和政策问题研究中心

所 属 类 别 / 高校智库
主 管 单 位 / 南京邮电大学管理学院
成 立 时 间 /
第一负责人 /
合 作 机 构 /
办 公 地 址 / 江苏省南京市新模范马路 66 号（210003）
电话（传真）/
邮　　箱 /
网　　址 /
主要研究领域：
国际问题与产业政策

865 南京邮电大学江苏农业信息化研究基地

所 属 类 别 / 高校智库
主 管 单 位 / 南京邮电大学
成 立 时 间 / 2011 年 11 月
第一负责人 /
合 作 机 构 /
办 公 地 址 / 江苏省南京市亚东新城区文苑路 9 号 (210023)
电话(传真) / 025 - 85866926
邮　　箱 /
网　　址 /
主要研究领域:
农业信息化

866 南京邮电大学江苏省统计科学研究基地

所 属 类 别 / 高校智库
主 管 单 位 / 南京邮电大学
成 立 时 间 / 2010 年 6 月
第一负责人 / 凌迎兵
合 作 机 构 /
办 公 地 址 / 江苏省南京市亚东新城区文苑路 9 号 (210023)
电话(传真) /
邮　　箱 /
网　　址 / http://ssrb. njupt. edu. cn
主要研究领域:
大数据; 经济与金融统计、人口统计

867 南京邮电大学江苏智慧养老研究院

所 属 类 别 / 合作智库
主 管 单 位 / 南京邮电大学
成 立 时 间 / 2017 年 7 月
第一负责人 /
合 作 机 构 / 南京邮电大学、烽火祥云科技有限公司
办 公 地 址 / 江苏省南京市栖霞区文苑路 9 号 (210023)
电话(传真) /
邮　　箱 /
网　　址 /
主要研究领域:
智慧养老

868 南京邮电大学教育历史与文化研究中心

所 属 类 别 / 高校智库
主 管 单 位 / 南京邮电大学社会与人口学院
成 立 时 间 /
第一负责人 /
合 作 机 构 /
办 公 地 址 / 江苏省南京市栖霞区文苑路 9 号仙林文科楼 206 室（210003）
电话(传真) /
邮 箱 /
网 址 /
主要研究领域:
教育历史与文化

869 南京邮电大学人口研究院

所 属 类 别 / 高校智库
主 管 单 位 / 南京邮电大学
成 立 时 间 / 2013 年 11 月
第一负责人 / 沙勇
合 作 机 构 /
办 公 地 址 / 江苏省南京市龙蟠路 177 号南京邮电大学锁金村校区教学楼 311 室（210042）
电话(传真) / 025 - 85483183
邮 箱 / rkyjy@ njupt. edu. cn
网 址 / http://ipr. njupt. edu. cn
主要研究领域:
人口老龄化；人口与城市；流动人口；脱贫攻坚民主监督

870 南京邮电大学人口与健康研究中心

所 属 类 别 / 高校智库
主 管 单 位 / 南京邮电大学社会与人口学院
成 立 时 间 /
第一负责人 /
合 作 机 构 /
办 公 地 址 / 江苏省南京市栖霞区文苑路 9 号仙林文科楼 206 室（210003）
电话(传真) /
邮 箱 /
网 址 /
主要研究领域:
人口与健康

871 南京邮电大学数字经济研究所

所属类别 / 合作智库
主管单位 / 南京邮电大学管理学院
成立时间 /
第一负责人 / 姚国章
合作机构 / 南京邮电大学经济学院
办公地址 / 江苏省南京市新模范马路 66 号南京邮电大学物联网国家大学科技园大楼 1502 - 02 (210003)
电话(传真) / 13951982945
邮　　箱 / yaogz@ njupt. edu. cn
网　　址 /
主要研究领域:
数字经济相关理论; 数字经济实现技术和发展模式; 数字货币; 金融科技和财务管理创新; 数字经济案例和数字经济教学资源开发

872 南京邮电大学网络话语研究中心

所属类别 / 高校智库
主管单位 / 南京邮电大学
成立时间 /
第一负责人 / 袁周敏
合作机构 /
办公地址 / 江苏省南京市新模范马路 66 号南京邮电大学 (210003)
电话(传真) /
邮　　箱 /
网　　址 /
主要研究领域:
网络话语

873 南京邮电大学物联网产业发展研究基地

所属类别 / 高校智库
主管单位 / 南京邮电大学
成立时间 / 2010 年
第一负责人 /
合作机构 /
办公地址 / 江苏省南京市新模范马路 66 号南京邮电大学物联网产业发展研究基地 (210003)
电话(传真) / 025 - 85866901
邮　　箱 / zhangyu@ njupt. edu. cn
网　　址 /
主要研究领域:
物联网产业发展

N

874 南京邮电大学现代供应链管理研究中心

所 属 类 别 / 高校智库
主 管 单 位 / 南京邮电大学管理学院
成 立 时 间 / 2017 年 3 月
第一负责人 / 张相斌
合 作 机 构 /
办 公 地 址 / 江苏省南京市新模范马路 66 号（210003）
电话(传真) /
邮　　箱 /
网　　址 /
主要研究领域：
电子商务；现代物流与供应链管理

875 南京邮电大学现代教育技术中心

所 属 类 别 / 高校智库
主 管 单 位 / 南京邮电大学
成 立 时 间 / 1999 年
第一负责人 / 魏建
合 作 机 构 /
办 公 地 址 / 江苏省南京市栖霞区文苑路 9 号南京邮电大学仙林校区教四 209 室（210003）
电话(传真) / 025 - 85866742
邮　　箱 /
网　　址 / http://metc. njupt. edu. cn
主要研究领域：
现代教育技术

876 南京邮电大学现代邮政研究院

所 属 类 别 / 合作智库
主 管 单 位 / 南京邮电大学
成 立 时 间 / 2016 年 10 月
第一负责人 / 孙知信
合 作 机 构 / 江苏省人民政府、国家邮政局
办 公 地 址 / 江苏省南京市新模范马路 66 号（210003）
电话(传真) /
邮　　箱 /
网　　址 /
主要研究领域：
现代邮政

877 南京邮电大学信息产业发展战略研究院
Institute of China ICT Development and Strategy, Nanjing University of Posts And Telecommunications

所 属 类 别 / 高校智库
主 管 单 位 / 南京邮电大学
成 立 时 间 /
第一负责人 / 黄卫东
合 作 机 构 /
办 公 地 址 / 江苏省南京市鼓楼区新模范马路 66 号南京邮电大学三牌楼校区图科楼 407 (210003)
电话(传真) / 025 - 85866798
邮　　箱 / njuptict@ 163. com
网　　址 / http://iids. njupt. edu. cn
主要研究领域：信息产业

878 南京邮电大学信息产业融合创新与应急管理研究中心

所 属 类 别 / 高校智库
主 管 单 位 / 南京邮电大学
成 立 时 间 / 2009 年
第一负责人 / 黄卫东
合 作 机 构 /
办 公 地 址 / 江苏省南京市鼓楼区新模范马路 66 号南京邮电大学三牌楼校区有线楼 308 室 (210003)
电话(传真) / 025 - 83535869
邮　　箱 / zhangyihan@ njupt. edu. cn
网　　址 / http://iiism. njupt. edu. cn
主要研究领域：信息产业链的延伸与创新；信息产业与传统产业的融合创新；信息产业推动的商业模式创新；舆情演化视域下的应急管理和竞争情报研究

879 南京中医药大学江苏省中药资源产业化过程协同创新中心
Jiangsu Collaborative Innovation Center of Chinese Medicinal Resources Industrialization, Nanjing University of Chinese Medicine

所 属 类 别 / 高校智库
主 管 单 位 / 南京中医药大学
成 立 时 间 / 2013 年 2 月
第一负责人 / 段金廒
办 公 地 址 / 江苏省南京市仙林大学城仙林大道 138 号 (210023)
电话(传真) /
网　　址 / http://zyzyxt2011. njucm. edu. cn
主要研究领域：中药资源调查、种质选育及药材生产加工；中药饮片加工生产过程与标准化；中药配伍应用及其安全性与有效性；中药制药过程关键技术与产品升级；中药资源产业化过程废弃物的资源化

880　南京中医药大学中医文化研究与传播协同创新中心

所 属 类 别 / 高校智库
主 管 单 位 / 南京中医药大学
成 立 时 间 /
第一负责人 / 王旭东
合 作 机 构 /
办 公 地 址 / 江苏省南京市仙林大学城仙林大道 138 号（210023）
电话(传真) /
邮　　箱 /
网　　址 /
主要研究领域:
中医文化研究与传播

881　南京中医药大学中医文化研究中心
The Research Center of Chinese Medicine Culture, Nanjing University of Chinese Medicine

所 属 类 别 / 高校智库
主 管 单 位 / 南京中医药大学
成 立 时 间 / 1994 年
第一负责人 / 张宗明
合 作 机 构 /
办 公 地 址 / 江苏省南京仙林大学城仙林大道 138 号（210023）
电话(传真) /
邮　　箱 /
网　　址 / https://zywh. njucm. edu. cn
主要研究领域:
中医文化

882　南开大学滨海开发研究院
Binhai Development Institute Nankai University

所 属 类 别 / 高校智库
主 管 单 位 / 南开大学
成 立 时 间 / 2008 年
第一负责人 / 刘刚
合 作 机 构 /
办 公 地 址 / 天津市南开区卫津路 94 号南开大学文科创新楼 B103 室（300071）
电话(传真) / 022 - 23505110（022 - 23505110）
邮　　箱 / peilei@ nankai. edu. cn
网　　址 /
主要研究领域:
高科技产业；滨海金融；生态环境；房地产法律；文化创意产业

883 南开大学当代中国问题研究院
The Institute of Issues in Contemporary China (IICC)

所 属 类 别 / 高校智库
主 管 单 位 / 南开大学哲学院
成 立 时 间 / 2011 年 6 月
第一负责人 / 龚克
合 作 机 构 /
办 公 地 址 / 天津市南开区卫津路 94 号南开大学文科创新楼 B209 室 (300071)
电话(传真) / 022 - 23508860
邮　　箱 / ddzgwt@ nankai. edu. cn
网　　址 /
主要研究领域:
当代中国的经济建设、政治建设、文化建设、社会建设、生态文明建设

884 南开大学妇女与发展研究中心

所 属 类 别 / 高校智库
主 管 单 位 / 南开大学
成 立 时 间 / 1994 年 6 月
第一负责人 / 乔以钢
合 作 机 构 /
办 公 地 址 / 天津市南开区卫津路 94 号南开大学文学院 (300071)
电话(传真) /
邮　　箱 /
网　　址 /
主要研究领域:
妇女与发展问题

885 南开大学国际经济研究所
Nankai Institute of International Economics, Nankai University

所 属 类 别 / 高校智库
主 管 单 位 / 南开大学
成 立 时 间 / 1987 年 11 月
第一负责人 / 蒋殿春
合 作 机 构 /
办 公 地 址 / 天津市南开区卫津路 94 号南开大学经济学院高层 12 层 (300071)
电话(传真) / 022 - 23508291 (022 - 23502437)
邮　　箱 /
网　　址 / http://nkiie. nankai. edu. cn
主要研究领域:
国际贸易; 国际投资与国际企业; 国际金融

886 南开大学环境与社会发展研究中心
College of Environmental Science and Engineering, Nankai University

所 属 类 别 / 高校智库
主 管 单 位 / 南开大学
成 立 时 间 / 1998 年
第一负责人 / 李慧明
合 作 机 构 /
办 公 地 址 / 天津市津南区海河教育园区同砚路 38 号 (300350)
电话(传真) / 022 - 23508807
邮　　箱 /
网　　址 /
主要研究领域:
环境科学; 环境工程; 环境管理与经济; 生态学; 安全科学与工程

887 南开大学经济与社会发展研究院 (京津冀协同发展研究院)
College of Economic and Social Development, Nankai University

所 属 类 别 / 高校智库
主 管 单 位 / 南开大学
成 立 时 间 / 1998 年
第一负责人 / 刘秉镰
合 作 机 构 /
办 公 地 址 / 天津市南开区卫津路 94 号南开大学文科创新楼 A303 室 (300071)
电话(传真) / 022 - 23503746 (022 - 23506871)
邮　　箱 / liubl@ nankai. edu. cn
网　　址 / http://esd. nankai. edu. cn
主要研究领域:
区域经济; 产业经济; 物流管理; 战略管理

888 南开大学跨国公司研究中心
Research Center On Multinational Corporations, Nankai University

所 属 类 别 / 高校智库
主 管 单 位 / 南开大学
成 立 时 间 / 1992 年 8 月
第一负责人 / 冼国明
合 作 机 构 /
办 公 地 址 / 天津市南开大学卫津路 94 号 (300071)
电话(传真) / 022 - 23508291 (022 - 23502437)
邮　　箱 / ctsnk@ nankai. edu. cn
网　　址 / http://cts. nankai. edu. cn/index. asp
主要研究领域:
跨国公司

889 南开大学欧洲研究中心
Center for European Studies, Nankai University

所 属 类 别 / 高校智库
主 管 单 位 / 南开大学
成 立 时 间 / 1997 年
第一负责人 / 佟家栋
合 作 机 构 /
办 公 地 址 / 天津市南开区卫津路 94 号南开大学经济学院 9 层（300071）
电话(传真) / 022－23501379（022－23503700 ）
邮　　箱 / nkiet@ nankai. edu. cn
网　　址 /
主要研究领域：
欧盟及其成员国的经济、政治、法律、文化、历史、管理、社会环境、教育等

890 南开大学人权研究中心
Center for the Study of Human Rights, Nankai University

所 属 类 别 / 高校智库
主 管 单 位 / 南开大学
成 立 时 间 / 2005 年 4 月
第一负责人 / 常健
合 作 机 构 /
办 公 地 址 / 天津市南开区卫津路 94 号南开大学文科创新楼（300071）
电话(传真) / 022－23501318（022－23501318）
邮　　箱 / humanrightsnku@ 163. com
网　　址 / https://humanrights. nankai. edu. cn
主要研究领域：
人权理论；人权政策；人权法律；拉丁美洲人权

891 南开大学日本研究院
Institute of Japan Studies, Nankai University

所 属 类 别 / 高校智库
主 管 单 位 / 南开大学
成 立 时 间 / 2003 年 4 月
第一负责人 / 刘岳兵
合 作 机 构 /
办 公 地 址 / 天津市南开区卫津路 94 号（300071）
电话(传真) / 022－23505186（022－23505753）
邮　　箱 / jyz@ nankai. edu. cn
网　　址 / http://www. riyan. nankai. edu. cn
主要研究领域：
日本经济；日本政治与外交；日本社会

892 南开大学现代旅游业发展省部共建协同创新中心

所 属 类 别 / 高校智库
主 管 单 位 / 南开大学、国家信息中心、中山大学
成 立 时 间 / 2020 年 9 月
第一负责人 / 石培华
合 作 机 构 /
办 公 地 址 / 天津市南开区卫津路 94 号（300071）
电话(传真) /
邮　　箱 /
网　　址 /
主要研究领域：
文化和旅游发展规划与政策；幸福健康现代旅游体系；红色旅游与红色文化

893 南开大学虚拟经济与管理研究中心

所 属 类 别 / 高校智库
主 管 单 位 / 南开大学
成 立 时 间 / 2000 年 10 月
第一负责人 / 刘晓欣
合 作 机 构 /
办 公 地 址 / 天津市南开区卫津路 94 号南开大学范孙楼 416 室（300071）
电话(传真) / 022 - 23501837
邮　　箱 /
网　　址 / https://xnjj.nankai.edu.cn
主要研究领域：
虚拟经济学；金融经济学；马克思主义经济学；产业经济学

894 南开大学亚太经济合作组织研究中心
APEC Study Center of Nankai University

所 属 类 别 / 合作智库—政校合作
主 管 单 位 / 教育部、南开大学
成 立 时 间 / 1995 年
第一负责人 / 刘晨阳
合 作 机 构 / 外交部、商务部
办 公 地 址 / 天津市南开区卫津路 94 号南开大学文科创新楼 B301 室（300071）
电话(传真) / 022 - 23501573（022 - 23500035）
邮　　箱 / apecnk@nankai.edu.cn
网　　址 / http://apec.nankai.edu.cn
主要研究领域：
亚太经济合作组织

895 南开大学战略环境评价研究中心
Strategic Environmental Assessment Research Centre, Nankai University

所属类别 / 合作智库—政校合作
主管单位 / 生态环境部部、南开大学
成立时间 / 2004 年
第一负责人 / 徐鹤
合作机构 / 生态环境部环境工程评估中心、南开大学环境科学与工程学院
办公地址 / 天津市津南区海河教育园区同砚路 38 号南开大学环境科学与工程学院 B311 室（300350）
电话(传真) / 022 - 23508348 （022 - 23508348）
邮　　箱 / seacenter@ nankai. edu. cn
网　　址 / http://env. nankai. edu. cn/sea/main. htm
主要研究领域:
规划环境；评价技术与政策；环境系统模拟；低碳与能源评价

896 南开大学政治经济学研究中心
Center for Studies of Political Economy

所属类别 / 合作智库
主管单位 / 南开大学
成立时间 / 2000 年 12 月
第一负责人 / 逄锦聚
合作机构 / 教育部
办公地址 / 天津市南开区卫津路 94 号南开大学经院大楼 8 层（300071）
电话(传真) / 022 - 23498822 （022 - 23503997）
邮　　箱 /
网　　址 / http://ces. nankai. edu. cn/main. htm
主要研究领域:
建设中国特色社会主义实践中提出的重大理论问题；社会主义经济理论

897 南开大学中国公司治理研究院

所属类别 / 高校智库
主管单位 / 南开大学
成立时间 / 1997 年 11 月
第一负责人 / 李维安
合作机构 /
办公地址 / 天津市南开区白堤路 285 号南开大学商学院 B901 室（300192）
电话(传真) / 022 - 23498746
邮　　箱 /
网　　址 /
主要研究领域:
公司治理

898 **南开大学中国特色社会主义经济建设协同创新中心**
Collaborative Innovation Center for China Economy

所 属 类 别 / 合作智库
主 管 单 位 / 南开大学
成 立 时 间 / 2012 年 9 月
第一负责人 / 逄锦聚
合 作 机 构 / 南京大学、中国人民大学、中国社会科学院、国家统计局、中国宏观经济研究院、外交部、证监会、银监会、保监会、商务部、国资委、国务院研究室，英国格拉斯哥大学、美国夏威夷大学等
办 公 地 址 / 天津市南开区卫津路 94 号南开大学经济学院方楼 301 室（300071）
电话(传真) / 022 - 23500335
邮　　箱 / cicce@ nankai. edu. cn
网　　址 / http://chinaeconomy. nankai. edu. cn
主要研究领域：经济发展；体制机制改革

899 **南开大学中国哲学社会科学管理创新研究中心**

所 属 类 别 / 高校智库
主 管 单 位 / 南开大学
成 立 时 间 / 2008 年
第一负责人 / 盛斌
合 作 机 构 /
办 公 地 址 / 天津市南开区卫津路 94 号（300071）
电话(传真) / 022 - 23500531
邮　　箱 /
网　　址 /
主要研究领域：国内外智库建设与运行；管理创新；高校研究机构评价；高校智库建设评价

900 **南宁市社会科学院**
Nanning Academy of Social Sciences

所 属 类 别 / 科研院所智库
主 管 单 位 / 中共南宁市委、南宁市人民政府
成 立 时 间 / 1998 年 5 月
第一负责人 / 胡建华
合 作 机 构 /
办 公 地 址 / 广西南宁市东宝路 3 号（530022）
电话(传真) / 0771 - 5530722
邮　　箱 /
网　　址 /
主要研究领域：南宁市社会科学研究规划；南宁市改革开放；南宁市经济社会发展重大理论问题和实践问题

901 南通大学江苏沿海沿江发展研究中心

所属类别/合作智库
主管单位/南通大学
成立时间/
第一负责人/
合作机构/南通大学、启东市人民政府
办公地址/江苏省南通市啬园路9号（226019）
电话(传真)/
邮　　箱/
网　　址/
主要研究领域：
沿江发展

902 南通大学南通廉政研究中心
Nantong Anti-corruption Research Center

所属类别/合作智库
主管单位/南通大学
成立时间/2007年4月
第一负责人/杨礼宾
合作机构/中共南通市纪委
办公地址/江苏省南通市啬园路9号（226019）
电话(传真)/0513-85012026（0513-85012026）
邮　　箱/lzwh@ntu.edu.cn
网　　址/https://lzwh.ntu.edu.cn
主要研究领域：
廉洁教育；党风廉政；廉政文化和廉洁政治与政府治理

903 南阳师范学院南阳发展战略研究院、河南省社科院南阳分院
Nanyang Normal University Nanyang Branch, Henan Academy of Social Sciences; Nanyang Development Strategic Research Institute

所属类别/高校智库
主管单位/南阳师范学院
成立时间/2013年
第一负责人/王铁红
合作机构/
办公地址/河南省南阳市卧龙区卧龙路1638号西区图书馆909室（473061）
电话(传真)/0377-63523206
邮　　箱/nyfzzlyjy@126.com
网　　址/http://www2.nynu.edu.cn/xzbm/fzhzhlyjy
主要研究领域：
南阳发展战略

904 内江师范学院沱江流域高质量发展研究中心
Tuojiang River Basin High – Quality Development Research Center, Neijiang Normal University

所 属 类 别 / 高校智库
主 管 单 位 / 内江师范学院
成 立 时 间 / 2018 年 12 月
第一负责人 / 李益彬
合 作 机 构 /
办 公 地 址 / 四川省内江市东兴区东桐路 1124 号（641112）
电话(传真) /
邮　　箱 /
网　　址 / http://tjgzl. njtc. edu. cn
主要研究领域:
流域绿色发展；流域协调发展

905 内蒙古大学城市与房地产研究中心
Inner Mongolia University City and the Real Estate Research Center, Inner Mongolia University

所 属 类 别 / 高校智库
主 管 单 位 / 内蒙古大学
成 立 时 间 / 2011 年 5 月
第一负责人 / 梁荣
合 作 机 构 /
办 公 地 址 / 内蒙古呼和浩特市赛罕区大学西街 235 号（010021）
电话(传真) / 0471 – 4993528（0471 – 4993528）
邮　　箱 / imure2011@ 163. com
网　　址 /
主要研究领域:
内蒙古城市；内蒙古房地产

906 内蒙古大学内蒙古地区经济可持续发展研究基地
Inner Mongolia Sustainable Economic Development Research Base, Inner Mongolia University

所 属 类 别 / 高校智库
主 管 单 位 / 内蒙古大学
成 立 时 间 / 2010 年 5 月
第一负责人 / 郭晓川
合 作 机 构 /
办 公 地 址 / 内蒙古呼和浩特市赛罕区大学西街 235 号内蒙古大学经济管理学院 215 室（010021）
电话(传真) / 0471 – 4995586（0471 – 4969071）
邮　　箱 /
网　　址 / http://nmgjjkcx. imu. edu. cn
主要研究领域:
产业经济可持续发展；环境与资源价值评估；区域经济发展

907 内蒙古自治区发展研究中心（内蒙古自治区经济信息中心）

所 属 类 别 / 党政智库—省/区/市政府所属
主 管 单 位 / 内蒙古自治区发展和改革委员会
成 立 时 间 /
第一负责人 / 杨臣华
合 作 机 构 /
办 公 地 址 / 内蒙古呼和浩特市赛罕区敕勒川大街发展大厦 C 座（010098）
电话(传真) / 0471－6659186（0471－6964588）
邮　　箱 /
网　　址 /
主要研究领域：
内蒙古自治区经济和社会发展热点、难点问题；经济结构调整；科技创新；保障和改善民生；深化改革

908 内蒙古自治区社会科学界联合会
Federation of Social Sciences Inner Mongolia Autonomous Region

所 属 类 别 / 社会智库—社会团体
主 管 单 位 / 中共内蒙古自治区委
成 立 时 间 / 1979 年 5 月
第一负责人 / 高慧广
合 作 机 构 /
办 公 地 址 / 内蒙古呼和浩特市新城区利民街 25 号（010010）
电话(传真) / 0471－4964520（0471－3966727）
邮　　箱 / nmgskl@ sina. com
网　　址 / http://www. nmgskl. com/sklweb/index. php
主要研究领域：
内蒙古经济、社会发展

909 内蒙古自治区社会科学院
Inner Mongolia Academy of Social Sciences

所 属 类 别 / 科研院所智库
主 管 单 位 / 内蒙古自治区政府
成 立 时 间 / 1979 年 11 月
第一负责人 / 李春林
合 作 机 构 /
办 公 地 址 / 内蒙古呼和浩特市赛罕区大学东街 129 号（010010）
电话(传真) / 0471－4912276（0471－4954831）
邮　　箱 / nmgshkxy@ yahoo. com. cn
网　　址 / http://www. nmgass. com. cn
主要研究领域：草原文化；内蒙古国情调研；中国草原文化；内蒙古草原文化；内蒙古舆情；牧区发展；俄罗斯与蒙古国；公共管理；城市发展

910 内蒙古自治区政府研究室（内蒙古自治区人民政府参事室）

所属类别 / 党政智库—省/区/市政府所属
主管单位 / 内蒙古自治区政府
成立时间 / 2000 年
第一负责人 / 田德志
合作机构 /
办公地址 / 内蒙古呼和浩特市敕勒川大街 1 号党政办公大楼（010098）
电话(传真) / 0471－4824598
邮　　箱 /
网　　址 /
主要研究领域:
内蒙古发展战略

911 宁波大学东海研究院
NingBo University DongHai Institute

所属类别 / 合作智库
主管单位 / 宁波大学
成立时间 / 2017 年 11 月
第一负责人 / 沈满洪
合作机构 / 中国海洋学会
办公地址 / 浙江省宁波市江北区风华路 818 号宁波大学黄庆苗楼 2 楼（315020）
电话(传真) / 0574－87609463
邮　　箱 / dhi@ nbu. edu. cn
网　　址 / http://dhi. nbu. edu. cn
主要研究领域:
东海经济发展；海洋环境保护；海洋法治建设

912 宁波市社会科学院（宁波市社会科学界联合会）

所属类别 / 科研院所智库
主管单位 / 中共宁波市委
成立时间 / 2000 年 12 月（1986 年 12 月）
第一负责人 / 徐方
合作机构 /
办公地址 / 浙江省宁波市鄞州区宁东路 835 号 B 座 5 层（行政中心 9 号楼）
电话(传真) / 0574－89183636（0574－89183636）
邮　　箱 / nbsheke@ 163. com
网　　址 / http://www. nbssa. org. cn
主要研究领域:
宁波经济、社会发展应用对策；具有地方特色的基础理论

913 宁夏大学回族研究院
Institute of Hui Studies, Ningxia University

所 属 类 别 / 高校智库
主 管 单 位 / 宁夏大学
成 立 时 间 / 2004 年
第一负责人 / 梁向明
合 作 机 构 /
办 公 地 址 / 宁夏银川市西夏区文萃北街 217 号 (750021)
电话(传真) / 0951 - 2061593
邮　　箱 / nd_hzyjy@163.com
网　　址 / http://hui.nxu.edu.cn
主要研究领域:
民族政策

914 宁夏大学西部发展研究中心
Western Development Research Center of Ningxia University

所 属 类 别 / 高校智库
主 管 单 位 / 宁夏大学
成 立 时 间 / 2002 年 1 月
第一负责人 / 黄立军
合 作 机 构 /
办 公 地 址 / 宁夏银川市西夏区贺兰山西路 489 号 (750021)
电话(传真) / 0951 - 2061661
邮　　箱 / xbyjzx@nxu.edu.cn
网　　址 / https://xbfzyjzx.nxu.edu.cn
主要研究领域:
宁夏内陆开放型经济试验区建设; 宁夏中南部地区生态移民; 沿黄城市带与区域城镇化; 生态恢复与重建的管理体制及运行机制; 西部特色优势产业发展

915 宁夏大学中国阿拉伯国家研究院 (宁夏大学阿拉伯研究中心)

所 属 类 别 / 高校智库
主 管 单 位 / 宁夏大学
成 立 时 间 / 2016 年 5 月
第一负责人 / 李绍先
合 作 机 构 /
办 公 地 址 / 宁夏银川市西夏区贺兰山西路 489 号 (750021)
电话(传真) / 0951 - 2061747 (0951 - 2061747)
邮　　箱 /
网　　址 / http://anri.nxu.edu.cn
主要研究领域:
阿拉伯国家政治、经济、文化政策等

916　宁夏回族自治区人民政府参事室

所 属 类 别 / 党政智库—省/区/市政府所属
主 管 单 位 / 宁夏回族自治区政府
成 立 时 间 /
第一负责人 / 丁劲松（专职副主任）
合 作 机 构 /
办 公 地 址 / 宁夏银川市兴庆区解放西街 217 号（750001）
电话(传真) / 0951 - 5035342
邮　　箱 /
网　　址 /
主要研究领域：
宁夏发展战略

917　宁夏回族自治区人民政府研究室（宁夏回族自治区发展研究中心）

Development Research Center of Ningxia Hui Autonomous Region People's Government

所 属 类 别 / 党政智库—省/区/市政府所属
主 管 单 位 / 宁夏回族自治区政府
成 立 时 间 / 1983 年 8 月
第一负责人 / 张正清
合 作 机 构 /
办 公 地 址 / 宁夏银川市兴庆区解放西街 361 号西配楼（750031）
电话(传真) / 0951 - 6363327
邮　　箱 / hanzhitai@ 163. com
网　　址 / http://www. nxyjs. com
主要研究领域：
信息产业；自治区城市经济改革和发展；农村经济；自治区财政、金融、税务、商贸、科技、教育、文化、卫生调查等

918　宁夏社会科学界联合会

Ningxia Federation of Social Sciences

所 属 类 别 / 社会智库—社会团体
主 管 单 位 / 中共宁夏回族自治区党委
成 立 时 间 / 1981 年 11 月
第一负责人 / 杨占武
合 作 机 构 /
办 公 地 址 / 宁夏银川市金凤区上海西路 127 号（750011）
电话(传真) / 0951 - 5559344（0951 - 5559349）
邮　　箱 / nxsklkpc@ 163. com
网　　址 / http://www. nxskl. net
主要研究领域：中国及宁夏经济、政治、文化、社会、生态文明建设重大理论与现实问题

919 宁夏社会科学院
Ningxia Academy of Social Sciences

所 属 类 别 / 科研院所智库
主 管 单 位 / 宁夏回族自治区政府
成 立 时 间 / 1964 年 1 月
第一负责人 / 刘雨
合 作 机 构 /
办 公 地 址 / 宁夏银川市西夏区朔方路新风巷 8 号（750021）
电话(传真) / 0951 - 5686211
邮　　箱 / nxskywz@126.com
网　　址 / http://www.nxass.com
主要研究领域：
社会保障；户籍管理；内陆开放型经济；农村经济；农业特色优势产业；银鄂榆三角区域经济；宁夏沿黄城市带

920 宁夏师范学院教师教育研究中心

所 属 类 别 / 高校智库
主 管 单 位 / 宁夏师范学院
成 立 时 间 / 2011 年 1 月
第一负责人 / 郝福生
合 作 机 构 /
办 公 地 址 / 宁夏固原市学院路（756099）
电话(传真) / 0954 - 2079545
邮　　箱 /
网　　址 / http://sfjy.nxtu.cn/index.htm
主要研究领域：
教师教育一体化；地方师范院校特色发展；基础教育理论与实践

921 盘古智库
The Pangoal Institution

所 属 类 别 / 社会智库—民办非企业
主 管 单 位 / 国家发展和改革委员会
成 立 时 间 / 2013 年 12 月
第一负责人 / 易鹏
合 作 机 构 /
办 公 地 址 / 北京市西城区展览馆路葡萄园 1 号（100037）
电话(传真) / 010 - 82597716（010 - 82593219）
邮　　箱 / panguzhiku@pangoal.cn
网　　址 / http://pangoal.cn
主要研究领域：共建“一带一路”国家国别研究与民间外交；区域高质量发展；老龄社会；数字经济与社会治理；宏观经济与金融

922 千龙智库

所 属 类 别 / 社会智库
主 管 单 位 / 千龙网
成 立 时 间 / 2015 年 11 月
第一负责人 /
合 作 机 构 /
办 公 地 址 / 北京市东直门外大街 46 号天恒大厦 1001 室
电话(传真) / 010 - 64165167
邮　　箱 / qlzhiku@ qianlong. com
网　　址 / http://thinktank. qianlong. com
主要研究领域:
舆论动向和政治、经济、社会发展策略

923 青岛市社会科学院（青岛市社会科学界联合会、青岛市城市发展研究中心）

所 属 类 别 / 科研院所智库
主 管 单 位 /
成 立 时 间 / 1979 年
第一负责人 / 管习会
合 作 机 构 /
办 公 地 址 / 山东省青岛市市南区山东路 12 号甲 （266071）
电话(传真) / 0532 - 80798015 （0532 - 80798058）
邮　　箱 / qdskybgs@ 163. com
网　　址 / http://sky. qingdao. cn/n8543496/index. html
主要研究领域:
基础理论；应用对策；城市发展战略

924 青海大学产业发展研究院

Industry Development Research Institute of Qinghai University

所 属 类 别 / 高校智库
主 管 单 位 / 青海大学
成 立 时 间 / 2011 年 9 月
第一负责人 / 骆玉林
合 作 机 构 /
办 公 地 址 / 青海省西宁市城北区宁大路 521 号青海大学行政 B 楼 3 层 （810016）
电话(传真) / 0971 - 5312592
邮　　箱 / cyfzyjy@ qhu. edu. cn
网　　址 /
主要研究领域:
青海省特色优势产业、战略新兴产业和循环经济发展

925 青海大学—清华大学三江源研究院

所属类别/合作智库
主管单位/青海大学
成立时间/2010年10月
第一负责人/王光谦
合作机构/青海大学、清华大学
办公地址/青海省西宁市宁大路251号(810016)
电话(传真)/010-62783337(010-62783337)
邮　　箱/
网　　址/
主要研究领域:
三江源生态保护;后续产业发展;公共服务体系建设与可持续发展;新能源综合利用及野外台站建设

926 青海大学青海省情研究中心
Qinghai Provincial Research Center, Qinghai University

所属类别/高校智库
主管单位/青海大学、青海省委教工委(省教育厅)
成立时间/2008年
第一负责人/李臣玲
合作机构/
办公地址/青海省西宁市宁大路251号(810016)
电话(传真)/
邮　　箱/
网　　址/https://sqyj.qhu.edu.cn
主要研究领域:
战略研究;公共政策

927 青海大学省部共建三江源生态与高原农牧业国家重点实验室

所属类别/高校智库
主管单位/青海省科技厅
成立时间/2016年1月
第一负责人/王光谦
合作机构/
办公地址/青海省西宁市宁大路251号(810016)
电话(传真)/
邮　　箱/
网　　址/https://gz.qhu.edu.cn
主要研究领域:
高原水文水资源与水生态环境;高原生态系统功能及演替规律;高原农牧业种质资源利用与创新

928 青海大学新能源光伏产业研究中心
New Energy (Photovoltaic) Industry Research Center, Qinghai University

所 属 类 别 / 高校智库
主 管 单 位 /
成 立 时 间 / 2014 年 4 月
第一负责人 / 梅生伟
合 作 机 构 /
办 公 地 址 / 青海省西宁市宁大路 251 号 (810016)
电话(传真) / 0971 - 5116943
邮　　箱 /
网　　址 / https://gfxy. qhu. edu. cn
主要研究领域:
科研服务; 人才培养; 技术咨询

929 青海大学新农村发展研究院

所 属 类 别 / 高校智库
主 管 单 位 / 青海大学
成 立 时 间 / 2013 年 12 月
第一负责人 / 俞红贤
合 作 机 构 /
办 公 地 址 / 青海省西宁市宁大路 251 号青海大学新农村发展研究院 (810016)
电话(传真) /
邮　　箱 / 993690332@ qq. com
网　　址 / http://xnc. qhu. edu. cn
主要研究领域:
青海新农村建设和现代农牧业发展

930 青海省人民政府参事室

所 属 类 别 / 党政智库—省/区/市政府所属
主 管 单 位 / 青海省政府办公厅
成 立 时 间 / 2001 年 7 月
第一负责人 / 王勇
合 作 机 构 /
办 公 地 址 / 青海省西宁市城中区西大街 12 号 (810000)
电话(传真) / 0971 - 82252115 (0971 - 82252115)
邮　　箱 /
网　　址 /
主要研究领域:
青海发展战略

931 青海省社会科学界联合会
Qinghai Social Sciences Association

所 属 类 别 / 社会智库—社会团体
主 管 单 位 /
成 立 时 间 / 1998 年 3 月
第一负责人 / 张西明
合 作 机 构 /
办 公 地 址 / 青海省西宁市城中区上滨河路 1 号（810000）
电话(传真) / 0971 – 8455498（0971 – 8455498）
邮　　箱 / 8455498@ qq. com
网　　址 / http://www. qhsklw. com
主要研究领域：
青海省经济、社会发展

932 青海省社会科学院
Qinghai Academy of Social Sciences

所 属 类 别 / 科研院所智库
主 管 单 位 / 中共青海省委、青海省政府
成 立 时 间 / 1978 年 10 月
第一负责人 / 索端智
合 作 机 构 /
办 公 地 址 / 青海省西宁市城中区上滨河路 1 号（810000）
电话(传真) / 0971 – 8454679
邮　　箱 / qinghaisky@ 126. com
网　　址 / http://www. qhass. org
主要研究领域：
地方经济；地方历史文化；民族宗教；青藏高原生态环境

933 清华—布鲁金斯公共政策研究中心
Brookings – Tsinghua Center for Public Policy

所 属 类 别 / 合作智库—中外合作
主 管 单 位 /
成 立 时 间 / 2006 年
第一负责人 / 齐晔
合 作 机 构 / 清华大学、美国布鲁金斯学会
办 公 地 址 / 北京市海淀区清华园 1 号清华大学公共管理学院 6 层（100084）
电话(传真) / 010 – 62797363（010 – 62797659）
邮　　箱 / brookings@ tsinghua. edu. cn
网　　址 /
主要研究领域：
中美关系；经济转型；社会保障；城市化；清洁能源与气候变化

934 清华—卡内基全球政策中心
The Carnegie – Tsinghua Center for Global Policy

所 属 类 别 / 合作智库—中外合作
主 管 单 位 / 清华大学
成 立 时 间 / 2010 年 4 月
第一负责人 / 韩磊
合 作 机 构 / 清华大学、美国卡内基国际和平研究院
办 公 地 址 / 北京市海淀区中关村 1 号院 9 号楼清华科技园 (100083)
电话(传真) / 010 – 82150178 (010 – 62703536)
邮　　箱 / phaenle@ ceip. org
网　　址 /
主要研究领域:
国际经济与贸易; 气候变化与能源; 核不扩散与核裁军; 国际安全挑战

935 清华大学 21 世纪发展研究院

所 属 类 别 / 高校智库
主 管 单 位 / 清华大学
成 立 时 间 / 1996 年 3 月
第一负责人 / 陈清泰
合 作 机 构 /
办 公 地 址 / 北京市海淀区清华园 1 号清华大学明理楼 520 室 (100084)
电话(传真) / 010 – 62783055
邮　　箱 /
网　　址 /
主要研究领域:
中国经济、科技、教育、能源、交通等

936 清华大学产业发展与环境治理研究中心
Center for Industrial Development and Environmental Governance, Tsinghua University

所 属 类 别 / 合作智库—中外合作
主 管 单 位 / 清华大学
成 立 时 间 / 2005 年 9 月
第一负责人 / 陈玲
合 作 机 构 / 清华大学、丰田汽车公司
办 公 地 址 / 北京市海淀区清华园 1 号清华大学公共管理学院 6 层 (100084)
电话(传真) / 010 – 62772497 (010 – 62772497)
邮　　箱 / cideg@ tsinghua. edu. cn
网　　址 / http://www. cideg. tsinghua. edu. cn
主要研究领域:
产业组织、监管及政策; 资源与能源约束下的可持续发展; 制度变革与协调发展

937 清华大学城市治理与可持续发展研究院
Urban Governance and Sustainable Development Research Center of Tsinghua University

所 属 类 别 / 高校智库
主 管 单 位 / 清华大学
成 立 时 间 / 2016 年
第一负责人 / 尹稚
合 作 机 构 /
办 公 地 址 / 北京市海淀区双清路 77 号院双清大厦 4 号楼 14 层（100084）
电话(传真) / 010 - 62790212（010 - 83021833 - 815）
邮　　箱 / iugsd@ tsinghua. edu. cn
网　　址 / http://iugsd. tsinghua. edu. cn
主要研究领域：
联合国可持续发展目标（SDGs）整体框架、政策执行和各个具体目标

938 清华大学低碳经济研究院
Institute of Low Carbon Economy, Tsinghua University

所 属 类 别 / 高校智库
主 管 单 位 / 清华大学
成 立 时 间 / 2008 年 6 月
第一负责人 / 何建坤
合 作 机 构 /
办 公 地 址 / 北京市海淀区清华园 1 号（100084）
电话(传真) / 010 - 62794858（010 - 62796617）
邮　　箱 / lce@ tsinghua. edu. cn
网　　址 /
主要研究领域：
低碳经济、政策及战略

939 清华大学港澳研究中心
Center for Hong Kong and Macao Studies, Tsinghua University

所 属 类 别 / 高校智库
主 管 单 位 / 清华大学
成 立 时 间 / 2012 年 1 月
第一负责人 / 王振民
合 作 机 构 /
办 公 地 址 / 广东省深圳市深圳大学城清华园区 D 楼 4 层（518055）
电话(传真) / 0755 - 26036098（0755 - 26036098）
邮　　箱 / hmt@ sz. tsinghua. edu. cn
网　　址 / http://www. hmt. tsinghua. edu. cn
主要研究领域：
港澳战略地位；粤港澳深度合作区域的行政管理体制、城市建设、社会管理、立法和司法关系；粤港澳（珠三角）区域产业经济新布局；台海两岸良性互动

940 清华大学高校德育研究中心
Research Center for College Moral Education, Tsinghua University

所 属 类 别 / 高校智库
主 管 单 位 / 清华大学
成 立 时 间 / 1999 年 12 月
第一负责人 / 艾四林
合 作 机 构 /
办 公 地 址 / 北京市海淀区清华园 1 号清华大学明理楼 422 室（100084）
电话(传真) / 010－62773393（010－62793787）
邮　　箱 / dybase@ tsinghua. edu. cn
网　　址 / http://moral. tsinghua. edu. cn
主要研究领域:
社会思潮与青年教育；新时期大学生思想政治教育；大学生全面素质教育；思想政治理论课教育教学

941 清华大学公共管理学院公共经济、金融与治理研究中心

所 属 类 别 / 合作智库—校企合作
主 管 单 位 / 清华大学
成 立 时 间 / 2014 年 3 月
第一负责人 / 俞乔
合 作 机 构 / 清华大学公共管理学院、海通期货有限公司
办 公 地 址 / 北京市海淀区清华园 1 号清华大学公共管理学院（100084）
电话(传真) / 010－62783055（010－62782605）
邮　　箱 /
网　　址 /
主要研究领域:
公共经济、金融和治理

942 清华大学公共管理学院卫生与发展研究中心
Health and Development Institute, Tsinghua University

所 属 类 别 / 合作智库—中外合作
主 管 单 位 / 清华大学
成 立 时 间 / 2006 年 12 月
第一负责人 / 刘远立
合 作 机 构 / 清华大学公共管理学院、美国哈佛大学公共卫生学院
办 公 地 址 / 北京市海淀区清华园 1 号清华大学公共管理学院大楼 505 室（100084）
电话(传真) / 010－62795852（010－62795852）
邮　　箱 / hadi@ tsinghua. edu. cn
网　　址 /
主要研究领域:
健康发展战略；医疗卫生政策

943 清华大学国际传播研究中心
Tsinghua University International Center for Communication

所 属 类 别 / 高校智库
主 管 单 位 / 清华大学
成 立 时 间 / 1999 年 7 月
第一负责人 / 李希光
合 作 机 构 /
办 公 地 址 / 北京市海淀区清华园 1 号清华大学宏盟楼 307 室 （100084）
电话(传真) / 010 – 62791123 （010 – 62791124）
邮　　箱 / guanwei@ mail. tsinghua. edu. cn
网　　址 /
主要研究领域:
国际传播; 丝绸之路文化传播; 公共外交策略; 危机传播管理; 网络信息与社会管理

944 清华大学国际关系研究院
Institute of International Relations, Tsinghua University

所 属 类 别 / 高校智库
主 管 单 位 / 清华大学
成 立 时 间 / 2010 年
第一负责人 / 阎学通
合 作 机 构 /
办 公 地 址 / 北京市海淀区清华园 1 号清华大学明斋 304 室 （100084）
电话(传真) / 010 – 62798183 （010 – 62798083）
邮　　箱 / imir@ mail. tsinghua. edu. cn
网　　址 /
主要研究领域:
国际关系; 国际安全战略; 军控与裁军

945 清华大学国家服务外包人力资源研究院
National Human Resources Institute for Service Outsourcing, Tsinghua University

所 属 类 别 / 高校智库
主 管 单 位 / 清华大学
成 立 时 间 / 2009 年 10 月
第一负责人 / 孙家广
合 作 机 构 /
办 公 地 址 / 北京市海淀区知春路 58 号院中航科技大厦 5 层（100084）
电话(传真) / 010 – 82102699 （010 – 82102662）
邮　　箱 /
网　　址 /
主要研究领域:
服务外包人力资源政策

946 清华大学国家金融研究院

所属类别 / 合作智库
主管单位 / 清华大学五道口金融学院
成立时间 / 2014 年 5 月
第一负责人 / 朱民
合作机构 / 中国人民银行研究局、中国银监会研究局、中国证监会研究中心、中国保监会政策研究室
办公地址 / 北京市海淀区成府路 43 号（100083）
电话(传真) / 010 - 62798255（010 - 62798255）
邮　　箱 / office@ pbcsf. tsinghua. edu. cn
网　　址 / http://www. pbcsf. tsinghua. edu. cn/portal/list/index/id/92. html（非独立网址）
主要研究领域：多层次资本市场与创业投融资体系的构建；国际货币体系的发展与演变；国际经济、金融格局以及发展趋势；国家金融普及教育；互联网金融；中国财政政策与货币政策

947 清华大学国家软实力研究院
The Institute for National Soft Power, Tsinghua University

所属类别 / 高校智库
主管单位 / 清华大学
成立时间 / 2011 年 9 月
第一负责人 / 李肇星
合作机构 /
办公地址 / 北京市海淀区清华园 1 号清华大学（100084）
电话(传真) /
邮　　箱 /
网　　址 /
主要研究领域：国家软实力

948 清华大学国家文化产业研究中心
National Research Center of Cultural Industries in Tsinghua University

所属类别 / 高校智库
主管单位 / 清华大学
成立时间 / 2004 年 5 月
第一负责人 / 熊澄宇
合作机构 /
办公地址 / 北京市海淀区清华园 1 号清华大学宏盟楼 318 室（100084）
电话(传真) / 010 - 62771481（010 - 62771481）
邮　　箱 / rcci@ tsinghua. edu. cn
网　　址 / http://wzpt. cic. tsinghua. edu. cn/publish/whcyyjzx/index. html
主要研究领域：文化及文化产业理论；文化产业经济学；文化产业与社会发展；文化产业政策法规；技术应用与文化产业创新

949 清华大学国家战略研究院
National Strategy Institute Tsinghua University

所属类别/合作智库—校企合作
主管单位/
成立时间/2012年9月
第一负责人/钱峰
合作机构/清华大学、天大集团
办公地址/北京市海淀区清华园1号清华大学胜因院25号（100084）
电话(传真)/010-62797753（010-62794327）
邮　　箱/
网　　址/http://www.nsi.org.cn
主要研究领域：
中国国家发展战略；中国外交政策；国际关系与全球问题

950 清华大学国情研究院
Institute for Contemporary China Studies, Tsinghua University

所属类别/高端智库，高校智库
主管单位/清华大学
成立时间/2012年1月
第一负责人/胡鞍钢
合作机构/
办公地址/北京市海淀区清华大学公共管理学院219室（100084）
电话(传真)/010-62772199
邮　　箱/ccsoffice@tsinghua.edu.cn
网　　址/
主要研究领域：
国家发展战略；重大公共政策

951 清华大学恒隆房地产研究中心
Hang Lung Center for Real Estate Tsinghua University

所属类别/高校智库
主管单位/清华大学
成立时间/2010年4月
第一负责人/吴璟
合作机构/
办公地址/北京市海淀区清华园1号清华大学老10号楼4层（100084）
电话(传真)/010-62788678（010-62773661）
邮　　箱/hanglung_cre@tsinghua.edu.cn
网　　址/http://www.cre.tsinghua.edu.cn
主要研究领域：
房地产经济学；房地产金融与投资；住房政策；土地管理和城市发展

952 清华大学华商研究中心
Tsinghua University Center for Chinese Entrepreneur Studies

所 属 类 别 / 高校智库
主 管 单 位 / 清华大学
成 立 时 间 / 2010 年 7 月
第一负责人 / 龙登高
合 作 机 构 /
办 公 地 址 / 北京市海淀区清华园 1 号清华大学（100084）
电话(传真) / 010 - 62792621（010 - 62792621）
邮　　箱 / cces@ tsinghua. edu. cn
网　　址 / http://www. cces. tsinghua. edu. cn
主要研究领域:
华人经济；华商管理；华商政务

953 清华大学技术创新研究中心
Research Center for Technological Innovation, Tsinghua University

所 属 类 别 / 高校智库
主 管 单 位 / 清华大学
成 立 时 间 / 2000 年 3 月
第一负责人 / 陈劲
合 作 机 构 /
办 公 地 址 / 北京市海淀区清华园 1 号清华大学伟伦楼（100084）
电话(传真) / 010 - 62772939
邮　　箱 / chenj@ sem. tsinghua. edu. cn
网　　址 / http://www. innovation. tsinghua. edu. cn
主要研究领域:
技术创新理论；科技战略与管理；科技体制与科技政策；创业管理

954 清华大学建筑与城市研究所
Institute of Architectural and Urban Studies, Tsinghua University

所 属 类 别 / 高校智库
主 管 单 位 / 清华大学
成 立 时 间 / 1984 年
第一负责人 / 吴良镛
合 作 机 构 /
办 公 地 址 / 北京市海淀区清华园 1 号（100084）
电话(传真) / 010 - 62784567（010 - 62783328）
邮　　箱 / wuly@ public. bta. net. cn
网　　址 /
主要研究领域:
城市规划；区域发展规划

955 清华大学教育研究院
Institute of Education Tsinghua University

所 属 类 别 / 高校智库
主 管 单 位 / 清华大学
成 立 时 间 / 1979 年 10 月
第一负责人 / 石中英
合 作 机 构 /
办 公 地 址 / 北京市海淀区清华园 1 号清华大学文南楼 4 层（100084）
电话(传真) / 010 - 62783326
邮　　箱 / ioe@ tsinghua. edu. cn
网　　址 / http://www. ioe. tsinghua. edu. cn
主要研究领域：
高等教育；教育政策与管理；教育技术；基础教育；教育经济与管理

956 清华大学科技发展与治理研究中心
Center for Science & Technology Development and Governance, Tsinghua University

所 属 类 别 / 合作智库
主 管 单 位 / 清华大学、中国科学技术协会
成 立 时 间 / 2019 年 1 月
第一负责人 / 江小涓
合 作 机 构 / 清华大学、中国科学技术协会
办 公 地 址 / 北京市海淀区清华大学公共管理学院（100084）
电话(传真) /
邮　　箱 / stdg@ mail. tsinghua. edu. cn
网　　址 / http://www. sppm. tsinghua. edu. cn/yjjg/xjyjjg/26efe48967e2ae7801682cd01d460027. html
主要研究领域：
科学研究；人才培养；学科建设；国际合作；资政建言

957 清华大学科教政策研究中心
Center for Science, Technology & Education Policy, Tsinghua University

所 属 类 别 / 高校智库
主 管 单 位 / 清华大学
成 立 时 间 / 2006 年 4 月
第一负责人 / 苏竣
合 作 机 构 /
办 公 地 址 / 北京市海淀区清华园 1 号清华大学公共管理学院 518 室（100084）
电话(传真) / 010 - 62795573（010 - 62795573）
邮　　箱 / cstep@ tsinghua. edu. cn
网　　址 / http://www. sppm. tsinghua. edu. cn/cstep
主要研究领域：
科技政策；教育政策

Q

958 **清华大学科学技术与社会研究所**
Tsinghua University Institute of Science, Technology and Society

所 属 类 别 / 高校智库
主 管 单 位 / 清华大学
成 立 时 间 / 2000 年
第一负责人 / 杨舰
合 作 机 构 /
办 公 地 址 / 北京市海淀区清华园 1 号清华大学明斋 247 室 (100084)
电话(传真) / 010 - 62797896 (010 - 62787568)
邮　　箱 / sts999@ tsinghua. edu. cn
网　　址 /
主要研究领域:
科技传播与普及; 科技政策与战略; 科技与国际 (地区) 关系; 科技创新与政策; 科技哲学与文化

959 **清华大学能源环境经济研究所**
Institute of Energy, Environment and Economy, Tsinghua University

所 属 类 别 / 高校智库
主 管 单 位 / 清华大学
成 立 时 间 / 1980 年
第一负责人 / 张希良
合 作 机 构 /
办 公 地 址 / 北京市海淀区清华园 1 号清华大学能科楼 C 座 (100084)
电话(传真) / 010 - 62771024 (010 - 62772759)
邮　　箱 / zhang_ xl@ tsinghua. edu. cn
网　　址 /
主要研究领域:
能源与气候; 低碳发展理论与机制; 国际应对气候变化机制; 新能源与可再生能源; 能效与节能

960 **清华大学气候变化国际政策研究中心**

所 属 类 别 / 高校智库
主 管 单 位 / 清华大学
成 立 时 间 / 2010 年 5 月
第一负责人 / 齐晔
合 作 机 构 /
办 公 地 址 / 北京市海淀区清华园 1 号清华大学低碳能源楼 (100084)
电话(传真) / 010 - 62797187 (010 - 62796617)
邮　　箱 / info@ cpibeijing. org
网　　址 /
主要研究领域: 气候变化; 低碳发展; 环境监管

961 清华大学气候政策研究中心
Climate Policy Initiative at Tsinghua University

所 属 类 别 / 合作智库—中外合作
主 管 单 位 / 清华大学、国际气候政策中心
成 立 时 间 / 2010 年 5 月
第一负责人 / 齐晔
合 作 机 构 / 清华大学、国际气候政策中心
办 公 地 址 / 北京市海淀区清华园 1 号清华大学低碳能源楼（100084）
电话(传真) / 010 - 62797187（010 - 62796617）
邮　　箱 / info@ cpibeijing. org
网　　址 /
主要研究领域：
气候变化；低碳发展；环境监管

962 清华大学全球变化研究院

所 属 类 别 / 高校智库
主 管 单 位 / 清华大学
成 立 时 间 / 2010 年 1 月
第一负责人 / 官鹏
合 作 机 构 /
办 公 地 址 / 北京市海淀区清华园 1 号清华大学蒙民伟科技大楼南楼 801 室、803 室、805 室（100084）
电话(传真) / 010 - 62772750（010 - 62797284）
邮　　箱 / dess@ mail. tsinghau. edu. cn
网　　址 /
主要研究领域：气候变化与地球系统模式；全球变化经济学

963 清华大学全球产业研究院
Institution for Global Industry（IGI）, Tsinghua University

所 属 类 别 / 高校智库
主 管 单 位 / 清华大学
成 立 时 间 / 2015 年 1 月
第一负责人 / 杨斌
合 作 机 构 /
办 公 地 址 / 北京市海淀区双清路 77 号双清大厦 4 楼 8 层（100084）
电话(传真) / 010 - 62796261
邮　　箱 / igi@ tsinghua. edu. cn
网　　址 / http://www. igi. tsinghua. edu. cn
主要研究领域：创新与产业升级；新兴产业培育与全球产业转移；智能制造；数字化转型；产业与企业生态；医疗健康；房产；汽车；新能源；新一代电子信息技术和教育科技

964 清华大学区域发展研究院
Institute for Regional Development, Tsinghua University

所属类别 / 高校智库
主管单位 / 清华大学公共管理学院
成立时间 / 2020年4月
第一负责人 / 杨伟民
合作机构 /
办公地址 / 北京市海淀区清华园1号清华大学（100084）
电话(传真) /
邮　　箱 /
网　　址 /
主要研究领域:
长三角区域一体化

965 清华大学网络行为研究所
Institute for Internet Behavior, Tsinghua University

所属类别 / 高校智库
主管单位 / 清华大学
成立时间 / 2005年1月
第一负责人 / 杨斌
合作机构 /
办公地址 / 北京市海淀区清华园1号清华大学FIT楼4-515室（100084）
电话(传真) / 010-62798984（010-62782266）
邮　　箱 /
网　　址 / http://www.thu-iib.org
主要研究领域:
网络文化与网络文明；信息社会的国家治理；网络空间的信任建立；国家信息安全；渗透与反渗透；网络舆情监测与处置；网络犯罪预防与惩治

966 清华大学文化创意发展研究院

所属类别 / 高校智库
主管单位 / 清华大学
成立时间 / 2016年12月
第一负责人 / 柳斌杰
合作机构 /
办公地址 / 北京市海淀区清华园1号清华大学（100084）
电话(传真) /
邮　　箱 /
网　　址 /
主要研究领域:
文化创意；文创产业发展

967 清华大学现代管理研究中心
Research Center for Contemporary Management, Tsinghua University

所 属 类 别 / 高校智库
主 管 单 位 / 清华大学
成 立 时 间 / 2000 年 3 月
第一负责人 / 陈剑
合 作 机 构 /
办 公 地 址 / 北京市海淀区清华大学经济管理学院伟伦楼 447 室（100084）
电话(传真) / 010 - 62771663（010 - 62784555 ）
邮　　箱 / rccm@ mail. tsinghua. edu. cn
网　　址 / http://www. rccm. tsinghua. edu. cn
主要研究领域:
决策与管理理论；组织行为与人力资源管理；信息战略与信息管理；资源管理与可持续发展

968 清华大学医院管理研究院
Institute for Hospital Management, Tsinghua University

所 属 类 别 / 高校智库
主 管 单 位 / 清华大学
成 立 时 间 / 2012 年 5 月
第一负责人 / 黄洁夫
合 作 机 构 /
办 公 地 址 / 广东省深圳市西丽大学城深圳大学城清华园区（518055）
电话(传真) / 0755 - 26036095（0755 - 26032492）
邮　　箱 / ihm@ sz. tsinghua. edu. cn
网　　址 / http://www. ihm. tsinghua. edu. cn
主要研究领域:
医院管理

969 清华大学中俄战略合作研究所

所 属 类 别 / 高校智库
主 管 单 位 / 清华大学
成 立 时 间 / 2011 年 4 月
第一负责人 / 李强
合 作 机 构 /
办 公 地 址 / 北京市海淀区清华园 1 号清华大学伟伦楼 103 室（100084）
电话(传真) /
邮　　箱 /
网　　址 /
主要研究领域:
中俄人文社科战略；中俄科技战略；中俄关系

970 清华大学中国财政税收研究所
National Institute for Fiscal Studies, Tsinghua University

所 属 类 别 / 高校智库
主 管 单 位 / 清华大学
成 立 时 间 / 2008 年 1 月
第一负责人 / 白重恩
合 作 机 构 /
办 公 地 址 / 北京市海淀区清华园 1 号清华大学经济管理学院 (100084)
电话(传真) / 010－62772416 (010－62785562)
邮　　箱 / wangy36@ sem. tsinghua. edu. cn
网　　址 /
主要研究领域:
财政税收; 财税政策与宏观经济; 税收政策实效评估

971 清华大学中国城市研究院
Tsinghua Urban Institute

所 属 类 别 / 合作智库—政校合作
主 管 单 位 / 清华大学地球系统科学系
成 立 时 间 / 2018 年 11 月
第一负责人 / 宫鹏
合 作 机 构 / 住房和城乡建设部、清华大学
办 公 地 址 /
电话(传真) /
邮　　箱 /
网　　址 /
主要研究领域:
城市发展; 城市规划建设

972 清华大学中国发展规划研究院
China Institute for Development Planning, Tsinghua University

所 属 类 别 / 合作智库—政校合作
主 管 单 位 / 国家发展和改革委员会、清华大学
成 立 时 间 / 2018 年 10 月
第一负责人 / 杨伟民、彭刚
合 作 机 构 / 国家发展和改革委员会、清华大学
办 公 地 址 /
电话(传真) /
邮　　箱 /
网　　址 /
主要研究领域:
经济、社会问题

973 清华大学中国工程科技发展战略研究院
Chinese Institute of Engineering Development Strategies, Tsinghua University

所 属 类 别 / 合作智库—研校合作
主 管 单 位 / 清华大学
成 立 时 间 / 2011 年 4 月
第一负责人 / 顾秉林
合 作 机 构 / 中国工程院、清华大学
办 公 地 址 / 北京市海淀区清华园 1 号清华大学主楼 11 层 (100084)
电话(传真) / 010 - 62798474 (010 - 62798474)
邮　　箱 / CIEDS@ tsinghua. edu. cn
网　　址 / http://www. sppm. tsinghua. edu. cn/cieds
主要研究领域:
中国特色城市化发展道路; 可持续发展矿产资源; 战略性新兴产业培育与发展

974 清华大学中国公益慈善研究院
Institute for Philanthropy Tsinghua University

所 属 类 别 / 合作智库—政校合作
主 管 单 位 / 清华大学
成 立 时 间 / 2015 年 4 月
第一负责人 / 王名
合 作 机 构 / 民政部、清华大学
办 公 地 址 / 北京市海淀区清华大学公共管理学院 429 室 (100084)
电话(传真) / 010 - 62773929
邮　　箱 / icpm2002@ tsinghua. edu. cn
网　　址 / http://iptu. tsinghua. edu. cn
主要研究领域:
社会组织; 社会治理; 公益慈善; 社会政策; 社会保障; 社会冲突 (危机) 应对与管理; 社会服务; 社会发展; 政社关系; 问责与公信力; 社会创新与企业社会责任; 社区与基层治理; 事业单位改革; 国际非政府组织

975 清华大学中国经济社会数据研究中心
Tsinghua China Data Center

所 属 类 别 / 合作智库—政校合作
主 管 单 位 / 清华大学
成 立 时 间 / 2016 年 7 月
第一负责人 / 许宪春
合 作 机 构 / 国家统计局、清华大学
办 公 地 址 / 北京市海淀区清华大学舜德楼 224 室 (100084)
电话(传真) / 010 - 62789937 (010 - 62789937)
邮　　箱 / pingzw@ sem. tsinghua. edu. cn
网　　址 / http://www. tcdc. sem. tsinghua. edu. cn
主要研究领域: 微观社会经济调查; 政策发展研究; 教育; 劳动力市场

Q

976 清华大学中国经济研究中心
National Center for Economic Research at Tsinghua University

所 属 类 别 / 高校智库
主 管 单 位 / 清华大学
成 立 时 间 / 1996 年
第一负责人 / 钟笑寒
合 作 机 构 /
办 公 地 址 / 北京市海淀区清华园 1 号清华大学经济管理学院舜德楼 226 室（100084）
电话(传真) / 010 - 62789695 (010 - 62789697)
邮　　箱 / ncer@ sem. tsinghua. edu. cn
网　　址 / http://www. ncer. tsinghua. edu. cn
主要研究领域:
经济增长; 经济问题; 金融研究; 公共财政; 人力资源

977 清华大学中国科学技术政策研究中心
China Institute for Science and Technology Policy, Tsinghua University

所 属 类 别 / 合作智库—政校合作
主 管 单 位 / 科学技术部、清华大学
成 立 时 间 / 2003 年
第一负责人 / 薛澜
合 作 机 构 / 科学技术部、清华大学
办 公 地 址 / 北京市海淀区清华园 1 号清华大学公共管理学院 (100084)
电话(传真) / 010 - 62797212 (010 - 62797212)
邮　　箱 / cistp@ tsinghua. edu. cn
网　　址 / http://cistp. sppm. tsinghua. edu. cn
主要研究领域:
科技政策与发展战略; 科技教育政策

978 清华大学中国农村研究院
China Institute for Rural Studies, Tsinghua University

所 属 类 别 / 高校智库
主 管 单 位 / 清华大学
成 立 时 间 / 2011 年 9 月
第一负责人 / 陈锡文
合 作 机 构 /
办 公 地 址 / 北京市海淀区清华园 1 号清华大学公共管理学院 612 室 (100084)
电话(传真) / 010 - 62773526 (010 - 62796949)
邮　　箱 / cirs@ mail. tsinghua. edu. cn
网　　址 / http://www. cirs. tsinghua. edu. cn
主要研究领域:
“三农” 问题; 中国农村改革发展

979 清华大学中国企业成长与经济安全研究中心
Center for Enterprise Growth and National Economic Security Research, Tsinghua University

所 属 类 别 / 高校智库
主 管 单 位 / 清华大学
成 立 时 间 / 2010 年 4 月
第一负责人 / 雷家骕
合 作 机 构 /
办 公 地 址 / 北京市海淀区清华园 1 号清华大学伟伦楼 377 室（100084）
电话(传真) / 010 - 62789953
邮　　箱 /
网　　址 /
主要研究领域:
企业成长与产业发展；经济安全；企业成长与创新政策

980 清华大学中国应急管理研究基地
Center for Crisis Management Research, Tsinghua University

所 属 类 别 / 高校智库
主 管 单 位 / 清华大学
成 立 时 间 / 2004 年
第一负责人 / 彭宗超
合 作 机 构 /
办 公 地 址 / 北京市海淀区清华园 1 号清华大学公共管理学院 323 室（100084）
电话(传真) / 010 - 62792421（010 - 62792421）
邮　　箱 / ccmr@ tsinghua. edu. cn
网　　址 / http://ccmr. sppm. tsinghua. edu. cn
主要研究领域:
应急管理；风险治理

981 清华大学中国与世界经济研究中心
Center for China in the World Economy, Tsinghua University

所 属 类 别 / 高校智库
主 管 单 位 / 清华大学
成 立 时 间 / 2004 年 9 月
第一负责人 / 李稻葵
合 作 机 构 /
办 公 地 址 / 北京市海淀区清华园 1 号清华大学经济学院舜德楼 128 室（100084）
电话(传真) / 010 - 62796901（010 - 62796901）
邮　　箱 / lij53@ sem. tsinghua. edu. cn
网　　址 / http://www. ccwe. tsinghua. edu. cn
主要研究领域:
中国与世界关系；中国政策

982 曲阜师范大学孔子与山东文化强省战略协同创新中心

所 属 类 别 / 合作智库
主 管 单 位 / 曲阜师范大学
成 立 时 间 / 2012 年 12 月
第一负责人 / 傅永聚
合 作 机 构 / 北京大学、山东大学、山东社会科学院、中国孔子研究院、韩国成均馆大学、济宁市人民政府、曲阜市人民政府
办 公 地 址 / 山东省曲阜市静轩西路 57 号（273165）
电话(传真) /
邮　　箱 /
网　　址 / https://sdxtkz. qfnu. edu. cn/index. htm
主要研究领域：孔子与山东文化

983 曲阜师范大学中国教育大数据研究院
Chinese Academy of Education Big Data

所 属 类 别 / 合作智库
主 管 单 位 / 曲阜师范大学
成 立 时 间 / 2015 年 9 月
第一负责人 / 戚万学
合 作 机 构 / 中国统计信息服务中心
办 公 地 址 / 山东省曲阜市静轩西路 57 号曲阜师范大学智库楼（273165）
电话(传真) / 0537 - 4450537（0537 - 4450537）
邮　　箱 / jiaoyudashuju@ 126. com
网　　址 / https://bigdata. qfnu. edu. cn/index. htm
主要研究领域：重大教育政策的国民舆情追踪；基础教育质量监测；基于大数据的教育精准扶贫；学校治理与绩效评估；优秀传统文化的国民认同与教育策略；大中小学学生体质健康监测；学生认知倾向与职业专业发展趋势分析；中外中小学生数学；阅读和科学素养及教育教学策略比较研究

Q

984 全国党的建设研究会
National Society for Party Building Studies

所 属 类 别 / 社会智库—社会团体
主 管 单 位 / 中共中央组织部
成 立 时 间 / 1991 年 8 月
第一负责人 / 李景田
合 作 机 构 /
办 公 地 址 / 北京市西城区西长安街 80 号（100815）
电话(传真) / 010 - 58587103（010 - 58305868）
邮　　箱 / djyj@ people. cn
网　　址 / http://djyj. 12371. cn/djyjh
主要研究领域：党的建设；中国共产党的建设理论与实践问题

985 全国妇女联合会妇女研究所
Women's Studies Institute of China

所 属 类 别 / 社会智库—社会团体
主 管 单 位 / 中华全国妇女联合会
成 立 时 间 / 1991 年 1 月
第一负责人 / 杜洁
合 作 机 构 /
办 公 地 址 / 北京市朝阳区建国门内大街 15 号（100022）
电话(传真) / 010 – 85112147（010 – 65225396）
邮　　箱 / wsic@ wsic. ac. cn
网　　址 / http://www. wsic. ac. cn
主要研究领域：女性高层次人才成长状况研究与政策推动；社会性别平等与妇女发展；先进性别文化；妇女参政；妇女生育健康；西部妇女人力资源开发对策

986 全国经济综合竞争力研究中心福建师范大学分中心（福建师范大学竞争力研究中心）
National Research Center for Economic Comprehensive Competitiveness, Fujian Normal University Branch

所 属 类 别 / 高校智库
主 管 单 位 / 福建师范大学
成 立 时 间 / 2006 年 1 月
第一负责人 / 李建平
合 作 机 构 /
办 公 地 址 / 福建省福州市仓山区上三路 32 号福建师范大学仓山校区文科楼 9 层（350007）
电话(传真) / 0591 – 83465205（0591 – 83465205）
邮　　箱 / fjnujzl@ sina. com
网　　址 / http://jjxy. fjnu. edu. cn/3899/list. htm
主要研究领域：省域经济竞争力；环境竞争力；创新竞争力；人才竞争力

Q

987 全球化智库
Center for China and Globalization（China Global Talents Society）

所 属 类 别 / 社会智库—民办非企业
主 管 单 位 / 中国人才研究会
成 立 时 间 / 2008 年
第一负责人 / 王辉耀
合 作 机 构 /
办 公 地 址 / 北京市朝阳区光华路 7 号汉威大厦西区 15 层 15B5 室、15B6 室（100004）
电话(传真) / 010 – 65611038（010 – 65611040）
邮　　箱 / ccg@ ccg. org. cn
网　　址 / http://www. ccg. org. cn
主要研究领域：国际人才；企业国际化；华侨华商；创新创业；国际移民；国际关系

988 泉州师范学院福建省体育产业研究中心

所 属 类 别 / 高校智库
主 管 单 位 / 泉州师范学院
成 立 时 间 /
第一负责人 / 许月云
合 作 机 构 /
办 公 地 址 / 福建省泉州市东海大街 398 号（362000）
电话(传真) / 13505027879（0595－22919529）
邮 箱 / 1293630340@ qq. com
网 址 /
主要研究领域：
体育用品产业转型升级

989 人民网研究院
Institute of People’s Daily Online

所 属 类 别 / 社会智库—企业
主 管 单 位 / 人民网股份有限公司
成 立 时 间 / 2011 年 4 月
第一负责人 / 唐维红
合 作 机 构 /
办 公 地 址 / 北京市朝阳区金台西路 2 号人民日报社 12 号楼（100733）
电话(传真) / 010－65363920（010－65363920）
邮 箱 / yjy@ people. cn
网 址 / http://yjy. people. com. cn
主要研究领域：
媒介、媒体发展；新媒体传播；信息技术；信息经济

QR

990 人民智库
People Think Tank

所 属 类 别 / 社会智库
主 管 单 位 / 人民日报社
成 立 时 间 /
第一负责人 / 李雪林
合 作 机 构 /
办 公 地 址 / 北京市朝阳区金台西路 2 号人民日报新媒体大楼 11 层（100733）
电话(传真) / 010－65363730
邮 箱 /
网 址 / http://www. renminzhiku. com
主要研究领域：
经济、科技、教育、文化和健康等社会问题；治国理政重大现实问题和重大理论问题

991 三江学院发展战略与规划研究院

所属类别 / 高校智库
主管单位 / 三江学院
成立时间 / 2019 年 8 月
第一负责人 /
合作机构 /
办公地址 / 江苏省南京市雨花台区铁心桥龙西路 310 号五教楼 5720 - 2 室（210012）
电话(传真) / 025 - 52897083
邮　　箱 / faguiyuan@ sju. edu. cn
网　　址 / https://www. sju. edu. cn/fzghyjy
主要研究领域：发展战略与规划

992 三峡大学湖北省三峡地区生态保护与治理国际联合研究中心

Hubei International Scientific and Technological Cooperation Center of Ecological Conservation and Management in Three Gorges Area, China Three Gorges University

所属类别 / 高校智库
主管单位 / 三峡大学
成立时间 / 2014 年
第一负责人 / 陈芳清
合作机构 / 美国佛罗里达大学热带研究与教育中心、日本名城大学农学部
办公地址 / 湖北省宜昌市大学路 8 号（443002）
电话(传真) / 0717 - 6395580
邮　　箱 / lk1204@ ctgu. edu. cn
网　　址 /
主要研究领域：
退化生态系统修复；森林生态系统健康管理；点面源污染检测；环境风险评价

993 三峡大学区域社会管理创新与发展研究中心

Research Center for Regional Social Management Innovation and Development, China Three Gorges University

所属类别 / 高校智库
主管单位 / 三峡大学
成立时间 / 2013 年 1 月
第一负责人 / 谭志松
合作机构 /
办公地址 / 湖北省宜昌市大学路 8 号（443002）
电话(传真) / 0717 - 6397606
邮　　箱 / yyshxyjs@ 126. com
网　　址 / http://qyshgl. ctgu. edu. cn
主要研究领域：
政治建设与三峡区域社会发展；教育与三峡区域社会发展；文化建设与三峡区域社会发展；三峡区域社会发展的战略和对策

994 **三峡大学三峡文化与经济社会发展研究中心**
the Development Research Center of the Three Gorges Culture and Economic Society

所 属 类 别 / 合作智库
主 管 单 位 / 三峡大学
成 立 时 间 / 1992 年
第一负责人 / 王祖龙
合 作 机 构 / 湖北省教育厅
办 公 地 址 / 湖北省宜昌市大学路 8 号（443002）
电话(传真) / 0717－6395356（0717－6392209）
邮　　箱 /
网　　址 / http://sxwh. ctgu. edu. cn
主要研究领域：
三峡文化与经济、社会发展

995 **三峡大学水库移民研究中心**
Research Center for Reservoir Resettlement, China Three Gorges University

所 属 类 别 / 高校智库
主 管 单 位 / 三峡大学
成 立 时 间 / 2005 年
第一负责人 / 段跃芳
合 作 机 构 /
办 公 地 址 / 湖北省宜昌市大学路 8 号三峡大学经济与管理学院楼内 6 楼 G1602（443002）
电话(传真) / 0717－6399458
邮　　箱 / ymyjs@ ctgu. edu. cn
网　　址 / http://ymzx. ctgu. edu. cn
主要研究领域：
水库移民理论政策与规划；水库移民与和谐社会建设

996 **三峡大学影视文化与产业发展研究中心**

所 属 类 别 / 合作智库
主 管 单 位 / 三峡大学
成 立 时 间 / 2014 年
第一负责人 / 吴卫华
合 作 机 构 / 三峡大学、湖北省文联
办 公 地 址 / 湖北省宜昌市大学路 8 号（443002）
电话(传真) / 0717－6395368
邮　　箱 / yswgzx2017@ 163. com
网　　址 / http://yszx. ctgu. edu. cn
主要研究领域：
影视文化理论与批评；影视创作；影视教育；影视产业

997 山东大学当代社会主义研究所

所 属 类 别 / 高校智库
主 管 单 位 / 山东大学
成 立 时 间 / 1983 年
第一负责人 / 崔桂田
合 作 机 构 /
办 公 地 址 / 山东省济南市洪家楼 5 号（250100）
电话(传真) / 0531 – 88375471（0531 – 88375471）
邮　　箱 /
网　　址 / http://www. krics. sdu. edu. cn/index. htm
主要研究领域：
21 世纪世界社会主义与当代中国发展；国际中共学与世界社会主义比较研究

998 山东大学国际问题研究院

所 属 类 别 / 高校智库
主 管 单 位 / 山东大学
成 立 时 间 / 2019 年 3 月
第一负责人 / 张蕴岭
合 作 机 构 /
办 公 地 址 /
电话(传真) /
邮　　箱 /
网　　址 /
主要研究领域：
东北亚问题；南亚问题；海洋战略与发展；世界经济发展与合作；国际服务贸易；国际公共安全

999 山东大学经济研究院
Center for Economic Research, Shandong University

所 属 类 别 / 高校智库
主 管 单 位 / 山东大学
成 立 时 间 / 2001 年 6 月
第一负责人 / 黄少安
合 作 机 构 /
办 公 地 址 / 山东省济南市山大南路 27 号山东大学经济研究院
电话(传真) / 0531 – 88364000
邮　　箱 / cer@ sdu. edu. cn
网　　址 / http://www. cer. sdu. edu. cn
主要研究领域：
产权；法经济学；就业与社会保障；国际经济；经济周期与经济增长理论；“三农”问题；语言经济；教育经济

1000 山东大学欧洲研究中心（德国研究中心）
Shandong University Center for European Studies（Center for German Studies）

所 属 类 别 / 高校智库
主 管 单 位 / 山东大学
成 立 时 间 / 1994 年 9 月
第一负责人 / 王学玉
合 作 机 构 /
办 公 地 址 / 山东省济南市历城区山大南路 27 号山东大学中心校区邵逸夫科学馆 202 室（250100）
电话(传真) / 0531 - 88364984
邮　　箱 / europe@ sdu. edu. cn
网　　址 / http://www. europe. qd. sdu. edu. cn
主要研究领域：
欧洲政治、外交、经济、社会、法律、公共管理、历史、文化等

1001 山东大学日本研究中心
Shandong University Centre of Japanese Studies

所 属 类 别 / 高校智库
主 管 单 位 / 山东大学
成 立 时 间 / 1986 年 9 月
第一负责人 / 李铭敬
合 作 机 构 /
办 公 地 址 / 山东省济南市历城区山大南路 27 号山大新校内（250100）
电话(传真) / 0531 - 8564559（0531 - 8902167）
邮　　箱 / sdry@ jn - public. sd. cninto. cn
网　　址 /
主要研究领域：
日本政治、经济、哲学、文学、语言、历史、社会、法律、文化、教育等

1002 山东大学山东发展研究院
Shandong School of Development at Shandong University

所 属 类 别 / 高校智库
主 管 单 位 / 山东大学
成 立 时 间 / 2010 年 7 月
第一负责人 / 韩寓群
合 作 机 构 /
办 公 地 址 / 山东省济南市历城区山大南路 27 号（250100）
电话(传真) / 0531 - 88363377（0531 - 88363377）
邮　　箱 / ssd@ sdu. edu. cn
网　　址 / http://www. ssd. sdu. edu. cn
主要研究领域：区域经济；民营经济；“三农”问题；产业经济；公共政策；公共服务体系；社会发展与社会治理

1003 山东大学山东省公共经济与公共政策研究基地
Center for Public Economy and Policy Research of Shandong Province

所 属 类 别 / 高校智库
主 管 单 位 / 山东大学
成 立 时 间 / 2007 年 11 月
第一负责人 / 樊丽明
合 作 机 构 /
办 公 地 址 / 山东省济南市历城区山大南路 27 号（250100）
电话(传真) / 0531 - 88363688 （0531 - 88363688）
邮　　箱 / cpepr@ sdu. edu. cn
网　　址 / http://www. cpepr. sdu. edu. cn
主要研究领域:
公共经济（财政税收）; 公共卫生政策; 公共管理与公民自治; 社会福利政策; 生态环境政策; 公共经济与政策计量

1004 山东大学山东省反垄断与规制经济学重点研究基地
Antitrust and Regulation Research Center, Shandong University

所 属 类 别 / 高校智库
主 管 单 位 / 山东大学
成 立 时 间 / 2009 年 5 月
第一负责人 / 于良春
合 作 机 构 /
办 公 地 址 / 山东省济南市历城区山大南路 27 号（250100）
电话(传真) / 86 - 531 - 88363658（86 - 531 - 88363658）
邮　　箱 / regulationcentersd@ 163. com
网　　址 / http://www. arrc. sdu. edu. cn
主要研究领域:
反垄断法律与案例; 产业组织与竞争政策; 市场设计与模拟

1005 山东大学山东省应用金融理论与政策研究基地

所 属 类 别 / 高校智库
主 管 单 位 / 山东大学
成 立 时 间 / 2009 年 6 月
第一负责人 / 胡金焱
合 作 机 构 /
办 公 地 址 / 山东省济南市历城区山大南路 27 号山东大学经济学院（250100）
电话(传真) / 0531 - 88364625 （0531 - 88364625）
邮　　箱 / econ@ sdu. edu. cn
网　　址 /
主要研究领域:
金融投资与金融工程; 金融制度与金融政策; 国际金融; 银行公司治理

S

1006 山东大学卫生管理与政策研究中心
Health Management and Policy Research Center of Shandong University

所 属 类 别 / 高校智库
主 管 单 位 / 山东大学
成 立 时 间 / 2002 年 6 月
第一负责人 / 孙强
合 作 机 构 /
办 公 地 址 / 山东省济南市历下区文化西路 44 号（250012）
电话(传真) / 0531 - 88382142（0531 - 88382693）
邮　　箱 /
网　　址 / https://chmp. sdu. edu. cn
主要研究领域：
卫生经济；卫生管理；卫生政策

1007 山东大学亚太研究所
Institute of Asia - Pacific Studies, Shandong University

所 属 类 别 / 高校智库
主 管 单 位 / 山东大学
成 立 时 间 / 1994 年 5 月
第一负责人 / 杨鲁慧
合 作 机 构 /
办 公 地 址 / 山东省济南市历城区山大南路 27 号邵逸夫科学馆（250100）
电话(传真) / 0531 - 88377001（0531 - 88377001）
邮　　箱 / ylh@ sdu. edu. cn
网　　址 / http://www. iaps. sdu. edu. cn
主要研究领域：
亚太政治；东亚安全；亚太经济；亚太法律；亚太文化；比较政治；民族冲突；中国周边外交

1008 山东大学犹太教与跨宗教研究中心
Center for Judaic and Inter - religious Studies of Shandong University

所 属 类 别 / 高校智库
主 管 单 位 / 山东大学
成 立 时 间 / 2003 年 4 月
第一负责人 / 傅有德
合 作 机 构 /
办 公 地 址 / 山东省济南市山大南路 27 号（250100）
电话(传真) / 0531 - 88377938（0531 - 88377981）
邮　　箱 /
网　　址 / http://www. cjs. sdu. edu. cn/index. htm
主要研究领域：
犹太学；犹太宗教与哲学；世界各大宗教和比较宗教

1009 山东大学中泰证券金融研究院（山东大学齐鲁证券金融研究院）
Zhongtai Securities Institute for Financial Studies · Shandong University（Qilu Securities Institute for Finance Studies · Shandong University）

所属类别／合作智库
主管单位／山东大学、齐鲁证券有限公司
成立时间／2008年5月
第一负责人／陈增敬
合作机构／山东大学、齐鲁证券有限公司
办公地址／山东省济南市山大路27号（250100）
电话(传真)／0531－88364100
邮　　箱／sxyuanzhang@ sdu. edu. cn
网　　址／http://mathfinance. sdu. edu. cn
主要研究领域：金融数学；现代经济；金融领域

1010 山东工商学院山东能源经济协同创新中心

所属类别／合作智库
主管单位／山东工商学院
成立时间／2013年
第一负责人／刘传庚
合作机构／中国矿业大学、中国石油大学、山东科技大学、山东省宏观经济研究院、清华大学能源环境经济研究所、山东省社会科学院经济研究所、山东能源集团、兖矿集团、山东核电
办公地址／山东省烟台市莱山区滨海中路191号 山东工商学院煤炭经济研究院（264003）
电话(传真)／
邮　　箱／
主要研究领域：煤炭产业新旧动能转换；能源市场与能源保障；低碳发展与碳金融；新能源技术预见；山东能源产业高质量发展

S

1011 山东社会科学院
Shandong Academy of Social Sciences

所属类别／科研院所智库
主管单位／中共山东省委、山东省政府
成立时间／1980年12月
第一负责人／袁红英
合作机构／
办公地址／山东省济南市市中区舜耕路56号（250002）
电话(传真)／0531－82704698（0531－82973044）
邮　　箱／sdsky_ bgs@ 163. com
网　　址／http://www. sdass. net. cn
主要研究领域：生态经济；区域经济；农村发展；对外经济；海洋经济战略；财政金融；社会发展；公共政策；中国特色社会主义民主政策；人口管理

1012 山东省宏观经济研究院
Shandong Academy of Macroeconomic Research

所属类别／党政智库—省/区/市政府所属
主管单位／山东省发展改革委员会
成立时间／2010 年 6 月
第一负责人／张中英
合作机构／
办公地址／山东省济南市历下区千佛山南路 9 号（250003）
电话(传真)／0531－82623788（0531－82623556）
邮　　箱／sdshgybgs@126.com
网　　址／http://www.sdshgy.cn
主要研究领域：
国民经济；社会发展；改革问题

1013 山东省人民政府参事室

所属类别／党政智库—省/区/市政府所属
主管单位／山东省政府
成立时间／
第一负责人／王健
合作机构／
办公地址／山东省济南市历下区省府前街 1 号（250011）
电话(传真)／0531－6062433
邮　　箱／
网　　址／
主要研究领域：
山东省发展战略

1014 山东省社会科学界联合会
Shandong Federation of Social Sciences

所属类别／社会智库—社会团体
主管单位／中共山东省委宣传部
成立时间／1980 年
第一负责人／于杰
合作机构／
办公地址／山东省济南市市中区舜耕路 46 号（250002）
电话(传真)／0531－82866368
邮　　箱／shekelian@126.com
网　　址／http://www.skj.gov.cn
主要研究领域：
山东经济、社会发展；经济文化强省战略

1015 山东省艺术研究院
Shandong Academy of Arts

所 属 类 别 / 党政智库
主 管 单 位 / 山东省文化和旅游厅
成 立 时 间 / 2015 年 11 月
第一负责人 / 林凡军
合 作 机 构 /
办 公 地 址 / 山东省济南市山大北路 27 - 2 号（250100）
电话(传真) / 0531 - 69957293
邮　　箱 / sdsysyjy@ 126. com
网　　址 / http://www. sdsysyjy. com
主要研究领域：
数字化时代文化艺术新业态；文化艺术发展新阶段治理

1016 山西财经大学资源型经济研究中心

所 属 类 别 / 高校智库
主 管 单 位 / 山西财经大学
成 立 时 间 / 2011 年
第一负责人 / 郭泽光
合 作 机 构 /
办 公 地 址 / 山西省太原市坞城路 696 号（030006）
电话(传真) / 0351 - 7666327
邮　　箱 / aeri_ sxufe@ 163. com
网　　址 / http://zyzx. sxufe. edu. cn/sy. htm
主要研究领域：
资源型企业与产业转型；资源型城市转型发展；煤炭资源开发与生态环境治理；经济转型中的社会问题研究；资源型经济转型的体制改革

1017 山西财经大学资源型经济转型发展研究院

所 属 类 别 / 高校智库
主 管 单 位 / 山西财经大学
成 立 时 间 / 2011 年
第一负责人 / 郭淑芬
合 作 机 构 /
办 公 地 址 / 山西省太原市坞城路 696 号（030006）
电话(传真) / 0351 - 7666327
邮　　箱 / aeri_ sxufe@ 163. com
网　　址 /
主要研究领域：
区域经济学

1018 山西大学马克思主义研究所
Research Institute of Marxism, Shanxi University

所属类别 / 高校智库
主管单位 / 山西大学
成立时间 / 2007 年
第一负责人 / 郎敏学
合作机构 /
办公地址 / 山西省太原市坞城路 92 号文瀛苑 4 层（030006）
电话(传真) / 0351 －7011605
邮　　箱 / sxxumin@ sxu. edu. cn
网　　址 / http://mkszy. sxu. edu. cn
主要研究领域:
马克思主义中国化的重大理论与实践问题

1019 山西大学社会哲学与城市发展研究中心
Research Center for Social Philosophy and Urban – rural Development, Shanxi University

所属类别 / 高校智库
主管单位 / 山西大学
成立时间 / 2014 年 6 月
第一负责人 / 徐勇
合作机构 /
办公地址 / 山西省太原市坞城路 92 号（030006）
电话(传真) / 0351 －7018221
邮　　箱 /
网　　址 / http://curdi. sxu. edu. cn
主要研究领域:
乡村振兴；特色农－旅规划设计；精准扶贫评估；综合改革与社会实验；决策咨询

1020 山西大学中国社会史研究中心
Research Center For Chinese Social History Shanxi University

所属类别 / 高校智库
主管单位 / 山西大学
成立时间 / 1992 年
第一负责人 / 行龙
合作机构 /
办公地址 / 山西省太原市坞城路 92 号（030006）
电话(传真) / 0351 －7011488
邮　　箱 / rcsh@ sxu. edu. cn
网　　址 / http://rccsh. sxu. edu. cn
主要研究领域:
区域社会史

1021 山西农业大学信息学院非物质文化遗产研究中心（晋中信息学院非物质文化遗产研究中心）

所属类别／高校智库
主管单位／山西农业大学信息学院（晋中信息学院）
成立时间／2015 年 9 月
第一负责人／
合作机构／
办公地址／山西省太谷县学院路 8 号（030800）
电话(传真)／
邮　　箱／
网　　址／http://www.cisau.com.cn/html/list_2088.html
主要研究领域：
山西非物质文化遗产研究、保护与传承

1022 山西省城乡统筹协同创新中心
Shanxi Collaborative Innovation Center For Coord Nated Urban And Rural Development

所属类别／合作智库
主管单位／山西省教育厅 山西省财政厅
成立时间／2013 年 9 月
第一负责人／王尚义
合作机构／太原师范学院汾河流域科学发展研究中心、中山大学城市与区域研究中心、山西省城乡规划设计研究院、山西省住房和城乡建设厅
办公地址／山西省晋中市榆次区大学街 319 号（030619）
电话(传真)／
邮　　箱／sujizhong@163.com
网　　址／http://xtcx.tynu.edu.cn/index.htm
主要研究领域：
城镇化与城乡统筹理论；城乡公共资源配置；城乡规划检测评估与技术创新

1023 山西省人民政府参事室（山西省人民政府文史研究馆）

所属类别／党政智库—省/区/市政府所属
主管单位／山西省政府
成立时间／
第一负责人／王安禄
合作机构／
办公地址／山西省太原市迎泽区文源巷 23 号（030001）
电话(传真)／0351－4167013
邮　　箱／csswhl@126.com
网　　址／
主要研究领域：
山西省发展战略

1024 **山西省社会科学界联合会**
Shanxi Federation of Social Sciences

所 属 类 别 / 社会智库—社会团体
主 管 单 位 / 中共山西省委
成 立 时 间 / 1987 年 9 月
第一负责人 / 李高山
合 作 机 构 /
办 公 地 址 / 山西省太原市迎泽大街 388 号 2103 室（030001）
电话(传真) / 0351－4031669（0351－4046277）
网　　址 / http://www.sxskw.org.cn
主要研究领域：山西经济、社会发展

1025 **山西省社会科学院（山西省人民政府发展研究中心）**
Shanxi Academy of Social Sciences

所 属 类 别 / 科研院所智库
主 管 单 位 / 山西省政府
成 立 时 间 / 1978 年（2001 年）
第一负责人 / 杨茂林
合 作 机 构 /
办 公 地 址 / 山西省太原市小店区大昌南路 14 号（030006）
电话(传真) / 0351－7850200
邮　　箱 / 496256476@qq.com
网　　址 / http://www.sass.sx.cn
主要研究领域：能源经济；党的建设；思维科学；晋商文化；旅游经济；山西安全文化；山西学习科学与家庭教育；人文资源开发

1026 **山西师范大学山西省互联网＋与旅游产业升级协同创新中心**
Shanxi Internet + and tourism Industry Upgrading Collaborative Innovation Center

所 属 类 别 / 合作智库
主 管 单 位 / 山西师范大学
成 立 时 间 / 2017 年 9 月
第一负责人 / 车效梅
合 作 机 构 / 澳大利亚南昆士兰大学、中国信息经济学会、北京航空航天大学软件学院、山西省旅游发展委员会、山西省宗教局、山东科技大学、山西兰花煤炭实业集团有限公司、山西省思软科技有限公司、成都大旗软件公司、临汾市旅游发展委员会、山西省翼城县人民政府、山西省软件行业协会
办 公 地 址 / 山西省临汾尧都区贡院街 1 号（041000）
电话(传真) /
网　　址 / http://hlwjlyxtzx.sxnu.edu.cn/index.htm
主要研究领域：
“互联网＋”旅游产业规划与政策；“互联网＋”旅游产业升级创新

S

1027 陕西省人民政府参事室（陕西省文史研究馆）

所 属 类 别 / 党政智库—省/区/市政府所属
主 管 单 位 / 陕西省政府
成 立 时 间 /
第一负责人 / 徐晔
合 作 机 构 /
办 公 地 址 / 陕西省西安市未央区未央路 103 号 B 楼（710021）
电话(传真) / 029 - 63916993（029 - 63917000）
邮　　箱 /
网　　址 /
主要研究领域：
陕西省发展战略

1028 陕西省人民政府研究室（陕西省发展研究中心）

所 属 类 别 / 党政智库—省/区/市政府所属
主 管 单 位 / 陕西省政府
成 立 时 间 / 1981 年 6 月
第一负责人 / 马月逢
合 作 机 构 /
办 公 地 址 / 陕西省西安市新城区省政府大院前大楼 12 层东（710006）
电话(传真) / 029 - 63916512（029 - 63916488）
邮　　箱 / zysdyzc@ shaanxi. gov. cn
网　　址 / http://zys. shaanxi. gov. cn
主要研究领域：
陕西省中长期规划；国土资源；环境保护；经济体制改革；宏观经济调控；粮食安全；县域经济；公共安全；就业与社会保障；收入分配

1029 陕西省社会科学界联合会

所 属 类 别 / 社会智库—社会团体
主 管 单 位 / 中共陕西省委
成 立 时 间 / 1980 年
第一负责人 / 甘辉
合 作 机 构 /
办 公 地 址 / 陕西省西安市雁塔区小寨东路 3 号（710061）
电话(传真) / 029—85432566
邮　　箱 / sx_ skw@ 163. com
网　　址 / http://www. sxsskw. org. cn
主要研究领域：
陕西经济、社会发展

1030 陕西省社会科学院
Shaanxi Academy of Social Sciences

所属类别／科研院所智库
主管单位／陕西省政府
成立时间／1979 年
第一负责人／司晓宏
合作机构／
办公地址／陕西省西安市雁塔区含光南路 177 号（710065）
电话(传真)／029－85254007（029－85254007）
邮　　箱／sassweb@126.com
网　　址／http://www.sxsky.org.cn
主要研究领域：区域经济；产业经济；党的建设；民主法治建设；公共管理；公共政策；区域社会；陕西人口；社会舆情调查；宗教政策；文化体制改革

1031 陕西省新型城镇化和人居环境研究院
The Research Institute of New Urbanization and Human Settlement in Shaanxi Province

所属类别／合作智库
主管单位／西安省发展和改革委员会、西安省住房和城乡建设厅、西安建筑科技大学
成立时间／2016 年 7 月
第一负责人／苏三庆
合作机构／西安省发展和改革委员会、西安省住房和城乡建设厅、西安建筑科技大学
办公地址／陕西省西安市碑林区雁塔路中段 13 号逸夫楼 4 层（710055）
电话(传真)／029－82202437（029－82202540）
邮　　箱／xxczh@xauat.edu.cn
网　　址／http://czh.xauat.edu.cn
主要研究领域：新型城镇化建设的全局性；综合性；战略性重大问题

1032 陕西师范大学“一带一路”建设与中亚研究协同创新研究中心（陕西师范大学中亚研究所）
Central Asia Institute of Shaanxi Normal University

所属类别／高校智库
主管单位／陕西师范大学
成立时间／2004 年
第一负责人／李琪
合作机构／
办公地址／陕西省西安市长安区西长安街 620 号（陕西师范大学长安校区）（710119）
电话(传真)／029－85318767
网　　址／http://zys.snnu.edu.cn
主要研究领域：共建“一带一路”国家区域合作；中亚问题

S

1033 陕西师范大学扶贫政策与评估研究中心

所 属 类 别 / 高校智库
主 管 单 位 / 陕西师范大学
成 立 时 间 / 2018 年 12 月
第一负责人 / 黎建强
合 作 机 构 /
办 公 地 址 / 陕西省西安市长安区西长安街 620 号陕西师范大学（710119）
电话(传真) / 029 – 85308114
邮　　箱 /
网　　址 /
主要研究领域:
扶贫政策

1034 陕西师范大学公共治理与政策创新研究中心

所 属 类 别 / 高校智库
主 管 单 位 / 陕西师范大学
成 立 时 间 / 2019 年 4 月
第一负责人 / 袁祖社
合 作 机 构 /
办 公 地 址 / 陕西省西安市长安区西长安街 620 号陕西师范大学（710119）
电话(传真) / 029 – 85308114
邮　　箱 / zushe@ snnu. edu. cn
网　　址 /
主要研究领域:
公共治理与政策创新

1035 陕西师范大学教育实验经济研究所
Center for Experimental Economics in Education, Shaanxi Normal University

所 属 类 别 / 高校智库
主 管 单 位 / 陕西师范大学
成 立 时 间 / 2014 年 3 月
第一负责人 / 史耀疆
合 作 机 构 /
办 公 地 址 / 陕西省西安市长安区西长安街 620 号（710119）
电话(传真) / 029 – 81530873（029 – 81530873）
邮　　箱 / ceee@ snnu. edu. cn
网　　址 / http://ceee. snnu. edu. cn/index. htm
主要研究领域:
营养、健康及教育；信息技术与人力资本；教师与教学

1036 陕西师范大学体育人文社会科学研究中心

所属类别／高校智库
主管单位／陕西师范大学
成立时间／2003 年 11 月
第一负责人／党怀兴
合作机构／
办公地址／陕西省西安市长安区陕西师范大学文津楼一段（710062）
电话(传真)／029－85310171
邮　　箱／123456789@ snnu. edu. cn
网　　址／http://tyrwzx. snnu. edu. cn
主要研究领域：
体育地理；西北地区社会体育；体育社会认知心理

1037 陕西师范大学土耳其研究中心

Center for Turkish Studies, SNNU

所属类别／高校智库
主管单位／陕西师范大学
成立时间／2016 年 9 月
第一负责人／李秉忠
合作机构／
办公地址／陕西省西安市长安区西长安街 620 号陕西师范大学文汇楼 516 室（710119）
电话(传真)／029－85310578
邮　　箱／tscsnu@ 163. com
网　　址／http://turkey. snnu. edu. cn
主要研究领域：中亚国家宗教；民族问题

1038 陕西师范大学西北国土资源研究中心

Center For Land Resource Research In Northwest China, Shaanxi Normal University

所属类别／高校智库
主管单位／陕西师范大学
成立时间／2008 年 5 月
第一负责人／曹小曙
合作机构／
办公地址／陕西省西安市长安区西长安街 620 号陕西师范大学长安校区格物楼 6 层（710119）
电话(传真)／029－85310659（029－85310659）
邮　　箱／gtzyzx@ snnu. edu. cn
网　　址／http://gtzy. snnu. edu. cn
主要研究领域：西北国土资源与生态环境；土地利用与土地资源保护；水土资源评价与规划；土地开发史与土地制度政策

1039 陕西师范大学西北跨境民族与边疆安全研究中心

所属类别 / 高校智库
主管单位 / 陕西师范大学
成立时间 / 2017 年 10 月
第一负责人 / 冯旭东
合作机构 /
办公地址 / 陕西省西安市长安区西长安街 620 号陕西师范大学长安校区文科科研楼（710119）
电话(传真) / 029 - 85318785
邮　　箱 / rlxmzxxanh@ 126. com
网　　址 / http://kjmz. snnu. edu. cn
主要研究领域：
西北民族走廊研究；民族主义和族群理论跨国比较研究；海外民族志调查；海外华侨华人；跨境民族与非传统安全

1040 陕西师范大学西北历史环境与经济社会发展研究院

Northwest Institute of Historical Environment and Socio - Economic Development, Shaanxi Normal University

所属类别 / 高校智库
主管单位 / 陕西师范大学
成立时间 / 2000 年 3 月
第一负责人 / 王社教
合作机构 /
办公地址 / 陕西省西安市长安区陕西师范大学博物馆西副楼北段（710062）
电话(传真) / 029 - 85318752（029 - 85318753）
邮　　箱 / xbyjy@ snnu. edu. cn
网　　址 / http://heshan. snnu. edu. cn
主要研究领域：
西北地区地理环境变迁；经济社会发展和治理方略

1041 陕西师范大学中国旅游研究院西部旅游发展研究基地

所属类别 / 合作智库
主管单位 / 陕西师范大学
成立时间 / 2011 年 4 月
第一负责人 / 马耀峰
合作机构 / 中国旅游研究院
办公地址 / 陕西省西安市长安区西长安街 620 号陕西师范大学（710119）
电话(传真) / 029 - 85308114
邮　　箱 /
网　　址 /
主要研究领域：旅游空间理论；西部旅游资源开发；管理与保育问题

S

1042 陕西师范大学中国西部边疆研究院
Institute for the West Frontier Regions of China Shaanxi Normal University

所 属 类 别 / 高校智库
主 管 单 位 / 陕西师范大学
成 立 时 间 / 2001 年 9 月
第一负责人 / 王欣
合 作 机 构 /
办 公 地 址 / 陕西省西安市雁塔区长安南路 199 号 (710062)
电话(传真) / 029 - 85300904 (029 - 85300904)
邮　　箱 / myzxbg@ snnu. edu. cn
网　　址 / http://nec. snnu. edu. cn
主要研究领域:
西北民族历史、文化、宗教; 西北地区环境与社会经济发展

1043 陕西中经发展改革研究院
Shaanxi Zhongjing Development and Reformation Institute Co. , Ltd

所 属 类 别 / 社会智库—民办非企业
主 管 单 位 / 国家发展和改革委员会
成 立 时 间 / 2011 年 9 月
第一负责人 / 李称阳
合 作 机 构 /
办 公 地 址 / 陕西省西安市莲湖区许士庙街 4 号节能大厦 1013 室 (710003)
电话(传真) / 13152153566 (029—68785027)
邮　　箱 / sxzjfzgg@ 163. com
网　　址 / http://www. zjfzgg. com
主要研究领域:
宏观经济政策; 社会发展规划与政策; 产业发展; 可持续发展; 国际贸易与金融; 能源发展; 综合运输体系发展; 信息化战略; 城镇化发展和工业新区

1044 陕西中医药大学“一带一路”中医药健康发展研究中心

所 属 类 别 / 高校智库
主 管 单 位 / 陕西中医药大学
成 立 时 间 / 2019 年 3 月
第一负责人 / 唐志书
合 作 机 构 /
办 公 地 址 / 陕西省西咸新区西咸大道 (712046)
电话(传真) / 029 - 38185000
邮　　箱 /
网　　址 /
主要研究领域:
中医药健康发展

1045 汕头大学地方政府发展研究所

所 属 类 别 / 高校智库
主 管 单 位 / 汕头大学
成 立 时 间 / 2003 年 10 月
第一负责人 / 李平
合 作 机 构 /
办 公 地 址 / 广东省汕头市大学路 243 号（515063）
电话(传真) / 0754 - 82903175 - 845
邮　　箱 /
网　　址 /
主要研究领域：
地方政府发展

1046 汕头大学高等教育研究所
Higher Education Research Institute, Shantou University

所 属 类 别 / 高校智库
主 管 单 位 / 汕头大学
成 立 时 间 / 1986 年
第一负责人 / 马凤岐
合 作 机 构 /
办 公 地 址 / 广东省汕头市大学路 243 号（515063）
电话(传真) / 0754 - 82903301
邮　　箱 /
网　　址 / http://gjs.stu.edu.cn
主要研究领域：
高等教育

1047 商务部国际贸易经济合作研究院
Chinese Academy of International Trade and Economic Cooperation

所 属 类 别 / 高端智库，党政智库
主 管 单 位 / 商务部
成 立 时 间 / 1948 年
第一负责人 / 顾学明
合 作 机 构 /
办 公 地 址 / 北京市东城区安定门外东后巷 28 号（100710）
电话(传真) / 010 - 64245741（010 - 64212175）
邮　　箱 / yuanban@caitec.org.cn
网　　址 / http://www.caitec.org.cn
主要研究领域：
世界经济及政治；国际关系；国际贸易；对外经济合作；地区经济；国内贸易；市场研究；信用与电子商务；贸易安全

S

1048 商务部经贸政策咨询委员会
Ministry of Commerce of the People's Republic of China Advisory Committee for Economic & Trade Policy

所 属 类 别 / 党政智库—国务院组成部门所属
主 管 单 位 / 商务部
成 立 时 间 / 2011 年 7 月
第一负责人 / 隆国强
合 作 机 构 /
办 公 地 址 / 北京市东城区东长安街 2 号（100731）
电话(传真) / 010－53771212（010－53771311）
邮　　箱 /
网　　址 /
主要研究领域：
国际国内商务发展趋势；中国商务发展战略、发展规划

1049 商务部流通产业促进中心
Circulation Industry Promotion Center

所 属 类 别 / 党政智库—国务院组成部门所属
主 管 单 位 / 商务部
成 立 时 间 / 2000 年
第一负责人 / 刘德成
合 作 机 构 /
办 公 地 址 / 北京市丰台区南四环西路 188 号七区 7 号楼（100070）
电话(传真) / 010－51190809（010－51190811）
邮　　箱 /
网　　址 / http://www. ltcjzx. org. cn
主要研究领域：
流通产业；流通领域食品安全；流通领域科技创新；流通领域节能；商务信用

1050 上海财经大学 500 强企业研究中心
Top 500 Enterprises Research Center, Shanghai University of Finance and Economics

所 属 类 别 / 高校智库
主 管 单 位 / 上海财经大学
成 立 时 间 /
第一负责人 / 江若尘
合 作 机 构 /
办 公 地 址 / 上海市杨浦区国定路 777 号（200433）
电话(传真) /
邮　　箱 / wxb@ mail. shufe. edu. cn
网　　址 / http://top500. shufe. edu. cn
主要研究领域：500 强企业的经营战略；跨国并购策略；全球供应链管理；国际市场营销；公司治理；人力资源管理；跨文化管理

1051 上海财经大学财经研究所

所 属 类 别 / 高校智库
主 管 单 位 / 上海财经大学
成 立 时 间 / 1984 年 12 月
第一负责人 / 曹建华
合 作 机 构 /
办 公 地 址 / 上海市杨浦区国定路 777 号（200433）
电话(传真) /
邮　　箱 / wxb@ mail. shufe. edu. cn
网　　址 / http://ife. shufe. edu. cn
主要研究领域:
区域经济；城市及房地产经济；都市农业经济；国防经济；宏观经济；经济安全；企业竞争力；能源战略

1052 上海财经大学长三角与长江经济带发展研究院
Institute for Yangtze River Delta and Yangtze River Economic Belt Development

所 属 类 别 / 合作智库
主 管 单 位 / 上海财经大学
成 立 时 间 / 2019 年 4 月
第一负责人 / 许涛
合 作 机 构 / 安徽省宣城市、江苏省启东市、浙江省平湖市、浙江省嘉善县政府等地方政府，保利发展控股集团股份有限公司、中国投资咨询有限责任公司、智慧足迹数据科技有限公司、上海合合信息科技发展有限公司
办 公 地 址 / 上海市杨浦区国定路 777 号红瓦楼（200433）
电话(传真) / 021 - 6590 - 3058
邮　　箱 /
网　　址 / http://iyrs. shufe. edu. cn
主要研究领域:
长三角区域一体化发展；长江经济带国家战略的重大和前瞻性问题

1053 上海财经大学高等教育研究所

所 属 类 别 / 高校智库
主 管 单 位 / 上海财经大学
成 立 时 间 / 2006 年 11 月
第一负责人 / 应望江
合 作 机 构 /
办 公 地 址 / 上海市杨浦区国定路 777 号上海财经大学行政楼 510 室（200433）
电话(传真) /
邮　　箱 / yjshi@ mail. shufe. edu. cn
网　　址 /
主要研究领域: 学科建设与评估；国际比较教育；教育经济管理；财经高教

1054 **上海财经大学高等研究院**
Institute for Advanced Research, Shanghai University of Finance and Economics

所 属 类 别 / 高校智库
主 管 单 位 / 上海财经大学
成 立 时 间 / 2006 年 7 月
第一负责人 / 田国强
合 作 机 构 /
办 公 地 址 / 上海市杨浦区武川路 111 号上海财经大学经济学院高等研究院综合办公楼（200433）
电话(传真) /
邮　　箱 / gtian@ mail. shufe. edu. cn
网　　址 / http://iar. shufe. edu. cn
主要研究领域:
中国教育改革与发展; 社会发展与稳定; 环境与自然资源; 农业与城乡协调发展; 卫生经济; 公共政策评估; 中国宏观经济; 市场机制设计与信息经济

1055 **上海财经大学公共政策与治理研究院**
Institute of Public Policy & Governance, Shanghai University of Finance and Economics

所 属 类 别 / 高校智库
主 管 单 位 / 上海财经大学
成 立 时 间 / 2013 年 9 月
第一负责人 / 胡怡建
合 作 机 构 /
办 公 地 址 / 上海市杨浦区国定路 777 号（200433）
电话(传真) / 021 - 65903686（021 - 65904294）
邮　　箱 / ippg@ mail. shufe. edu. cn
网　　址 / http://ippg. shufe. edu. cn
主要研究领域: 卫生政策与管理; 社会保障; 公共政策; 资产评估; 资源环境政策与管理; 不动产; 公共治理

1056 **上海财经大学会计与财务研究院**
The Institute of Accounting and Finance, Shanghai University of Finance and Economics

所 属 类 别 / 高校智库
主 管 单 位 / 上海财经大学
成 立 时 间 / 2000 年 9 月
第一负责人 / 陈信元
合 作 机 构 /
办 公 地 址 / 上海市杨浦区武川路 111 号（200433）
电话(传真) / 021 - 65904360（021 - 65112195）
邮　　箱 / pan. xue@ mail. shufe. edu. cn
网　　址 / http://iaf. shufe. edu. cn
主要研究领域: 政府管制与盈余管理; 会计准则制定; 财务监控制度

1057 上海财经大学上海发展研究院（上海财经大学自由贸易区研究院）

所 属 类 别／高校智库
主 管 单 位／上海财经大学
成 立 时 间／2013 年 10 月
第一负责人／赵晓雷
合 作 机 构／
办 公 地 址／上海市杨浦区国定路 777 号（200433）
电话(传真)／021 －65908703
邮　　箱／ssd@ mail. shufe. edu. cn
网　　址／
主要研究领域：
上海发展；现代服务经济；城市经济规划

1058 上海财经大学上海国际金融中心研究院
Shanghai Institute of International Finance Center, Shanghai University of Finance and Economics

所 属 类 别／高校智库
主 管 单 位／上海财经大学
成 立 时 间／2012 年 7 月
第一负责人／赵晓菊
合 作 机 构／
办 公 地 址／上海市杨浦区武东路 100 号同德楼（200433）
电话(传真)／021 －65901266（021 －65103925）
邮　　箱／siifc163@ 163. com
网　　址／
主要研究领域：
人民币国际化；自由贸易区资本市场创新；金融集聚效应与风险防范；境内外自动化交易监管；金融争端解决机制；信用体系制度保障

1059 上海财经大学数理经济学教育部重点实验室
Key Laboratory of Mathematical Economics, Ministry of Education（SUFE）

所 属 类 别／高校智库
主 管 单 位／上海财经大学
成 立 时 间／2012 年 4 月
第一负责人／艾春荣、田国强
合 作 机 构／
办 公 地 址／上海市杨浦区国定路 777 号（200433）
电话(传真)／021 －65903125（021 －65903224）
邮　　箱／chen. xudong@ mail. shufe. edu. cn
网　　址／http://klme. shufe. edu. cn
主要研究领域：
博弈论及机制设计；金融建模与风险管理；宏观经济模型与预测

1060 上海财经大学现代金融研究中心
Research Center for Modern Finance, Shanghai University of Finance and Economics

所 属 类 别 / 高校智库
主 管 单 位 / 上海财经大学
成 立 时 间 / 2001 年 11 月
第一负责人 / 丁剑平
合 作 机 构 /
办 公 地 址 / 上海市杨浦区武东路 100 号毓秀楼 317 室（200433）
电话(传真) / 021－65908392（021－65908392）
邮　　箱 / rcmff@ mail. shufe. edu. cn
网　　址 /
主要研究领域：
金融市场改革；开发性金融；农村金融；金融稳定；人民币汇率；金融中心建设

1061 上海财经大学中国产业发展研究院
China Industrial Development Institute

所 属 类 别 / 合作智库—政校合作
主 管 单 位 / 上海财经大学
成 立 时 间 / 1997 年
第一负责人 /
合 作 机 构 / 上海市教育委员会、上海财经大学
办 公 地 址 / 上海市杨浦区国定路 777 号上海财经大学科研实验大楼 1402 室（200433）
电话(传真) / 021－65908714
邮　　箱 / cidi@ mail. shufe. edu. cn
网　　址 / http://cidi. shufe. edu. cn
主要研究领域：
产业结构转型与升级；文化产业；商业经济；反垄断与规制

1062 上海财经大学中国公共财政研究院
China Public Finance Institute, Shanghai University of Finance and Economics

所 属 类 别 / 高校智库
主 管 单 位 / 上海财经大学
成 立 时 间 / 2012 年 8 月
第一负责人 / 高强
合 作 机 构 /
办 公 地 址 / 上海市杨浦区武川路 111 号（200433）
电话(传真) / 021－65908960（021－65104294）
邮　　箱 / cipf@ mail. shufe. edu. cn
网　　址 /
主要研究领域：
公共财政理论；发展财政；民生财政；法制财政；绩效财政

1063 上海财经大学中国自由贸易试验区协同创新中心
Collaborative Innovation Center of China Pilot Free Trade Zone

所 属 类 别 / 合作智库
主 管 单 位 / 上海财经大学
成 立 时 间 / 2013 年 10 月
第一负责人 / 王新奎
合 作 机 构 / 对外经济贸易大学、南开大学、中山大学、上海交通大学、华东政法大学、国家发展和改革委员会、商务部、中国人民银行、中国（上海）自由贸易试验区管委会、财政部、世界贸易组织、世界银行等
办 公 地 址 / 上海市杨浦区国定路 777 号（200433）
电话(传真) / 021 - 65904597
邮　　箱 / wxb@ mail. shufe. edu. cn
网　　址 / http://cicftz. shufe. edu. cn
主要研究领域:
国家自由贸易试验区改革；全球经贸理论及规则体系

1064 上海春秋发展战略研究院

所 属 类 别 / 社会智库—民办非企业
主 管 单 位 / 上海市民政局
成 立 时 间 / 2014 年 9 月
第一负责人 / 金仲伟
合 作 机 构 /
办 公 地 址 / 上海市长宁区番禺路 300 弄 3 号（200052）
电话(传真) / 021 - 62802030
邮　　箱 /
网　　址 /
主要研究领域：社会建设；中国经济发展模式；国际关系战略

1065 上海大学毒品与国家安全研究中心
Center for Drugs and National Security Studies, Shanghai University

所 属 类 别 / 高校智库
主 管 单 位 / 上海大学
成 立 时 间 / 2010 年 10 月
第一负责人 / 张勇安
合 作 机 构 /
办 公 地 址 / 上海市宝山区上大路 99 号（200444）
电话(传真) /
邮　　箱 / zhangyongan@ shu. edu. cn
网　　址 /
主要研究领域：国际禁毒政策；中国毒品管制战略；毒品与国家安全；毒品、药品、酒精、香烟等问题

1066 上海大学基层治理创新研究中心
Research Center for Local Governance, Shanghai University

所 属 类 别 / 高校智库
主 管 单 位 / 上海大学
成 立 时 间 / 2013 年 9 月
第一负责人 / 李友梅
合 作 机 构 /
办 公 地 址 / 上海市宝山区南陈路 333 号上海大学东区社会学院大楼 (200444)
电话(传真) /
邮　　箱 / rclgshu@ 126. com
网　　址 /
主要研究领域:
基层治理体制与机制创新; 社区自治与共治; 社会组织发展

1067 上海大学全球问题研究院
The Institute of Global Studies, Shanghai University

所 属 类 别 / 高校智库
主 管 单 位 / 上海大学
成 立 时 间 /
第一负责人 / 郭长刚
合 作 机 构 /
办 公 地 址 / 上海市宝山区上大路 99 号 (200444)
电话(传真) /
邮　　箱 /
网　　址 / https://igs. shu. edu. cn/index. htm
主要研究领域: 全球化及全球学理论; 全球化与区域社会发展; 西亚北非研究; 南亚研究; 拉美研究; 非洲研究; 全球问题研究; 宗教与全球政治; 毒品走私与全球禁毒政策; 环境与粮食安全

1068 上海大学土耳其研究中心
Center for Turkish Studies at Shanghai University

所 属 类 别 / 高校智库
主 管 单 位 / 上海大学
成 立 时 间 / 2012 年 4 月
第一负责人 / 郭长刚
合 作 机 构 /
办 公 地 址 / 上海市宝山区上大路 99 号上海大学行政楼 412 室 (200444)
电话(传真) / 021 - 66135630
邮　　箱 / gchgang@ staff. shu. edu. cn
网　　址 /
主要研究领域: 当代土耳其政治与社会; 土耳其历史、文化与宗教综合; 中土关系; 大中东问题

1069 上海大学智库产业研究中心
Think Tank Industry Research Center of Shanghai University

所属类别／智库研究与评价机构，高校智库
主管单位／上海大学
成立时间／2014 年 6 月
第一负责人／徐旭、于今
合作机构／
办公地址／上海市宝山区上大路 99 号（200444）
电话(传真)／
邮　　箱／
网　　址／
主要研究领域：国际关系；国家发展战略；智库产业

1070 上海大学中国社会转型与社会组织研究中心

所属类别／高校智库
主管单位／上海市教育委员会
成立时间／2007 年
第一负责人／李友梅
合作机构／
办公地址／上海市宝山区上大路 99 号 B 楼 109 室（200444）
电话(传真)／
邮　　箱／
网　　址／http://www.shzz.shu.edu.cn
主要研究领域：
社会管理体制改革；党政组织的运作机制；国家和民间组织的关系；社会阶层流动和组织认同；社区治理及其自组织构建；虚拟社会与虚拟组织的发展和治理

1071 上海对外经贸大学"一带一路"国家经贸关系与合作高等研究院
An Introduction to the Academy of Economics and Trade Relationship and Cooperation for the Belt and Road Countries, Shanghai University of International Business and Economics

所属类别／高校智库
主管单位／上海对外经贸大学
成立时间／2018 年 5 月
第一负责人／朱国宏
合作机构／
办公地址／上海市松江区文翔路 1900 号（201620）
电话(传真)／021－67702013
邮　　箱／
主要研究领域：
中国与共建"一带一路"国家双边经贸关系与合作；共建"一带一路"国家区域经贸关系与合作；中国企业在共建"一带一路"国家投资战略；共建"一带一路"国家经济社会发展；上海建设"一带一路"桥头堡战略

S

1072 上海国防战略研究所
Shanghai National Defense Institute

所属类别/社会智库—民办非企业
主管单位/
成立时间/2000年11月
第一负责人/方敏
合作机构/
办公地址/上海市长宁区江苏路488号（200050）
电话(传真)/021－81871949（021－81871949）
邮　　箱/Helun@ citiz. net
网　　址/http://www. gf81. com. cn/zy. html
主要研究领域:
国防战略；全民国防教育

1073 上海国际金融研究中心
Shanghai International Finance Research Centre

所属类别/社会智库—民办非企业
主管单位/中共上海市委宣传部
成立时间/2000年
第一负责人/张志超
合作机构/
办公地址/上海市长宁区新华路543号新华大厦1号楼5023室、5025室（200052）
电话(传真)/021－52540356（021－62802614）
邮　　箱/pan@ sifrc. org
网　　址/http://www. sifrc. org/Contact. html
主要研究领域:
金融市场动态；国际资本流动；金融衍生产品开发；国际金融市场投资战略；金融风险防范；金融监管

1074 上海国际问题研究院
Shanghai Institute for International Studies

所属类别/党政智库—省/区/市政府所属
主管单位/上海市政府
成立时间/1960年
第一负责人/陈东晓
合作机构/
办公地址/上海市徐汇区田林路195弄15号（200233）
电话(传真)/021－54614900（021－64850100）
邮　　箱/external@ siis. org. cn
网　　址/http://www. siis. org. cn
主要研究领域:
政治与安全；能源与环境；全球治理；对外政策；上海经济、社会发展

1075 上海国有资本运营研究院
Shanghai State - owned Capital Operation Research Institute

所 属 类 别 / 合作智库—研企合作
主 管 单 位 / 上海市国有资产监督管理委员会
成 立 时 间 / 2010 年 7 月
第一负责人 / 罗新宇
合 作 机 构 / 上海国盛（集团）有限公司、上海社会科学院
办 公 地 址 / 上海市浦东新区长清北路 1 号国新控股大厦（200126）
电话(传真) / 021 - 24227079
邮　　箱 /
网　　址 /
主要研究领域：
国有资本运营与管理

1076 上海海事大学海商法研究中心

所 属 类 别 / 高校智库
主 管 单 位 / 上海海事大学
成 立 时 间 / 2000 年 11 月
第一负责人 / 胡正良
合 作 机 构 /
办 公 地 址 / 上海市浦东新区海港大道 1550 号（201306）
电话(传真) / 021 - 38282000
邮　　箱 /
网　　址 /
主要研究领域：
海商法；国际航运政策与管理法；海事国际私法

1077 上海华夏社会发展研究院
Shanghai Academy of Huaxia Social Development Research

所 属 类 别 / 社会智库—社会团体
主 管 单 位 /
成 立 时 间 / 1994 年 12 月
第一负责人 / 鲍宗豪
合 作 机 构 /
办 公 地 址 / 上海市浦东新区居家桥路 151 弄 33 号（200129）
电话(传真) / 021 - 50454706
邮　　箱 / HXYJY@ online. sh. cn
网　　址 / http://www. huaxia. org. cn
主要研究领域：
城市现代化；城市文化；城市发展与评估

S

1078 上海交通大学城市科学研究院

所属类别／合作智库
主管单位／上海交通大学
成立时间／2010 年
第一负责人／刘士林
合作机构／上海交通大学、国家发展改革委员会地区经济司、城市与小城镇改革发展中心，国务院发展研究中心社会发展研究部、信息中心；教育部社会科学司等
办公地址／上海市东川路 800 号上海市交通大学媒体与设计学院 A302 室（200240）
电话(传真)／021－34208611
邮　　箱／wxj1210@ 139. com
网　　址／
主要研究领域：
都市化进程；中国式城市化；人文型智慧城市；文化城市；文化型传统村落

1079 上海交通大学第三部门研究中心

Center for the Third Sector, Shanghai Jiao Tong University

所属类别／高校智库
主管单位／上海交通大学
成立时间／2006 年 5 月
第一负责人／徐家良
合作机构／
办公地址／上海市徐汇区华山路 1954 号新建楼 2002 室（200030）
电话(传真)／021－62932258（021－62932258）
邮　　箱／cts@ sjtu. edu. cn
网　　址／
主要研究领域：公民社会与第三部门

1080 上海交通大学高等教育研究院

Graduate School of Education, Shanghai Jiao Tong University

所属类别／高校智库
主管单位／上海交通大学
成立时间／2007 年 12 月
第一负责人／刘念才
合作机构／
办公地址／上海市闵行区东川路 800 号上海交通大学闵行校区陈瑞球楼南楼 2 层（200240）
电话(传真)／021－34205654（021－34205782）
邮　　箱／gsegaoyan@ sjtu. edu. cn
网　　址／http://gse. sjtu. edu. cn
主要研究领域：公共管理；高等教育；比较教育；科技与教育管理；教育经济与管理

S

1081 上海交通大学国家战略研究中心
Center for National Strategic Studies, Shanghai Jiao Tong University

所 属 类 别 / 高校智库
主 管 单 位 / 上海交通大学
成 立 时 间 / 2005 年 9 月
第一负责人 / 徐根初
合 作 机 构 /
办 公 地 址 / 上海市徐汇区华山路 1954 号上海交通大学浩然科技大厦 15 层 (200030)
电话(传真) / 021 - 62836725 (021 - 62836817)
邮　　箱 / cnss@ sjtu. edu. cn
网　　址 /
主要研究领域:
国家战略; 政治发展战略; 经济发展战略

1082 上海交通大学科学史与科学文化研究院
School of History and Culture of Science, Shanghai Jiao Tong University

所 属 类 别 / 高校智库
主 管 单 位 / 上海交通大学
成 立 时 间 / 2012 年 3 月
第一负责人 / 李侠
合 作 机 构 /
办 公 地 址 / 上海市东川路 800 号上海交通大学闵行校区密西根学院楼五楼 (200240)
电话(传真) / 021 - 34207846 (021 - 34205781)
邮　　箱 / yangboyi@ sjtu. edu. cn
网　　址 / http://shc. sjtu. edu. cn
主要研究领域:
科学社会学的基本原理与应用; 科技传播与科技政策; 科技伦理与工程伦理

1083 上海交通大学能源研究院

所 属 类 别 / 高校智库
主 管 单 位 / 上海交通大学
成 立 时 间 / 2005 年 6 月
第一负责人 / 黄震
合 作 机 构 /
办 公 地 址 / 上海市闵行区东川路 800 号 (200240)
电话(传真) / 021 - 34206287 (021 - 34206287)
邮　　箱 / ljyu@ sjtu. edu. cn
网　　址 / http://energy. sjtu. edu. cn
主要研究领域: 化石能源高效清洁利用; 可再生能源开发与利用; 新一代能源与动力系统; 能源战略与政策

1084 上海交通大学文化创新与青年发展研究院

所 属 类 别 / 高校智库
主 管 单 位 / 上海交通大学
成 立 时 间 / 2019 年
第一负责人 / 顾锋
合 作 机 构 /
办 公 地 址 / 上海市闵行区东川路 800 号（200240）
电话(传真) /
邮　　箱 /
网　　址 /
主要研究领域：
城市文化研究；网络文化研究；青年文化研究

1085 上海交通大学新农村发展研究院

Institute of New Rural Development, Shanghai Jiao Tong University

所 属 类 别 / 高校智库
主 管 单 位 / 上海交通大学
成 立 时 间 / 2006 年 7 月
第一负责人 / 林忠钦
合 作 机 构 /
办 公 地 址 / 上海市闵行区东川路 800 号（200240）
电话(传真) / 021 - 34207060
邮　　箱 / geosjtu@ sjtu. edu. cn
网　　址 / http://www. inrd. sjtu. edu. cn
主要研究领域：
都市农产品安全供给保障；都市农村民生改善；西部农村扶贫开发

1086 上海交通大学舆情研究实验室

Public Opinion Research Laboratory of Shanghai Jiao Tong University

所 属 类 别 / 高校智库
主 管 单 位 / 上海交通大学
成 立 时 间 / 2010 年
第一负责人 /
合 作 机 构 /
办 公 地 址 / 上海市闵行区东川路 800 号（200240）
电话(传真) / 021 - 34204837
邮　　箱 / yuqingsjtu@ 163. com
网　　址 /
主要研究领域：
新媒体；大数据挖掘；公共舆论；社会治理

1087 上海交通大学中国发展研究院
Shanghai Institute for National Economy, Shanghai Jiao Tong University

所 属 类 别 / 高校智库
主 管 单 位 / 上海交通大学
成 立 时 间 / 2013 年 12 月
第一负责人 / 陆铭（执行院长）
合 作 机 构 /
办 公 地 址 / 上海市徐汇区华山路 1954 号（200030）
电话(传真) / 021 - 52301219
邮　　箱 / luming1973@ sjtu. edu. cn
网　　址 / http://www. shine. sjtu. edu. cn
主要研究领域：
国际金融研究、服务经济与贸易、发展的政治经济学；城市与区域发展、环境和能源政策、产业发展研究；城乡统筹发展；开放型经济的理论与政策

1088 上海交通大学中国海洋装备工程科技发展战略研究院
China Strategy Institute of Ocean Engineering

所 属 类 别 / 合作智库
主 管 单 位 / 上海交通大学
成 立 时 间 / 2015 年 6 月
第一负责人 / 林忠钦
合 作 机 构 / 中国工程院、工信部、教育部、上海市政府
办 公 地 址 / 上海市闵行区东川路 800 号木兰船建楼（200240）
电话(传真) / 021 - 34208350（021 - 34208339）
邮　　箱 / csioe@ sjtu. edu. cn
网　　址 / http://csioe. sjtu. edu. cn
主要研究领域：
海洋战略；海洋科技

1089 上海交通大学中国金融研究院
China Academy of Financial Research, Shanghai Jiao Tong University

所 属 类 别 / 高校智库
主 管 单 位 / 上海交通大学
成 立 时 间 / 2009 年
第一负责人 / 王江
合 作 机 构 /
办 公 地 址 / 上海市徐汇区淮海西路 211 号达通广场 12 楼（上海交通大学徐汇校区）（200030）
电话(传真) / 021 - 62934691（021 - 62932422）
邮　　箱 / cafr@ saif. sjtu. edu. cn
网　　址 / http://www. cafr. cn
主要研究领域：金融市场建设；金融服务产品开发

1090　上海金融与法律研究院
Shanghai Institute of Finance and Law

所 属 类 别 / 社会智库—民办非企业
主 管 单 位 / 上海市社会科学界联合会
成 立 时 间 / 2002 年 10 月
第一负责人 / 傅蔚冈
合 作 机 构 /
办 公 地 址 / 上海市浦东新区民生路 1299 号丁香国际商业中心西塔 702 室（200135）
电话(传真) / 021 – 68545701（021 – 61009030）
邮　　箱 / office@ sifl. org. cn
网　　址 / http://www. sifl. org. cn
主要研究领域:
城市化与地方政府债务风险；规制研究；世界城市法治；金融与法律研究

1091　上海科学技术政策研究所
Shanghai Institute of Science and Technology Policy

所 属 类 别 / 党政智库—省/区/市政府所属
主 管 单 位 / 上海科技管理干部学院
成 立 时 间 / 1987 年 1 月
第一负责人 / 杨耀武
合 作 机 构 /
办 公 地 址 / 上海市嘉定区城中路 37 号（201800）
电话(传真) / 021 – 39188056（021 – 39188055）
邮　　箱 / kyb@ sistm. edu. cn
网　　址 / http://www. sistp. org. cn
主要研究领域:
创新管理；科技人才；区域科技

1092　上海理工大学企业创新能力研究中心
Research Center of Enterprises Innovation Ability, University of Shanghai for Science and Technology

所 属 类 别 / 高校智库
主 管 单 位 / 上海理工大学
成 立 时 间 / 2011 年 1 月
第一负责人 / 高岩
合 作 机 构 /
办 公 地 址 / 上海市杨浦区军工路 334 号上海理工大学管理学院 215 室（200093）
电话(传真) /
邮　　箱 / rceic@ usst. edu. cn
网　　址 / http://inno. usst. edu. cn
主要研究领域:
企业创新能力

1093 上海社会科学院
Shanghai Academy of Social Sciences

所 属 类 别 / 高端智库，科研院所智库
主 管 单 位 / 上海市政府
成 立 时 间 / 1978 年 10 月
第一负责人 / 王德忠
合 作 机 构 /
办 公 地 址 / 上海市卢湾区淮海中路 622 弄 7 号（200020）
电话(传真) / 021 - 53060606
邮　　箱 / xxzx@ sass. org. cn
网　　址 / https://www. sass. org. cn
主要研究领域：世界经济；国际关系；公共管理；城市与人口；上海汽车战略；生态经济与可持续发展；智库研究；港澳研究；俄罗斯研究；中印比较

1094 上海市发展改革研究院
Shanghai Academy of Development and Reform

所 属 类 别 / 党政智库
主 管 单 位 / 上海市发展和改革委员会
成 立 时 间 / 2007 年 12 月
第一负责人 / 阮青
合 作 机 构 /
办 公 地 址 / 上海市肇嘉浜路 301 号 19 楼（200032）
电话(传真) / 021 - 54236227
邮　　箱 /
网　　址 / https://www. shadr. org. cn/index. jsp
主要研究领域：上海经济社会发展和改革领域的战略性、全局性问题

1095 上海师范大学城市发展研究院
Institute of Urban Studies, Shanghai Normal University

所 属 类 别 / 高校智库
主 管 单 位 / 上海师范大学
成 立 时 间 / 2013 年 7 月
第一负责人 / 程国栋
合 作 机 构 / 美国密西根大学；美国密西根州立大学；美国加州大学欧文分校；日本爱知大学等
办 公 地 址 / 上海市徐汇区桂林路 100 号上海师范大学徐汇校区 12 号楼 507 室（200234）
电话(传真) / 021 - 64322753
邮　　箱 / cloffice@ shnu. edu. cn
网　　址 / http://ius. shnu. edu. cn/main. htm
主要研究领域：
城市遥感与环境模拟；城市生态与景观过程；城市可持续发展评估

S

1096 **上海师范大学非洲研究中心**
Center for African Studies of Shanghai Normal University

所属类别 / 高校智库
主管单位 / 上海师范大学
成立时间 / 1998 年
第一负责人 / 舒运国
合作机构 /
办公地址 / 上海市徐汇区桂林路 100 号上海师范大学非洲研究中心（200234）
电话(传真) /
邮　　箱 / liuweicai@ shnu. edu. cn
网　　址 / http://shcas. shnu. edu. cn
主要研究领域:
非洲经济、非洲历史和中非关系及其他领域研究；中非经贸合作与国家对外战略

1097 **上海市教育科学研究院**
Shanghai Academy of Educational Sciences

所属类别 / 党政智库—省/区/市政府所属
主管单位 / 上海市教育委员会
成立时间 / 1995 年
第一负责人 / 桑标
合作机构 /
办公地址 / 上海市徐汇区茶陵北路 21 号（200032）
电话(传真) / 021 - 64167677
邮　　箱 /
网　　址 / http://www. cnsaes. org. cn
主要研究领域:
人力资源与教育规划；教育财政；教育管理；教育政策法规；教育心理；教育评价、国际比较

1098 **上海市流通经济研究所**

所属类别 / 合作智库—政研合作
主管单位 / 上海市人民政府发展研究中心
成立时间 / 1999 年 8 月
第一负责人 / 汪亮
合作机构 / 上海市政府商业委员会、上海社会科学院
办公地址 / 上海市静安区武定路 458 号洪安大厦 10 楼（200041）
电话(传真) / 021 - 51029011（021 - 62959521）
邮　　箱 / liutong365@ 126. com
网　　址 / http://www. liutong. org. cn
主要研究领域:
流通经济

1099 上海市浦东改革与发展研究院［中国（上海）自由贸易试验区研究院］
Shanghai Pudong Academy of Reform and Development

所属类别 / 党政智库—省/区/市政府所属
主管单位 / 上海市浦东新区政府
成立时间 / 1993 年 10 月
第一负责人 / 万曾炜
合作机构 /
办公地址 / 上海市浦东新区张江路 39 号 4 幢 5 幢（201203）
电话(传真) / 021－58701373（021－58704640）
邮　　箱 / pdard@ pudong. gov. cn
网　　址 / http://www. pdard. cn
主要研究领域:
财政政策；金融政策；市场政策；就业政策；社会保障政策；产业政策；对外贸易政策；城乡建设政策；高端制造业政策；服务业政策

1100 上海市人民政府参事室

所属类别 / 党政智库—省/区/市政府所属
主管单位 / 上海市政府
成立时间 / 1951 年 2 月
第一负责人 / 姜平
合作机构 /
办公地址 / 上海市巨鹿路 845 弄 1 号（200040）
电话(传真) / 021－63297393
邮　　箱 / css01@ shanghai. gov. cn
网　　址 / http://css. sh. gov. cn
主要研究领域:
上海市发展战略

1101 上海市人民政府发展研究中心
Development Research Centre of Shanghai Municipal People's Government

所属类别 / 党政智库—省/区/市政府所属
主管单位 / 上海市政府
成立时间 / 1980 年 12 月
第一负责人 / 王德忠
合作机构 /
办公地址 / 上海市黄浦区大沽路 100 号 18 层（200003）
电话(传真) / 021－23111111
邮　　箱 /
网　　址 / http://www. fzzx. sh. gov. cn
主要研究领域:
上海市发展战略；上海市社会文化；上海市 WTO 事务；上海市流通经济

1102 上海市社会科学界联合会
Shanghai Federation of Social Science Associations

所 属 类 别 / 社会智库—社会团体
主 管 单 位 / 中共上海市委
成 立 时 间 / 1978 年
第一负责人 / 王战
合 作 机 构 /
办 公 地 址 / 上海市黄浦区淮海中路 622 弄 7 号乙社联大楼（200020）
电话(传真) / 021 - 53063517（021 - 53067035）
邮　　箱 / office@ sssa. org. cn
网　　址 / http://www. sssa. org. cn
主要研究领域：
社会主义物质文明、精神文明

1103 上海市生物医药技术研究院

所 属 类 别 / 科研院所智库
主 管 单 位 / 上海科学院
成 立 时 间 / 1978 年
第一负责人 / 傅大煦
合 作 机 构 /
办 公 地 址 / 上海市徐汇区斜土路 2140 号（200032）
电话(传真) / 021 - 64776624（021 - 64046128）
邮　　箱 / sippr2011@ 163. com
网　　址 / http://www. sippr. org. cn
主要研究领域：
人类生殖健康；国家生育调节

1104 上海体育学院上海运动与健康产业协同创新中心
Shanghai Collaborative Innovation Center of Sports and Health Industry

所 属 类 别 / 合作智库—多方合作
主 管 单 位 / 上海体育学院
成 立 时 间 / 2013 年
第一负责人 / 王兴放
合 作 机 构 / 上海久事体育集团、中体产业、阿里体育、江苏省体育产业集团、莱茵体育、力盛赛车、美帆游艇、中青旅、哈工智能
办 公 地 址 / 上海市杨浦区长海路 399 号新行政楼 2 楼（200438）
电话(传真) / 021 - 65507597（021 - 65507597）
邮　　箱 / isids@ isids. org
网　　址 / http://isids. sus. edu. cn
主要研究领域：
体育产业；运动康复；青少年体质健康及科技助力奥运

S

1105 上海体育学院体育科学研究院

所属类别／高校智库
主管单位／上海体育学院
成立时间／2012 年 3 月
第一负责人／刘宇
合作机构／
办公地址／上海市清源环路 650 号（200438）
电话（传真）／021－65507862（021－65507862）
邮　　箱／kxyjy102@ sina. com
网　　址／http://kxyjy. sus. edu. cn
主要研究领域：
体育科学

1106 上海外国语大学巴西研究中心

所属类别／高校智库
主管单位／上海外国语大学
成立时间／
第一负责人／张维琪
合作机构／
办公地址／上海市大连西路 550 号上海外国语大学（200083）
电话（传真）／
邮　　箱／
网　　址／
主要研究领域：
巴西政治、经济、文化、社会等

1107 上海外国语大学俄罗斯研究中心

Center for Russian Studies of Shanghai International Studies University

所属类别／高校智库
主管单位／上海外国语大学
成立时间／2011 年 12 月
第一负责人／汪宁
合作机构／
办公地址／上海市大连西路 550 号上海外国语大学 6 号楼 611 室（200083）
电话（传真）／
邮　　箱／crs@ shisu. edu. cn
网　　址／http://www. crs. shisu. edu. cn
主要研究领域：
俄罗斯文化；语言与文学；中俄关系史；俄罗斯思想

1108 上海外国语大学哈萨克斯坦研究中心

所属类别 / 合作智库
主管单位 / 上海外国语大学
成立时间 / 2015 年 11 月
第一负责人 / 韦进深
合作机构 / 哈萨克斯坦驻沪总领事馆、哈萨克斯坦教育科学部国际计划中心
办公地址 / 上海市大连西路 550 号上海外国语大学（200083）
电话(传真) /
邮　　箱 /
网　　址 /
主要研究领域：
哈萨克斯坦社会与文化；中哈教育交流合作

1109 上海外国语大学加拿大研究中心
Centre for Canadian Studies, Shanghai International Studies University

所属类别 / 高校智库
主管单位 / 上海外国语大学
成立时间 /
第一负责人 / 钱皓
合作机构 /
办公地址 / 上海市大连西路 550 号上海外国语大学科研楼 603 室（200083）
电话(传真) / 021 - 35372916
邮　　箱 /
网　　址 /
主要研究领域：
加拿大政治、经济、文化、社会等

1110 上海外国语大学跨文化研究中心

所属类别 / 高校智库
主管单位 / 上海外国语大学
成立时间 / 2006 年
第一负责人 / 吴友富
合作机构 /
办公地址 / 上海市虹口区大连西路 550 号 上海外国语大学 5 号楼 604 室（200083）
电话(传真) / 021 - 35372200（021 - 35373162）
邮　　箱 / icinstitute@ shisu. edu. cn
网　　址 / http://sii. shisu. edu. cn
主要研究领域：
跨文化交际与传播学理论；价值观与身份认同；跨文化适应与冲突管理；跨文化教育与培训；跨文化大众传播；符号、话语与媒体影响；跨文化商务沟通；公共关系与人力资源管理

1111 上海外国语大学南亚东南亚研究所

所 属 类 别 / 高校智库
主 管 单 位 / 上海外国语大学
成 立 时 间 / 2014 年 4 月
第一负责人 / 冯超
合 作 机 构 /
办 公 地 址 / 上海市大连西路 550 号上海外国语大学（200083）
电话(传真) /
邮　　箱 /
网　　址 /
主要研究领域：
南亚、东南亚的经济、政治、社会、文化等

1112 上海外国语大学欧盟研究中心

Center for European Union Studies, Shanghai International Studies University

所 属 类 别 / 高校智库
主 管 单 位 / 上海外国语大学
成 立 时 间 / 2012 年
第一负责人 / 曹德明
合 作 机 构 /
办 公 地 址 / 上海市虹口区大连西路 550 号 5 号楼 517 室（200083）
电话(传真) /
邮　　箱 / eucenter@ shisu. edu. cn
网　　址 / http://ceus. shisu. edu. cn
主要研究领域：
文化视角下的欧盟及其成员国；欧盟与国际组织；欧洲智库

1113 上海外国语大学日本研究中心

所 属 类 别 / 高校智库
主 管 单 位 / 上海外国语大学
成 立 时 间 / 1994 年 2 月
第一负责人 / 廉德瑰
合 作 机 构 /
办 公 地 址 / 上海市大连西路 550 号上海外国语大学（200083）
电话(传真) /
邮　　箱 /
网　　址 /
主要研究领域：
日本语言、文学、政治、经济、文化、社会、教育等

1114 上海外国语大学上海全球治理与区域国别研究院

Shanghai Academy of Global Governance & Area Studies, Shanghai International Studies University

所 属 类 别 / 高校智库
主 管 单 位 / 上海外国语大学
成 立 时 间 / 2018 年 9 月
第一负责人 / 高健
合 作 机 构 /
办 公 地 址 / 上海市松江区文翔路 1550 上海外国语大学松江校区小别墅 23 号 上海全球治理与区域国别研究院（201620）
电话(传真) / 021 - 67701560
邮　　箱 / sisu_ saggas@ vip. 163. com
网　　址 / http://www. saggas. shisu. edu. cn/Index. aspx
主要研究领域：
全球治理与区域国别问题

1115 上海外国语大学丝路战略研究所

Institute of Silk Road Strategy Studies, Shanghai International Studies University

所 属 类 别 / 高校智库
主 管 单 位 / 上海外国语大学
成 立 时 间 / 2015 年 9 月
第一负责人 / 马丽蓉
合 作 机 构 /
办 公 地 址 / 上海市虹口区大连西路 550 号上海外国语大学（虹口校区）1 号楼 5 楼丝路战略研究所（200083）
电话(传真) / 021 - 35376267
邮　　箱 / isrss_ sisu@ 126. com
网　　址 / http://www. isrss. shisu. edu. cn/#/home
主要研究领域：
共建“一带一路”国家与地区“战略对接”实践中存在的重大现实问题

1116 上海外国语大学希腊研究中心

所 属 类 别 / 高校智库
主 管 单 位 / 上海外国语大学
成 立 时 间 / 2014 年
第一负责人 /
合 作 机 构 /
办 公 地 址 / 上海市大连西路 550 号上海外国语大学（200083）
电话(传真) /
邮　　箱 /
网　　址 /
主要研究领域：希腊经济、政治、社会、文化等

S

1117 上海外国语大学伊朗研究中心

所 属 类 别 / 高校智库
主 管 单 位 / 上海外国语大学
成 立 时 间 /
第一负责人 / 程彤
合 作 机 构 /
办 公 地 址 / 上海市大连西路 550 号上海外国语大学（200083）
电话(传真) /
邮　　箱 /
网　　址 /
主要研究领域：
伊朗政治、经济、文化、语言、社会等

1118 上海外国语大学伊斯兰合作组织研究中心

所 属 类 别 / 高校智库
主 管 单 位 / 上海外国语大学
成 立 时 间 / 2017 年
第一负责人 / 闵捷（副主任）
合 作 机 构 /
办 公 地 址 / 上海市大连西路 550 号上海外国语大学（200083）
电话(传真) /
邮　　箱 /
网　　址 /
主要研究领域：
“一带一路”倡议

1119 上海外国语大学印度研究中心

所 属 类 别 / 高校智库
主 管 单 位 / 上海外国语大学
成 立 时 间 /
第一负责人 / 郭树勇
合 作 机 构 /
办 公 地 址 / 上海市大连西路 550 号上海外国语大学（200083）
电话(传真) /
邮　　箱 /
网　　址 /
主要研究领域：
印度经济、政治、社会、文化等

1120 上海外国语大学英国研究中心
Center for British Studies, Shanghai International Studies University

所 属 类 别 / 高校智库
主 管 单 位 / 上海外国语大学
成 立 时 间 /
第一负责人 / 高健
合 作 机 构 /
办 公 地 址 / 上海市大连西路 550 号（200083）
电话(传真) / 021 - 35372804
邮　　箱 / britishstudies@ shisu. edu. cn
网　　址 / http://www. cbs. shisu. edu. cn
主要研究领域:
中英人文交流与文化外交；中英高层政治、经济、人权对话机制；中英文化产业政策合作；英国社会文化；中英教育合作；中英国际发展领域合作；英国涉华舆情；中国企业英国本土化策略；中英网络安全领域合作

1121 上海外国语大学中东研究所
The Middle East Studies Institute of Shanghai International Studies University

所 属 类 别 / 高校智库
主 管 单 位 / 上海外国语大学
成 立 时 间 / 1980 年 9 月
第一负责人 / 刘中民
合 作 机 构 /
办 公 地 址 / 上海市虹口区大连西路 550 号科研楼（200083）
电话(传真) / 021 - 35373278（021 - 35373286）
邮　　箱 / mideastweb@ 126. com
网　　址 / http://mideast. shisu. edu. cn
主要研究领域:
中东政治；中东安全；中国中东外交；中东能源；中东经济

S

1122 上海外国语大学中国国际舆情研究中心
Center for Global Public Opinion of China, Shanghai International Studies University

所 属 类 别 / 高校智库
主 管 单 位 / 上海外国语大学
成 立 时 间 / 2008 年 6 月
第一负责人 / 郭可
合 作 机 构 /
办 公 地 址 / 上海市大连西路 550 号上海外国语大学 5 号楼 619 室（200083）
电话(传真) / 021 - 35372559
邮　　箱 / globalpubopinion@ gmail. com
网　　址 / http://www. gpo. shisu. edu. cn
主要研究领域: 国际媒体舆情分析；国际传播

1123 **上海外国语大学中国外语战略研究中心**
Research Center for Foreign Language, Shanghai International Studies University

所 属 类 别 / 高校智库
主 管 单 位 / 上海外国语大学
成 立 时 间 / 2007 年 12 月
第一负责人 / 赵蓉晖
合 作 机 构 /
办 公 地 址 / 上海市大连西路 550 号 5 号楼 606 室、616 室（200083）
电话(传真) / 021 - 35372364
邮　　箱 /
网　　址 / http://www. rcfls. shisu. edu. cn
主要研究领域：
语言战略；语言政策

1124 **上海外国语大学中亚研究中心**
Centre for Central Asia Studies, Shanghai International Studies University

所 属 类 别 / 高校智库
主 管 单 位 / 上海外国语大学
成 立 时 间 / 2010 年 6 月
第一负责人 / 赵伟明
合 作 机 构 /
办 公 地 址 / 上海市大连西路 550 号上海外国语大学科研楼 510 室（200083）
电话(传真) / 021 - 35372933
邮　　箱 / xiechao@ shisu. edu. cn
网　　址 / http://www. ccas. shisu. edu. cn
主要研究领域：
中亚政治和外交；中国中亚外交；中亚经济转型；中亚各国法律与社会文化

1125 **上海物流研究院**
Shanghai Logistics Institute

所 属 类 别 / 合作智库—政校合作
主 管 单 位 / 上海市政府、复旦大学
成 立 时 间 / 2006 年
第一负责人 / 徐以汎
合 作 机 构 / 上海市政府、复旦大学
办 公 地 址 / 上海市杨浦区邯郸路 220 号光华楼东主楼 2707 - 2714 室（200433）
电话(传真) / 021 - 65643072（021 - 65643072 - 8013）
邮　　箱 / isl@ fudan. edu. cn
网　　址 /
主要研究领域：
高端物流；城市配送与快递；物流金融；低碳物流

1126　上海新金融研究院
Shanghai Finance Institute，SFI

所 属 类 别 / 社会智库
主 管 单 位 / 上海市金融服务办公室
成 立 时 间 / 2011 年 7 月
第一负责人 / 屠光绍
合 作 机 构 /
办 公 地 址 / 上海市黄浦区北京东路 280 号 2706 室（200002）
电话(传真) / 021 - 33023250
邮　　箱 / sfi@ 188. com
网　　址 / http://www. sfi. org. cn
主要研究领域：国际金融发展新趋势；国内金融发展新问题

1127　上海中医药大学药物安全评价研究中心
Center for Drug Safety Evaluation and Research，Shanghai University of Traditional Chinese Medicine

所 属 类 别 / 高校智库
主 管 单 位 / 上海中医药大学
成 立 时 间 / 2004 年 11 月
第一负责人 / 谢家骏
合 作 机 构 /
办 公 地 址 / 上海市浦东新区张江高科技园区蔡伦路 1200 号 1 号楼 4 楼药物安全评价研究中心 1413 室（201203）
电话(传真) / 021 - 51322472
邮　　箱 / shdrugglp@ 126. com
网　　址 / https://cdser. shutcm. edu. cn
主要研究领域：
中药、天然药物、生物技术药物和化学药物的安全性评价和毒理学研究

1128　邵阳学院湘西南农村信息化服务湖南省重点实验室
Human Provincial Key Laboratory of Information Service in Rural of Southwestern Hunan，Shaoyang University

所 属 类 别 / 高校智库
主 管 单 位 / 邵阳学院
成 立 时 间 / 2014 年 3 月
第一负责人 / 黄同成
合 作 机 构 /
办 公 地 址 / 湖南省邵阳市七里坪邵阳学院信息工程系（422000）
电话(传真) / 0739 - 5305947
邮　　箱 /
网　　址 / http://www1. hnsyu. net/dzswzdsys
主要研究领域：湘西南农特产品生产流通信息服务技术；远程交互式涉农信息数字视频服务；湘西南农情监测技术

1129 深圳创新发展研究院
Innovation and Development Institute

所属类别／社会智库—民办非企业
主管单位／深圳市民政局
成立时间／2013 年 7 月
第一负责人／毛振华
合作机构／
办公地址／广东省深圳市福田保税区桃花路 1 号国际互联网金融创业中心 7 楼（518038）
电话(传真)／0755－88302511 （0755－88308875）
邮　　箱／
网　　址／http://www.cxsz.org
主要研究领域：
改革创新

1130 深圳大学文化产业研究院
Institute for Cultural Industries, Shenzhen University

所属类别／高校智库
主管单位／深圳大学
成立时间／2009 年 5 月
第一负责人／李凤亮
合作机构／
办公地址／广东省深圳市南山区南海大道 3688 号粤海门广场 B 栋 1 层（518060）
电话(传真)／0755－26767835
邮　　箱／whcyyjy@szu.edu.cn
网　　址／http://ici.szu.edu.cn
主要研究领域：
文化产业新兴业态；区域文化产业发展；文化产业政策与知识产权

1131 深圳大学中国经济特区研究中心
China Center for Special Economic Zone Research, Shenzhen University

所属类别／高校智库
主管单位／深圳大学
成立时间／1983 年 3 月
第一负责人／陶一桃
合作机构／
办公地址／广东省深圳市南山区深圳大学文科楼 7 层（518060）
电话(传真)／0755－26536213 （0755－26536213）
邮　　箱／sez@szu.edu.cn
网　　址／http://www.ccsezr.org.cn
主要研究领域：
经济特区；自由贸易区

1132 深圳市社会科学院

所 属 类 别 / 科研院所智库
主 管 单 位 / 中共深圳市委、深圳市政府
成 立 时 间 / 1992 年 7 月
第一负责人 / 吴定海
合 作 机 构 /
办 公 地 址 / 广东省深圳市福田区上步中路 1023 号（518028）
电话(传真) / 0775 - 82104900（0755 - 82099335）
邮　　箱 /
网　　址 / http://www.szass.com
主要研究领域:
外向型经济；经济特区；现代公共治理；人口；城市文化

1133 沈阳体育学院东北亚体育发展研究中心

所 属 类 别 / 高校智库
主 管 单 位 / 沈阳体育学院
成 立 时 间 /
第一负责人 /
合 作 机 构 /
办 公 地 址 / 辽宁省沈阳市苏家屯区金钱松东路 36 号（110102）
电话(传真) /
邮　　箱 /
网　　址 /
主要研究领域:
体育发展

1134 沈阳体育学院体育经济发展研究中心

所 属 类 别 / 高校智库
主 管 单 位 / 沈阳体育学院
成 立 时 间 /
第一负责人 /
合 作 机 构 /
办 公 地 址 / 辽宁省沈阳市苏家屯区金钱松东路 36 号（110102）
电话(传真) /
邮　　箱 /
网　　址 /
主要研究领域:
体育经济发展

1135 沈阳体育学院体育社会科学研究中心

所 属 类 别 / 高校智库
主 管 单 位 / 沈阳体育学院
成 立 时 间 / 2003 年
第一负责人 / 董传升
合 作 机 构 /
办 公 地 址 / 辽宁省沈阳市苏家屯区金钱松东路 36 号（110102）
电话(传真) / 024 - 89166579（024 - 89166579）
邮　　箱 / tysy@ syty. edu. cn
网　　址 / http://skzx. syty. edu. cn
主要研究领域:
体育; 科学与社会

1136 生态环境部华南环境科学研究所

South China Institute of Environmental Sciences, MEE

所 属 类 别 / 党政智库—国务院组成部门所属
主 管 单 位 / 生态环境部
成 立 时 间 / 1973 年
第一负责人 / 吴国增
合 作 机 构 /
办 公 地 址 / 广东省广州市天河区员村西街 7 号大院（510655）
电话(传真) / 020 - 29119616
邮　　箱 / bgs@ scies. org
网　　址 / http://www. scies. org
主要研究领域:
热带、亚热带区域环境问题; 发达地区环境问题; 区域、流域可持续发展; 污染控制方法创新; 环境战略与发展; 环境信息技术

1137 生态环境部环境发展中心（中日友好环境保护中心）

Environmental Development Centre of Ministry of Ecology and Environmental (Sino - Japan Friendship Centre for Environmental Protection)

所 属 类 别 / 党政智库—国务院组成部门所属
主 管 单 位 / 生态环境部
成 立 时 间 / 1996 年 5 月
第一负责人 / 任勇
合 作 机 构 /
办 公 地 址 / 北京市朝阳区育慧南路 1 号（100029）
电话(传真) / 010 - 84637722
邮　　箱 /
网　　址 / http://www. china - epc. cn
主要研究领域:
环境信息管理; 环境认证; 环境影响评价; 国际环境问题

S

1138 **生态环境部环境工程评估中心**
Appraisal Center for Environment & Engineering Ministry of Ecology and Environmental

所属类别 / 党政智库—国务院组成部门所属
主管单位 / 生态环境部
成立时间 / 1992 年
第一负责人 / 谭民强
合作机构 /
办公地址 / 北京市朝阳区北苑路 28 号院 1 号楼（100012）
电话(传真) / 010 - 84913518（010 - 84918954）
邮　　箱 / oic@ acee. org. cn
网　　址 / http://www. china - eia. com
主要研究领域：
重大经济政策与规划的环境影响；环境影响评价技术政策及预测

1139 **生态环境部环境规划院**
Chinese Academy of Environmental Planning

所属类别 / 党政智库—国务院组成部门所属
主管单位 / 生态环境部
成立时间 / 1987 年
第一负责人 / 王金南
合作机构 /
办公地址 / 北京市朝阳区安外大羊坊 8 号院 2 号楼南段 3 层（100012）
电话(传真) / 010 - 84910863（010 - 84918581）
邮　　箱 / caep@ caep. org. cn
网　　址 / http://www. caep. org. cn
主要研究领域：
环境战略；污染防治；生态保护；污染物排放总量控制；排污交易；气候变化；环境风险评估与管理；环境经济核算；生态补偿政策

1140 **生态环境部环境与经济政策研究中心**
Policy Research Center for Environment and Economy, Ministry of Ecology and Environmental

所属类别 / 党政智库—国务院组成部门所属
主管单位 / 生态环境部
成立时间 / 1989 年
第一负责人 / 钱勇
合作机构 /
办公地址 / 北京市朝阳区育慧南路 1 号中日友好环境保护中心院内（100029）
电话(传真) / 010 - 84665771（010 - 84634063）
邮　　箱 / prcee@ prcee. org
网　　址 / http://www. prcee. org
主要研究领域：环境战略与理论；环境法规和体制；环境经济与管理政策；环境与社会管理；国际环境政策；环境与健康；城市环境管理；气候变化政策

1141 石河子大学兵团屯垦经济研究中心

所 属 类 别 / 高校智库
主 管 单 位 / 石河子大学
成 立 时 间 / 2005 年
第一负责人 / 龚新蜀
合 作 机 构 /
办 公 地 址 / 新疆石河子市北四路石河子大学东校区（832000）
电话(传真) / 0993 - 2058555
邮　　箱 / gxsh - xb163. com
网　　址 / http://sem. shzu. edu. cn/tkjj
主要研究领域：
新疆“三化”建设理论与实践；对外经济合作与发展；绿洲生态经济可持续发展

1142 石河子大学棉花经济研究中心
Research Center for Cotton Economy of Shihezi University

所 属 类 别 / 社会智库—民办非企业
主 管 单 位 / 石河子大学
成 立 时 间 / 2011 年 9 月
第一负责人 / 张杰
合 作 机 构 /
办 公 地 址 / 新疆石河子市北四路（832003）
电话(传真) / 0993 - 2058972（0993 - 2058972）
邮　　箱 / mhjjyj@ 163. com
网　　址 / http://scm. shzu. cdu. cn/mhyjzx
主要研究领域：
棉花及棉制品市场；棉花和棉纺产业；棉花和棉纺产业发展战略规划

1143 石河子大学农业现代化研究中心
Research Center of Agricultural Modernization, Shihezi University

所 属 类 别 / 高校智库
主 管 单 位 / 石河子大学
成 立 时 间 / 2010 年 10 月
第一负责人 / 张红丽
合 作 机 构 /
办 公 地 址 / 新疆石河子市北四路石河子大学经济与管理学院 304 室（832000）
电话(传真) / 0993 - 2058117
邮　　箱 / amrc304@ 126. com
网　　址 / http://sem. shzu. edu. cn/amrc
主要研究领域：
绿洲农业资源与环境；农业技术经济与管理；农业特色经济与产业组织

1144 石家庄市社会科学院（石家庄市社会科学界联合会、中共石家庄市委讲师团）

所属类别／科研院所智库
主管单位／石家庄市政府
成立时间／
第一负责人／于燕红
合作机构／
办公地址／河北省石家庄市新华区兴凯路 219 号（050000）
电话(传真)／
邮　　箱／sjzssky@ yahoo. com. cn
网　　址／http://www. sjzsk. com/codes/index. asp
主要研究领域：
中国特色社会主义理论体系；马克思主义基本理论

1145 首都经济贸易大学北京市经济社会发展政策研究基地
Policy Research Base of the Economic and Social Development Beijing

所属类别／合作智库—政校合作
主管单位／北京市哲学社会科学规划办公室
成立时间／2007 年 4 月
第一负责人／
合作机构／北京市社会科学规划办公室、首都经济贸易大学
办公地址／北京市丰台区花乡张家路口 121 号首都经济贸易大学博纳楼 503 室（100070）
电话(传真)／010 - 83951519
邮　　箱／zcyanjiu@ 163. com
网　　址／
主要研究领域：
首都经济社会发展；京津冀协同发展

1146 首都经济贸易大学不动产研究所
Institute of Real Estate, Capital University of Economics and Business

所属类别／高校智库
主管单位／首都经济贸易大学
成立时间／1993 年
第一负责人／洪亚敏
合作机构／
办公地址／北京市丰台区花乡张家路口 121 号首都经济贸易大学（100070）
电话(传真)／010 - 83952270
邮　　箱／
网　　址／https://bdc. cueb. edu. cn
主要研究领域：
土地政策；住房制度；不动产估价

S

1147 **首都经济贸易大学大数据与统计科学研究院**

所属类别 / 高校智库
主管单位 / 首都经济贸易大学
成立时间 / 2015 年 10 月
第一负责人 / 纪宏、陈敏
合作机构 /
办公地址 / 北京市丰台区花乡张家路口 121 号首都经济贸易大学（100070）
电话(传真) /
邮　　箱 /
网　　址 /
主要研究领域：
数据科学与大数据

1148 **首都经济贸易大学国际问题研究所**
Institute of International Studies, Capital University of Economics and Business

所属类别 / 高校智库
主管单位 / 首都经济贸易大学
成立时间 / 2005 年
第一负责人 / 文魁
合作机构 /
办公地址 / 北京市丰台区花乡张家路口 121 号首都经济贸易大学（100070）
电话(传真) / 010－83952250（010－83952270）
邮　　箱 / csgjh@yahoo.com.cn
网　　址 / https://iis.cueb.edu.cn
主要研究领域：
全球化；全球治理；国际政治经济学；全球性城市；跨国公司和经济外交的理论与实践

1149 **首都经济贸易大学国家税收法律研究基地**
National Tax Law Research Base, Capital University of Economics and Business

所属类别 / 高校智库
主管单位 / 首都经济贸易大学、国家法官学院、国家税务总局科研所
成立时间 / 2017 年 3 月
第一负责人 / 曹静韬
合作机构 /
办公地址 / 北京市丰台区花乡张家路口 121 号首都经济贸易大学（100070）
电话(传真) / 010－83617085
邮　　箱 /
网　　址 / https://gsf.cueb.edu.cn
主要研究领域：
税收立法、执法和司法三位一体的综合性研究

S

1150 首都经济贸易大学特大城市经济社会发展研究院
Academy of Metropolis Economic and Social Development of CUEB

所 属 类 别 / 合作智库
主 管 单 位 / 首都经济贸易大学、北京市政府、中国社会科学院
成 立 时 间 / 2010 年
第一负责人 / 王稼琼
合 作 机 构 / 首都经济贸易大学、北京市政府、中国社会科学院
办 公 地 址 / 北京市丰台区花乡张家路口 121 号首都经济贸易大学（100070）
电话(传真) / 010 - 83951028（010 - 83951028）
邮　　箱 / tdcs@ cueb. edu. cn
网　　址 / https://tdcs. cueb. edu. cn
主要研究领域：
特大城市经济社会发展相关前沿理论和重大现实问题

1151 首都经济贸易大学中国 ESG 研究院

所 属 类 别 / 高校智库
主 管 单 位 / 首都经济贸易大学、第一创业证券股份有限公司、盈富泰克创业投资有限公司
成 立 时 间 / 2020 年 7 月
第一负责人 / 柳学信
合 作 机 构 /
办 公 地 址 / 北京市丰台区花乡张家路口 121 号首都经济贸易大学（100070）
电话(传真) /
邮　　箱 /
网　　址 /
主要研究领域：
ESG 前沿和关键问题

1152 首都经济贸易大学中国产业经济研究院

所 属 类 别 / 高校智库
主 管 单 位 / 首都经济贸易大学、管理世界杂志社
成 立 时 间 / 2014 年 11 月
第一负责人 / 牛志伟
合 作 机 构 /
办 公 地 址 / 北京市朝阳区金台里 2 号首都经济贸易大学红庙校区图书馆 9 层（100026）
电话(传真) /
邮　　箱 /
网　　址 / https://cjy. cueb. edu. cn
主要研究领域：产业政策；产业升级与产业转移；产业组织；营商环境；科技创新；生态文明；生态补偿

S

1153 首都经济贸易大学中国都市郊区发展研究中心

所 属 类 别 / 高校智库
主 管 单 位 / 首都经济贸易大学
成 立 时 间 / 2005 年
第一负责人 / 张强
合 作 机 构 /
办 公 地 址 / 北京市丰台区花乡张家路口 121 号首都经济贸易大学（100070）
电话(传真) / 010 - 83952149
邮　　箱 /
网　　址 / https://dsjq.cueb.edu.cn
主要研究领域:
大城市地区城乡关系；“三农”问题；城郊经济

1154 首都经济贸易大学中国黄金研究中心

所 属 类 别 / 高校智库
主 管 单 位 / 首都经济贸易大学、经易集团
成 立 时 间 / 2010 年 10 月
第一负责人 / 祝合良
合 作 机 构 /
办 公 地 址 / 北京市丰台区花乡张家路口 121 号首都经济贸易大学（100070）
电话(传真) /
邮　　箱 /
网　　址 / https://cgc.cueb.edu.cn
主要研究领域:
黄金研究和咨询

1155 首都经济贸易大学中国经济实验研究院

所 属 类 别 / 合作智库—研校合作
主 管 单 位 /
成 立 时 间 / 2011 年 11 月
第一负责人 / 张连城
合 作 机 构 / 中国社会科学院经济研究所、首都经济贸易大学
办 公 地 址 / 北京市丰台区花乡张家路口 121 号首都经济贸易大学（100070）
电话(传真) /
邮　　箱 /
网　　址 /
主要研究领域:
经济增长与经济周期；城市生活质量；WTO；经济运行与国际贸易；经济预警；经济数据处理与计算机仿真

1156 首都经济贸易大学中国流通研究院
China Academy of Circulation, Capital University of Economics and Business

所 属 类 别 / 高校智库
主 管 单 位 / 首都经济贸易大学
成 立 时 间 / 2014 年 6 月
第一负责人 / 祝合良
合 作 机 构 /
办 公 地 址 / 北京市丰台区花乡张家路口 121 号首都经济贸易大学（100070）
电话(传真) /
邮　　箱 /
网　　址 / https://acc. cueb. edu. cn
主要研究领域:
中国流通；中国品牌；中国黄金市场

1157 首都经济贸易大学中国品牌研究中心
China Brand Research Centre, Capital University of Economics and Business

所 属 类 别 / 高校智库
主 管 单 位 / 首都经济贸易大学
成 立 时 间 / 2005 年 10 月
第一负责人 / 祝合良
合 作 机 构 /
办 公 地 址 / 北京市丰台区花乡张家路口 121 号首都经济贸易大学（100070）
电话(传真) /
邮　　箱 /
网　　址 / https://cbc. cueb. edu. cn
主要研究领域:
品牌管理；行业品牌；城市品牌；奢侈品品牌；品牌与创意产业；公益品牌；品牌与易学

S

1158 首都经济贸易大学中国消费大数据研究院

所 属 类 别 / 高校智库
主 管 单 位 / 首都经济贸易大学
成 立 时 间 / 2019 年 5 月
第一负责人 / 陈立平
合 作 机 构 /
办 公 地 址 / 北京市丰台区花乡张家路口 121 号首都经济贸易大学（100070）
电话(传真) /
邮　　箱 /
网　　址 / https://cicbd. cueb. edu. cn
主要研究领域: 零售商品（生鲜）标准制定；自有品牌；企业（零售商/供应商/生产商）咨询与服务；零售相关指数开发

1159 首都经贸大学金融风险研究院
Academic of Financial Risk Research, Capital University of Economics and Business

所 属 类 别 / 高校智库
主 管 单 位 / 首都经济贸易大学、中国社科院数量经济技术经济研究所
成 立 时 间 / 2013 年
第一负责人 / 王曼怡
合 作 机 构 /
办 公 地 址 / 北京市丰台区花乡张家路口 121 号首都经济贸易大学（100070）
电话(传真) / 010 - 83951905
邮　　箱 / afrr@ cueb. edu. cn
网　　址 / https://afrr. cueb. edu. cn
主要研究领域：国际金融风险；宏观金融的运行风险；企业经营风险；外汇市场、证券市场、期货市场等金融市场风险的度量、预测及管理；金融产品创新与金融市场风险监管；金融市场风险对于宏观金融风险的影响

1160 首都经贸大学税收研究所
Institute of Taxation, Capital University of Economics and Business

所 属 类 别 / 高校智库
主 管 单 位 / 首都经济贸易大学
成 立 时 间 / 2007 年
第一负责人 / 丁芸
合 作 机 构 /
办 公 地 址 / 北京市丰台区花乡张家路口 121 号首都经济贸易大学（100070）
电话(传真) / 010 - 83952158
邮　　箱 /
网　　址 / https://swyjy. cueb. edu. cn
主要研究领域：
税收理论；优化税制税收政策；国外税制各税收理论；中国税史

1161 首都科技发展战略研究院
Capital Institute of Science and Technology Development Strategy, CISTDS

所 属 类 别 / 合作智库—政研合作
主 管 单 位 /
成 立 时 间 / 2011 年 8 月
第一负责人 / 关成华
合 作 机 构 / 科学技术部、北京市政府、中国科学院、中国工程院
办 公 地 址 / 北京市朝阳区东三环中路 63 号富力中心 12 层（100022）
电话(传真) / 010 - 59037392（010 - 59037391）
邮　　箱 / cistds@ cistds. org. cn
网　　址 / http://www. cistds. org
主要研究领域：
创新创业评估；绿色发展战略规划；城市转型；大数据开发与应用

S

1162 首都师范大学文化研究院
Institute for Cultural Studies, Capital Normal University

所属类别 / 合作智库
主管单位 / 首都师范大学
成立时间 / 2012 年
第一负责人 / 刘新成
合作机构 / 首都师范大学、北京市教育委员会
办公地址 / 北京市海淀区西三环北路 83 号国际文化大厦南楼 2 层东（100089）
电话(传真) / 010 - 68903449
邮　　箱 / wenhuazhanlue@ gmail. com
网　　址 / http://bjcs. cnu. edu. cn
主要研究领域：
首都文化建设；国家文化中心建设

1163 首都文化创新与文化传播工程研究院
Beijing Institute of Culture Innovation and Communication

所属类别 / 合作智库—校社合作
主管单位 / 北京师范大学
成立时间 / 2012 年 6 月
第一负责人 / 于丹
合作机构 / 北京师范大学、北京市社会科学联合会
办公地址 / 北京市海淀区新街口外大街 19 号京师大厦 9812A 室（100875）
电话(传真) / 010 - 58802133
邮　　箱 /
网　　址 / https://bicic. bnu. edu. cn
主要研究领域：
文化创新；文化传播

1164 首都学习型社会研究院
Beijing Institute for the Learning Society

所属类别 / 合作智库—政校合作
主管单位 / 北京市教育委员会、北京师范大学
成立时间 / 2011 年 10 月
第一负责人 / 孙善学
合作机构 / 北京市建设学习型城市工作领导小组办公室、北京师范大学
办公地址 / 北京市海淀区新街口外大街 19 号京师大厦 1112 室（100875）
电话(传真) / 010 - 58800558（010 - 58800558）
邮　　箱 / bils@ bnu. edu. cn
网　　址 /
主要研究领域：
城市居民终身学习素养调查；学习型社区、学习型城市建设评价

1165 首都医科大学国家医疗保障研究院

所 属 类 别 / 合作智库
主 管 单 位 / 首都医科大学、国家医疗保障局
成 立 时 间 / 2019 年 8 月
第一负责人 / 娄洪
合 作 机 构 / 首都医科大学、国家医疗保障局
办 公 地 址 / 北京市西城区阜外大街甲 28 号京润大厦 12 层（100000）
电话(传真) / 010 - 81139308
邮　　箱 / kzjp_ybyjy@126.com
网　　址 /
主要研究领域：
医保改革发展；医保政策

1166 水电水利规划设计总院
China Renewable Energy Engineering Institute

所 属 类 别 / 党政智库—国务院组成部门所属
主 管 单 位 / 水利部
成 立 时 间 / 2002 年
第一负责人 / 郑声安
合 作 机 构 /
办 公 地 址 / 北京市西城区六铺炕北小街 2 号（100120）
电话(传真) / 010 - 51973283
邮　　箱 /
网　　址 / http://www.creei.cn
主要研究领域：
水电水利规划；水电水利政策法规；全国水资源综合规划；水利规划与战略研究；中国水情分析

1167 水利部发展研究中心
Development Research Center of the Ministry of Water Resources

所 属 类 别 / 党政智库—国务院组成部门所属
主 管 单 位 / 水利部
成 立 时 间 / 2000 年
第一负责人 / 陈茂山
合 作 机 构 /
办 公 地 址 / 北京市海淀区玉渊潭南路 3 号（100038）
电话(传真) / 010 - 63205081
邮　　箱 /
网　　址 / http://www.waterinfo.com.cn
主要研究领域：水利体制机制；水利法制；节水型社会建设；水权；水价；水市场；水利投融资；可持续水利发展；农村水利；国外水利

S

1168 司法部司法行政学院

所 属 类 别／党政智库—国务院组成部门所属
主 管 单 位／司法部
成 立 时 间／1987 年
第一负责人／孙艳辉
合 作 机 构／
办 公 地 址／北京市朝阳区霄云路霞光里 11 号（100016）
电话(传真)／
邮　　箱／
网　　址／
主要研究领域：
司法行政

1169 司法部司法研究所（研究室）
Institute for Justice Administration of the Ministry of Justice

所 属 类 别／党政智库—国务院组成部门所属
主 管 单 位／司法部
成 立 时 间／1989 年
第一负责人／范履冰
合 作 机 构／
办 公 地 址／
电话(传真)／
邮　　箱／
网　　址／
主要研究领域：
国家法治；刑罚执行制度；执行权配置；社区矫正工作法制化

1170 司法部预防犯罪研究所
Ministry of Justice Crime Prevention Research Institute

所 属 类 别／党政智库—国务院组成部门所属
主 管 单 位／司法部
成 立 时 间／1984 年 9 月
第一负责人／高贞
合 作 机 构／
办 公 地 址／北京市朝阳区朝阳门南大街 6 号（100020）
电话(传真)／
邮　　箱／
网　　址／
主要研究领域：
犯罪原因、趋势与对策；罪犯矫治；监狱管理；国外刑事司法；人权公约

1171 丝路规划研究中心

所 属 类 别 / 合作智库
主 管 单 位 / 全国政协办公厅
成 立 时 间 / 2016 年 3 月
第一负责人 / 陈元
合 作 机 构 / 国家开发银行、清华大学、丝路基金、中国开发性金融促进会、中国金融四十人论坛
办 公 地 址 /
电话(传真) /
邮　　箱 /
网　　址 /
主要研究领域:
"一带一路"倡议

1172 四川大学道教与宗教文化研究所
Institute Of Daoism and Religious Culture Sichuan University

所 属 类 别 / 高校智库
主 管 单 位 / 四川大学
成 立 时 间 / 1980 年 9 月
第一负责人 / 盖建民
合 作 机 构 /
办 公 地 址 / 四川省成都市环路南一段 24 号四川大学（610065）
电话(传真) / 028 - 85412533
邮　　箱 / scdxzjs@ 163. com
网　　址 / http://daoism. scu. edu. cn/taoism/index. html
主要研究领域:
道教与宗教文化

1173 四川大学经济发展研究院
Institute of Economic Development of Sichuan University

所 属 类 别 / 高校智库
主 管 单 位 / 四川大学
成 立 时 间 / 2009 年 10 月
第一负责人 /
合 作 机 构 /
办 公 地 址 / 四川省成都市武侯区望江路 29 号四川大学（610064）
电话(传真) / 028 - 85418758（028 - 85418759）
邮　　箱 / iedsu@ scu. edu. cn
网　　址 /
主要研究领域:
西部经济发展；区域经济改革与发展

1174 四川大学美国研究中心
American Studies Center (ASC), Sichuan University

所属类别 / 高校智库
主管单位 / 四川大学
成立时间 / 1985 年 10 月
第一负责人 / 陈杰
合作机构 /
办公地址 / 四川省成都市武侯区望江路 29 号四川大学国际关系学院（文科楼）176 室（610042）
电话(传真) / 028 - 85418176
邮　　箱 / ascscu@163.com
网　　址 / http://ascscu.scu.edu.cn
主要研究领域：
美国政治、经济、社会、文化、历史、文学等；美国外交政策；中美关系

1175 四川大学南亚研究所
Institute of South Asian Studies, Sichuan University

所属类别 / 高校智库
主管单位 / 四川大学
成立时间 / 1978 年
第一负责人 / 李涛
合作机构 /
办公地址 / 四川省成都市武侯区九眼桥四川大学文科楼 5 层（610064）
电话(传真) / 028 - 85412638
邮　　箱 / nanyasuo@163.com
网　　址 / http://www.isas.net.cn
主要研究领域：
南亚经济发展；南亚社会政治；南亚军事安全；南亚与中国西南发展

1176 四川大学欧洲问题研究中心
Centre for European Studies, Sichuan University

所属类别 / 高校智库
主管单位 / 四川大学
成立时间 / 1996 年 5 月
第一负责人 / 石坚
合作机构 /
办公地址 / 四川省成都市武侯区望江路 29 号（610064）
电话(传真) / 028 - 85411806（028 - 85412400）
邮　　箱 / escentre@scu.edu.cn
网　　址 / http://esc.scu.edu.cn
主要研究领域：欧盟文化政策与发展战略；欧盟区域政策；欧盟经济金融；欧盟环境政策；欧盟高等教育；欧盟社会发展；欧盟宗教治理；中欧关系

S

1177 四川大学人口研究所

所 属 类 别 / 高校智库
主 管 单 位 / 四川大学
成 立 时 间 / 1979 年 11 月
第一负责人 / 何景熙
合 作 机 构 /
办 公 地 址 / 四川省成都市武侯区科华北路 133 号（610062）
电话(传真) / 028 - 85412416
邮　　箱 / scurks@ 163. com
网　　址 /
主要研究领域：
区域人口研究；民族人口学；人力资源开发；人口地理学；计算机与人口信息管理；历史人口学；南亚、西亚人口

1178 四川大学社会发展与社会风险控制研究中心

所 属 类 别 / 高校智库
主 管 单 位 / 四川大学
成 立 时 间 / 2011 年 11 月
第一负责人 / 姜晓萍
合 作 机 构 /
办 公 地 址 / 四川省成都市武侯区望江路 29 号四川大学公共管理学院大楼 211 室（610064）
电话(传真) / 18088366661
邮　　箱 / spasdsr@ 126. com
网　　址 / http://www. scusdsr. com/index. php
主要研究领域：
城乡协调发展与社会管理创新；社会舆情与政府应对；公共危机与信息资源管理；西部民族地区社会发展与社会稳定

1179 四川大学文化产业研究中心

Cultural Industry Research Center, Sichuan University

所 属 类 别 / 高校智库
主 管 单 位 / 四川大学
成 立 时 间 / 2004 年
第一负责人 / 蔡尚伟
合 作 机 构 /
办 公 地 址 /
电话(传真) /
邮　　箱 /
网　　址 /
主要研究领域：文化产业

1180 四川大学中国南亚研究中心
China Center For South Asian Studies, Sichuan University

所 属 类 别 / 高校智库
主 管 单 位 / 四川大学
成 立 时 间 / 1978 年
第一负责人 / 姚乐野
合 作 机 构 /
办 公 地 址 / 四川省成都市环路南一段 24 号四川大学文科楼 326 室 （610065）
电话（传真）/ 028 - 85416543
邮　　箱 / ccsas@ scu. edu. cn
网　　址 / http://ccsas. scu. edu. cn/index
主要研究领域：
国际关系与战略；政党与政治；社会与文化；经济与经济合作

1181 四川大学中国西部边疆安全与发展协同创新中心
Collaborative Innovation Center for Security and Development of Weatern Frontier China

所 属 类 别 / 合作智库
主 管 单 位 / 四川大学
成 立 时 间 / 2012 年
第一负责人 / 罗中枢
合 作 机 构 / 云南大学、新疆大学、西藏大学、国家民委民族理论政策研究室、国务院发展研究中心民族发展研究所
办 公 地 址 / 四川省成都市望江路 29 号文科楼 239 办公室 （610064）
电话（传真）/ 028 - 85416270
邮　　箱 / cwf - scu@ 163. com
网　　址 /
主要研究领域：
“一带一路”重大问题；西部边疆史；边疆理论与治理战略

1182 四川民族学院康巴文化研究中心

所 属 类 别 / 高校智库
主 管 单 位 / 四川民族学院
成 立 时 间 / 2010 年
第一负责人 / 曾雪玫
合 作 机 构 /
办 公 地 址 / 四川省甘孜州康定市姑咱镇文化路 4 号 （620001）
电话（传真）/ 0836 - 2855386
邮　　箱 / scncxb@ vip. 163. com
网　　址 / https://kbwh. scun. edu. cn/jgjj. htm
主要研究领域：
康巴文化

1183 四川农业大学四川省农村发展研究中心
Sichuan Center for Rural Development Research, Sichuan Agricultural University

所属类别/高校智库
主管单位/四川农业大学
成立时间/2003年11月
第一负责人/蓝红星
合作机构/
办公地址/四川省成都市温江区惠民路211号（611130）
电话(传真)/028－86290892
邮　箱/scnfzx@163.com
网　址/http://scrdr.sicau.edu.cn
主要研究领域：
山地特色农业发展；成渝城乡统筹；长江上游生态文明建设；西南民族及贫困地区跨越发展

1184 四川农业大学新农村发展研究院
Institute for New Rural Development, Sichuan Agricultural University

所属类别/高校智库
主管单位/四川农业大学
成立时间/2012年4月
第一负责人/周伦理
合作机构/
办公地址/四川省雅安市雨城区新康路46号（625014）
电话(传真)/0835－2883119（0835－2883119）
邮　箱/scaunfy@163.com
网　址/http://nfy.sicau.edu.cn
主要研究领域：
农村科技和综合服务体系；创业与孵化服务体系；多元化科技服务体系；现代农村科技创新体系；新农村建设理论创新与政策研究

1185 四川省产业经济发展研究院
Sichuan Institute of Industrial Development

所属类别/合作智库—政校合作
主管单位/四川省经济和信息化委员会、西南交通大学
成立时间/2012年4月
第一负责人/骆玲
合作机构/四川省经济和信息化委员会、西南交通大学
办公地址/四川省成都市金牛区二环路北一段111号西南交通大学2号楼（610031）
电话(传真)/028－87600379（028－87600379）
邮　箱/sc_industry@126.com
网　址/
主要研究领域：四川产业经济；四川区域经济

S

1186 四川省经济和社会发展研究院

所属类别 / 党政智库—省/区/市政府所属
主管单位 /
成立时间 / 1998 年 7 月
第一负责人 / 鲁荣东
合作机构 /
办公地址 / 四川省成都市锦江区滨江东路 156 号发展大厦 14 层（610021）
电话(传真) / 028 – 86705675
邮　　箱 / xwgang1313@ 163. com
网　　址 / http://www. scjyy. org
主要研究领域:
产业发展；区域和社会发展；投融资；企业发展

1187 四川省人民政府参事室（四川省人民政府文史研究馆）

所属类别 / 党政智库—省/区/市政府所属
主管单位 / 四川省政府办公厅
成立时间 / 1952 年 11 月（1952 年 12 月）
第一负责人 / 蔡竞
合作机构 /
办公地址 / 四川省成都市锦江区暑袜中街 42 号（610020）
电话(传真) / 028 – 86662355
邮　　箱 / ztjjz@ sc. gov. cn
网　　址 / http://css. sc. gov. cn
主要研究领域:
四川省发展战略

1188 四川省社会科学界联合会
Sichuan Federation of Social Sciences Circle

所属类别 / 社会智库—社会团体
主管单位 / 中共四川省委、四川省政府
成立时间 / 1981 年 12 月
第一负责人 / 杨泉明
合作机构 /
办公地址 / 四川省成都市青羊区大石西路科联街 19 号（610071）
电话(传真) / 028 – 87052777
邮　　箱 / scskl@ 163. com
网　　址 / http://www. scskl. cn
主要研究领域:
社会主义物质文明、精神文明

1189 四川省社会科学院
Sichuan Academy of Social Sciences

所 属 类 别 / 科研院所智库
主 管 单 位 / 四川省政府
成 立 时 间 / 1978 年 6 月
第一负责人 / 向宝云
合 作 机 构 /
办 公 地 址 / 四川省成都市青羊区一环路西一段 155 号 (610071)
电话(传真) / 028 – 86266824 (028 – 87019971)
邮　　箱 / sjyzqt@ 163. com
网　　址 / http://www. sass. cn
主要研究领域:
产业经济; 民族与宗教; 文化创意产业; 新闻传播; 青少年犯罪; 农村发展; 区域经济; 四川震灾; 印度问题

1190 四川师范大学韩国研究中心

所 属 类 别 / 高校智库
主 管 单 位 / 四川师范大学
成 立 时 间 / 2013 年 9 月
第一负责人 / 汤洪
合 作 机 构 /
办 公 地 址 / 四川省成都市锦江区静安路 5 号嘤鸣园国际交流中心 106 室 (610066)
电话(传真) / 028 – 84760276
邮　　箱 /
网　　址 / http://hgyj. sicnu. edu. cn
主要研究领域:
韩国问题

1191 四川师范大学日本研究中心

所 属 类 别 / 高校智库
主 管 单 位 / 四川师范大学
成 立 时 间 / 2013 年 6 月
第一负责人 / 张健
合 作 机 构 /
办 公 地 址 / 四川省成都市锦江区静安路 5 号 (610066)
电话(传真) /
邮　　箱 /
网　　址 / http://rbyj. sicnu. edu. cn
主要研究领域:
日本综合性研究; 日本语言文化; 日本艺术

1192 四川师范大学四川多元文化研究中心

所 属 类 别 / 高校智库
主 管 单 位 / 四川师范大学
成 立 时 间 / 2009 年
第一负责人 / 巴登尼玛
合 作 机 构 /
办 公 地 址 / 四川省成都市锦江区静安路 5 号四川师范大学院内物理实验楼 3 层（610066）
电话（传真）/ 028 - 84765625
邮 箱 / dywhzhx@163.com
网 址 / http://dywh.sicnu.edu.cn
主要研究领域：
多元文化文明成果的梳理与研究；多元文化的交融与传承；多元文化与和谐社会建设

1193 四川外国语大学"以色列研究中心"

Center for Israel Studies, SISU

所 属 类 别 / 高校智库
主 管 单 位 / 四川外国语大学
成 立 时 间 / 2011 年 6 月
第一负责人 / 陈广猛
合 作 机 构 /
办 公 地 址 / 重庆市沙坪坝区烈士墓壮志路 33 号四川外国语大学博文楼 3 层国关综合实验中心（400031）
电话（传真）/
邮 箱 / CIS_SISU@163.com
网 址 / http://column.sisu.edu.cn/cis/index.htm
主要研究领域：
以色列问题

1194 四川外国语大学德国研究中心

所 属 类 别 / 高校智库
主 管 单 位 / 四川外国语大学
成 立 时 间 /
第一负责人 /
合 作 机 构 /
办 公 地 址 / 重庆市沙坪烈士墓壮志路 33 号四川外国语大学德国研究中心（400031）
电话（传真）/ 023 - 65385696（023 - 65385696）
邮 箱 /
网 址 / http://dgyj.sisu.edu.cn
主要研究领域：德国法律；德国教育；德国文化

S

1195 **四川外国语大学国别经济与国际商务研究中心**
Research Center for International Business and Economy, Sichuan International Studies University

所 属 类 别 / 高校智库
主 管 单 位 / 四川外国语大学
成 立 时 间 / 2007 年 9 月
第一负责人 / 杨柏
合 作 机 构 /
办 公 地 址 / 重庆市沙坪烈士墓壮志路 33 号四川外国语大学博文楼 8 层（400031）
电话(传真) / 023 – 65385751（023 – 65385751）
邮 箱 / ibesisu@ 163. com
网 址 / http://ibe. sisu. edu. cn/index. htm
主要研究领域:
国别政治；国际贸易投资；国别产业；国际商务及国际企业管理

1196 **四川外国语大学金砖国家研究院**

所 属 类 别 / 高校智库
主 管 单 位 / 四川外国语大学
成 立 时 间 / 2013 年 9 月
第一负责人 / 朱天祥
合 作 机 构 /
办 公 地 址 / 重庆市沙坪坝区壮志路 33 号（400031）
电话(传真) /
邮 箱 /
网 址 /
主要研究领域: 金砖国家国别与区域研究；“一带一路”背景下的金砖国家合作研究；金砖国家与全球治理的关系、金砖国家人文交流机制研究

1197 **四川外国语大学中外文化比较研究中心**
The Center for Sino – Foreign Comparative Cultural Studies, Sichuan International Studies University

所 属 类 别 / 高校智库
主 管 单 位 / 四川外国语大学
成 立 时 间 / 2005 年 9 月
第一负责人 / 冯亚琳
合 作 机 构 /
办 公 地 址 / 重庆市沙坪烈士墓壮志路 33 号四川外国语大学博文楼 6 层（400031）
电话(传真) / 023 – 65385080（023 – 65385080）
邮 箱 / cllcs@ sisu. edu. cn
网 址 / http://column. sisu. edu. cn/rwsk2/index. htm
主要研究领域: 文化记忆理论及应用；中外文学与文化关系；中外知识分子问题；中外都市文化及地名研究；文学伦理研究

S

1198 四川外国语大学中犹文化研究所
The Center of Judaic and Chinese Studies, Sichuan International Studies University

所属类别 / 高校智库
主管单位 / 四川外国语大学
成立时间 / 2006 年 10 月
第一负责人 / 傅晓微
合作机构 /
办公地址 / 重庆市沙坪烈士墓壮志路 33 号四川外国语大学（400031）
电话(传真) /
邮　　箱 /
网　　址 / http://column. sisu. edu. cn/cjis/index. htm
主要研究领域:
犹太研究；以色列研究

1199 四川文理学院四川革命老区发展研究中心

所属类别 / 高校智库
主管单位 / 四川文理学院
成立时间 / 2008 年 1 月
第一负责人 / 杜松柏
合作机构 /
办公地址 / 四川省达州市通川区塔石路中段 519 号四川文理学院四川革命老区发展研究中心（635000）
电话(传真) / 0818 - 2790070
邮　　箱 / lqyj2010@ 163. com
网　　址 /
主要研究领域:
四川革命老区相关问题的跨学科；跨专业的开放性学术研究

1200 四川西部教育研究院

所属类别 / 社会智库
主管单位 / 四川省社会科学界联合会
成立时间 / 2010 年
第一负责人 / 李鹏飞
合作机构 /
办公地址 / 四川省成都市一环路西三段三号教育宾馆 2 层（610000）
电话(传真) / 028 - 87785231（028 - 87785231）
邮　　箱 / 2983618166@ qq. com
网　　址 / http://www. xbjyyj. com
主要研究领域:
学校教育教学管理；区域教育及学校发展规划设计；创新教育

S

1201 四川先行教育研究院

所 属 类 别 / 社会智库
主 管 单 位 / 四川省社会科学界联合会
成 立 时 间 / 2018 年
第一负责人 /
合 作 机 构 /
办 公 地 址 /
电话(传真) /
邮　　箱 /
网　　址 /
主要研究领域:
高校社科类教育

1202 苏州大学企业创新和发展研究中心
Center for Enterprise Innovation and Development, Soochow University

所 属 类 别 / 高校智库
主 管 单 位 / 苏州大学
成 立 时 间 /
第一负责人 / 董洁林
合 作 机 构 /
办 公 地 址 / 江苏省苏州市沧浪区东环路 50 号 (215021)
电话(传真) /
邮　　箱 / hai11@ 163. com
网　　址 /
主要研究领域:
科技战略与管理; 科技体制与科技政策; 创业管理理论与实践

1203 苏州大学苏南发展研究院
Institute for Sunan Development, Soochow University

所 属 类 别 / 合作智库—政校合作
主 管 单 位 / 苏州大学
成 立 时 间 / 1999 年 10 月
第一负责人 / 高峰
合 作 机 构 / 江苏省哲学社会科学规划办公室、苏州大学
办 公 地 址 / 江苏省苏州市沧浪区东环路 50 号苏州大学凌云楼 18 层 (215021)
电话(传真) /
邮　　箱 /
网　　址 /
主要研究领域:
公共治理; 人力资源; 人口; 社会心理; 公共文明; 文化和教育发展; 社会发展; 经济发展

1204 苏州大学台商投资与发展研究所

所属类别 / 高校智库
主管单位 / 苏州大学
成立时间 / 2010 年 6 月
第一负责人 / 张明
合作机构 /
办公地址 / 江苏省苏州市工业园区苏州大学独墅湖校区（215123）
电话(传真) / 0512 - 65884523
邮　　箱 / sdty@ suda. edu. cn
网　　址 / http://sdty. suda. edu. cn
主要研究领域:
台商投资；产业合作；台商社会生活；两岸关系；和平发展

1205 苏州大学中国特色城镇化研究中心
Centre for Chinese Urbanization Studies, Soochow University

所属类别 / 高校智库
主管单位 / 苏州大学
成立时间 / 2004 年 12 月
第一负责人 / 陈进华
合作机构 /
办公地址 / 江苏省苏州市东环路 50 号苏州大学东校区
电话(传真) / 0512 - 67160103
邮　　箱 /
网　　址 / http://rurc. suda. edu. cn
主要研究领域:
城乡规划与产业结构；苏南模式；社会稳定；创新与区域发展；城镇化法制保障；心理与文化支持

1206 苏州科技大学城市发展智库
USTS Think Tank for Urban Development, Suzhou University of Science and Technology

所属类别 / 高校智库
主管单位 / 苏州科技大学
成立时间 / 2017 年
第一负责人 / 张庆奎
合作机构 /
办公地址 / 江苏省苏州市虎丘区学府路 99 号（215009）
电话(传真) / 0512 - 68782141（0512 - 68782141）
邮　　箱 / ttud@ usts. edu. cn
网　　址 / http://ttud. usts. edu. cn
主要研究领域：城市乡村规划与建设；城市生态建设与管理；城市文化建设与传播；智库建设与研究；城市经济管理与发展

S

1207 苏州科技大学苏州国家历史文化名城保护研究院

Suzhou Institute for the Conservation of National Historical Cities

所 属 类 别／合作智库
主 管 单 位／苏州科技大学、研究院共建管理委员会
成 立 时 间／2014 年 3 月
第一负责人／徐刚
合 作 机 构／苏州市姑苏区人民政府、苏州国家历史文化名城保护区管委会、苏州科技大学
办 公 地 址／江苏省苏州市新区滨河路 1701 号计算中心 3 层（215011）
电话(传真)／0512－69379339（0512－69379338）
邮　　箱／sihc@ mail. usts. edu. cn
网　　址／http://sihc. usts. edu. cn
主要研究领域：
苏州国家历史文化名城保护

1208 苏州科技大学苏州乡村振兴（城市一体化改革发展）研究院

所 属 类 别／高校智库
主 管 单 位／苏州科技大学
成 立 时 间／2018 年
第一负责人／
合 作 机 构／
办 公 地 址／江苏省苏州市新区滨河路 1701 号（215011）
电话(传真)／0512－68085673
邮　　箱／
网　　址／
主要研究领域：
苏州乡村振兴；城市一体化改革发展

1209 塔里木大学非传统安全与边疆民族发展研究中心

所 属 类 别／高校智库
主 管 单 位／塔里木大学
成 立 时 间／2009 年 5 月
第一负责人／肖涛
合 作 机 构／
办 公 地 址／新疆维吾尔自治区直辖县级行政单位阿拉尔市军垦大道 1188 号（843300）
电话(传真)／
邮　　箱／
网　　址／
主要研究领域：环塔里木多民族文化传承与保护；非传统安全与边疆和谐；新疆宗教民族关系；民族教育

1210 太原科技大学企业社会责任研究中心

所 属 类 别 / 高校智库
主 管 单 位 / 太原科技大学
成 立 时 间 / 2016 年 9 月
第一负责人 / 任立成
合 作 机 构 /
办 公 地 址 / 山西省太原市万柏林区窊流路 66 号（030024）
电话(传真) /
邮　　箱 / jgtw@ tyust. edu. cn
网　　址 /
主要研究领域：
企业社会责任

1211 太原科技大学装备制造业创新发展研究中心

所 属 类 别 / 高校智库
主 管 单 位 / 太原科技大学
成 立 时 间 /
第一负责人 /
合 作 机 构 /
办 公 地 址 / 山西省太原市万柏林区窊流路 66 号（030024）
电话(传真) /
邮　　箱 / jgtw@ tyust. edu. cn
网　　址 /
主要研究领域：
装备制造业创新发展

1212 太原理工大学华北农村调查与研究中心

所 属 类 别 / 高校智库
主 管 单 位 / 太原理工大学
成 立 时 间 / 2016 年
第一负责人 / 渠桂萍
合 作 机 构 /
办 公 地 址 / 山西省晋中市榆次区大学街 209 号（030600）
电话(传真) /
邮　　箱 / blxqgp@ hotmail. com
网　　址 /
主要研究领域：
农村问题

1213 太原理工大学基层社会治理研究中心

所 属 类 别 / 高校智库
主 管 单 位 / 太原理工大学文法学院
成 立 时 间 /
第一负责人 / 乔运鸿
合 作 机 构 /
办 公 地 址 / 山西省太原市迎泽西大街 79 号（030024）
电话(传真) /
邮　　箱 /
网　　址 /
主要研究领域：
山西省各级地方政府基层社会治理

1214 太原理工大学煤炭产业科学发展研究中心

所 属 类 别 / 高校智库
主 管 单 位 / 太原理工大学艺术学院
成 立 时 间 /
第一负责人 / 栗继祖
合 作 机 构 /
办 公 地 址 / 山西省太原市迎泽西大街 79 号（030024）
电话(传真) /
邮　　箱 /
网　　址 /
主要研究领域：
煤炭产业

1215 太原理工大学山西省文化遗产保护与修复协同创新中心

所 属 类 别 / 高校智库
主 管 单 位 / 太原理工大学艺术学院
成 立 时 间 / 2013 年 9 月
第一负责人 / 赵慧
合 作 机 构 /
办 公 地 址 / 山西省太原市迎泽西大街 79 号（030024）
电话(传真) /
邮　　箱 /
网　　址 /
主要研究领域：
山西文化遗产保护与修复

T

1216 太原师范学院社会科学发展研究所

Institute of the Development of Social Sciences, Taiyuan Normal University

所属类别 / 高校智库
主管单位 / 太原师范学院
成立时间 /
第一负责人 /
合作机构 /
办公地址 / 山西省大同市兴云街（037009）
电话(传真) /
邮　　箱 /
网　　址 /
主要研究领域:
马克思主义基本理论

1217 天津大学合肥创新发展研究院

所属类别 / 高校智库
主管单位 / 天津大学、合肥市人民政府、合肥经济技术开发区管理委员会
成立时间 / 2018 年
第一负责人 /
合作机构 /
办公地址 / 安徽省合肥市经济技术开发区云谷路 3188 号海关大楼 15 - 16 层（230601）
电话(传真) / 0551 - 62572290
邮　　箱 /
网　　址 / http://hfy.tju.edu.cn/info/1056/1065.htm
主要研究领域:
汽车及内燃机、医工结合；集成电路设计；智能电网

1218 天津大学津南创新研究院

所属类别 / 高校智库
主管单位 / 天津大学、津南区人民政府
成立时间 / 2014 年 12 月
第一负责人 / 翟京生
合作机构 /
办公地址 /
电话(传真) /
邮　　箱 /
网　　址 /
主要研究领域:
国家“海洋强国”战略；新时代海洋科学与技术的创新发展

1219 天津大学科学技术发展研究院

所属类别 / 高校智库
主管单位 / 天津大学
成立时间 / 2012 年 7 月
第一负责人 / 崔振铎
合作机构 /
办公地址 / 天津市津南区海河教育园区雅观路 135 号
电话(传真) / 022 - 27401772
邮　　箱 / kjc@ tju. edu. cn
网　　址 / http://kj. tju. edu. cn
主要研究领域:
科技前沿; 国家重大战略需求

1220 天津大学区域发展研究院

Institute of Regional R&D Cooperation, Tianjin University

所属类别 / 高校智库
主管单位 / 天津大学
成立时间 / 2017 年
第一负责人 / 杨明海
合作机构 /
办公地址 / 天津市南开区卫津路 92 号天津大学第十四教学楼 (300072)
电话(传真) / 022 - 87371383
邮　　箱 /
网　　址 / http://quyuyuan. tju. edu. cn/index. htm
主要研究领域:
区域协同发展

1221 天津大学山东研究院

所属类别 / 高校智库
主管单位 / 淄博高新区管委会、天津大学
成立时间 / 2010 年 12 月
第一负责人 / 杜振江
合作机构 /
办公地址 / 山东省淄博市鲁泰大道 51 号高分子材料创新园 B 座 411 室 (255000)
电话(传真) / 0533 - 3592026
邮　　箱 / tjdxsdyjy@ 163. com
网　　址 / http://www. tju - sd. com
主要研究领域:
公共技术服务平台的建设和运营; 高校技术成果在地方的转化; 工程化研究和地方实用人才培养

1222 天津大学深圳研究院
Shenzhen Research Institute of Tianjin University

所属类别 / 高校智库
主管单位 / 天津大学、深圳市政府
成立时间 / 2003 年 10 月
第一负责人 / 宋鹏
合作机构 /
办公地址 / 广东省深圳市南山区科技园南区高新南四道 19 号（518057）
电话(传真) /
邮　　箱 /
网　　址 /
主要研究领域:
珠三角经济发展

1223 天津大学生物安全战略研究中心
Center for Biosafety Research and Strategy, Tianjin University

所属类别 / 高校智库
主管单位 / 天津大学
成立时间 / 2016 年 9 月
第一负责人 / 张卫文
合作机构 /
办公地址 / 天津市南开区卫津路 92 号（300072）
电话(传真) / 022 - 83611617
邮　　箱 / biosafety@ tju. edu. cn
网　　址 / http://tjusa. tju. edu. cn
主要研究领域:
生物安全分析；国家安全；两用生物技术；合成生物学；微生物学；基因组学

1224 天津大学四川创新研究院

所属类别 / 高校智库
主管单位 / 天津大学
成立时间 / 2021 年 4 月
第一负责人 / 何明霞
合作机构 /
办公地址 / 四川省成都市天府新经济产业园 B6 号楼 13 层（611137）
电话(传真) /
邮　　箱 /
网　　址 /
主要研究领域:
5G；人工智能；工业 4.0；智能制造；大健康

1225 天津大学中国文化遗产保护国际研究中心
International Research Center for Chinese Cultural Heritage Conservation, Tianjin University

所 属 类 别 / 高校智库
主 管 单 位 / 天津大学
成 立 时 间 / 2008 年
第一负责人 / 青木信夫
合 作 机 构 /
办 公 地 址 / 天津市南开区卫津路 92 号天津大学建筑学院 3001 房间（300072）
电话(传真) / 022－27404491
邮　　箱 / irc_cchc@gmail.com
网　　址 / http://cchc.tju.edu.cn
主要研究领域:
文化遗产保护

1226 天津工业大学天津市中国特色社会主义理论体系研究中心基地

所 属 类 别 / 高校智库
主 管 单 位 / 天津工业大学
成 立 时 间 / 2017 年
第一负责人 / 连洁
合 作 机 构 /
办 公 地 址 / 天津市西青区宾水西道 399 号（300387）
电话(传真) /
邮　　箱 /
网　　址 /
主要研究领域:
中国特色社会主义理论体系

1227 天津工业大学现代纺织产业创新研究中心

所 属 类 别 / 高校智库
主 管 单 位 / 天津工业大学经济与管理学院
成 立 时 间 /
第一负责人 / 周庄
合 作 机 构 /
办 公 地 址 / 天津市西青区宾水西道 399 号（300387）
电话(传真) /
邮　　箱 /
网　　址 /
主要研究领域:
现代纺织业自主创新；现代纺织业产业安全与竞争力；现代纺织业自主品牌的国际化经营

T

1228 天津社会科学院
Tianjin Academy of Social Sciences

所属类别 / 科研院所智库
主管单位 / 天津市政府
成立时间 / 1979 年 3 月
第一负责人 / 靳方华
合作机构 /
办公地址 / 天津市南开区迎水道 7 号（300191）
电话(传真) / 022 - 23368739（022 - 23362739）
邮　　箱 /
网　　址 / http://www.tass - tj.org.cn
主要研究领域:
城市经济；现代企业；舆情；经济社会预测；经济社会发展；东北亚问题

1229 天津市人民政府参事室（天津市文史研究馆）

所属类别 / 党政智库—省/区/市政府所属
主管单位 / 天津市政府
成立时间 / 2002 年 3 月
第一负责人 / 魏世华
合作机构 /
办公地址 / 天津市河西区宾友道 16 号增 2 号（300074）
电话(传真) / 022 - 28130259
邮　　箱 /
网　　址 /
主要研究领域:
天津市发展战略

1230 天津市社会科学界联合会
Tianjin Federation of Social Science

所属类别 / 社会智库—社会团体
主管单位 / 中共天津市委
成立时间 / 1958 年 3 月
第一负责人 / 薛进文
合作机构 /
办公地址 / 天津市和平区成都道 52 号（300051）
电话(传真) / 022 - 23301552（022 - 23312579）
邮　　箱 / tjsklgg@sina.com
网　　址 / http://www.tjskw.org.cn
主要研究领域:
天津市经济建设；政治建设；文化建设；社会建设；生态文明建设

1231 天津外国语大学“一带一路”天津战略发展研究院

所 属 类 别 / 高校智库
主 管 单 位 / 天津外国语大学
成 立 时 间 / 2010 年 5 月
第一负责人 / 冯雷鸣
合 作 机 构 /
办 公 地 址 / 天津市河西区马场道 117 号留学生公寓 B 座 201 室（300204）
电话(传真) / 022 - 23244815 （ 022 - 23244979）
邮　　箱 / tjgjfz@ 126. com
网　　址 /
主要研究领域:
共建“一带一路”国家国别研究、投资风险分析、天津及区域国际化发展研究等

1232 天津外国语大学拉丁美洲研究中心

所 属 类 别 / 高校智库
主 管 单 位 / 天津外国语大学
成 立 时 间 / 2012 年 7 月
第一负责人 / 张鹏
合 作 机 构 /
办 公 地 址 / 天津市河西区马场道 117 号（300204）
电话(传真) / 022 - 23282681
邮　　箱 / tianwailamei@ 126. com
网　　址 /
主要研究领域:
拉美政治、经济、社会问题；国际关系；文化教育

1233 天津中医药大学现代中药协同创新中心

Collaborative Innovation Center of Modern Chinese Medicine, Tianjin University of Traditional Chinese Medicine

所 属 类 别 / 高校智库
主 管 单 位 / 天津中医药大学
成 立 时 间 / 2012 年 8 月
第一负责人 / 张伯礼
合 作 机 构 /
办 公 地 址 / 天津市南开区鞍山西道 312 号天津中医药大学（300193）
电话(传真) / 022 - 59596594
邮　　箱 /
网　　址 / http://2011. tjutcm. edu. cn
主要研究领域:
中成药二次开发；现代创新中药研发

T

1234 同济大学财经研究所
Institute of Finance and Economics, Tongji University

所 属 类 别 / 高校智库
主 管 单 位 / 同济大学
成 立 时 间 / 2010 年 1 月
第一负责人 / 石建勋
合 作 机 构 /
办 公 地 址 / 上海市四平路 1239 号同济大学财经研究所（200092）
电话(传真) / 021 - 65984191
邮　　箱 / ife_tongji@ 163. com
网　　址 /
主要研究领域:
世界经济与贸易；国际金融；自贸区金融创新；资本市场改革与发展、中国金融改革开放与金融安全；中国特色政治经济学创新研究；供给侧改革与财税金融改革

1235 同济大学德国研究中心
German Studies Center, Tongji University

所 属 类 别 / 高校智库
主 管 单 位 / 同济大学
成 立 时 间 / 2012 年 3 月
第一负责人 / 郑春荣
合 作 机 构 /
办 公 地 址 / 上海市杨浦区四平路 1239 号同济大学四平校区中德大楼 9 层（200092）
电话(传真) / 021 - 65980918 （021 - 65987800）
邮　　箱 / gso@ tongji. edu. cn
网　　址 / http://german - studies - online. tongji. edu. cn
主要研究领域:
德国政治、外交、经济、社会、文化、教育；中德关系

1236 同济大学可持续发展与新型城镇化智库
Tongji University Sustainable Development and New - type Urbanization Think - Tank

所 属 类 别 / 高校智库
主 管 单 位 / 同济大学
成 立 时 间 / 2015 年
第一负责人 / 韩传峰
合 作 机 构 /
办 公 地 址 / 上海市四平路 1239 号（200092）
电话(传真) /
邮　　箱 /
网　　址 / http://urbanization - think - tank. tongji. edu. cn
主要研究领域:
可持续发展；城市规划；经济与管理；环境科学

T

1237 同济大学全球治理与发展研究院

所 属 类 别 / 高校智库
主 管 单 位 / 同济大学
成 立 时 间 / 2019 年 3 月
第一负责人 / 周琪
合 作 机 构 /
办 公 地 址 / 北京市海淀区双清路 1 号 21 号楼全球治理与发展研究院（100084）
电话(传真) /
邮　　箱 / iddg@ iggd. org. cn
网　　址 / https://www. iggd. org. cn
主要研究领域:
中国对外关系；全球治理；国家发展改革战略；世界经济与金融；创新科技发展

1238 同济大学新农村发展研究院

Institute of New Rural Development, Tongji University

所 属 类 别 / 高校智库
主 管 单 位 / 同济大学
成 立 时 间 / 2013 年 12 月
第一负责人 / 方守恩
合 作 机 构 /
办 公 地 址 / 上海市杨浦区赤峰路 67 号同济大学科技园 2 号楼 302A 室（200092）
电话(传真) / 021 - 65980149（021 - 65980149）
邮　　箱 / agri@ tongji. edu. cn
网　　址 / http://agri. tongji. edu. cn
主要研究领域:
农村政策和经济；设施农业与农业园区规划；村镇规划与建筑；农村生态环境；农村新能源；中国传统村落保护发展；农村防灾减灾

1239 同济大学中国科技管理研究院

Chinese Academy of Science and Technology Management, Tongji University

所 属 类 别 / 高校智库
主 管 单 位 / 同济大学
成 立 时 间 / 2007 年 3 月
第一负责人 / 徐冠华
合 作 机 构 /
办 公 地 址 / 上海市杨浦区四平路 1239 号同济大学综合楼 20 层（200092）
电话(传真) / 021 - 65985664（021 - 65984954）
邮　　箱 / castm@ tongji. edu. cn
网　　址 / http://castm. tongji. edu. cn
主要研究领域: 创新政策；创新体制与管理；创新人才；区域创新与产业集群；绿色经济与可持续发展；自主创新的国际环境

1240 同济大学中国战略研究院

所 属 类 别 / 高校智库
主 管 单 位 / 同济大学
成 立 时 间 / 2015 年 5 月
第一负责人 / 门洪华
合 作 机 构 /
办 公 地 址 / 上海市四平路 1239 号 (200092)
电话(传真) /
邮　　箱 /
网　　址 /
主要研究领域:
战略研究; 国际关系; 政治学理论

1241 铜陵学院区域经济研究所 (皖江经济发展研究中心)

所 属 类 别 / 高校智库
主 管 单 位 / 铜陵学院
成 立 时 间 / 2008 年
第一负责人 / 金利娟
合 作 机 构 /
办 公 地 址 / 安徽省铜陵市北京中路 297 号安徽省铜陵市翠湖四路东段 (244000)
电话(传真) /
邮　　箱 /
网　　址 / https://qyjjyjs. tlu. edu. cn
主要研究领域:
皖江城市带承接产业转移; 区域创新环境与企业成长; 皖江城市带产业集群; 皖江区域经济发展

1242 外交学院北京对外交流与外事管理研究基地

Research Center for Beijing International Exchanges and Foreign Affairs Administration, China Foreign Affairs University

所 属 类 别 / 高校智库
主 管 单 位 / 外交学院
成 立 时 间 / 2005 年 12 月
第一负责人 / 徐坚
合 作 机 构 /
办 公 地 址 / 北京市西城区展览路 24 号 (100037)
电话(传真) /
邮　　箱 /
网　　址 / http://wsjd. cfau. edu. cn
主要研究领域:
国际关系、外交学及外事管理等涉外领域

1243 外交学院当代中国外交研究中心
China center China Foreign Affairs University contemporarydiplomacy research, China Foreign Affairs University

所 属 类 别 / 高校智库
主 管 单 位 / 外交学院
成 立 时 间 /
第一负责人 / 张历历
合 作 机 构 /
办 公 地 址 / 北京市西城区展览路 24 号 (100037)
电话(传真) /
邮　　箱 /
网　　址 /
主要研究领域:
当代中国外交、外交学、世界各国外交史及国际问题

1244 外交学院法国与法语国家研究中心

所 属 类 别 / 高校智库
主 管 单 位 / 外交学院
成 立 时 间 / 2009 年 12 月
第一负责人 / 齐建华
合 作 机 构 /
办 公 地 址 / 北京市西城区展览路 24 号 (100037)
电话(传真) /
邮　　箱 /
网　　址 /
主要研究领域:
法国与法语国家问题

1245 外交学院非洲研究中心
Africa Studies Center of CFAU

所 属 类 别 / 高校智库
主 管 单 位 / 外交学院
成 立 时 间 / 2009 年
第一负责人 / 李旦
合 作 机 构 /
办 公 地 址 / 北京市西城区展览路 24 号 (100037)
电话(传真) /
邮　　箱 /
网　　址 /
主要研究领域:
非洲问题

1246 外交学院国际法研究所

所 属 类 别 / 高校智库
主 管 单 位 / 外交学院
成 立 时 间 / 1955 年
第一负责人 / 许军珂
合 作 机 构 /
办 公 地 址 / 北京市西城区展览路 24 号（100037）
电话(传真) /
邮　　箱 /
网　　址 /
主要研究领域:
国际法

1247 外交学院国际关系研究所
The Institute of International Relations（IIR）of China Foreign Affairs University（CFAU）

所 属 类 别 / 高校智库
主 管 单 位 / 外交学院
成 立 时 间 / 1984 年
第一负责人 / 曲博
合 作 机 构 /
办 公 地 址 / 北京市西城区展览馆路 24 号（100037）
电话(传真) /
邮　　箱 /
网　　址 / http://iir.cfau.edu.cn
主要研究领域:
中国国际关系理论；全球治理与世界秩序；国际安全与大国战略

1248 外交学院国际金融研究中心
International Finance Research Center, China Foreign Affairs University

所 属 类 别 / 高校智库
主 管 单 位 / 外交学院
成 立 时 间 /
第一负责人 / 欧明刚
合 作 机 构 /
办 公 地 址 / 北京市西城区展览路 24 号（100037）
电话(传真) /
邮　　箱 /
网　　址 /
主要研究领域:
国际金融

1249 外交学院海外利益保护研究中心
Protection of Overseas Interests Center, China Foreign Affairs University

所 属 类 别 / 高校智库
主 管 单 位 / 外交学院
成 立 时 间 /
第一负责人 / 夏莉萍
合 作 机 构 /
办 公 地 址 / 北京市西城区展览路 24 号 (100037)
电话(传真) /
邮　　箱 /
网　　址 /
主要研究领域:
海外利益保护

1250 外交学院经济外交研究中心
Economic Diplomacy Studies Center, China Foreign Affairs University

所 属 类 别 / 高校智库
主 管 单 位 / 外交学院
成 立 时 间 / 2007 年
第一负责人 / 江瑞平
合 作 机 构 /
办 公 地 址 / 北京市西城区展览路 24 号 (100037)
电话(传真) /
邮　　箱 /
网　　址 / http://jjwj.cfau.edu.cn
主要研究领域:
经济外交

1251 外交学院拉美研究中心
Latin American Studies Center, China Foreign Affairs University

所 属 类 别 / 高校智库
主 管 单 位 / 外交学院
成 立 时 间 /
第一负责人 / 左晓园
合 作 机 构 /
办 公 地 址 / 北京市西城区展览路 24 号 (100037)
电话(传真) /
邮　　箱 /
网　　址 /
主要研究领域:
拉丁美洲问题

1252 外交学院联合国研究中心

所 属 类 别 / 高校智库
主 管 单 位 / 外交学院
成 立 时 间 /
第一负责人 / 江国青
合 作 机 构 /
办 公 地 址 / 北京市西城区展览路 24 号（100037）
电话(传真) /
邮　　箱 /
网　　址 /
主要研究领域:
联合国事务以及与联合国有关的国际机制的发展动向和趋势

1253 外交学院美国社会文化研究中心

所 属 类 别 / 高校智库
主 管 单 位 / 外交学院
成 立 时 间 /
第一负责人 / 孙吉胜
合 作 机 构 /
办 公 地 址 / 北京市西城区展览路 24 号（100037）
电话(传真) /
邮　　箱 /
网　　址 /
主要研究领域:
亚裔美国文学；美国社会、文化、历史、政治等；英美概况研究

1254 外交学院欧洲研究中心

The European Studies Center (ESC), China Foreign Affairs University

所 属 类 别 / 高校智库
主 管 单 位 / 外交学院
成 立 时 间 / 1994 年 2 月
第一负责人 / 赵怀普
合 作 机 构 /
办 公 地 址 / 北京市西城区展览路 24 号（100037）
电话(传真) /
邮　　箱 /
网　　址 /
主要研究领域:
欧洲问题的研究和教学活动

1255 外交学院人权研究中心

Human Rights Studies Center, China Foreign Affairs University

所属类别／高校智库
主管单位／外交学院
成立时间／2011 年
第一负责人／张爱宁
合作机构／
办公地址／北京市西城区展览路 24 号（100037）
电话(传真)／
邮　　箱／
网　　址／
主要研究领域：
国际人权公约及其实施机制；国内人权法律制度；人权哲学

1256 外交学院日本研究中心

所属类别／高校智库
主管单位／外交学院
成立时间／2008 年
第一负责人／周永生（副主任）
合作机构／
办公地址／北京市西城区展览路 24 号（100037）
电话(传真)／
邮　　箱／
网　　址／
主要研究领域：
日本问题

1257 外交学院世界贸易组织与国际商法研究中心

所属类别／高校智库
主管单位／外交学院
成立时间／2011 年
第一负责人／于丹翎
合作机构／
办公地址／北京市西城区展览路 24 号（100037）
电话(传真)／
邮　　箱／
网　　址／
主要研究领域：
世界贸易组织法律；国际商法

1258 外交学院世界政治研究中心

World Politics Center, China Foreign Affairs University

所 属 类 别 / 高校智库
主 管 单 位 / 外交学院
成 立 时 间 / 2013 年 5 月
第一负责人 / 施展
合 作 机 构 /
办 公 地 址 / 北京市西城区展览路 24 号 （100037）
电话（传真）/
邮　　箱 /
网　　址 /
主要研究领域：
世界政治

1259 外交学院西语国家研究中心

所 属 类 别 / 高校智库
主 管 单 位 / 外交学院
成 立 时 间 / 2019 年 4 月
第一负责人 /
合 作 机 构 /
办 公 地 址 / 北京市西城区展览路 24 号 （100037）
电话（传真）/
邮　　箱 /
网　　址 /
主要研究领域：
西语国家问题

1260 外交学院亚太研究中心

所 属 类 别 / 高校智库
主 管 单 位 / 外交学院
成 立 时 间 / 1994 年
第一负责人 / 苏浩
合 作 机 构 /
办 公 地 址 / 北京市西城区展览路 24 号 （100037）
电话（传真）/
邮　　箱 /
网　　址 /
主要研究领域：
亚太合作进展和未来发展方向

1261 外交学院亚洲研究所
Institute of Asian Studies, China Foreign Affairs University

所 属 类 别 / 高校智库
主 管 单 位 / 外交学院
成 立 时 间 / 2004 年
第一负责人 / 郭延军
合 作 机 构 /
办 公 地 址 / 北京市西城区展览路 24 号外交学院亚洲研究所（100037）
电话(传真) / 010 - 68322939（010 - 68322939）
邮　　箱 / ias@ cfau. edu. cn
网　　址 / http://ias. cfau. edu. cn
主要研究领域:
亚洲问题

1262 外交学院战略与和平研究中心

所 属 类 别 / 高校智库
主 管 单 位 / 外交学院
成 立 时 间 /
第一负责人 / 苏浩
合 作 机 构 /
办 公 地 址 / 北京市西城区展览路 24 号（100037）
电话(传真) /
邮　　箱 /
网　　址 /
主要研究领域:
战略与和平

1263 外交学院政党外交研究中心
Party Diplomacy Center, China Foreign Affairs University

所 属 类 别 / 高校智库
主 管 单 位 / 外交学院
成 立 时 间 / 2012 年 3 月
第一负责人 / 余科杰
合 作 机 构 /
办 公 地 址 / 北京市西城区展览路 24 号（100037）
电话(传真) /
邮　　箱 /
网　　址 /
主要研究领域:
政党外交理论

1264 外交学院中国国际法实践研究中心

所 属 类 别 / 高校智库
主 管 单 位 / 外交学院
成 立 时 间 /
第一负责人 / 秦晓程
合 作 机 构 /
办 公 地 址 / 北京市西城区展览路 24 号（100037）
电话(传真) /
邮　　箱 /
网　　址 /
主要研究领域:
国际法

1265 万博新经济研究院
Wanb Institute

所 属 类 别 / 社会智库—民办非企业
主 管 单 位 / 北京市民政局
成 立 时 间 / 2014 年
第一负责人 / 滕泰
合 作 机 构 /
办 公 地 址 / 北京市西城区月坛北街 26 号恒华国际商务中心 A 座（100036）
电话(传真) / 010 - 58565691
邮　　箱 / wanb@ wanb. org. cn
网　　址 / http://www. wanb. org. cn
主要研究领域:
新供给经济学；软价值战略；宏观经济；金融

1266 文化和旅游部民族民间文艺发展中心
Center for Ethnic and Folk Literature and Art Development, Ministry of Culture

所 属 类 别 / 党政智库—国务院组成部门所属
主 管 单 位 / 文化和旅游部
成 立 时 间 / 1998 年
第一负责人 / 兰静
合 作 机 构 /
办 公 地 址 / 北京市东城区雍和宫大街戏楼胡同 1 号（100007）
电话(传真) / 010 - 84032706（010 - 87930619）
邮　　箱 / net@ cefla. org. cn
网　　址 / http://www. cefla. org
主要研究领域:
中国民族民间文艺资源的搜集、整理、保护、研究和发展；民间文化资源数字化；国家文化艺术资源标准化

1267 文化和旅游部全国公共文化发展中心

所 属 类 别 / 党政智库—国务院组成部门所属
主 管 单 位 / 文化和旅游部
成 立 时 间 / 2004 年 5 月
第一负责人 / 魏大威
合 作 机 构 /
办 公 地 址 / 北京市西城区文津街 7 号临琼楼（100034）
电话(传真) / 010 - 88003060（010 - 68475713）
邮　　箱 / ndcncinfo@163. com
网　　址 /
主要研究领域：
公共文化服务体系

1268 武汉大学发展研究院
Academy of Development of Wuhan University

所 属 类 别 / 高校智库
主 管 单 位 / 武汉大学
成 立 时 间 / 2002 年 4 月
第一负责人 / 曾国安
合 作 机 构 /
办 公 地 址 / 湖北省武汉市武昌区八一路 299 号信息学部教学实验大楼 4 层（430072）
电话(传真) / 027 - 68778818
邮　　箱 / fzyjy@whu. edu. cn
网　　址 / http://adwu. whu. edu. cn
主要研究领域：
国民经济建设；社会可持续发展

1269 武汉大学法国研究中心

所 属 类 别 / 高校智库
主 管 单 位 / 武汉大学
成 立 时 间 / 2012 年
第一负责人 / 王战
合 作 机 构 /
办 公 地 址 / 湖北省武汉市武昌区八一路 299 号（430072）
电话(传真) /
邮　　箱 /
网　　址 /
主要研究领域：
法国经济、政治、法律、文学、文化等

1270 武汉大学国际法研究所
Wuhan University Institute of International Law

所 属 类 别 / 高端智库，高校智库
主 管 单 位 / 武汉大学
成 立 时 间 / 1980 年
第一负责人 / 肖永平
合 作 机 构 /
办 公 地 址 / 湖北省武汉市武昌区珞珈山 16 号（430072）
电话(传真) / 027 - 68753621（027 - 68754154）
邮　　箱 / zzb@ whu. edu. cn
网　　址 / http://translaw. whu. edu. cn
主要研究领域：
国际公法；国际私法；国际经济法

1271 武汉大学国际问题研究院
Wuhan University Institute for International Studies

所 属 类 别 / 高校智库
主 管 单 位 / 武汉大学
成 立 时 间 / 2006 年 3 月
第一负责人 / 胡德坤
合 作 机 构 /
办 公 地 址 / 湖北省武汉市武昌区八一路 299 号（430072）
电话(传真) / 027 - 68756726（027 - 68755912）
邮　　箱 / whuiis@ whu. edu. cn
网　　址 / http://www. iis. whu. edu. cn
主要研究领域：
中国国际战略、外交、外贸、对外文化交流；反恐；国际贸易摩擦；国际冲突

1272 武汉大学国家文化创新研究中心
National Center for Cultural Innovation Research in Wuhan University

所 属 类 别 / 合作智库—政校合作
主 管 单 位 / 文化和旅游部、武汉大学
成 立 时 间 / 2009 年 4 月
第一负责人 / 傅才武
合 作 机 构 / 文化和旅游部、湖北省文化厅、武汉大学
办 公 地 址 / 湖北省武汉市武昌区珞珈山武汉大学别墅区 12 栋（430072 ）
电话(传真) / 027 - 68766957（027 - 68761537）
邮　　箱 / nccirwhu@ 126. com
网　　址 / http://nccc. whu. edu. cn
主要研究领域：
文化创新理论；国家文化创新体系

1273 武汉大学国家文化发展研究院
Institute of National Culture Development, Wuhan University

所属类别／合作智库
主管单位／武汉大学、文化和旅游部
成立时间／2015 年
第一负责人／傅才武
合作机构／武汉大学、文化和旅游部
办公地址／湖北省武汉市武昌区珞珈山武汉大学别墅区 12 栋（430072）
电话(传真)／027－68766957
邮　　箱／nccirwhu@126.com
网　　址／http://nccc.whu.edu.cn
主要研究领域：
公共文化政策；文化体制改革；文化产业

1274 武汉大学湖北发展问题研究中心
Center of Hubei Development Research, Wuhan University

所属类别／合作智库—政校合作
主管单位／武汉大学
成立时间／2011 年 7 月
第一负责人／李健
合作机构／湖北省政府、武汉大学
办公地址／湖北省武汉市洪山区武汉大学信息学部教学实验大楼附楼 4 层（430079）
电话(传真)／027－68778818（027－68778818）
邮　　箱／hbdc@whu.edu.cn
网　　址／
主要研究领域：
湖北发展

1275 武汉大学环境法研究所
The Research Institute of Environmental Law of Wuhan University

所属类别／合作智库—政校合作
主管单位／生态环境部、武汉大学
成立时间／1981 年 6 月
第一负责人／秦天宝
合作机构／生态环境部、武汉大学
办公地址／湖北省武汉市武昌区八一路 299 号武汉大学法学院（430072）
电话(传真)／027－68752091（027－68752091）
邮　　箱／RIEL2@whu.edu.cn
网　　址／http://www.riel.whu.edu.cn
主要研究领域：
国际环境资源法学与比较环境资源法；中国环境资源法；环境资源管理与政策

1276 武汉大学经济发展研究中心
The Center for Economic Development Research, Wuhan University

所 属 类 别 / 高校智库
主 管 单 位 / 武汉大学
成 立 时 间 / 1990 年
第一负责人 / 朱晓冬、叶初升
合 作 机 构 /
办 公 地 址 / 湖北省武汉市武昌区八一路 299 号（430072）
电话(传真) / 027 - 68752310（027 - 68754916）
邮　　箱 / cedr@ whu. edu. cn
网　　址 / http://cedr. whu. edu. cn
主要研究领域:
经济发展；中国工业化与城市化；新兴工业化经济

1277 武汉大学经济法研究所

所 属 类 别 / 高校智库
主 管 单 位 / 武汉大学
成 立 时 间 / 2004 年
第一负责人 / 冯果
合 作 机 构 /
办 公 地 址 / 湖北省武汉市武昌区珞珈山樱园路（430072）
电话(传真) / 027 - 68753675
邮　　箱 / wudajingjifa@ 126. com
网　　址 / http://economiclaw. whu. edu. cn
主要研究领域:
经济法基础理论；企业公司法；金融法；知识产权与竞争法；财政税收法；劳动与社会保障法

1278 武汉大学媒体发展研究中心
Center for Studies of Media Development, Wuhan University

所 属 类 别 / 高校智库
主 管 单 位 / 武汉大学
成 立 时 间 / 2002 年 7 月
第一负责人 / 张金海
合 作 机 构 /
办 公 地 址 / 湖北省武汉市武昌区珞珈山樱园路（430072）
电话(传真) / 027 - 68756616
邮　　箱 / whucsmd@ 163. com
网　　址 / http://media. whu. edu. cn
主要研究领域:
媒介理论；媒介战略；媒介经济

1279 武汉大学人口·资源·环境经济研究中心

所 属 类 别 / 高校智库
主 管 单 位 / 武汉大学
成 立 时 间 / 2004 年
第一负责人 / 简新华
合 作 机 构 /
办 公 地 址 / 湖北省武汉市武昌区八一路 299 号武汉大学经济与管理学院大楼 A 区 5 层（430072）
电话(传真) / 027 - 68752611（027 - 68752611）
邮　　箱 / rks@ whu. wdu. cn
网　　址 / http://cpree. whu. edu. cn
主要研究领域:
中国城乡人口流动；工业化；城镇化；人口发展与计划生育；人口与经济发展；工程性移民安置；中国经济发展；可持续发展理论与战略

1280 武汉大学人文社会科学研究院
Academy of Humanities and Social Sciences, Wuhan University

所 属 类 别 / 高校智库
主 管 单 位 / 武汉大学
成 立 时 间 / 2010 年 1 月
第一负责人 / 方卿
合 作 机 构 /
办 公 地 址 / 湖北省武汉市武昌区八一路 299 号（430072）
电话(传真) / 027 - 87882011（027 - 87882011）
邮　　箱 /
网　　址 / http://ssroff. whu. edu. cn
主要研究领域:
中国传统文化；国际问题；国家边界；质量发展战略；中部发展；国家文化创新

1281 武汉大学社会保障研究中心
Center for Social Security Studies, Wuhan University

所 属 类 别 / 高校智库
主 管 单 位 / 武汉大学
成 立 时 间 / 1993 年
第一负责人 / 向运华
合 作 机 构 /
办 公 地 址 / 湖北省武汉市武昌区八一路 299 号（430072）
电话(传真) / 027 - 68752238（027 - 68754302）
邮　　箱 / csss6@ sina. com
网　　址 / http://csss. whu. edu. cn
主要研究领域: 社会保障

1282 武汉大学信息资源研究中心
Center for the Studies of Information Resources of Wuhan University

所 属 类 别 / 高校智库
主 管 单 位 / 武汉大学
成 立 时 间 / 1999 年 2 月
第一负责人 / 李纲
合 作 机 构 /
办 公 地 址 / 湖北省武汉市武昌区八一路 299 号（430072）
电话(传真) / 027 - 68754541
邮　　箱 /
网　　址 / http://csir. whu. edu. cn
主要研究领域:
信息经济；电子商务；信息组织与检索；信息资源管理

1283 武汉大学知识产权高级研究中心
Advanced Study Center for Intellectual Property Rights of Wuhan University

所 属 类 别 / 高校智库
主 管 单 位 / 武汉大学
成 立 时 间 / 2003 年 3 月
第一负责人 / 陈传夫
合 作 机 构 /
办 公 地 址 / 湖北省武汉市武昌区八一路 299 号（430072）
电话(传真) /
邮　　箱 /
网　　址 /
主要研究领域:
数字时代知识产权制度创新与理论发展；电子商务与政务；国家科技基础平台与国家信息化；知识产权

1284 武汉大学质量发展战略研究院
Wuhan University Institute of Quality Development Strategy

所 属 类 别 / 合作智库—政校合作
主 管 单 位 / 武汉大学
成 立 时 间 / 2007 年 12 月
第一负责人 / 程虹
合 作 机 构 / 国家市场监督管理总局、武汉大学
办 公 地 址 / 湖北省武汉市武昌区武汉大学文理学部樱顶老外文楼 2 层（430072）
电话(传真) / 027 - 68752131（027 - 68755057）
邮　　箱 / iqds@ whu. edu. cn
网　　址 / http://www. iqds. whu. edu. cn
主要研究领域:
宏观质量管理

1285 **武汉大学中国边界与海洋研究院**
Wuhan University China Institute of Boundary and Ocean Studies

所 属 类 别／高校智库
主 管 单 位／武汉大学
成 立 时 间／2007 年 4 月
第一负责人／余敏友
合 作 机 构／
办 公 地 址／湖北省武汉市武昌区八一路 299 号（430072）
电话(传真)／027－68756726（027－68755912）
邮　　箱／cibos@whu.edu.cn
网　　址／http://www.cibos.whu.edu.cn
主要研究领域：
边界理论与实践；边界与国际关系；中外边界与海洋政策；国际河流管理与开发

1286 **武汉大学中国语情与社会发展研究中心**
National Institute of Chinese Language Matters and Social Development

所 属 类 别／合作智库
主 管 单 位／武汉大学
成 立 时 间／2014 年 7 月
第一负责人／赵世举
合 作 机 构／教育部语言文字信息管理司
办 公 地 址／湖北省武汉市武昌区武汉大学振华楼文学院 604 室（430072）
电话(传真)／027－68752425
邮　　箱／zgyq@whu.edu.cn
网　　址／http://ling.whu.edu.cn
主要研究领域：
语言生活监测分析；新语言现象；国语情监测与研究；国家语言文字发展战略

1287 **武汉大学中国中部发展研究院（区域与城乡发展研究院）**
Institute for the Development of Central China, Wuhan University (The Institute for the Regional, Urban and Rural Development of Wuhan University)

所 属 类 别／合作智库—政校合作
主 管 单 位／国家发展和改革委员会、武汉大学
成 立 时 间／2007 年 4 月（2018 年 6 月）
第一负责人／王磊（副院长）
合 作 机 构／国家发展和改革委员会、武汉大学
办 公 地 址／湖北省武汉市武昌区珞珈山武汉大学文理学部老十八栋别墅 5 号（430072）
电话(传真)／027－68763901（027－68763901）
邮　　箱／central@whu.edu.cn
网　　址／http://idcc.whu.edu.cn/yjygk
主要研究领域：中部崛起战略；对外开放与区域合作；利益平衡机制

W

1288 **武汉科技大学湖北非营利组织研究中心**
Hubei NPO Research Center, Wuhan University of Science and Technology

所 属 类 别 / 高校智库
主 管 单 位 / 武汉科技大学
成 立 时 间 / 2010 年
第一负责人 / 陈秀峰
合 作 机 构 /
办 公 地 址 / 湖北省武汉市洪山区黄家湖西路 2 号（430081）
电话(传真) /
邮　　箱 / gkm - wh@ hotmail. com
网　　址 / http://www. wust. edu. cn/fyl
主要研究领域:
基金会研究；公益慈善研究；社区与社会工作研究；音乐治疗研究

1289 **武汉科技大学湖北省意识形态建设研究院**
New Think Tank Platform, Wuhan University of Science and Technology

所 属 类 别 / 高校智库
主 管 单 位 / 武汉科技大学
成 立 时 间 / 2018 年 6 月
第一负责人 / 唐忠义
合 作 机 构 /
办 公 地 址 / 湖北省武汉市公正路 9 号湖北省电视大楼（430071）
电话(传真) / 027 - 87329652
邮　　箱 / jcyxx_tg@ qq. com
网　　址 /
主要研究领域:
意识形态建设

1290 **武汉科技大学新农村建设研究中心**
New Rural Construction Research Center, Wuhan University of Science and Technology

所 属 类 别 / 高校智库
主 管 单 位 / 武汉科技大学
成 立 时 间 / 2017 年
第一负责人 /
合 作 机 构 /
办 公 地 址 / 湖北省武汉青山和平大道 947 号（430081）
电话(传真) /
邮　　箱 /
网　　址 / http://www. wust. edu. cn/xlc
主要研究领域: 新农村建设规划与设计；新农村建筑与景观设计；乡村治理；乡村旅游发展；乡村生态治理；传统聚落文化遗产保护；新农村品牌建设与推广；乡村绿色平台；乡村文创

1291 武汉科技大学意识形态安全研究中心
the Research Center of Ideological Security, WUST

所属类别 / 高校智库
主管单位 / 武汉科技大学
成立时间 /
第一负责人 / 唐忠义
合作机构 /
办公地址 / 湖北省武汉市洪山区黄家湖西路2号（430081）
电话(传真) / 027-68893331
邮　　箱 /
网　　址 / http://www.wust.edu.cn/ysxt
主要研究领域：
高校意识形态安全；网络意识形态安全；主流意识形态建设；意识形态安全管理；宗教与意识形态安全；文学艺术与意识形态安全

1292 武汉理工大学中国应急管理研究中心
China Research Center for Emergency Management, Wuhan University of Technology

所属类别 / 高校智库
主管单位 / 武汉理工大学
成立时间 / 2005年12月
第一负责人 / 宋英华
合作机构 /
办公地址 / 湖北省武汉市洪山区鲁磨路388号（430074）
电话(传真) / 027-87599808（027-87850992）
邮　　箱 / hbyjgl@whut.edu.cn
网　　址 /
主要研究领域：
危机与灾害应急管理；能源安全与应急管理；安全预警与灾害应急管理

1293 武汉市社会科学院
Wuhan Academy of Social Sciences

所属类别 / 科研院所智库
主管单位 / 中共武汉市委
成立时间 / 1983年3月
第一负责人 / 樊志宏
合作机构 /
办公地址 / 湖北省武汉市发展大道495号（430019）
电话(传真) / 027-82630092（027-82630092）
邮　　箱 /
网　　址 /
主要研究领域：
基础理论研究和应用对策

1294 武汉体育学院湖北省非物质文化遗产研究中心

所 属 类 别 / 高校智库
主 管 单 位 / 武汉体育学院
成 立 时 间 /
第一负责人 / 汤立许
合 作 机 构 /
办 公 地 址 / 湖北省武汉市洪山区珞瑜路 461 号（430079）
电话(传真) / 027 - 87191497
邮　　箱 /
网　　址 / http://whyj.whsu.edu.cn
主要研究领域：
非物质文化遗产

1295 武汉体育学院湖北体育产业研究中心

Hubei Center of Sports Industry Researches, Wuhan Sports University

所 属 类 别 / 高校智库
主 管 单 位 / 武汉体育学院
成 立 时 间 /
第一负责人 / 徐茂卫
合 作 机 构 /
办 公 地 址 / 湖北省武汉市洪山区珞瑜路 461 号（430079）
电话(传真) / 027 - 87191806
邮　　箱 / 750874678@qq.com
网　　址 / http://csir.whsu.edu.cn
主要研究领域：
湖体育产业

1296 武汉体育学院体育社会科学研究中心

所 属 类 别 / 高校智库
主 管 单 位 / 武汉体育学院
成 立 时 间 / 1996 年
第一负责人 / 沈克印
合 作 机 构 /
办 公 地 址 / 湖北省武汉市洪山区珞瑜路 461 号武汉体育学院体操馆 402 室（430079）
电话(传真) / 027 - 87191138
邮　　箱 / Webmaster@wipe.edu.cn
网　　址 / http://isss.whsu.edu.cn
主要研究领域：
体育发展战略；体育公共服务；体育产业规划与管理；体育社会理论与实践

1297 西安电子科技大学大数据安全教育部工程研究中心

所 属 类 别 / 高校智库
主 管 单 位 / 西安电子科技大学
成 立 时 间 / 2019 年 10 月
第一负责人 /
合 作 机 构 /
办 公 地 址 / 陕西省西安市太白南路西安电子科技大学（710071）
电话(传真) / 029 – 88201000
邮　　箱 /
网　　址 /
主要研究领域：
大数据安全

1298 西安电子科技大学科学数据管理与区域政策研究中心

所 属 类 别 / 高校智库
主 管 单 位 / 西安电子科技大学
成 立 时 间 /
第一负责人 / 窦永香
合 作 机 构 /
办 公 地 址 / 陕西省西安市雁塔区太白南路 2 号（710071）
电话(传真) / 029 – 81891360
邮　　箱 / yxdou@ xidian. edu. cn
网　　址 /
主要研究领域：
科学数据管理与区域政策

1299 西安电子科技大学陕西智慧社会发展战略研究中心

所 属 类 别 / 高校智库
主 管 单 位 / 西安电子科技大学人文学院
成 立 时 间 / 2019 年 1 月
第一负责人 / 高新波
合 作 机 构 /
办 公 地 址 / 陕西省西安市太白南路 2 号西安电子科技大学（710071）
电话(传真) / 029 – 88201000
邮　　箱 /
网　　址 /
主要研究领域：
陕西智慧社会建设和国家战略需求

X

1300 西安电子科技大学丝绸之路经济带发展研究院

所 属 类 别 / 合作智库
主 管 单 位 / 西安电子科技大学、陕西省社会科学院
成 立 时 间 / 2013 年 12 月
第一负责人 / 杜跃平
合 作 机 构 / 西安电子科技大学、陕西省社会科学院
办 公 地 址 / 陕西省西安市太白南路西安电子科技大学（710071）
电话(传真) / 029 - 88201000
邮　　箱 /
网　　址 /
主要研究领域：
丝绸之路经济带区域社会问题、经济发展问题

1301 西安工程大学"一带一路"纺织发展创新研究院

所 属 类 别 / 高校智库
主 管 单 位 / 西安工程大学
成 立 时 间 / 2019 年
第一负责人 / 张克英
合 作 机 构 /
办 公 地 址 / 陕西省西安市碑林区金花南路 19 号（710048）
电话(传真) / 029 - 82330199（
邮　　箱 / keerbin@ 163. com
网　　址 /
主要研究领域：
纺织经济发展态势与重大问题研判；区域与产业发展规划及创新管理研究；大数据与纺织智能制造

1302 西安交大—香港科大可持续发展学院

XJTU - HKUST Joint School of Sustainable Development

所 属 类 别 / 合作智库—校校合作
主 管 单 位 / 西安交通大学、香港科技大学
成 立 时 间 / 2014 年 4 月
第一负责人 / 徐宗本、吴景深
合 作 机 构 / 西安交通大学、香港科技大学
办 公 地 址 / 陕西省西安市咸宁西路 28 号西安交通大学行政主楼 E 座 1615 室（710049）
电话(传真) / 029 - 82666335（029 - 82666338）
邮　　箱 / jssd@ mail. xjtu. edu. cn
网　　址 /
主要研究领域：
可持续能源；可持续材料；可持续系统与公共政策

1303 西安交大—香港中大人口迁移联合研究中心

所 属 类 别 / 合作智库
主 管 单 位 / 西安交通大学、香港中文大学
成 立 时 间 / 2018 年 9 月
第一负责人 / 李树茁、方伟晶
合 作 机 构 / 香港中文大学
办 公 地 址 / 陕西省西安市碑林区咸宁西路 28 号（710049）
电话(传真) / 029 - 82668384
邮　　箱 / shzhli@ xjtu. edu. cn
网　　址 /
主要研究领域：
人口迁移

1304 西安交通大学“一带一路”自由贸易试验区研究院

所 属 类 别 / 合作智库
主 管 单 位 / 西安交通大学
成 立 时 间 / 2017 年
第一负责人 / 席光
合 作 机 构 / 西安交通大学、中国（陕西）自由贸易试验区工作办公室、西安市自由贸易试验区工作办公室
办 公 地 址 / 陕西省西安市碑林区咸宁西路 28 号（710049）
电话(传真) / 029 - 82668783/5068
邮　　箱 / xiguang@ mail. xjtu. edu. cn
网　　址 /
主要研究领域：
自由贸易试验区

1305 西安交通大学马克思主义中国化研究协同创新中心

所 属 类 别 / 合作智库
主 管 单 位 / 西安交通大学马克思主义学院
成 立 时 间 / 2016 年
第一负责人 / 席光
合 作 机 构 / 陕西省委党校、西安交通大学、陕西省委省政府政策研究室、陕西省社会科学院、陕西省社会科学界联合会
办 公 地 址 / 陕西省西安市碑林区咸宁西路 28 号（710049）
电话(传真) / 029 - 82663921
邮　　箱 / hbwang@ mail. xjtu. edu. cn
网　　址 /
主要研究领域：
马克思主义中国化

1306 西安交通大学民政部政策理论研究基地

所属类别 / 合作智库
主管单位 / 西安交通大学公管学院
成立时间 / 2019 年 9 月
第一负责人 / 张思锋
合作机构 / 民政部
办公地址 / 陕西省西安市碑林区咸宁西路 28 号 邮编：710049
电话(传真) / 029 – 82665858
邮　　箱 / zhangf@ mail. xjtu. edu. cn
网　　址 /
主要研究领域：
民生政策和民政事业发展

1307 西安交通大学欧亚经济论坛研究院

所属类别 / 合作智库
主管单位 / 西安交通大学
成立时间 / 2011 年 9 月
第一负责人 / 冯宗宪
合作机构 / 欧亚经济论坛执委办
办公地址 / 陕西省西安市碑林区咸宁西路 28 号 （710049）
电话(传真) /
邮　　箱 / zxfeng @ mail. xjtu. edu. cn
网　　址 /
主要研究领域：
欧亚经济问题

1308 西安交通大学人口与发展政策研究中心

所属类别 / 高校智库
主管单位 / 西安交通大学公管学院
成立时间 /
第一负责人 / 黎洁
合作机构 /
办公地址 / 陕西省西安市碑林区咸宁西路 28 号 （710049）
电话(传真) / 029 – 82668384
邮　　箱 / jieli@ mail. xjtu. edu. cn
网　　址 /
主要研究领域：
人口与发展政策

1309 西安交通大学陕西省民政事业发展研究基地

所 属 类 别 / 合作智库
主 管 单 位 / 西安交通大学公管学院
成 立 时 间 / 2016 年 11 月
第一负责人 / 张思锋
合 作 机 构 / 陕西省民政厅
办 公 地 址 / 陕西省西安市碑林区咸宁西路 28 号（710049）
电话(传真) / 029 - 82665858
邮　　箱 / zhangf@ mail. xjtu. edu. cn
网　　址 /
主要研究领域:
民政事业发展

1310 西安交通大学陕西省统一战线理论研究基地

所 属 类 别 / 合作智库
主 管 单 位 / 西安交通大学马克思主义学院
成 立 时 间 / 2019 年 12 月
第一负责人 / 苏玉波
合 作 机 构 / 陕西省委统战部
办 公 地 址 / 陕西省西安市碑林区咸宁西路 28 号（710049）
电话(传真) /
邮　　箱 / Syb9910@ xjtu. edu. cn
网　　址 /
主要研究领域:
新时代统一战线的重要理论和实践问题

1311 西安交通大学陕西易地扶贫搬迁研究基地

所 属 类 别 / 合作智库
主 管 单 位 / 西安交通大学公管学院
成 立 时 间 / 2017 年 12 月
第一负责人 / 李树茁
合 作 机 构 / 陕西省国土资源厅、西安交通大学、延安市政府、渭南市政府、安康市政府、商洛市政府
办 公 地 址 / 陕西省西安市碑林区咸宁西路 28 号（710049）
电话(传真) / 029 - 82668384
邮　　箱 / shzhli@ xjtu. edu. cn
网　　址 /
主要研究领域:
移民搬迁公共政策；社会发展；民生保障

1312 西安交通大学社会治理和社会政策协同创新研究中心

所属类别/高校智库
主管单位/西安交通大学
成立时间/2016 年 5 月
第一负责人/
合作机构/
办公地址/陕西省西安市碑林区咸宁西路 28 号主楼 18 层（710049）
电话(传真)/
邮　　箱/
网　　址/
主要研究领域：
人口、社会政策；社会治理

1313 西安交通大学丝绸之路经济带法律政策协同创新中心

Collaborative Innovation Centre for Silk Road Economic Belt Legal and Policy Studies

所属类别/合作智库
主管单位/西安交通大学
成立时间/2015 年 1 月
第一负责人/单文华
合作机构/商务部、陕西省政府等
办公地址/陕西省西安市碑林区咸宁西路 28 号（710049）
电话(传真)/029 - 82664423（029 - 82664423）
邮　　箱/cic - srebs@ xjtu. edu. cn
网　　址/http://cic - srebs. xjtu. edu. cn
主要研究领域：
丝绸之路经济带；中亚与俄罗斯法律；陕西自贸区法治化建设

1314 西安交通大学丝绸之路经济带研究协同创新中心

Collaborative Innovation Centre for Silk Road Economic Belt Legal and Policy Studies

所属类别/合作智库
主管单位/西安交通大学法学院
成立时间/2014 年
第一负责人/单文华
合作机构/商务部、陕西省
办公地址/陕西省西安市碑林区咸宁西路 28 号（710049）
电话(传真)/029 - 82665823
邮　　箱/shan@ mail. xjtu. edu. cn
网　　址/http://cic - srebs. xjtu. edu. cn
主要研究领域：
丝绸之路经济带

1315 西安交通大学新媒体与社会治理研究中心

所 属 类 别 / 高校智库
主 管 单 位 / 西安交通大学
成 立 时 间 /
第一负责人 / 吴锋
合 作 机 构 /
办 公 地 址 / 陕西省西安市碑林区咸宁西路 28 号（710049）
电话(传真) / 029 - 88963886
邮　　箱 / wufeng8@ xjtu. edu. cn
网　　址 /
主要研究领域：
新媒体与社会治理

1316 西安交通大学中国（陕西）广播电视媒体融合发展创新中心

所 属 类 别 / 合作智库
主 管 单 位 / 西安交通大学新闻学院
成 立 时 间 / 2020 年
第一负责人 / 张宏邦
合 作 机 构 / 陕西广电融媒体集团、西安交通大学
办 公 地 址 / 陕西省西安市碑林区咸宁西路 28 号（710049）
电话(传真) /
邮　　箱 / xinwenzhb2015@ xjtu. edu. cn
网　　址 /
主要研究领域：
融媒体发展

1317 西安交通大学中国（西安）数字经济发展监测预警基地

所 属 类 别 / 合作智库
主 管 单 位 / 西安交通大学管理学院
成 立 时 间 / 2017 年
第一负责人 / 冯耕中
合 作 机 构 / 陕西省委网信办基地
办 公 地 址 / 陕西省西安市碑林区咸宁西路 28 号（710049）
电话(传真) / 029 - 82665095
邮　　箱 / gzfeng@ mail. xjtu. edu. cn
网　　址 /
主要研究领域：
数字经济发展

1318 西安交通大学中国管理问题研究中心
Research Center for Chinese Management, Xi'an Jiaotong University

所 属 类 别 / 高校智库
主 管 单 位 / 西安交通大学
成 立 时 间 / 2006 年 5 月
第一负责人 / 席酉民
合 作 机 构 /
办 公 地 址 / 陕西省西安市碑林区咸宁西路 28 号（710049）
电话(传真) / 029－82668075
邮　　箱 / ymxi@ mail. xjtu. edu. cn
网　　址 /
主要研究领域：中国现实管理问题

1319 西安理工大学生态水利与可持续发展研究中心
Ecological Water Conservancy and Sustainable Development Think Tanks, Xi'an University of Technology

所 属 类 别 / 高校智库
主 管 单 位 / 西安理工大学
成 立 时 间 /
第一负责人 / 朱记伟
合 作 机 构 /
办 公 地 址 / 陕西省西安市金花南路 5 号西安理工大学土木建筑工程学院（710048）
电话(传真) / 029－82312826
邮　　箱 / zhujiwei@ xaut. edu. cn
网　　址 / http://www. jiweizhu. cn
主要研究领域：
水利发展战略与规划；水资源管理与可持续利用；智慧水利与水利现代化

1320 西安市社会科学院（西安市社会科学界联合会）

所 属 类 别 / 科研院所智库
主 管 单 位 / 中共西安市委
成 立 时 间 / 1984 年 4 月
第一负责人 / 高东新
合 作 机 构 /
办 公 地 址 / 陕西省西安市西影路 74 号（710054）
电话(传真) / 029－85525011（029－85525011）
邮　　箱 /
网　　址 /
主要研究领域：
经济、政治、历史文化、社会和旅游规划与创意设计等；西安市社会科学发展规划和计划；丝绸之路经济带政治、经济、社会、文化、生态建设和能源安全保障

1321 西安医学院陕西省公共安全医学防控研究中心

所属类别／高校智库
主管单位／西安医学院
成立时间／2020 年 5 月
第一负责人／
合作机构／
办公地址／陕西省西安市未央区辛王路 1 号（710021）
电话(传真)／
邮　　箱／
网　　址／
主要研究领域：
突发公共卫生事件现代化应急管理

1322 西安邮电大学数字经济与产业融合创新研究中心

所属类别／高校智库
主管单位／西安邮电大学
成立时间／
第一负责人／李永红
合作机构／
办公地址／陕西省西安市雁塔区长安南路 563 号（710000）
电话(传真)／
邮　　箱／sxliyh@126.com
网　　址／
主要研究领域：
数字经济与产业融合创新

1323 西北大学高等教育研究中心
Higher Education Research Center of Northwest University

所属类别／高校智库
主管单位／西北大学
成立时间／2011 年 6 月
第一负责人／姚聪莉
合作机构／
办公地址／陕西省西安市长安区学府大道 1 号 西北大学 7 号楼 406 东室（710127）
电话(传真)／029－88308864
邮　　箱／gjzx@nwu.edu.cn
网　　址／http://gjzx.nwu.edu.cn
主要研究领域：
高等教育发展；政策法规；教育管理

1324 西北大学陕西宏观经济与经济增长质量协同创新研究中心

所 属 类 别 / 高校智库
主 管 单 位 / 西北大学
成 立 时 间 / 2015 年 12 月
第一负责人 / 任保平
合 作 机 构 /
办 公 地 址 / 陕西省西安市长安区郭杜教育科技产业区学府大道 1 号（710127）
电话(传真) /
邮　　箱 / nwumba@ 163. com
网　　址 /
主要研究领域:
陕西宏观经济

1325 西北大学丝绸之路研究院

Institute of Silk Road Studies, Northwest University

所 属 类 别 / 高校智库
主 管 单 位 / 西北大学
成 立 时 间 / 2014 年 1 月
第一负责人 / 卢山冰
合 作 机 构 /
办 公 地 址 / 陕西省西安市碑林区太白北路 229 号（710069）
电话(传真) /
邮　　箱 / isrs@ nwu. edu. cn
网　　址 / http://isrs. nwu. edu. cn
主要研究领域:
丝绸之路经济带战略；丝绸之路文化遗产；丝绸之路社会经济发展；丝绸之路国际关系；丝绸之路文明交往；丝绸之路数字化

1326 西北大学叙利亚研究中心

所 属 类 别 / 高校智库
主 管 单 位 / 西北大学历史学院
成 立 时 间 / 2017 年 10 月
第一负责人 / 王新刚
合 作 机 构 /
办 公 地 址 / 陕西省西安市碑林区太白北路 229 号（710069）
电话(传真) /
邮　　箱 /
网　　址 / https://css. nwu. edu. cn
主要研究领域:
中东及中亚地区的历史；当代国际关系；宗教问题

1327 西北大学中东研究所
The Institute of Middle Eastern Studies, Northwest University

所 属 类 别 / 高校智库
主 管 单 位 / 西北大学
成 立 时 间 / 1964 年 11 月
第一负责人 / 韩志斌
合 作 机 构 /
办 公 地 址 / 陕西省西安市碑林区太白北路 229 号西北大学科学楼 9 层（710069）
电话(传真) / 029 – 88302834（029 – 88302829）
邮　　箱 / Support@ nwuimes. com
网　　址 / https://imes. nwu. edu. cn
主要研究领域:
中东政治、经济、社会、文化、宗教、军事、国际问题等

1328 西北大学中国文化研究中心

所 属 类 别 / 高校智库
主 管 单 位 / 西北大学
成 立 时 间 / 2016 年 7 月
第一负责人 / 李浩
合 作 机 构 /
办 公 地 址 / 陕西省西安市碑林区太白北路 229 号（710069）
电话(传真) / 029 – 88308337
邮　　箱 / xbdxzgwyyjzx@ 163. com
网　　址 / https://whyjzx. nwu. edu. cn/zxgk/zxjj1. htm
主要研究领域:
国家和地方的文化战略

1329 西北大学中国西部经济发展研究中心
Institute of Western China Economic Development in Northwest University

所 属 类 别 / 高校智库
主 管 单 位 / 西北大学
成 立 时 间 / 2000 年 1 月
第一负责人 / 任保平
合 作 机 构 /
办 公 地 址 / 陕西省西安市长安区学府大道 1 号（710127）
电话(传真) / 029 – 88308069（029 – 88308069）
邮　　箱 / westjj@ nwu. edu. cn
网　　址 / http://westjj. nwu. edu. cn
主要研究领域:
中国发展经济；西部企业发展；省域经济发展竞争力评价；西部县域经济发展与新农村建设；西部资源环境与可持续发展；西部企业成长与发展战略；欧洲问题

X

1330 西北大学中国优秀文化传承创新智库

所 属 类 别 / 高校智库
主 管 单 位 / 西北大学
成 立 时 间 / 2017 年 3 月
第一负责人 / 郭立宏
合 作 机 构 /
办 公 地 址 / 陕西省西安市长安区郭杜教育科技产业区学府大道 1 号（710127）
电话(传真) /
邮　　箱 /
网　　址 /
主要研究领域：
中华文化

1331 西北工业大学军民融合发展战略研究中心

所 属 类 别 / 高校智库
主 管 单 位 / 西北工业大学
成 立 时 间 / 2016 年 11 月
第一负责人 / 田庆锋
合 作 机 构 /
办 公 地 址 / 陕西省西安市长安区东祥路 1 号长安校区管理学院 207 办公室（710129）
电话(传真) /
邮　　箱 / tiannpu@ nwpu. edu. cn
网　　址 /
主要研究领域：
国防科技工业；中美比较；国防知识产权

1332 西北工业大学西部国防科技工业发展研究中心

所 属 类 别 / 高校智库
主 管 单 位 / 西北工业大学
成 立 时 间 / 2004 年 11 月
第一负责人 / 叶金福
合 作 机 构 /
办 公 地 址 / 陕西省西安市碑林区友谊西路 127 号（710068）
电话(传真) / 029 - 88491493（029 - 88491493）
邮　　箱 / xbgf@ nwpu. edu. cn
网　　址 /
主要研究领域：
西部国防科技工业与西部经济发展；西部国防科技工业发展的法律对策和法制环境；西部资源环境与区域科学发展

1333 西北民族大学西北民族教育重点研究基地

所 属 类 别 / 高校智库
主 管 单 位 / 西北民族大学
成 立 时 间 /
第一负责人 / 万明刚
合 作 机 构 /
办 公 地 址 / 甘肃省兰州市薇乐大道 4 号 (730101)
电话(传真) /
邮　　箱 /
网　　址 / http://cmsx.xbmu.edu.cn/frontIndex.action? siteId = 100
主要研究领域:
民族高等教育; 双语教育; 民族教育信息化; 民族地区和民族院校教学改革

1334 西北农林科技大学陕西省乡村振兴发展智库

所 属 类 别 / 高校智库
主 管 单 位 / 西北农林科技大学
成 立 时 间 /
第一负责人 / 夏显力
合 作 机 构 /
办 公 地 址 / 陕西省咸阳市杨凌区邰城路 3 号西北农林科技大学 (712100)
电话(传真) / 029 - 87082420
邮　　箱 / xnxxli@163.com
网　　址 /
主要研究领域:
农业经济理论与政策; 农业经营与管理; 区域经济与产业发展

1335 西北农林科技大学西部发展研究院

所 属 类 别 / 合作智库
主 管 单 位 / 西北农林科技大学
成 立 时 间 / 2014 年 9 月
第一负责人 / 陈宗兴
合 作 机 构 / 西北农林科技大学、杨凌国家农业高新技术产业示范区
办 公 地 址 / 陕西省咸阳市杨凌区邰城路 3 号西北农林科技大学 (712100)
电话(传真) / 029 - 87082961
邮　　箱 /
网　　址 / https://xbfzyjy.nwsuaf.edu.cn
主要研究领域:
区域发展; 西部发展; 公共政策

1336 西北农林科技大学西部农村发展研究中心
The Western Rural Development Research Center, Northwest A&F University

所 属 类 别 / 高校智库
主 管 单 位 / 西北农林科技大学
成 立 时 间 / 2004 年 4 月
第一负责人 / 霍学喜
合 作 机 构 /
办 公 地 址 / 陕西省咸阳市杨凌区邰城路 3 号西北农林科技大学经济管理学院(712100)
电话(传真) / 029 - 87081157
邮　　箱 / dxhxx1988@ yahoo. com. cn
网　　址 / http://cem. nwsuaf. edu. cn/ncfzyjzx
主要研究领域：农业经济理论与政策；农业经营与管理；农业资源经济与环境管理

1337 西北农林科技大学应用经济研究中心
Applied Economic Research Center, Northwest A&F University

所 属 类 别 / 高校智库
主 管 单 位 / 西北农林科技大学
成 立 时 间 / 1999 年 9 月
第一负责人 / 郑少锋
合 作 机 构 /
办 公 地 址 / 陕西省咸阳市杨凌区邰城路 3 号西北农林科技大学经济管理学院(712100)
电话(传真) / 029 - 87081590 (029 - 87081209)
邮　　箱 / zsf831@ sohu. com
网　　址 /
主要研究领域：农业经济；区域经济；数量经济

1338 西北师范大学河西走廊研究院

所 属 类 别 / 合作智库
主 管 单 位 / 西北师范大学
成 立 时 间 / 2019 年 9 月
第一负责人 / 刘再聪
合 作 机 构 / 西北师范大学、复旦大学、兰州大学、西北农林科技大学、中国科学院寒区旱区环境与工程研究所、甘肃省农业科学研究院、甘肃农业大学
办 公 地 址 /
电话(传真) /
邮　　箱 /
网　　址 /
主要研究领域：祁连山生态保护；河西走廊特色农业产业；河西走廊历史文化与旅游资源；河西走廊文化遗产

1339 西北政法大学民族宗教研究院

所 属 类 别 / 高校智库
主 管 单 位 / 西北政法大学
成 立 时 间 / 2014 年 12 月
第一负责人 / 穆兴天
合 作 机 构 /
办 公 地 址 / 陕西省西安市雁塔区长安南路 300 号 (710061)
电话(传真) / 029 - 12345678
邮　　箱 / nwears@ 163. com
网　　址 / https://mzzj. nwupl. edu. cn
主要研究领域:
民族、宗教问题

1340 西北政法大学社会治理与信息传播协同创新研究基地

所 属 类 别 / 合作智库
主 管 单 位 / 西北政法大学
成 立 时 间 / 2020 年 1 月
第一负责人 / 杨宗科
合 作 机 构 / 西安市社会科学院
办 公 地 址 / 陕西省西安市雁塔区长安南路 300 号 (710061)
电话(传真) / 029 - 88182240
邮　　箱 / nwupl2018@ 126. com
网　　址 /
主要研究领域:
社会治理与信息传播协同创新

1341 西藏大学人口研究所

所 属 类 别 / 高校智库
主 管 单 位 / 西藏大学
成 立 时 间 / 1995 年 7 月
第一负责人 /
合 作 机 构 /
办 公 地 址 / 西藏拉萨市城关区藏大东路 10 号 (850000)
电话(传真) /
邮　　箱 /
网　　址 /
主要研究领域:
藏族人口

1342 西藏大学西藏经济研究所

所 属 类 别 / 高校智库
主 管 单 位 / 西藏大学
成 立 时 间 / 2002 年 5 月
第一负责人 / 罗华
合 作 机 构 /
办 公 地 址 / 西藏拉萨市城关区江苏路 36 号（850012）
电话(传真) /
邮　　箱 /
网　　址 /
主要研究领域：
西藏区域经济发展；西藏农牧民脱贫致富；西藏产业结构调整；西藏国有企业改革探索；西藏新农村建设；西藏民营企业发展；西藏支柱产业发展

1343 西藏大学西藏可持续发展研究所

所 属 类 别 / 高校智库
主 管 单 位 / 西藏大学
成 立 时 间 / 2001 年 7 月
第一负责人 /
合 作 机 构 /
办 公 地 址 / 西藏拉萨市城关区江苏路 36 号（850012）
电话(传真) /
邮　　箱 /
网　　址 /
主要研究领域：
环境生态

1344 西藏自治区社会科学院（西藏自治区哲学社会科学界联合会）

所 属 类 别 / 科研院所智库
主 管 单 位 / 西藏自治区政府
成 立 时 间 / 1985 年 8 月（2011 年 5 月）
第一负责人 / 索林
合 作 机 构 /
办 公 地 址 / 西藏拉萨市城关区色拉路 4 号（850000）
电话(传真) / 0891 - 6903114（0891 - 6324914）
邮　　箱 / tass_net@126.com
网　　址 / http://www.xzass.org
主要研究领域：
民族与宗教；农村经济；经济战略；西藏经济社会发展

1345 西华大学地方文化资源保护与开发研究中心

所 属 类 别 / 高校智库
主 管 单 位 / 西华大学
成 立 时 间 / 2003 年
第一负责人 / 潘殊闲
合 作 机 构 /
办 公 地 址 / 四川省成都市金牛区金周路 999 号西华大学（610039）
电话(传真) / 028－87723062（028－87723062）
邮　　箱 /
网　　址 / http://dfwh.xhu.edu.cn
主要研究领域:
岷江流域文化资源保护与开发；四川名人综合资源保护与开发；四川非物质文化遗产

1346 西交利物浦大学城市与环境校级研究中心

所 属 类 别 / 高校智库
主 管 单 位 / 西交利物浦大学
成 立 时 间 /
第一负责人 / 徐蕴清
合 作 机 构 /
办 公 地 址 / 江苏省苏州市工业园区独墅湖科教创新区崇文路 8 号西交利物浦大学南校区新兴科学楼城市与环境校级研究中心（215123）
电话(传真) / 0512－88187138
邮　　箱 / ues.urc@xjtlu.edu.cn
网　　址 / https://www.xjtlu.edu.cn/zh/research/research－centre/ues
主要研究领域:
中国地方发展和城市化

1347 西交利物浦大学大数据分析研究院

所 属 类 别 / 合作智库
主 管 单 位 / 西交利物浦大学
成 立 时 间 /
第一负责人 /
合 作 机 构 / IBM 中国公司、苏州国科数据中心
办 公 地 址 / 江苏省苏州市工业园区独墅湖科教创新区仁爱路 111 号（215123）
电话(传真) / 0512－88161000（0512－88161899）
邮　　箱 /
网　　址 / https://www.xjtlu.edu.cn/zh/research/institutes－centres－and－labs/research－institute－of－big－data－analytics
主要研究领域:
经济发展战略

1348 西交利物浦大学西浦智库

所 属 类 别 / 高校智库
主 管 单 位 / 西交利物浦大学
成 立 时 间 /
第一负责人 / 宋瑜
合 作 机 构 /
办 公 地 址 / 江苏省苏州市工业园区独墅湖科教创新区仁爱路 111 号 (215123)
电话(传真) / 0512 - 81884728
邮　　箱 /
网　　址 /
主要研究领域:
政府决策和政策制定

1349 西南财经大学发展研究院
Institute Development Studies, Southwestern University of Finance and Economics

所 属 类 别 / 高校智库
主 管 单 位 / 西南财经大学
成 立 时 间 / 2009 年 9 月
第一负责人 / 王辉耀
合 作 机 构 /
办 公 地 址 / 四川省成都市温江区柳台大道 555 号 (611130)
电话(传真) / 028 - 87092562 (028 - 87092562)
邮　　箱 / fzyjy@ swufe. edu. cn
网　　址 / http://fzyjy. swufe. edu. cn
主要研究领域:
绿色发展; 绿色经济与经济可持续发展

1350 西南财经大学金融安全协同创新中心

所 属 类 别 / 合作智库
主 管 单 位 / 西南财经大学
成 立 时 间 / 2012 年 8 月
第一负责人 / 张宗益
合 作 机 构 / 西南财经大学、中国人民大学、武汉大学、审计署、中国银行业监督管理委员会
办 公 地 址 / 四川省成都市温江区柳台大道 555 号格致楼 509 号、510 号 (611130)
电话(传真) / 028 - 87081581 (028 - 87092948)
邮　　箱 / cicfdsc@ swufe. edu. cn
网　　址 / https://cicfdsc. swufe. edu. cn/index. htm
主要研究领域:
中国金融理论创新

1351 西南财经大学金融研究院
Institute of Financial Studies, Southwestern University of Finance and Economics

所 属 类 别 / 高校智库
主 管 单 位 / 西南财经大学
成 立 时 间 / 2010 年 7 月
第一负责人 / 菲利普·迪布韦克
合 作 机 构 /
办 公 地 址 / 四川省成都市青羊区光华村街 55 号 (610074)
电话(传真) / 028 - 87099046 (028 - 87099047)
邮　　箱 / ifs. swufe@ gmail. com
网　　址 / https://ifs. swufe. edu. cn
主要研究领域:
国际金融前沿; 中国金融发展

1352 西南财经大学老龄化与社会保障研究中心
Aging and Social Security Research Center, Southwestern University of Finance and Economics

所 属 类 别 / 高校智库
主 管 单 位 / 西南财经大学
成 立 时 间 / 2014 年 11 月
第一负责人 / 林义
合 作 机 构 /
办 公 地 址 / 四川省成都光华村街 55 号 西南财经大学光华楼 604 室 (610074)
电话(传真) / 028 - 87092431
邮　　箱 / assrc@ swufe. edu. cn
网　　址 / https://assrc. swufe. edu. cn/index. htm
主要研究领域:
人口老龄化背景下社会保障改革发展重大理论与政策问题

1353 西南财经大学中国 (四川) 自由贸易试验区综合研究院
Sichuan Institute for Free Trade Zone Research, Southwestern University of Finance and Economics

所 属 类 别 / 高校智库
主 管 单 位 / 西南财经大学
成 立 时 间 / 2017 年 4 月
第一负责人 / 姜玉梅
合 作 机 构 /
办 公 地 址 / 四川省成都市温江区柳台大道 555 号西南财经大学通博楼 B231 (611130)
电话(传真) / 028 - 87081723 (028 - 87092832)
邮　　箱 / siftz@ swufe. edu. cn
网　　址 / https://siftz. swufe. edu. cn
主要研究领域: 四川自贸试验区

X

1354 **西南财经大学中国家庭金融调查与研究中心**
Survey and Research Center for China Household Finance, Southwestern University of Finance and Economics

所属类别 / 高校智库
主管单位 / 西南财经大学
成立时间 / 2010 年
第一负责人 / 甘犁
合作机构 /
办公地址 / 四川省成都市青羊区光华村街 55 号西南财经大学北三门经济与管理研究院（610074）
电话(传真) / 028 - 87352095 （028 - 87352095）
邮　　箱 / contactus@ chfs. cn
网　　址 / http://chfs. swufe. edu. cn
主要研究领域:
住房资产和金融财富；负债和信贷约束；收入和支出；社会保障和保险；代际转移支付；人口特征和就业、支付习惯

1355 **西南财经大学中国金融研究中心**
The Chinese Finance Research Institute of Southwestern University of Finance and Economics

所属类别 / 高校智库
主管单位 / 西南财经大学
成立时间 / 2000 年
第一负责人 / 王擎
合作机构 /
办公地址 / 四川省成都市清江中路 35 号西南财经大学光华楼 18 楼 1801 室（610074）
电话(传真) / 028 - 87352781 （028 - 87352784）
邮　　箱 / icfs@ swufe. edu. cn
网　　址 / http://icfs. swufe. edu. cn
主要研究领域: 中国金融改革与发展

1356 **西南财经大学中国西部经济研究中心**
West Center for Economic Research SWUFE

所属类别 / 高校智库
主管单位 / 西南财经大学
成立时间 / 2010 年 6 月
第一负责人 / 毛中根
合作机构 /
办公地址 / 四川省成都市青羊区光华村街 55 号西南财经大学格致楼（610074）
电话(传真) / 028 - 87092456
邮　　箱 / maogen@ swufe. edu. cn
网　　址 / http://xbzx. swufe. edu. cn
主要研究领域: 农业农村经济理论；人口、资源、环境协调可持续发展

1357 西南财经大学中国行为经济与行为金融研究中心
China Center for Behavioral Economics and Finance, Southwestern University of Finance and Economics

所属类别／高校智库
主管单位／西南财经大学
成立时间／2018年4月
第一负责人／雷震
合作机构／
办公地址／四川省成都市温江区柳台大道555号（611130）
电话(传真)／028－87098046
邮　　箱／ccbef@swufe.edu.cn
网　　址／http://ccbef.swufe.edu.cn/index.htm
主要研究领域：
实验经济；行为经济和行为金融

1358 西南大学统筹城乡发展研究院
Institute of Urban and Rural Coordinated Development, Southwest University

所属类别／高校智库
主管单位／西南大学
成立时间／2009年10月
第一负责人／周常勇
合作机构／
办公地址／重庆市北碚区天生路2号西南大学（400715）
电话(传真)／023－68250231
邮　　箱／
网　　址／
主要研究领域：
统筹城乡发展政策与法规；农村教育；文化产业；旅游产业；区域经济与发展战略；山地农业；都市农业；生态农业；国土资源开发

1359 西南大学西南发展与人才资源研究院

所属类别／高校智库
主管单位／西南大学
成立时间／1999年6月
第一负责人／黄希庭
合作机构／
办公地址／重庆市北碚区天生路2号西南大学文化与社会发展学院（400715）
电话(传真)／023－68253084（023－68253084）
邮　　箱／xfy@swnu.edu.cn
网　　址／
主要研究领域：
西南发展；人格与教育；基础教育；西南民族教育；三峡库区社会发展

1360 西南大学西南民族教育与心理研究中心
Center for Studies of Education and Psychology of Minorities in Southwest China of Southwest University

所属类别 / 高校智库
主管单位 / 西南大学
成立时间 / 1984 年 3 月
第一负责人 / 张学敏
合作机构 /
办公地址 / 重庆市北碚区天生路 2 号（400715）
电话(传真) / 023 - 68253900（023 - 68253901）
邮　　箱 / 125366930@ qq. com
网　　址 / http://epc. swu. edu. cn
主要研究领域:
西南民族文化变迁中的教育发展；民族科技教育与现代课程改革；民族心理；民族基础教育发展；民族教育信息化

1361 西南大学伊朗研究中心
Center for Iranian Studies, Southwest University

所属类别 / 高校智库
主管单位 / 西南大学
成立时间 / 2008 年 4 月
第一负责人 / 冀开运
合作机构 /
办公地址 / 重庆市北碚区天生路 2 号（400715）
电话(传真) / 023 - 68253879（023 - 68252320）
邮　　箱 / kaiyun@ swu. edu. cn
网　　址 / http://ylyjzx. swu. edu. cn/s/ylyjzx
主要研究领域:
伊朗历史；伊朗经济与地理；伊朗对外关系；中伊关系

1362 西南交通大学西部交通战略与区域发展研究中心

所属类别 / 高校智库
主管单位 / 西南交通大学
成立时间 / 2011 年
第一负责人 / 陈光
合作机构 /
办公地址 /
电话(传真) /
邮　　箱 /
网　　址 /
主要研究领域：交通运输与区域经济；不同运输方式与区域发展；交通布局与区域布局；交通枢纽与枢纽经济；交通通道与通道经济；城市群与城市群交通体系

1363 西南科技大学拉美研究中心
Institute of Latin American & Caribbean Studies, SWFU

所属类别／高校智库
主管单位／西南科技大学
成立时间／2010 年 12 月
第一负责人／陈才
合作机构／
办公地址／四川省绵阳市青龙大道中段 59 号（621010）
电话(传真)／0816 – 6089396
邮　　箱／ilacs@ swust. edu. cn
网　　址／http://ilacs. swust. edu. cn
主要研究领域：
拉美经济、拉美政治和中拉人文交流

1364 西南民族大学青藏高原经济社会与文化发展研究中心

所属类别／高校智库
主管单位／西南民族大学
成立时间／2013 年 10 月
第一负责人／黄辛建
合作机构／
办公地址／四川省成都市一环路南四段 16 号（610041）
电话(传真)／028 – 85524368
邮　　箱／qzgyyj@ 163. com
网　　址／http://qzphs. swun. edu. cn/index. htm
主要研究领域：
青藏高原牧区社会管理与经济发展；青藏高原多元民族宗教与和谐社会发展；青藏高原文化遗产保护与文化产业发展

1365 西南林业大学西南绿色发展研究院

所属类别／高校智库
主管单位／西南林业大学
成立时间／2016 年 1 月
第一负责人／李培
合作机构／
办公地址／云南省昆明市盘龙区白龙寺 300 号（650224）
电话(传真)／0871 – 63862070
邮　　箱／lsfz. swfu. edu. cn
网　　址／http://lsfz. swfu. edu. cn
主要研究领域：林业经济与林业政策体系；环境友好型林产加工与生物质能源产业发展与社会服务；森林植物资源培育与推广；生物多样性保护与健康云南；林业碳汇与精准扶贫

X

1366 西南林业大学云南林业经济研究智库

所 属 类 别 / 高校智库
主 管 单 位 / 西南林业大学
成 立 时 间 / 2015 年 3 月
第一负责人 / 罗明灿
合 作 机 构 /
办 公 地 址 / 云南省昆明市盘龙区白龙寺 300 号（650224）
电话(传真) / 0871 －63863380（0871 －63863218）
邮　　箱 / xl@ swfu. edu. cn
网　　址 /
主要研究领域：
林业经济

1367 西南政法大学安全治理与社会秩序维护研究院

Research Institute of Security Governance and Social Order Maintenance, Southwest University of Political Science & Law

所 属 类 别 / 高校智库
主 管 单 位 / 西南政法大学
成 立 时 间 / 2012 年 12 月
第一负责人 / 但彦铮
合 作 机 构 /
办 公 地 址 / 重庆市渝北区宝圣大道 301 号（401120 ）
电话(传真) /
邮　　箱 / anquanzhili@ 163. com
网　　址 /
主要研究领域：
安全治理与社会秩序维护

1368 西南政法大学俄罗斯法研究中心

Russian Law Research Center, Southwest University of Political Science & Law

所 属 类 别 / 高校智库
主 管 单 位 / 西南政法大学
成 立 时 间 / 2007 年 11 月
第一负责人 / 张建文
合 作 机 构 /
办 公 地 址 / 重庆市渝北区宝圣大道 301 号（401120 ）
电话(传真) /
邮　　箱 / 519948480@ qq. com
网　　址 / http://russian. swupl. edu. cn
主要研究领域：十月革命前和苏联解体后的俄罗斯私法理论与实践；俄罗斯联邦民法典编纂工作；俄罗斯联邦民法典完善计划；俄罗斯信息法学；独联体示范（民）法典运动；独联体示范信息法典

1369 西南政法大学人权研究院

所 属 类 别 / 高校智库
主 管 单 位 / 西南政法大学
成 立 时 间 / 2012 年
第一负责人 / 付子堂
合 作 机 构 /
办 公 地 址 / 重庆市渝北区宝圣大道 301 号西南政法大学致雅楼 3 层（401120）
电话(传真) / 023 - 67258917（023 - 67258917）
邮 箱 / hri@ swupl. edu. cn
网 址 / http://hri. swupl. edu. cn/index. htm
主要研究领域:
人权咨政；人权理论；人权实践调研；人权教育培训；人权对外宣传

1370 西南政法大学市场交易法律制度研究基地

所 属 类 别 / 高校智库
主 管 单 位 / 西南政法大学
成 立 时 间 / 2002 年 4 月
第一负责人 / 李开国
合 作 机 构 /
办 公 地 址 / 重庆市沙坪坝区壮志路 2 号西南政法大学办公楼北楼 4 层（400031）
电话(传真) / 023 - 65382515
邮 箱 / jd2004@ 126. com
网 址 /
主要研究领域:
市场交易法律制度

1371 西南政法大学诉讼法与司法改革研究中心

所 属 类 别 / 高校智库
主 管 单 位 / 西南政法大学
成 立 时 间 / 2004 年 9 月
第一负责人 / 孙长永
合 作 机 构 /
办 公 地 址 / 重庆市渝北区宝圣大道 301 号（401120 ）
电话(传真) /
邮 箱 /
网 址 / http://sssf. swupl. edu. cn/index. htm
主要研究领域:
诉讼法与司法改革

X

1372 西南政法大学特殊群体权利保护与犯罪预防研究中心

所属类别／高校智库
主管单位／西南政法大学
成立时间／2012 年 10 月
第一负责人／袁林
合作机构／
办公地址／重庆市渝北区宝圣大道 301 号（401120）
电话(传真)／15310930712
邮　　箱／tsqtbhyfzyfyjw@163.com
网　　址／http://vgrpacp.swupl.edu.cn/index.htm
主要研究领域：
未成年人及其特定群体（留守儿童、闲散儿童、孤儿、残疾儿童、违法犯罪未成年人等）、刑事被害人、吸毒品人员、违法犯罪人员等的权利保护与犯罪预防

1373 西南政法大学中国—东盟法律研究中心

China – ASEAN Legal Research Center, Southwest University of Political Science & Law

所属类别／高校智库
主管单位／西南政法大学
成立时间／2010 年 11 月
第一负责人／张晓君
合作机构／
办公地址／重庆市渝北区回兴街道宝圣大道 301 号（西南政法大学校内）(401120)
电话(传真)／
邮　　箱／
网　　址／http://calc.swupl.edu.cn/index.htm
主要研究领域：
中国—东盟法律

1374 西南政法大学中国金融法治研究中心

China Financial Rule of Law Research Center, Southwest University of Political Science & Law

所属类别／高校智库
主管单位／西南政法大学
成立时间／
第一负责人／王煜宇
合作机构／
办公地址／重庆市渝北区宝圣大道 301 号（401120）
电话(传真)／
邮　　箱／jrfzyj1@163.com
网　　址／http://cfr.swupl.edu.cn/index.htm
主要研究领域：金融法治

1375 西南政法大学中国农村经济法制创新研究中心
China Research Center for Agroeconomy - Related Laws and Innovations, Southwest University of Political Science & Law

所属类别/高校智库
主管单位/西南政法大学
成立时间/2000 年
第一负责人/江帆
合作机构/
办公地址/重庆市渝北区宝圣大道 301 号(401120)
电话(传真)/
邮　　箱/
网　　址/http://cali.swupl.edu.cn
主要研究领域:
农业法基本理论;农产品质量法律制度;WTO 农业规则与农产品贸易制度;城乡改革发展成果公平分享法律制度;社会保障法律制度

1376 西南政法大学中国社会稳定与危机管理研究中心

所属类别/高校智库
主管单位/西南政法大学
成立时间/2004 年
第一负责人/邹东升
合作机构/
办公地址/重庆市渝北区宝圣大道 301 号(401120)
电话(传真)/
邮　　箱/
网　　址/http://scmc.swupl.edu.cn
主要研究领域:社会稳定;群体性事件治理;信访法治与社会治理;边疆安全治理

1377 习近平新时代中国特色社会主义思想研究院和重庆中国特色社会主义理论研究中心

所属类别/合作智库
主管单位/重庆社会科学院、重庆工商大学
成立时间/2017 年 11 月
第一负责人/孟东方
合作机构/重庆社会科学院、重庆工商大学
办公地址/重庆市南岸区学府大道 19 号(400067)
电话(传真)/023-62769530(023-62769530)
邮　　箱/cqztzx@ctbu.edu.cn
网　　址/http://www.cqztzx.net
主要研究领域:
习近平新时代中国特色社会主义思想;重庆中国特色社会主义理论

X

X

1378 厦门大学东南亚研究中心
Center for Southeast Asian Studies, Xiamen University

所属类别 / 高校智库
主管单位 / 厦门大学
成立时间 / 2000 年 9 月
第一负责人 / 范宏伟
合作机构 /
办公地址 / 福建省厦门市思明区思明南路 422 号厦门大学南安楼（361005）
电话(传真) / 0592 - 2186414 （0592 - 2186414）
邮　　箱 / nanyang@ xmu. edu. cn
网　　址 / http://ny. xmu. edu. cn
主要研究领域:
东南亚政治经济；国际关系；华侨华人；历史宗教文化

1379 厦门大学高等教育发展研究中心
The Research Center of Higher Education Development, Xiamen University

所属类别 / 高校智库
主管单位 / 厦门大学
成立时间 / 2000 年 1 月
第一负责人 / 刘振天
合作机构 /
办公地址 / 福建省厦门市思明区思明南路 422 号厦门大学南光路一号（361005）
电话(传真) / 0592 - 2187552 （0592 - 2189065）
邮　　箱 / xmdxgjzx@ xmu. edu. cn
网　　址 / http://che. xmu. edu. cn
主要研究领域:
高等教育理论与政策；高等教育管理；高等教育考试

1380 厦门大学公共政策研究院
School of Public Policy, Xiamen University

所属类别 / 高校智库
主管单位 / 厦门大学
成立时间 / 2011 年 11 月
第一负责人 / 陈振明
合作机构 /
办公地址 / 福建省厦门市思明区思明南路 422 号厦门大学成智楼（361005）
电话(传真) / 0592 - 2182783 （0592 - 2183191）
邮　　箱 / spp@ xmu. edu. cn
网　　址 / http://spp. xmu. edu. cn
主要研究领域:
人口与生态；区域发展；公共资源；公共服务；社会政策；地方治理

1381 厦门大学宏观经济研究中心
Center for Macroeconomic Research of Xiamen University

所属类别 / 高校智库
主管单位 / 厦门大学
成立时间 / 2001 年 9 月
第一负责人 / 洪永淼
合作机构 /
办公地址 / 福建省厦门市思明区思明南路 422 号（361005）
电话(传真) / 0592 - 2185109（0592 - 2182029）
邮　　箱 / mesc@ xmu. edu. cn
网　　址 /
主要研究领域：宏观经济理论与政策；宏观经济数量分析；中国宏观经济分析与预测；转型期宏观经济问题；区域经济发展理论与实践

X

1382 厦门大学会计发展研究中心
Center for Accounting Studies of Xiamen University

所属类别 / 高校智库
主管单位 / 厦门大学
成立时间 / 2000 年 1 月
第一负责人 / 刘峰
合作机构 /
办公地址 / 福建省厦门市思明区思明南路 422 号厦门大学嘉庚 2 号楼 5 层（361005）
电话(传真) / 0592 - 2181523（0592 - 2181520）
邮　　箱 / cas@ xmu. edu. cn
网　　址 / http://cas. xmu. edu. cn
主要研究领域：战略管理会计；国际管理会计；会计政策；公司治理结构；物价变动会计；政府与非营利组织会计；管理审计；股权投资管理

1383 厦门大学教育研究院（厦门大学高等教育科学研究所）
Institute of Education, Xiamen University（Research Institute of Higher Education Science, Xiamen University）

所属类别 / 高校智库
主管单位 / 厦门大学
成立时间 / 1978 年 5 月
第一负责人 / 别敦荣
合作机构 /
办公地址 / 福建省厦门市思明区思明南路 422 号（361005）
电话(传真) / 0592 - 2186413（0592 - 2189065）
邮　　箱 / gjs@ xmu. edu. cn
网　　址 / http://ihe. xmu. edu. cn
主要研究领域：教育经济与管理；比较教育；教育心理；高等教育；课程与教学

1384 厦门大学马来西亚研究所

所属类别 / 高校智库
主管单位 / 厦门大学
成立时间 / 2005 年 4 月
第一负责人 / 张淼
合作机构 /
办公地址 / 福建省厦门市思明区思明南路 422 号（361005）
电话(传真) / 0592－2186414
邮　　箱 /
网　　址 / https://ny. xmu. edu. cn/mlxyyjs/jgdt. htm（非独立官网）
主要研究领域：
马来西亚经济、政治、文化、语言、宗教、历史等；中马关系

1385 厦门大学欧洲研究中心
European Studies Centre, Xiamen University

所属类别 / 高校智库
主管单位 / 厦门大学
成立时间 / 2005 年 9 月
第一负责人 / 吴建平
合作机构 /
办公地址 / 福建省厦门市思明区思明南路 422 号厦门大学外文学院（361005）
电话(传真) / 0592－2186655（0592－2188070）
邮　　箱 / esc@ xmu. edu. cn
网　　址 /
主要研究领域：
欧洲的社会文化；国际关系；法律；经济管理；高等教育

1386 厦门大学日本研究所
Japanology Research Institute of Xiamen University

所属类别 / 高校智库
主管单位 / 厦门大学
成立时间 / 2005 年 12 月
第一负责人 / 王虹
合作机构 /
办公地址 / 福建省厦门市思明区思明南路 422 号厦门大学海外教育学院办公楼 3 层（361005）
电话(传真) / 0592－2187376（0592－2093346）
邮　　箱 / xmujapan@ hotmail. com
网　　址 /
主要研究领域：
日本语言与文化；日本文学与教育；日本经济管理；国际关系；日本政策与法律

1387 **厦门大学世界经济研究中心**
World Economy Research Center of Xiamen University

所属类别／高校智库
主管单位／厦门大学
成立时间／2004 年 6 月
第一负责人／庄宗明
合作机构／
办公地址／福建省厦门市思明区思明南路 422 号（361005）
电话(传真)／
邮　　箱／
网　　址／
主要研究领域：
经济全球化与国际经济关系；国际贸易理论与政策；东南亚经济与区域经济合作；世界经济与台海两岸经济关系

1388 **厦门大学台湾研究院**
Graduate Institute for Taiwan Studies of Xiamen University

所属类别／高校智库
主管单位／厦门大学
成立时间／1980 年
第一负责人／李鹏
合作机构／
办公地址／福建省厦门市思明区思明南路 422 号嘉庚 3 号楼 929 室（361005）
电话(传真)／
邮　　箱／
网　　址／http://twri. xmu. edu. cn
主要研究领域：
台湾政治、社会、经济、历史、文学、法律、文化教育等；台海两岸关系

1389 **厦门大学王亚南经济研究院**
Wang Yanan Institute for Studies in Economics, Xiamen University

所属类别／高校智库
主管单位／厦门大学
成立时间／2005 年 6 月
第一负责人／洪永淼
合作机构／
办公地址／福建省厦门市思明区思明南路 422 号厦门大学经济楼 A 座（361005）
电话(传真)／0592 - 2188827（0592 - 2187708）
邮　　箱／aileenyu. wise@ gmail. com
网　　址／http://www. wise. xmu. edu. cn
主要研究领域：金融经济理论与政策；宏观经济理论与政策；微观经济理论与政策；区域经济理论与政策

X

1390 厦门大学新加坡研究中心

所 属 类 别 / 高校智库
主 管 单 位 / 厦门大学
成 立 时 间 /
第一负责人 / 许可
合 作 机 构 /
办 公 地 址 / 福建省厦门市思明区思明南路 422 号 (361005)
电话(传真) /
邮　　箱 /
网　　址 /
主要研究领域:
新加坡国别问题

1391 厦门大学印度尼西亚研究中心

所 属 类 别 / 高校智库
主 管 单 位 / 厦门大学
成 立 时 间 /
第一负责人 /
合 作 机 构 /
办 公 地 址 / 福建省厦门市思明区思明南路 422 号 (361005)
电话(传真) /
邮　　箱 /
网　　址 /
主要研究领域:
印度尼西亚国别问题

1392 厦门大学中国能源政策研究院
China Institute for Studies in Energy Polic, Xiamen University

所 属 类 别 / 高校智库
主 管 单 位 / 厦门大学管理学院
成 立 时 间 / 2013 年
第一负责人 / 林伯强
合 作 机 构 /
办 公 地 址 / 福建省厦门市思明区厦门大学大南 8 号 (361005)
电话(传真) / 0592 - 2186076 (0592 - 2186075)
邮　　箱 / cceer@ xmu. edu. cn
网　　址 / http://cicep. xmu. edu. cn
主要研究领域:
能源政策

1393 厦门大学中国特色社会主义研究中心

所 属 类 别 / 高校智库
主 管 单 位 / 厦门大学
成 立 时 间 / 2014 年 7 月
第一负责人 / 徐进功
合 作 机 构 /
办 公 地 址 / 福建省厦门市思明区思明南路 422 号厦门大学囊萤楼（361005）
电话(传真) / 0592 – 2189618（0592 – 2188396）
邮　　箱 / chenshuping2015@qq.com
网　　址 / http://sccmarx.xmu.edu.cn
主要研究领域：
中国特色社会主义道路；当代中国马克思主义基础理论；中国梦

1394 厦门市社会科学院（厦门市社会科学界联合会）

所 属 类 别 / 科研院所智库
主 管 单 位 / 厦门市委宣传部
成 立 时 间 / 2008 年 12 月
第一负责人 / 王洛林
合 作 机 构 /
办 公 地 址 / 福建省厦门市大连兴馆巷 1 号社会科学大楼
电话(传真) /
邮　　箱 /
网　　址 / http://www.xmsk.cn
主要研究领域：
区域经济；社会发展

1395 新华通讯社①
Xinhua News Agency

所 属 类 别 / 高端智库，党政智库
主 管 单 位 / 国务院
成 立 时 间 / 1937 年 1 月
第一负责人 / 何平
合 作 机 构 /
办 公 地 址 / 北京市西城区宣武门西大街 57 号（100803）
电话(传真) / 010 – 63071114（010 – 63075134）
邮　　箱 / xwrx@xinhua.org
网　　址 / http://www.xinhuanet.com
主要研究领域：决策信息

---

① 2021 年 10 月成立新华社研究院，作为承担新华社国家高端智库建设工作的机构，一院七中心，服务国家战略。

1396 新疆财经大学新疆企业发展研究中心

所属类别／高校智库
主管单位／新疆财经大学
成立时间／
第一负责人／刘志林
合作机构／
办公地址／新疆乌鲁木齐市北京中路 449 号新疆财经大学至善楼 4 层（830012）
电话(传真)／0991－7843394
邮　　箱／
网　　址／http://www.xjufe.edu.cn/xjqyfzyjzx
主要研究领域：
企业内部控制与审计；新疆企业市场营销；新疆本土企业成长

1397 新疆财经大学中国新疆与中亚区域经济合作研究中心

所属类别／高校智库
主管单位／新疆财经大学
成立时间／2011 年 11 月
第一负责人／段秀芳
合作机构／
办公地址／新疆乌鲁木齐市北京中路 449 号新疆财经大学（830012）
电话(传真)／
邮　　箱／
网　　址／
主要研究领域：
中国新疆与中亚经贸合作；新疆区域发展与外向型经济；中亚国别经济

1398 新疆大学、兰州大学西北少数民族研究中心
Center for Studies of Ethnic Minorities in NorthWest China of Xinjiang University/Lanzhou University

所属类别／合作智库—校校合作
主管单位／新疆大学、兰州大学
成立时间／2000 年 11 月
第一负责人／阿布里克木 · 艾山
合作机构／新疆大学、兰州大学
办公地址／新疆乌鲁木齐市胜利路 666 号科技楼（834000）
电话(传真)／0991－8582944
邮　　箱／
网　　址／http://wkjd.xju.edu.cn
主要研究领域：
西北边疆民族语言文化；西北边疆民族社会经济发展；西北边疆民族历史、宗教

1399 新疆大学创新管理研究中心
Center for Innovation Management Research of Xinjiang, Xinjiang University

所属类别／高校智库
主管单位／新疆大学
成立时间／2011 年 6 月
第一负责人／孙慧
合作机构／
办公地址／新疆乌鲁木齐市天山区胜利路 14 号（830046）
电话(传真)／0991－8583698
邮　　箱／
网　　址／http://www.cim.xju.edu.cn
主要研究领域:
战略与人力资源管理；运营与创新管理；资源与环境管理；能源管理

1400 新疆大学西域文明发展研究基地

所属类别／高校智库
主管单位／新疆大学
成立时间／2011 年 11 月
第一负责人／
合作机构／
办公地址／新疆乌鲁木齐市胜利路 14 号（830046）
电话(传真)／0991－8583280
邮　　箱／
网　　址／
主要研究领域:
西域民族与民族关系；西域文化变迁；历代边政

1401 新疆大学新疆宏观经济预警系统研究基地
The Base of Xinjiang Macroeconomic Warning System Research, Xinjiang University

所属类别／高校智库
主管单位／新疆大学
成立时间／2011 年 4 月
第一负责人／陈晓
合作机构／
办公地址／新疆乌鲁木齐市胜利路 14 号科技楼 6 楼 609 室（830046）
电话(传真)／0991－8582464
邮　　箱／
网　　址／http://jys.xju.edu.cn/index.htm
主要研究领域:
新疆宏观经济发展和经济改革

1402 新疆大学新疆民俗文化研究中心

所 属 类 别 / 高校智库
主 管 单 位 / 新疆大学
成 立 时 间 / 2007 年 12 月
第一负责人 / 热依拉 · 达吾提
合 作 机 构 /
办 公 地 址 / 新疆乌鲁木齐市胜利路 14 号（830046）
电话(传真) / 0991 - 8583280
邮　　箱 /
网　　址 /
主要研究领域：
新疆民俗文化；民间艺术；民间文学；新疆非物质文化遗产

1403 新疆大学新疆稳定与地区经济发展法制保障研究基地

所 属 类 别 / 高校智库
主 管 单 位 / 新疆大学
成 立 时 间 / 2011 年 11 月
第一负责人 / 白京兰
合 作 机 构 /
办 公 地 址 / 新疆乌鲁木齐市天山区胜利路 14 号新疆大学科技楼 616 室（830046）
电话(传真) /
邮　　箱 / 2412758159@ qq. com
网　　址 / http://www. sdlprbxj. com
主要研究领域：
地方经济法律制度；反恐法律制度；中亚国家法律制度；新疆民族与宗教法律制度

1404 新疆大学中外文化比较与跨文化交际研究基地

所 属 类 别 / 高校智库
主 管 单 位 / 新疆大学
成 立 时 间 / 2011 年 11 月
第一负责人 / 谢旭升
合 作 机 构 /
办 公 地 址 / 新疆乌鲁木齐市胜利路 14 号（830046）
电话(传真) / 0991 - 8583280
邮　　箱 /
网　　址 /
主要研究领域：
俄语语言文学；英语语言文学

1405 新疆大学中亚地缘政治研究中心
Research Center for Geopolitics of Central Asia, Xinjiang University

所属类别 / 高校智库
主管单位 / 新疆大学
成立时间 / 2011 年 11 月
第一负责人 / 韩隽
合作机构 /
办公地址 / 新疆乌鲁木齐市胜利路 14 号（830046）
电话(传真) / 0991－8580163（0991－8580163）
邮　　箱 / xjrcgca@163. com
网　　址 / http://rcgca. xju. edu. cn
主要研究领域：
中亚国际关系；中亚与新疆社会治理

1406 新疆大学中亚研究院（新疆大学—清华大学中亚发展研究中心）

所属类别 / 合作智库—校校合作
主管单位 / 新疆大学、清华大学
成立时间 / 2012 年 9 月
第一负责人 / 孟楠
合作机构 / 新疆大学、清华大学
办公地址 / 新疆乌鲁木齐市天山区胜利路 14 号新疆大学新行政楼 7 层（830046）
电话(传真) /
邮　　箱 /
网　　址 /
主要研究领域：
中亚及中国周边国家地缘政治、经济、文化、教育、外交、安全等

1407 新疆农业大学干旱区农村发展研究中心
Center for Arid Region Rural Development Research of XinJiang Agricultural University

所属类别 / 高校智库
主管单位 / 新疆农业大学
成立时间 / 1986 年
第一负责人 / 刘维忠
合作机构 /
办公地址 / 新疆乌鲁木齐市农大东路 311 号（830052）
电话(传真) /
邮　　箱 /
网　　址 /
主要研究领域：
新疆乡村振兴和农牧业现代化

X

1408 新疆师范大学中亚与中国西北边疆政治经济研究中心
central Asia and northwest frontier China Political Economy Research Center, Xinjiang Normal University

所属类别 / 高校智库
主管单位 / 新疆师范大学
成立时间 / 2008 年 6 月
第一负责人 / 马凤强
合作机构 /
办公地址 / 新疆乌鲁木齐市沙依巴克区新医路 102 号（830054）
电话(传真) / 0991 - 4112601（0991 - 4112172）
邮　　箱 / elfmachen@ 126. com
网　　址 / https://bjzz. xjnu. edu. cn
主要研究领域:
中亚政治经济；中国西北边疆政治经济

1409 新疆维吾尔自治区人民政府参事室

所属类别 / 党政智库—省/区/市政府所属
主管单位 / 中共新疆维吾尔自治区委员会
成立时间 /
第一负责人 / 阿尔斯兰 · 阿布都拉
合作机构 /
办公地址 / 新疆乌鲁木齐市天山区中山路 2 号（830041）
电话(传真) / 0991 - 2391183
邮　　箱 / csswsg@ xjcsswsg. xj. gov. cn
网　　址 /
主要研究领域:
新疆维吾尔自治区发展战略

1410 新疆维吾尔自治区社会科学界联合会
Xinjiang Uygur Autonomous Region Federation of Social Sciences

所属类别 / 社会智库—社会团体
主管单位 / 中共新疆维吾尔自治区委员会
成立时间 /
第一负责人 / 田文
合作机构 /
办公地址 / 新疆乌鲁木齐市沙依巴克区黑龙江路 75 号新界大厦 B 座 19 层（830001）
电话(传真) / 0991 - 7879715
邮　　箱 / xjskl@ 126. com
网　　址 / http://www. xjskw. org. cn
主要研究领域:
新疆社会主义经济建设、政治建设、文化建设、社会建设、生态文明建设；党的建设

1411 新疆维吾尔自治区社会科学院
Xinjiang Academy of Social Sciences

所 属 类 别 / 科研院所智库
主 管 单 位 / 中共新疆维吾尔自治区委员会
成 立 时 间 / 1981 年 3 月
第一负责人 / 高建龙
合 作 机 构 /
办 公 地 址 / 新疆乌鲁木齐新市区北京南路 246 号（830011）
电话（传真）/ 0991 – 3824404
邮　　箱 /
网　　址 /
主要研究领域：
党的建设；新农村建设；现代农牧业；民族理论与政策；非物质文化遗产；新疆经济发展战略；西域研究；新疆文化发展；中亚研究

1412 徐州医科大学卫生政策与健康保障研究基地

所 属 类 别 / 高校智库
主 管 单 位 / 徐州医科大学
成 立 时 间 / 2017 年
第一负责人 / 赵世鸿
合 作 机 构 /
办 公 地 址 / 江苏省徐州市铜山路 209 号行政楼 431 室（221004）
电话（传真）/
邮　　箱 / xzhmuskc@ 126. com
网　　址 /
主要研究领域：
卫生政策与健康保障

1413 徐州医科大学医疗卫生应急救援政策研究中心

所 属 类 别 / 高校智库
主 管 单 位 / 徐州医科大学
成 立 时 间 / 2019 年 10 月
第一负责人 / 许铁
合 作 机 构 /
办 公 地 址 / 江苏省徐州市铜山路 209 号行政楼 431 室（221004）
电话（传真）/
邮　　箱 /
网　　址 / https://wsyj. xzhmu. edu. cn/index. htm
主要研究领域：
卫生应急管理理论与政策；公共卫生危机预防与应对；公共卫生危机心理干预

Y

1414　延安大学乡村发展研究院

所 属 类 别 / 合作智库
主 管 单 位 / 延安大学
成 立 时 间 / 2019 年 9 月
第一负责人 / 海闻
合 作 机 构 / 延安大学、西安市乡村发展公益慈善基金会
办 公 地 址 / 陕西省延安市宝塔区圣地路 580 号（716000）
电话(传真) / 0911 - 2650666（0911 - 2650004）
邮　　箱 / ydxb@ yau. edu. cn
网　　址 /
主要研究领域：
农村创新创业；乡村企业管理；农业生产技术；农村经济社会管理提升

1415　延边大学朝鲜半岛研究院

Institute of Korean Peninsula Studies Yanbian University

所 属 类 别 / 高校智库
主 管 单 位 / 延边大学
成 立 时 间 / 2014 年 11 月
第一负责人 / 朴灿奎
合 作 机 构 /
办 公 地 址 / 吉林省延吉市公园路 977 号（133002）
电话(传真) / 0433 - 2732181（0433 - 2436571）
邮　　箱 /
网　　址 /
主要研究领域：朝鲜半岛

1416　延边大学朝鲜韩国研究中心

Center for North and South Korea Studies of Yanbian University

所 属 类 别 / 合作智库—多方合作
主 管 单 位 / 延边大学
成 立 时 间 / 2012 年 5 月
第一负责人 / 朴灿奎
合 作 机 构 / 南开大学、中国国际问题研究院、中国社会科学院亚太与全球战略研究院
办 公 地 址 / 吉林省延吉市公园路 977 号（133002）
电话(传真) / 0433 - 2432181（0443 - 2732181）
邮　　箱 / ikps@ ybu. edu. cn
网　　址 / http://cnsk. ybu. edu. cn
主要研究领域：
朝鲜半岛历史与文化；朝鲜半岛国家政治、经济、社会；朝鲜半岛与周边大国关系；中国与朝鲜半岛关系；“一带一路”倡议下的中国与朝鲜半岛经济合作

1417 盐城师范学院江苏农村教育发展研究中心

所 属 类 别 / 高校智库
主 管 单 位 / 盐城师范学院
成 立 时 间 / 2007 年 5 月
第一负责人 / 乔晖
合 作 机 构 /
办 公 地 址 / 江苏省盐城市开放大道 50 号（224002）
电话(传真) / 0515 - 88233110
邮　　箱 /
网　　址 / http://njs.yctc.edu.cn
主要研究领域：
江苏农村教育发展

1418 盐城师范学院江苏沿海开发研究院
Think Tank of Coastal Development, Yancheng Teachers University

所 属 类 别 / 高校智库
主 管 单 位 / 盐城师范学院
成 立 时 间 / 2007 年 4 月
第一负责人 / 刘振亚
合 作 机 构 /
办 公 地 址 / 江苏省盐城市开放大道 50 号（224002）
电话(传真) / 0515 - 88334240
邮　　箱 /
网　　址 / http://yhkf.yctc.edu.cn
主要研究领域：
江苏沿海开发

1419 冶金工业经济发展研究中心
China Steel Development & Research Institute

所 属 类 别 / 党政智库—国务院直属特设机构所属
主 管 单 位 / 国务院国有资产监督管理委员会
成 立 时 间 / 1979 年 9 月
第一负责人 / 冯超
合 作 机 构 /
办 公 地 址 / 北京东城区隆福寺街 95 号隆福文创园 5 号楼（100010）
电话(传真) / 010 - 65133819（010 - 65261130）
邮　　箱 / csdri@csdri.com.cn
网　　址 / http://www.csdri.com.cn
主要研究领域：
钢铁产业；钢铁企业发展战略

1420 伊犁师范学院教育科学研究所

所 属 类 别 / 高校智库
主 管 单 位 / 伊犁师范大学
成 立 时 间 / 2015 年
第一负责人 / 马永全
合 作 机 构 /
办 公 地 址 / 新疆伊宁市解放西路 448 号（835000）
电话(传真) / 0999 - 8121923
邮　　箱 /
网　　址 /
主要研究领域：
乡村教师教育；教师教育课程及教学研究

1421 伊犁师范学院中国新疆与周边国家合作发展研究中心

所 属 类 别 / 高校智库
主 管 单 位 / 伊犁师范大学
成 立 时 间 / 2013 年 10 月
第一负责人 / 刘国胜
合 作 机 构 /
办 公 地 址 / 新疆伊宁市解放西路 448 号（解放路）（835000）
电话(传真) /
邮　　箱 /
网　　址 /
主要研究领域：
中国新疆与周边国家经济合作与发展；中国新疆与周边国家社会文化发展；中国新疆与周边国家安全与社会稳定；中国新疆与周边国家法律法规

1422 宜宾学院南亚东南亚研究院

所 属 类 别 / 高校智库
主 管 单 位 / 宜宾学院
成 立 时 间 / 2019 年 3 月
第一负责人 / 周世伟
合 作 机 构 /
办 公 地 址 / 四川省宜宾市五粮液大道东段酒圣路 8 号（644000）
电话(传真) / 0831 - 3531612
邮　　箱 / ybuisasas@ 163. com
网　　址 / http://isaseas. yibinu. edu. cn/index. htm
主要研究领域：
南亚问题；东南亚合作与发展

1423 宜宾学院农村幼儿教育研究中心

所 属 类 别 / 高校智库
主 管 单 位 / 宜宾学院
成 立 时 间 / 2012 月 12 月 28 日
第一负责人 / 何会宁
合 作 机 构 /
办 公 地 址 / 四川省宜宾市五粮液大道东段酒圣路 8 号（644000）
电话(传真) / 0831 －3540571
邮　　箱 / ncyejyyj@ 163. com
网　　址 / http://nyzx. yibinu. edu. cn/index. htm
主要研究领域：
农村幼儿教育理论；农村幼儿发展；农村幼儿教师教育；农村幼儿园管理

1424 宜宾学院新建院校改革与发展研究中心

所 属 类 别 / 合作智库
主 管 单 位 / 宜宾学院
成 立 时 间 / 2012 年 12 月
第一负责人 /
合 作 机 构 / 宜宾学院、四川省高等教育学会
办 公 地 址 / 四川省宜宾市五粮液大道东段酒圣路 8 号（644000）
电话(传真) / 0831 －3531167
邮　　箱 / ybxygjyjs@ 163. com
网　　址 /
主要研究领域：
引领地方经济社会发展；文化传承与创新；创新型应用人才培养

1425 宜春学院江西宗教历史文化研究中心

所 属 类 别 / 高校智库
主 管 单 位 / 宜春学院
成 立 时 间 / 2005 年 11 月
第一负责人 / 杨永俊
合 作 机 构 /
办 公 地 址 / 江西省宜春市学府路 576 号（336000）
电话(传真) /
邮　　箱 /
网　　址 /
主要研究领域：
江湖禅宗与江西佛教；江西道教与民间宗教；宗教经济与宗教传播

1426 应急管理部信息研究院（煤炭信息研究院）

所 属 类 别 / 党政智库—国务院直属机构所属
主 管 单 位 / 应急管理部
成 立 时 间 / 1959 年
第一负责人 / 贺佑国
合 作 机 构 /
办 公 地 址 / 北京市朝阳区芍药居 35 号中煤信息大厦（100029）
电话(传真) / 010 - 84657848（010 - 84612550）
邮　　箱 / info@ coalinfo. net. cn
网　　址 / http://www. nios. com. cn
主要研究领域：
安全生产；煤炭行业方针、政策、规划；煤炭企业发展战略

1427 应急管理部研究中心（中国煤炭工业发展研究中心）

所 属 类 别 / 党政智库—国务院直属机构所属
主 管 单 位 / 应急管理部
成 立 时 间 / 1975 年
第一负责人 / 李传贵
合 作 机 构 /
办 公 地 址 / 北京市东城区和平里北街 21 号（100713）
电话(传真) / 010 - 64463482（010 - 64463480）
邮　　箱 / service@ ctcci. org
网　　址 / http://www. ccsr. cn
主要研究领域：
安全生产；煤炭；能源；环境；信息技术；法律

1428 云南财经大学公共政策研究中心

所 属 类 别 / 合作智库
主 管 单 位 / 云南财经大学
成 立 时 间 / 2007 年
第一负责人 / 缪小林
合 作 机 构 / 云南财经大学、云南省财政厅
办 公 地 址 / 云南省昆明市五华区龙泉路 237 号云南财经大学（650221）
电话(传真) / 0871 - 8888888
邮　　箱 / caspp@ ynufe. edu. cn
网　　址 / http://www. ynufe. edu. cn/pub/ggzc/index. htm
主要研究领域：
财税和统计

1429 云南财经大学印度洋地区研究中心

Research Institute for Indian Ocean Economics, Yunnan University of Finance and Economics

所 属 类 别 / 高校智库
主 管 单 位 / 云南财经大学
成 立 时 间 / 2011 年 8 月
第一负责人 / 汪戎
合 作 机 构 /
办 公 地 址 / 云南省昆明市龙泉路 237 号（650221）
电话(传真) / 0871 - 5149631
邮　　箱 / riio@ ynufe. edu. cn
网　　址 / https://www. ynufe. edu. cn/pub/ydy/index. htm
主要研究领域：
印度洋地区政治、经济、文化、法律、贸易、教育、旅游等

1430 云南财经大学云南省防灾减灾智库

所 属 类 别 / 高校智库
主 管 单 位 / 云南财经大学
成 立 时 间 /
第一负责人 / 钱振伟
合 作 机 构 /
办 公 地 址 / 云南省昆明市五华区龙泉路 237 号 云南财经大学（650221）
电话(传真) /
邮　　箱 /
网　　址 /
主要研究领域：
防灾减灾问题

1431 云南大学“一带一路”研究院

所 属 类 别 / 合作智库
主 管 单 位 / 云南大学
成 立 时 间 / 2016 年 1 月
第一负责人 / 林文勋
合 作 机 构 / 清华大学和鑫桥联合控股（香港）有限公司
办 公 地 址 / 云南省昆明市呈贡新区大学城东外环南路云南大学呈贡校区明远楼 549 室（650500）
电话(传真) / 0871 - 65933418
邮　　箱 / beltandroad549@ yeah. net
网　　址 / http://www. tbr. ynu. edu. cn
主要研究领域：
“一带一路”倡议的重大理论和现实问题

1432 云南大学边疆民族问题智库

所 属 类 别 / 高校智库
主 管 单 位 / 云南大学
成 立 时 间 / 2015 年 6 月
第一负责人 / 何明
合 作 机 构 /
办 公 地 址 / 云南省昆明市五华区翠湖北路 2 号（650091）
电话(传真) / 0871 - 65030908
邮　　箱 /
网　　址 /
主要研究领域：
边疆民族问题

1433 云南大学地方政府治理研究中心

所 属 类 别 / 高校智库
主 管 单 位 / 云南大学
成 立 时 间 / 2015 年 6 月
第一负责人 / 崔运武
合 作 机 构 /
办 公 地 址 / 云南省昆明市五华区翠湖北路 2 号（650091）
电话(传真) / 0871 - 65030908
邮　　箱 /
网　　址 /
主要研究领域：
地方政府治理

1434 云南大学滇西发展研究中心

所 属 类 别 / 高校智库
主 管 单 位 / 云南大学
成 立 时 间 / 2012 年 4 月
第一负责人 / 杨临宏
合 作 机 构 /
办 公 地 址 / 云南省昆明市五华区翠湖北路 2 号（650091）
电话(传真) /
邮　　箱 / dxkf@ moe. edu. cn
网　　址 /
主要研究领域：
边疆稳定；国家安全；民族团结；扶贫开发；跨境、跨国民族问题；高原山地与生态

1435 云南大学发展研究院
Development Institute Yunnan University

所 属 类 别 / 高校智库
主 管 单 位 / 云南大学
成 立 时 间 / 1998 年
第一负责人 / 杨先明
合 作 机 构 /
办 公 地 址 / 云南省昆明市五华区一二一大街 182 号云南大学科学馆 4 层（650091）
电话(传真) /
邮　　箱 / xxxx@ ynu. edu. cn
网　　址 / http://www. sds. ynu. edu. cn
主要研究领域:
区域能力结构理论和应用方法；人口制度；西部发展失衡与西部发展；空间经济学与应用；宗教与社会发展；产业经济、能源经济与城市化

1436 云南大学法治云南研究中心智库

所 属 类 别 / 高校智库
主 管 单 位 / 云南大学
成 立 时 间 / 2015 年 6 月
第一负责人 / 王启梁
合 作 机 构 /
办 公 地 址 / 云南省昆明市五华区翠湖北路 2 号（650091）
电话(传真) / 0871 - 65030908
邮　　箱 /
网　　址 /
主要研究领域:
法治研究

1437 云南大学高等教育研究院
The Research Institute of Higher Education, Yunnan University

所 属 类 别 / 高校智库
主 管 单 位 / 云南大学
成 立 时 间 / 2002 年
第一负责人 / 刘康宁
合 作 机 构 /
办 公 地 址 / 云南省昆明市五华区一二一大街 182 号云南大学文津楼 501 室（650091）
电话(传真) / 0871 - 65033950
邮　　箱 / dyclc@ ynu. edu. cn
网　　址 / http://www. hie. ynu. edu. cn
主要研究领域:
高等教育管理；高等教育评价；比较高等教育；民族高等教育

Y

1438 **云南大学国际关系研究院**
Institute of International Studies, Yunnan University

所 属 类 别 / 高校智库
主 管 单 位 / 云南大学
成 立 时 间 / 2002 年 4 月
第一负责人 / 卢光盛
合 作 机 构 /
办 公 地 址 / 云南省昆明市五华区翠湖北路 2 号云南大学映秋院（650091）
电话(传真) / 0871 - 65033130（0871 - 65033130）
邮　　箱 / iseas. ynu@ gmail. com
网　　址 / http://www. gjgxxy. ynu. edu. cn
主要研究领域:
西亚非洲问题；东南亚、南亚问题；周边问题和能源安全；国际政治；国际经济与贸易；国际法律；国际教育；国际河流与跨境生态安全

1439 **云南大学缅甸研究院**
Center for Myanmar Studies, Yunnan University

所 属 类 别 / 高校智库
主 管 单 位 / 云南大学
成 立 时 间 / 2011 年 12 月
第一负责人 / 李晨阳
合 作 机 构 /
办 公 地 址 / 云南省昆明市五华区翠湖北路 2 号云南大学映秋院（650091）
电话(传真) / 0871 - 65032027
邮　　箱 / ims@ ynu. edu. cn
网　　址 /
主要研究领域:
当代缅甸政治、经济

1440 **云南大学民族文化建设与文化产业发展智库**

所 属 类 别 / 高校智库
主 管 单 位 / 云南大学
成 立 时 间 / 2015 年 6 月
第一负责人 / 李炎
合 作 机 构 /
办 公 地 址 / 云南省昆明市五华区翠湖北路 2 号（650091）
电话(传真) / 0871 - 65030908
邮　　箱 /
网　　址 /
主要研究领域:
民族文化建设与文化产业发展

1441 云南大学文化产业研究院

所 属 类 别／合作智库
主 管 单 位／中共云南省委宣传部、云南大学
成 立 时 间／2006 年
第一负责人／施惟达
合 作 机 构／中共云南省委宣传部、云南大学
办 公 地 址／云南省昆明市五华区翠湖北路 2 号（650091）
电话（传真）／
邮　　箱／
网　　址／
主要研究领域：
文化产业

1442 云南大学文化发展研究院
Culture Development Institute of Yunnan University

所 属 类 别／高校智库
主 管 单 位／云南大学
成 立 时 间／2006 年
第一负责人／李炎
合 作 机 构／
办 公 地 址／云南省昆明市五华区翠湖北路 2 号（650091）
电话（传真）／0871－65033791（0871－65033791）
邮　　箱／whfzyjy8899@163.com
网　　址／http://www.whcy.ynu.edu.cn
主要研究领域：
文化产业；产业理论

1443 云南大学西南边疆少数民族研究中心
Center for Studies of Chinese Southwest's Borderland Ethnic Minorities of Yunnan University

所 属 类 别／高校智库
主 管 单 位／云南大学
成 立 时 间／2001 年
第一负责人／何明
合 作 机 构／
办 公 地 址／云南省昆明市五华区翠湖北路 2 号（650091）
电话（传真）／0871－65031748（0871－65031748）
邮　　箱／kmheming@hotmail.com
网　　址／http://www.ydxbzx.ynu.edu.cn
主要研究领域：
民族学与人类学；中国西南民族及其文化；民族关系和民族问题；东南亚民族和文化；边疆问题；东南亚民族；民族地区发展

1444 云南大学西南周边环境与周边外交智库

所 属 类 别 / 高校智库
主 管 单 位 / 云南大学
成 立 时 间 / 2015 年 6 月
第一负责人 / 卢光盛
合 作 机 构 /
办 公 地 址 / 云南省昆明市五华区翠湖北路 2 号 （650091）
电话(传真) / 0871 - 65030908
邮　　箱 /
网　　址 /
主要研究领域:
周边外交

1445 云南大学沿边开放与经济发展智库

所 属 类 别 / 高校智库
主 管 单 位 / 云南大学
成 立 时 间 / 2015 年 6 月
第一负责人 / 梁双陆
合 作 机 构 /
办 公 地 址 / 云南省昆明市呈贡新区大学城东外环南路云南大学呈贡校区 （650500）
电话(传真) / 0871 - 65030908
邮　　箱 /
网　　址 /
主要研究领域:
沿边开放与经济发展

1446 云南大学云南生态文明建设智库

所 属 类 别 / 高校智库
主 管 单 位 / 云南大学
成 立 时 间 / 2007 年
第一负责人 / 段昌群
合 作 机 构 /
办 公 地 址 / 云南省昆明市五华区翠湖北路 2 号 （650091）
电话(传真) / 0871 - 65030908
邮　　箱 /
网　　址 /
主要研究领域:
云南省环境保护；生态建设；绿色发展

1447 云南大学政府治理与公共政策研究中心

所 属 类 别 / 高校智库
主 管 单 位 / 云南大学
成 立 时 间 /
第一负责人 / 崔运武
合 作 机 构 /
办 公 地 址 / 云南省昆明市五华区翠湖北路 2 号（650091）
电话(传真) / 0871 - 65030908
邮　　箱 /
网　　址 /
主要研究领域:
政府治理与公共政策

1448 云南民族大学云南扶贫开发研究院暨云南扶贫开发大数据中心

所 属 类 别 / 高校智库
主 管 单 位 / 云南民族大学
成 立 时 间 / 2016 年 4 月
第一负责人 /
合 作 机 构 /
办 公 地 址 / 云南省昆明市五华区一二一大街 134 号（650031）
电话(传真) /
邮　　箱 /
网　　址 /
主要研究领域:
扶贫开发的理论创新；贫困对象的精准识别；贫困趋势与反贫困战略走向动态调整；扶贫效率与效益的科学评价；政策投放的合理化评测；多部门扶贫数据的有机整合

1449 云南民族大学云南廉政研究中心

所 属 类 别 / 合作智库
主 管 单 位 / 云南民族大学
成 立 时 间 / 2019 年 5 月
第一负责人 /
合 作 机 构 / 云南省纪检监察学会
办 公 地 址 / 云南省昆明市五华区一二一大街 134 号（650031）
电话(传真) /
邮　　箱 /
网　　址 /
主要研究领域:
纪检监察理论与实践

1450 云南农业大学云南农村发展智库

所 属 类 别 / 高校智库
主 管 单 位 / 云南农业大学
成 立 时 间 / 2015 年 4 月
第一负责人 / 赵鸭桥
合 作 机 构 /
办 公 地 址 / 云南省昆明市盘龙区金黑公路 95 号（昆明市盘龙区沣源路 452 号）
电话(传真) /
邮　　箱 /
网　　址 /
主要研究领域：
云南业农村发展与管理；云南农村生态；农村社会问题；国际农业合作

1451 云南省法治政府研究院

所 属 类 别 / 合作智库
主 管 单 位 / 云南大学
成 立 时 间 / 2017 年 10 月
第一负责人 / 林文勋
合 作 机 构 / 云南省人民政府发展研究中心、云南省人民政府法制办公室
办 公 地 址 / 云南省昆明市五华区翠湖北路 2 号（650091）
电话(传真) / 0871 - 65030908
邮　　箱 /
网　　址 /
主要研究领域：
云南省地方政府建设及地方经济社会发展

1452 云南省公共政策研究院

所 属 类 别 / 合作智库
主 管 单 位 / 云南大学
成 立 时 间 / 2017 年 10 月
第一负责人 / 林文勋
合 作 机 构 / 云南省人民政府发展研究中心、云南省人民政府法制办公室
办 公 地 址 / 云南省昆明市五华区翠湖北路 2 号（650091）
电话(传真) / 0871 - 65030908
邮　　箱 /
网　　址 /
主要研究领域：
公共政策；政府治理能力和治理体系

Y

1453 云南省民族研究院（云南大学民族学与社会学学院）
School for the Study of the Minorities at Yunnan University

所 属 类 别 / 高校智库
主 管 单 位 / 云南大学
成 立 时 间 / 2006 年 1 月
第一负责人 / 关凯
合 作 机 构 /
办 公 地 址 / 云南省昆明市五华区翠湖北路 2 号（650091）
电话(传真) / 0871 - 65031748（0871 - 65031748）
邮　　箱 / mzyjy@ ynu. edu. cn
网　　址 / http://www. msxy. ynu. edu. cn/index. htm
主要研究领域：
人类学；民族学；宗教文化；边疆学

1454 云南省人民政府参事室（文史研究馆）

所 属 类 别 / 党政智库—省/区/市政府所属
主 管 单 位 / 云南省政府
成 立 时 间 /
第一负责人 / 孙灿（参事室主任）、杨铭书（研究馆馆长）
合 作 机 构 /
办 公 地 址 / 云南省昆明市五华区龙井街 38 号（650031）
电话(传真) / 0871 - 63628368
邮　　箱 /
网　　址 / http://www. ynwsg. com
主要研究领域：
云南省发展战略

1455 云南省社会科学界联合会
Yunnan Federation of Social Science Circles

所 属 类 别 / 社会智库—社会团体
主 管 单 位 / 中共云南省委、云南省政府
成 立 时 间 / 1962 年
第一负责人 / 张瑞才
合 作 机 构 /
办 公 地 址 / 云南省昆明市五华区二环西路 397 号高新科技广场（650106）
电话(传真) / 0871 - 68318823（0871 - 68328676）
邮　　箱 / nyb70@ 126. com
网　　址 / http://www. ynskl. org. cn
主要研究领域：
云南省经济、社会发展

1456 云南省社会科学院［中国（昆明）南亚东南亚研究院］
Yunnan Academy of Social Sciences

所属类别／科研院所智库
主管单位／云南省政府
成立时间／1980 年
第一负责人／杨正权
合作机构／
办公地址／云南省昆明市西山区环城西路 577 号（650034）
电话(传真)／
邮　　箱／information_yass@163.com
网　　址／http://www.sky.yn.gov.cn
主要研究领域：
民族文化；农村社区；文化产业；妇女研究；东南亚问题；南亚问题

1457 云南省医疗保障改革发展研究中心

所属类别／合作智库
主管单位／昆明医科大学
成立时间／2020 年 4 月
第一负责人／
合作机构／云南省医疗保障局
办公地址／云南省昆明市呈贡区雨花街道春融西路 1168 号（650500）
电话(传真)／
邮　　箱／
网　　址／
主要研究领域：
医保领域大数据和政策

1458 云南师范大学云南教育决策咨询智库

所属类别／高校智库
主管单位／云南师范大学
成立时间／2015 年 3 月
第一负责人／刘坚
合作机构／
办公地址／云南省昆明市呈贡区雨花片区 1 号（650500）
电话(传真)／
邮　　箱／
网　　址／
主要研究领域：
云南教育决策咨询

1459 云南师范大学中国西南对外开放与边疆安全研究中心

所 属 类 别 / 高校智库
主 管 单 位 / 云南师范大学
成 立 时 间 / 2017 年 10 月
第一负责人 / 饶卫
合 作 机 构 /
办 公 地 址 / 云南省昆明市呈贡区聚贤街 768 号（650500）
电话(传真) / 0871 - 65902560
邮　　箱 /
网　　址 / https://xbzx.ynnu.edu.cn
主要研究领域：
中国西南对外开放与边疆安全

1460 云南师范大学中国西南周边地缘环境与“一带一路”建设研究智库

所 属 类 别 / 高校智库
主 管 单 位 / 云南师范大学
成 立 时 间 /
第一负责人 / 周智生
合 作 机 构 /
办 公 地 址 / 云南省昆明市呈贡区雨花片区 1 号（650500）
电话(传真) /
邮　　箱 /
网　　址 /
主要研究领域：
中国西南周边地缘环境与“一带一路”研究

1461 云南乡村振兴发展研究院

所 属 类 别 / 合作智库
主 管 单 位 / 云南农业大学
成 立 时 间 / 2017 年 11 月
第一负责人 / 盛军
合 作 机 构 / 云南省高原特色农业产业研究院
办 公 地 址 / 云南省昆明市盘龙区金黑公路 95 号（650225）
电话(传真) /
邮　　箱 /
网　　址 /
主要研究领域：
美丽乡村与宜居乡村；生态产业与乡村经济；康养旅游与乡村综合体；民族文化与乡村创意农业；职业农民与农业现代化；新三农科技人才与乡村科技产业

1462 浙江财经大学中国政府管制研究院
China Institute of Regulation Research, ZUFE

所 属 类 别 / 高校智库
主 管 单 位 / 浙江财经大学
成 立 时 间 / 2010 年
第一负责人 / 王俊豪
合 作 机 构 /
办 公 地 址 / 浙江省杭州市钱塘新区学源街 1818 号（310018）
电话(传真) / 0571 – 87557343 （0571 – 87557343）
邮　　箱 / irrwork@ 163. com
网　　址 / http://irr. zufe. edu. cn
主要研究领域：政府管制基础理论；城市公用事业政府管制理论与政策；垄断性行业、能源、环境、食品与药品安全管制理论与政策研究；管制绩效评价理论与政策

1463 浙江大学“一带一路”合作与发展协同创新中心
The Collaborative Innovation Center for the Belt and Road Initiative

所 属 类 别 / 合作智库
主 管 单 位 / 浙江大学
成 立 时 间 / 2014 年 12 月
第一负责人 / 金德水、林建华、丁仲礼
合 作 机 构 / 北京大学、中国科学院地理科学与资源研究所、中国社会科学院亚太与全球战略研究院、云南大学、塔里木大学、敦煌研究院等
办 公 地 址 / 浙江省杭州市西湖区余杭塘路 866 号浙江大学紫金港校区西三 B 楼（310058）
电话(传真) / 0571 – 88208799 （0571 – 88208799）
网　　址 / http://rwsk. zju. edu. cn/ydyl/main. htm
主要研究领域：“一带一路”倡议

1464 浙江大学创新管理与持续竞争力研究中心
National Institute for Innovation Management at Zhejiang University

所 属 类 别 / 高校智库
主 管 单 位 / 浙江大学
成 立 时 间 /
第一负责人 / 吴晓波
办 公 地 址 / 浙江省杭州市西湖区余杭塘路 866 号浙江大学紫金港校区管理大楼 11 层（310058）
电话(传真) / 0571 – 88206889 （0571 – 88206892）
邮　　箱 / niim@ zju. edu. cn
网　　址 / http://niim. zju. edu. cn
主要研究领域：全球化制造与创新；服务创新与发展战略；知识产权与知识管理；科学技术创新政策

1465 浙江大学地方政府与社会治理研究中心

所属类别／高校智库
主管单位／浙江大学
成立时间／2005 年 11 月
第一负责人／毛丹
合作机构／
办公地址／浙江省杭州市西湖区浙江大学玉泉校区邵逸夫工商管理楼 2 层（310058）
电话(传真)／0571－87951267
邮　　箱／clgs1@ zju. edu. cn
网　　址／http://www. clgs. cn
主要研究领域：
地方政府管理；社会组织与城市发展；浙江村庄民主治理与建设

1466 浙江大学房地产研究中心
The Center for Real Estate Study, Zhejiang University

所属类别／高校智库
主管单位／浙江大学
成立时间／2000 年
第一负责人／贾生华
合作机构／
办公地址／浙江省杭州市西湖区天目山路 34 号浙江大学西溪校区教学主楼 401 室（310028）
电话(传真)／0571－88273360（0571－88273360）
邮　　箱／cres@ zju. edu. cn
网　　址／
主要研究领域：房地产市场；房地产企业；城市住房；土地；房地产金融

1467 浙江大学非传统安全与和平发展研究中心
Center for Non－Traditional Security and Peaceful Development Studies, Zhejiang University

所属类别／高校智库
主管单位／浙江大学
成立时间／2006 年 11 月
第一负责人／余潇枫
合作机构／
办公地址／浙江省杭州市西湖区余杭塘路 866 号浙江大学紫金港校区西一 409－411 室（310058）
电话(传真)／0571－88208518（0571－88208518）
邮　　箱／ntszju@ 163. com
网　　址／http://www. nts. zju. edu. cn
主要研究领域：安全理论；公共危机管理；人口安全与仿真；公共卫生与安全；能源安全；信息安全

1468 浙江大学公共政策研究院（浙江省公共政策研究院）
Institute for Public Policy of Zhejiang University（Institute for Public Policy Zhejiang Province）

所 属 类 别 / 合作智库—政校合作
主 管 单 位 / 浙江大学
成 立 时 间 / 2008 年 9 月
第一负责人 / 姚先国
合 作 机 构 / 浙江省民政厅、浙江大学
办 公 地 址 / 浙江省杭州市西湖区浙江大学紫金港校区蒙民伟楼 322 室（310058）
电话(传真) / 0571 – 88206853
邮　　箱 / ggzcyjy@ 126. com
网　　址 / http://www. ggzc. zju. edu. cn
主要研究领域：
公共政策

1469 浙江大学互联网金融研究院
Academy of Internet Finance

所 属 类 别 / 高校智库
主 管 单 位 / 浙江大学
成 立 时 间 / 2015 年 4 月
第一负责人 / 贲圣林
合 作 机 构 /
办 公 地 址 / 浙江省杭州市西湖区余杭塘路 866 号浙大紫金港校区行政楼 705 室（310058）
电话(传真) / 0571 – 88208901（0571 – 88208901）
邮　　箱 / zjuaif@ zju. edu. cn
网　　址 / http://www. aif. zju. edu. cn
主要研究领域：互联网与金融创新；互联网发展；互联网金融法律；互联网金融技术及互联网金融数学

1470 浙江大学金融研究院
Academy of Financial Research Zhejiang University

所 属 类 别 / 高校智库
主 管 单 位 / 浙江大学
成 立 时 间 / 2010 年
第一负责人 / 史晋川
合 作 机 构 /
办 公 地 址 / 浙江省杭州市西湖区余杭塘路 866 号浙大紫金港校区西区经济学院 532 – 534 室（310058）
电话(传真) / 0571 – 87953210（0571 – 87953337）
邮　　箱 /
网　　址 / http://www. afr. zju. edu. cn/index. php
主要研究领域：区域金融发展

1471 **浙江大学金融研究院（浙江省金融研究院）**
Academy of Financial Research, Zhejiang University (Academy of Financial Research, Zhejiang Province)

所属类别／合作智库—政校合作
主管单位／浙江省社会科学界联合会
成立时间／2010年7月
第一负责人／史晋川
合作机构／浙江省政府、浙江大学
办公地址／浙江省杭州市西湖区余杭塘路866号浙大紫金港校区西区人文社科大楼经济学院534室（310058）
电话(传真)／0571－87953210（0571－87953337）
邮　　箱／afrzju@163.com
网　　址／http://www.afr.zju.edu.cn
主要研究领域：
区域金融发展；地方金融；资本市场；民间金融；创业金融

1472 **浙江大学科教发展战略研究中心**
Research Center for Science, Technology and Education Policy, Zhejiang University

所属类别／高校智库
主管单位／浙江大学
成立时间／2006年5月
第一负责人／魏江
合作机构／
办公地址／浙江省杭州市西湖区余杭塘路866号
电话(传真)／0571－88981232（0571－88981232）
邮　　箱／icstep@zju.edu.cn
网　　址／
主要研究领域：科技政策；教育政策

1473 **浙江大学民生保障与公共治理研究中心**
Center of Social Welfare and Governance, Zhejiang University

所属类别／高校智库
主管单位／浙江大学
成立时间／2018年5月
第一负责人／何文炯
合作机构／
办公地址／浙江省杭州市西湖区余杭塘路866号浙江大学紫金港校区蒙民伟楼268室（310058）
电话(传真)／0571－56662086（0571－56662086）
邮　　箱／swg@zju.edu.cn
网　　址／http://www.swg.zju.edu.cn
主要研究领域：劳动经济学；社会保障；公共治理

1474 浙江大学民营经济研究中心
Center for Research of Private Economy, Zhejiang University

所 属 类 别 / 高校智库
主 管 单 位 / 浙江大学
成 立 时 间 / 2002 年
第一负责人 / 史晋川
合 作 机 构 /
办 公 地 址 / 浙江省杭州市西湖区浙大路 38 号浙江大学外经贸楼 4 层（310027）
电话(传真) / 0571 - 87952835（0571 - 87952835）
邮　　箱 / crpe@ zju. edu. cn
网　　址 / http://crpe. zju. edu. cn
主要研究领域：
民营经济；民营企业与政府关系

1475 浙江大学农业现代化与农村发展研究中心（浙江大学中国农村发展研究院）
Center for Agricultural and Rural Development, Zhejiang University (China Academy for Rural Development)

所 属 类 别 / 高校智库
主 管 单 位 / 浙江大学
成 立 时 间 / 1999 年（2005 年）
第一负责人 / 钱文荣
合 作 机 构 /
办 公 地 址 / 浙江省杭州余杭塘路 866 号浙江大学紫金港校区启真大厦（310058）
电话(传真) / 0571 - 88981528
邮　　箱 / cardzu@ zju. edu. cn
网　　址 / http://www. card. zju. edu. cn
主要研究领域：
农业现代化与农村发展

1476 浙江大学欧洲研究中心
Center for European Studies, Zhejiang University

所 属 类 别 / 高校智库
主 管 单 位 / 浙江大学
成 立 时 间 / 2003 年 10 月
第一负责人 / 李金珊
合 作 机 构 /
办 公 地 址 / 浙江省杭州市西湖区浙大路 38 号（310027）
电话(传真) / 0571 - 87952681（0571 - 87951800）
邮　　箱 / mail. zjces. org
网　　址 /
主要研究领域：
欧洲问题

1477 浙江大学区域经济开放与发展研究中心
Center for research in Regional Economic Opening and Development

所 属 类 别 / 高校智库
主 管 单 位 / 浙江大学
成 立 时 间 / 2005 年 9 月
第一负责人 / 黄先海
合 作 机 构 /
办 公 地 址 / 浙江省杭州市浙大路 38 号浙江大学经济学院 432 室（310027）
电话(传真) / 0571 - 87953738（0571 - 87953738）
邮　　箱 / reodzj@ 126. com
网　　址 / http://www. reod. zju. edu. cn
主要研究领域：
区域经济转型与升级；区域金融创新与发展

1478 浙江大学区域协调发展研究中心

所 属 类 别 / 高校智库
主 管 单 位 / 浙江大学
成 立 时 间 / 2014 年 12 月
第一负责人 / 任少波
合 作 机 构 /
办 公 地 址 / 浙江省杭州市浙江大学紫金港校区中国西部发展研究院大楼 14 - 15 楼（310058）
电话(传真) / 0571 - 88981422
邮　　箱 / cawd@ zju. edu. cn
网　　址 / http://www. crcd. zju. edu. cn
主要研究领域：区域经济；社会民生；生态文明建设

1479 浙江大学区域与城市发展研究中心
Center for Urban and Regional Development Studies, Zhejiang University

所 属 类 别 / 高校智库
主 管 单 位 / 浙江大学
成 立 时 间 / 2002 年 10 月
第一负责人 / 陈建军
合 作 机 构 /
办 公 地 址 / 浙江省杭州市西湖区余杭塘路 866 号浙江大学紫金港校区公共管理学院蒙民伟楼 371（310058）
电话(传真) / 0571 - 56662063（0571 - 56662063）
邮　　箱 / hzcjjun@ 126. com
网　　址 /
主要研究领域：区域一体化与协同发展；城市化、城市群和城市圈发展与建设；区域与城市产业发展规划；循环经济与可持续发展

1480 浙江大学全球浙商研究院
Academy of Global Zheshang Entrepreneurship, Zhejiang University

所 属 类 别 / 高校智库
主 管 单 位 / 浙江大学
成 立 时 间 / 2011 年
第一负责人 / 魏江
合 作 机 构 /
办 公 地 址 / 浙江省杭州市古墩路浙江大学紫金港校区（310058）
电话(传真) / 0571 - 88981557（0571 - 88981557）
邮　　箱 / lilliana - v@ 163. com
网　　址 / http://zheshang. zju. edu. cn/Front/Index. aspx
主要研究领域:
全球农商; 现代服务; 高端制造与品牌发展; 浙商指数

1481 浙江大学人力资源与战略发展研究中心
Center Human Resources & Strategic Development, Zhejiang University

所 属 类 别 / 合作智库—政校合作
主 管 单 位 / 浙江大学
成 立 时 间 / 2008 年
第一负责人 / 王重鸣
合 作 机 构 / 人力资源和社会保障部、中国人事科学研究院、浙江大学全球创业研究中心
办 公 地 址 / 浙江省杭州市西湖区天目山路 148 号西溪校区教学主楼 251 室（310028 ）
电话(传真) / 0571 - 88273012（0571 - 88273012）
邮　　箱 / gerc@ zju. edu. cn
网　　址 /
主要研究领域:
创业人才与全球领导; 创业资源与创新战略; 组织学习与创业变革

1482 浙江大学社会科学研究基础平台
Social Science Experiment Center of Zhejiang University

所 属 类 别 / 高校智库
主 管 单 位 / 浙江大学
成 立 时 间 / 2009 年 7 月
第一负责人 / 何文炯
合 作 机 构 /
办 公 地 址 / 浙江省杭州市西湖区余杭塘路 866 号浙江大学紫金港校区东 3 - 106 室（310058）
电话(传真) / 0571 - 88208370（0571 - 88208708）
邮　　箱 / hewenjiong@ 163. com
网　　址 / http://ssec. zju. edu. cn/sites/main/default. aspx
主要研究领域: 行为金融; 微观个体行为与公共政策; 社会演化过程的动力学实验

1483 **浙江大学社会组织与社会治理研究中心**
Institute for Civil Society Development, Zhejiang University

所属类别 / 高校智库
主管单位 / 浙江大学
成立时间 / 2006 年 9 月
第一负责人 / 郁建兴
合作机构 /
办公地址 / 浙江省杭州市西湖区余杭塘路 866 号紫金港校区公共管理学院蒙民伟楼 251 室（310058）
电话(传真) / 0571 - 56662100
邮　　箱 / yujianxing@ zju. edu. cn
网　　址 /
主要研究领域：行业协会治理结构；政府对行业协会管理体制；行业协会与政府、企业之间互动关系

1484 **浙江大学土地与国家发展研究院**
Land Academy for National Development, Zhejiang University

所属类别 / 高校智库
主管单位 / 浙江大学
成立时间 / 2014 年
第一负责人 / 张德霖
办公地址 / 浙江省杭州市西湖区余杭塘路 866 号浙大紫金港校区蒙民伟楼 128 室（310058）
电话(传真) / 0571 - 56662127
邮　　箱 / songlu@ zju. edu. cn
网　　址 / http://www. land. zju. edu. cn
主要研究领域：土地政策；土地制度；土地规划；土地整治；土地生态；土地信息；不动产估价；不动产经济及管理；土地工程技术以及区域和城市发展

1485 **浙江大学质量管理研究中心**
Center for Quality Management Research, Zhejiang University

所属类别 / 高校智库
主管单位 / 浙江大学
成立时间 / 2014 年 1 月
第一负责人 / 熊伟
办公地址 / 浙江省杭州市西湖区古墩路浙江大学紫金港校区主楼 705 - 706 室（310058）
电话(传真) / 0571 - 88236275（0571 - 85358548）
邮　　箱 / zjumquality@ 163. com
网　　址 / http://www. zjuqm. org
主要研究领域：质量创新；生态质量；食品质量安全；医疗质量；供应链质量

1486 **浙江大学中国跨境电子商务研究院**
China Academy of Cross - border E - commerce, Zhejiang University

所属类别 / 高校智库
主管单位 / 浙江大学
成立时间 / 2015 年 6 月
第一负责人 / 马述忠
合作机构 /
办公地址 / 浙江省杭州市西湖区余杭塘路 866 号浙大紫金港校区（310058）
电话(传真) /
邮　　箱 / 932190824@ qq. com
网　　址 / http://cace. zju. edu. cn/Default. aspx
主要研究领域：
跨境电商；数字贸易；人工智能；数据科学

1487 **浙江大学中国西部发展研究院**
China Academy of West Region Development, Zhejiang University

所属类别 / 高校智库
主管单位 / 浙江大学
成立时间 / 2006 年 10 月
第一负责人 / 周谷平、曹玉书
合作机构 /
办公地址 / 浙江省杭州市西湖区余杭塘路 866 号浙江大学紫金港校区中国西部发展研究院大楼 14、15 层（310058）
电话(传真) / 0571 - 88981422（0571 - 88981422）
邮　　箱 / cawd@ zju. edu. cn
网　　址 / http://www. cawd. zju. edu. cn
主要研究领域：
西部大开发中全局性、综合性、战略性重大问题的理论和应用

1488 **浙江大学舟山海洋研究中心**
Ocean Research Center of Zhoushan, Zhejiang University

所属类别 / 合作智库—政校合作
主管单位 / 舟山市政府、浙江大学
成立时间 / 2010 年 2 月
第一负责人 / 王瑞飞
合作机构 / 舟山市政府、浙江大学
办公地址 / 浙江省舟山市临城新区体育路 10 号 5 - 7 层（316021）
电话(传真) / 0580 - 2186309（0580 - 2186317）
邮　　箱 /
网　　址 / http://zoceanc. zju. edu. cn
主要研究领域：
海洋经济与社会发展战略；新兴海洋产业培育；传统海洋产业升级改造

Z

1489 浙江工业大学浙江省技术创新与企业国际化研究中心
Center for Research in Technology Innovation and Enterprise Internationalization, Zhejiang University of Technology

所属类别／高校智库
主管单位／浙江工业大学
成立时间／2010 年 9 月
第一负责人／池仁勇
合作机构／
办公地址／浙江省杭州市留和路 288 号浙江工业大学博 A403（310023）
电话(传真)／0571－85290673
邮　　箱／
网　　址／
主要研究领域：
民营企业国际化发展与创新；浙江企业集群发展与转型升级

1490 浙江工业大学中国中小企业研究院
China Institute for Small and Medium Enterprises

所属类别／合作智库—政校合作
主管单位／浙江工业大学
成立时间／2012 年
第一负责人／池仁勇
合作机构／浙江工业大学、浙江省中小企业局
办公地址／浙江省杭州市潮王路 18 号尚德园 12 号楼 107 室（310014）
电话(传真)／0571－88320618
邮　　箱／
网　　址／
主要研究领域：
中小企业发展理论与实践

1491 浙江农林大学浙江省农民发展研究中心
Center for China Farmers' Development, Zhejiang A&F University

所属类别／高校智库
主管单位／浙江农林大学
成立时间／2018 年 9 月
第一负责人／沈月琴
合作机构／
办公地址／浙江省临安区衣锦街 252 号浙江农林大学衣锦校区西大楼 205 室（311300）
电话(传真)／0571－63741296
邮　　箱／ccfd@foxmail.com
网　　址／http://ccfd.zafu.edu.cn
主要研究领域：农民的全面发展和现代化

1492 **浙江清华长三角研究院**
Yangtze Delta Region Institute of Tsinghua University, Zhejiang

所 属 类 别 / 合作智库—政校合作
主 管 单 位 /
成 立 时 间 / 2003 年
第一负责人 / 王涛
合 作 机 构 / 浙江省政府、清华大学
办 公 地 址 / 浙江省嘉兴市南湖区亚太路 705 号创新大厦 9 层（314006）
电话(传真) / 0573 - 82582702 （0573 - 82570020）
邮　　箱 / office@ tsinghua - zj. edu. cn
网　　址 / http://www. tsinghua - zj. edu. cn
主要研究领域:
长三角地区经济社会发展方式转变；生态环境；食品安全风险评估

1493 **浙江省标准化研究院［金砖国家标准化（浙江）研究中心］**

所 属 类 别 / 党政智库—省/区/市政府所属
主 管 单 位 / 浙江省质量技术监督局
成 立 时 间 / 2005 年
第一负责人 / 陈自力
合 作 机 构 /
办 公 地 址 / 浙江省杭州市天目山路 222 号 2 号楼（310013）
电话(传真) / 0571 - 85786500 （0571 - 85786977）
邮　　箱 /
网　　址 / http://www. zis. org. cn
主要研究领域:
标准馆藏收集与服务；WTO/TBT 信息的通报、咨询、研究；标准化研究与服务；全省商品条码、物品编码的管理和应用；数据共享

1494 **浙江省产业发展政策研究中心**
Industrial Development Policy Research Center, Zhejiang Province

所 属 类 别 / 合作智库
主 管 单 位 / 浙江省标准化研究院
成 立 时 间 / 2011 年
第一负责人 /
合 作 机 构 / 浙江省委政策研究室、浙江省质量技术监督局、浙江省标准化研究院
办 公 地 址 / 浙江省杭州市环城北路 305 号耀江发展中心 7 楼（310006）
电话(传真) / 0571 - 85786371 （0571 - 85786960）
邮　　箱 / huijiant@ 163. com
网　　址 /
主要研究领域：国内外产业发展动态；浙江传统产业转型升级方向和路径；浙江省产业集聚及品牌培育

1495 浙江省城市治理研究中心
Center for Urban Governance Studies

所 属 类 别 / 党政智库—省/区/市政府所属
主 管 单 位 /
成 立 时 间 / 2014 年
第一负责人 / 王国平
合 作 机 构 /
办 公 地 址 / 浙江省杭州市上城区粮道山 18 号（310002）
电话(传真) / 0571 - 85250952
邮　　箱 / zjcugs@ 126. com
网　　址 /
主要研究领域：
城市发展与治理理论；城市历史文脉与文化遗产保护

1496 浙江省传播与文化产业研究中心
Research Center of Communication and Cultural Industry, Zhejiang

所 属 类 别 / 合作智库—校校合作
主 管 单 位 / 浙江大学、浙江传媒学院
成 立 时 间 / 2012 年 6 月
第一负责人 / 邵培仁、彭少健
合 作 机 构 / 浙江大学传播研究所、浙江传媒学院
办 公 地 址 / 浙江省杭州市江干区学源街 998 号（310018）
电话(传真) /
邮　　箱 /
网　　址 / http://www. 2011xtzx. zjicm. edu. cn/web_ cbwh/pages/index. php
主要研究领域：
媒介经济与管理；数字娱乐产业；广播电视内容产业

1497 浙江省发展规划研究院
Zhejiang Development & Planning Institute

所 属 类 别 / 党政智库—省/区/市政府所属
主 管 单 位 / 浙江省政府
成 立 时 间 / 1985 年 11 月
第一负责人 / 何中伟
合 作 机 构 /
办 公 地 址 / 浙江省杭州市西湖区莫干山路 425 号（310012）
电话(传真) / 0571 - 28936800（0571 - 28936810）
邮　　箱 / fazhan@ zdpri. cn
网　　址 /
主要研究领域：
浙江省海洋发展规划；区域发展；产业发展；能源与环境；城乡建设；社会发展

Z

1498 浙江省弘毅教育研究院

所 属 类 别 / 社会智库
主 管 单 位 /
成 立 时 间 / 2020 年 8 月
第一负责人 / 鲁林岳
合 作 机 构 /
办 公 地 址 /
电话(传真) /
邮　　箱 /
网　　址 /
主要研究领域:
学校品牌规划; 校园文化建设; 个性化课程建设; 教学诊断; 教师专业发展

1499 浙江省科技发展战略研究院

所 属 类 别 / 党政智库—省/区/市政府所属
主 管 单 位 / 浙江省科技厅
成 立 时 间 / 2011 年 1 月
第一负责人 / 俞锋华
合 作 机 构 /
办 公 地 址 / 浙江省杭州市环城西路 33 号 (310006)
电话(传真) / 0571 - 85158525
邮　　箱 / zjqbs@ zjinfo. gov. cn
网　　址 / http://www. istiz. org. cn
主要研究领域:
信息资源建设与服务; 战略研究与决策支持服务; 科技咨询与评估

1500 浙江省科技信息研究院

所 属 类 别 / 党政智库—省/区/市政府所属
主 管 单 位 / 浙江省科技厅
成 立 时 间 / 1958 年
第一负责人 / 俞锋华
合 作 机 构 /
办 公 地 址 / 浙江省杭州市环城西路 33 号 (310006)
电话(传真) / 0571 - 85158525
邮　　箱 / zjqbs@ zjinfo. gov. cn
网　　址 / http://www. istiz. org. cn
主要研究领域:
信息资源建设与服务; 科技咨询与评估; 信息网络技术服务; 科技宣传服务及政务公益服务

Z

1501 浙江省求是经济与管理科学研究院

所属类别／社会智库
主管单位／
成立时间／
第一负责人／何栎
合作机构／
办公地址／浙江省杭州市余杭塘路69号省委党校文欣校区（310012）
电话(传真)／0571－88360969
邮　　箱／
网　　址／http://www.eraedu.com
主要研究领域：
经济与管理的理论与实践；区域经济发展的战略规划；决策咨询与管理咨询

1502 浙江省人才发展研究院
Zhejiang Institution of Talent Development

所属类别／合作智库—政校合作
主管单位／浙江省社会科学界联合会
成立时间／2010年9月
第一负责人／姚先国
合作机构／中共浙江省委组织部、浙江大学
办公地址／浙江省杭州市西湖区天目山路148号浙江大学西溪校区教学主楼407、409室（310028）
电话(传真)／0571－88273037（0571－88273037）
邮　　箱／zjsrcfz@163.com
网　　址／http://www.zjrcfz.com
主要研究领域：
人才理论与政策

1503 浙江省人民政府参事室（浙江省文史研究馆）

所属类别／党政智库—省/区/市政府所属
主管单位／浙江省政府
成立时间／1952年9月
第一负责人／鞠建林（参事室主任）、王永昌（研究馆馆长）
合作机构／
办公地址／浙江省杭州市西湖区省府路2号（310025）
电话(传真)／
邮　　箱／
网　　址／
主要研究领域：
浙江省发展战略

1504 浙江省社会科学界联合会
Zhejiang Federation of Humanities and Social Sciences Circles

所属类别 / 社会智库—社会团体
主管单位 / 中共浙江省委
成立时间 / 1984 年 3 月
第一负责人 / 盛世豪
合作机构 /
办公地址 / 浙江省杭州市西湖区省府路 8 号省府大楼 2 号楼（310025）
电话(传真) / 0571 - 87058849（0571 - 87058842）
邮　　箱 / zjskw@ vip. 163. com
网　　址 / http://www. zjskw. gov. cn
主要研究领域:
浙江省物质文明、政治文明、精神文明建设

1505 浙江省社会科学院
Zhejiang Academy of Social Sciences

所属类别 / 科研院所智库
主管单位 / 浙江省政府
成立时间 / 1984 年
第一负责人 / 何显明
合作机构 /
办公地址 / 浙江省杭州市西湖区凤起路 620 号省行政中心 11 号楼（310007）
电话(传真) / 0571 - 87057582
邮　　箱 / zjssky@ zj. gov. cn
网　　址 / https://sky. zj. gov. cn
主要研究领域:
区域经济；产业经济；公共政策；人文浙江建设；公法与公共政策；地方法治与法治浙江建设；浙江经济社会发展；妇女与家庭；软科学研究

1506 浙江省文化产业创新发展研究院（智库）

所属类别 / 合作智库
主管单位 / 浙江省文化产业促进会、浙江工商大学
成立时间 / 2019 年 5 月
第一负责人 / 李军
合作机构 / 浙江省文化产业促进会、浙江工商大学
办公地址 /
电话(传真) /
邮　　箱 /
网　　址 /
主要研究领域:
数字文化产业；文旅融合发展；地方特色文化

1507 浙江省文化和旅游发展研究院
Zhejiang Academy of Culture and Tourism Development

所属类别／党政智库
主管单位／浙江省文化和旅游厅
成立时间／2019 年 5 月
第一负责人／杜兰晓
合作机构／浙江旅游职业学院
办公地址／浙江省杭州市萧山高教园区浙江旅游职业学院校内和礼楼 1 楼（311231）
电话（传真）／0571－82171759
邮　　箱／
网　　址／http://wly.tourzj.edu.cn
主要研究领域：
文化和旅游；文旅数据分析；应对文旅融合发展战略政策

1508 浙江师范大学非洲研究院
Institute of African Studies Zhejiang Normal University

所属类别／高校智库
主管单位／浙江师范大学
成立时间／2007 年
第一负责人／刘鸿武
合作机构／
办公地址／浙江省金华市迎宾大道 688 号（321004）
电话（传真）／0579－82286091（0579－82286091）
邮　　箱／ias@zjnu.cn
网　　址／http://ias.zjnu.cn
主要研究领域：
非洲政治与国际关系；非洲经济；非洲教育；非洲历史文化

1509 浙江师范大学环东海与边疆研究院
The East China Sea Rim Research Institute, Zhejiang Normal University

所属类别／高校智库
主管单位／浙江师范大学
成立时间／
第一负责人／于逢春
合作机构／
办公地址／浙江省金华市迎宾大道 688 号（321004）
电话（传真）／
邮　　箱／ecsr@zjnu.cn
网　　址／http://ecsr.zjnu.edu.cn
主要研究领域：海洋战略与区域合作；海洋开发与社会发展；海洋文明与文化传统；边海疆管理与安全

Z

1510 郑州大学埃及研究中心

所 属 类 别 / 合作智库
主 管 单 位 / 郑州大学
成 立 时 间 / 2013 年
第一负责人 / 陈天社
合 作 机 构 / 西北大学中东研究所、上海外国语大学中东研究所、中国社会科学院西亚非洲研究所
办 公 地 址 / 河南省郑州市高新区科学大道 100 号（450001）
电话(传真) /
邮　　箱 /
网　　址 /
主要研究领域：
埃及历史、政治、宗教与对外关系；埃及政治与社会；埃及与“一带一路”研究

1511 郑州大学公共管理研究中心
Zhengzhou University manages the research center publically

所 属 类 别 / 高校智库
主 管 单 位 / 郑州大学
成 立 时 间 / 2003 年 8 月
第一负责人 /
合 作 机 构 /
办 公 地 址 / 河南省郑州市科学大道 100 号（450001）
电话(传真) /
邮　　箱 /
网　　址 / http://www5.zzu.edu.cn/ggg
主要研究领域：
公共管理制度；公共管理绩效评估研究和公共政策分析

1512 郑州大学河南电子商务与物流协同发展研究院
Henan Institute of E - business and Logistics

所 属 类 别 / 合作智库
主 管 单 位 / 郑州大学
成 立 时 间 /
第一负责人 / 赵亮
合 作 机 构 / 郑州大学、河南省商务厅
办 公 地 址 / 河南省郑州市科学大道 100 号（450001）
电话(传真) / 0371 - 67781582（0371 - 67781582）
邮　　箱 /
网　　址 / http://www5.zzu.edu.cn/dswlyjy
主要研究领域：
河南电子商务与物流协同发展

1513 郑州大学近现代河南与中国研究中心

所 属 类 别 / 高校智库
主 管 单 位 / 郑州大学
成 立 时 间 / 2012 年 10 月
第一负责人 / 吴宏亮
合 作 机 构 /
办 公 地 址 / 河南省郑州市科学大道 100 号郑州大学历史学院（450001）
电话(传真) / 0371 -67739322
邮　　箱 /
网　　址 / http://www5. zzu. edu. cn/jxdhnyzgyj
主要研究领域:
河南近现代史；中国近现代史；中共党史

1514 郑州大学历史文化遗产保护研究中心

所 属 类 别 / 高校智库
主 管 单 位 / 郑州大学
成 立 时 间 / 2004 年 9 月
第一负责人 / 韩国河
合 作 机 构 /
办 公 地 址 / 河南省郑州市科学大道 100 号郑州大学历史学院（450001）
电话(传真) / 0371 -67783030
邮　　箱 /
网　　址 / http://www5. zzu. edu. cn/yczx
主要研究领域:
历史文化遗产保护

1515 郑州大学社会管理河南省协同创新中心

所 属 类 别 / 高校智库
主 管 单 位 / 郑州大学
成 立 时 间 / 2012 年 10 月
第一负责人 / 郑永扣
合 作 机 构 /
办 公 地 址 / 河南省郑州市科学大道 100 号（450001）
电话(传真) /
邮　　箱 /
网　　址 /
主要研究领域:
社会管理

1516 郑州大学私法研究中心

所属类别 / 高校智库
主管单位 / 郑州大学
成立时间 / 2003 年
第一负责人 / 田土城
合作机构 /
办公地址 / 河南省郑州市科学大道 100 号（450001）
电话(传真) /
邮　　箱 /
网　　址 / http://www5. zzu. edu. cn/lawc
主要研究领域：
民事法律；商事法律；知识产权与竞争法

1517 郑州大学现代产业与企业发展战略研究中心

所属类别 / 高校智库
主管单位 / 郑州大学
成立时间 /
第一负责人 / 孙学敏
合作机构 /
办公地址 / 河南省郑州市科学大道 100 号（450001）
电话(传真) /
邮　　箱 /
网　　址 /
主要研究领域：
系统经济

1518 郑州大学宪法与行政法研究中心

所属类别 / 高校智库
主管单位 / 郑州大学
成立时间 / 1992 年 10 月
第一负责人 / 刘向文、苗连营、沈开举
合作机构 /
办公地址 / 河南省郑州市科学大道 100 号（450001）
电话(传真) /
邮　　箱 / zzurulaw@ 163. com
网　　址 / http://www5. zzu. edu. cn/calaw
主要研究领域：
宪法与行政法

Z

1519 **郑州大学越南研究所**
Collaborative Innovation Center of Territorial Spvereignty and Maritime Rights, Zhengzhou University Branch

所 属 类 别 / 合作智库
主 管 单 位 / 郑州大学
成 立 时 间 / 1980 年代初
第一负责人 / 于向东
合 作 机 构 / 复旦大学、中国政法大学、外交学院、中国社会科学院中国边疆史地研究中心、水利部国际经济技术合作交流中心
办 公 地 址 / 河南省郑州市科学大道 100 号 (450001)
电话(传真) / 0371 -67781939
邮　　箱 / cictsmr_zzub@163. com
网　　址 / http://www7. zzu. edu. cn/cictsmr_zzub
主要研究领域:
越南历史与现实; 中越关系; 南海问题; 西南边疆问题

1520 **郑州大学中国土地法律与公共政策研究中心**
China Land Law & Public Policy Research Centre, Zhengzhou University

所 属 类 别 / 高校智库
主 管 单 位 / 郑州大学
成 立 时 间 /
第一负责人 / 沈开举
合 作 机 构 /
办 公 地 址 / 河南省郑州市中原区科学大道 100 号郑州大学法学院 (450001)
电话(传真) / 0371 -67780199 (0371 -67781982)
邮　　箱 /
网　　址 /
主要研究领域:
土地法律制度

1521 **郑州大学中国外交话语研究院**
The Center for Chinese Diplomatic Discourse Studies (CCDDS), Zhengzhou University

所 属 类 别 / 高校智库
主 管 单 位 / 郑州大学
成 立 时 间 / 2016 年 9 月
第一负责人 / 杨明星
合 作 机 构 /
办 公 地 址 / 河南省郑州市科学大道 100 号 (450001)
电话(传真) / 0371 -67739810
邮　　箱 / Staryang66@ aliyun. com
网　　址 / http://www5. zzu. edu. cn/cdd
主要研究领域: 中国外交话语

1522 郑州大学中原文化资源与发展研究中心

所 属 类 别 / 高校智库
主 管 单 位 / 郑州大学
成 立 时 间 / 2001 年 12 月
第一负责人 /
合 作 机 构 /
办 公 地 址 / 河南省郑州市科学大道 100 号（450001）
电话(传真) /
邮　　箱 /
网　　址 /
主要研究领域:
中原思想学术研究；中原考古与文献研究；中原文化与现代研究

1523 郑州商学院区域经济发展研究中心

所 属 类 别 / 高校智库
主 管 单 位 / 郑州商学院
成 立 时 间 / 2017 年 12 月
第一负责人 /
合 作 机 构 /
办 公 地 址 / 河南省郑州巩义紫荆路 136 号广恩大楼一楼 115 办公室（451200）
电话(传真) / 0370 - 64561389
邮　　箱 /
网　　址 / http://www. chenggong. edu. cn/qyfz
主要研究领域:
区域经济发展

1524 郑州市社会科学院（郑州市社会科学界联合会）

所 属 类 别 / 科研院所智库
主 管 单 位 / 郑州市政府
成 立 时 间 / 2006 年 8 月（1984 年 11 月）
第一负责人 / 叶光林
合 作 机 构 /
办 公 地 址 / 河南省郑州市二七区嵩山南路南段 1 号（450015）
电话(传真) / 0371 - 68810685（0371 - 68810685）
邮　　箱 /
网　　址 / http://www. zzskl. cn
主要研究领域:
郑州工业、农业、商贸、金融、城建、交通、物流、会展、旅游、非公有制经济；和谐社会建设；法制建设；公民道德建设；教育；人口；社会保障；中国特色社会主义文化、历史传统文化与现代文化的融合；城市文化发展战略

1525 **知远战略与防务研究所**
Knowfar Institute for Strategic and Defence Studies

所 属 类 别 / 社会智库—民办非企业
主 管 单 位 / 江苏省江阴市科学技术协会
成 立 时 间 / 2013 年 4 月
第一负责人 / 李健
合 作 机 构 /
办 公 地 址 / 江苏省江阴市长江路 777 号东方广场 1 号楼 819 室（214433）
电话(传真) / 0510 – 86403040（0510 – 86403040）
邮　　箱 / knowfar2009@ 126. com
网　　址 / http://www. knowfar. org. cn
主要研究领域：
战略评估；网络空间；装备保障；联合作战；反恐和海外安全；开源情报；战略传播

1526 **中阿改革发展研究中心**
China – Arab Research Center on Reform and Development

所 属 类 别 / 合作智库
主 管 单 位 / 上海外国语大学
成 立 时 间 / 2017 年 4 月 20 日
第一负责人 / 王广大（执行主任）
合 作 机 构 / 外交部、教育部、上海市人民政府、上海外国语大学
办 公 地 址 / 上海市松江区 文翔路 1550 上海外国语大学松江校区（201620）
电话(传真) / 021 – 67703905（021 – 67701565）
邮　　箱 / zhazhx1@ shisu. edu. cn
网　　址 / http://carc. shisu. edu. cn/main. psp
主要研究领域：
中阿改革发展和治国理政经验交流

1527 **中财—鹏元地方财政投融资研究所**
Zhongcai – Pengyuan Local Finance Investment and Funding Research Institute

所 属 类 别 / 合作智库—校企合作
主 管 单 位 /
成 立 时 间 /
第一负责人 / 马海涛
合 作 机 构 / 中央财经大学财政学院、鹏元资信评估有限公司
办 公 地 址 / 北京市东城区建国门内大街 26 号新闻大厦（100005）
电话(传真) / 010 – 66216006
邮　　箱 /
网　　址 / http://zcpy. pyrating. cn
主要研究领域：地方公债；市政债券；城市基础设施投资；高新技术产业；新兴战略性产业政府支持

1528 中共安徽省委党校（安徽行政学院）
Party School of Anhui Provincial Committee of C. P. C（Anhui Academy of Governance）

所属类别／党政智库—中共省/区/市委党校
主管单位／中共安徽省委（安徽省政府）
成立时间／1978 年 5 月（1991 年）
第一负责人／程丽华
合作机构／
办公地址／安徽省合肥市包河区屯溪路 301 号（230022）［安徽省合肥市包河区望江东路 115 号（230059）］
电话(传真)／0551－62173575（0551－63414447）
邮　　箱／425926431@qq.com
网　　址／http://www.ahdx.gov.cn（http://www.ahsa.edu.cn）
主要研究领域：
安徽省情；科学社会主义；科学文化；政府管理

1529 中共北京市委党校（北京行政学院）

所属类别／党政智库—中共省/区/市委党校
主管单位／中共北京市委（北京市政府）
成立时间／1950 年 11 月（1993 年 3 月）
第一负责人／张延昆
合作机构／
办公地址／北京市西城区车公庄大街 6 号（100044）
电话(传真)／010－68007014
邮　　箱／bac_info@126.com
网　　址／http://www.bac.gov.cn
主要研究领域：
党的建设；公共管理；工商管理

1530 中共重庆市委党校（重庆行政学院）

所属类别／党政智库—中共省/区/市委党校
主管单位／中共重庆市委（重庆市政府）
成立时间／1997 年
第一负责人／吴存荣
合作机构／
办公地址／重庆市九龙坡区渝州路 160 号（400041）
电话(传真)／023－68590584
邮　　箱／
网　　址／http://www.cqdx.gov.cn
主要研究领域：
科学社会主义；党的建设；公共管理；经济管理；经济社会发展；应急管理

1531 中共大连市委党校（大连行政学院）

所 属 类 别 / 党政智库—中共省/区/市委党校
主 管 单 位 / 中共大连市委（大连市政府）
成 立 时 间 / 1947 年 5 月（1996 年）
第一负责人 / 王炳森
合 作 机 构 /
办 公 地 址 / 辽宁省大连市西岗区滨海西路 75 号（116013）
电话(传真) / 0411 - 82403307（0411 - 82400493）
邮　　箱 /
网　　址 / http://www.swdx.dl.gov.cn
主要研究领域：
党的哲学社会科学

1532 中共福建省委党校（福建行政学院）

所 属 类 别 / 党政智库—中共省/区/市委党校
主 管 单 位 / 中共福建省委（福建省政府）
成 立 时 间 / 1950 年 6 月（1995 年 11 月）
第一负责人 / 杨贤金
合 作 机 构 /
办 公 地 址 / 福建省福州市鼓楼区柳河路 61 号（350002）
电话(传真) / 0591 - 22853456（0591 - 83705345）
邮　　箱 /
网　　址 / http://www.fjdx.gov.cn
主要研究领域：
党的建设；社会与文化；公共管理；应急管理；经济管理科学

1533 中共甘肃省委党校（甘肃行政学院）

所 属 类 别 / 党政智库—中共省/区/市委党校
主 管 单 位 / 中共甘肃省委（甘肃省政府）
成 立 时 间 / 1956 年 9 月（1990 年）
第一负责人 / 孙伟
合 作 机 构 /
办 公 地 址 / 甘肃省兰州市安宁区北滨河西路 456 号（730071）
电话(传真) / 0931 - 7768663（0931 - 7768666）
邮　　箱 / gsdxwz@163.com
网　　址 / http://www.gsdx.gov.cn
主要研究领域：
党的建设；经济社会发展；文化发展战略

1534 中共广东省委党校（广东行政学院）

所 属 类 别 / 党政智库—中共省/区/市委党校
主 管 单 位 / 中共广东省委（广东省政府）
成 立 时 间 / 1972 年 2 月（1990 年 1 月）
第一负责人 / 张义珍
合 作 机 构 /
办 公 地 址 / 广东省广州市越秀区建设大马路 3 号（510053）
电话(传真) / 020 - 83122800
邮　　箱 / web@ gddx. gov. cn
网　　址 / http://www. gddx. gov. cn
主要研究领域：
公共管理；公共政策；人口、资源与环境；经济管理；国际经济与贸易；市场营销；电子商务

1535 中共广西区委党校（广西行政学院）

所 属 类 别 / 党政智库—中共省/区/市委党校
主 管 单 位 / 中共广西壮族自治区党委（广西壮族自治区政府）
成 立 时 间 / 1972 年 5 月（1994 年 3 月）
第一负责人 / 孙大伟
合 作 机 构 /
办 公 地 址 / 广西南宁市青秀区荔滨大道 18 号（530021）
电话(传真) / 0771 - 5576680
邮　　箱 / bangongshi@ gxdx. gov. cn
网　　址 / http://www. gxdx. gov. cn
主要研究领域：
公共管理；领导力拓展；广西人口；经济管理；文化管理；行政法；应急管理

1536 中共贵州省委党校（贵州行政学院）

所 属 类 别 / 党政智库—中共省/区/市委党校
主 管 单 位 / 中共贵州省委（贵州省政府）
成 立 时 间 / 1950 年 7 月（1997 年 7 月）
第一负责人 / 朱文东（常务副校长）
合 作 机 构 /
办 公 地 址 / 贵州省贵阳市清溪路附近（550025）
电话(传真) / 0851 - 3602382
邮　　箱 / gzswdx2010@ 126. com
网　　址 / http://www. gzdx. gov. cn
主要研究领域：
科学社会主义；经济管理；行政管理；贵州省经济、社会发展战略

1537 中共海南省委党校（海南省行政学院）

所 属 类 别 / 党政智库—中共省/区/市委党校
主 管 单 位 / 中共海南省委（海南省政府）
成 立 时 间 /
第一负责人 / 李军
合 作 机 构 /
办 公 地 址 / 海南省海口市琼山区红城湖路 10 号（571100）
电话(传真) / 0898 - 65802966
邮　　箱 / hnwebmaster@ hainan. net
网　　址 / http://www. dx. hainan. gov. cn
主要研究领域:
海南发展战略；公共管理；工商管理

1538 中共河北省委党校（河北行政学院）

所 属 类 别 / 党政智库—中共省/区/市委党校
主 管 单 位 / 中共河北省委（河北省政府）
成 立 时 间 / 1971 年（1987 年）
第一负责人 / 魏四海
合 作 机 构 /
办 公 地 址 / 河北省石家庄市长安区学府路 9 号（050064）
电话(传真) / 0311 - 85931966
邮　　箱 / hbdxdt@ 163. com
网　　址 / http://www. hebdx. com
主要研究领域:
哲学社会学；科学社会主义；经济管理学；科技文化；政策法律；河北省发展战略；公共服务；社会管理

1539 中共河南省委党校（河南行政学院）

所 属 类 别 / 党政智库—中共省/区/市委党校
主 管 单 位 / 中共河南省委（河南省政府）
成 立 时 间 / 1949 年 7 月（1996 年 3 月）
第一负责人 / 焦国栋
合 作 机 构 /
办 公 地 址 / 河南省郑州市郑东新区郑开大道 36 号（450000）
电话(传真) / 0371 - 69686904
邮　　箱 /
网　　址 / http://www. dangxiao. ha. cn
主要研究领域:
中国特色社会主义；科学决策

1540 中共黑龙江省委党校（黑龙江行政学院）

所 属 类 别 / 党政智库—中共省/区/市委党校
主 管 单 位 / 中共黑龙江省委（黑龙江省政府）
成 立 时 间 / 1948 年（1990 年）
第一负责人 / 刘红岩（常务副校长）
合 作 机 构 /
办 公 地 址 / 黑龙江省哈尔滨市南岗区延兴路 49 号（150080）
电话(传真) / 0451 - 86358833
邮　　箱 / shs1967@ 163. com
网　　址 / http://www. hljswdx. org. cn
主要研究领域:
领导科学；社会与文化；公共管理；经济社会发展战略

1541 中共湖北省委党校（湖北行政学院）

所 属 类 别 / 党政智库—中共省/区/市委党校
主 管 单 位 / 中共湖北省委（湖北省政府）
成 立 时 间 / 1950 年（1993 年 9 月）
第一负责人 / 陶良虎
合 作 机 构 /
办 公 地 址 / 湖北省武汉市江汉区万松园路 18 号（430022）
电话(传真) / 027 - 85306788
邮　　箱 /
网　　址 / http://www. hbdx. gov. cn
主要研究领域:
中外政治制度；创新思维与科学决策；社会发展战略；领导与人才；经济管理；公共管理

1542 中共湖南省委党校（湖南行政学院）

所 属 类 别 / 党政智库—中共省/区/市委党校
主 管 单 位 / 中共湖南省委（湖南省政府）
成 立 时 间 / 1951 年 8 月（1953 年）
第一负责人 / 乌兰
合 作 机 构 /
办 公 地 址 / 湖南省长沙市岳麓区白云路 99 号（410006）
电话(传真) / 0731 - 82780016（0731 - 82780006）
邮　　箱 / bgs@ hnswdx. gov. cn
网　　址 / http://www. hnswdx. gov. cn
主要研究领域:
党的建设与党的学说；公共管理；工商管理；文化与社会管理；现代科技；共青团理论；妇女理论；湖南经济社会发展；应急管理

1543 中共吉林省委党校（吉林省行政学院）

所属类别／党政智库—中共省/区/市委党校
主管单位／中共吉林省委（吉林省政府）
成立时间／1978 年
第一负责人／董维仁（常务副校长）
合作机构／
办公地址／吉林省长春市朝阳区前进大街 1299 号（130012）
电话(传真)／0431－81760777
邮　　箱／jlswdx@163.com
网　　址／http://www.jlswdx.gov.cn
主要研究领域：
党的建设；公共管理；工商管理；经济与社会发展战略；吉林省行政科学

1544 中共江苏省委党校（江苏行政学院）

所属类别／党政智库—中共省/区/市委党校
主管单位／中共江苏省委（江苏省政府）
成立时间／1953 年（1992 年 12 月）
第一负责人／郭元强
合作机构／
办公地址／江苏省南京市鼓楼区水佐岗 49 号（210009）
电话(传真)／025－83380000
邮　　箱／
网　　址／http://www.sdx.js.cn
主要研究领域：
党的理论创新与江苏实践；江苏经济、社会发展；中国国际战略；廉政教育理论与实践；行政体制改革理论与实践；党的建设；公共管理

1545 中共江西省委党校（江西行政学院）

所属类别／党政智库—中共省/区/市委党校
主管单位／中共江西省委（江西省政府）
成立时间／1950 年 4 月（1981 年 12 月）
第一负责人／刘强
合作机构／
办公地址／江西省南昌市红谷滩新区龙虎山大道 1866 号（330108）
电话(传真)／0791－86858000
邮　　箱／
网　　址／http://www.jxdx.gov.cn
主要研究领域：
党的建设；公共管理；工商管理；文化历史；江西经济、社会发展战略

1546 中共辽宁省委党校（辽宁行政学院）

所 属 类 别 / 党政智库—中共省/区/市委党校
主 管 单 位 / 中共辽宁省委（辽宁省政府）
成 立 时 间 / 1977 年
第一负责人 / 陆治原
合 作 机 构 /
办 公 地 址 / 辽宁省沈阳市和平区五里河街 18 号（110004）
电话(传真) / 024 - 88497769
邮　　箱 / webmaster@ lndx. gov. cn
网　　址 / http://www. lnswdx. cn
主要研究领域：
党的建设；经济法；公共管理；危机管理；地方政府治理；东北区域经济

1547 中共内蒙古区委党校（内蒙古自治区行政学院）

所 属 类 别 / 党政智库—中共省/区/市委党校
主 管 单 位 / 中共内蒙古自治区党委（内蒙古自治区政府）
成 立 时 间 / 1948 年 9 月（1954 年）
第一负责人 / 杨伟东
合 作 机 构 /
办 公 地 址 / 内蒙古呼和浩特市赛罕区滨河南路东段（10070）
电话(传真) / 0471 - 4631884
邮　　箱 /
网　　址 / http://www. nmgdx. cn
主要研究领域：
党的建设；公共管理；民族理论；社会管理；民族政策；内蒙古社会发展；内蒙古区情

1548 中共宁波市委党校（宁波行政学院）

所 属 类 别 / 党政智库—中共省/区/市委党校
主 管 单 位 / 中共宁波市委（宁波市政府）
成 立 时 间 / 1949 年 12 月（1994 年）
第一负责人 / 钟关华
合 作 机 构 /
办 公 地 址 / 浙江省宁波市海曙区恒春街 75 号（315000）
电话(传真) / 0574 - 89184986（0574 - 89184888）
邮　　箱 / admin@ nbdx. cn
网　　址 / http://www. nbdx. cn
主要研究领域：
理论教育和党性教育；党史党建；公共管理

1549 中共宁夏区委党校（宁夏行政学院）

所 属 类 别 / 党政智库—中共省/区/市委党校
主 管 单 位 / 中共宁夏回族自治区党委（宁夏回族自治区政府）
成 立 时 间 / 1958 年 9 月（1996 年 3 月）
第一负责人 / 石岱（校长）、张超超（院长）
合 作 机 构 /
办 公 地 址 / 宁夏银川市西夏区怀远西路 155 号（750021）
电话(传真) / 0951 - 6660101（0951 - 2082542）
邮　　箱 / nxdx@ nxdx. org. cn
网　　址 / http://www. nxdx. org. cn
主要研究领域：
马克思主义中国化；党的建设；经济管理；社会与文化；公共管理

1550 中共青岛市委党校（青岛行政学院）

所 属 类 别 / 党政智库—中共省/区/市委党校
主 管 单 位 / 中共青岛市委（青岛市政府）
成 立 时 间 / 1950 年 9 月（1994 年）
第一负责人 / 王中
合 作 机 构 /
办 公 地 址 / 山东省青岛市宁德路 18 号（266071）
电话(传真) / 0532 - 85908716
邮　　箱 /
网　　址 / http://www. qddx. gov. cn
主要研究领域：
党史党建；公共管理；法学；经济学；马克思主义研究

1551 中共青海省委党校（青海省行政学院）

所 属 类 别 / 党政智库—中共省/区/市委党校
主 管 单 位 / 中共青海省委（青海省政府）
成 立 时 间 / 1951 年 3 月（1991 年 10 月）
第一负责人 / 王宇燕
合 作 机 构 /
办 公 地 址 / 青海省西宁市城西区黄河路 2 号（810001）
电话(传真) / 0971 - 4396560
邮　　箱 / webmaster@ qhswdx. com
网　　址 / http://www. qhswdx. com
主要研究领域：
党的建设；公共管理、民族宗教；现代科技

1552 中共山东省委党校（山东行政学院）

所属类别／党政智库—中共省/区/市委党校
主管单位／中共山东省委（山东省政府）
成立时间／1972 年 6 月（1949 年 10 月）
第一负责人／王可
合作机构／
办公地址／山东省济南市历城区旅游路 3888 号（250103）
电话(传真)／0531－87922457
邮　　箱／
网　　址／http://www. sddx. gov. cn
主要研究领域:
党的建设；县域经济创新发展；劳动关系；人民调解；环渤海区域发展；公共管理；社会和文化

1553 中共山西省委党校（山西行政学院）

所属类别／党政智库—中共省/区/市委党校
主管单位／中共山西省委（山西省政府）
成立时间／1977 年 5 月（1994 年 11 月）
第一负责人／曲孝丽
合作机构／
办公地址／山西省太原市小店区学府街 96 号（030006）
电话(传真)／0351－7986219
邮　　箱／sxswdx@126. com
网　　址／http://www. sxswdx. gov. cn
主要研究领域:
国民教育；党的建设；经济管理；公共管理；现代科技；山西省情与发展；现代领导能力

1554 中共陕西省委党校（陕西行政学院）

所属类别／党政智库—中共省/区/市委党校
主管单位／中共陕西省委（陕西省政府）
成立时间／1934 年
第一负责人／胡衡华
合作机构／
办公地址／陕西省西安市雁塔区小寨西路 119 号（710061）
电话(传真)／029－85378249
邮　　箱／shxswdx@163. com
网　　址／http://www. shxdx. com
主要研究领域:
党的建设；陕西经济社会发展；经济管理

1555 中共上海市委党校（上海行政学院）

所 属 类 别 / 党政智库—中共省/区/市委党校
主 管 单 位 / 中共上海市委（上海市政府）
成 立 时 间 / 1977 年 11 月（1986 年）
第一负责人 / 于绍良
合 作 机 构 /
办 公 地 址 / 上海市徐汇区虹漕南路 200 号（200233）
电话(传真) / 021 - 22880000
邮　　箱 / swdx308@126.com
网　　址 / http://www.sdx.sh.cn
主要研究领域：
行政管理；党的领导与执政方式；党的建设；文化发展战略；经济政策；产权经济；中国特色社会主义民主政治；国际战略；城市社会

1556 中共深圳市委党校（深圳行政学院）

所 属 类 别 / 党政智库—中共省/区/市委党校
主 管 单 位 / 中共深圳市委（深圳市政府）
成 立 时 间 / 1979 年（1989 年 3 月）
第一负责人 / 程步一
合 作 机 构 /
办 公 地 址 / 广东省深圳市福田区香蜜湖路 3008 号（518034）
电话(传真) / 0755 - 82768888（0755 - 82768997）
邮　　箱 /
网　　址 / https://szps.gov.cn/shenzhen
主要研究领域：
社会科学研究和理论宣传；党史党建；公共管理；经济、社会发展

1557 中共四川省委党校（四川行政学院）

所 属 类 别 / 党政智库—中共省/区/市委党校
主 管 单 位 / 中共四川省委（四川省政府）
成 立 时 间 / 1952 年 10 月（1997 年 4 月）
第一负责人 / 于立军
合 作 机 构 /
办 公 地 址 / 四川省成都市青羊区光华村街 43 号（610072）
电话(传真) / 028 - 87351112
邮　　箱 /
网　　址 / http://www.scge.gov.cn
主要研究领域：
党的建设；区域经济；工商管理；公共管理；地震灾害应对

1558 中共天津市委党校（天津行政学院）

所 属 类 别 / 党政智库—中共省/区/市委党校
主 管 单 位 / 中共天津市委（天津市政府）
成 立 时 间 / 1953 年
第一负责人 / 李鸿忠
合 作 机 构 /
办 公 地 址 / 天津市南开区育梁路 4 号（300191）
电话(传真) / 022 - 23679034
邮　　箱 / tjdx@ tjdx. gov. cn
网　　址 / http://www. tjdx. gov. cn
主要研究领域：
政府管理；依法行政；党的建设；公共管理；经济发展战略

1559 中共西藏区委党校（西藏自治区行政学院）

所 属 类 别 / 党政智库—中共省/区/市委党校
主 管 单 位 / 中共西藏自治区党委（西藏自治区政府）
成 立 时 间 / 1961 年（1991 年）
第一负责人 / 庄严
合 作 机 构 /
办 公 地 址 / 西藏拉萨市城关区鲁定北路 9 号（850031）
电话(传真) /
邮　　箱 /
网　　址 / http://www. xzqwdx. gov. cn
主要研究领域：
行政管理；中国特色社会主义；西藏民族宗教；西藏党建；西藏经济、社会发展战略；西藏公共管理；县域经济与农牧民增收问题；南亚研究

1560 中共厦门市委党校（厦门行政学院）

所 属 类 别 / 党政智库—中共省/区/市委党校
主 管 单 位 / 中共厦门市委（厦门市政府）
成 立 时 间 / 1973 年 4 月（1995 年 9 月）
第一负责人 / 陈沈阳
合 作 机 构 /
办 公 地 址 / 福建省厦门市海沧区天竺山西路 71 号（361027）
电话(传真) / 0592 - 5302008
邮　　箱 / bgsh@ xmdx. gov. cn
网　　址 / http://www. xmdx. gov. cn
主要研究领域：
社会科学研究和理论宣传；党史党建；公共管理；政治学；经济学

1561 中共新疆区委党校（新疆维吾尔自治区行政学院）

所 属 类 别 / 党政智库—中共省/区/市委党校
主 管 单 位 / 中共新疆维吾尔自治区党委（新疆维吾尔自治区政府）
成 立 时 间 / 1950 年（2000 年）
第一负责人 / 纪峥
合 作 机 构 /
办 公 地 址 / 新疆乌鲁木齐市天山区西后街 55 号（830002）
电话(传真) / 0991 - 2658273
邮　　箱 / dxwlzx2125@163.com
网　　址 / http://www.xjdx.gov.cn
主要研究领域：
民族宗教；党的建设；新疆经济、社会发展

1562 中共云南省委党校（云南行政学院）

所 属 类 别 / 党政智库—中共省/区/市委党校
主 管 单 位 / 中共云南省委（云南省政府）
成 立 时 间 / 1950 年（1990 年）
第一负责人 / 宗国英
合 作 机 构 /
办 公 地 址 / 云南省昆明市西山区西山下草海边（650034）
电话(传真) / 0871 - 68426211
邮　　箱 /
网　　址 / http://www.yndx.gov.cn
主要研究领域：
党的建设；经济管理；公共管理；云南经济、社会发展

1563 中共浙江省委党校（浙江行政学院）

所 属 类 别 / 党政智库—中共省/区/市委党校
主 管 单 位 / 中共浙江省委（浙江省政府）
成 立 时 间 / 1949 年 9 月（1988 年 12 月）
第一负责人 / 黄建发
合 作 机 构 /
办 公 地 址 / 浙江省杭州市西湖区文一西路 1000 号（310012）
电话(传真) / 0571 - 88266666（0571 - 89085893）
邮　　箱 /
网　　址 / http://www.zjdx.gov.cn
主要研究领域：
党的建设；公共管理；工商管理；浙江省舆情；浙江省经济、社会发展

1564 中共中央编译局①
Central Compilation & Translation Bureau

所属类别 / 高端智库，党政智库
主管单位 / 中国共产党中央委员会
成立时间 / 1942 年
第一负责人 / 柴方国
办公地址 / 北京市西城区西斜街 36 号（100032）
电话(传真) / 010 - 56626199（010 - 66171206）
邮　　箱 / cctbkeyanchu@ 126. com
主要研究领域：世界社会主义和政党政治

1565 中共中央党史和文献研究院

所属类别 / 高端智库，党政智库
主管单位 / 中国共产党中央委员会
成立时间 / 2018 年 3 月
第一负责人 / 曲青山
办公地址 / 北京市西城区前毛家湾 1 号（100017）
邮　　箱 / 3607483522@ qq. com
网　　址 / http://www. dswxyjy. org. cn/GB/index. html
主要研究领域：世界社会主义和政党政治

1566 中共中央党校（国家行政学院）
Party School of the Central Committee of the Communist Party of China & Chinese Academy of Governance

所属类别 / 高端智库，党政智库
主管单位 / 中国共产党中央委员会（国务院）
成立时间 / 1977 年
第一负责人 / 陈希
办公地址 / 北京市海淀区长春桥路 6 号和厂洼街 19 号中共中央党校（国家行政学院）南校区（100089）
电话(传真) / 010 - 62805444
邮　　箱 / tgwww@ ccps. gov. cn
网　　址 / http://www. ccps. gov. cn
主要研究领域：当代世界经济、科技、法制、军事及民族宗教；党的建设；国际关系；公共行政；政府管理创新；领导科学；应急管理

---

① 2018 年 3 月 21 日，中共中央印发的《深化党和国家机构改革方案》指出：党史和文献工作是党的事业的重要组成部分，在党和国家工作大局中具有不可替代的重要地位和作用。为加强党的历史和理论研究，统筹党史研究、文献编辑和著作编译资源力量，构建党的理论研究综合体系，促进党的理论研究和党的实践相结合，打造党的历史和理论研究高端平台，将中央党史研究室、中央文献研究室和中央编译局职责整合，组建中央党史和文献研究院，对外保留中共中央编译局牌子。故本名录将中共中央编译局单列。

1567 中共中央党校（国家行政学院）党的建设教研部

所 属 类 别 / 党政智库
主 管 单 位 / 中共中央党校（国家行政学院）
成 立 时 间 /
第一负责人 / 张志明
合 作 机 构 /
办 公 地 址 / 北京市海淀区大有庄 100 号（100091）
电话(传真) /
邮　　箱 /
网　　址 /
主要研究领域：
党史党建；党的领导与领导科学；政党制度；世界政党比较

1568 中共中央党校（国家行政学院）公共管理教研部

所 属 类 别 / 党政智库
主 管 单 位 / 中共中央党校（国家行政学院）
成 立 时 间 / 1994 年
第一负责人 / 王满传
合 作 机 构 /
办 公 地 址 / 北京市海淀区长春桥路 6 号（100089）
电话(传真) / 010 - 68929068
邮　　箱 / gggl@ nsa. gov. cn
网　　址 /
主要研究领域：
国家战略；政府治理；行政改革；公共政策；公共服务；绩效管理；干部人事制度改革与公务员管理；网络社会治理与电子政务；冲突管理

1569 中共中央党校（国家行政学院）经济学教研部

所 属 类 别 / 党政智库
主 管 单 位 / 中共中央党校（国家行政学院）
成 立 时 间 /
第一负责人 / 韩保江
合 作 机 构 /
办 公 地 址 / 北京市海淀区长春桥路 6 号（100089）
电话(传真) / 010 - 68929069
邮　　箱 /
网　　址 /
主要研究领域：
社会主义市场经济理论；宏观经济管理；产业与区域经济；财政金融；生态文明

1570 中共中央党校（国家行政学院）科学社会主义教研部

所属类别／党政智库
主管单位／中共中央党校（国家行政学院）
成立时间／
第一负责人／秦刚
合作机构／
办公地址／北京市海淀区长春桥路6号（100089）
电话(传真)／
邮　　箱／
网　　址／
主要研究领域：
科学社会主义原理；中国特色社会主义；社会主义发展史；国际共产主义运动史；当代世界社会主义；国外社会制度

1571 中共中央党校（国家行政学院）马克思主义学院

所属类别／党政智库
主管单位／中共中央党校（国家行政学院）
成立时间／2015年12月
第一负责人／张占斌
合作机构／
办公地址／北京市海淀区长春桥路6号（100089）
电话(传真)／
邮　　箱／
网　　址／
主要研究领域：
马克思主义基本原理与经典著作；马克思主义发展史；马克思主义中国化；21世纪马克思主义；国外马克思主义

1572 中共中央党校（国家行政学院）社会和生态文明教研部

所属类别／党政智库
主管单位／中共中央党校（国家行政学院）
成立时间／2009年2月
第一负责人／龚维斌
合作机构／
办公地址／北京市海淀区长春桥路6号（100089）
电话(传真)／010－68928715
邮　　箱／shewenbu@126.com
网　　址／
主要研究领域：
社会建设；社会管理；社会政策；社会结构转型；社会组织发展；社区管理；文化政策；文化产业；公共文化

1573　中共中央党校（国家行政学院）文史教研部

所 属 类 别／党政智库
主 管 单 位／中共中央党校（国家行政学院）
成 立 时 间／
第一负责人／周熙明
合 作 机 构／
办 公 地 址／北京市海淀区长春桥路6号（100090）
电话(传真)／
邮　　箱／
网　　址／
主要研究领域：
马克思主义文化学；文化传播；文化政策与管理；文学；中国史；世界史；外国语言与文化

1574　中共中央党校（国家行政学院）应急管理培训中心（中欧应急管理学院）

所 属 类 别／党政智库
主 管 单 位／中共中央党校（国家行政学院）
成 立 时 间／
第一负责人／马宝成
合 作 机 构／
办 公 地 址／北京市海淀区长春桥路6号（100089）
电话(传真)／010－68929826
邮　　箱／
网　　址／
主要研究领域：
应急管理理论和实践；应急管理体制、机制、法制；应急管理规划、规范、标准、预案

1575　中共中央党校（国家行政学院）政治和法律教研部

所 属 类 别／党政智库
主 管 单 位／中共中央党校（国家行政学院）
成 立 时 间／
第一负责人／周佑勇
合 作 机 构／
办 公 地 址／北京市海淀区长春桥路6号（100089）
电话(传真)／010－68929058
邮　　箱／
网　　址／
主要研究领域：
马克思主义政治理论；邓小平理论；中外政治制度；国际政治；政治学；领导科学

Z

1576 中共中央党校（国家行政学院）中共党史教研部

所属类别 / 党政智库
主管单位 / 中共中央党校（国家行政学院）
成立时间 /
第一负责人 / 罗平汉
合作机构 /
办公地址 / 北京市海淀区长春桥路 6 号（100091）
电话(传真) /
邮　　箱 /
网　　址 /
主要研究领域:
中共党史；毛泽东思想基本问题；中国现代政党史

1577 中共中央党校国际战略研究院

The Institute for International Studies of the Central Party School of the Communist Party of China

所属类别 / 党政智库—中国共产党中央直属事业单位所属
主管单位 / 中共中央党校
成立时间 / 2000 年 4 月
第一负责人 / 刘建飞
合作机构 /
办公地址 / 北京市海淀区大有庄 100 号（100091）
电话(传真) / 010 - 62825341（010 - 62805353）
邮　　箱 / ccps001@ ccps. gov. cn
网　　址 /
主要研究领域:
中国外交；中美关系；中国周边安全；台海局势；能源安全；环境与气候变化；中俄关系；中非关系；国际非政府组织；中国与联合国关系

1578 中共中央对外联络部当代世界研究中心

China Center for Contemporary World Studies

所属类别 / 党政智库—中国共产党中央各部门所属
主管单位 / 中共中央对外联络部
成立时间 / 2011 年
第一负责人 / 岳阳花
合作机构 /
办公地址 / 北京市海淀区复兴路 4 号（100860）
电话(传真) / 010 - 83909039（010 - 83909359）
邮　　箱 / cccwsmailbox@ 126. com
网　　址 / http://www. cccws. org. cn
主要研究领域：国际形势；世界政党政治；国外政治制度；中国对外战略；社会政治思潮；各国发展模式比较

1579 中共中央组织部党建研究所

所 属 类 别 / 党政智库—中国共产党中央各部门所属
主 管 单 位 / 中共中央组织部
成 立 时 间 / 1992 年 1 月
第一负责人 / 龚加成
合 作 机 构 /
办 公 地 址 /
电话(传真) /
邮　　箱 /
网　　址 /
主要研究领域:
党的建设; 党建动态; 党建科研; 世界政党

1580 中国—中东欧国家智库交流与合作网络
China – CEEC Think Tanks Network

所 属 类 别 / 科研院所智库
主 管 单 位 / 中国社会科学院
成 立 时 间 / 2015 年 12 月
第一负责人 / 黄平
合 作 机 构 /
办 公 地 址 / 北京市东城区建国门内大街 5 号 (100732)
电话(传真) / 010 – 85196212
邮　　箱 / mail@ 17plus1 – thinktank. com
网　　址 / https://www. 17plus1 – thinktank. com
主要研究领域:
中东欧问题; "一带一路" 倡议

1581 中国—中东欧研究院
China – CEE Institute

所 属 类 别 / 科研院所智库
主 管 单 位 / 中国社会科学院
成 立 时 间 / 2017 年 4 月
第一负责人 /
合 作 机 构 /
办 公 地 址 / 北京市东城区建国门内大街 5 号 (100732)
电话(传真) / 06 – 11352468
邮　　箱 / office@ china – cee. eu
网　　址 / http://ies. cass. cn/chinacee
主要研究领域:
中东欧问题

1582 中国（海南）改革发展研究院
China（Hainan）Institute for Reform and Development

所属类别／社会智库—民办非企业
主管单位／国务院发展研究中心
成立时间／1991 年 11 月
第一负责人／迟福林
合作机构／
办公地址／海南省海口市秀英区长滨路东四街 1 号（570311）
电话(传真)／0898－66189093（0898－66258777）
邮　　箱／cird@ cird. org. cn
网　　址／http://www. cird. org. cn
主要研究领域：
中国经济社会改革；政府管理

1583 中国（深圳）综合开发研究院
China Development Institute

所属类别／高端智库，社会智库
主管单位／
成立时间／1989 年 2 月
第一负责人／樊钢
合作机构／
办公地址／广东省深圳市罗湖区银湖路金湖一街 CDI 大厦（518029）
电话(传真)／0755－82487878（0755－82410997）
邮　　箱／zhengjx@ cdi. com. cn
网　　址／http://www. cdi. com. cn
主要研究领域：
国家宏观战略；区域经济；城市化；产业发展和政策；企业战略与投资

1584 中国（新疆）边境贸易研究中心

所属类别／合作智库—校校合作
主管单位／对外经济贸易大学、石河子大学
成立时间／2011 年 10 月
第一负责人／程中海
合作机构／对外经济贸易大学、石河子大学
办公地址／新疆石河子市北四路（832000）
电话(传真)／
邮　　箱／
网　　址／
主要研究领域：
中亚边贸；东北亚边贸；东南亚边贸

Z

1585 中国21世纪议程管理中心
The Administrative Center for China's Agenda 21

所 属 类 别 / 党政智库—国务院组成部门所属
主 管 单 位 / 科学技术部
成 立 时 间 / 1994 年 3 月
第一负责人 / 黄晶
合 作 机 构 /
办 公 地 址 / 北京市海淀区玉渊潭南路 8 号 (100038)
电话(传真) / 010 - 58884818 (010 - 58884850)
邮　　箱 / web@ acca21. org. cn
网　　址 / http://www. acca21. org. cn
主要研究领域:
可持续发展

1586 中国保险学会
The Insurance Society of China

所 属 类 别 / 社会智库—社会团体
主 管 单 位 / 中国银行保险监督管理委员会
成 立 时 间 / 1979 年 11 月
第一负责人 / 董波
合 作 机 构 /
办 公 地 址 / 北京市西城区金融大街 15 号鑫茂大厦北楼 7 层 (100033)
电话(传真) / 010 - 66290379 (010 - 66553502)
邮　　箱 / weixin@ iic. org. cn
网　　址 / http://www. isc - org. cn
主要研究领域:
保险理论和政策

1587 中国标准化研究院
China National Institute of Standardization

所 属 类 别 / 党政智库—国务院直属机构所属
主 管 单 位 / 国家市场监督管理总局
成 立 时 间 / 1963 年
第一负责人 / 刘洪生
合 作 机 构 /
办 公 地 址 / 北京市海淀区知春路 4 号 (100191)
电话(传真) / 010 - 58811517
邮　　箱 / yuanban@ cnis. gov. cn
网　　址 / https://www. cnis. ac. cn/pcindex
主要研究领域:
标准化发展战略；标准化基础理论；标准化原理方法；标准体系

1588 中国财政科学研究院
Chinese Academy of Fiscal Sciences

所属类别 / 高端智库，党政智库—国务院组成部门所属
主管单位 / 财政部
成立时间 / 1956 年 6 月
第一负责人 / 刘尚希
合作机构 /
办公地址 / 北京市海淀区阜成路甲 28 号新知大厦（100142）
电话(传真) / 010 - 88191138
邮　　箱 / ckykzc@ 163. com
网　　址 / http://www. chineseafs. org
主要研究领域：
财政与国家治理；资源环境；政府人力资源；财政政策与货币政策协调；社会保障

1589 中国财政学会
Society of Public Finance of China

所属类别 / 社会智库—社会团体
主管单位 / 财政部
成立时间 / 1979 年
第一负责人 / 楼继伟
合作机构 /
办公地址 / 北京市海淀区阜成路甲 28 号新知大厦（100142）
电话(传真) / 010 - 88191126
邮　　箱 / zgczxhmsc@ 163. com
网　　址 / http://www. zgczxh. org
主要研究领域：
财政理论与方针政策

1590 中国残疾人事业发展研究会
China Disability Research Society

所属类别 / 社会智库—社会团体
主管单位 / 中国残疾人联合会
成立时间 / 2008 年 12 月
第一负责人 / 程凯
合作机构 /
办公地址 / 北京市西城区西直门南小街 186 号 109 室（100034）
电话(传真) / 010 - 66580151（010 - 66580369）
邮　　箱 / huzhongming@ cdpf. org. cn
网　　址 /
主要研究领域：
残疾人事业理论与实践

1591 中国城市发展研究院
China City Development Academy

所 属 类 别 / 社会智库—企业
主 管 单 位 / 住房和城乡建设部
成 立 时 间 /
第一负责人 / 严奉天
合 作 机 构 /
办 公 地 址 / 北京市西城区鼓楼西大街 150 号（100009）
电话(传真) / 010 - 64077766 （010 - 64072549）
邮　　箱 / ccda_kjywc@163. com
网　　址 / http://www. ccda. org. cn
主要研究领域：
城乡统筹；城市更新；社会治理；农业发展；生态及文化建设；智慧城市建设；城乡一体化发展；新兴技术产业应用；低碳生态城市规划

1592 中国城市规划设计研究院
China Academy of Urban Planning & Design

所 属 类 别 / 党政智库—国务院组成部门所属
主 管 单 位 / 住房和城乡建设部
成 立 时 间 / 1954 年
第一负责人 / 王凯
合 作 机 构 /
办 公 地 址 / 北京市西城区车公庄西路 5 号（100044）
电话(传真) / 010 - 58322222 （010 - 58322000）
邮　　箱 / caupd@ caupd. com
网　　址 / http://www. caupd. com
主要研究领域：
城市规划；城市设计；城乡规划；城镇化

1593 中国城市规划学会
Urban Planning Society of China

所 属 类 别 / 社会智库—社会团体
主 管 单 位 / 住房和城乡建设部
成 立 时 间 / 1956 年
第一负责人 / 孙安军
合 作 机 构 /
办 公 地 址 / 北京市海淀区三里河路 9 号（100037）
电话(传真) / 010 - 58323864 （010 - 58323850）
邮　　箱 / llb@ planning. org. cn
网　　址 / http://www. planning. org. cn
主要研究领域：区域规划与城市经济；风景环境规划；历史文化名城规划；小城镇规划；城市生态规划；城市安全与防灾；城市交通规划；城乡规划和城市影像

Z

1594 **中国城市和小城镇改革发展中心**
China Center for Urban Development

所 属 类 别 / 党政智库—国务院组成部门所属
主 管 单 位 / 国家发展和改革委员会
成 立 时 间 / 1998 年
第一负责人 / 史育龙
合 作 机 构 /
办 公 地 址 / 北京市西城区三里河东路 5 号中商大厦 8 层（100045）
电话(传真) / 010 - 68535028（010 - 68536006）
邮　　箱 / contact@ ccud. org. cn
网　　址 / http://www. ccud. org. cn
主要研究领域：
城镇化发展政策；城市和小城镇改革与发展；农业和农村改革政策

1595 **中国城市科学研究会**
Chinese Society for Urban Studies

所 属 类 别 / 社会智库—社会团体
主 管 单 位 / 中国科学技术协会
成 立 时 间 / 1984 年 1 月
第一负责人 / 仇保兴
合 作 机 构 /
办 公 地 址 / 北京市海淀区三里河路 9 号住房和城乡建设部北附楼 512A 室（100835）
电话(传真) / 010 - 58933149（010 - 58933149）
邮　　箱 / csus@ 263. com
网　　址 / http://www. chinasus. org
主要研究领域：
城市社会、经济、文化、环境；城市规划建设管理

1596 **中国城乡发展国际交流协会**
China International Association for Urban and Rural Development

所 属 类 别 / 社会智库—社会团体
主 管 单 位 / 国务院发展研究中心
成 立 时 间 / 2000 年 1 月
第一负责人 / 孙晓郁
合 作 机 构 /
办 公 地 址 / 北京市朝阳区湖景东路 7 号 3 幢 B1 - 666 号
电话(传真) / 010 - 66010115（010 - 66010117）
邮　　箱 /
网　　址 / http://www. ciad. org. cn
主要研究领域：
城乡发展

1597 中国传媒大学传播研究院
Institute of Communication Studies at Communication University of China

所 属 类 别 / 高校智库
主 管 单 位 / 中国传媒大学
成 立 时 间 / 2010 年 4 月
第一负责人 / 李舒
合 作 机 构 /
办 公 地 址 / 北京市朝阳区定福庄东街 1 号（100024）
电话(传真) / 010 - 65783687
邮　　箱 /
网　　址 / http://ics. cuc. edu. cn
主要研究领域:
亚洲传媒；媒介与女性；国际传播；欧洲传媒；国际新闻；受众研究；传媒教育；民族文化传播与发展；网络舆情

1598 中国传媒大学高等教育研究所
Institute of Higher Education Research, Communication University of China

所 属 类 别 / 高校智库
主 管 单 位 / 中国传媒大学
成 立 时 间 / 2002 年
第一负责人 / 杨旭东
合 作 机 构 /
办 公 地 址 / 北京市朝阳区定福庄东街 1 号（100024）
电话(传真) / 010 - 65779350（010 - 65783296）
邮　　箱 /
网　　址 /
主要研究领域:
高等教育哲学；媒介的失衡或平衡对于个体成长和社会结构的影响

1599 中国传媒大学公关舆情研究所
Public Relations & Public Opinion Institute, Communication University of China

所 属 类 别 / 高校智库
主 管 单 位 / 中国传媒大学
成 立 时 间 / 2005 年 12 月
第一负责人 / 何辉
合 作 机 构 /
办 公 地 址 / 北京市朝阳区定福庄南里 6 号中国传媒大学广告学院楼 210 室（100024）
电话(传真) / 010 - 65783237（010 - 65783237）
邮　　箱 /
网　　址 /
主要研究领域:
社会舆论；危机预警；品牌声望；公关活动

1600　中国传媒大学国家传播创新研究中心
The National Centre for Communication Innovation Studies

所 属 类 别 / 高校智库
主 管 单 位 / 中国传媒大学
成 立 时 间 / 2000 年
第一负责人 / 龙耘
合 作 机 构 /
办 公 地 址 / 北京市朝阳区定福庄东街 1 号（100024）
电话(传真) / 010 - 65779313（010 - 65779313）
邮　　箱 / rirt@ cuc. edu. cn
网　　址 / http://rirt. cuc. edu. cn
主要研究领域:
广播电视；新闻传播；国家传播

1601　中国传媒大学首都传媒经济研究基地

所 属 类 别 / 高校智库
主 管 单 位 / 中国传媒大学
成 立 时 间 / 2004 年 9 月
第一负责人 / 丁俊杰
合 作 机 构 /
办 公 地 址 / 北京市朝阳区定福庄东街 1 号中国传媒大学 45 号楼 509 室（100024）
电话(传真) / 010 - 65783987
邮　　箱 /
网　　址 /
主要研究领域:
媒体融合；内容产业；广告产业

1602　中国传媒大学文化发展研究院
Culture Development Institute, Communication University of China

所 属 类 别 / 高校智库
主 管 单 位 / 中国传媒大学
成 立 时 间 / 2006 年 4 月
第一负责人 / 范周
合 作 机 构 /
办 公 地 址 / 北京市朝阳区定福庄东街 1 号中国传媒大学 2 号楼 12 层（100024）
电话(传真) / 010 - 65783925
邮　　箱 / cucforum@ 163. com
网　　址 / http://cdi. cuc. edu. cn
主要研究领域:
区域文化产业发展；文化产业市场；文化产业投融资管理；文化产业项目策划；文化市场

1603 中国创意产业研究中心
China Creative Industries Research Center

所 属 类 别 / 科研院所智库
主 管 单 位 / 北京市科学技术研究院
成 立 时 间 / 2005 年 7 月
第一负责人 / 张京成
合 作 机 构 /
办 公 地 址 / 北京市西城区德胜门东滨河路 11 号院 6 号楼 5 层（100120）
电话(传真) / 010 –68715236（010 –68716076）
邮　　箱 / chinacreative@ 126. com
网　　址 /
主要研究领域：文化创意产业政策、规划与发展战略；产业融合发展与科技创新

1604 中国地质大学（武汉）资源环境经济研究中心（矿产资源战略与政策研究中心）
Mineral Resource Strategy and Policy Research Center of China University of Geosciences (Wuhan)

所 属 类 别 / 高校智库
主 管 单 位 / 中国地质大学（武汉）
成 立 时 间 / 1997 年
第一负责人 / 成金华
合 作 机 构 /
办 公 地 址 / 湖北省武汉市洪山区鲁磨路 388 号中国地质大学（武汉）北五楼 1 – 3 楼（430074）
电话(传真) / 027 –67883182（027 –67883578）
邮　　箱 / zyhjjj@ cug. edu. cn
网　　址 / http://zhzx. cug. edu. cn
主要研究领域：矿产资源战略评价；矿产资源安全与政策；可持续发展；地质灾害风险评估；土地经济；资源能源法和生态环境法

1605 中国地质矿产经济学会
Chinese Society on Economics of Geology & Mineral Resources

所 属 类 别 / 社会智库—社会团体
主 管 单 位 / 自然资源部
成 立 时 间 / 1981 年 8 月
第一负责人 / 张德霖
办 公 地 址 / 北京市西城区冠英园 37 号（101149）
电话(传真) / 010 –61595921（010 –61595777）
邮　　箱 / xh2825@ 163. com
网　　址 / http://society. calre. org. cn
主要研究领域：地质矿产经济发展战略、规划、体制改革；地质勘查单位和地质矿产企业经营管理；地质勘查行业管理

1606 中国电子技术标准化研究院（工业和信息化部电子工业标准化研究院，工业和信息化部电子第四研究院）
China Electronics Standardization Institute

所 属 类 别 / 党政智库—国务院组成部门所属
主 管 单 位 / 工业和信息化部
成 立 时 间 / 1963 年
第一负责人 / 赵新华
合 作 机 构 /
办 公 地 址 / 北京市东城区安定门东大街 1 号（100007）
电话(传真) / 010 - 64102999（010 - 64102997）
邮　　箱 / nic@ cesi. ac. cn
网　　址 / http://www. cesi. cn
主要研究领域：
工业领域标准化发展战略；电子信息技术标准

1607 中国电子信息产业发展研究院（赛迪工业和信息化研究院）
China Center for Information Industry Development（CCID Academy for Industry and Information Technology）

所 属 类 别 / 党政智库—国务院组成部门所属
主 管 单 位 / 工业和信息化部
成 立 时 间 / 2000 年 10 月
第一负责人 / 张立
合 作 机 构 /
办 公 地 址 / 北京市海淀区紫竹院路 66 号赛迪大厦 15 层（100048）
电话(传真) / 010 - 88558855（010 - 88558833）
邮　　箱 / ccid@ ccidgroup. com
网　　址 / http://www. ccidgroup. com
主要研究领域：
工业和信息化经济政策；发展战略；产业政策；产业科技；产业经济与中小企业

1608 中国发展战略学研究会
Chinese Association for Development Strategy Studies

所 属 类 别 / 社会智库—社会团体
主 管 单 位 / 中国科学院
成 立 时 间 / 1991 年 12 月
第一负责人 / 潘教峰
合 作 机 构 /
办 公 地 址 / 北京市石景山区玉泉路 19 号甲综合楼 405 室（100049）
电话(传真) / 010 - 88256439（010 - 88256637）
邮　　箱 / cadss@ ucas. ac. cn
网　　址 / http://www. cadss. org. cn
主要研究领域：发展战略学理论与实践；战略决策

1609 中国法学会
China Law Society

所属类别/社会智库—社会团体
主管单位/
成立时间/1982年7月
第一负责人/王晨
合作机构/
办公地址/北京市海淀区皂君庙4号院（100081）
电话(传真)/010－66182129
邮　　箱/
网　　址/http://www.chinalaw.org.cn
主要研究领域:
社会主义民主法制建设；国家和地方立法总体规划；国际规则

1610 中国房地产协会
China Real Estate Association

所属类别/社会智库—社会团体
主管单位/住房和城乡建设部
成立时间/1985年9月
第一负责人/冯俊
合作机构/
办公地址/北京市西城区百万庄大街22号院1号楼508室（100037）
电话(传真)/010－68286524（010－68286524）
邮　　箱/creazhb@163.com
网　　址/http://www.fangchan.com
主要研究领域:
住房保障和公共住房政策；住房公积金和房地产金融；房地产市场；房地产法规政策；住宅产业发展和技术；人居环境；房屋征收和拆迁；军队营房

1611 中国非洲研究院
China－African Institute

所属类别/科研院所智库
主管单位/中国社会科学院
成立时间/2019年4月
第一负责人/王灵桂
合作机构/
办公地址/北京市朝阳区国家体育场北路1号院3号楼（100101）
电话(传真)/010－87421043（010－87421046）
邮　　箱/
网　　址/http://cai.cssn.cn
主要研究领域:
中非基础设施建设及经贸合作、减贫惠民、生态环保、和平安全、文明互鉴

Z

1612 中国风景园林学会
Chinese Society of Landscape Architecture

所 属 类 别 / 社会智库—社会团体
主 管 单 位 / 中国科学技术协会
成 立 时 间 / 1989 年 11 月
第一负责人 / 陈重
合 作 机 构 /
办 公 地 址 / 北京市海淀区三里河路 9 号（100835）
电话(传真) / 010 - 88084198（010 - 88082100）
邮　　箱 / chsla@ vip. sina. com
网　　址 / http://www. chsla. org. cn
主要研究领域:
历史园林与自然文化遗产保护；园林规划；城市绿地系统；城乡生态系统与人居环境

1613 中国服务外包研究中心
China Outsourcing Institute

所 属 类 别 / 党政智库—国务院组成部门所属
主 管 单 位 / 商务部
成 立 时 间 / 2007 年 3 月
第一负责人 / 邢厚媛
合 作 机 构 /
办 公 地 址 / 上海市浦东新区新金桥路 27 号（金桥现代产业园）13 号楼 1 层（201206）
电话(传真) / 021 - 58998731（021 - 50302838）
邮　　箱 /
网　　址 / http://www. coi. org. cn
主要研究领域:
服务外包产业

1614 中国妇女研究会
Chinese Women's Research Society

所 属 类 别 / 社会智库—社会团体
主 管 单 位 / 中华全国妇女联合会
成 立 时 间 / 1999 年 12 月
第一负责人 / 沈跃跃
合 作 机 构 /
办 公 地 址 / 北京市东城区灯市口大街 50 号（100730）
电话(传真) / 010 - 65256630（010 - 65256630）
邮　　箱 / yanjiuhui@ wsic. ac. cn
网　　址 / http://www. cwrs. ac. cn
主要研究领域：妇女和性别；妇女解放与妇女发展；妇女权益

1615 中国改革开放论坛
China Reform Forum

所 属 类 别 / 社会智库—民办非企业
主 管 单 位 / 中共中央党校（国家行政学院）
成 立 时 间 / 1994 年
第一负责人 / 何毅亭
合 作 机 构 /
办 公 地 址 / 北京海淀区长春桥路 6 号中央党校（国家行政学院）国勤楼 9 层（100809）
电话(传真) / 010 – 62805760（010 – 62805759）
邮　　箱 / crf@ crf. org. cn
网　　址 / http://www. crf. org. cn
主要研究领域：
中国外交；国际政治；国际关系；东亚地区安全、国家关系、发展战略、多边机制和非传统安全；能源；环保；医疗卫生；人口及老龄化；社会保障

1616 中国工程院
Chinese Academy of Engineering

所 属 类 别 / 高端智库，科研院所智库
主 管 单 位 / 国务院
成 立 时 间 / 1994 年 6 月
第一负责人 / 李晓红
合 作 机 构 /
办 公 地 址 / 北京市西城区冰窖口胡同 2 号（100088）
电话(传真) / 010 – 59300000（010 – 59300001）
邮　　箱 / bgt@ cae. cn
网　　址 / http://www. cae. cn
主要研究领域：
工程科学技术发展战略与应用

1617 中国工程院战略咨询中心
Consulting Service Centre of Chinese Academy of Engineering

所 属 类 别 / 科研院所智库
主 管 单 位 / 中国工程院
成 立 时 间 / 2009 年 9 月
第一负责人 / 焦栋
合 作 机 构 /
办 公 地 址 / 北京市西城区冰窖口胡同 2 号（100088）
电话(传真) / 010 – 59300000（010 – 59300001）
邮　　箱 / gjj@ cae. cn
网　　址 /
主要研究领域：工程科学技术战略咨询

Z

1618 中国工商行政管理学会
China Society of Administration for Industry and Commerce

所 属 类 别 / 社会智库—社会团体
主 管 单 位 / 国家市场监督管理总局
成 立 时 间 / 1991 年
第一负责人 / 韩新民
合 作 机 构 /
办 公 地 址 / 北京市西城区三里河东路 8 号（100820）
电话(传真) / 010 - 88650000
邮　　箱 /
网　　址 /
主要研究领域：
中国特色社会主义市场监管和行政执法理论与实践；工商行政管理理论与政策

1619 中国管理科学学会
China Management Science Society

所 属 类 别 / 社会智库
主 管 单 位 / 科学技术部
成 立 时 间 / 1980 年
第一负责人 / 张国有
合 作 机 构 /
办 公 地 址 / 北京市海淀区大柳树路 2 号 8 号楼 308 室（100081）
电话(传真) / 010 - 51893659（010 - 51849136）
邮　　箱 /
网　　址 / http://www. mss. org. cn
主要研究领域：
中国管理科学研究

1620 中国管理科学研究院
China Academy of Management Science

所 属 类 别 / 社会智库—民办非企业
主 管 单 位 /
成 立 时 间 / 1987 年 6 月
第一负责人 / 王家粤
合 作 机 构 /
办 公 地 址 / 北京市丰台区小屯路 8 号紫金园写字楼 A403（100141）
电话(传真) / 010 - 88270580
邮　　箱 / ctaa_008@126. com
网　　址 / http://www. zhongguanyuan. org. cn
主要研究领域：
管理科学；科学管理

1621 中国国际电子商务中心
China International Electronic Commerce Center

所 属 类 别 / 党政智库—国务院组成部门所属
主 管 单 位 / 商务部
成 立 时 间 / 1996 年 2 月
第一负责人 / 王开前
合 作 机 构 /
办 公 地 址 / 北京市大兴区荣华中路 11 号北京经济技术开发区（100176）
电话(传真) / 010 - 67870108
邮　　箱 /
网　　址 / https://ciecc. ec. com. cn
主要研究领域：
电子商务标准；电子商务规则；电子政务；商务信用

1622 中国国际关系学会
China National Association for International Studies

所 属 类 别 / 社会智库—社会团体
主 管 单 位 / 外交部
成 立 时 间 / 1980 年 12 月
第一负责人 / 秦亚青
合 作 机 构 /
办 公 地 址 / 北京市西城区展览路 24 号（100037）
电话(传真) / 010 - 68323122（010 - 68323122）
邮　　箱 / cnais@ cfau. edu. cn
网　　址 /
主要研究领域：
国际关系

1623 中国国际经济合作学会
China Association for International Economic Cooperation

所 属 类 别 / 社会智库—社会团体
主 管 单 位 / 商务部
成 立 时 间 / 1983 年
第一负责人 / 崔明谟
合 作 机 构 /
办 公 地 址 / 北京市东城区安外东后巷 28 号（100710）
电话(传真) / 010 - 64239509（010 - 64299057）
邮　　箱 / ciecos@ 263. net
网　　址 / http://www. cafiecmofcom. org. cn
主要研究领域：
国际经济合作理论与实践；中国对外经济合作体制、战略、政策、措施以及企业经营发展问题

Z

1624 中国国际经济交流中心
China Center for International Economic Exchanges

所 属 类 别 / 高端智库，社会智库
主 管 单 位 / 国家发展和改革委员会
成 立 时 间 / 2009 年 3 月
第一负责人 / 曾培炎
合 作 机 构 /
办 公 地 址 / 北京市西城区永定门内大街 5 号（100050）
电话(传真) / 010 – 83362182（010 – 83362182）
邮　　箱 / qqhtgx@ 126. com
网　　址 / http://www. cciee. org. cn
主要研究领域:
世界经济发展趋势；国际金融；国际贸易；跨国投资；国家宏观经济；财政金融；外资外贸；区域经济；产业发展；经营管理

1625 中国国际人才交流与开发研究会
China Society for Research on International Professional Personnel Exchange and Development

所 属 类 别 / 社会智库—社会团体
主 管 单 位 / 国家外国专家局
成 立 时 间 / 1989 年 12 月
第一负责人 / 张建国
合 作 机 构 /
办 公 地 址 / 北京市海淀区中关村南大街 1 号友谊宾馆 5 号楼（100873）
电话(传真) / 010 – 68468016（010 – 68940923）
邮　　箱 / lisa. chen@ safea. gov. cn
网　　址 / http://www. criep. org. cn/html
主要研究领域:
国际人才交流与开发

1626 中国国际税收研究会
China International Taxation Research Institute

所 属 类 别 / 社会智库—社会团体
主 管 单 位 / 国家税务总局
成 立 时 间 / 1995 年 6 月
第一负责人 / 张志勇
合 作 机 构 /
办 公 地 址 / 北京市西城区枣林前街 68 号国家税务总局第二办公楼（100053）
电话(传真) / 010 – 63410344
邮　　箱 / office@ citri. org. cn
网　　址 / http://new. citri. org. cn
主要研究领域: 国际税收动向及发展趋势；各国税收政策、原则、制度、管理；国家、地区、国际经济组织税收关系；区域性税收协调及发展前景

1627 中国国际问题研究院
China Institute of International Studies

所 属 类 别 / 高端智库，党政智库—国务院组成部门所属
主 管 单 位 / 外交部
成 立 时 间 / 1956 年
第一负责人 / 徐步
合 作 机 构 /
办 公 地 址 / 北京市东城区台基厂头条 3 号（100005）
电话(传真) / 010 - 85119547（010 - 65123744）
邮　　箱 /
网　　址 / http://www.ciis.org.cn
主要研究领域:
国际政治；国际关系；中国外交；世界经济；军控与国际安全；地区研究

1628 中国国际战略学会
China International Institute for Strategic Society

所 属 类 别 / 社会智库—社会团体
主 管 单 位 /
成 立 时 间 / 1992 年 10 月
第一负责人 / 陈光军
合 作 机 构 /
办 公 地 址 / 北京市朝阳区小关路华严北里甲 6 号（100029）
电话(传真) / 010 - 62016943（010 - 62021048）
邮　　箱 / office@ciiss.org.cn
网　　址 / http://www.ciiss.org.cn
主要研究领域:
国际战略形势；全球安全；世界政治经济和地区问题

1629 中国海洋大学国家文化产业研究中心
National Research Center for Cultural Industry, Ocean University of China

所 属 类 别 / 高校智库
主 管 单 位 / 中国海洋大学
成 立 时 间 / 2007 年 6 月
第一负责人 / 修斌
合 作 机 构 /
办 公 地 址 / 山东省青岛市崂山区香港东路 23 号中国海洋大学浮山校区高新技术产业大楼 319 室（266071）
电话(传真) / 0532 - 66787202（0532 - 66787063）
邮　　箱 / whcyyjzx@163.com
网　　址 / http://clajc.ouc.edu.cn/cicc
主要研究领域：中国沿海城市文化产业；儿童文化产业；视觉文化；中日韩文化产业比较；媒介经营与管理；文化人力资源开发与管理

Z

1630 中国海洋大学海洋发展高等研究院
Institute of Marine Development, Ocean University of China

所 属 类 别 / 高校智库
主 管 单 位 / 中国海洋大学
成 立 时 间 / 2004 年 11 月
第一负责人 / 庞中英
合 作 机 构 /
办 公 地 址 / 山东省青岛市崂山区松岭路 238 号中国海洋大学海洋发展研究院（266100）
电话(传真) /
邮　　箱 / hyfz@ ouc. edu. cn
网　　址 / http://hyfzyjy. ouc. edu. cn
主要研究领域:
海洋发展; 海洋经济; 海洋管理; 海洋法; 海洋政策; 海洋文化

1631 中国宏观经济研究院
Academy of Macroeconomic Research, National Development and Reform Commission

所 属 类 别 / 高端智库, 党政智库
主 管 单 位 / 国家发展和改革委员会
成 立 时 间 / 1995 年
第一负责人 / 王昌林
合 作 机 构 /
办 公 地 址 / 北京市西城区木樨地北里甲 11 号国宏大厦 B 座（100038）
电话(传真) / 010 - 63908063（010 - 63908071）
邮　　箱 / web@ amr. org. cn
网　　址 /
主要研究领域:
农村发展; 产业发展; 科技进步; 投资消费; 地区经济; 收入分配; 社会保障; 市场价格; 能源战略; 气候变化; 综合运输; 体制改革

1632 中国环境科学学会
Chinese Society for Environmental Sciences

所 属 类 别 / 社会智库—社会团体
主 管 单 位 / 中国科学技术协会
成 立 时 间 / 1978 年 5 月
第一负责人 / 黄润秋
合 作 机 构 /
办 公 地 址 / 北京市海淀区红联南村 54 号（100082）
电话(传真) / 010 - 82211021
邮　　箱 / cses@ chinacses. org
网　　址 / http://www. chinacses. org
主要研究领域: 环境保护战略; 环境政策规划; 环境法规标准

1633 中国环境科学研究院
Chinese Research Academy of Environmental Sciences

所 属 类 别 / 党政智库—国务院组成部门所属
主 管 单 位 / 生态环境部
成 立 时 间 / 1978 年 12 月
第一负责人 / 李海生
合 作 机 构 /
办 公 地 址 / 北京市朝阳区安外北苑大羊坊 8 号 (100012)
电话(传真) / 010 - 84915193 (010 - 84915194)
邮　　箱 / lihs@ craes. org. cn
网　　址 / http://www. craes. cn
主要研究领域:
大气环境; 水环境; 生态环境; 环境工程技术; 环境安全; 环境标准; 化学品管理; 清洁生产; 循环经济

1634 中国环境与发展国际合作委员会
China Council for International Cooperation on Environment and Development

所 属 类 别 / 社会智库—民办非企业
主 管 单 位 / 生态环境部
成 立 时 间 / 1992 年
第一负责人 / 韩正
合 作 机 构 /
办 公 地 址 / 北京市西城区后英房胡同 5 号 (100035)
电话(传真) / 010 - 82200535 (010 - 82200535)
邮　　箱 / li. yutong@ mepfeco. org. cn
网　　址 / http://www. cciced. net
主要研究领域:
环境与发展; 可持续发展战略; 生态文明; 资源节约型、环境友好型社会建设

1635 中国会展经济研究会
China Convention Exhibition Event Society

所 属 类 别 / 社会智库—社会团体
主 管 单 位 / 商务部
成 立 时 间 / 2006 年 2 月
第一负责人 / 袁再青
合 作 机 构 /
办 公 地 址 / 北京市朝阳区高碑店乡八里庄村陈家林路 9 号华腾世纪总部公园 5 号楼 E1 座 1102 (100025)
电话(传真) / 010 - 64240612 (010 - 64240611)
邮　　箱 / cces@ cces. org. cn
网　　址 / http://www. cces2006. org
主要研究领域: 会展经济; 会展政策; 会展发展规划

1636 中国基本建设优化研究会
China Optimization Society of Capital Construction

所 属 类 别 / 社会智库—社会团体
主 管 单 位 / 中国科学技术协会
成 立 时 间 / 1978 年
第一负责人 / 厉无畏
合 作 机 构 /
办 公 地 址 / 北京市海淀区阜成路 73 号裕惠大厦 A 座 8 层（100142）
电话(传真) / 010 -62809310
邮　　箱 / cosocc123@ 126. cn
网　　址 / http://www. cosocc. org. cn
主要研究领域:
基本建设优化理论与实践

1637 中国计量科学研究院
National Institute of Metrology, China

所 属 类 别 / 党政智库—国务院直属机构所属
主 管 单 位 / 国家市场监督管理总局
成 立 时 间 / 1955 年
第一负责人 / 方向
合 作 机 构 /
办 公 地 址 / 北京市朝阳区北三环东路 18 号（100029）
电话(传真) / 010 - 64525678
邮　　箱 / yb@ nim. ac. cn
网　　址 / http://www. nim. ac. cn
主要研究领域:
计量科学基础；计量科学发展战略；国家计量标准；国家测量体系

1638 中国监察学会
Institute of China Supervision

所 属 类 别 / 社会智库—社会团体
主 管 单 位 / 国家监察委员会
成 立 时 间 / 1991 年 1 月
第一负责人 / 郝明金
合 作 机 构 /
办 公 地 址 / 北京市西城区广安门南街甲 2 号（100053）
电话(传真) /
邮　　箱 / zgjcxh@ mos. gov. cn
网　　址 /
主要研究领域:
行政监察理论与实践

1639 中国建材工业经济研究会
China Society of Building Materials Industry Economy

所属类别 / 社会智库—社会团体
主管单位 / 国务院国有资产监督管理委员会
成立时间 / 1992 年
第一负责人 / 刘长发
合作机构 /
办公地址 / 北京市西城区西直门北顺城街 11 号（100035）
电话(传真) / 010 - 62214424（010 - 62214424）
邮　　箱 / yanjiuhui_jc@ sina. com
网　　址 /
主要研究领域：
产业技术经济政策；现代经济管理

1640 中国建设劳动学会
China Construction Labour Institute

所属类别 / 社会智库—社会团体
主管单位 / 住房和城乡建设部
成立时间 / 1993 年 3 月
第一负责人 / 鞠洪芬
合作机构 /
办公地址 / 北京市海淀区三里河路 9 号建设部大院（100835）
电话(传真) / 010 - 68312022
邮　　箱 / 2807960346@ qq. com
网　　址 / http://www. ccla. com. cn
主要研究领域：
住房和城乡建设行业企业劳动制度；工资制度；职业技能培训考核；人力资源开发

1641 中国教育科学研究院
National Institute of Education Sciences

所属类别 / 党政智库—国务院组成部门所属
主管单位 / 教育部
成立时间 / 1978 年 7 月
第一负责人 / 崔保师
合作机构 /
办公地址 / 北京市海淀区北三环中路 46 号（100088）
电话(传真) / 010 - 62003408（010 - 62003408）
邮　　箱 / zjyb@ nies. net. cn
网　　址 / http://www. nies. net. cn
主要研究领域：
马克思主义教育理论；教育改革与发展；科研管理

Z

1642 中国教育战略发展学会
Chinese Society of Educational Development Strategy

所 属 类 别 / 社会智库—社会团体
主 管 单 位 / 教育部、民政部
成 立 时 间 / 2005 年
第一负责人 / 闵维方
合 作 机 构 /
办 公 地 址 / 北京市西城区西单大木仓胡同 37 号教育部 2 号楼 216 室（100816）
电话(传真) / 010 - 66096317
邮　　箱 / cseds@ 126. com
网　　址 / http://www. cseds. edu. cn
主要研究领域:
教育发展战略；学术教育

1643 中国教育政策研究院
China Institute of Education Policy

所 属 类 别 / 合作智库—校党合作
主 管 单 位 / 北京师范大学、中国民主促进会中央委员会
成 立 时 间 / 2010 年 1 月
第一负责人 / 严隽琪
合 作 机 构 / 北京师范大学、中国民主促进会中央委员会
办 公 地 址 / 北京市海淀区新街口外大街 19 号北京师范大学后主楼 2113 室（100875）
电话(传真) / 010 - 58800250
邮　　箱 / ciep@ bnu. edu. cn
网　　址 /
主要研究领域:
国家教育发展总体战略；区域教育政策；国民教育体系各学段教育政策；中国教育政策的重点与热点专题；国际教育政策比较；教育政策的基本理论

1644 中国金融四十人论坛
China Finance 40 Forum

所 属 类 别 / 社会智库—民办非企业
主 管 单 位 /
成 立 时 间 / 2008 年 4 月
第一负责人 / 陈元
合 作 机 构 /
办 公 地 址 / 北京市西城区西直门外大街 112 号阳光大厦 208 室（100044）
电话(传真) / 010 - 58297189
邮　　箱 / bianjibu@ cf40. org. cn
网　　址 / http://www. cf40. org. cn
主要研究领域：金融政策；金融改革与发展

1645 中国经济 50 人论坛
Chinese Economists 50 Forum

所 属 类 别 / 社会智库—民办非企业
主 管 单 位 /
成 立 时 间 / 1998 年 6 月
第一负责人 / 徐剑
合 作 机 构 /
办 公 地 址 / 北京市西城区木樨地北里甲 11 号国宏大厦 C 座 507 室 (100038)
电话(传真) / 010 - 63906540 (010 - 63906545)
邮　　箱 / zhuli_50ren@ vip. sina. com
网　　址 / http://www. 50forum. org. cn
主要研究领域:
中国经济发展; 改革理论与政策

1646 中国经济体制改革研究会
China Society of Economic Reform

所 属 类 别 / 社会智库—社会团体
主 管 单 位 / 国家发展和改革委员会
成 立 时 间 / 1983 年 2 月
第一负责人 / 彭森
合 作 机 构 /
办 公 地 址 / 北京市海淀区皂君庙 4 号 (100081)
电话(传真) / 010 - 62124700 (010 - 62124700)
邮　　箱 / office@ cser. org. cn
网　　址 / http://www. cser. org. cn
主要研究领域:
经济体制改革

1647 中国科协—清华大学科技传播与普及研究中心
Center for Science Communication and Popularization of CAST and Tsinghua University

所 属 类 别 / 合作智库—校社合作
主 管 单 位 / 清华大学、中国科学技术协会
成 立 时 间 / 2005 年 8 月
第一负责人 / 刘兵
合 作 机 构 / 清华大学人文社会科学学院、中国科普研究所
办 公 地 址 / 北京市海淀区清华园 1 号清华大学人文社会科学学院 (100084)
电话(传真) /
邮　　箱 / kepuzhongxin@ gmail. com
网　　址 /
主要研究领域:
科技传播与普及

1648 中国科协创新战略研究院
National Academy of Innovation Strategy

所 属 类 别 / 社会智库
主 管 单 位 / 中国科学技术协会
成 立 时 间 / 2015 年 8 月
第一负责人 / 任福君
合 作 机 构 /
办 公 地 址 / 北京市海淀区玉渊潭南路 3 号（100038）
电话(传真) / 010 - 68781437
邮　　箱 /
网　　址 / https://www.cnais.org.cn
主要研究领域：
科技政策；科技发展战略；创新文化；科技人物

1649 中国科协发展研究中心
Development Research Center of China Association for Science and Technology

所 属 类 别 / 社会智库—民办非企业
主 管 单 位 / 中国科学技术协会
成 立 时 间 / 2015 年 8 月
第一负责人 / 罗晖
合 作 机 构 /
办 公 地 址 / 北京市海淀区复兴路 3 号中国科技会堂 C 座三层（100038）
电话(传真) / 010 - 68788116（010 - 68578861）
邮　　箱 / wangsz01@yahoo.com.cn
网　　址 /
主要研究领域：
经济、科技、社会发展重大问题决策咨询

1650 中国科学技术大学安徽大数据应用协同创新中心
Anhui Province Key Laboratory of Big Data Analysis and Application, University of Science and Technology of China

所 属 类 别 / 高校智库
主 管 单 位 / 中国科学技术大学
成 立 时 间 / 2014 年 8 月
第一负责人 / 陈恩红
合 作 机 构 /
办 公 地 址 / 安徽省合肥市蜀山区中国科学技术大学西校区科技实验楼西楼 706 室（230027）
电话(传真) / 0551 - 63601558
邮　　箱 /
网　　址 / http://bigdata.ustc.edu.cn
主要研究领域：大数据分析与应用

1651 中国科学技术大学科学传播研究与发展中心
Center for Science Communication Research and Development, University of Science and Technology of China

所属类别 / 高校智库
主管单位 / 中国科学技术大学
成立时间 / 2006年11月
第一负责人 / 汤书昆
合作机构 /
办公地址 / 安徽省合肥市包河区金寨路96号（230026）
电话(传真) / 0551 - 63600491
邮　　箱 / sktang@ustc.edu.cn
网　　址 / http://scicomm.ustc.edu.cn
主要研究领域：
科学传播创新理论与方法；国家创新能力监测研究；科学传播社会服务体系建设与应用推广

1652 中国科学技术发展战略研究院
Chinese Academy of Science and Technology for Development

所属类别 / 高端智库、党政智库—国务院组成部门所属
主管单位 / 科学技术部
成立时间 / 2007年12月
第一负责人 / 胡志坚
合作机构 /
办公地址 / 北京市海淀区玉渊潭南路8号（100038）
电话(传真) / 010 - 58884543
邮　　箱 / xxxz@casted.org.cn
网　　址 / http://www.casted.org.cn
主要研究领域：科学技术发展战略；科学技术发展评价；科技与经济社会发展关系

1653 中国科学技术协会
China Association for Science and Technology

所属类别 / 社会智库—社会团体
主管单位 / 中共中央书记处
成立时间 / 1958年9月
第一负责人 / 万钢
合作机构 /
办公地址 / 北京市海淀区复兴路3号（100863）
电话(传真) / 010 - 68571878（010 - 68571897）
邮　　箱 / english@cast.org.cn
网　　址 / https://www.cast.org.cn
主要研究领域：国家科学技术政策、法规；国家事务的政治协商、科学决策、民主监督

1654 中国科学学与科技政策研究会
Chinese Association for Science of Science and S&T Policy

所 属 类 别 / 社会智库—社会团体
主 管 单 位 / 中国科学技术协会
成 立 时 间 / 1982 年 6 月
第一负责人 / 穆荣平
合 作 机 构 /
办 公 地 址 / 北京市海淀区中关村东路 55 号（100190）
电话(传真) / 010 - 62542615（010 - 62542615）
邮　　箱 / casssp@ casipm. ac. cn
网　　址 / http://www. casssp. org. cn
主要研究领域:
科技政策

1655 中国科学院
Chinese Academy of Sciences

所 属 类 别 / 高端智库，科研院所智库
主 管 单 位 / 国务院
成 立 时 间 / 1949 年
第一负责人 / 侯建国
合 作 机 构 /
办 公 地 址 / 北京市西城区三里河路 52 号（100864）
电话(传真) / 010 - 68597114
邮　　箱 / casweb@ cashq. ac. cn
网　　址 / http://www. cas. cn
主要研究领域:
国家安全；科技发展战略；科技政策

1656 中国科学院城市环境研究所
Institute of Urban Environment, Chinese Academy of Sciences

所 属 类 别 / 科研院所智库
主 管 单 位 / 中国科学院
成 立 时 间 / 2006 年 7 月
第一负责人 / 曹荣
合 作 机 构 /
办 公 地 址 / 福建省厦门市集美区集美大道 1799 号（361021）
电话(传真) / 0592 - 6190979
邮　　箱 / zbwei@ iue. ac. cn
网　　址 / http://www. iue. cas. cn
主要研究领域:
城市生态健康与环境安全；城市环境污染控制与资源化技术；城市环境工程与循环经济；城市生态环境规划与管理

1657 **中国科学院大数据挖掘与知识管理重点实验室**
Key Laboratory of Big Data Mining and Knowledge Management, Chinese Academy of Sciences

所 属 类 别 / 科研院所智库
主 管 单 位 / 中国科学院大学
成 立 时 间 / 2015 年 3 月
第一负责人 / 石勇
合 作 机 构 /
办 公 地 址 / 北京市海淀区中关村东路 80 号（100190）
电话(传真) / 010 - 82680699
邮　　箱 /
网　　址 / https://bdk. ucas. ac. cn
主要研究领域：
大数据科学理论；大数据建模与挖掘算法；大数据技术以及大数据应用

1658 **中国科学院大学创新方法研究中心**
Research Center for Innovation Method, UCAS

所 属 类 别 / 高校智库
主 管 单 位 / 中国科学院大学公共政策与管理学院
成 立 时 间 /
第一负责人 / 王海燕
合 作 机 构 /
办 公 地 址 / 北京市石景山区玉泉路 19 号（甲）中国科学院大学创新方法研究中心（100049）
电话(传真) / 010 - 88256712
邮　　箱 / lianghongli@ ucas. ac. cn
网　　址 / https://rcim. ucas. ac. cn
主要研究领域：
创新方法研究与教学；科技体制改革与科技政策；国家创新体系和区域创新

1659 **中国科学院大学环境经济研究中心**
Center for Environmental Economics, University of Science and Technology of China

所 属 类 别 / 高校智库
主 管 单 位 / 中国科学院大学
成 立 时 间 / 2017 年 6 月
第一负责人 / 吴德胜
合 作 机 构 /
办 公 地 址 / 北京市海淀区中关村东路 80 号中国科学院大学中关村校区（100190）
电话(传真) /
邮　　箱 / rcee@ ucas. ac. cn
网　　址 / https://rcee. ucas. ac. cn/index. php/zh
主要研究领域：生态环境绿色技术金融安全；发展战略和技术路线

1660 中国科学院大学基础教育研究院

所 属 类 别 / 合作智库
主 管 单 位 / 中国科学院大学
成 立 时 间 / 2016 年 2 月
第一负责人 / 陆云泉
合 作 机 构 / 中国科学院、中国科学院大学、中国人民大学附属中学
办 公 地 址 / 北京市海淀区中关村东路 80 号（100190）
电话(传真) / 010 - 82640497
邮　　箱 /
网　　址 / https://www.ucas.ac.cn/education_center.jsp
主要研究领域:
基础教育

1661 中国科学院大学军民融合发展中心

所 属 类 别 / 高校智库
主 管 单 位 / 中国科学院大学
成 立 时 间 / 2016 年 11 月
第一负责人 / 詹伟
合 作 机 构 /
办 公 地 址 / 北京市海淀区中关村东路 80 号中国科学院大学中关村校区（100190）
电话(传真) /
邮　　箱 /
网　　址 / https://tc.ucas.ac.cn/index.php/pxzx/junpin
主要研究领域:
军民融合

1662 中国科学院大学中国政府和社会资本合作（PPP）研究中心

所 属 类 别 / 合作智库—多方合作
主 管 单 位 / 中国科学院大学
成 立 时 间 /
第一负责人 / 汪寿阳、孟春
合 作 机 构 / 中国科学院、财政部、国务院发展研究中心
办 公 地 址 / 北京市海淀区中关村东路 80 号中国科学院大学中关村校区（100190）
电话(传真) /
邮　　箱 /
网　　址 / https://tc.ucas.ac.cn/index.php/pxzx/zhengfu
主要研究领域:
PPP 研究

1663 中国科学院地理科学与资源研究所
Institute of Geographic Sciences and Natural Resources Research, Chinese Academy of Sciences

所 属 类 别 / 科研院所智库
主 管 单 位 / 中国科学院
成 立 时 间 / 1999 年 9 月
第一负责人 / 葛全胜
合 作 机 构 /
办 公 地 址 / 北京市朝阳区大屯路甲 11 号 (100101)
电话(传真) / 010 - 64889276 (010 - 64854230)
邮　　箱 / weboffice@ igsnrr. ac. cn
网　　址 / http://www. igsnrr. ac. cn
主要研究领域:
区域发展; 资源利用; 环境整治; 生态建设

1664 中国科学院管理创新与评估研究中心
Research Center of Management Innovation and Evaluation, Chinese Academy of Science

所 属 类 别 / 科研院所智库
主 管 单 位 / 中国科学院
成 立 时 间 / 2000 年
第一负责人 / 李晓轩
合 作 机 构 /
办 公 地 址 / 北京市海淀区中关村北一条 15 号 (100190)
电话(传真) / 010 - 59358414 (010 - 59358608)
邮　　箱 / liuzhiyuan@ gmail. com
网　　址 /
主要研究领域: 宏观科技管理与决策机制; 科技资源配置与管理; 科研机构管理与评价; 科技人力资源管理; 科技项目管理与评价

1665 中国科学院科技战略咨询研究院
Institute of Policy and Management, Chinese Academy of Sciences

所 属 类 别 / 科研院所智库
主 管 单 位 / 中国科学院
成 立 时 间 / 1985 年 6 月
第一负责人 / 潘教峰
合 作 机 构 /
办 公 地 址 / 北京市海淀区中关村北一条 15 号 (100190)
电话(传真) / 010 - 59358613 (010 - 59358608)
邮　　箱 / huizhong@ casipm. ac. cn
网　　址 / http://www. casisd. cn
主要研究领域: 科技政策; 创新创业政策; 能源与环境政策; 应急管理; 可持续发展; 公共安全; 知识产权与科技法; 能源环境经济; 城市发展与区域管理

1666 中国科学院可持续发展研究中心

所属类别／科研院所智库
主管单位／中国科学院
成立时间／2006 年 11 月
第一负责人／樊杰
合作机构／
办公地址／北京市东城区先晓胡同 10 号（100005）
电话(传真)／
邮　　箱／weboffice@ igsnrr. ac. cn
网　　址／
主要研究领域：
城市化；区域可持续发展

1667 中国科学院能源与环境政策研究中心
Center for Energy & Environmental Policy Research

所属类别／合作智库—研企合作
主管单位／中国科学院
成立时间／2006 年
第一负责人／钱兴坤
合作机构／中国科学院科技政策与管理科学研究所、北京航空航天大学、中国石油安全环保技术研究院、中国石油集团经济技术研究院
办公地址／北京市海淀区学院路 37 号北京航空航天大学经管学院（100083）
电话(传真)／010 - 59358825
邮　　箱／ceepcas@ gmail. com
网　　址／http://www. ceep. cas. cn
主要研究领域：能源与经济增长；能源效率与节能；能源市场；能源环境与气候变化；能源安全；能源政策建模与理论工具

1668 中国科学院农业政策研究中心
Center for Chinese Agricultural Policy, Chinese Academy of Sciences

所属类别／科研院所智库
主管单位／中国科学院
成立时间／1995 年
第一负责人／张林秀
合作机构／
办公地址／北京市朝阳区安外大屯路甲 11 号（100101）
电话(传真)／010 - 64889440（010 - 64856533）
邮　　箱／ccap@ igsnrr. ac. cn
网　　址／
主要研究领域：农业科技政策；资源环境政策；城乡协调发展与反贫困；农产品政策分析与决策支持系统

1669 中国科学院气候变化研究中心
Climate Change Research Center

所属类别/科研院所智库
主管单位/中国科学院
成立时间/2009年7月
第一负责人/王会军
合作机构/
办公地址/北京市朝阳区德外祁家豁子华严里40号（100029）
电话(传真)/
邮　　箱/ccrc-iap@163.com
网　　址/http://www.iap.cas.cn/jgsz/kyjg/201101/t20110110_3056005.html
主要研究领域：
国际气候谈判；应对气候变化决策；气候变化基础科学

1670 中国科学院上海交叉学科研究中心
Shanghai Institute for Advanced Studies, Chinese Academy of Sciences

所属类别/科研院所智库
主管单位/中国科学院
成立时间/2003年3月
第一负责人/章文俊
合作机构/
办公地址/上海市徐汇区岳阳路319号11号楼（200031）
电话(传真)/021-64337978（021-64337927）
邮　　箱/
网　　址/
主要研究领域：
基础研究、应用研究和高科技研究领域的多学科交叉

1671 中国科学院生态环境研究中心
Research Center for Eco-Environmental Sciences, Chinese Academy of Sciences

所属类别/科研院所智库
主管单位/中国科学院
成立时间/1986年
第一负责人/欧阳志云
合作机构/
办公地址/北京市海淀区双清路18号（100085）
电话(传真)/010-62923549（010-62923549）
邮　　箱/zhb@rcees.ac.cn
网　　址/http://www.rcees.ac.cn
主要研究领域：
环境科学；环境工程；生态规划；生态环境预警

1672 中国科学院水资源研究中心
Center for Water Resources Research, Chinese Academy of Sciences

所 属 类 别 / 科研院所智库
主 管 单 位 / 中国科学院
成 立 时 间 / 2006 年 12 月
第一负责人 / 夏军
合 作 机 构 /
办 公 地 址 / 北京市朝阳区大屯路甲 11 号 (100101)
电话(传真) / 010 - 64888975 (010 - 64888975)
邮　　箱 / cwrr@ igsnrr. ac. cn
网　　址 /
主要研究领域:
重大水资源问题综合研究; 国家水资源战略

1673 中国科学院文献情报中心
National Science Library, Chinese Academy of Sciences

所 属 类 别 / 科研院所智库
主 管 单 位 / 中国科学院
成 立 时 间 / 1950 年 4 月
第一负责人 / 刘细文
合 作 机 构 /
办 公 地 址 / 北京市海淀区中关村北四环西路 33 号 (100190)
电话(传真) / 010 - 82626611 (010 - 82626600)
邮　　箱 / office@ mail. las. ac. cn
网　　址 / http://www. las. cas. cn
主要研究领域:
文献信息; 战略情报; 公共信息; 科学交流与传播

1674 中国科学院心理学研究所
Institute of Psychology, Chinese Academy of Sciences

所 属 类 别 / 科研院所智库
主 管 单 位 / 中国科学院
成 立 时 间 / 1951 年 3 月
第一负责人 / 傅小兰
合 作 机 构 /
办 公 地 址 / 北京市朝阳区林萃路 16 号院 (100101)
电话(传真) / 010 - 64879520 (010 - 64872070)
邮　　箱 / webmaster@ psych. ac. cn
网　　址 / http://www. psych. cas. cn
主要研究领域:
社会预警与决策; 网络心理与虚拟行为; 发展、教育与创造力培养

Z

1675 中国科学院虚拟经济与数据科学研究中心

Chinese Academy of Sciences Research Center on Fictitious Economy & Data Science

所 属 类 别 / 科研院所智库
主 管 单 位 / 中国科学院
成 立 时 间 / 2007 年 4 月
第一负责人 / 石勇
合 作 机 构 /
办 公 地 址 / 北京市海淀区中关村东路 80 号（100190）
电话(传真) / 010 - 82680697
邮　　箱 / wujiazhang@ gucas. ac. cn
网　　址 / http://www. feds. ac. cn
主要研究领域:
虚拟经济；绿色经济

1676 中国科学院预测科学研究中心

所 属 类 别 / 科研院所智库
主 管 单 位 / 中国科学院
成 立 时 间 / 2006 年 2 月
第一负责人 / 汪寿阳
合 作 机 构 /
办 公 地 址 / 北京市海淀区中关村东路 55 号（100080）
电话(传真) / 010 - 82541846
邮　　箱 / yangzhou@ amss. ac. cn
网　　址 / http://cefs. amss. cas. cn
主要研究领域:
经济与社会发展预测

1677 中国科学院战略研究中心

所 属 类 别 / 科研院所智库
主 管 单 位 / 中国科学院
成 立 时 间 / 2005 年 12 月
第一负责人 / 曹效业
合 作 机 构 /
办 公 地 址 / 北京市海淀区北四环西路 33 号中国科学院文献情报中心大楼 3 层 D（100080）
电话(传真) / 010 - 59358608
邮　　箱 /
网　　址 /
主要研究领域:
科技战略；科技伦理；管理创新与评估

1678 中国科学院中国现代化研究中心
China Center for Modernization Research, Chinese Academy of Sciences

所 属 类 别 / 科研院所智库
主 管 单 位 / 中国科学院
成 立 时 间 / 2002 年 6 月
第一负责人 / 何传启
合 作 机 构 /
办 公 地 址 / 北京市海淀区北四环西路 33 号 726 室 (100190)
电话(传真) / 010 - 62539187 (010 - 62539103)
邮　　箱 / ccmr@ mail. las. ac. cn
网　　址 / http://www. modernization. ac. cn
主要研究领域:
现代化理论; 现代化评价; 现代化战略; 经济现代化; 社会现代化; 生态现代化; 国际现代化; 地区现代化

1679 中国科学院自然与社会交叉科学研究中心
Intercross - Science Research Centre for Natural Science and Social Science, Chinese Academy of Sciences

所 属 类 别 / 科研院所智库
主 管 单 位 / 中国科学院
成 立 时 间 / 2000 年 9 月
第一负责人 / 穆荣平
合 作 机 构 /
办 公 地 址 / 北京市海淀区中关村东路 95 号 (100190)
电话(传真) /
邮　　箱 /
网　　址 /
主要研究领域:
国情与公共政策; 金融与管理科学; 创新政策

1680 中国可持续发展研究会
Chinese Society for Sustainable Development

所 属 类 别 / 社会智库—社会团体
主 管 单 位 / 科学技术部
成 立 时 间 / 1991 年 10 月
第一负责人 / 王浩
合 作 机 构 /
办 公 地 址 / 北京市海淀区玉渊潭南路 8 号 (100038)
电话(传真) / 010 - 58884791 (010 - 58884795)
邮　　箱 / cssd@ acca21. org. cn
网　　址 / http://www. cssd1992. org
主要研究领域: 可持续发展战略; 人口、资源、环境、经济、社会等

1681 中国矿业大学（北京）可持续发展与能源政策研究中心

所 属 类 别 / 高校智库
主 管 单 位 / 中国矿业大学（北京）能源与矿业学院
成 立 时 间 /
第一负责人 /
合 作 机 构 /
办 公 地 址 / 北京市海淀区学院路丁 11 号（100083）
电话(传真) /
邮　　箱 /
网　　址 /
主要研究领域：
可持续发展与能源政策

1682 中国矿业大学（北京）能源经济研究所

所 属 类 别 / 高校智库
主 管 单 位 / 中国矿业大学（北京）
成 立 时 间 /
第一负责人 / 王立杰
合 作 机 构 /
办 公 地 址 / 北京市海淀区学院路丁 11 号（100083）
电话(传真) /
邮　　箱 /
网　　址 /
主要研究领域：
煤炭产业政策研究、企业发展战略研究和企业信息化建设

1683 中国矿业大学经济与管理复杂性研究所

所 属 类 别 / 高校智库
主 管 单 位 / 中国矿业大学
成 立 时 间 / 2000 年
第一负责人 / 宋学锋
合 作 机 构 /
办 公 地 址 / 江苏省徐州市铜山区大学路 1 号（221116）
电话(传真) /
邮　　箱 /
网　　址 /
主要研究领域：
管理复杂系统；金融复杂性；企业安全管理；煤矿安全管理模式和安全监管体系

1684 中国劳动关系学院劳动关系与工会研究中心

所 属 类 别 / 高校智库
主 管 单 位 / 中国劳动关系学院
成 立 时 间 / 2016 年 12 月
第一负责人 / 刘向兵
合 作 机 构 /
办 公 地 址 / 北京市海淀区增光路 45 号 （100048）
电话(传真) /
邮　　箱 /
网　　址 /
主要研究领域:
和谐劳动关系构建；产业工人队伍建设改革；工会改革创新

1685 中国劳动和社会保障科学研究院
Chinese Academy of Labour and Social Security

所 属 类 别 / 党政智库—国务院组成部门所属
主 管 单 位 / 人力资源和社会保障部
成 立 时 间 / 2017 年 10 月
第一负责人 / 金维刚
合 作 机 构 /
办 公 地 址 / 北京市朝阳区惠新西街 17 号 （100029）
电话(传真) / 010 - 64913240 （010 - 64913298）
邮　　箱 / calss@ calss. net. cn
网　　址 / http://www. calss. net. cn
主要研究领域:
劳动和社会保障领域基础理论；决策支持和应用技术开发

1686 中国老龄科学研究中心
China Research Center on Aging

所 属 类 别 / 党政智库—国务院议事协调机构所属
主 管 单 位 / 全国老龄工作委员会办公室
成 立 时 间 / 1989 年 3 月
第一负责人 / 高成运
合 作 机 构 /
办 公 地 址 / 北京市西城区广安门南街 48 号中彩大厦 （100053）
电话(传真) / 010 - 64237348 （010 - 58122255）
邮　　箱 / crca@ crca. cn
网　　址 / http://www. crca. cn
主要研究领域:
老龄战略；老龄社会文化；老龄健康与宜居环境；老龄经济与产业；老龄心理；老龄统计；老龄信息科技

1687 中国历史研究院
Chinese Academy of History

所 属 类 别 / 科研院所智库
主 管 单 位 / 中国社会科学院
成 立 时 间 / 2019 年 1 月
第一负责人 / 高翔
合 作 机 构 /
办 公 地 址 / 北京市朝阳区国家体育场北路 1 号院 1 号楼（100101）
电话(传真) /
邮　　箱 /
网　　址 / http://cah. cass. cn
主要研究领域:
中国特色历史学学科体系；学术体系和话语体系建设

1688 中国粮油学会
Chinese Cereals and Oils Association

所 属 类 别 / 社会智库—社会团体
主 管 单 位 / 中国科学技术协会
成 立 时 间 / 1985 年
第一负责人 / 张桂凤
合 作 机 构 /
办 公 地 址 / 北京市西城区百万庄大街 13 号院 3 号楼 2 层（100037）
电话(传真) / 010 - 68357523（010 - 68357522）
邮　　箱 / yong@ ccoaonline. com
网　　址 / http://www. ccoaonline. com
主要研究领域:
国家粮油科技发展战略；政治和经济建设重大决策咨询

1689 中国林学会
Chinese Society of Forestry

所 属 类 别 / 社会智库—社会团体
主 管 单 位 / 中国科学技术协会
成 立 时 间 / 1928 年
第一负责人 / 赵树丛
合 作 机 构 /
办 公 地 址 / 北京市海淀区东小府 2 号（100091）
电话(传真) / 010 - 62889815（010 - 62888312）
邮　　箱 / zglxhbgs@ 126. com
网　　址 / http://www. csf. org. cn
主要研究领域:
林业科技；林业建设方针、政策和技术措施

Z

1690 中国林业科学研究院
Chinese Academy of Forestry

所 属 类 别 / 党政智库—国务院直属机构所属
主 管 单 位 / 国家林业和草原局
成 立 时 间 / 1978 年 4 月
第一负责人 / 刘世荣
合 作 机 构 /
办 公 地 址 / 北京市海淀区颐和园后香山路（100091）
电话(传真) / 010 - 62889013
邮 箱 / office@ caf. ac. cn
网 址 / http://www. caf. ac. cn
主要研究领域:
林业应用基础；战略高技术；技术开发；软科学；生态环境；生态安全

1691 中国领导科学研究会
China Association for Science of Leadership

所 属 类 别 / 社会智库—社会团体
主 管 单 位 / 中共中央党校（国家行政学院）
成 立 时 间 / 2003 年 8 月
第一负责人 / 冯秋婷
合 作 机 构 /
办 公 地 址 / 北京市海淀区大有庄 100 号（100091）
电话(传真) / 010 - 62809114（010 - 62809114）
邮 箱 / zgldw@ sina. cn
网 址 /
主要研究领域:
领导科学

1692 中国旅游研究院
China Tourism Academy

所 属 类 别 / 党政智库—国务院直属机构所属
主 管 单 位 / 文化和旅游部
成 立 时 间 / 2008 年 6 月
第一负责人 / 戴斌
合 作 机 构 /
办 公 地 址 / 北京市东城区建国门内大街甲 9 号 2 号楼 10、11 层（100005）
电话(传真) / 010 - 85166009（010 - 85166055）
邮 箱 / lyyjy@ cnta. gov. cn
网 址 / http://www. ctaweb. org. cn
主要研究领域:
旅游产业发展；旅游发展规划

1693 中国美术学院人文与艺术教育研究中心

所属类别／高校智库
主管单位／中国美术学院
成立时间／2007 年
第一负责人／葛加锋
合作机构／
办公地址／
电话(传真)／
邮　　箱／
网　　址／
主要研究领域：
人文与艺术教育

1694 中国美术学院文化遗产研究中心

所属类别／高校智库
主管单位／中国美术学院
成立时间／2009 年
第一负责人／郑巨欣
合作机构／
办公地址／
电话(传真)／
邮　　箱／
网　　址／
主要研究领域：
文化遗产

1695 中国民族医药学会
China Medical Association of Minorities

所属类别／社会智库
主管单位／国家中医药管理局
成立时间／1994 年 2 月
第一负责人／许志仁
合作机构／
办公地址／北京市东城区东直门内南小街 16 号中国中医科学院大白楼 8 层（100700）
电话(传真)／010 - 52838092（010 - 84044361）
邮　　箱／zhbgs843@163. com
网　　址／http://www. cmam. org. cn
主要研究领域：
民族医药

1696 中国民族政策研究会
Chinese Association for Ethnic Policy

所 属 类 别 / 社会智库—社会团体
主 管 单 位 / 国家民族事务委员会
成 立 时 间 / 1995 年 3 月
第一负责人 / 金炳镐
合 作 机 构 /
办 公 地 址 / 北京市海淀区中关村南大街甲 27 号（100081）
电话(传真) / 010 －68932542
邮　　箱 /
网　　址 / https://www. neac. gov. cn/seac/mwjs/mzzc/jj. shtml（非独立官网）
主要研究领域:
民族理论；民族政策

1697 中国南海研究院
National Institute for South China Sea Studies

所 属 类 别 / 党政智库—省/区/市政府所属
主 管 单 位 / 海南省政府
成 立 时 间 / 2004 年 7 月
第一负责人 / 吴士存
合 作 机 构 /
办 公 地 址 / 海南省海口市美兰区江东一横路 5 号（571100）
电话(传真) / 0898 －65342360（0898 －65333304）
邮　　箱 / nanhai@ naihai. org. cn
网　　址 / http://www. nanhai. org. cn
主要研究领域:
南海战略；南海资源开发利用与环境保护；海洋经济发展战略；21 世纪“海上丝绸之路”建设

1698 中国能源研究会
China Energy Research Society

所 属 类 别 / 社会智库—社会团体
主 管 单 位 / 中国科学技术协会
成 立 时 间 / 1981 年 1 月
第一负责人 / 史玉波
合 作 机 构 /
办 公 地 址 / 北京市西城区三里河路 54 号 469 室（100045）
电话(传真) / 010 －56034653（010 －68513097）
邮　　箱 / cers@ cers. org. cn
网　　址 / http://www. cers. org. cn
主要研究领域:
能源战略和政策；能源管理；能源安全；能源科学技术

1699 中国农村财经研究会
China Research Association of Rural Finance and Economy

所 属 类 别 / 党政智库—国务院组成部门所属
主 管 单 位 / 财政部
成 立 时 间 / 1987 年 4 月
第一负责人 / 王朝才
合 作 机 构 /
办 公 地 址 / 北京市西城区三里河南三巷 3 号（100820）
电话(传真) / 010 – 68551114（010 – 68512611）
邮　　箱 / webmaster@ mof. gov. cn
网　　址 /
主要研究领域:
城乡一体化；农村财政

1700 中国农学会
Chinese Association of Agricultural Science Societies

所 属 类 别 / 社会智库—社会团体
主 管 单 位 / 中国科学技术协会
成 立 时 间 / 1917 年 1 月
第一负责人 / 张桃林
合 作 机 构 /
办 公 地 址 / 北京市朝阳区麦子店街 22 号楼 6 层、7 层、8 层（100125）
电话(传真) / 010 – 59194203（010 – 59194204）
邮　　箱 /
网　　址 / http://www. caass. org. cn
主要研究领域:
农业科技发展战略

1701 中国农业大学国际发展研究中心
Research Center for International Development, China Agricultural University

所 属 类 别 / 高校智库
主 管 单 位 / 中国农业大学
成 立 时 间 / 1994 年
第一负责人 /
合 作 机 构 /
办 公 地 址 / 北京市海淀区清华东路 17 号民主楼 241 室（东区）（100083）
电话(传真) / 010 – 62737745
邮　　箱 / wangyanlei@ cau. edu. cn
网　　址 / http://rcid. cau. edu. cn
主要研究领域:
中国转型的国际意义；中国的国际发展合作；中国与非洲发展；改变发展援助角色：从干预者到相互学习

1702 中国农业大学国家农业农村发展研究院

所 属 类 别 / 高校智库
主 管 单 位 / 中国农业大学
成 立 时 间 / 2016 年 12 月
第一负责人 / 陈锡文
合 作 机 构 /
办 公 地 址 / 北京市海淀区清华东路 17 号中国农业大学（100083）
电话(传真) /
邮　　箱 /
网　　址 /
主要研究领域：
农业农村发展；农业供给侧结构性改革

1703 中国农业大学农民问题研究所
China Agricultural University Institute of Peasant Problem

所 属 类 别 / 高校智库
主 管 单 位 / 中国农业大学
成 立 时 间 / 1997 年
第一负责人 / 朱启臻
合 作 机 构 /
办 公 地 址 / 北京市海淀区清华东路 17 号（100083）
电话(传真) / 010 - 62737735
邮　　箱 /
网　　址 / http://nmwt. cau. edu. cn
主要研究领域：
农民教育；农村规划与生态建设；农民社会保障；农村土地；农民组织；农业政策

1704 中国农业大学新农村发展研究院
China Agricultural University, Institute for New Rural Development

所 属 类 别 / 高校智库
主 管 单 位 / 中国农业大学
成 立 时 间 / 2011 年 11 月
第一负责人 / 杜金昆
合 作 机 构 /
办 公 地 址 / 北京市海淀区圆明园西路 2 号中国农业大学（100094）
电话(传真) / 010 - 62731443（010 - 62731062）
邮　　箱 / wfj2009@ cau. edu. cn
网　　址 / http://xncfz. cau. edu. cn
主要研究领域：
区域新农村建设与发展；新农村信息；新农村建设政策创新；文化传承与创新

1705 中国农业大学中国土地政策与法律研究中心
Center for Land Policy and Law, China Agricultural University

所属类别／高校智库
主管单位／中国农业大学
成立时间／2014 年 9 月
第一负责人／甘藏春
合作机构／
办公地址／北京市海淀区圆明园西路 2 号中国农业大学（西区）资源与环境学院（五区）(100094)
电话(传真)／010－62732176
邮　　箱／clpl@ cau. edu. cn
网　　址／
主要研究领域：土地与法律；土地与经济；土地与资源；土地规划；土地与不动产；城镇化与土地利用

1706 中国农业科学院
Chinese Academy of Agricultural Sciences

所属类别／党政智库—国务院组成部门所属
主管单位／农业农村部
成立时间／1957 年
第一负责人／唐华俊
合作机构／
办公地址／北京市海淀区中关村南大街 12 号（100081）
电话(传真)／010－82103075（010－62179829）
邮　　箱／diccaas@ caas. cn
网　　址／http://www. caas. net. cn
主要研究领域：粮食与经济作物发展；粮食产需区域平衡；食物发展战略；气候变化对农业影响评价；现代化发展模式；农业区划；农业科技创新体系建设

1707 中国企业改革与发展研究会
China Enterprise Reform and Development Society

所属类别／社会智库—社会团体
主管单位／国务院国有资产监督管理委员会
成立时间／1991 年 7 月
第一负责人／宋志平
合作机构／
办公地址／北京市海淀区复兴路 17 号国海广场 2 号楼 10 层（100036）
电话(传真)／010－68139008（010－68139020）
邮　　箱／zhongguoqiyan@ 126. com
网　　址／http://cerds. cn
主要研究领域：
企业体制改革；企业组织结构；企业经营方式；企业改革与发展

1708 中国企业营运资金管理研究中心

所 属 类 别 / 合作智库
主 管 单 位 / 中国海洋大学
成 立 时 间 / 2009 年 8 月
第一负责人 / 王竹泉
合 作 机 构 / 中国会计学会
办 公 地 址 / 山东省青岛市崂山区松岭路 238 号中国海洋大学（266100）
电话(传真) / 0532 - 66782150（0532 - 66782890）
邮　　箱 /
网　　址 / http://ibs. ouc. edu. cn/cmttc/zgqyyyzjglyjzx/list. htm（非独立官网）
主要研究领域：
企业营运资金管理；金融政策；产业政策；财政政策

1709 中国气象局发展研究中心

所 属 类 别 / 党政智库—国务院直属事业单位所属
主 管 单 位 / 中国气象局
成 立 时 间 / 2008 年 8 月
第一负责人 / 于新文
合 作 机 构 /
办 公 地 址 / 北京市海淀区中关村南大街 46 号中国气象局北区 31 号（100081）
电话(传真) / 010 - 68409459（010 - 68407192）
邮　　箱 / info_ unit@ cma. gov. cn
网　　址 / http://www. cma. gov. cn/2011zwxx/2011zbmgk/jsqtdw/201210/t201210 10 _187059. html（非独立官网）
主要研究领域：
气象事业发展战略；气象科技信息；气象科学管理理论和体系建设

1710 中国气象科学研究院
Chinese Academy of Meteorological Sciences

所 属 类 别 / 党政智库—国务院直属事业单位所属
主 管 单 位 / 中国气象局
成 立 时 间 / 1956 年 8 月
第一负责人 / 端义宏
合 作 机 构 /
办 公 地 址 / 北京市海淀区中关村南大街 46 号（100081）
电话(传真) / 010 - 68406206
邮　　箱 / wlb@ cams. cma. gov. cn
网　　址 / http://www. camscma. cn
主要研究领域：
灾害天气；气候与气候系统；大气成分；雷电防护与大气探测；天气的人工影响；生态环境与农业气象

1711 **中国青少年研究中心**
China Youth & Children Research Center

所属类别／党政智库—中国共产党中央直属事业单位所属
主管单位／共青团中央
成立时间／1991年9月
第一负责人／王学坤
合作机构／
办公地址／北京市海淀区西三环北路25号（100089）
电话(传真)／010－68466893（010－68466893）
邮　　箱／
网　　址／http://www.cycs.org
主要研究领域：
青少年现状与发展趋势；青少年工作与政策等

1712 **中国区域经济学会**

所属类别／社会智库—社会团体
主管单位／民政部
成立时间／1990年2月
第一负责人／金碚
合作机构／
办公地址／北京市西城区阜外月坛北小街2号（100836）
电话(传真)／010－68057169
邮　　箱／chinaregion@163.com
网　　址／http://www.quyujingji.org
主要研究领域：
区域经济

1713 **中国区域科学协会**
The Regional Science Association of China

所属类别／社会智库—社会团体
主管单位／教育部
成立时间／1991年10月
第一负责人／肖金成
合作机构／
办公地址／北京市海淀区颐和园路5号北京大学廖凯原楼（政府管理学院）102室（100871）
电话(传真)／010－62758811
邮　　箱／rsaclyq@126.com
网　　址／http://www.rsac.org.cn
主要研究领域：
国家和地区发展战略、政策

1714 中国热带农业科学院
Chinese Academy of Tropical Agricultural Sciences

所 属 类 别 / 党政智库—国务院组成部门所属
主 管 单 位 / 农业农村部
成 立 时 间 / 1954 年
第一负责人 / 王庆煌
合 作 机 构 /
办 公 地 址 / 海南省海口市龙华区城西学院路 4 号 (571101)
电话(传真) / 0898 - 66962965
邮　　箱 / catasbgs@ 126. com
网　　址 / http://www. catas. cn
主要研究领域:
农业科技创新; 农业科技管理; 成果转化及技术支持

1715 中国人才研究会
China Talent Research

所 属 类 别 / 社会智库—社会团体
主 管 单 位 / 人力资源和社会保障部
成 立 时 间 / 1981 年
第一负责人 / 何宪
合 作 机 构 /
办 公 地 址 / 北京市朝阳区育慧里 5 号 (100101)
电话(传真) / 010 - 84652532 (010 - 59762612)
邮　　箱 / zgrcyjh@ 126. com
网　　址 /
主要研究领域:
人力资源管理; 人事行政学

1716 中国人口与发展研究中心
China Population and Development Research Center

所 属 类 别 / 党政智库—国务院组成部门所属
主 管 单 位 / 国家卫生健康委员会
成 立 时 间 / 1980 年 5 月
第一负责人 / 贺丹
合 作 机 构 /
办 公 地 址 / 北京市海淀区大慧寺 12 号 (100081)
电话(传真) / 010 - 62173516 (010 - 62172101)
邮　　箱 / info@ cpdrc. org. cn
网　　址 / http://www. cpdrc. org. cn
主要研究领域:
人口与发展政策; 人口与发展信息化建设; 人口与发展数据收集与调查评估; 人口与发展信息咨询和传播; 人口与发展国家交流和合作

1717 中国人民大学北京社会建设研究院

所 属 类 别 / 合作智库—政校合作
主 管 单 位 / 中国人民大学
成 立 时 间 / 2008 年 4 月
第一负责人 /
合 作 机 构 / 北京市教育委员会、中国人民大学
办 公 地 址 / 北京市海淀区中关村大街 59 号（100872）
电话(传真) / 010 - 62514984
邮　　箱 / shrk@ ruc. edu. cn
网　　址 /
主要研究领域：
社会建设理论；人口管理；社会保障；社区建设；社会工作；社会组织

1718 中国人民大学残疾人事业发展研究院
China Disability Institute at Renmin University of China

所 属 类 别 / 合作智库—校社合作
主 管 单 位 / 中国人民大学、中国残疾人联合会
成 立 时 间 / 2007 年 6 月
第一负责人 / 郑功成
合 作 机 构 / 中国人民大学、中国残疾人联合会
办 公 地 址 / 北京市海淀区中关村大街 59 号（100872 ）
电话(传真) /
邮　　箱 / cdiruc@ hotmail. com
网　　址 / https://cdi. ruc. edu. cn
主要研究领域：
残疾人事业

1719 中国人民大学重阳金融研究院
Chongyang Institute for Financial Studies, Renmin University of China

所 属 类 别 / 合作智库—校企合作
主 管 单 位 / 中国人民大学
成 立 时 间 / 2013 年 1 月
第一负责人 / 王文
合 作 机 构 / 中国人民大学、重阳投资
办 公 地 址 / 北京市海淀区中关村大街 59 号中国人民大学文化大厦 6 层（100872）
电话(传真) / 010 - 62516805（010 - 62516305）
邮　　箱 / rdcy - info@ ruc. edu. cn
网　　址 / http://rdcy - sf. ruc. edu. cn
主要研究领域：
宏观经济；金融投资；G20 研究；丝绸之路经济带

1720 中国人民大学创意产业技术研究院

所 属 类 别 / 合作智库
主 管 单 位 / 中国人民大学、北京市政府
成 立 时 间 / 2011 年 4 月
第一负责人 / 宋洋洋
合 作 机 构 / 中国人民大学、北京市政府
办 公 地 址 / 北京市海淀区中关村大街甲 59 号文化大厦 403 (1) 室 (100872)
电话(传真) / 010 - 62519147 (010 - 62519147)
邮　　箱 / icit@ vip. 163. com
网　　址 / http://icit. ruc. edu. cn/index. htm
主要研究领域:
文化产业理论和政策

1721 中国人民大学公共外交研究院

所 属 类 别 / 高校智库
主 管 单 位 / 中国人民大学
成 立 时 间 / 2014 年 2 月
第一负责人 / 赵启正
合 作 机 构 /
办 公 地 址 / 北京市海淀区中关村大街 59 号中国人民大学明德新闻楼 (100872)
电话(传真) /
邮　　箱 /
网　　址 /
主要研究领域:
公共外交

1722 中国人民大学公共政策研究院
Academy of Public Policy, Renmin University of China

所 属 类 别 / 高校智库
主 管 单 位 / 中国人民大学
成 立 时 间 / 2007 年
第一负责人 / 毛寿龙
合 作 机 构 /
办 公 地 址 / 北京市海淀区中关村大街 59 号中国人民大学求是楼 (100872)
电话(传真) / 010 - 82509745
邮　　箱 / maosl@ ruc. edu. cn
网　　址 /
主要研究领域:
公共政策的理论创新; 中国重大公共政策的倡导、检测和评估; 公共管理与治道变革; 自主治理; NGO 与公共服务

1723 **中国人民大学公共治理研究院**
Institute for Public Governance, Renmin University of China

所 属 类 别 / 高校智库
主 管 单 位 / 中国人民大学
成 立 时 间 / 2013 年 4 月
第一负责人 / 程天权
合 作 机 构 /
办 公 地 址 / 北京市海淀区中关村大街 59 号中国人民大学（100872）
电话(传真) /
邮　　箱 /
网　　址 /
主要研究领域：全球治理；国家争端；地区战争；民族纠纷；宗教冲突；金融货币；环境保护等宏观战略；中观部署和微观实务

1724 **中国人民大学国际货币研究所**
International Monetary Institute, Renmin University of China

所 属 类 别 / 高校智库
主 管 单 位 / 中国人民大学
成 立 时 间 / 2009 年 12 月
第一负责人 / 张杰
合 作 机 构 /
办 公 地 址 / 北京市海淀区中关村大街 59 号文化大厦 605 室（100872）
电话(传真) /
邮　　箱 /
网　　址 / http://www. imi. ruc. edu. cn/index. htm
主要研究领域：
国际金融；宏观经济理论与政策；金融科技；金融监管；金融国际化；两岸金融

1725 **中国人民大学国家发展与战略研究院**
National Academy of Development and Strategy, Renmin University of China

所 属 类 别 / 高端智库，高校智库
主 管 单 位 / 中国人民大学
成 立 时 间 / 2013 年 6 月
第一负责人 / 靳诺
合 作 机 构 /
办 公 地 址 / 北京市海淀区中关村大街 59 号中国人民大学崇德西楼（原科研楼 A 座）8 层（100872）
电话(传真) / 010 - 62511246（010 - 62511246）
邮　　箱 / rucnads@ ruc. edu. cn
网　　址 / http://nads. ruc. edu. cn
主要研究领域：宏观经济；国家治理；城镇化；新政治经济学与中国改革；能源与资源战略；社会转型与治理；世界经济与国际政治；反垄断与竞争政策

1726 中国人民大学经济研究所
Institute of Economics of Renmin University of China

所属类别 / 合作智库—校企合作
主管单位 / 中国人民大学
成立时间 / 1950 年
第一负责人 / 杨瑞龙、毛振华、朱科敏
合作机构 / 中国人民大学经济学院、东海证券有限公司、中国诚信信用管理有限公司
办公地址 / 北京市海淀区中关村大街 59 号（100872）
电话(传真) / 010 - 62512142（010 - 62512142）
邮　　箱 / ier@ ruc. edu. cn
网　　址 /
主要研究领域:
中国宏观经济

1727 中国人民大学民商事法律科学研究中心
The Research Center of Civil and Commercial Jurisprudence of Renmin University of China

所属类别 / 高校智库
主管单位 / 中国人民大学
成立时间 / 2000 年 9 月
第一负责人 / 杨立新
合作机构 /
办公地址 / 北京市海淀区中关村大街 59 号中国人民大学明德法学楼（100872）
电话(传真) / 010 - 82509219（010 - 82509219）
邮　　箱 / civillawruc@ 163. com
网　　址 / http://old. civillaw. com. cn/mfjd
主要研究领域:
民商事法律科学；知识产权法；国际经济法；司法政策

1728 中国人民大学欧洲问题研究中心
Centre for European Studies, Renmin University of China

所属类别 / 高校智库
主管单位 / 中国人民大学
成立时间 / 1994 年 9 月
第一负责人 / 杨慧林
合作机构 /
办公地址 / 北京市海淀区中关村大街 59 号明德国际楼 703 室（100872）
电话(传真) / 010 - 62511232
邮　　箱 / cesruc@ ruc. edu. cn
网　　址 /
主要研究领域:
欧洲政治与外交；欧洲社会政策；欧洲经济与货币联盟

1729 中国人民大学人口与发展研究中心
Population development studies center, Renmin University of China

所属类别／高校智库
主管单位／中国人民大学
成立时间／2000 年 1 月
第一负责人／翟振武
合作机构／
办公地址／北京市海淀区中关村大街 59 号（100872）
电话(传真)／
邮　　箱／shrk@ ruc. edu. cn
网　　址／http://pdsc. ruc. edu. cn
主要研究领域：人口学理论与方法；中国人口问题与政策；老龄化与社会经济发展

1730 中国人民大学人文北京（人文奥运）研究中心

所属类别／高校智库
主管单位／中国人民大学
成立时间／2009 年 6 月
第一负责人／冯惠玲
合作机构／
办公地址／北京市海淀区中关村大街 59 号（100872）
电话(传真)／
邮　　箱／
网　　址／
主要研究领域：人文北京

1731 中国人民大学社会转型与社会治理协同创新中心

所属类别／合作智库
主管单位／中国人民大学
成立时间／2012 年 9 月
第一负责人／冯惠玲
合作机构／国家发展和改革委员会社会发展司、国家统计局、人力资源与社会保障部、国家卫生健康委员会、民政部、国家宗教局、中国劳动和社会保障科学研究院、国务院发展研究中心社会发展部、中国社会科学院社会发展战略研究院、国际社会调查组织（ISSP）、东亚社会社会调查（EASS）等
办公地址／北京市海淀区中关村大街 59 号明德主楼 13 层（100872）
电话(传真)／
邮　　箱／fzghc@ ruc. edu. cn
网　　址／
主要研究领域：人口与劳动力；社会保障；社会冲突治理；舆情民意；宗教事务管理

1732 中国人民大学深圳研究院
Shenzhen Research Institute of Renmin University of China

所 属 类 别／高校智库
主 管 单 位／中国人民大学
成 立 时 间／2002 年 5 月
第一负责人／朱信凯
合 作 机 构／
办 公 地 址／广东省深圳市南山区高新南四道 19 号虚拟大学园 A505 室（518057）
电话(传真)／
邮 箱／szruc@ szruc. net
网 址／http://sz. ruc. edu. cn
主要研究领域：
深圳市科技、金融、经贸、物流、法律、新闻等发展战略

1733 中国人民大学首都发展与战略研究院
Beijing Academy of Development and Strategy, Renmin University of China

所 属 类 别／高校智库
主 管 单 位／中国人民大学
成 立 时 间／2016 年 10 月
第一负责人／靳诺
合 作 机 构／
办 公 地 址／北京市海淀区中关村大街 59 号中国人民大学崇德西楼 9 层
电话(传真)／010 - 62519962
邮 箱／bjads@ ruc. edu. cn
网 址／http://bjads. ruc. edu. cn
主要研究领域：
强化首都功能；首都城市治理

1734 中国人民大学危机管理研究中心
The Institute of Emergency Management, Renmin University of China

所 属 类 别／高校智库
主 管 单 位／中国人民大学
成 立 时 间／2003 年
第一负责人／唐钧
合 作 机 构／
办 公 地 址／北京市海淀区中关村大街 59 号中国人民大学危机管理研究中心（100872）
电话(传真)／010 - 82502314
邮 箱／rucgwl@ 163. com
网 址／
主要研究领域：
风险评估；应急管理；危机公关

Z

1735 中国人民大学文化产业研究院
Renmin University of China Cultural Industries Institute of RUC

所属类别/高校智库
主管单位/中国人民大学
成立时间/2009年
第一负责人/曾繁文
合作机构/
办公地址/北京市海淀区中关村大街59号中国人民大学文化大厦2104室(100872)
电话(传真)/010-82509536
邮　　箱/cncciruc@126.com
网　　址/http://cncci.ruc.edu.cn
主要研究领域:
文化产业

1736 中国人民大学文化创意产业研究中心
Cultural and Creative Industries Studies Center of Renmin University of China

所属类别/高校智库
主管单位/中国人民大学
成立时间/
第一负责人/金元浦
合作机构/
办公地址/北京市海淀区中关村大街59号中国人民大学人文楼2层213室(100872)
电话(传真)/010-61703582
邮　　箱/ruccci@163.com
网　　址/
主要研究领域:
文化创意产业

1737 中国人民大学新闻与社会发展研究中心
Research Center of Journalism and Social Development, Renmin University of China

所属类别/高校智库
主管单位/中国人民大学
成立时间/1999年11月
第一负责人/蔡雯
合作机构/
办公地址/北京市海淀区中关村大街59号中国人民大学明德新闻楼6层(100872)
电话(传真)/010-62513022(010-62513022)
邮　　箱/xwjd2007@vip.sina.com
网　　址/http://xwjd.ruc.edu.cn
主要研究领域:
新闻传播;舆论研究;媒介经济

Z

1738 中国人民大学刑事法律科学研究中心
Research Center for Criminal Justice of Renmin University of China

所属类别 / 高校智库
主管单位 / 中国人民大学
成立时间 / 1999 年 11 月
第一负责人 / 时延安
合作机构 /
办公地址 / 北京市海淀区中关村大街 59 号中国人民大学明德法学楼 9 楼刑事法律中心（100872）
电话(传真) / 010 - 82509256
邮　　箱 / c_xiang_y@ sina. com
网　　址 / http://www. criminallaw. com. cn
主要研究领域：
刑事实体法；刑事程序与刑事证据法；刑事侦查与刑事物证技术

1739 中国人民大学亚洲研究中心
Asia Research Center, Renmin University of China

所属类别 / 合作智库—中外合作
主管单位 / 中国人民大学
成立时间 / 2003 年 3 月
第一负责人 / 刘伟
合作机构 / 中国人民大学、韩国高等教育财团
办公地址 / 北京市海淀区中关村大街 59 号中国人民大学明德楼 11 层（100872）
电话(传真) / 010 - 82509513（010 - 62515329）
邮　　箱 / international@ ruc. edu. cn
网　　址 / http://io. ruc. edu. cn/arc
主要研究领域：
亚洲问题

1740 中国人民大学中国财政金融政策研究中心
China Financial Policy Research Center, Renmin University of China

所属类别 / 高校智库
主管单位 / 中国人民大学
成立时间 / 1999 年
第一负责人 / 翟强
合作机构 /
办公地址 / 北京市海淀区中关村大街 59 号明德主楼 816 室（100872）
电话(传真) / 010 - 82509289（010 - 82509290）
邮　　箱 / caijinjidi@ ruc. edu. cn
网　　址 / http://frc. ruc. edu. cn
主要研究领域：
财政金融理论与政策

1741 中国人民大学中国合作社研究院
China Cooperative Academy, Renmin University of China

所属类别 / 高校智库
主管单位 / 中国人民大学
成立时间 / 2008 年 4 月
第一负责人 / 孔祥智
合作机构 /
办公地址 / 北京市海淀区中关村大街 59 号中国人民大学明德楼（100872）
电话(传真) / 010 - 57201772（010 - 51417446）
邮　　箱 / ccepc@ 12266. org
网　　址 /
主要研究领域：
农业合作社

1742 中国人民大学中国经济改革与发展研究院
Institute of China's Economic Reform & Development, Renmin University of China

所属类别 / 合作智库—研校合作
主管单位 / 中国宏观经济研究院、中国人民大学
成立时间 / 1999 年 5 月
第一负责人 / 刘守英
合作机构 / 国家发展和改革委员会宏观经济研究院、中国人民大学
办公地址 / 北京市海淀区中关村大街 59 号中国人民大学明德主楼 752 - 754 室（100872）
电话(传真) / 010 - 82500279（010 - 82509079）
邮　　箱 / ruc82500280@ sina. com
网　　址 / http://www. yjy. ruc. edu. cn/index. php
主要研究领域：
经济形势分析与对策；企业治理与结构优化；财政货币政策；产业与区域经济

1743 中国人民公安大学公安部公安发展战略研究所

所属类别 / 高校智库
主管单位 / 中国人民公安大学
成立时间 /
第一负责人 / 曹诗权
合作机构 /
办公地址 / 北京市西城区木樨地南里 1 号（100038）
电话(传真) / 010 - 83901114
邮　　箱 / 20050560@ ppsuc. edu. cn
网　　址 /
主要研究领域：
事关公安工作和公安队伍建设的战略性、全局性、基础性问题

1744 中国人民公安大学社会安全风险感知与防控大数据应用国家工程实验室

所属类别 / 高校智库
主管单位 / 中国人民公安大学
成立时间 /
第一负责人 /
合作机构 /
办公地址 / 北京市西城区木樨地南里 1 号（100038）
电话(传真) /
邮　　箱 /
网　　址 / https://www.ppsuc.edu.cn/info/1030/6836.htm
主要研究领域:
社会安全风险感知与防控大数据应用领域理论研究；产品创新与产业推广

1745 中国人民公安大学首都社会安全研究基地

所属类别 / 高校智库
主管单位 / 中国人民公安大学
成立时间 / 2004 年
第一负责人 / 宫志刚
合作机构 /
办公地址 / 北京市西城区木樨地南里 1 号（100038）
电话(传真) /
邮　　箱 /
网　　址 /
主要研究领域:
平安建设；社会治安防控体系建设；首都安全；反恐防暴；校园安全；城市安全；基础设施安全；社区治安治理；地铁安全防护；低空安全防护；地下空间安全

1746 中国人民解放军国防大学
The College of Defence Studies, NDU, PLA

所属类别 / 高端智库，党政智库
主管单位 / 中国共产党中央军事委员会
成立时间 / 1985 年 12 月
第一负责人 / 郑和
合作机构 /
办公地址 / 北京市昌平区府学路甲 15 号（102249）
电话(传真) / 010－69745831
邮　　箱 / ndu@cids.cn
网　　址 / http://www.cdsndu.org/html_ch/to_gfztc_.html
主要研究领域:
战役指挥；军事思想和军事理论；国防研究；军事与政治理论

Z

1747 中国人民解放军军事科学院
Academy of Military Sciences PLA China

所属类别 / 高端智库，党政智库
主管单位 / 中共中央军事委员会
成立时间 / 1958年3月
第一负责人 / 杨学军
合作机构 /
办公地址 / 北京市海淀区厢红旗东门外甲1号（100091）
电话(传真) /
邮　　箱 /
网　　址 /
主要研究领域：
军事战略；军队建设；外国军事；军队政治；国防政策；非战争军事行动；军民融合；中美防务关系

1748 中国人民外交学会
The Chinese People's Institute of Foreign Affairs

所属类别 / 社会智库—社会团体
主管单位 /
成立时间 / 1949年12月
第一负责人 / 王超
合作机构 /
办公地址 / 北京市东城区南池子大街71号（100006）
电话(传真) / 010－65131830（010－65131831）
邮　　箱 / edit@cpifa.org
网　　址 / http://www.cpifa.org
主要研究领域：
国际形势；重大国际问题；外交政策

1749 中国人民银行参事室
The People's Bank of China Office of Senior Advisors

所属类别 / 党政智库—国务院组成部门所属
主管单位 / 中国人民银行
成立时间 / 1959年
第一负责人 / 刘萍
合作机构 /
办公地址 / 北京市西城区成方街32号（100800）
电话(传真) / 010－66194114（010－66195370）
邮　　箱 /
网　　址 / http://www.pbc.gov.cn/canshishi/135886
主要研究领域：
金融调查；金融政策；金融改革

1750 中国人民银行货币政策委员会

所 属 类 别 / 党政智库—国务院组成部门所属
主 管 单 位 / 中国人民银行
成 立 时 间 / 1997 年 7 月
第一负责人 / 易纲
合 作 机 构 /
办 公 地 址 / 北京市西城区成方街 32 号（100800）
电话(传真) / 010－66194114（010－66195370）
邮　　箱 /
网　　址 /
主要研究领域：
货币政策调整；货币政策控制目标；货币政策工具运用；货币政策与其他宏观经济政策的协调

1751 中国人民银行金融研究所

所 属 类 别 / 党政智库—国务院组成部门所属
主 管 单 位 / 中国人民银行
成 立 时 间 / 1978 年
第一负责人 / 周诚君
合 作 机 构 /
办 公 地 址 / 北京市西城区成方街 33 号 2 号楼（100800）
电话(传真) /
邮　　箱 /
网　　址 /
主要研究领域：
货币政策理论；金融及经济发展战略；金融科学；金融监管；宏观经济运行

1752 中国人事科学研究院
Chinese Academy of Personnel Science

所 属 类 别 / 党政智库—国务院组成部门所属
主 管 单 位 / 人力资源和社会保障部
成 立 时 间 / 2003 年
第一负责人 / 吴江
合 作 机 构 /
办 公 地 址 / 北京市朝阳区育慧里 5 号院 1 号楼（100101）
电话(传真) / 010－84658600
邮　　箱 /
网　　址 / http://www.rky.org.cn
主要研究领域：
人力资源；公共管理；机关事业单位工资制度改革；事业单位人事制度改革；人才市场；人事人才法规；专业技术人才队伍建设；人才管理

1753 中国软科学研究会
Association for Soft Science of China

所属类别 / 社会智库—社会团体
主管单位 / 科学技术部
成立时间 / 1994 年 12 月
第一负责人 / 张来武
合作机构 /
办公地址 / 北京市海淀区复兴路 15 号
电话(传真) / 010－68598299（010－68598299）
邮　　箱 / rkx@ istic. ac. cn
网　　址 /
主要研究领域:
决策民主化、科学化、制度化的程序与措施；软科学事业发展规划

1754 中国少数民族经济研究会
China Association of Ethnic Economy

所属类别 / 社会智库—社会团体
主管单位 / 国家民族事务委员会
成立时间 / 1981 年 12 月
第一负责人 / 普永生
合作机构 /
办公地址 / 北京市海淀区中关村南大街 27 号（100081）
电话(传真) / 010－68933792
邮　　箱 / caee@ ethnicngo. org
网　　址 / https://www. neac. gov. cn/seac/mwjs/ssmzjj/jj. shtml（非独立官网）
主要研究领域:
少数民族和民族地区的区域经济发展；草原牧区建设；生态环境；旅游；资源开发

1755 中国社会保障学会
China Association of Social Security

所属类别 / 社会智库—社会团体
主管单位 / 民政部
成立时间 / 2015 年 2 月
第一负责人 / 郑功成
合作机构 /
办公地址 / 北京市海淀区中关村大街 59 号（100872）
电话(传真) / 010－62511990
邮　　箱 / caoss_org@ 163. com
网　　址 / http://www. caoss. org. cn
主要研究领域:
社会保障

1756 中国社会科学评价研究院
Chinese Academy of Social Sciences Evaluation Studies

所 属 类 别 / 智库研究与评价机构，科研院所智库
主 管 单 位 / 中国社会科学院
成 立 时 间 / 2017 年 7 月
第一负责人 / 荆林波
合 作 机 构 /
办 公 地 址 / 北京市建国门内大街 5 号（100732）
电话(传真) / 010 - 85195172
邮　　箱 / casspingjia@ 163. com
网　　址 / http://casses. cssn. cn
主要研究领域:
中国哲学社会科学评价；期刊评价；智库评价

1757 中国社会科学院
Chinese Academy of Social Sciences

所 属 类 别 / 高端智库，科研院所智库
主 管 单 位 / 国务院
成 立 时 间 / 1977 年 5 月
第一负责人 / 谢伏瞻
合 作 机 构 /
办 公 地 址 / 北京市东城区建国门内大街 5 号（100732）
电话(传真) / 010 - 85195999
邮　　箱 /
网　　址 / http://cass. cssn. cn
主要研究领域:
哲学社会科学；国家发展战略

1758 中国社会科学院财经战略研究院
National Academy of Economic Strategy, Chinese Academy of Social Sciences

所 属 类 别 / 科研院所智库
主 管 单 位 / 中国社会科学院
成 立 时 间 / 1978 年 6 月
第一负责人 / 何德旭
合 作 机 构 /
办 公 地 址 / 北京市朝阳区曙光西里 28 号中冶大厦 9 层（100028）
电话(传真) / 010 - 59868100（010 - 59868109）
邮　　箱 / fengjing@ cass. org. cn
网　　址 / http://naes. cssn. cn
主要研究领域:
财政经济；贸易经济；服务经济；综合经济战略

Z

1759 中国社会科学院城乡发展一体化智库

所 属 类 别 / 科研院所智库
主 管 单 位 / 中国社会科学院
成 立 时 间 / 2016 年 9 月
第一负责人 /
合 作 机 构 /
办 公 地 址 / 北京建国门内大街 5 号（100732）
电话(传真) / 010 - 85195663
邮　　箱 /
网　　址 /
主要研究领域:
农村发展、“三农”问题

1760 中国社会科学院当代中国马克思主义政治经济学创新智库

所 属 类 别 / 科研院所智库
主 管 单 位 / 中国社会科学院
成 立 时 间 / 2016 年 8 月
第一负责人 / 裴长洪
合 作 机 构 /
办 公 地 址 / 北京市西城区阜外月坛北小街 2 号（100836）
电话(传真) / 010 - 68030264
邮　　箱 / kyc - jjs@ cass. org. cn
网　　址 /
主要研究领域:
当代中国马克思主义政治经济学

1761 中国社会科学院当代中国研究所
The Institute of Contemporary China Studies

所 属 类 别 / 科研院所智库
主 管 单 位 / 中国社会科学院
成 立 时 间 / 1990 年 6 月
第一负责人 / 姜辉
合 作 机 构 /
办 公 地 址 / 北京市西城区地安门西大街旌勇里 8 号（100009）
电话(传真) / 010 - 83227357
邮　　箱 /
网　　址 / http://iccs. cssn. cn/bsgk_81694/bsjj
主要研究领域:
国史研究

Z

1762 中国社会科学院俄罗斯东欧中亚研究所
Institute of Russian, Eastern European, Central Asian Studies Chinese Academy of Social Sciences

所属类别 / 科研院所智库
主管单位 / 中国社会科学院
成立时间 / 1965 年 6 月
第一负责人 / 孙壮志
合作机构 /
办公地址 / 北京市东城区张自忠路 3 号（100007）
电话(传真) / 010 - 64014006（010 - 64014008）
邮　　箱 / Ireecas@ cass. org. cn
网　　址 / http://euroasia. cssn. cn
主要研究领域:
俄罗斯东欧中亚国家政治、经济、外交

1763 中国社会科学院法学研究所
Institute of Law, Chinese Academy of Social Sciences

所属类别 / 科研院所智库
主管单位 / 中国社会科学院
成立时间 / 1958 年
第一负责人 / 陈甦
合作机构 /
办公地址 / 北京市东城区沙滩北街 15 号（100720）
电话(传真) / 010 - 64035493（010 - 64014045）
邮　　箱 / ky_law@ cass. org. cn
网　　址 / http://www. iolaw. org. cn
主要研究领域:
法理; 法制史; 宪法; 行政法; 民法; 商法; 经济法; 知识产权; 刑法; 诉讼法; 传媒法; 信息法; 社会法; 法治国情

1764 中国社会科学院工业经济研究所
Institute of Industrial Economics of Chinese Academy of Social Sciences

所属类别 / 科研院所智库
主管单位 / 中国社会科学院
成立时间 / 1978 年 4 月
第一负责人 / 史丹
合作机构 /
办公地址 / 北京市东城区东厂胡同 1 号（100006）
电话(传真) / 010 - 68030205（010 - 68030205）
邮　　箱 / gjsbgs@ cass. org. cn
网　　址 / http://gjs. cssn. cn
主要研究领域: 产业经济; 工业经济; 区域经济; 企业管理

1765 中国社会科学院国际法研究所
Institute of International Law, Chinese Academy of Social Sciences

所属类别／科研院所智库
主管单位／中国社会科学院
成立时间／2009 年 9 月
第一负责人／莫纪宏
合作机构／
办公地址／北京市东城区沙滩北街 15 号（100720）
电话(传真)／010－64010742（010－64010742）
邮　　箱／chen_zexian@hotmail.com
网　　址／http://iolaw.cssn.cn/xxsz/201907/t20190701_4927843.shtml（非独立官网）
主要研究领域：
国际私法；国际公法；国际经济法；国际人权法

1766 中国社会科学院国家全球战略智库

所属类别／高端智库，科研院所智库
主管单位／中国社会科学院
成立时间／2015 年 5 月
第一负责人／张宇燕
合作机构／
办公地址／北京市东城区张自忠路 3 号（100007）
电话(传真)／010－64019078
邮　　箱／nigssec@cass.org.cn
网　　址／http://nigscass.cssn.cn
主要研究领域：
国际战略；"一带一路"倡议

1767 中国社会科学院国家治理研究智库

所属类别／科研院所智库
主管单位／中国社会科学院
成立时间／2015 年 5 月
第一负责人／李培林
合作机构／
办公地址／北京市西城区三里河东路 5 号中国百货商业大厦 8 层（100045）
电话(传真)／010－65124193（010－68530989）
邮　　箱／isd@cass.org.cn
网　　址／
主要研究领域：
重大社会政法问题；国家治理问题

1768 中国社会科学院国有经济研究智库

所 属 类 别 / 科研院所智库
主 管 单 位 / 中国社会科学院
成 立 时 间 / 2020 年 11 月
第一负责人 / 黄群慧
合 作 机 构 / 国务院国资委
办 公 地 址 /
电话(传真) /
邮　　箱 /
网　　址 /
主要研究领域:
国有企业改革发展的重大问题

1769 中国社会科学院和平发展研究所
Institute of Peaceful Development, CASS

所 属 类 别 / 科研院所智库
主 管 单 位 / 中国社会科学院
成 立 时 间 / 2013 年 9 月
第一负责人 / 廖峥嵘
合 作 机 构 /
办 公 地 址 / 北京市海淀区北洼西里颐安嘉园 11 号楼 (100089)
电话(传真) / 010 - 88515503
邮　　箱 / hpfzs@ cass. org. cn
网　　址 / http://ipd. cssn. cn
主要研究领域:
国际政治; 国内外安全、经济问题

1770 中国社会科学院金融研究所
Institute of Finance and Banking, Chinese Academy of Social Sciences

所 属 类 别 / 科研院所智库
主 管 单 位 / 中国社会科学院
成 立 时 间 / 2002 年
第一负责人 / 胡滨
合 作 机 构 /
办 公 地 址 / 北京市朝阳区曙光西里 28 号中冶大厦 11 层 (100028)
电话(传真) / 010 - 59868222 (010 - 59868203)
邮　　箱 /
网　　址 / http://ifb. cass. cn
主要研究领域:
金融理论; 金融政策; 金融法规; 金融监管; 金融市场; 金融机构; 金融产品; 金融服务

1771 中国社会科学院京津冀协同发展智库

所 属 类 别 / 科研院所智库
主 管 单 位 / 中国社会科学院
成 立 时 间 / 2016 年 1 月
第一负责人 / 黄群慧
合 作 机 构 /
办 公 地 址 / 北京市西城区阜外月坛北小街 2 号（100836）
电话(传真) / 010 - 68030205（010 - 68030205）
邮　　箱 / gjsbgs@ cass. org. cn
网　　址 /
主要研究领域：
京津冀协同发展重大战略问题

1772 中国社会科学院经济研究所
Institute of Economics Chinese Academy of Social Sciences

所 属 类 别 / 科研院所智库
主 管 单 位 / 中国社会科学院
成 立 时 间 / 1934 年
第一负责人 / 黄群慧
合 作 机 构 /
办 公 地 址 / 北京市西城区文兴东街 1 号商务楼（100044）
电话(传真) / 010 - 84177875
邮　　箱 / zgshkxw_ cssn@ 163. com
网　　址 / http://ie. cass. cn
主要研究领域：
产业结构调整；城乡居民收入分配；宏观调控；政策实施；中国近现代经济史；中外经济思想史

1773 中国社会科学院拉丁美洲研究所

所 属 类 别 / 科研院所智库
主 管 单 位 / 中国社会科学院
成 立 时 间 / 1961 年 7 月
第一负责人 / 柴瑜
合 作 机 构 /
办 公 地 址 / 北京市东城区张自忠路 3 号（100007）
电话(传真) / 010 - 64039010（010 - 64014011）
邮　　箱 / wang_ sf@ cass. org. cn
网　　址 / http://ilas. cass. cn
主要研究领域：
拉美地区经济、政治、国际关系、社会、文化综合研究

Z

1774 中国社会科学院马克思主义研究院

所 属 类 别 / 科研院所智库
主 管 单 位 / 中国社会科学院
成 立 时 间 / 2016 年 8 月
第一负责人 / 辛向阳
合 作 机 构 /
办 公 地 址 / 北京市东城区建国门内大街 5 号 （100732）
电话(传真) /
邮　　箱 / myywlbjs@ 163. com
网　　址 /
主要研究领域：
马克思主义理论创新

1775 中国社会科学院美国研究所
Institute of American Studies, Chinese Academy of Social Sciences

所 属 类 别 / 科研院所智库
主 管 单 位 / 中国社会科学院
成 立 时 间 / 1981 年 5 月
第一负责人 / 倪峰
合 作 机 构 /
办 公 地 址 / 北京市东城区张自忠路 3 号美国研究所 （100007）
电话(传真) / 010 - 64000072 （010 - 64000021）
邮　　箱 / lihui@ cass. org. cn
网　　址 / http://ias. cass. cn
主要研究领域：
美国政治制度、社会思潮；美国经济体制、对外经贸战略；美国外交决策、国家安全战略、军控政策；美国社会保障制度；中美经贸关系

1776 中国社会科学院民族学与人类学研究所
The Institute of Ethnology and Anthropology, Chinese Academy of Social Sciences

所 属 类 别 / 科研院所智库
主 管 单 位 / 中国社会科学院
成 立 时 间 / 1962 年
第一负责人 / 王延中
合 作 机 构 /
办 公 地 址 / 北京市海淀区中关村南大街 27 号院 6 号楼 （100081）
电话(传真) / 010 - 68421864 （010 - 68421864）
邮　　箱 / kyc - mz@ cass. org. cn
网　　址 / http://iea. cssn. cn
主要研究领域：中国民族历史；中国民族语言；中国民族政治；中国民族经济；中国民族社会；中国民族生态；中国民族文化；中国民族宗教；世界民族问题

1777 中国社会科学院农村发展研究所
Rural Development Institute, Chinese Academy of Social Sciences

所 属 类 别 / 科研院所智库
主 管 单 位 / 中国社会科学院
成 立 时 间 / 1978 年 5 月
第一负责人 / 魏后凯
合 作 机 构 /
办 公 地 址 / 北京市东城区建国门内大街 5 号科研大楼西段 13 层 (100732)
电话(传真) / 010 – 85195646 (010 – 65137559)
邮　　箱 / office – rdi@ cass. org. cn
网　　址 / http://rdi. cass. cn
主要研究领域:
农村经济形势分析与预测; 农村公共政策; 农村经济组织与制度; 农村产业结构与区域经济; 农村生态、环境和资源; 农村贫困问题和发展策略

1778 中国社会科学院欧洲研究所
Institute of European studies of Chinese Academy of Social Sciences

所 属 类 别 / 科研院所智库
主 管 单 位 / 中国社会科学院
成 立 时 间 / 1981 年 5 月
第一负责人 / 冯仲平
合 作 机 构 /
办 公 地 址 / 北京市东城区建国门内大街 5 号 (100732)
电话(传真) / 010 – 85195734 (010 – 65125818)
邮　　箱 / gongzuo@ cass. org. cn
网　　址 / http://ies. cass. cn
主要研究领域:
欧洲地区及国家的政治、经济、法律、社会、文化和国际关系

1779 中国社会科学院人口与劳动经济研究所
Institute of Population and Labor Economics, Chinese Academy of Social Sciences

所 属 类 别 / 科研院所智库
主 管 单 位 / 中国社会科学院
成 立 时 间 / 1980 年
第一负责人 / 张车伟
合 作 机 构 /
办 公 地 址 / 北京市朝阳区曙光西里 28 号中冶大厦 10 层 (100028)
电话(传真) / 010 – 59868189 (010 – 59868226)
邮　　箱 / iple@ cass. org. cn
网　　址 / http://iple. cass. cn
主要研究领域: 人口政策; 人口经济; 劳动经济; 劳动与社会保障; 就业与人力资源; 人口与社会发展; 人口统计; 人口过程及老龄化; 人口迁移与城市化

1780 中国社会科学院日本研究所
Institute of Japanese Studies, Chinese Academy of Social Sciences

所属类别/科研院所智库
主管单位/中国社会科学院
成立时间/1981年5月
第一负责人/杨伯江
合作机构/
办公地址/北京市东城区张自忠路3号东院（100007）
电话(传真)/010－64014021（010－64014022）
邮　　箱/ijs@ cass. org. cn
网　　址/http://ijs. cass. cn
主要研究领域:
日本政治、经济、社会、文化、外交及安全问题

1781 中国社会科学院—上海市人民政府上海研究院
Shanghai Academy

所属类别/合作智库—政研合作
主管单位/中国社会科学院、上海市人民政府
成立时间/2015年6月
第一负责人/李培林
合作机构/中国社会科学院、上海市人民政府
办公地址/上海市闸北区延长路149号北大楼（205信箱）（200072）
电话(传真)/021－56331151（021－56332012）
邮　　箱/shyjy@ oa. shu. edu. cn
网　　址/https://shanghaiacademy. shu. edu. cn
主要研究领域:
国际金融贸易；城市可持续发展；社会治理创新；核心价值观传播

1782 中国社会科学院社会发展战略研究院
National Institute of Social development, Chinese Academy of Social Sciences

所属类别/科研院所智库
主管单位/中国社会科学院
成立时间/2011年12月
第一负责人/张翼
合作机构/
办公地址/北京市东城区金宝街1号梓峰大厦5层（100005）
电话(传真)/010－65124193（010－68530989）
邮　　箱/isd@ cass. org. cn
网　　址/http://nisd. cssn. cn
主要研究领域:
发展战略与政策；社会建设与管理；组织机制与制度变迁；公共服务与社会责任

1783 中国社会科学院社会学研究所
Institute of Sociology, Chinese Academy of Social Sciences

所 属 类 别 / 科研院所智库
主 管 单 位 / 中国社会科学院
成 立 时 间 / 1980 年 1 月
第一负责人 / 陈光金
合 作 机 构 /
办 公 地 址 / 北京市东城区建国门内大街 5 号 (100732)
电话(传真) /
邮　　箱 / ios@ cass. org. cn
网　　址 / http://sociology. cssn. cn/swz
主要研究领域:
家庭与性别；组织与社区；农村及产业社会学；社会政策；社会心理学；青少年与社会问题；社会调查和方法，社会人类学；社会发展

1784 中国社会科学院生态文明研究所
Research Institute for Eco-civilization, CASS

所 属 类 别 / 科研院所智库
主 管 单 位 / 中国社会科学院
成 立 时 间 / 1997 年
第一负责人 / 张永生
合 作 机 构 /
办 公 地 址 / 北京市东城区王府井大街 27 号 (100710)
电话(传真) / 010 - 59868170 (010 - 59868199)
邮　　箱 / chengshizhongxin@ 126. com
网　　址 / http://rieco. cssn. cn
主要研究领域:
城市与区域经济；环境与可持续发展；城市发展战略与规划；气候变化经济

1785 中国社会科学院生态文明研究智库
CASS Thinktank for Eco-civilization Studies

所 属 类 别 / 科研院所智库
主 管 单 位 / 中国社会科学院
成 立 时 间 / 2015 年 5 月
第一负责人 / 蔡昉
合 作 机 构 /
办 公 地 址 / 北京市朝阳区曙光西里 28 号中冶大厦 8 层 (100028)
电话(传真) / 010 - 59868167 (010 - 59868199)
邮　　箱 / chengshizhongxin@ 126. com
网　　址 / http://iue. cass. cn
主要研究领域:
低碳排放；生态文明

1786 **中国社会科学院世界经济与政治研究所**
Institute of World Economics and Politics Chinese Academy of Social Sciences

所属类别／科研院所智库
主管单位／中国社会科学院
成立时间／1964 年
第一负责人／张宇燕
合作机构／
办公地址／北京市东城区建国门内大街 5 号中国社会科学院科研大楼 15 层（100732）
电话(传真)／010－85196063（010－65126180）
邮　　箱／sjzkyc@126.com
网　　址／http://iwep.cssn.cn
主要研究领域：宏观经济；国际金融；国际贸易；国际投资；发展经济学；产业经济学；国际政治理论；国际战略；国际政治经济学；全球治理和世界能源

1787 **中国社会科学院世界宗教研究所**

所属类别／科研院所智库
主管单位／中国社会科学院
成立时间／1964 年
第一负责人／郑筱筠
合作机构／
办公地址／北京市东城区建国门内大街 5 号 859 室（100732）
电话(传真)／010－85195477
邮　　箱／zjxsw@cass.org.cn
网　　址／http://iwr.cass.cn
主要研究领域：马克思主义宗教观；佛教；基督教；儒教；道教；伊斯兰教；当代宗教；宗教与政策；宗教与民族；宗教与经济；宗教与国际关系

1788 **中国社会科学院数量经济与技术经济研究所**
Institute of Quantitative & Technical Economics, Chinese Academy of Social Sciences

所属类别／科研院所智库
主管单位／中国社会科学院
成立时间／1982 年 1 月
第一负责人／李雪松
合作机构／
办公地址／北京市东城区建国门内大街 5 号科研大楼 14 层（100732）
电话(传真)／010－65125895（010－65137561）
邮　　箱／iqte@cass.org.cn
网　　址／http://iqte1.cass.cn
主要研究领域：经济系统分析；经济模型；环境技术经济；资源技术经济；技术经济理论与方法；信息化与网络经济；数量金融；产业经济

1789 中国社会科学院台湾研究所
Institute of Taiwan Studies Chinese Academy of Social Sciences

所属类别 / 科研院所智库
主管单位 / 中国社会科学院
成立时间 / 1984 年 9 月
第一负责人 / 杨明杰
合作机构 /
办公地址 / 北京市海淀区中关村东路 21 号（100083）
电话(传真) / 010 - 82864900（010 - 82864998）
邮　　箱 / tyskyhzc@ 126. com
网　　址 / http://its. taiwan. cssn. cn
主要研究领域：
台湾政治、经济、对外关系、法律、社会历史、文化教育综合研究；两岸关系；对台方针政策

1790 中国社会科学院西藏智库

所属类别 / 科研院所智库
主管单位 / 中国社会科学院
成立时间 / 2016 年 7 月
第一负责人 / 王京清
合作机构 /
办公地址 / 北京市海淀区中关村南大街 27 号院 6 号楼（100081）
电话(传真) / 010 - 68421864
邮　　箱 / kyc - mz@ cass. org. cn
网　　址 /
主要研究领域：
西藏问题

1791 中国社会科学院西亚非洲研究所
Institute of West - Asian and African Studies, Chinese Academy of Social Sciences

所属类别 / 科研院所智库
主管单位 / 中国社会科学院
成立时间 / 1961 年 7 月
第一负责人 / 李新烽
合作机构 /
办公地址 / 北京市朝阳区国家体育场北路 1 号院（100101）
电话(传真) / 010 - 87421043
邮　　箱 / yangguang@ cass. org. cn
网　　址 / http://iwaas. cass. cn
主要研究领域：西亚非洲地区及国家的政治、经济、国际关系、历史、社会、文化、民族、宗教、法律等

1792 中国社会科学院新疆智库

所 属 类 别 / 科研院所智库
主 管 单 位 / 中国社会科学院
成 立 时 间 / 2015 年 2 月
第一负责人 / 王京清
合 作 机 构 /
办 公 地 址 / 北京市东城区先晓胡同 1 号（100005）
电话(传真) / 010 - 65221499
邮　　箱 / xujy@ cass. org. cn
网　　址 /
主要研究领域：
新疆经济、社会、人口、民族、宗教、周边关系、考古、生态环境等

1793 中国社会科学院新闻与传播研究所
Institute of Journalism and Communication Studies, Chinese Academy of Social Sciences

所 属 类 别 / 科研院所智库
主 管 单 位 / 中国社会科学院
成 立 时 间 / 1978 年 8 月
第一负责人 / 胡正荣
合 作 机 构 /
办 公 地 址 / 北京市朝阳区潘家园东里 9 号国家方志馆 2 层（100021）
电话(传真) /
邮　　箱 / web@ cass. net. cn
网　　址 / http://xinwen. cass. cn
主要研究领域：
新闻理论；新闻史；新闻业务；新闻教育；传播理论；传播史；传播技术；媒介政策；媒介经济；媒介管理；移动媒体；互联网；新媒体

1794 中国社会科学院信息情报研究院
Institute of Information Studies, Chinese Academy of Social Sciences

所 属 类 别 / 科研院所智库
主 管 单 位 / 中国社会科学院
成 立 时 间 / 2011 年 9 月
第一负责人 / 张冠梓
合 作 机 构 /
办 公 地 址 / 北京市东城区建国门内大街 5 号（100732）
电话(传真) /
邮　　箱 /
网　　址 /
主要研究领域：重要经济社会科研成果信息；重要思想理论观点信息；重要战略要情和动向信息；重大事件与热点问题信息

1795 中国社会科学院亚太与全球战略研究院
National Institute of International Strategy, Chinese Academy of Social Sciences

所 属 类 别 / 科研院所智库
主 管 单 位 / 中国社会科学院
成 立 时 间 / 2011 年 12 月
第一负责人 / 李向阳
合 作 机 构 /
办 公 地 址 / 北京市东城区张自忠路 3 号东院 (100007)
电话(传真) / 010 - 64063922
邮　　箱 / webmaster@ iapscass. cn
网　　址 / http://niis. cass. cn
主要研究领域:
世界经济、政治与社会发展; 全球治理机制; 国际热点和难点问题; 国际战略理论与思潮; 中国周边环境与战略; 中国对外战略的综合性问题

1796 中国社会科学院意识形态研究智库

所 属 类 别 / 科研院所智库
主 管 单 位 / 中国社会科学院
成 立 时 间 / 2015 年 5 月
第一负责人 / 张树华
合 作 机 构 /
办 公 地 址 /
电话(传真) /
邮　　箱 /
网　　址 /
主要研究领域:
党的意识形态问题

1797 中国社会科学院—郑州市人民政府郑州研究院

所 属 类 别 / 合作智库
主 管 单 位 / 中国社会科学院、郑州市人民政府
成 立 时 间 / 2017 年 9 月
第一负责人 / 蔡昉
合 作 机 构 / 中国社会科学院、郑州市人民政府
办 公 地 址 /
电话(传真) /
邮　　箱 / info@ zzcass. org
网　　址 /
主要研究领域:
郑州国家中心城市建设; 郑州经济、社会发展

Z

1798 **中国社会科学院政治学研究所**
Institute of Political Science, Chinese Academy of Social Sciences

所 属 类 别／科研院所智库
主 管 单 位／中国社会科学院
成 立 时 间／1985 年 7 月
第一负责人／张树华
合 作 机 构／
办 公 地 址／北京市建国门内大街 5 号 12 层（100732）
电话(传真)／010－85195802（010－85195802）
邮　　箱／fangning@ cass. org. cn
网　　址／http://chinaps. cass. cn
主要研究领域:
政治体制改革和社会主义民主发展战略；中外政党政治；中外选举；中国基层民主政治建设；中国公共政策；美国对华政策；外国地方政府

1799 **中国社会科学院中俄战略协作高端合作智库**

所 属 类 别／科研院所智库
主 管 单 位／中国社会科学院
成 立 时 间／2017 年 2 月
第一负责人／薛福岐
合 作 机 构／
办 公 地 址／北京市张自忠路 3 号（100007）
电话(传真)／010－64014006（010－64014008）
邮　　箱／Ireecas@ cass. org. cn
网　　址／
主要研究领域:
中俄战略协作研究

1800 **中国社会科学院中国边疆研究所**
Institute of Chinese Borderland Studies, Chinese Academy of Social Sciences

所 属 类 别／科研院所智库
主 管 单 位／中国社会科学院
成 立 时 间／1983 年
第一负责人／邢广程
合 作 机 构／
办 公 地 址／北京市东城区建国门内大街 5 号中国社会科学院中国边疆研究所 5 层中段（100732）
电话(传真)／010－65134986
邮　　箱／wl－bjzx@ cass. org. cn
网　　址／http://bjs. cssn. cn
主要研究领域：中国近代边界；中国古代疆域；中国边疆研究史

Z

1801 中国社会科学院中国廉政研究中心
China Anti – corruption Research Center of Chinese Academy of Social Sciences

所 属 类 别 / 科研院所智库
主 管 单 位 / 中国社会科学院
成 立 时 间 / 2009 年 12 月
第一负责人 / 王京清
合 作 机 构 /
办 公 地 址 / 北京市东城区建国门内大街 5 号（100732）
电话(传真) / 010 – 85196171（010 – 85195127）
邮　　箱 /
网　　址 /
主要研究领域：
党风廉政建设和反腐败

1802 中国审计学会
China Audit Society

所 属 类 别 / 社会智库—社会团体
主 管 单 位 / 审计署
成 立 时 间 / 1984 年
第一负责人 / 孙宝厚
合 作 机 构 /
办 公 地 址 / 北京市海淀区中关村南大街 4 号（100086）
电话(传真) / 010 – 82199832（010 – 82199873）
邮　　箱 / shenjixuehui@ sina. com
网　　址 / http://www. audit. gov. cn/web772
主要研究领域：
国家审计；社会审计；内部审计

1803 中国石油大学（北京）中国能源战略研究院
Academy of Chinese Energy Strategy, China University of Petroleum, Beijing

所 属 类 别 / 高校智库
主 管 单 位 / 中国石油大学（北京）
成 立 时 间 / 2012 年 6 月
第一负责人 / 张奇
合 作 机 构 /
办 公 地 址 / 北京市昌平区府学路 18 号新综合楼 314 室（102249）
电话(传真) / 010 – 89731752（010 – 89731752）
邮　　箱 / cesri@ cup. edu. cn
网　　址 / https://web. cup. edu. cn/aces
主要研究领域：
能源经济与信息预测；能源国际政治；能源系统规划与决策；能源金融

1804 中国石油大学（华东）海洋能源与信息工程研究院
Research Institute of Marine Energy and Information Engineering, China University of Petroleum

所属类别 / 高校智库
主管单位 / 中国石油大学（华东）
成立时间 / 2018 年 7 月
第一负责人 / 张杰
合作机构 /
办公地址 / 山东省青岛市黄岛区长江西路 66 号工科楼 E 座（266580）
电话(传真) / 0532 - 86980513
邮　　箱 / kjclcg@ upc. edu. cn
网　　址 / http://imeie. upc. edu. cn
主要研究领域：
海洋信息；海洋油气装备

1805 中国石油大学（华东）能源经济与政策研究院
Institute for Energy Economics and Policy, China University of Petroleum

所属类别 / 高校智库
主管单位 / 中国石油大学（华东）
成立时间 / 2018 年 8 月
第一负责人 / 周鹏
合作机构 /
办公地址 / 山东省青岛市黄岛区长江西路 66 号（266555）
电话(传真) / 0532 - 86983298
邮　　箱 / ieep@ upc. edu. cn
网　　址 / http://ieep. upc. edu. cn
主要研究领域：
能源经济；能源金融；能源与环境；新能源政策与产业发展；油气经济与战略

1806 中国石油大学（华东）新能源研究院
Institute of New Energy, China University of Petroleum

所属类别 / 高校智库
主管单位 / 中国石油大学（华东）
成立时间 / 2019 年 9 月
第一负责人 / 吴明铂
合作机构 /
办公地址 / 山东省青岛市黄岛区长江西路 66 号（266555）
电话(传真) / 0532 - 86983683
邮　　箱 / zhaidongfeng@ upc. edu. cn
网　　址 / http://ine. upc. edu. cn
主要研究领域：
氢能；地热能；能源互联网；能量储存与转化；太阳能

1807 中国石油经济技术研究院
CNPC Economics and Technology Research Institute

所属类别／高端智库，社会智库
主管单位／中国石油天然气集团公司
成立时间／1964 年
第一负责人／李建青
合作机构／
办公地址／北京市西城区六铺炕街 6 号（100724）
电话(传真)／010－62065270
邮　　箱／daiyx@ cnpc. com. cn
网　　址／http://etri. cnpc. com. cn
主要研究领域：
石油工业发展；石油科技；石油经济；石油市场；海外投资环境；政策法规

1808 中国世界贸易组织研究会
China Society for World Trade Organization Studies

所属类别／社会智库—社会团体
主管单位／商务部
成立时间／2003 年
第一负责人／孙振宇
合作机构／
办公地址／北京市朝阳区惠新东街 10 号对外经济贸易大学逸夫科研楼 608 室（100029）
电话(传真)／010－64493232（010－84255122）
邮　　箱／cwto2015@ 126. com
网　　址／http://www. cwto. org. cn
主要研究领域：
世界贸易组织

1809 中国水产科学研究院
Chinese Academy of Fishery Sciences

所属类别／党政智库—国务院组成部门所属
主管单位／农业农村部
成立时间／1978 年
第一负责人／王小虎
合作机构／
办公地址／北京市丰台区永定路南青塔村 150 号（100039）
电话(传真)／010－68673938（010－68676685）
邮　　箱／
网　　址／http://www. cafs. ac. cn
主要研究领域：渔业资源保护与利用；渔业生态环境；水产加工副产物资源利用；水产品质量安全；渔业信息与发展战略

Z

1810 中国水利水电科学研究院
China Institute of Water Resources and Hydropower Research

所 属 类 别 / 党政智库—国务院组成部门所属
主 管 单 位 / 水利部
成 立 时 间 / 1958 年
第一负责人 / 匡尚富
合 作 机 构 /
办 公 地 址 / 北京市海淀区车公庄西路 20 号中国水利水电科学研究院综合楼 113 室（100048）
电话(传真) / 010 - 68786004（010 - 68451169）
邮　　箱 / yangshj@ iwhr. com
网　　址 / http://www. iwhr. com
主要研究领域：
水文学与水资源；水环境与生态；防洪抗旱与减灾；水土保持与江湖治理；农村与牧区水利

1811 中国铁道科学研究院
China Academy of Railway Sciences

所 属 类 别 / 社会智库—企业
主 管 单 位 / 中国铁路总公司
成 立 时 间 / 1950 年 3 月
第一负责人 / 叶阳升
合 作 机 构 /
办 公 地 址 / 北京市海淀区大柳树 2 号（100081）
电话(传真) / 010 - 51849150（010 - 51849080）
邮　　箱 /
网　　址 / http://www. rails. cn
主要研究领域：铁路建设与运输；城市轨道交通建设与政策

1812 中国铁路经济规划研究院有限公司
China Railway Economic and Planning Research Institute

所 属 类 别 / 党政智库—国务院组成部门所属
主 管 单 位 / 中国铁路总公司
成 立 时 间 / 2002 年 1 月
第一负责人 / 江正林
合 作 机 构 /
办 公 地 址 / 北京市海淀区北蜂窝路乙 29 号（100038）
电话(传真) / 010 - 51845653
邮　　箱 /
网　　址 / http://www. crecc. com. cn
主要研究领域：铁路运输经济；城市轨道交通；通信信息；工程地质；环境影响评价；市政公用工程

1813 中国通信学会
China Institute of Communications

所 属 类 别 / 社会智库—社会团体
主 管 单 位 / 中国科学技术协会
成 立 时 间 / 1978 年 5 月
第一负责人 / 刘烈宏
合 作 机 构 /
办 公 地 址 / 北京市海淀区万寿路 27 号院 8 号楼（100846）
电话(传真) / 010 - 68209078（010 - 68209074）
邮　　箱 / webmaster@ china - cic. cn
网　　址 / http://www. china - cic. cn
主要研究领域：
通信技术；通信政策

1814 中国统计信息服务中心

所 属 类 别 / 党政智库—国务院直属机构所属
主 管 单 位 / 国家统计局
成 立 时 间 / 1985 年
第一负责人 / 严建辉
合 作 机 构 /
办 公 地 址 / 北京市丰台区西三环南路甲 6 号（100826）
电话(传真) / 010 - 63375716（010 - 63375609）
邮　　箱 / yuqing@ stats. gov. cn
网　　址 /
主要研究领域：
社情民意调查；经济景气发展态势监测

1815 中国投资协会
The Investment Association of China

所 属 类 别 / 社会智库—社会团体
主 管 单 位 / 国家发展和改革委员会
成 立 时 间 / 2001 年 2 月
第一负责人 / 张永贵
合 作 机 构 /
办 公 地 址 / 北京市西城区木樨地北里甲 11 号国宏大厦 A 座（国宏宾馆）（100038）
电话(传真) / 010 - 63909920
邮　　箱 / web@ iaci. cn
网　　址 / http://www. iac. org. cn
主要研究领域：
投资体制改革；投资政策、立法、重大改革

1816 中国土地勘测规划院
China Land Surveying & Planning Institute

所属类别 / 党政智库—国务院组成部门所属
主管单位 / 自然资源部
成立时间 / 1987 年
第一负责人 / 高延利
合作机构 /
办公地址 / 北京市西城区冠英园西区 37 号（100035）
电话(传真) / 010 - 66562826（010 - 66562062）
邮　　箱 / webmaster@ mail. clspi. org. cn
网　　址 / http://www. clspi. org. cn
主要研究领域：
土地调查与登记；土地评价与规划；地价与土地市场；土地信息化建设；土地法律政策

1817 中国土地学会
China Land Science Society

所属类别 / 社会智库—社会团体
主管单位 / 中国科学技术协会
成立时间 / 1980 年
第一负责人 / 王世元
合作机构 /
办公地址 / 北京市西城区冠英园西区 37 号（100035）
电话(传真) / 010 - 66562607（010 - 66562563）
邮　　箱 / zgtdxh@ vip. sina. com
网　　址 / http://www. clss. org. cn
主要研究领域：
土地科学技术；土地科学技术政策、法规制定和土地管理

1818 中国外汇投资研究院
China Forex Investment Research Institute

所属类别 / 社会智库—民办非企业
主管单位 /
成立时间 /
第一负责人 / 谭雅玲
合作机构 /
办公地址 / 北京市朝阳区朝阳门外大街 17 号北京祥业大厦光耀公寓 9 层 901 室（100020）
电话(传真) / 010 - 65801639（010 - 65801355）
邮　　箱 / wxinfo@ cfiri. com
网　　址 / http://www. cfiri. com
主要研究领域：外汇与金融市场；外汇与金融发展战略

1819 **中国卫生经济学会**
China Health Economics Association

所属类别/社会智库—社会团体
主管单位/国家卫生健康委员会
成立时间/1983年
第一负责人/饶克勤
合作机构/
办公地址/北京市海淀区学院路38号（100191）
电话(传真)/010-82805576（010-82805576）
邮　　箱/
网　　址/http://www.hea.org.cn
主要研究领域：
卫生财会；卫生经济理论与政策；医疗保障制度；医院经济管理；卫生服务成本与价格；卫生经济评价；农村卫生经济；公共卫生经济

1820 **中国文化研究中心**
Research Center for Cultural Policy of Chinese Academy of Social Sciences

所属类别/科研院所智库
主管单位/中国社会科学院
成立时间/2000年10月
第一负责人/李河
合作机构/
办公地址/北京市东城区建国门内大街5号中国社会科学院科研大楼9层（100732）
电话(传真)/010-85195351（010-85195547）
邮　　箱/rccp@cass.org.cn
网　　址/http://www.cassrccp.com
主要研究领域：国家和地方文化发展战略；文化产业与公共文化服务政策；国际文化产业与文化多样性；少数民族文化发展；文化立法

1821 **中国文化遗产研究院**
Chinese Academy of Cultural Heritage

所属类别/党政智库—国务院部委管理的国家局所属
主管单位/国家文物局
成立时间/1973年
第一负责人/柴晓明
合作机构/
办公地址/北京市朝阳区北四环东路高原街2号（100029）
电话(传真)/010-84642221（010-84659724）
邮　　箱/cachbgs@sina.com
网　　址/bgs@cach.org.cn
主要研究领域：文化遗产发展战略、管理体制、政策法规、学科体系、标准化体系

Z

1822 中国西部研究与发展促进会
The Association for Promotion of West China Research and Development

所 属 类 别 / 社会智库—社会团体
主 管 单 位 / 国家民族事务委员会
成 立 时 间 / 1995 年 10 月
第一负责人 /
合 作 机 构 /
办 公 地 址 / 北京市西城区永安路 106 号北楼 6 层 （100050）
电话(传真) / 010 - 83161688 （010 - 83161688）
邮　　箱 /
网　　址 / http://www. chinawestern. org
主要研究领域:
西部改革与发展；西部与东中部区域协调发展

1823 中国现代国际关系研究院
China Institutes of Contemporary International Relations

所 属 类 别 / 高端智库，党政智库
主 管 单 位 /
成 立 时 间 / 1980 年
第一负责人 / 袁鹏
合 作 机 构 /
办 公 地 址 / 北京市海淀区万寿寺甲 2 号 （100081）
电话(传真) / 010 - 68418631 （010 - 68418641）
邮　　箱 / cicir@ cicir. ac. cn
网　　址 / http://www. cicir. ac. cn/NEW/index. html
主要研究领域:
世界各国、地区的政治、经济、外交、军事和社会问题；台港澳问题；国际战略；世界政治；世界经济；全球和地区安全

1824 中国新闻出版研究院
Chinese Academy of Press And Publication

所 属 类 别 / 党政智库—国务院直属机构所属
主 管 单 位 / 国家新闻出版广电总局
成 立 时 间 / 1985 年 3 月
第一负责人 / 魏玉山
合 作 机 构 /
办 公 地 址 / 北京市丰台区三路居路 97 号 （100073）
电话(传真) / 010 - 52257011 （010 - 52257299）
邮　　箱 / chinapublish@ 163. com
网　　址 / http://www. chuban. cc
主要研究领域:
新闻出版；出版产业；数字出版；出版标准；出版政策；出版法规

1825 **中国信访与社会稳定研究中心**
Institution for Petition Social Stability

所 属 类 别 / 合作智库—政校合作
主 管 单 位 / 北京市信访办信访矛盾分析研究中心、中南财经政法大学
成 立 时 间 / 2011 年 1 月
第一负责人 / 陈小君、张宗林
合 作 机 构 / 北京市信访办信访矛盾分析研究中心、中南财经政法大学
办 公 地 址 / 湖北省武汉市洪山区南湖南路 1 号中南财经政法大学文治楼 1002 室（430073）
电话(传真) / 027 - 88386283
邮　　箱 / ipss@ . znufe. edu. cn
网　　址 /
主要研究领域：
信访与社会稳定

1826 **中国信息通信研究院（工业和信息化部电信研究院）**
China Academy of Information and Communications Technology (China Academy of Telecommunication Research of Ministry of Industry and Information Technology)

所 属 类 别 / 党政智库—国务院组成部门所属
主 管 单 位 / 工业和信息化部
成 立 时 间 / 1957 年
第一负责人 / 余晓晖
合 作 机 构 /
办 公 地 址 / 北京市海淀区花园北路 52 号中国信息通信研究院（100191）
电话(传真) / 010 - 62301618（010 - 62304364）
邮　　箱 /
网　　址 / http://www. caict. ac. cn
主要研究领域：
互联网；网络与信息安全；产业与政策；行业发展；通信监管；法律法规

1827 **中国信息与电子工程科技发展战略研究中心**

所 属 类 别 / 科研院所智库
主 管 单 位 / 中国工程院
成 立 时 间 / 2015 年 11 月
第一负责人 / 吴曼青
合 作 机 构 /
办 公 地 址 / 北京市西城区冰窖口胡同 2 号（100088）
电话(传真) / 010 - 59300000（010 - 5930001）
邮　　箱 / bgt@ cae. cn
网　　址 /
主要研究领域：
发展战略；工程科技问题；产业政策

1828 中国刑事警察学院网络安全执法协同创新中心

所属类别/合作智库
主管单位/中国刑事警察学院
成立时间/2015 年 7 月
第一负责人/
合作机构/中国刑事警察学院、中国科学院自动化研究所、北京航空航天大学、东北大学、辽宁省公安厅、中科院计算所、东软集团、腾讯公司
办公地址/辽宁省沈阳市皇姑区塔湾街 83 号（110854）
电话(传真)/
邮　　箱/
网　　址/
主要研究领域：
网络舆情导控和应急处理的关键技术问题；网络攻击；电信诈骗泛滥等问题；“警务大数据”；“视频大数据” 等大数据的应用关键技术；公安技术信息化建设

1829 中国行政管理学会
Chinese Public Administration Society

所属类别/社会智库—社会团体
主管单位/国务院办公厅
成立时间/1988 年 10 月
第一负责人/江小涓
合作机构/
办公地址/北京市西城区西安门大街 22 号（100017）
电话(传真)/010 - 63094645（010 - 83083320）
邮　　箱/webmaster@ cpasonline. org. cn
网　　址/http://www. cpasonline. org. cn
主要研究领域：政府体制改革；行政管理

1830 中国行政体制改革研究会
China Society of Administrative Reform

所属类别/社会智库—社会团体
主管单位/中共中央党校（国家行政学院）
成立时间/2010 年 4 月
第一负责人/杨克勤
合作机构/
办公地址/北京市海淀区长春桥路 6 号（100089）
电话(传真)/010 - 68928963
邮　　箱/csoar@ csoar. org. cn
网　　址/http://www. csoar. org. cn
主要研究领域：行政体制改革；中国特色行政体制；政府自身建设和管理创新

Z

1831 中国学前教育研究会
China National Society of Early Childhood Education

所 属 类 别 / 社会智库—社会团体
主 管 单 位 / 教育部
成 立 时 间 / 1979 年 11 月
第一负责人 / 虞永平
合 作 机 构 /
办 公 地 址 / 北京市海淀区新街口外大街 19 号北京师范大学科技楼 C 区 904 室（100082）
电话（传真）/ 010 - 58807970
邮　　箱 / 228277331@ qq. com
网　　址 / http://www. cnsece. com
主要研究领域：
学前教育理论与实践

1832 中国药科大学国家药物政策与医药产业经济研究中心
The Research Center of National Drug Policy&Ecosystem, NDPE

所 属 类 别 / 合作智库—校社合作
主 管 单 位 / 中国药科大学
成 立 时 间 / 2013 年 4 月
第一负责人 / 桑国卫
合 作 机 构 / 中国药学会、中国医药创新促进会
办 公 地 址 / 江苏省南京市江宁区龙眠大道 639 号（211198）
电话（传真）/
邮　　箱 /
网　　址 / http://ndpe. cpu. edu. cn
主要研究领域：
国内外医药领域的重大理论与实践问题

1833 中国医疗保险研究会
China Health Insurance Research Association

所 属 类 别 / 社会智库—社会团体
主 管 单 位 / 人力资源和社会保障部
成 立 时 间 / 2007 年 3 月
第一负责人 / 王东进
合 作 机 构 /
办 公 地 址 / 北京市东城区和平里中街 7 号（100013）
电话（传真）/ 010 - 84209381（010 - 84209381）
邮　　箱 / pansurui@ mohrss. gov. cn
网　　址 /
主要研究领域：医疗保险理论、制度、政策及管理；政策及管理评估；医疗保险技术标准及制定；医疗保险业务培训

1834 中国医院改革与发展研究院

所 属 类 别 / 社会智库—民办非企业
主 管 单 位 /
成 立 时 间 / 2008 年 7 月
第一负责人 / 薛家鑫
合 作 机 构 /
办 公 地 址 / 北京市海淀区学院路 38 号（100850）
电话(传真) / 010 - 64304872（010 - 64304872）
邮　　箱 / chinayigai@163.com
网　　址 /
主要研究领域:
公立医院政策环境和运行机制；公立医院改革与发展

1835 中国艺术产业研究院
China's Academy for Art Industries

所 属 类 别 / 合作智库—政校合作
主 管 单 位 / 上海大学
成 立 时 间 / 2011 年 10 月
第一负责人 / 罗杨
合 作 机 构 / 文化和旅游部、中国文学艺术界联合会、上海大学
办 公 地 址 / 上海市闸北区延长路 149 号三教 2 层（200072）
电话(传真) / 021 - 56331093
邮　　箱 /
网　　址 /
主要研究领域:
艺术产业标准制定；艺术产业理论与产业拓展

1836 中国艺术研究院
Chinese National Academy of Arts

所 属 类 别 / 党政智库—国务院组成部门所属
主 管 单 位 / 文化和旅游部
成 立 时 间 / 1980 年 10 月
第一负责人 / 韩子勇
合 作 机 构 /
办 公 地 址 / 北京市朝阳区惠新北里甲 1 号（100029）
电话(传真) / 010 - 64813390
邮　　箱 / Newsbox@163.com
网　　址 / http://www.zgysyjy.org.cn
主要研究领域:
非物质文化遗产保护；非物质文化遗产数字化保护；文化发展战略；文化理论与政策

1837 中国战略与管理研究会
China Institute of Strategy and Management

所属类别／社会智库—社会团体
主管单位／
成立时间／1989 年 6 月
第一负责人／
合作机构／
办公地址／北京市海淀区阜成路 2 号钓鱼台国宾馆 16 号楼（100830）
电话(传真)／010－58591624（010－58873542）
邮　　箱／cssm896@ 163. com
网　　址／
主要研究领域：
经济、科技、文化教育、安全与发展战略；管理理论与现实问题

1838 中国证监会研究中心

所属类别／党政智库—国务院直属事业单位所属
主管单位／中国证监会
成立时间／
第一负责人／祁斌
合作机构／
办公地址／北京市西城区金融大街 19 号富凯大厦（100033）
电话(传真)／
邮　　箱／
网　　址／
主要研究领域：
国际、国内经济金融领域；资本市场制度建设；监管体制

1839 中国政法大学法与经济学研究院
School of Law and Economics, China University of Political Science and Law

所属类别／高校智库
主管单位／中国政法大学
成立时间／2005 年 3 月
第一负责人／徐文鸣（副院长）
合作机构／
办公地址／北京市海淀区西土城路 25 号（102249）
电话(传真)／
邮　　箱／
网　　址／http://cle. cupl. edu. cn
主要研究领域：
法与经济学

Z

1840 **中国政法大学法治政府研究院**
Research Center for Government by Law, China University of Political Science and Law

所 属 类 别 / 高校智库
主 管 单 位 / 中国政法大学
成 立 时 间 /
第一负责人 / 王敬波
合 作 机 构 /
办 公 地 址 / 北京市海淀区西土城 25 号 (100088)
电话(传真) / 010 - 58908371
邮　　箱 / fazhizhengfu@ 163. com
网　　址 / http://fzzfyjy. cupl. edu. cn
主要研究领域:
宪法; 行政法

1841 **中国政法大学公正司法研究中心**
Centre for Notary Law of China University of Political Science and Law

所 属 类 别 / 高校智库
主 管 单 位 / 中国政法大学
成 立 时 间 / 2016 年 1 月
第一负责人 / 卞修全
合 作 机 构 /
办 公 地 址 / 北京市昌平区府学路 27 号 (102249)
电话(传真) / 010 - 58909309 (010 - 58909309)
邮　　箱 / cncupl@ gmail. com
网　　址 /
主要研究领域:
公证法学; 公证制度; 中国公证改革与发展

1842 **中国政法大学全球化与全球问题研究所**
Globalization and Global Issues Institute, China University of Political Science and Law

所 属 类 别 / 高校智库
主 管 单 位 / 中国政法大学
成 立 时 间 / 2007 年 4 月
第一负责人 / 蔡拓
合 作 机 构 /
办 公 地 址 / 北京市海淀区西土城路 25 号 (100088)
电话(传真) / 010 - 58908000 (010 - 58908000)
邮　　箱 / cggi@ cupl. edu. cn
网　　址 / http://qqhyjs. cupl. edu. cn
主要研究领域:
全球化与全球问题

1843 中国政法大学人权研究院
Institution for Human Rights at China University of Political Science and Law

所 属 类 别 / 合作智库—政校合作
主 管 单 位 / 中国政法大学
成 立 时 间 / 2011 年 12 月
第一负责人 / 马怀德
合 作 机 构 / 教育部、中央对外宣传办公室、中国政法大学
办 公 地 址 / 北京市海淀区西土城路 25 号中国政法大学研究生院科研楼（100088）
电话(传真) / 010 – 58908276（010 – 58908277）
邮　　箱 / ihr@ cupl. edu. cn
网　　址 / http://rqyjy. cupl. edu. cn
主要研究领域:
国际人权法；人权国内保障；刑事司法与人权；宪政与人权；国家人权机构

1844 中国政法大学司法文明协同创新中心
Center of Cooperative Innovation for Judicial Civilization

所 属 类 别 / 合作智库—校校合作
主 管 单 位 / 中国政法大学
成 立 时 间 / 2012 年 7 月
第一负责人 / 张保生、张文显、王树义
合 作 机 构 / 中国政法大学、吉林大学、武汉大学
办 公 地 址 / 北京市海淀区西土城路 25 号中国政法大学综合科研楼（100088）
电话(传真) / 010 – 58908031
邮　　箱 /
网　　址 / http://www. cicjc. com. cn/zh
主要研究领域:
司法文明理论；司法文明史；诉讼法学；证据法学；法庭科学；侦查学；检察学；司法伦理学；知识产权司法鉴定；司法会计学

1845 中国政法大学诉讼法学研究院
Procedural Law Research Institute, China University of Political Science and Law

所 属 类 别 / 高校智库
主 管 单 位 / 中国政法大学
成 立 时 间 / 1999 年 10 月
第一负责人 / 熊秋红
合 作 机 构 /
办 公 地 址 / 北京市海淀区西土城路 25 号（100088）
电话(传真) / 010 – 58908270（010 – 58908370）
邮　　箱 / haiminl@ cupl. edu. cn
网　　址 / http://www. procedurallaw. cn/zh
主要研究领域:
刑事诉讼法；民事诉讼法；行政诉讼法；证据法

1846 中国政法大学特许经营研究中心
Franchise Research Center of China University of Political Science and Law

所属类别 / 高校智库
主管单位 / 中国政法大学
成立时间 / 2004 年
第一负责人 / 李维华
合作机构 /
办公地址 / 北京市海淀区西土城路 25 号中国政法大学商学院（100029）
电话(传真) / 010 - 89803106（010 - 89803106）
邮　　箱 /
网　　址 /
主要研究领域：
特许经营

1847 中国政法大学知识产权研究中心
Center for Intellectual Property Rights Studies, China University of Political Science and Law

所属类别 / 高校智库
主管单位 / 中国政法大学
成立时间 / 2005 年 7 月
第一负责人 / 张楚
合作机构 /
办公地址 / 北京市海淀区西土城路 25 号中国政法大学新科研楼 A 段（100088）
电话(传真) / 010 - 58908252
邮　　箱 / chuzh@ cupl. edu. cn
网　　址 /
主要研究领域：
知识产权

1848 中国政法大学中国政府改革和发展研究中心
Research Center for the Chinese Government Reform and Development, China University of Political Science and Law

所属类别 / 高校智库
主管单位 / 中国政法大学
成立时间 / 2013 年 9 月
第一负责人 / 石亚军
合作机构 /
办公地址 / 北京市海淀区西土城路 25 号（100088）
电话(传真) / 010 - 58908113
邮　　箱 / cupl58908113@ 126. com
网　　址 / http://govreform. cupl. edu. cn
主要研究领域：
中国政府机构设置和人员编制；中国政府府际关系和运行机制；政府制度建设

1849 中国自然资源经济研究院
Chinese Academy of Land & Resource Economics

所 属 类 别／党政智库—国务院组成部门所属
主 管 单 位／自然资源部
成 立 时 间／1976 年
第一负责人／张新安
合 作 机 构／
办 公 地 址／河北省三河市燕郊技术开发区京榆大街 689 号（101149）
电话(传真)／010－61595915（010－61592117）
邮　　箱／
网　　址／http://www.canre.org.cn/index.htm
主要研究领域：
国土资源政策法规；资源战略；规划管理；产权市场；环境经济；产业经济；预算价格；标准体系；可持续发展

1850 中华中医药学会
China Association of Chinese Medicine

所 属 类 别／社会智库—社会团体
主 管 单 位／国家中医药管理局
成 立 时 间／1979 年
第一负责人／王国辰
合 作 机 构／
办 公 地 址／北京市朝阳区樱花园东街甲 4 号（100029）
电话(传真)／010－84257895
邮　　箱／cacmbgs@163.com
网　　址／http://www.cacm.org.cn
主要研究领域：中医药学术发展方向；中医药政策法规、发展战略、管理决策；中医药科技成果和人才评价

1851 中南财经政法大学产业升级与区域金融湖北省协同创新中心
Collaborative Innovation Center of Industrial Upgrading and Regional Finance（Hubei）

所 属 类 别／合作智库
主 管 单 位／中南财经政法大学
成 立 时 间／2014 年 5 月
第一负责人／朱新蓉
合 作 机 构／华中科技大学、湖北大学、湖北工业大学、湖北经济学院
办 公 地 址／湖北省武汉市东湖高新技术开发区南湖大道 182 号中南财经政法大学文泉楼（430073）
电话(传真)／027－88386955
邮　　箱／ciciurf@znufe.edu.cn
网　　址／https://ciciurf.zuel.edu.cn
主要研究领域：金融政策；产业政策；区域改革

1852 中南财经政法大学城乡社区社会管理湖北省协同创新中心
The Co-innovation Center for Social Governance of Urban And Rural Communities in Hubei Province

所 属 类 别 / 合作智库
主 管 单 位 / 中南财经政法大学
成 立 时 间 / 2012 年 12 月
第一负责人 / 赵曼
合 作 机 构 / 武汉大学、武汉科技大学、三峡大学
办 公 地 址 / 湖北省武汉市东湖高新技术开发区南湖大道 182 号文沁楼（430073）
电话(传真) / 027 - 88387563（027 - 88387563）
邮　　箱 / xtcx@ znufe. edu. cn
网　　址 / http://www. smjic. org
主要研究领域:
城乡社区社会管理

1853 中南财经政法大学法治发展与司法改革研究中心

所 属 类 别 / 高校智库
主 管 单 位 / 中南财经政法大学
成 立 时 间 / 2012 年 7 月
第一负责人 / 徐汉明
合 作 机 构 /
办 公 地 址 / 湖北省武汉市东湖高新技术开发区南湖大道特一号（430073）
电话(传真) / 027 - 87107128（027 - 87108590）
邮　　箱 / fazhihubei@ qq. com
网　　址 /
主要研究领域:
司法政策

1854 中南财经政法大学湖北金融研究中心
Hubei Finance Research Center of Zhongnan University of Economics and Law

所 属 类 别 / 高校智库
主 管 单 位 / 中南财经政法大学
成 立 时 间 / 2000 年
第一负责人 / 朱新蓉
合 作 机 构 /
办 公 地 址 / 湖北省武汉市洪山区南湖大道 182 号（430073）
电话(传真) / 027 - 88386955（027 - 88386955）
邮　　箱 / 2488890427@ qq. com
网　　址 /
主要研究领域:
湖北金融发展

1855 中南财经政法大学人口与区域研究中心

The Center of Population and Region Studies of Zhongnan University of Economics and Law

所 属 类 别 / 高校智库
主 管 单 位 / 中南财经政法大学
成 立 时 间 /
第一负责人 / 杨云彦
合 作 机 构 /
办 公 地 址 / 湖北省武汉市洪山区南湖大道 182 号中南财经政法大学公共管理学院（430073）
电话(传真) /
邮　　箱 / cgs0226@ znufe. edu. cn
网　　址 /
主要研究领域：
人口迁移与城市化；区域经济政策与管理；区域经济与可持续发展；城市经济与管理；劳动就业与社会保障；人口经济信息开发与应用

1856 中南财经政法大学现代产业经济研究中心

Center for Industrial Economic Research, Zhongnan University of Economics and Law

所 属 类 别 / 高校智库
主 管 单 位 / 中南财经政法大学
成 立 时 间 / 2002 年
第一负责人 / 胡立君
合 作 机 构 /
办 公 地 址 / 湖北省武汉市洪山区南湖大道 182 号（430073）
电话(传真) / 027 - 88386757
邮　　箱 / cier@ znufe. edu. cn
网　　址 / https://cier. zuel. edu. cn
主要研究领域：
企业理论与战略转型；产业组织与产业竞争；产业结构与经济政策

1857 中南财经政法大学知识产权研究中心

所 属 类 别 / 高校智库
主 管 单 位 / 中南财经政法大学
成 立 时 间 / 2000 年
第一负责人 / 吴汉东
合 作 机 构 /
办 公 地 址 / 湖北省武汉市洪山区南湖大道 182 号（430073）
电话(传真) / 027 - 88386157
邮　　箱 / Justice_ Appraise@ iprcn. com
网　　址 / http://www. iprcn. com
主要研究领域：知识产权国际保护；知识产权实务；知识产权比较

1858 中南财经政法大学中国经济与会计监管研究中心
Research Center of Accounting Regulation on Chinese Economics, Zhongnan University of Economics and Law

所 属 类 别 / 高校智库
主 管 单 位 / 中南财经政法大学
成 立 时 间 / 2000 年
第一负责人 / 郭道扬
合 作 机 构 /
办 公 地 址 / 湖北省武汉市洪山区南湖大道 182 号（430073）
电话(传真) /
邮　　箱 / rcar@ rcarce. org
网　　址 /
主要研究领域：监管法规；会计监督与资本市场；国有资本监管

1859 中南财经政法大学中国收入分配研究中心
China's Income Distribution Research Center

所 属 类 别 / 高校智库
主 管 单 位 / 中南财经政法大学
成 立 时 间 / 2010 年 11 月
第一负责人 / 杨灿明
合 作 机 构 /
办 公 地 址 / 湖北省武汉市洪山区南湖大道 182 号中南财经政法大学财税学院（430073）
电话(传真) / 027 - 88386486
邮　　箱 /
网　　址 / http://idrc. zuel. edu. cn
主要研究领域：
行业垄断性收入制度；隐性收入与腐败问题；提高居民财产性收入水平的对策；收入分配体制与制度国际比较；社会保障与慈善；政府规制与财政分配

1860 中南财经政法大学中国政府采购研究所
China Government Procurement Research Institute, ZUEL

所 属 类 别 / 合作智库—政校合作
主 管 单 位 / 中南财经政法大学
成 立 时 间 / 2010 年 3 月
第一负责人 / 杨灿明
合 作 机 构 / 湖北省财政厅、中南财经政法大学
办 公 地 址 / 湖北省武汉市东湖高新区南湖大道 182 号文沁楼（430070）
电话(传真) /
邮　　箱 /
网　　址 /
主要研究领域：政府采购理论与实践

1861 中南大学地方治理研究院
Institute of Local Governance, Central South University

所 属 类 别 / 高校智库
主 管 单 位 / 中南大学
成 立 时 间 / 2015 年 10 月
第一负责人 / 彭忠益
合 作 机 构 /
办 公 地 址 / 湖南省长沙市岳麓区麓山南路 932 号中南大学本部公共管理学院（410083）
电话(传真) / 0731 - 82656611 （0731 - 82656611）
邮　　箱 / hsrlab@ 163. com
网　　址 / http://ilg. csu. edu. cn
主要研究领域:
城市治理; 乡村治理; 区域政策

1862 中南大学高等教育研究所
Academy of Education Studies, Central South University

所 属 类 别 / 高校智库
主 管 单 位 / 中南大学
成 立 时 间 / 2001 年
第一负责人 / 张少雄
合 作 机 构 /
办 公 地 址 / 湖南省长沙市岳麓区麓山南路 932 号（410083）
电话(传真) / 0731 - 88877797
邮　　箱 / gjsb@ mail. csu. edu. cn
网　　址 /
主要研究领域:
课程与教学; 学科课程与教学; 高等教育; 高等教育管理; 学位与研究生教育

1863 中南大学金属资源战略研究院
Institute of Metal Resources Strategy, CSU

所 属 类 别 / 高校智库
主 管 单 位 / 中南大学
成 立 时 间 / 2012 年 11 月
第一负责人 / 黄健柏
合 作 机 构 /
办 公 地 址 / 湖南省长沙市岳麓区麓山南路 932 号中南大学米塔尔楼 227 室（410012）
电话(传真) / 0731 - 88830228
邮　　箱 / IMRS @ bs. csu. edu. cn
网　　址 / http://imrs. csu. edu. cn
主要研究领域: 金属资源情报与科技战略; 金属资源安全战略与产业政策; 金属资源节约与环境保护

1864 中南大学两型社会与生态文明协同创新中心

所属类别／高校智库
主管单位／中南大学
成立时间／2012 年
第一负责人／陈晓红
合作机构／
办公地址／湖南省长沙市麓山南路 932 号中南大学校本部管理楼（410012）
电话(传真)／
邮　　箱／
网　　址／
主要研究领域：
资源政策；能源政策；环境政策；消费政策；文化政策

1865 中南大学人力资源研究中心
Human Resources Research Center of Central South University

所属类别／高校智库
主管单位／中南大学
成立时间／
第一负责人／颜爱民
合作机构／
办公地址／湖南省长沙市岳麓区麓山南路 932 号（410083）
电话(传真)／0731－88879551（0731－88879551）
邮　　箱／e－trust@ 263. net
网　　址／http://www. csuhr. com
主要研究领域：
中长期激励；集团管控；人力资源战略；绩效管理；薪酬管理；劳动关系管理

1866 中南大学知识产权研究院（湖南省知识产权研究院）
Central South University Institute of Intellectual Property

所属类别／高校智库
主管单位／中南大学
成立时间／2011 年 4 月
第一负责人／蒋建湘
合作机构／
办公地址／湖南省长沙市岳麓区麓山南路 605 号中南大学法学院（410083）
电话(传真)／0731－88660219（0731－88660219）
邮　　箱／csuips@ csu. edu. cn
网　　址／
主要研究领域：
知识产权

1867 中南大学中国城市竞争力研究所
Institute for Urban Competitiveness of China, Central South University

所属类别 / 高校智库
主管单位 / 中南大学
成立时间 /
第一负责人 / 洪毅
合作机构 /
办公地址 / 湖南省长沙市天心区韶山南路68号中南大学铁道校区办公楼（410075）
电话(传真) / 0731-2656447（0731-2655537）
邮　　箱 / cucp777@126.com
网　　址 /
主要研究领域：
城市管理；城市发展；城市竞争力战略

Z

1868 中南大学中国村落文化研究中心
Research Center of Chinese Village Culture, Central South University

所属类别 / 高校智库
主管单位 / 中南大学
成立时间 / 2016年4月
第一负责人 / 胡彬彬
合作机构 /
办公地址 / 湖南省长沙市岳麓区麓山南路932号（410006）
电话(传真) / 0731-88877670（0731-88877027）
邮　　箱 /
网　　址 / http://village.csu.edu.cn/introduction/index.html
主要研究领域：
文化教育与道德教化；宗法礼制与村落治理；民族民俗与宗教信仰；氏族文献与新见民族史料

1869 中南大学中国文化法研究中心

所属类别 / 高校智库
主管单位 / 中南大学
成立时间 / 2016年4月
第一负责人 / 周刚志
合作机构 /
办公地址 / 湖南省长沙市岳麓区麓山南路605号中南大学法学院（410083）
电话(传真) / 15974291490
邮　　箱 / 1921187435@qq.com
网　　址 / http://www.2016ccl.com
主要研究领域：文化法律基础理论；文化遗产法；公共文化服务法

1870 中南民族大学高校风险预警防控研究中心

所 属 类 别 / 高校智库
主 管 单 位 / 中南民族大学
成 立 时 间 / 2011 年
第一负责人 / 常一青
合 作 机 构 /
办 公 地 址 / 湖北省武汉市洪山区民族大道 182 号中南民族大学 5 号教学楼（430074）
电话(传真) / 027 - 67844676
邮　　箱 / zhaihuayun@ aliyun. com
网　　址 / http://www. scuec. edu. cn/gxfxfk
主要研究领域:
高校风险预警防范理论研究与政策分析；高校风险评估与预警机制；高校内部控制与制度保障

1871 中南民族大学湖北民族地区经济社会发展研究中心

所 属 类 别 / 合作智库
主 管 单 位 / 中南民族大学、湖北省民族宗教事务委员会
成 立 时 间 / 2011 年 10 月
第一负责人 / 苏祖勤
合 作 机 构 / 湖北省民族宗教事务委员会
办 公 地 址 / 湖北省武汉市洪山区民族大道 708 号（430074）
电话(传真) /
邮　　箱 /
网　　址 / http://www. scuec. edu. cn/mzjj
主要研究领域:
湖北民族地区经济、社会发展

1872 中南民族大学民族政策与社会发展研究中心

所 属 类 别 / 高校智库
主 管 单 位 / 中南民族大学
成 立 时 间 / 2009 年
第一负责人 / 李资源
合 作 机 构 /
办 公 地 址 / 湖北省武汉市洪山区民族大道 182 号（430074）
电话(传真) /
邮　　箱 / server@ scuec. edu. cn
网　　址 / http://www. scuec. edu. cn/mzzcyjzx
主要研究领域:
中国共产党与少数民族文化；教育及经济发展

1873 中南民族大学中南民族大学科学研究发展院

所属类别 / 高校智库
主管单位 / 中南民族大学
成立时间 /
第一负责人 / 覃瑞
合作机构 /
办公地址 / 湖北省武汉市洪山区民族大道 182 号（430074）
电话(传真) / 027 - 67841887
邮　　箱 /
网　　址 / http://www.scuec.edu.cn/kfy
主要研究领域：
科学研究发展

1874 中欧陆家嘴国际金融研究院
CEIBS Lujiazui International Finance Research Center

所属类别 / 合作智库—校企合作
主管单位 /
成立时间 / 2007 年 10 月
第一负责人 / 姜建清
合作机构 / 中欧国际工商学院、上海陆家嘴（集团）有限公司
办公地址 / 上海市浦东新区陆家嘴东园路 36 号 B 幢别墅（200120）
电话(传真) / 021 - 68882460（021 - 68882459）
邮　　箱 / lujiazui_center@ceibs.edu
网　　址 / http://www.ljzfc.org
主要研究领域：
国际金融中心建设；中国金融体系现代化

1875 中山大学城市社会研究中心
Center for Urban Studies, Sun Yat - sen University

所属类别 / 高校智库
主管单位 / 中山大学
成立时间 / 2006 年 5 月
第一负责人 / 蔡禾
合作机构 /
办公地址 / 广东省广州市海珠区新港西路 135 号中山大学东北区 344 栋（510275）
电话(传真) / 020 - 84113169（020 - 84113169）
邮　　箱 / csssysu@mail.sysu.edu.cn
网　　址 /
主要研究领域：
城市社区发展；城市非营利组织发展；城市管理制度创新；城市化；城市群和城市圈建设；城市问题与公共政策

1876 中山大学地球环境与地球资源研究中心

Center for Earth Environment & Resources, Sun Yat - sen University

所 属 类 别 / 高校智库
主 管 单 位 / 中山大学
成 立 时 间 / 2003 年 7 月
第一负责人 / 周永章
合 作 机 构 /
办 公 地 址 / 广东省广州市海珠区新港西路 135 号中山大学地环大楼 C 座 508 室 (510275)
电话(传真) / 020 - 84111011 (020 - 84111255)
邮　　箱 / eeswsg@ mail. sysu. edu. cn
网　　址 /
主要研究领域:
区域发展与可持续发展; 地球环境应对策略与低碳发展; 环境资源经济学与环境资源政策; 人居环境与可持续发展; 环境地球化学与健康

1877 中山大学国家治理研究院

Institute of State Governance, Sun Yat - sen University

所 属 类 别 / 高校智库
主 管 单 位 / 中山大学
成 立 时 间 / 2014 年 2 月
第一负责人 / 李善民
合 作 机 构 /
办 公 地 址 / 广东省广州市海珠区新港西路 135 号中山大学文科楼 506 室 (510275)
电话(传真) / 020 - 84112310
邮　　箱 /
网　　址 / http://isg. sysu. edu. cn
主要研究领域:
公共管理; 廉政与治理; 互联网与治理; 地方立法; 司法体制改革; 社会保障

1878 中山大学华南农村研究中心

South China Rural Research Center, Sun Yat - sen University

所 属 类 别 / 高校智库
主 管 单 位 / 中山大学
成 立 时 间 / 2004 年 7 月
第一负责人 / 吴重庆
合 作 机 构 /
办 公 地 址 / 广东省广州市海珠区新港西路 135 号中山大学 (510275)
电话(传真) / 020 - 84110252 (020 - 84110252)
邮　　箱 / 915346178@ qq. com
网　　址 /
主要研究领域: 城乡协调与统筹发展; 农村自身可持续发展; 乡村资源空间整合

Z

1879 中山大学教育现代化研究中心
Education Modernization Research Center, Sun Yat - sen University

所 属 类 别 / 高校智库
主 管 单 位 / 中山大学
成 立 时 间 / 2005 年
第一负责人 / 冯增俊
合 作 机 构 /
办 公 地 址 / 广东省广州市海珠区新港西路 135 号中山大学文科大楼 709 室、221 室（510275）
电话(传真) / 020 - 85210841（020 - 84110841）
邮　　箱 / zsdxjyxdh@ 163. com
网　　址 /
主要研究领域：
中国教育现代化；名校发展与品牌战略；学校现代化；儿童双语教育；教师发展

1880 中山大学金融工程与风险管理研究中心
Center for Financial Engineering and Risk Management, Sun Yat - sen University

所 属 类 别 / 高校智库
主 管 单 位 / 中山大学
成 立 时 间 / 2003 年 6 月
第一负责人 / 李仲飞
合 作 机 构 /
办 公 地 址 / 广东省广州市海珠区新港西路 135 号中山大学东北区 388 号楼（510275）
电话(传真) / 020 - 84110050（020 - 84116924）
邮　　箱 / cferm@ mail. sysu. edu. cn
网　　址 / http://bus. sysu. edu. cn/cferm
主要研究领域：
资源配置；资产定价；金融市场；风险管理；公司金融；行为金融；供应链金融；保险；精算；社会保障；决策与对策

1881 中山大学历史人类学研究中心
Centre For Historical Anthropology, Sun Yat - sen University

所 属 类 别 / 高校智库
主 管 单 位 / 中山大学
成 立 时 间 / 2001 年 3 月
第一负责人 / 刘志伟
合 作 机 构 /
办 公 地 址 / 广东省广州市海珠区新港西路 135 号中山大学东北区 317 栋（510275）
电话(传真) / 020 - 84114831（020 - 84112122）
邮　　箱 / hshac@ mail. sysu. edu. cn
网　　址 / http://ha. sysu. edu. cn
主要研究领域：族群与区域文化；民间信仰与宗教文化；传统乡村社会

1882 中山大学廉政与治理研究中心
Center for Anti – Corruption Studies of Sun Yat – sen University

所 属 类 别 / 合作智库—政校合作
主 管 单 位 / 中山大学
成 立 时 间 / 2008 年 12 月
第一负责人 / 郑德涛、王兴宁
合 作 机 构 / 中共广东省纪委、中山大学
办 公 地 址 / 广东省广州市大学城中山大学政务学院楼 C103 室（510006）
电话(传真) / 020 – 39332357（020 – 39332357）
邮　　箱 /
网　　址 /
主要研究领域：
政治文明与廉政建设；政府改革与廉政创新；地方治理与廉政文化

1883 中山大学流动人口卫生政策研究中心
Sun Yat – sen Center For migrant Health Policy

所 属 类 别 / 高校智库
主 管 单 位 / 中山大学
成 立 时 间 / 2009 年
第一负责人 / 凌莉
合 作 机 构 /
办 公 地 址 / 广东省广州市越秀区中山二路 74 号中山大学公共卫生学院（510080）
电话(传真) / 020 – 87335524（020 – 87335524）
邮　　箱 / cmhp@ mail. sysu. edu. cn
网　　址 /
主要研究领域：
流动人口的卫生服务；医疗保险及救助体系；卫生政策评估

1884 中山大学旅游发展与规划研究中心
Center For Tourism Planning & Research, Sun Yat – sen University

所 属 类 别 / 高校智库
主 管 单 位 / 中山大学
成 立 时 间 / 2000 年
第一负责人 / 保继刚
合 作 机 构 /
办 公 地 址 / 广东省广州市海珠区新港西路 135 号东北区 329 栋（510275）
电话(传真) / 020 – 84113621（020 – 84113621）
邮　　箱 / lyzx@ mail. sysu. edu. cn
网　　址 /
主要研究领域：
社区旅游；事件旅游；旅游影响；城市旅游；遗产旅游；会展旅游；乡村旅游；温泉旅游

1885 中山大学南海战略研究院
Institute of South China Sea Strategic Studies, Sun Yat – sen University

所 属 类 别 / 高校智库
主 管 单 位 / 中山大学
成 立 时 间 / 2015 年 6 月
第一负责人 / 孙冬柏
合 作 机 构 /
办 公 地 址 / 广东省广州市海珠区新港西路 135 号中山大学文科楼 8 层 (510275)
电话(传真) / 020 – 84111121
邮　　箱 / zdgyy@ mail. sysu. edu. cn
网　　址 /
主要研究领域：东南亚问题；大洋洲问题研究；华侨华人；美国问题

1886 中山大学税收与财税法研究中心
Research Center for Taxation & Financial and Tax law, Sun Yat – sen University

所 属 类 别 / 高校智库
主 管 单 位 / 中山大学
成 立 时 间 / 2003 年 6 月
第一负责人 / 杨小强
合 作 机 构 /
办 公 地 址 / 广东省广州市海珠区新港西路 135 号中山大学岭南行政中心 3 层 (510275)
电话(传真) / 020 – 84113858 – 261 (020 – 84114823)
邮　　箱 / taxation@ mail. sysu. edu. cn
网　　址 /
主要研究领域：税收理论与政策；税收法律；税收管理、纳税评估与纳税服务；国际税收

1887 中山大学物流与供应链研究中心
Research Center for Logistics & Supply Chain, Sun Yat – sen University

所 属 类 别 / 高校智库
主 管 单 位 / 中山大学
成 立 时 间 /
第一负责人 / 陈功玉
合 作 机 构 /
办 公 地 址 / 广东省广州市海珠区新港西路 135 号中山大学岭南学院行政楼 502 室 (510275)
电话(传真) / 020 – 84111197 (020 – 84114823)
邮　　箱 / lnscgy@ . sysu. edu. cn
网　　址 /
主要研究领域：现代物流系统分析与设计；区域物流战略与规划；物流配送中心设计；运输管理与路径优化；物流与供应链管理信息系统

1888 中山大学信息经济与政策研究中心
Center For information Economy And Policy, Sun Yat – Sen University

所属类别/高校智库
主管单位/中山大学
成立时间/1999 年
第一负责人/谢康
合作机构/
办公地址/广东省广州市海珠区新港西路 135 号中山大学管理学院震寰堂 A205 室（510275）
电话(传真)/020 – 84114167（020 – 84114931）
邮　　箱/mail. sysu. edu. cn
网　　址/
主要研究领域：
信息经济；电子商务经济

1889 中山大学亚太研究院
School of Asia – Pacific Studies, Sun Yat – Sen University

所属类别/高校智库
主管单位/中山大学
成立时间/2007 年 11 月
第一负责人/滨下武志
合作机构/
办公地址/广东省广州市海珠区新港西路 135 号东北区 308 栋（510000）
电话(传真)/020 – 84111062（020 – 84111062）
邮　　箱/yta@ mail. sysu. edu. cn
网　　址/
主要研究领域：
亚太地区的国际政治、国际关系、国别研究等

1890 中山大学粤港澳发展研究院
Institute of Guangdong Hong Kong and Macao Development Studies, Sun Yat – sen University

所属类别/高端智库，高校智库
主管单位/中山大学
成立时间/2015 年
第一负责人/陈春声
合作机构/
办公地址/广东省广州市海珠区新港西路 135 号中山大学文科楼 7 层（510275）
电话(传真)/020 – 84110605
邮　　箱/
网　　址/http://ygafz. sysu. edu. cn
主要研究领域：“一国两制” 与港澳基本法；港澳政治与公共治理；港澳经济；港澳社会；海上丝绸之路与粤港澳国际合作

1891 中山大学中国第三产业研究中心
China Center for Service Sector Research, Sun Yat - Sen University

所 属 类 别 / 高校智库
主 管 单 位 / 中山大学
成 立 时 间 / 2001 年
第一负责人 / 李江帆
合 作 机 构 /
办 公 地 址 / 广东省广州市海珠区新港西路 135 号中山大学善衡堂（510275）
电话(传真) / 18312069912
邮　　箱 / ccssr_org@126.com
网　　址 / http://www.ccssr.org
主要研究领域：
第三产业经济学理论与实践；第三产业发展战略规划；服务业经济分析与发展规划

1892 中山大学中国非物质文化遗产研究中心
China Intangible Cultural Heritage Research Center, Sun Yat - sen University

所 属 类 别 / 高校智库
主 管 单 位 / 中山大学
成 立 时 间 / 2002 年
第一负责人 / 宋俊华
合 作 机 构 /
办 公 地 址 / 广东省广州市海珠区新港西路 135 号中山大学中文堂（510275）
电话(传真) / 020 - 84115905（020 - 84115906）
邮　　箱 / feiwuzhi@mail.sysu.edu.cn
网　　址 / http://cich.sysu.edu.cn
主要研究领域：
非物质文化遗产保护；口传文艺与民俗

1893 中山大学中国公共管理研究中心
Center For Chinese Public Administration Research, Sun Yat - sen University

所 属 类 别 / 高校智库
主 管 单 位 / 中山大学
成 立 时 间 / 2000 年 12 月
第一负责人 / 谭安奎
合 作 机 构 /
办 公 地 址 / 广东省广州市新港西路 135 号中山大学 507 栋（510275）
电话(传真) / 020 - 84111422
邮　　箱 / ccpar@mail.sysu.edu.cn
网　　址 / http://ccpar.sysu.edu.cn
主要研究领域：
公共预算；社会保障与社会政策；城市治理与城市发展；区域公共管理；NGO 与公民社会；社会管制；公共管理认知与决策实验

1894 中山大学中国转型与开放经济研究所
China Institute of Economic Transformation and Opening, Sun Yat - sen University

所 属 类 别 / 高校智库
主 管 单 位 / 中山大学
成 立 时 间 / 1989 年
第一负责人 / 王曦
合 作 机 构 /
办 公 地 址 / 广东省广州市海珠区新港西路 135 号中山大学伍舜德图书馆 502 室（510275）
电话(传真) / 020 - 84115552 （020 - 84115551）
邮　　箱 / ife@ mail. sysu. edu. cn
网　　址 /
主要研究领域：
开放经济与全球治理；经济增长与政府行为；产业组织与转型

1895 中山大学自贸区综合研究院
Institute of Free Trade Zone, Sun Yat - sen University

所 属 类 别 / 高校智库
主 管 单 位 / 中山大学粤港澳发展研究院
成 立 时 间 / 2015 年 1 月
第一负责人 / 符正平
合 作 机 构 /
办 公 地 址 / 广东省广州市新港西路 135 号中山大学文科楼 （510275）
电话(传真) / 020 - 84111721 （020 - 84111722）
邮　　箱 / iftzr@ mail. sysu. edu. cn
网　　址 / http://iftzr. sysu. edu. cn
主要研究领域：
投资贸易、服务贸易、营商环境、金融创新等

1896 中央财经大学财经研究院
Institute for Finance and Economics, Central University of Finance and Economics

所 属 类 别 / 高校智库
主 管 单 位 / 中央财经大学
成 立 时 间 / 1978 年
第一负责人 / 林光彬
合 作 机 构 /
办 公 地 址 / 北京市海淀区学院南路 39 号 （100081）
电话(传真) / 010 - 62288369 （010 - 62288367）
邮　　箱 / cjyjyggyx@ 163. com
网　　址 / http://ifer. cufe. edu. cn
主要研究领域：公共财政与政府预算；金融理论与证券市场；资源环境与人口；宏观经济管理；俄罗斯财政经济与贸易；台湾经济；区域经济

1897 中央财经大学财政税收研究所
Study on Fiscal and Taxation Institute of Central University of Finance and Economics

所 属 类 别 / 高校智库
主 管 单 位 / 中央财经大学
成 立 时 间 / 2003 年
第一负责人 / 曾康华
合 作 机 构 /
办 公 地 址 / 北京市海淀区学院南路 39 号（100081）
电话(传真) / 010 - 62288603（010 - 62288602）
邮　　箱 / zengkanghua2012@ cufe. edu. cn
网　　址 /
主要研究领域：财政管理体制国别比较；税收制度国别比较；中国财政税收管理体制及改革；各级政府财政绩效评估；区域基本公共服务均等化；转移支付

1898 中央财经大学国防经济与管理研究院
Institute of Defense Economics and Management, Central University of Finance and Economics

所 属 类 别 / 高校智库
主 管 单 位 / 中央财经大学
成 立 时 间 /
第一负责人 / 陈波
合 作 机 构 /
办 公 地 址 / 北京市海淀区学院南路 39 号（100081）
电话(传真) / 010 - 62288950（010 - 62288950）
邮　　箱 / guofangjingji@ 126. com
网　　址 / http://idem. cufe. edu. cn
主要研究领域：国防经济；国防战略与预算评估；军队财务与审计；军事物流与采办；国防工业；国防教育；国防安全战略与管理

1899 中央财经大学国际金融研究中心
International Financial Research Center of Central University of Finance and Economics

所 属 类 别 / 高校智库
主 管 单 位 / 中央财经大学
成 立 时 间 / 2003 年 9 月
第一负责人 / 张礼卿
合 作 机 构 /
办 公 地 址 / 北京市海淀区学院南路 39 号中央财经大学金融学院（100081）
电话(传真) / 010 - 62288607（010 - 62288607）
邮　　箱 / cifs@ cufe. edu. cn
网　　址 / http://cifs. cufe. edu. cn
主要研究领域：
人民币汇率；全球经济失衡；资本流动；资本账户；开放条件下的宏观经济政策

Z

1900 **中央财经大学绿色金融国际研究院**
International Institute of Green Finance, CUFE

所 属 类 别 / 高校智库
主 管 单 位 / 中央财经大学
成 立 时 间 / 2016 年 9 月
第一负责人 / 王遥
合 作 机 构 /
办 公 地 址 / 北京市海淀区学院南路 39 号（100081）
电话(传真) / 010 - 62288768
邮　　箱 / iigf@ rccef. com. cn
网　　址 / http://iigf. cufe. edu. cn
主要研究领域：
绿色金融；气候金融；能源金融；养老金融

1901 **中央财经大学气候与能源金融研究中心**
The Research Center for Climate and Energy Finance, Central University of Finance and Economics

所 属 类 别 / 高校智库
主 管 单 位 / 中央财经大学
成 立 时 间 / 2011 年 9 月
第一负责人 / 王遥
合 作 机 构 /
办 公 地 址 / 北京市海淀区学院南路 39 号（100081）
电话(传真) / 010 - 62288768
邮　　箱 / rccef@ cufe. edu. cn
网　　址 / http://rccef. cufe. edu. cn
主要研究领域：
气候金融；环境经济与绿色金融；能源金融及可持续经济；社会发展模拟与预测

1902 **中央财经大学文化经济研究院（国家文化创新研究中心）**

所 属 类 别 / 高校智库
主 管 单 位 / 中央财经大学
成 立 时 间 / 2006 年 11 月（2012 年 5 月）
第一负责人 / 魏鹏举
合 作 机 构 /
办 公 地 址 / 北京市海淀区学院南路 39 号（100081）
电话(传真) /
邮　　箱 /
网　　址 / http://whjj. cufe. edu. cn
主要研究领域：
文化经济前沿理论

1903 中央财经大学政府预算管理研究所
Government Budget Management Institute, Central University of Finance and Economics

所 属 类 别 / 高校智库
主 管 单 位 / 中央财经大学
成 立 时 间 / 2011 年 10 月
第一负责人 / 李燕
合 作 机 构 /
办 公 地 址 / 北京市海淀区学院南路 39 号中央财经大学主楼 1106 室 (100081)
电话(传真) / 010 - 62288075 (010 - 62288601)
邮　　箱 / xpxmu@ 163. com
网　　址 / http://gb. cufe. edu. cn
主要研究领域:
公共预算理论; 财政透明度; 预算法治化; 人大预算监督; 政府会计; 政府财务报告

1904 中央财经大学中国财政发展协同创新中心
Center for China Fiscal Development, CUFF

所 属 类 别 / 合作智库
主 管 单 位 / 中央财经大学
成 立 时 间 / 2012 年 9 月
第一负责人 / 白彦锋
合 作 机 构 / 上海财经大学, 中南财经政法大学, 东北财经大学, 江西财经大学, 山东财经大学, 北京、上海、厦门三地的国家会计学院, 财政部, 国家税务总局, 中国社会科学院等所属科研机构
办 公 地 址 / 北京市昌平区沙河高教园区 (102206)
电话(传真) / 010 - 61776239
邮　　箱 /
网　　址 / http://icfd. cufe. edu. cn
主要研究领域: 财税; 卫生经济; 气候金融; 国防经济

1905 中央财经大学中国发展和改革研究院
China Institute for Development and Reform, Central University of Finance and Economics

所 属 类 别 / 高校智库
主 管 单 位 / 中央财经大学
成 立 时 间 / 2006 年 7 月
第一负责人 / 邹东涛
合 作 机 构 /
办 公 地 址 / 北京市海淀区学院南路 39 号 (100081)
电话(传真) / 010 - 82229095
邮　　箱 / dtzou@ sina. com
网　　址 /
主要研究领域: 中国经济、县域经济、能源经济、资本市场、产业发展、企业公民等

1906 中央财经大学中国公共财政与政策研究院
China Academy of Public Finance and Public Policy, Central University of Finance and Economics

所 属 类 别 / 高校智库
主 管 单 位 / 中央财经大学
成 立 时 间 / 2006 年
第一负责人 / 乔宝云
合 作 机 构 /
办 公 地 址 / 北京市海淀区学院南路 39 号中央财经大学学术会堂 (100081)
电话(传真) /
邮　　箱 /
网　　址 / http://capfpp. cufe. edu. cn
主要研究领域:
公共财政; 公共政策

1907 中央财经大学中国互联网经济研究院
China Center for Internet Economy Research, Central University of Finance and Economics

所 属 类 别 / 高校智库
主 管 单 位 / 中央财经大学
成 立 时 间 / 2013 年
第一负责人 / 孙宝文
合 作 机 构 /
办 公 地 址 / 北京市海淀区学院南路 39 号中央财经大学实验楼 6 层 (100081)
电话(传真) / 010 - 62289263 (010 - 62289263)
邮　　箱 / ccie_ cufe@ 163. com
网　　址 / http://ccie. cufe. edu. cn
主要研究领域:
互联网经济理论; 电子商务; 互联网金融; 大数据

1908 中央财经大学中国金融发展研究院
Chinese Academy of Finance and Development, Central University of Finance and Economics

所 属 类 别 / 高校智库
主 管 单 位 / 中央财经大学
成 立 时 间 / 2006 年
第一负责人 / 吴仰儒
合 作 机 构 /
办 公 地 址 / 北京市海淀区学院南路 39 号 (100081)
电话(传真) / 010 - 62288266 (010 - 62288779)
邮　　箱 / cafd@ cufe. edu. cn
网　　址 / http://cafd. cufe. edu. cn
主要研究领域: 金融研究; 金融学教育改革

1909 中央财经大学中国煤炭经济研究院

所属类别／合作智库—校企合作
主管单位／中央财经大学
成立时间／2007年6月
第一负责人／岳福斌
合作机构／中央财经大学、北京博士之星投资顾问有限公司
办公地址／北京市海淀区学院南路39号（100083）
电话(传真)／010－62288639
邮　　箱／
网　　址／
主要研究领域：
煤炭产业政策、制度安排、发展规划；企业发展战略、改制、投融资、精细化管理

1910 中央财经大学中国人力资本与劳动经济研究中心
China Center for Human Capital and Labor Market Research, Central University of Finance and Economics

所属类别／高校智库
主管单位／中央财经大学
成立时间／2008年
第一负责人／
合作机构／
办公地址／北京市海淀区学院南路39号中央财经大学学术会堂南楼612室（100081）
电话(传真)／010－62288298（010－62288298）
邮　　箱／cufechlr@gmail.com
网　　址／http://humancapital.cufe.edu.cn
主要研究领域：
人力资本及技能的度量；人力资本的投资及效益；人力资本的流动及国际化；人力资本与创新；健康与人力资本

1911 中央财经大学中国银行业研究中心
Central University of Finance and Economic China Center for Banking Research

所属类别／高校智库
主管单位／中央财经大学
成立时间／2005年9月
第一负责人／郭田勇
合作机构／
办公地址／北京市海淀区学院南路39号（100081）
电话(传真)／010－62288715（010－62289313）
邮　　箱／cufeccbr@126.com
网　　址／
主要研究领域：
银行改革；宏观经济；货币政策；房地产；资本市场

1912 中央美术学院国家艺术发展战略研究协同创新中心

所属类别 / 高校智库
主管单位 / 中央美术学院
成立时间 / 2012 年 12 月
第一负责人 / 潘公凯
合作机构 /
办公地址 / 北京市朝阳区花家地南街 8 号（100102）
电话（传真）/
邮　　箱 /
网　　址 /
主要研究领域：
国家艺术发展战略

1913 中央民族大学法治政府与地方制度研究中心
Central Government Under the Rule of Law and The Local System of Minzu University of China

所属类别 / 高校智库
主管单位 / 中央民族大学
成立时间 / 2008 年 12 月
第一负责人 / 熊文钊
合作机构 /
办公地址 / 北京市海淀区中关村南大街 27 号中央民族大学南睿楼 4 号（100081）
电话（传真）/
邮　　箱 / cplaw_secretary@126.com
网　　址 /
主要研究领域：
法治政府；地方制度

1914 中央民族大学中国少数民族研究中心
Center of Ethnic Minority Studies in China, Minzu University of China

所属类别 / 高校智库
主管单位 / 中央民族大学
成立时间 / 2000 年 2 月
第一负责人 / 丁宏
合作机构 /
办公地址 / 北京市海淀区中关村南大街 27 号（100081）
电话（传真）/ 010-68932290
邮　　箱 / zymdxccx@163.com
网　　址 / http://myzx.muc.edu.cn
主要研究领域：
民族理论与政策；民族文化遗产；民族地区生态；民族教育

1915 **中央音乐学院国家非物质文化遗产（音乐类）保护与研究中心**

所 属 类 别 / 高校智库
主 管 单 位 / 中央音乐学院
成 立 时 间 / 2015 年 6 月
第一负责人 / 张伯瑜
合 作 机 构 /
办 公 地 址 / 北京市西城区鲍家街 43 号（100031）
电话(传真) /
邮　　箱 /
网　　址 / http://www.ccom.edu.cn/szc/yjjg/ycbhzx/bmjj
主要研究领域：
非物质文化遗产（音乐类）保护与研究

1916 **中益老龄事业发展中心**
Zhongyi Ageing Development Center

所 属 类 别 / 社会智库—民办非企业
主 管 单 位 / 民政部
成 立 时 间 / 2011 年
第一负责人 / 焦国翔
合 作 机 构 /
办 公 地 址 / 北京市丰台区南四环西路 188 号八区 2 号楼（100070）
电话(传真) / 010 - 56315680
邮　　箱 / zyac2011@163.com
网　　址 / http://www.zyac.org
主要研究领域：
老龄事业；老龄问题

1917 **中原发展研究院**

所 属 类 别 / 合作智库
主 管 单 位 / 河南大学
成 立 时 间 / 2009 年 10 月
第一负责人 / 耿明斋
合 作 机 构 / 河南省人民政府研究室、河南省发展和改革委员会、河南大学
办 公 地 址 / 河南省开封市龙亭区河南大学金明校区图书馆八楼（475004）
电话(传真) / 0371 - 23881986
邮　　箱 /
网　　址 / http://zyzk.henu.edu.cn
主要研究领域：
城镇化；工业化；农业现代化；现代服务业；金融；社会保障；人口、资源与环境

1918 中证金融研究院
China Institute of Finance and Capital Markets

所 属 类 别 / 社会智库—民办非企业
主 管 单 位 / 中国证券监督管理委员会
成 立 时 间 / 2012 年 6 月
第一负责人 / 张望军
合 作 机 构 /
办 公 地 址 / 北京市西城区金融大街 26 号金阳大厦 8 层（100033）
电话(传真) / 010 - 85578300（010 - 56088544）
邮　　箱 / contact@ cifcm. com
网　　址 / www. cifcm. cn
主要研究领域:
中国资本市场、经济、金融领域的改革发展

1919 中智科学技术评价研究中心
China Institute of Science and Technology Evaluation

所 属 类 别 / 社会智库—民办非企业
主 管 单 位 / 民政部
成 立 时 间 / 2015 年 12 月
第一负责人 / 李闽榕
合 作 机 构 /
办 公 地 址 / 北京市海淀区万寿庄宾馆二号楼 2 层（100036）
电话(传真) / 010 - 68156377
邮　　箱 / 571369744@ 139. com
网　　址 / http://ciste. cn
主要研究领域:
科技创新；科技评价；社会科学评价

1920 珠三角改革发展研究院
Pearl River Delta Reform and Development Institute

所 属 类 别 / 合作智库—政校合作
主 管 单 位 / 广东省人民政府办公厅、中山大学
成 立 时 间 / 2011 年 8 月
第一负责人 / 马骏
合 作 机 构 / 广东省实施珠三角规划纲要办公室、中山大学等
办 公 地 址 / 广东省广州市海珠区新港西路中山大学冼为坚堂 4 层（510275）
电话(传真) / 020 - 84111036（020 - 84111039）
邮　　箱 / 18858281@ qq. com
网　　址 / http://www. iprd. sysu. edu. cn
主要研究领域:
珠三角改革发展

1921 住房和城乡建设部政策研究中心（中国城乡建设经济研究所）

所 属 类 别／党政智库—国务院组成部门所属
主 管 单 位／住房和城乡建设部
成 立 时 间／
第一负责人／秦虹
合 作 机 构／
办 公 地 址／北京市海淀区三里河路 9 号（100835）
电话(传真)／010 - 58933439
邮　　箱／cin@ mail. cin. gov. cn
网　　址／
主要研究领域：
房地产；城乡建设；公用事业

1922 紫金传媒智库

所 属 类 别／合作智库—多方合作
主 管 单 位／中共江苏省委宣传部
成 立 时 间／2015 年 8 月
第一负责人／张红军
合 作 机 构／江苏省委宣传部、南京大学、江苏电视台、新华日报社、凤凰出版集团、江苏有线电视集团等
办 公 地 址／
电话(传真)／
邮　　箱／
网　　址／
主要研究领域：
舆论与社会心态；互联网与传媒发展；风险与公共政策；信访与社会矛盾；大数据与社会计算

1923 自然资源部测绘发展研究中心

所 属 类 别／党政智库—国务院部委管理的国家局所属
主 管 单 位／自然资源部
成 立 时 间／
第一负责人／陈常松
合 作 机 构／
办 公 地 址／北京市海淀区莲花池西路 28 号（100830）
电话(传真)／010 - 63881527
邮　　箱／zhanlue@ sbsm. gov. cn
网　　址／https://www. drcmnr. com
主要研究领域：
测绘发展战略；测绘改革；测绘政策

1924 自然资源部国家海洋信息中心

所 属 类 别 / 党政智库—国务院部委管理的国家局所属
主 管 单 位 / 自然资源部
成 立 时 间 / 1989 年
第一负责人 / 何广顺
合 作 机 构 /
办 公 地 址 / 天津市河东区六纬路 93 号（300171）
电话(传真) / 022 – 24010836
邮　　箱 / weber@ mail. nmdis. gov. cn
网　　址 / http://www. nmdis. org. cn
主要研究领域:
国家海洋信息发展规划及其管理制度；海洋信息的国家标准和规范；国家海洋政策与法规；海洋事务对策

1925 自然资源部海洋发展战略研究所
China Institute for Marine Affairs（CIMA）

所 属 类 别 / 党政智库—国务院部委管理的国家局所属
主 管 单 位 / 自然资源部
成 立 时 间 / 1987 年
第一负责人 / 张海文
合 作 机 构 /
办 公 地 址 / 北京市西城区复兴门外大街 1 号（100860）
电话(传真) / 010 – 68047757（010 – 68030767）
邮　　箱 / cima@ cima. gov. cn
网　　址 / http://www. cimamnr. org. cn
主要研究领域:
海洋权益；海洋安全；国际海洋法；海洋经济；海洋科技；海洋管理；海洋资源开发；海洋生态环境保护；海洋灾害防治政策

1926 自然资源部油气资源战略研究中心
Strategic Research Center of Oil and Gas Resources, MNR

所 属 类 别 / 党政智库—国务院组成部门所属
主 管 单 位 / 自然资源部
成 立 时 间 / 2002 年 1 月
第一负责人 / 谢承祥
合 作 机 构 /
办 公 地 址 / 北京市西城区兵马司胡同 19 号（100034）
电话(传真) / 010 – 66558875（010 – 66558867）
邮　　箱 / youqizhongxin@ 163. com
网　　址 /
主要研究领域: 油气资源发展战略和对策；油气资源管理和科技发展

Z

1927 自然资源部咨询研究中心

Consulting & Research Center Ministry of Natural Resources

所 属 类 别 / 党政智库—国务院组成部门所属
主 管 单 位 / 自然资源部
成 立 时 间 /
第一负责人 / 王世元
合 作 机 构 /
办 公 地 址 / 北京市西城区冠英园西区 37 号（100035）
电话(传真) / 010 - 66562828（010 - 66560371）
邮　　箱 / crcmlr@ 126. com
网　　址 / https://www. crcmnr. org. cn
主要研究领域:
国土资源战略；国土资源政策法规；矿产资源开发整合；征地制度改革；农村集体土地使用权流转；土地财政；房地产价格

1928 最高人民检察院检察理论研究所

所 属 类 别 / 党政智库
主 管 单 位 / 最高人民检察院
成 立 时 间 /
第一负责人 / 谢鹏程
合 作 机 构 /
办 公 地 址 / 北京市石景山区香山南路 111 号（100144）
电话(传真) / 010 - 68630207（010 - 68630141）
邮　　箱 /
网　　址 /
主要研究领域:
检察理论

类别索引

党政智库

安徽经济管理（干部）学院 / 9
安徽省经济研究院 / 9
安徽省人民政府参事室（安徽省文史研究馆）/ 9
安徽省人民政府发展研究中心 / 10
北京市经济信息中心 / 49
北京市科学技术研究院 / 49
北京市人力资源研究中心 / 50
北京市人民政府参事室 / 50
财政部关税政策研究中心 / 68
财政部国际财经中心 / 69
重庆市经济信息中心（重庆市综合经济研究院）/ 80
重庆市人民政府参事室 / 80
东中西部区域发展和改革研究院 / 88
福建省经济信息中心 / 94
福建省人民政府发展研究中心 / 94
甘肃省人民政府参事室 / 107
工业和信息化部电信传输研究所 / 109
工业和信息化部工业文化发展中心 / 110
工业和信息化部国际经济技术合作中心 / 110
工业和信息化部软件与集成电路促进中心（中国电子工业科学技术交流中心）/ 110
工业和信息化部通信清算中心 / 111
工业和信息化部中小企业发展促进中心（中国中小企业发展促进中心）/ 111
广东省人民政府参事室（广东省人民政府文史研究馆）/ 119
广东省人民政府发展研究中心 / 119
广西壮族自治区人民政府参事室（文史研究馆）/ 126
广西壮族自治区人民政府发展研究中心 / 126
贵州省人民政府参事室 / 131
贵州省人民政府发展研究中心 / 131
国家发展和改革委员会国防动员研究发展中心 / 133
国家发展和改革委员会国际合作中心 / 134
国家发展和改革委员会国家节能中心 / 134
国家工业信息安全发展研究中心（工业和信息化部电子第一研究所）/ 134
国家广播电视总局广播电视规划院 / 135
国家广播电视总局广播电视科学研究院 / 135
国家海洋环境预报中心（自然资源部海啸预警中心）/ 135
国家监察委员会廉政理论研究中心 / 136
国家教育发展研究中心（教育部教育发展研究中心）/ 136
国家教育行政学院 / 136
国家粮食和物资储备局国家粮油信息中心 / 137
国家粮食和物资储备局科学研究院 / 137
国家林业和草原局调查规划设计院 / 138
国家林业和草原局华东调查规划设计院 / 138
国家林业和草原局经济发展研究中心 / 138
国家林业和草原局林产工业规划设计院 / 139
国家林业和草原局泡桐研究开发中心（中国林业科学研究院经济林研究开发中心）/ 139
国家林业和草原局西北林业调查规划设计院 / 139
国家林业和草原局西北自然保护区研究中心 / 140
国家林业和草原局中南调查规划设计院 / 140
国家能源委员会专家咨询委员会 / 141
国家市场监督管理总局行政学院 / 141
国家税务总局税收科学研究所 / 141
国家体育总局体育科学研究所 / 142
国家统计局国际统计信息中心 / 142
国家统计局统计科学研究所 / 142
国家统计局中国经济景气监测中心 / 143
国家卫生健康委人口文化发展中心 / 143
国家卫生健康委卫生发展研究中心 / 144
国家卫生健康委医药卫生科技发展研究中心

/ 144
国家卫生健康委医院管理研究所 / 144
国家卫生健康委职业安全卫生研究中心（煤炭工业职业医学研究中心）/ 145
国家信息化专家咨询委员会 / 146
国家信息中心（国家电子政务外网管理中心）/ 146
国家药品监督管理局南方医药经济研究所 / 146
国家应对气候变化战略研究和国际合作中心 / 147
国家邮政局发展研究中心 / 147
国家知识产权局知识产权发展研究中心 / 147
国家宗教事务局宗教研究中心 / 148
国务院参事室 / 148
国务院发展研究中心 / 149
国务院发展研究中心产业经济研究部 / 149
国务院发展研究中心创新发展研究部 / 149
国务院发展研究中心对外经济研究部 / 150
国务院发展研究中心发展战略和区域经济研究部 / 150
国务院发展研究中心港澳研究所 / 150
国务院发展研究中心公共管理与人力资源研究所 / 151
国务院发展研究中心国际技术经济研究所 / 151
国务院发展研究中心宏观经济研究部 / 151
国务院发展研究中心金融研究所 / 152
国务院发展研究中心民族发展研究所 / 152
国务院发展研究中心农村经济研究部 / 152
国务院发展研究中心欧亚社会发展研究所 / 153
国务院发展研究中心企业研究所 / 153
国务院发展研究中心社会发展研究部 / 153
国务院发展研究中心世界发展研究所 / 154
国务院发展研究中心市场经济研究所 / 154
国务院发展研究中心信息中心 / 154
国务院发展研究中心亚非发展研究所 / 155
国务院发展研究中心资源与环境政策研究所 / 155
国务院法制办公室政府法制研究中心 / 155
国务院港澳事务办公室港澳研究所 / 156
国务院国有资产监督管理委员会研究中心 / 156
海峡两岸关系研究中心 / 162
河北省宏观经济研究所 / 167
河北省人民政府研究室 / 167
河南省人民政府参事室 / 175
黑龙江省人民政府参事室 / 179
湖北省人民政府参事室 / 182
湖北省人民政府研究室 / 182
湖南省人民政府参事室（湖南省文史研究馆）/ 187
湖南省人民政府发展研究中心（政务服务中心）/ 187
机械工业经济管理研究院 / 213
吉林省人民政府参事室 / 217
吉林省人民政府发展研究中心（吉林省人民政府发展战略研究院）/ 217
江苏省人民政府参事室 / 228
江苏省文化艺术研究院 / 229
江苏省战略与发展研究中心 / 230
江西省人民政府参事室 / 240
交通运输部公路科学研究院 / 243
交通运输部规划研究院 / 243
交通运输部科学研究院 / 243
交通运输部水运科学研究院 / 244
教育部高等教育教学评估中心 / 244
教育部高等学校社会科学发展研究中心 / 245
教育部科技发展中心 / 245
教育部民族教育发展中心 / 245
教育部学位与研究生教育发展中心 / 246
教育部语言文字应用研究所 / 246
科学技术部高技术研究发展中心 / 249
辽宁省人民政府参事室 / 262
民政部国家减灾中心（民政部卫星减灾应用中心）/ 265
民政部一零一研究所 / 265
民政部政策研究中心 / 266
内蒙古自治区发展研究中心（内蒙古自治区经济信息中心）/ 305
内蒙古自治区政府研究室（内蒙古自治区人

民政府参事室）/ 306
宁夏回族自治区人民政府参事室 / 308
宁夏回族自治区人民政府研究室（宁夏回族自治区发展研究中心）/ 308
青海省人民政府参事室 / 312
山东省宏观经济研究院 / 340
山东省人民政府参事室 / 340
山东省艺术研究院 / 341
山西省人民政府参事室（山西省人民政府文史研究馆）/ 343
陕西省人民政府参事室（陕西省文史研究馆）/ 345
陕西省人民政府研究室（陕西省发展研究中心）/ 345
商务部国际贸易经济合作研究院 / 351
商务部经贸政策咨询委员会 / 352
商务部流通产业促进中心 / 352
上海国际问题研究院 / 360
上海科学技术政策研究所 / 366
上海市发展改革研究院 / 367
上海市教育科学研究院 / 368
上海市浦东改革与发展研究院（中国（上海）自由贸易试验区研究院）/ 369
上海市人民政府参事室 / 369
上海市人民政府发展研究中心 / 369
生态环境部华南环境科学研究所 / 381
生态环境部环境发展中心（中日友好环境保护中心）/ 381
生态环境部环境工程评估中心 / 382
生态环境部环境规划院 / 382
生态环境部环境与经济政策研究中心 / 382
水电水利规划设计总院 / 391
水利部发展研究中心 / 391
司法部司法行政学院 / 392
司法部司法研究所（研究室）/ 392
司法部预防犯罪研究所 / 392
四川省经济和社会发展研究院 / 398
四川省人民政府参事室（四川省人民政府文史研究馆）/ 398
天津市人民政府参事室（天津市文史研究馆）/ 412
文化和旅游部民族民间文艺发展中心 / 424
文化和旅游部全国公共文化发展中心 / 425
新华通讯社 / 467
新疆维吾尔自治区人民政府参事室 / 472
冶金工业经济发展研究中心 / 475
应急管理部信息研究院（煤炭信息研究院）/ 478
应急管理部研究中心（中国煤炭工业发展研究中心）/ 478
云南省人民政府参事室（文史研究馆）/ 487
浙江省标准化研究院［金砖国家标准化（浙江）研究中心］/ 500
浙江省城市治理研究中心 / 501
浙江省发展规划研究院 / 501
浙江省科技发展战略研究院 / 502
浙江省科技信息研究院 / 502
浙江省人民政府参事室（浙江省文史研究馆）/ 503
浙江省文化和旅游发展研究院 / 505
中共安徽省委党校（安徽行政学院）/ 512
中共北京市委党校（北京行政学院）/ 512
中共重庆市委党校（重庆行政学院）/ 512
中共大连市委党校（大连行政学院）/ 513
中共福建省委党校（福建行政学院）/ 513
中共甘肃省委党校（甘肃行政学院）/ 513
中共广东省委党校（广东行政学院）/ 514
中共广西区委党校（广西行政学院）/ 514
中共贵州省委党校（贵州行政学院）/ 514
中共海南省委党校（海南省行政学院）/ 515
中共河北省委党校（河北行政学院）/ 515
中共河南省委党校（河南行政学院）/ 515
中共黑龙江省委党校（黑龙江行政学院）/ 516
中共湖北省委党校（湖北行政学院）/ 516
中共湖南省委党校（湖南行政学院）/ 516
中共吉林省委党校（吉林省行政学院）/ 517
中共江苏省委党校（江苏行政学院）/ 517
中共江西省委党校（江西行政学院）/ 517
中共辽宁省委党校（辽宁行政学院）/ 518
中共内蒙古区委党校（内蒙古自治区行政学院）/ 518
中共宁波市委党校（宁波行政学院）/ 518
中共宁夏区委党校（宁夏行政学院）/ 519

中共青岛市委党校（青岛行政学院）/ 519
中共青海省委党校（青海省行政学院）/ 519
中共山东省委党校（山东行政学院）/ 520
中共山西省委党校（山西行政学院）/ 520
中共陕西省委党校（陕西行政学院）/ 520
中共上海市委党校（上海行政学院）/ 521
中共深圳市委党校（深圳行政学院）/ 521
中共四川省委党校（四川行政学院）/ 521
中共天津市委党校（天津行政学院）/ 522
中共西藏区委党校（西藏自治区行政学院）/ 522
中共厦门市委党校（厦门行政学院）/ 522
中共新疆区委党校（新疆维吾尔自治区行政学院）/ 523
中共云南省委党校（云南行政学院）/ 523
中共浙江省委党校（浙江行政学院）/ 523
中共中央编译局 / 524
中共中央党史和文献研究院 / 524
中共中央党校（国家行政学院）/ 524
中共中央党校（国家行政学院）党的建设教研部 / 525
中共中央党校（国家行政学院）公共管理教研部 / 525
中共中央党校（国家行政学院）经济学教研部 / 525
中共中央党校（国家行政学院）科学社会主义教研部 / 526
中共中央党校（国家行政学院）马克思主义学院 / 526
中共中央党校（国家行政学院）社会和生态文明教研部 / 526
中共中央党校（国家行政学院）文史教研部 / 527
中共中央党校（国家行政学院）应急管理培训中心（中欧应急管理学院）/ 527
中共中央党校（国家行政学院）政治和法律教研部 / 527
中共中央党校（国家行政学院）中共党史教研部 / 528
中共中央党校国际战略研究院 / 528
中共中央对外联络部当代世界研究中心 / 528
中共中央组织部党建研究所 / 529
中国 21 世纪议程管理中心 / 531
中国标准化研究院 / 531
中国财政科学研究院 / 532
中国城市规划设计研究院 / 533
中国城市和小城镇改革发展中心 / 534
中国电子技术标准化研究院（工业和信息化部电子工业标准化研究院，工业和信息化部电子第四研究院）/ 538
中国电子信息产业发展研究院（赛迪工业和信息化研究院）/ 538
中国服务外包研究中心 / 540
中国国际电子商务中心 / 543
中国国际问题研究院 / 545
中国宏观经济研究院 / 546
中国环境科学研究院 / 547
中国计量科学研究院 / 548
中国教育科学研究院 / 549
中国科学技术发展战略研究院 / 553
中国劳动和社会保障科学研究院 / 564
中国老龄科学研究中心 / 564
中国林业科学研究院 / 566
中国旅游研究院 / 566
中国南海研究院 / 568
中国农村财经研究会 / 569
中国农业科学院 / 571
中国气象局发展研究中心 / 572
中国气象科学研究院 / 572
中国青少年研究中心 / 573
中国热带农业科学院 / 574
中国人口与发展研究中心 / 574
中国人民解放军国防大学 / 584
中国人民解放军军事科学院 / 585
中国人民银行参事室 / 585
中国人民银行货币政策委员会 / 586
中国人民银行金融研究所 / 586
中国人事科学研究院 / 586
中国水产科学研究院 / 605
中国水利水电科学研究院 / 606
中国铁路经济规划研究院有限公司 / 606
中国统计信息服务中心 / 607
中国土地勘测规划院 / 608

中国文化遗产研究院 / 609
中国现代国际关系研究院 / 610
中国新闻出版研究院 / 610
中国信息通信研究院（工业和信息化部电信研究院）/ 611
中国艺术研究院 / 614
中国证监会研究中心 / 615
中国自然资源经济研究院 / 619
住房和城乡建设部政策研究中心（中国城乡建设经济研究所）/ 643
自然资源部测绘发展研究中心 / 643
自然资源部国家海洋信息中心 / 644
自然资源部海洋发展战略研究所 / 644
自然资源部油气资源战略研究中心 / 644
自然资源部咨询研究中心 / 645
最高人民检察院检察理论研究所 / 645

科研院所智库

安徽省社会科学院 / 10
北京城市发展研究院 / 11
北京交通发展研究院 / 39
北京市社会科学院 / 51
长春市社会科学院（长春市社会科学界联合会）/ 72
成都市社会科学界联合会（成都市社会科学院）/ 75
重庆社会科学院（重庆市人民政府发展研究中心）/ 80
福建社会科学院 / 93
甘肃省社会科学院 / 108
广东省社会科学院 / 120
广西社会科学院 / 125
广州市社会科学院 / 127
贵州省社会科学院 / 132
国家金融与发展实验室 / 137
哈尔滨市社会科学院 / 158
海南省社会科学院 / 161
杭州市社会科学院 / 163
合肥市社会科学院（合肥市社会科学界联合会、中共合肥市委讲师团）/ 165
河北省社会科学院 / 168
河南省社会科学院 / 176
黑龙江省社会科学院（黑龙江政府发展研究中心）/ 179
湖北省社会科学院 / 183
湖南省农村发展研究院 / 187
湖南省社会科学院 / 188
吉林省社会科学院 / 218
济南社会科学院 / 222
江苏省社会科学院 / 229
江西省社会科学院 / 240
昆明市社会科学院（昆明社会治理研究院）/ 249
兰州市社会科学院（兰州市社会科学界联合会）/ 254
辽宁社会科学院 / 261
南京市社会科学院（南京市社会科学界联合会）/ 286
南宁市社会科学院 / 302
内蒙古自治区社会科学院 / 305
宁波市社会科学院（宁波市社会科学界联合会）/ 306
宁夏社会科学院 / 309
青岛市社会科学院（青岛市社会科学界联合会、青岛市城市发展研究中心）/ 310
青海省社会科学院 / 313
山东社会科学院 / 339
山西省社会科学院（山西省人民政府发展研究中心）/ 344
陕西省社会科学院 / 346
上海社会科学院 / 367
上海市生物医药技术研究院 / 370
深圳市社会科学院 / 380
石家庄市社会科学院（石家庄市社会科学界联合会、中共石家庄市委讲师团）/ 384
四川省社会科学院 / 399
天津社会科学院 / 412
武汉市社会科学院 / 433
西安市社会科学院（西安市社会科学界联合会）/ 442
西藏自治区社会科学院（西藏自治区哲学社会科学界联合会）/ 450

厦门市社会科学院（厦门市社会科学界联合会）/ 467
新疆维吾尔自治区社会科学院 / 473
云南省社会科学院［中国（昆明）南亚东南亚研究院］/ 488
浙江省社会科学院 / 504
郑州市社会科学院（郑州市社会科学界联合会）/ 510
中国—中东欧国家智库交流与合作网络 / 529
中国—中东欧研究院 / 529
中国创意产业研究中心 / 537
中国非洲研究院 / 539
中国工程院 / 541
中国工程院战略咨询中心 / 541
中国科学院 / 554
中国科学院城市环境研究所 / 554
中国科学院大数据挖掘与知识管理重点实验室 / 555
中国科学院地理科学与资源研究所 / 557
中国科学院管理创新与评估研究中心 / 557
中国科学院科技战略咨询研究院 / 557
中国科学院可持续发展研究中心 / 558
中国科学院农业政策研究中心 / 558
中国科学院气候变化研究中心 / 559
中国科学院上海交叉学科研究中心 / 559
中国科学院生态环境研究中心 / 559
中国科学院水资源研究中心 / 560
中国科学院文献情报中心 / 560
中国科学院心理学研究所 / 560
中国科学院虚拟经济与数据科学研究中心 / 561
中国科学院预测科学研究中心 / 561
中国科学院战略研究中心 / 561
中国科学院中国现代化研究中心 / 562
中国科学院自然与社会交叉科学研究中心 / 562
中国历史研究院 / 565
中国社会科学评价研究院 / 588
中国社会科学院 / 588
中国社会科学院财经战略研究院 / 588
中国社会科学院城乡发展一体化智库 / 589
中国社会科学院当代中国马克思主义政治经济学创新智库 / 589
中国社会科学院当代中国研究所 / 589
中国社会科学院俄罗斯东欧中亚研究所 / 590
中国社会科学院法学研究所 / 590
中国社会科学院工业经济研究所 / 590
中国社会科学院国际法研究所 / 591
中国社会科学院国家全球战略智库 / 591
中国社会科学院国家治理研究智库 / 591
中国社会科学院国有经济研究智库 / 592
中国社会科学院和平发展研究所 / 592
中国社会科学院金融研究所 / 592
中国社会科学院京津冀协同发展智库 / 593
中国社会科学院经济研究所 / 593
中国社会科学院拉丁美洲研究所 / 593
中国社会科学院马克思主义研究院 / 594
中国社会科学院美国研究所 / 594
中国社会科学院民族学与人类学研究所 / 594
中国社会科学院农村发展研究所 / 595
中国社会科学院欧洲研究所 / 595
中国社会科学院人口与劳动经济研究所 / 595
中国社会科学院日本研究所 / 596
中国社会科学院社会发展战略研究院 / 596
中国社会科学院社会学研究所 / 597
中国社会科学院生态文明研究所 / 597
中国社会科学院生态文明研究智库 / 597
中国社会科学院世界经济与政治研究所 / 598
中国社会科学院世界宗教研究所 / 598
中国社会科学院数量经济与技术经济研究所 / 598
中国社会科学院台湾研究所 / 599
中国社会科学院西藏智库 / 599
中国社会科学院西亚非洲研究所 / 599
中国社会科学院新疆智库 / 600
中国社会科学院新闻与传播研究所 / 600
中国社会科学院信息情报研究院 / 600
中国社会科学院亚太与全球战略研究院 / 601
中国社会科学院意识形态研究智库 / 601

中国社会科学院政治学研究所 / 602
中国社会科学院中俄战略协作高端合作智库 / 602
中国社会科学院中国边疆研究所 / 602
中国社会科学院中国廉政研究中心 / 603
中国文化研究中心 / 609
中国信息与电子工程科技发展战略研究中心 / 611

高校智库

安徽财经大学中国合作社研究院 / 3
安徽大学财政税收与公共政策研究中心 / 4
安徽大学长三角经济社会发展研究中心 / 4
安徽大学高等教育研究所 / 4
安徽大学淮河流域环境与经济社会发展研究中心 / 5
安徽大学经济法制研究中心 / 5
安徽大学农村社会发展研究中心 / 6
安徽工业大学大学生思想政治教育与管理研究中心 / 6
安徽工业大学公司治理与运营研究中心 / 7
安徽建筑大学安徽省城市管理研究中心 / 7
安徽建筑大学安徽省建筑经济与房地产管理研究中心 / 8
安徽建筑大学安徽省乡村振兴研究院 / 8
北方工业大学新兴风险研究院 / 11
北京大学财经法研究中心 / 12
北京大学法治与发展研究院 / 13
北京大学非洲研究中心 / 13
北京大学港澳研究中心 / 13
北京大学公共传播与社会发展研究中心 / 14
北京大学公共治理研究所 / 14
北京大学国际安全与和平研究中心 / 14
北京大学国际战略研究院 / 15
北京大学国际政治经济研究中心 / 15
北京大学国际知识产权研究中心 / 16
北京大学国家对外文化交流研究基地 / 16
北京大学国家发展研究院 / 16
北京大学国家现代公共文化研究中心 / 17
北京大学环境与能源经济研究中心 / 17
北京大学教育经济研究所 / 18
北京大学教育信息化国际研究中心 / 18
北京大学金融信息化研究中心 / 19
北京大学金融与产业发展研究中心 / 19
北京大学经济研究所 / 19
北京大学经济与人类发展研究中心 / 20
北京大学流通经济与管理研究中心 / 20
北京大学美国研究中心 / 20
北京大学欧洲研究中心 / 21
北京大学贫困地区发展研究院 / 21
北京大学人口研究所 / 21
北京大学人力资源开发与管理研究中心 / 22
北京大学日本研究中心 / 22
北京大学市场经济研究中心 / 22
北京大学世界新能源战略研究中心 / 23
北京大学数字中国研究院 / 23
北京大学文化产业研究院 / 24
北京大学文化与国家行为研究中心 / 24
北京大学宪法与行政法研究中心 / 24
北京大学信息产业战略研究中心 / 25
北京大学信息化与信息管理研究中心 / 25
北京大学亚太研究院 / 25
北京大学政府管理研究中心 / 26
北京大学政治发展与政府管理研究所 / 26
北京大学中国保险与社会保障研究中心 / 26
北京大学中国低碳发展研究中心 / 27
北京大学中国都市经济研究基地 / 27
北京大学中国国情研究中心 / 27
北京大学中国社会科学调查中心 / 28
北京大学中国社会与发展研究中心 / 28
北京大学中国与世界研究中心 / 29
北京大学中国战略研究中心 / 29
北京大学中国政治学研究中心 / 29
北京大学中外人文交流研究基地 / 30
北京第二外国语学院首都对外文化贸易研究基地 / 31
北京第二外国语学院中国文化和旅游产业研究院 / 31
北京第二外国语学院中国“一带一路”战略研究院 / 31
北京服装学院首都服饰文化与服装产业研究基地 / 32

北京工商大学首都流通业研究基地 / 33
北京工业大学北京现代制造业发展研究基地 / 33
北京工业大学高等教育研究所 / 33
北京工业大学循环经济研究院 / 34
北京航空航天大学环境治理与可持续性科学研究所 / 35
北京航空航天大学廉洁研究与教育中心 / 35
北京航空航天大学人文与社会科学高等研究院 / 36
北京化工大学低碳经济与管理研究中心 / 36
北京化工大学运营管理与战略决策研究中心 / 37
北京建筑大学建筑遗产研究院 / 38
北京交通大学北京交通发展研究基地 / 38
北京交通大学北京综合交通发展研究院 / 38
北京交通大学中国产业安全研究中心 / 39
北京交通大学中国企业兼并重组研究中心 / 39
北京科技大学教育经济与管理研究所 / 40
北京理工大学能源与环境政策研究中心 / 40
北京林业大学高等教育研究中心 / 40
北京农学院北京新农村建设研究基地 / 41
北京师范大学发展研究院 / 42
北京师范大学高等教育研究院 / 43
北京师范大学国家职业教育研究院 / 43
北京师范大学经济与资源管理研究院 / 43
北京师范大学流动儿童教育问题研究中心 / 44
北京师范大学人本发展与管理研究中心 / 44
北京师范大学首都教育经济研究院 / 44
北京师范大学政府管理研究院 / 45
北京师范大学中国教育与社会发展研究院 / 46
北京师范大学中国社会管理研究院 / 47
北京师范大学中国收入分配研究院 / 47
北京师范大学中国医疗卫生政策研究院 / 47
北京石油化工学院北京现代产业新区发展研究基地 / 48
北京石油化工学院旅游可持续发展研究中心 / 48
北京石油化工学院能源经济研究中心 / 48
北京体育大学冬奥文化研究中心 / 51
北京体育大学中国运动与健康研究院 / 51
北京外国语大学爱尔兰研究中心 / 52
北京外国语大学澳大利亚研究中心 / 52
北京外国语大学奥地利研究中心 / 52
北京外国语大学巴尔干研究中心 / 53
北京外国语大学保加利亚研究中心 / 53
北京外国语大学波兰研究中心 / 54
北京外国语大学丹麦研究中心 / 54
北京外国语大学德国研究中心 / 54
北京外国语大学东南亚研究中心 / 55
北京外国语大学俄罗斯研究中心 / 55
北京外国语大学二十国集团研究中心 / 55
北京外国语大学法语国家与地区研究中心 / 56
北京外国语大学非洲研究中心 / 56
北京外国语大学芬兰研究中心 / 56
北京外国语大学公共外交研究中心 / 57
北京外国语大学国际中国文化研究院 / 57
北京外国语大学国家语言能力发展研究中心 / 57
北京外国语大学哈萨克斯坦研究中心 / 58
北京外国语大学加拿大研究中心 / 58
北京外国语大学柬埔寨研究中心 / 58
北京外国语大学老挝研究中心 / 59
北京外国语大学联合国与国际组织研究中心 / 59
北京外国语大学罗马尼亚研究中心 / 60
北京外国语大学美国研究中心 / 60
北京外国语大学南亚研究中心 / 60
北京外国语大学太平洋研究中心 / 61
北京外国语大学乌克兰研究中心 / 61
北京外国语大学希腊研究中心 / 61
北京外国语大学匈牙利研究中心 / 62
北京外国语大学伊朗研究中心 / 62
北京外国语大学意大利研究中心 / 62
北京外国语大学印度研究中心 / 63
北京外国语大学英国研究中心 / 63
北京外国语大学中东欧研究中心 / 64
北京外国语大学中国马来研究中心 / 64
北京印刷学院文化产业安全研究院 / 66
北京邮电大学发展战略研究中心 / 66

北京邮电大学数字文化产业北京市国际科技合作基地 / 66
北京语言大学阿拉伯研究中心 / 67
北京中医药大学北京中医药文化研究基地 / 67
北京中医药大学卫生政策与管理研究所 / 67
渤海大学东北亚走廊研究院（东北亚研究中心）/ 68
长安大学陕西文化发展与融合创新智库 / 70
长安大学中国特色社会主义理论体系研究中心 / 70
长安大学综合运输经济与管理研究中心 / 70
长春工程学院吉林省城市建设发展研究中心 / 71
长春工程学院吉林省房地产研究中心 / 72
长春工程学院吉林省政府和社会资本合作（PPP）研究中心 / 72
常州大学非物质文化遗产研究基地 / 74
常州工学院江苏高校文化创意协同创新中心 / 74
成都信息工程大学四川省电子商务与现代物流研究中心 / 75
成都中医药大学民族医药学术传承创新中心 / 75
重庆大学发展研究中心 / 76
重庆大学公共经济与公共政策研究中心 / 76
重庆大学国家网络空间安全与大数据法治战略研究院 / 77
重庆大学经略研究院 / 77
重庆大学可持续发展研究院 / 77
重庆大学西部环境资源法制建设研究中心 / 78
重庆工商大学长江上游经济研究中心 / 78
重庆工商大学成渝经济区城市群产业发展协同创新中心 / 78
重庆工商大学重庆廉政研究中心 / 79
重庆交通大学西部交通与经济社会发展研究中心 / 79
重庆工商大学重庆市产业经济研究院 / 79
重庆邮电大学网络社会发展问题研究中 / 81 心 / 81
大连海事大学国际海事公约研究中心 / 82
大连理工大学港口发展研究中心 / 82
大连理工大学高等教育研究院 / 82
大连民族大学东北少数民族研究院 / 83
电子科技大学四川省区域公共管理信息化研究中心 / 83
电子科技大学中国文化产业战略研究中心 / 83
东北财经大学东北亚经济研究院 / 84
东北林业大学环境与资源保护法研究中心 / 84
东北农业大学新农村发展研究院 / 85
东北师范大学东亚研究院 / 85
东北师范大学女性研究中心 / 85
东北师范大学思想政治教育研究中心 / 86
东北师范大学中国农村教育发展研究院 / 86
东南大学国家发展与政策研究院 / 86
东南大学中国特色社会主义发展研究院 / 87
东南大学中国艺术发展评价研究院 / 87
东南亚执法研究中心 / 88
对外经济贸易大学国际经济研究院 / 89
对外经济贸易大学国家对外开放研究院 / 89
对外经济贸易大学全球价值链研究院 / 89
对外经济贸易大学现代服务业研究中心 / 90
对外经济贸易大学中国企业国际化经营研究中心 / 91
对外经济贸易大学中国世界贸易组织研究院 / 91
对外经济贸易大学租赁研究中心 / 91
福建农林大学茶产业发展研究中心 / 92
福建农林大学海峡两岸休闲农业发展研究中心 / 92
福建农林大学区域特色发展研究院 / 93
福建农林大学乡村旅游研究中心 / 93
福州大学决策科学研究所 / 95
福州大学软科学研究所 / 95
福州大学循环经济研究中心 / 96
阜阳师范大学安徽优秀传统文化研究中心 / 96
阜阳师范大学农民工研究中心 / 96
阜阳师范大学皖北文化研究中心 / 97
复旦大学城市发展研究院 / 97
复旦大学城市规划与发展研究中心 / 97

复旦大学东方管理研究院 / 98
复旦大学复旦发展研究院 / 98
复旦大学高等教育研究所 / 99
复旦大学公共管理与公共政策研究国家哲学社会科学创新基地 / 99
复旦大学国际公共关系研究中心 / 99
复旦大学国际问题研究院 / 100
复旦大学环境经济研究中心 / 100
复旦大学金融研究中心 / 101
复旦大学美国研究中心 / 101
复旦大学欧洲问题研究中心 / 101
复旦大学企业发展与创新管理研究中心 / 102
复旦大学人口与发展政策研究中心 / 102
复旦大学社会科学高等研究院 / 102
复旦大学世界经济研究所 / 103
复旦大学司法与诉讼制度研究中心 / 103
复旦大学新闻传播与媒介化社会研究国家哲学社会科学创新基地 / 103
复旦大学信息与传播研究中心 / 104
复旦大学选举与人大制度研究中心 / 104
复旦大学亚洲研究中心 / 104
复旦大学知识产权研究中心 / 105
复旦大学中国经济研究中心 / 105
复旦大学中国社会主义市场经济研究中心 / 105
复旦大学中国研究院 / 106
复旦大学中外现代化进程研究中心 / 106
复旦大学住房政策研究中心 / 106
复旦大学宗教与中国国家安全研究中心 / 107
甘肃政法大学法治甘肃建设理论研究中心 / 108
甘肃政法大学甘肃省循环经济与可持续发展法制研究中心 / 109
甘肃中医药大学西北少数民族教育发展研究中心 / 109
广东财经大学"一带一路"国际商务研究中心 / 113
广东财经大学大健康与康养产业研究中心 / 113
广东财经大学法律应用研究与咨询服务中心 / 114
广东财经大学公益诉讼与公益法研究中心 / 114
广东财经大学国土空间信息与规划研究中心 / 115
广东财经大学海洋经济研究院 / 115
广东财经大学老龄社会法治问题研究院 / 115
广东财经大学商贸流通研究院（广州现代物流与电子商务发展研究基地）/ 116
广东财经大学粤港澳大湾区创新竞争力研究院 / 116
广东财经大学粤港澳大湾区研究中心 / 116
广东财经大学粤港澳旅游研究中心 / 117
广东财经大学智慧法治研究中心 / 117
广东财经大学智能社会与人的发展研究中心 / 117
广东财经大学中国特色社会主义政治经济学研究中心 / 118
广东财经大学珠三角科技金融产业协同创新发展中心 / 118
广东省社会治理研究中心（华南理工大学）/ 120
广东外语外贸大学低碳经济与环境能源法研究中心 / 121
广东外语外贸大学广东国际战略研究院 / 121
广东外语外贸大学广州国际商贸中心重点研究基地 / 121
广东外语外贸大学国际服务外包研究院（国际服务经济研究院）/ 122
广东外语外贸大学国际经济贸易研究中心 / 122
广东外语外贸大学加拿大研究中心 / 122
广东外语外贸大学欧洲研究中心 / 123
广东外语外贸大学区域一体化法治研究中心（广东省地方立法研究评估与咨询服务基地、信访法治与国家治理研究中心、党内法规研究中心）/ 123
广东外语外贸大学粤港澳大湾区研究院 / 123
广东外语外贸大学粤商研究中心 / 124

广西大学中国—东盟研究院 / 124
广西民族大学东盟研究中心 / 125
广西西大旅游科学研究院 / 126
广州大学广州发展研究院（广东发展研究院）/ 127
广州中医药大学高等教育研究所 / 127
贵州大学东盟研究院 / 128
贵州大学人口·社会·法制研究中心 / 128
贵州大学人类学研究所 / 128
贵州民族大学法学研究院 / 129
贵州民族大学贵州民族科学研究院 / 129
贵州民族大学贵州山地旅游与民族经济研究院 / 129
贵州民族大学贵州世居民族研究中心 / 130
贵州民族大学民族文化产业发展研究中心 / 130
贵州民族大学社会建设与反贫困研究院 / 130
国家林业和草原局自然保护区研究中心 / 140
国家统计局统计科学研究所山东大学研究基地（山东大学生活质量与公共政策研究中心）/ 143
哈尔滨工程大学企业创新研究所 / 156
哈尔滨工程大学人工智能研究院 / 157
哈尔滨工程大学灾难与危机管理研究所 / 157
哈尔滨工业大学经济管理与人文社会科学研究院 / 158
海南师范大学菲律宾研究中心 / 161
海南师范大学南海区域文化研究中心 / 161
杭州电子科技大学信息化发展智库 / 162
河北大学雄安新区研究院 / 165
河北地质大学经济研究所 / 165
河北地质大学网络信息安全实验室 / 166
河北工程技术学院城市发展研究所 / 166
河北工业大学京津冀发展研究中心 / 166
河北农业大学河北省山区研究所 / 167
河北师范大学河北省数字教育协同创新中心 / 168
河北师范大学秘鲁研究中心 / 169
河北师范大学印尼研究中心 / 169
河北师范大学中国—俄罗斯远东研究中心 / 169
河北师范大学中国共产党革命精神与文化资源研究中心 / 170
河海大学社区研究中心 / 170
河南财经政法大学东北亚研究中心 / 171
河南财经政法大学河南经济研究中心 / 172
河南财经政法大学现代服务业河南省协同创新中心 / 172
河南财经政法大学政府经济发展与社会管理创新研究中心 / 172
河南财政金融学院高等教育研究中心 / 173
河南大学高等人文研究院 / 173
河南大学黄河文明与可持续发展研究中心 / 174
河南大学区域发展与规划研究中心 / 174
河南大学以色列研究中心 / 174
河南牧业经济学院爱尔兰研究中心 / 175
河南师范大学公共政策与社会管理创新研究中心 / 176
河南师范大学河南省中国特色社会主义理论体系研究中心 / 177
河南师范大学科技与社会研究所 / 177
河南师范大学青少年问题研究中心 / 177
河南师范大学三农法律问题研究中心 / 178
河南师范大学中原非物质文化遗产保护研究中心 / 178
河南师范大学中原文化生态研究中心 / 178
衡水学院河北省非物质文化遗产研究基地 / 180
湖北大学高等人文研究院 / 181
湖北美术学院湖北省非物质文化遗产研究中心 / 181
湖北民族大学湖北民族学院鄂西生态文化旅游研究中心 / 182
湖北省中国特色社会主义理论体系研究中心中南民族大学分中心 / 183
湖北文理学院鄂北区域发展研究中心 / 184
湖北中医药大学中医药发展研究中心 / 184
湖南大学国际贸易研究基地 / 185
湖南大学教育科学研究院 / 185
湖南大学廉政研究中心（湖南省廉政研究基

地）/ 186
湖南大学中国文化软实力研究中心 / 186
湖南警察学院湖南省公安理论与公共安全研究基地 / 186
湖南师范大学“一带一路”文化交流与传播中心 / 188
湖南师范大学大国经济研究中心 / 189
湖南师范大学道德文化研究院 / 189
湖南师范大学东北亚研究中心 / 189
湖南师范大学俄罗斯研究中心（湖南省俄罗斯文化研究与交流中心）/ 190
湖南师范大学非洲研究中心 / 190
湖南师范大学国家治理研究所 / 190
湖南师范大学湖南省传媒发展研究基地 / 191
湖南师范大学湖南省中外文化传播研究基地 / 191
湖南师范大学科学社会主义研究所 / 191
湖南师范大学南亚研究中心 / 192
湖南师范大学人工智能道德决策研究所 / 192
湖南师范大学人口研究所 / 193
湖南师范大学社会治理与社会政策研究所 / 193
湖南师范大学生态文明研究院 / 193
湖南师范大学思想政治教育研究所 / 194
湖南师范大学外交研究中心 / 194
湖南师范大学中共党史党建研究所 / 194
华北电力大学高等教育研究所 / 195
华北水利水电大学城市规划设计研究所 / 196
华北水利水电大学建筑设计及理论研究所 / 196
华东理工大学能源经济与环境管理研究中心 / 197
华东理工大学中国城乡发展研究中心 / 197
华东理工大学中国特色可持续城市化研究基地 / 197
华东师范大学澳大利亚研究中心 / 198
华东师范大学长三角区域一体化创新基地 / 198
华东师范大学城市发展研究院（上海城市发展协同创新中心）/ 198
华东师范大学俄罗斯研究中心 / 199
华东师范大学高等教育研究所 / 199
华东师范大学国际关系与地区发展研究院 / 199
华东师范大学国际教师教育中心 / 200
华东师范大学基础教育改革与发展研究所 / 200
华东师范大学课程与教学研究所 / 200
华东师范大学旅游规划与发展研究中心 / 201
华东师范大学全球创新与发展研究院 / 201
华东师范大学人口研究所 / 201
华东师范大学上海终身教育研究院 / 202
华东师范大学社会学研究所 / 202
华东师范大学中国现代城市研究中心 / 202
华东师范大学中国现代思想文化研究所 / 203
华东师范大学周边国家研究院（冷战国际史研究中心）/ 203
华南理工大学公共政策研究院 / 204
华南师范大学民族体质与健康研究中心 / 205
华侨大学华侨华人研究院（国际关系学院）/ 205
华中科技大学非传统安全研究中心 / 206
华中科技大学国家治理研究院 / 206
华中科技大学教育科学研究院 / 207
华中科技大学张培刚发展研究院 / 207
华中农业大学高等教育研究所 / 207
华中农业大学宏观农业研究院 / 208
华中农业大学湖北农村发展研究中心 / 208
华中师范大学可持续发展研究中心 / 209
华中师范大学中国农村研究院 / 209
淮北师范大学安徽优秀传统文化研究中心 / 209
淮北师范大学高等教育中心 / 210
淮北师范大学皖北经济与社会发展研究中心 / 210
淮北师范大学新闻与传播研究所 / 210
淮北师范大学政治经济学研究中心 / 211
淮北师范大学中国特色社会主义理论体系研

究基地 / 211
淮南师范学院资源型城市发展研究中心 / 211
黄河科技学院经济研究所 / 212
黄河科技学院民办教育研究院 / 212
黄河科技学院河南中原创新发展研究院 / 212
吉林大学东北亚研究院 / 213
吉林大学高等教育研究所 / 213
吉林大学国际关系研究所 / 214
吉林大学农村发展研究中心 / 214
吉林大学欧洲研究中心 / 214
吉林大学社会公正与政府治理研究中心 / 215
吉林大学数量经济研究中心 / 215
吉林大学中国地方政府创新研究中心 / 215
吉林大学中国国有经济研究中心 / 216
吉林建筑大学吉林建筑文化研究基地 / 216
吉林师范大学当代中国马克思主义研究所 / 218
吉林外国语大学“一带一路”语言文化服务协同创新中心 / 219
吉林外国语大学民办高等教育研究院 / 219
吉林外国语大学中外文化研究院 / 219
济南大学冰岛研究中心 / 220
济南大学非洲研究中心 / 220
吉首大学人类学民族学研究所 / 220
吉首大学武陵山片区扶贫与发展协同创新中心 / 221
吉首大学武陵山区扶贫开发研究中心 / 221
吉首大学武陵山区民族生态文化研究协同中心 / 221
暨南大学产业经济研究院 / 222
暨南大学东南亚研究所 / 222
暨南大学菲律宾研究中心 / 223
暨南大学广东产业发展与粤港澳台区域合作研究中心 / 223
暨南大学华侨华人研究院（国际关系学院） / 223
暨南大学金融研究所 / 224
暨南大学拉美中心 / 224
暨南大学企业发展研究所 / 224
暨南大学印度尼西亚研究中心 / 225
暨南大学资源环境与可持续发展研究所 / 225
江南大学江苏省食品安全研究基地 / 226
江苏大学中国农业装备产业发展研究院（新农村发展研究院） / 227
江苏第二师范学院江苏省教育科学研究院（教育现代化研究院） / 227
江苏海洋大学海洋经济与文化学科平台 / 227
江苏理工学院常州民营经济研究所 / 228
江苏省物联网技术与应用协同创新中心（南京邮电大学物联网研究院） / 230
江西财经大学财税研究中心 / 231
江西财经大学产业集群与企业发展研究中心 / 232
江西财经大学产业经济研究院 / 232
江西财经大学法治江西建设协同创新中心 / 232
江西财经大学高等教育研究所 / 233
江西财经大学公共政策评价中心 / 233
江西财经大学规制与竞争研究中心 / 233
江西财经大学江西法治政府研究中心 / 234
江西财经大学江西经济发展与改革研究院 / 234
江西财经大学江西生态法律研究中心 / 234
江西财经大学江西省经济预测与决策研究中心 / 235
江西财经大学江西省科技经济决策融合软科学研究基地 / 235
江西财经大学江西省生态文明制度建设协同创新中心 / 235
江西财经大学金融发展与风险防范研究中心 / 236
江西财经大学金融管理国际研究院 / 236
江西财经大学社会工作与社会政策研究中心 / 237
江西财经大学生态经济研究院 / 237
江西财经大学生态文明与现代中国研究中心 / 238
江西财经大学现代金融研究院 / 238
江西科技师范大学数字化社会与地方文化发

展研究中心 / 238
江西科技师范大学职业教育研究院 / 239
江西科技学院跨文化交际研究所 / 239
江西师范大学当代形态文艺学研究中心 / 241
江西师范大学管理决策评价研究中心 / 241
江西师范大学江西经济发展研究 / 241
江西师范大学马达加斯加研究中心 / 242
江西师范大学苏区振兴研究院 / 242
江西师范大学文化研究院 / 242
景德镇学院高教研究与评估所 / 247
九江学院柬埔寨研究中心 / 247
九江学院江西长江经济带研究院 / 248
九江学院沿江产业开发研究中心 / 248
喀什大学南疆经济与社会发展研究中心 / 249
兰州城市学院城市环境与污染治理研究所 / 250
兰州城市学院城市社会心理研究中心 / 251
兰州大学“一带一路”研究中心 / 251
兰州大学阿富汗研究中心 / 251
兰州大学格鲁吉亚研究中心 / 252
兰州大学社会与经济发展研究评价中心 / 252
兰州大学西北少数民族研究中心（兰州大学民族学研究院）/ 252
兰州大学意大利研究中心 / 253
兰州大学印度研究中心 / 253
兰州大学中亚研究所 / 253
乐山师范学院老挝研究中心 / 254
乐山师范学院乐山市廉政研究中心 / 254
乐山师范学院四川旅游发展研究中心 / 255
乐山师范学院四川特殊教育发展研究中心 / 255
辽宁大学金融研究中心 / 256
辽宁大学日本研究所 / 257
辽宁大学亚洲研究中心 / 257
辽宁大学中国特色社会主义研究中心 / 257
辽宁大学转型国家经济政治研究中心 / 258
辽宁对外经贸学院大连会展经济研究中心 / 258
辽宁对外经贸学院大数据研究院 / 258
辽宁对外经贸学院高等教育研究院 / 259
辽宁对外经贸学院国际经济与贸易研究院 / 259
辽宁对外经贸学院老龄科学研究院 / 259
辽宁对外经贸学院辽宁省民办高等教育可持续发展研究基地 / 260
辽宁对外经贸学院区域经济合作与发展研究院 / 260
辽宁对外经贸学院区域旅游研究中心 / 260
辽宁对外经贸学院区域物流协同发展研究中心 / 261
辽宁对外经贸学院日本语言与文化研究中心 / 261
辽宁师范大学澳大利亚研究中心 / 262
辽宁中医药大学高等中医药教育研究及评价中心 / 263
洛阳师范学院河南省公共文化研究中心 / 264
洛阳师范学院意大利研究中心 / 264
绵阳师范学院生态安全与保护四川省重点实验室 / 264
绵阳师范学院四川县域经济发展研究中心 / 265
闽江学院海西财政与金融发展研究中心 / 266
闽江学院新媒体传播研究中心 / 267
牡丹江师范学院澳大利亚研究中心 / 267
南昌大学江西发展研究院 / 267
南昌大学立法研究中心 / 268
南昌大学旅游研究院 / 268
南昌大学中国中部经济社会发展研究中心 / 268
南华大学核能经济与管理研究中心 / 269
南华大学马克思主义发展哲学理论与实践研究基地 / 269
南京财经大学江苏创新发展研究院（中国区域金融研究中心、比较法研究所）/ 270
南京财经大学粮食经济研究院 / 271
南京大学城市科学研究院（江苏省城市现代化研究基地）/ 272
南京大学非洲研究所 / 272
南京大学公共事务与地方治理研究中心 /

273
南京大学教育研究院 / 273
南京大学能源科学研究院 / 273
南京大学人文地理研究中心 / 274
南京大学社会风险与公共危机管理研究中心 / 274
南京大学中国直销研究中心 / 275
南京大学中国智库研究与评价中心 / 275
南京航空航天大学国家文化产业研究中心 / 276
南京航空航天大学科学发展研究中心 / 276
南京航空航天大学能源软科学研究中心 / 276
南京理工大学江苏人才发展战略研究院 / 277
南京林业大学城市规划与设计研究所 / 277
南京林业大学高等教育研究所 / 277
南京林业大学国家林业和草原局林产品经济贸易研究中心 / 278
南京林业大学环境与发展系统工程研究所 / 278
南京林业大学江苏环境与发展研究中心 / 278
南京林业大学交通运输研究所 / 279
南京林业大学马克思主义理论研究中心 / 279
南京林业大学企业管理与发展研究中心 / 279
南京林业大学森林保护研究所 / 280
南京林业大学森林旅游研究中心 / 280
南京林业大学社会生态研究所 / 280
南京林业大学生态经济研究中心 / 281
南京林业大学现代物流研究中心 / 281
南京林业大学新农村规划建设研究所 / 281
南京林业大学沿海资源与环境研发中心 / 282
南京农业大学高等教育研究所 / 282
南京农业大学区域农业研究所 / 282
南京审计大学城市发展研究院 / 283
南京审计大学国家监察与审计法治研究院 / 283
南京审计大学国家治理与国家审计研究院 / 283
南京审计大学经济与金融研究院 / 284
南京审计大学社会与经济研究院 / 284
南京审计大学审计与评估研究院 / 284
南京审计大学自然资源与环境审计研究院 / 285
南京师范大学道德教育研究所 / 285
南京师范大学教育科学研究院 / 285
南京师范大学中国法治现代化研究院 / 286
南京特殊教育师范学院特殊教育研究中心 / 286
南京特殊教育师范学院中国残疾人数据科学研究院 / 287
南京信息工程大学气候变化与公共政策研究院 / 287
南京信息工程大学气候与环境治理研究院 / 288
南京信息工程大学气候与应用前沿研究院 / 288
南京信息工程大学生态气象环境研究中心 / 288
南京信息工程大学生态研究院 / 289
南京医科大学人口健康与社会发展研究中心 / 289
南京医科大学卫生政策研究中心 / 289
南京邮电大学大数据研究院 / 290
南京邮电大学大运河研究中心 / 290
南京邮电大学国际电联经济和政策问题研究中心 / 290
南京邮电大学江苏农业信息化研究基地 / 291
南京邮电大学江苏省统计科学研究基地 / 291
南京邮电大学教育历史与文化研究中心 / 292
南京邮电大学人口研究院 / 292
南京邮电大学人口与健康研究中心 / 292
南京邮电大学网络话语研究中心 / 293
南京邮电大学物联网产业发展研究基地 / 293
南京邮电大学现代供应链管理研究中心 / 294

南京邮电大学现代教育技术中心 / 294
南京邮电大学信息产业发展战略研究院 / 295
南京邮电大学信息产业融合创新与应急管理研究中心 / 295
南京中医药大学江苏省中药资源产业化过程协同创新中心 / 295
南京中医药大学中医文化研究与传播协同创新中心 / 296
南京中医药大学中医文化研究中心 / 296
南开大学滨海开发研究院 / 296
南开大学当代中国问题研究院 / 297
南开大学妇女与发展研究中心 / 297
南开大学国际经济研究所 / 297
南开大学环境与社会发展研究中心 / 298
南开大学经济与社会发展研究院（京津冀协同发展研究院）/ 298
南开大学跨国公司研究中心 / 298
南开大学欧洲研究中心 / 299
南开大学人权研究中心 / 299
南开大学日本研究院 / 299
南开大学现代旅游业发展省部共建协同创新中心 / 300
南开大学虚拟经济与管理研究中心 / 300
南开大学中国公司治理研究院 / 301
南开大学中国哲学社会科学管理创新研究中心 / 302
南阳师范学院南阳发展战略研究院、河南省社科院南阳分院 / 303
内江师范学院沱江流域高质量发展研究中心 / 304
内蒙古大学城市与房地产研究中心 / 304
内蒙古大学内蒙古地区经济可持续发展研究基地 / 304
宁夏大学回族研究院 / 307
宁夏大学西部发展研究中心 / 307
宁夏大学中国阿拉伯国家研究院（宁夏大学阿拉伯研究中心）/ 307
宁夏师范学院教师教育研究中心 / 309
青海大学产业发展研究院 / 310
青海大学青海省情研究中心 / 311
青海大学省部共建三江源生态与高原农牧业国家重点实验室 / 311
青海大学新能源光伏产业研究中心 / 312
青海大学新农村发展研究院 / 312
清华大学 21 世纪发展研究院 / 314
清华大学城市治理与可持续发展研究院 / 315
清华大学低碳经济研究院 / 315
清华大学港澳研究中心 / 315
清华大学高校德育研究中心 / 316
清华大学国际传播研究中心 / 317
清华大学国际关系研究院 / 317
清华大学国家服务外包人力资源研究院 / 317
清华大学国家软实力研究院 / 318
清华大学国家文化产业研究中心 / 318
清华大学国情研究院 / 319
清华大学恒隆房地产研究中心 / 319
清华大学华商研究中心 / 320
清华大学技术创新研究中心 / 320
清华大学建筑与城市研究所 / 320
清华大学教育研究院 / 321
清华大学科教政策研究中心 / 321
清华大学科学技术与社会研究所 / 322
清华大学能源环境经济研究所 / 322
清华大学气候变化国际政策研究中心 / 322
清华大学全球变化研究院 / 323
清华大学全球产业研究院 / 323
清华大学区域发展研究院 / 324
清华大学网络行为研究所 / 324
清华大学文化创意发展研究院 / 324
清华大学现代管理研究中心 / 325
清华大学医院管理研究院 / 325
清华大学中俄战略合作研究所 / 325
清华大学中国财政税收研究所 / 326
清华大学中国经济研究中心 / 328
清华大学中国农村研究院 / 328
清华大学中国企业成长与经济安全研究中心 / 329
清华大学中国应急管理研究基地 / 329
清华大学中国与世界经济研究中心 / 329
全国经济综合竞争力研究中心福建师范大学分中心（福建师范大学竞争力研究中

心）/ 331
泉州师范学院福建省体育产业研究中心 / 332
三江学院发展战略与规划研究院 / 333
三峡大学湖北省三峡地区生态保护与治理国际联合研究中心 / 333
三峡大学区域社会管理创新与发展研究中心 / 333
三峡大学水库移民研究中心 / 334
山东大学当代社会主义研究所 / 335
山东大学国际问题研究院 / 335
山东大学经济研究院 / 335
山东大学欧洲研究中心（德国研究中心）/ 336
山东大学日本研究中心 / 336
山东大学山东发展研究院 / 336
山东大学山东省公共经济与公共政策研究基地 / 337
山东大学山东省反垄断与规制经济学重点研究基地 / 337
山东大学山东省应用金融理论与政策研究基地 / 337
山东大学卫生管理与政策研究中心 / 338
山东大学亚太研究所 / 338
山东大学犹太教与跨宗教研究中心 / 338
山西财经大学资源型经济研究中心 / 341
山西财经大学资源型经济转型发展研究院 / 341
山西大学马克思主义研究所 / 342
山西大学社会哲学与城市发展研究中心 / 342
山西大学中国社会史研究中心 / 342
山西农业大学信息学院非物质文化遗产研究中心（晋中信息学院非物质文化遗产研究中心）/ 343
陕西师范大学“一带一路”建设与中亚研究协同创新研究中心（陕西师范大学中亚研究所）/ 346
陕西师范大学扶贫政策与评估研究中心 / 347
陕西师范大学公共治理与政策创新研究中心 / 347
陕西师范大学教育实验经济研究所 / 347
陕西师范大学体育人文社会科学研究中心 / 348
陕西师范大学土耳其研究中心 / 348
陕西师范大学西北国土资源研究中心 / 348
陕西师范大学西北跨境民族与边疆安全研究中心 / 349
陕西师范大学西北历史环境与经济社会发展研究院 / 349
陕西师范大学中国西部边疆研究院 / 350
陕西中医药大学“一带一路”中医药健康发展研究中心 / 350
汕头大学地方政府发展研究所 / 351
汕头大学高等教育研究所 / 351
上海财经大学 500 强企业研究中心 / 352
上海财经大学财经研究所 / 353
上海财经大学高等教育研究所 / 353
上海财经大学高等研究院 / 354
上海财经大学公共政策与治理研究院 / 354
上海财经大学会计与财务研究院 / 354
上海财经大学上海发展研究院（上海财经大学自由贸易区研究院）/ 355
上海财经大学上海国际金融中心研究院 / 355
上海财经大学数理经济学教育部重点实验室 / 355
上海财经大学现代金融研究中心 / 356
上海财经大学中国公共财政研究院 / 356
上海大学毒品与国家安全研究中心 / 357
上海大学基层治理创新研究中心 / 358
上海大学全球问题研究院 / 358
上海大学土耳其研究中心 / 358
上海大学智库产业研究中心 / 359
上海大学中国社会转型与社会组织研究中心 / 359
上海对外经贸大学“一带一路”国家经贸关系与合作高等研究院 / 359
上海海事大学海商法研究中心 / 361
上海交通大学第三部门研究中心 / 362
上海交通大学高等教育研究院 / 362
上海交通大学国家战略研究中心 / 363
上海交通大学科学史与科学文化研究院 /

363
上海交通大学能源研究院 / 363
上海交通大学文化创新与青年发展研究院 / 364
上海交通大学新农村发展研究院 / 364
上海交通大学舆情研究实验室 / 364
上海交通大学中国发展研究院 / 365
上海交通大学中国金融研究院 / 365
上海理工大学企业创新能力研究中心 / 366
上海师范大学城市发展研究院 / 367
上海师范大学非洲研究中心 / 368
上海体育学院体育科学研究院 / 371
上海外国语大学巴西研究中心 / 371
上海外国语大学俄罗斯研究中心 / 371
上海外国语大学加拿大研究中心 / 372
上海外国语大学跨文化研究中心 / 372
上海外国语大学南亚东南亚研究所 / 373
上海外国语大学欧盟研究中心 / 373
上海外国语大学日本研究中心 / 373
上海外国语大学上海全球治理与区域国别研究院 / 374
上海外国语大学丝路战略研究所 / 374
上海外国语大学希腊研究中心 / 374
上海外国语大学伊朗研究中心 / 375
上海外国语大学伊斯兰合作组织研究中心 / 375
上海外国语大学印度研究中心 / 375
上海外国语大学英国研究中心 / 376
上海外国语大学中东研究所 / 376
上海外国语大学中国国际舆情研究中心 / 376
上海外国语大学中国外语战略研究中心 / 377
上海外国语大学中亚研究中心 / 377
上海中医药大学药物安全评价研究中心 / 378
邵阳学院湘西南农村信息化服务湖南省重点实验室 / 378
深圳大学文化产业研究院 / 379
深圳大学中国经济特区研究中心 / 379
沈阳体育学院东北亚体育发展研究中心 / 380
沈阳体育学院体育经济发展研究中心 / 380
沈阳体育学院体育社会科学研究中心 / 381
石河子大学兵团屯垦经济研究中心 / 383
石河子大学农业现代化研究中心 / 383
首都经济贸易大学不动产研究所 / 384
首都经济贸易大学大数据与统计科学研究院 / 385
首都经济贸易大学国际问题研究所 / 385
首都经济贸易大学国家税收法律研究基地 / 385
首都经济贸易大学中国 ESG 研究院 / 386
首都经济贸易大学中国产业经济研究院 / 386
首都经济贸易大学中国都市郊区发展研究中心 / 387
首都经济贸易大学中国黄金研究中心 / 387
首都经济贸易大学中国流通研究院 / 388
首都经济贸易大学中国品牌研究中心 / 388
首都经济贸易大学中国消费大数据研究院 / 388
首都经贸大学金融风险研究院 / 389
首都经贸大学税收研究所 / 389
四川大学道教与宗教文化研究所 / 393
四川大学经济发展研究院 / 393
四川大学美国研究中心 / 394
四川大学南亚研究所 / 394
四川大学欧洲问题研究中心 / 394
四川大学人口研究所 / 395
四川大学社会发展与社会风险控制研究中心 / 395
四川大学文化产业研究中心 / 395
四川大学中国南亚研究中心 / 396
四川民族学院康巴文化研究中心 / 396
四川农业大学四川省农村发展研究中心 / 397
四川农业大学新农村发展研究院 / 397
四川师范大学韩国研究中心 / 399
四川师范大学日本研究中心 / 399
四川师范大学四川多元文化研究中心 / 400
四川外国语大学“以色列研究中心” / 400
四川外国语大学德国研究中心 / 400
四川外国语大学国别经济与国际商务研究中

心 / 401
四川外国语大学金砖国家研究院 / 401
四川外国语大学中外文化比较研究中心 / 401
四川外国语大学中犹文化研究所 / 402
四川文理学院四川革命老区发展研究中心 / 402
苏州大学企业创新和发展研究中心 / 403
苏州大学台商投资与发展研究所 / 404
苏州大学中国特色城镇化研究中心 / 404
苏州科技大学城市发展智库 / 404
苏州科技大学苏州乡村振兴（城市一体化改革发展）研究院 / 405
塔里木大学非传统安全与边疆民族发展研究中心 / 405
太原科技大学企业社会责任研究中心 / 406
太原科技大学装备制造业创新发展研究中心 / 406
太原理工大学华北农村调查与研究中心 / 406
太原理工大学基层社会治理研究中心 / 407
太原理工大学煤炭产业科学发展研究中心 / 407
太原理工大学山西省文化遗产保护与修复协同创新中心 / 407
太原师范学院社会科学发展研究所 / 408
天津大学合肥创新发展研究院 / 408
天津大学津南创新研究院 / 408
天津大学科学技术发展研究院 / 409
天津大学区域发展研究院 / 409
天津大学山东研究院 / 409
天津大学深圳研究院 / 410
天津大学生物安全战略研究中心 / 410
天津大学四川创新研究院 / 410
天津大学中国文化遗产保护国际研究中心 / 411
天津工业大学天津市中国特色社会主义理论体系研究中心基地 / 411
天津工业大学现代纺织产业创新研究中心 / 411
天津外国语大学“一带一路”天津战略发展研究院 / 413
天津外国语大学拉丁美洲研究中心 / 413
天津中医药大学现代中药协同创新中心 / 413
同济大学财经研究所 / 414
同济大学德国研究中心 / 414
同济大学可持续发展与新型城镇化智库 / 414
同济大学全球治理与发展研究院 / 415
同济大学新农村发展研究院 / 415
同济大学中国科技管理研究院 / 415
同济大学中国战略研究院 / 416
铜陵学院区域经济研究所（皖江经济发展研究中心）/ 416
外交学院北京对外交流与外事管理研究基地 / 416
外交学院当代中国外交研究中心 / 417
外交学院法国与法语国家研究中心 / 417
外交学院非洲研究中心 / 417
外交学院国际法研究所 / 418
外交学院国际关系研究所 / 418
外交学院国际金融研究中心 / 418
外交学院海外利益保护研究中心 / 419
外交学院经济外交研究中心 / 419
外交学院拉美研究中心 / 419
外交学院联合国研究中心 / 420
外交学院美国社会文化研究中心 / 420
外交学院欧洲研究中心 / 420
外交学院人权研究中心 / 421
外交学院日本研究中心 / 421
外交学院世界贸易组织与国际商法研究中心 / 421
外交学院世界政治研究中心 / 422
外交学院西语国家研究中心 / 422
外交学院亚太研究中心 / 422
外交学院亚洲研究所 / 423
外交学院战略与和平研究中心 / 423
外交学院政党外交研究中心 / 423
外交学院中国国际法实践研究中心 / 424
武汉大学发展研究院 / 425
武汉大学法国研究中心 / 425
武汉大学国际法研究所 / 426
武汉大学国际问题研究院 / 426

武汉大学经济发展研究中心 / 428
武汉大学经济法研究所 / 428
武汉大学媒体发展研究中心 / 428
武汉大学人口·资源·环境经济研究中心 / 429
武汉大学人文社会科学研究院 / 429
武汉大学社会保障研究中心 / 429
武汉大学信息资源研究中心 / 430
武汉大学知识产权高级研究中心 / 430
武汉大学中国边界与海洋研究院 / 431
武汉科技大学湖北非营利组织研究中心 / 432
武汉科技大学湖北省意识形态建设研究院 / 432
武汉科技大学新农村建设研究中心 / 432
武汉科技大学意识形态安全研究中心 / 433
武汉理工大学中国应急管理研究中心 / 433
武汉体育学院湖北省非物质文化遗产研究中心 / 434
武汉体育学院湖北体育产业研究中心 / 434
武汉体育学院体育社会科学研究中心 / 434
西安电子科技大学大数据安全教育部工程研究中心 / 435
西安电子科技大学科学数据管理与区域政策研究中心 / 435
西安电子科技大学陕西智慧社会发展战略研究中心 / 435
西安工程大学"一带一路"纺织发展创新研究院 / 436
西安交通大学人口与发展政策研究中心 / 438
西安交通大学社会治理和社会政策协同创新研究中心 / 440
西安交通大学新媒体与社会治理研究中心 / 441
西安交通大学中国管理问题研究中心 / 442
西安理工大学生态水利与可持续发展研究中心 / 442
西安医学院陕西省公共安全医学防控研究中心 / 443
西安邮电大学数字经济与产业融合创新研究中心 / 443
西北大学高等教育研究中心 / 443
西北大学陕西宏观经济与经济增长质量协同创新研究中心 / 444
西北大学丝绸之路研究院 / 444
西北大学叙利亚研究中心 / 444
西北大学中东研究所 / 445
西北大学中国文化研究中心 / 445
西北大学中国西部经济发展研究中心 / 445
西北大学中国优秀文化传承创新智库 / 446
西北工业大学军民融合发展战略研究中心 / 446
西北工业大学西部国防科技工业发展研究中心 / 446
西北民族大学西北民族教育重点研究基地 / 447
西北农林科技大学陕西省乡村振兴发展智库 / 447
西北农林科技大学西部农村发展研究中心 / 448
西北农林科技大学应用经济研究中心 / 448
西北政法大学民族宗教研究院 / 449
西藏大学人口研究所 / 449
西藏大学西藏经济研究所 / 450
西藏大学西藏可持续发展研究所 / 450
西华大学地方文化资源保护与开发研究中心 / 451
西交利物浦大学城市与环境校级研究中心 / 451
西交利物浦大学西浦智库 / 452
西南财经大学发展研究院 / 452
西南财经大学金融研究院 / 453
西南财经大学老龄化与社会保障研究中心 / 453
西南财经大学中国（四川）自由贸易试验区综合研究院 / 453
西南财经大学中国家庭金融调查与研究中心 / 454
西南财经大学中国金融研究中心 / 454
西南财经大学中国西部经济研究中心 / 454
西南财经大学中国行为经济与行为金融研究中心 / 455
西南大学统筹城乡发展研究院 / 455

西南大学西南发展与人才资源研究院 / 455
西南大学西南民族教育与心理研究中心 / 456
西南大学伊朗研究中心 / 456
西南交通大学西部交通战略与区域发展研究中心 / 456
西南科技大学拉美研究中心 / 457
西南民族大学青藏高原经济社会与文化发展研究中心 / 457
西南林业大学西南绿色发展研究院 / 457
西南林业大学云南林业经济研究智库 / 458
西南政法大学安全治理与社会秩序维护研究院 / 458
西南政法大学俄罗斯法研究中心 / 458
西南政法大学人权研究院 / 459
西南政法大学市场交易法律制度研究基地 / 459
西南政法大学诉讼法与司法改革研究中心 / 459
西南政法大学特殊群体权利保护与犯罪预防研究中心 / 460
西南政法大学中国—东盟法律研究中心 / 460
西南政法大学中国金融法治研究中心 / 460
西南政法大学中国农村经济法制创新研究中心 / 461
西南政法大学中国社会稳定与危机管理研究中心 / 461
厦门大学东南亚研究中心 / 462
厦门大学高等教育发展研究中心 / 462
厦门大学公共政策研究院 / 462
厦门大学宏观经济研究中心 / 463
厦门大学会计发展研究中心 / 463
厦门大学教育研究院（厦门大学高等教育科学研究所）/ 463
厦门大学马来西亚研究所 / 464
厦门大学欧洲研究中心 / 464
厦门大学日本研究所 / 464
厦门大学世界经济研究中心 / 465
厦门大学台湾研究院 / 465
厦门大学王亚南经济研究院 / 465
厦门大学新加坡研究中心 / 466
厦门大学印度尼西亚研究中心 / 466
厦门大学中国能源政策研究院 / 466
厦门大学中国特色社会主义研究中心 / 467
新疆财经大学新疆企业发展研究中心 / 468
新疆财经大学中国新疆与中亚区域经济合作研究中心 / 468
新疆大学创新管理研究中心 / 469
新疆大学西域文明发展研究基地 / 469
新疆大学新疆宏观经济预警系统研究基地 / 469
新疆大学新疆民俗文化研究中心 / 470
新疆大学新疆稳定与地区经济发展法制保障研究基地 / 470
新疆大学中外文化比较与跨文化交际研究基地 / 470
新疆大学中亚地缘政治研究中心 / 471
新疆农业大学干旱区农村发展研究中心 / 471
新疆师范大学中亚与中国西北边疆政治经济研究中心 / 472
徐州医科大学卫生政策与健康保障研究基地 / 473
徐州医科大学医疗卫生应急救援政策研究中心 / 473
延边大学朝鲜半岛研究院 / 474
盐城师范学院江苏农村教育发展研究中心 / 475
盐城师范学院江苏沿海开发研究院 / 475
伊犁师范学院教育科学研究所 / 476
伊犁师范学院中国新疆与周边国家合作发展研究中心 / 476
宜宾学院南亚东南亚研究院 / 476
宜宾学院农村幼儿教育研究中心 / 477
宜春学院江西宗教历史文化研究中心 / 477
云南财经大学印度洋地区研究中心 / 479
云南财经大学云南省防灾减灾智库 / 479
云南大学边疆民族问题智库 / 480
云南大学地方政府治理研究中心 / 480
云南大学滇西发展研究中心 / 480
云南大学发展研究院 / 481
云南大学法治云南研究中心智库 / 481
云南大学高等教育研究院 / 481

云南大学国际关系研究院 / 482
云南大学缅甸研究院 / 482
云南大学民族文化建设与文化产业发展智库 / 482
云南大学文化发展研究院 / 483
云南大学西南边疆少数民族研究中心 / 483
云南大学西南周边环境与周边外交智库 / 484
云南大学沿边开放与经济发展智库 / 484
云南大学云南生态文明建设智库 / 484
云南大学政府治理与公共政策研究中心 / 485
云南民族大学云南扶贫开发研究院暨云南扶贫开发大数据中心 / 485
云南农业大学云南农村发展智库 / 486
云南省民族研究院（云南大学民族学与社会学学院）/ 487
云南师范大学云南教育决策咨询智库 / 488
云南师范大学中国西南对外开放与边疆安全研究中心 / 489
云南师范大学中国西南周边地缘环境与“一带一路”建设研究智库 / 489
浙江财经大学中国政府管制研究院 / 490
浙江大学创新管理与持续竞争力研究中心 / 490
浙江大学地方政府与社会治理研究中心 / 491
浙江大学房地产研究中心 / 491
浙江大学非传统安全与和平发展研究中心 / 491
浙江大学互联网金融研究院 / 492
浙江大学金融研究院 / 492
浙江大学科教发展战略研究中心 / 493
浙江大学民生保障与公共治理研究中心 / 493
浙江大学民营经济研究中心 / 494
浙江大学农业现代化与农村发展研究中心（浙江大学中国农村发展研究院）/ 494
浙江大学欧洲研究中心 / 494
浙江大学区域经济开放与发展研究中心 / 495
浙江大学区域协调发展研究中心 / 495
浙江大学区域与城市发展研究中心 / 495
浙江大学全球浙商研究院 / 496
浙江大学社会科学研究基础平台 / 496
浙江大学社会组织与社会治理研究中心 / 497
浙江大学土地与国家发展研究院 / 497
浙江大学质量管理研究中心 / 497
浙江大学中国跨境电子商务研究院 / 498
浙江大学中国西部发展研究院 / 498
浙江工业大学浙江省技术创新与企业国际化研究中心 / 499
浙江农林大学浙江省农民发展研究中心 / 499
浙江师范大学非洲研究院 / 505
浙江师范大学环东海与边疆研究院 / 505
郑州大学公共管理研究中心 / 506
郑州大学近现代河南与中国研究中心 / 507
郑州大学历史文化遗产保护研究中心 / 507
郑州大学社会管理河南省协同创新中心 / 507
郑州大学私法研究中心 / 508
郑州大学现代产业与企业发展战略研究中心 / 508
郑州大学宪法与行政法研究中心 / 508
郑州大学中国土地法律与公共政策研究中心 / 509
郑州大学中国外交话语研究院 / 509
郑州大学中原文化资源与发展研究中心 / 510
郑州商学院区域经济发展研究中心 / 510
中国传媒大学传播研究院 / 535
中国传媒大学高等教育研究所 / 535
中国传媒大学公关舆情研究所 / 535
中国传媒大学国家传播创新研究中心 / 536
中国传媒大学首都传媒经济研究基地 / 536
中国传媒大学文化发展研究院 / 536
中国地质大学（武汉）资源环境经济研究中心（矿产资源战略与政策研究中心）/ 537
中国海洋大学国家文化产业研究中心 / 545
中国海洋大学海洋发展高等研究院 / 546
中国科学技术大学安徽大数据应用协同创新

中心 / 552
中国科学技术大学科学传播研究与发展中心 / 553
中国科学院大学创新方法研究中心 / 555
中国科学院大学环境经济研究中心 / 555
中国科学院大学军民融合发展中心 / 556
中国矿业大学（北京）可持续发展与能源政策研究中心 / 563
中国矿业大学（北京）能源经济研究所 / 563
中国矿业大学经济与管理复杂性研究所 / 563
中国劳动关系学院劳动关系与工会研究中心 / 564
中国美术学院人文与艺术教育研究中心 / 567
中国美术学院文化遗产研究中心 / 567
中国农业大学国际发展研究中心 / 569
中国农业大学国家农业农村发展研究院 / 570
中国农业大学农民问题研究所 / 570
中国农业大学新农村发展研究院 / 570
中国农业大学中国土地政策与法律研究中心 / 571
中国人民大学公共外交研究院 / 576
中国人民大学公共政策研究院 / 576
中国人民大学公共治理研究院 / 577
中国人民大学国际货币研究所 / 577
中国人民大学国家发展与战略研究院 / 577
中国人民大学民商事法律科学研究中心 / 578
中国人民大学欧洲问题研究中心 / 578
中国人民大学人口与发展研究中心 / 579
中国人民大学人文北京（人文奥运）研究中心 / 579
中国人民大学深圳研究院 / 580
中国人民大学首都发展与战略研究院 / 580
中国人民大学危机管理研究中心 / 580
中国人民大学文化产业研究院 / 581
中国人民大学文化创意产业研究中心 / 581
中国人民大学新闻与社会发展研究中心 / 581
中国人民大学刑事法律科学研究中心 / 582
中国人民大学中国财政金融政策研究中心 / 582
中国人民大学中国合作社研究院 / 583
中国人民公安大学公安部公安发展战略研究所 / 583
中国人民公安大学社会安全风险感知与防控大数据应用国家工程实验室 / 584
中国人民公安大学首都社会安全研究基地 / 584
中国石油大学（北京）中国能源战略研究院 / 603
中国石油大学（华东）海洋能源与信息工程研究院 / 604
中国石油大学（华东）能源经济与政策研究院 / 604
中国石油大学（华东）新能源研究院 / 604
中国政法大学法与经济学研究院 / 615
中国政法大学法治政府研究院 / 616
中国政法大学公正司法研究中心 / 616
中国政法大学全球化与全球问题研究所 / 616
中国政法大学诉讼法学研究院 / 617
中国政法大学特许经营研究中心 / 618
中国政法大学知识产权研究中心 / 618
中国政法大学中国政府改革和发展研究中心 / 618
中南财经政法大学法治发展与司法改革研究中心 / 620
中南财经政法大学湖北金融研究中心 / 620
中南财经政法大学人口与区域研究中心 / 621
中南财经政法大学现代产业经济研究中心 / 621
中南财经政法大学知识产权研究中心 / 621
中南财经政法大学中国经济与会计监管研究中心 / 622
中南财经政法大学中国收入分配研究中心 / 622
中南大学地方治理研究院 / 623
中南大学高等教育研究所 / 623
中南大学金属资源战略研究院 / 623

中南大学两型社会与生态文明协同创新中心 / 624
中南大学人力资源研究中心 / 624
中南大学知识产权研究院（湖南省知识产权研究院）/ 624
中南大学中国城市竞争力研究所 / 625
中南大学中国村落文化研究中心 / 625
中南大学中国文化法研究中心 / 625
中南民族大学高校风险预警防控研究中心 / 626
中南民族大学民族政策与社会发展研究中心 / 626
中南民族大学中南民族大学科学研究发展院 / 627
中山大学城市社会研究中心 / 627
中山大学地球环境与地球资源研究中心 / 628
中山大学国家治理研究院 / 628
中山大学华南农村研究中心 / 628
中山大学教育现代化研究中心 / 629
中山大学金融工程与风险管理研究中心 / 629
中山大学历史人类学研究中心 / 629
中山大学流动人口卫生政策研究中心 / 630
中山大学旅游发展与规划研究中心 / 630
中山大学南海战略研究院 / 631
中山大学税收与财税法研究中心 / 631
中山大学物流与供应链研究中心 / 631
中山大学信息经济与政策研究中心 / 632
中山大学亚太研究院 / 632
中山大学粤港澳发展研究院 / 632
中山大学中国第三产业研究中心 / 633
中山大学中国非物质文化遗产研究中心 / 633
中山大学中国公共管理研究中心 / 633
中山大学中国转型与开放经济研究所 / 634
中山大学自贸区综合研究院 / 634
中央财经大学财经研究院 / 634
中央财经大学财政税收研究所 / 635
中央财经大学国防经济与管理研究院 / 635
中央财经大学国际金融研究中心 / 635
中央财经大学绿色金融国际研究院 / 636
中央财经大学气候与能源金融研究中心 / 636
中央财经大学文化经济研究院（国家文化创新研究中心）/ 636
中央财经大学政府预算管理研究所 / 637
中央财经大学中国发展和改革研究院 / 637
中央财经大学中国公共财政与政策研究院 / 638
中央财经大学中国互联网经济研究院 / 638
中央财经大学中国金融发展研究院 / 638
中央财经大学中国人力资本与劳动经济研究中心 / 639
中央财经大学中国银行业研究中心 / 639
中央美术学院国家艺术发展战略研究协同创新中心 / 640
中央民族大学法治政府与地方制度研究中心 / 640
中央民族大学中国少数民族研究中心 / 640
中央音乐学院国家非物质文化遗产（音乐类）保护与研究中心 / 641

社会智库

21 世纪教育研究院 / 3
安徽省社会科学界联合会 / 10
北京恩玖非营利组织发展研究中心 / 32
北京方迪经济发展研究院 / 32
北京观恒文化发展研究院 / 34
北京国际城市发展研究院 / 34
北京国民经济研究所 / 35
北京融智企业社会责任研究院 / 41
北京生态文明工程研究院 / 41
北京师范大学中国教育创新研究院 / 46
北京市朝阳区自然之友环境研究所（自然之友）/ 49
北京市社会科学界联合会 / 50
北京文化遗产保护中心 / 64
北京现代循环经济研究院 / 65
北京新闻文化研究所 / 65
察哈尔学会 / 69
长策智库 / 71

重庆博众城市发展管理研究院 / 76
重庆市社会科学界联合会 / 81
东吴智库 / 88
福建省社会科学界联合会 / 94
甘肃省社会科学界联合会 / 108
公众环境研究中心 / 112
光明日报文化产业研究中心 / 112
光明日报智库研究与发布中心 / 113
广东南方金融创新研究院 / 118
广东南方民间智库咨询服务中心 / 119
广东省社会科学界联合会 / 120
广东亚太创新经济研究院 / 124
广西社会科学界联合会 / 125
贵州省社会科学界联合会 / 132
国观智库 / 132
国家创新与发展战略研究会 / 133
国家卫生健康委员会新探健康发展研究中心 / 145
国网能源研究院 / 148
海国图智研究院 / 158
海南省科学发展研究院 / 160
海南省社会科学界联合会 / 160
海南亚太观察研究院 / 162
河北省社会科学界联合会 / 168
河南省社会科学界联合会 / 176
黑龙江省社会科学界联合会 / 179
洪范法律与经济研究所 / 180
湖北法治发展战略研究院（中南财经政法大学法治发展与司法改革研究中心）/ 181
湖北省社会科学界联合会 / 183
湖南省社会科学界联合会 / 188
华坤女性生活调查中心 / 204
华夏新供给经济学研究院 / 206
吉林省社会科学界联合会 / 217
江苏省苏科创新战略研究院 / 229
江苏省哲学社会科学界联合会 / 230
江西省社会科学界联合会 / 240
经济日报社中国经济趋势研究院 / 247
蓝迪国际智库（中国社会科学院“一带一路”国际智库）/ 250
辽宁省社会科学界联合会 / 262
瞭望智库（新华社大数据智库云平台）/ 263
零点有数 / 263
南方国际人才研究院 / 269
内蒙古自治区社会科学界联合会 / 305
宁夏社会科学界联合会 / 308
盘古智库 / 309
千龙智库 / 310
青海省社会科学界联合会 / 313
全国党的建设研究会 / 330
全国妇女联合会妇女研究所 / 331
全球化智库 / 331
人民网研究院 / 332
人民智库 / 332
山东省社会科学界联合会 / 340
山西省社会科学界联合会 / 344
陕西省社会科学界联合会 / 345
陕西中经发展改革研究院 / 350
上海春秋发展战略研究院 / 357
上海国防战略研究所 / 360
上海国际金融研究中心 / 360
上海华夏社会发展研究院 / 361
上海金融与法律研究院 / 366
上海市社会科学界联合会 / 370
上海新金融研究院 / 378
深圳创新发展研究院 / 379
石河子大学棉花经济研究中心 / 383
四川省社会科学界联合会 / 398
四川西部教育研究院 / 402
四川先行教育研究院 / 403
天津市社会科学界联合会 / 412
万博新经济研究院 / 424
新疆维吾尔自治区社会科学界联合会 / 472
云南省社会科学界联合会 / 487
浙江省弘毅教育研究院 / 502
浙江省求是经济与管理科学研究院 / 503
浙江省社会科学界联合会 / 504
知远战略与防务研究所 / 511
中国（海南）改革发展研究院 / 530
中国（深圳）综合开发研究院 / 530
中国保险学会 / 531
中国财政学会 / 532
中国残疾人事业发展研究会 / 532
中国城市发展研究院 / 533

中国城市规划学会 / 533
中国城市科学研究会 / 534
中国城乡发展国际交流协会 / 534
中国地质矿产经济学会 / 537
中国发展战略学研究会 / 538
中国法学会 / 539
中国房地产协会 / 539
中国风景园林学会 / 540
中国妇女研究会 / 540
中国改革开放论坛 / 541
中国工商行政管理学会 / 542
中国管理科学学会 / 542
中国管理科学研究院 / 542
中国国际关系学会 / 543
中国国际经济合作学会 / 543
中国国际经济交流中心 / 544
中国国际人才交流与开发研究会 / 544
中国国际税收研究会 / 544
中国国际战略学会 / 545
中国环境科学学会 / 546
中国环境与发展国际合作委员会 / 547
中国会展经济研究会 / 547
中国基本建设优化研究会 / 548
中国监察学会 / 548
中国建材工业经济研究会 / 549
中国建设劳动学会 / 549
中国教育战略发展学会 / 550
中国金融四十人论坛 / 550
中国经济 50 人论坛 / 551
中国经济体制改革研究会 / 551
中国科协创新战略研究院 / 552
中国科协发展研究中心 / 552
中国科学技术协会 / 553
中国科学学与科技政策研究会 / 554
中国可持续发展研究会 / 562
中国粮油学会 / 565
中国林学会 / 565
中国领导科学研究会 / 566
中国民族医药学会 / 567
中国民族政策研究会 / 568
中国能源研究会 / 568
中国农学会 / 569
中国企业改革与发展研究会 / 571
中国区域经济学会 / 573
中国区域科学协会 / 573
中国人才研究会 / 574
中国人民外交学会 / 585
中国软科学研究会 / 587
中国少数民族经济研究会 / 587
中国社会保障学会 / 587
中国审计学会 / 603
中国石油经济技术研究院 / 605
中国世界贸易组织研究会 / 605
中国铁道科学研究院 / 606
中国通信学会 / 607
中国投资协会 / 607
中国土地学会 / 608
中国外汇投资研究院 / 608
中国卫生经济学会 / 609
中国西部研究与发展促进会 / 610
中国行政管理学会 / 612
中国行政体制改革研究会 / 612
中国学前教育研究会 / 613
中国医疗保险研究会 / 613
中国医院改革与发展研究院 / 614
中国战略与管理研究会 / 615
中华中医药学会 / 619
中益老龄事业发展中心 / 641
中证金融研究院 / 642
中智科学技术评价研究中心 / 642

合作智库

APEC 可持续能源中心 / 3
安徽大学拉丁美洲研究所 / 5
安徽工业大学安徽创新驱动发展研究院 / 6
安徽建筑大学安徽省城镇化发展研究中心 / 7
安徽建筑大学安徽省城镇化建设协同创新中心 / 8
北京城市学院首都城市治理与综合执法研究所 / 11
北京城市运行与发展研究中心 / 12
北京大学—林肯研究院城市发展与土地政策

研究中心 / 12
北京大学国际经济研究所 / 15
北京大学国家治理协同创新中心 / 17
北京大学汇丰金融研究院 / 18
北京大学首都发展研究院 / 23
北京大学中国教育财政科学研究所 / 28
北京第二外国语学院北京旅游发展研究基地 / 30
北京第二外国语学院国家文化发展国际战略研究院（国家文化贸易学术研究平台） / 30
北京航空航天大学通用航空产业发展与政策研究中心 / 36
北京建筑大学北京北建大城市规划设计研究院 / 37
北京建筑大学北京未来城市设计高精尖创新中心 / 37
北京师范大学出版科学研究院 / 42
北京师范大学俄罗斯研究中心 / 42
北京师范大学新兴市场研究院 / 45
北京师范大学中国公益研究院 / 45
北京师范大学中国基础教育质量监测协同创新中心 / 46
北京外国语大学北京日本学研究中心 / 53
北京外国语大学拉美研究中心 / 59
北京外国语大学越南研究中心 / 63
北京印刷学院北京文化产业发展研究院 / 65
渤海大学国家新闻出版署新闻出版业科技与标准重点实验室 / 68
长安大学长安文化产业研究中心 / 69
长安文化产业研究中心（陕西省文化产业协同创新研究中心） / 71
长江教育研究院 / 73
长三角城市合作（复旦大学）研究中心 / 73
常州大学常州现代服务业研究院 / 73
潮州市“互联网+”研究院 / 74
创新中国智库 / 81
东北大学中国东北振兴研究院 / 84
东南大学最高人民法院司法大数据研究基地 / 87
对外经济贸易大学中国—俄罗斯独联体研究中心 / 90
对外经济贸易大学中国国际低碳经济研究所 / 90
福建农林大学南太平洋岛国研究中心 / 92
福建师范大学竞争力研究中心 / 95
复旦大学城市环境管理研究中心 / 98
复旦大学国土资源经济研究中心 / 100
复旦丁铎尔中心 / 107
公安部公安发展战略研究所 / 111
公安部现代警务改革研究所 / 112
广东财经大学广东省财税大数据重点实验室 / 114
贵州省大数据产业发展应用研究院 / 131
国家毒品问题治理研究中心 / 133
国家文化产业创新与发展研究基地 / 145
哈尔滨工程大学中国制造和国家安全产业研究院 / 157
海南低碳经济政策与产业技术研究院 / 159
海南国际旅游岛发展研究院 / 159
海南省开放型经济研究院 / 159
海南省南海政策与法律研究中心 / 160
合肥工业大学安徽科技与产业发展研究院（智库） / 163
合肥工业大学安徽省中国特色社会主义理论体系研究基地 / 163
合肥工业大学产业转移与创新发展研究中心 / 164
合肥工业大学工业信息与经济研究中心 / 164
合肥工业大学现代科技发展与马克思主义理论研究中心 / 164
河海大学东部资源环境与持续发展研究中心 / 170
河海大学水利经济研究所 / 171
河海大学中国移民研究中心（水利部水库移民经济研究中心） / 171
河南大学黄河文明省部共建协同创新中心 / 173
河南大学中原发展研究院 / 175
衡水学院河北省生态文明建设与县域经济发展研究基地 / 180
湖南大学风险导向审计研究基地 / 184
湖南大学金融发展与信用管理研究中心 /

185
湖南师范大学美国研究中心 / 192
湖南师范大学中国特色社会主义道德文化省部共建协同创新中心 / 195
华北电力大学北京能源发展研究基地 / 195
华东检察研究院 / 196
华东师范大学周边合作与发展协同创新中心 / 203
华南理工大学现代服务业研究院 / 204
华侨大学泰国研究所 / 205
华中师范大学国家文化产业研究中心 / 208
吉林大学中国人口老龄化与经济社会发展研究中心 / 216
吉林体育学院吉林省体育产业研究基地 / 218
暨南大学中国（广东）自由贸易试验区研究院 / 225
江南大学食品安全风险治理研究院 / 226
江苏长江产业经济研究院 / 226
江苏省公共安全研究院（江苏警官学院现代警务研究中心）/ 228
江苏师范大学“一带一路”研究院 / 231
江西财经大学财政大数据分析中心 / 231
江西财经大学江西省战略性新兴产业发展监测、预警与决策支持协同创新中心 / 236
江西财经大学科技金融研究中心 / 237
江西省党风廉政建设研究中心（南昌大学廉政研究中心）/ 239
教育部—北京大学人力资本与国家政策研究中心 / 244
金善宝农业现代化发展研究院 / 246
九江学院鄱阳湖生态经济研究中心 / 248
昆山杜克大学全球健康研究中心 / 250
乐山师范学院四川基层公共文化服务研究中心 / 255
联合国教科文组织国际工程教育中心 / 256
辽宁大学人口研究所 / 256
闽江学院互联网创新研究院 / 266
南疆教育发展研究中心 / 270
南京财经大学创新创业研究院 / 270
南京财经大学江苏现代财税治理协同创新中心 / 271
南京财经大学江苏现代服务业研究院 / 271
南京大学长江三角洲经济社会发展研究中心 / 272
南京大学中国南海研究协同创新中心 / 274
南京大学中国语言战略研究中心 / 275
南京信息工程大学江北新区发展研究院 / 287
南京邮电大学江苏智慧养老研究院 / 291
南京邮电大学数字经济研究所 / 293
南京邮电大学现代邮政研究院 / 294
南开大学亚太经济合作组织研究中心 / 300
南开大学战略环境评价研究中心 / 301
南开大学政治经济学研究中心 / 301
南开大学中国特色社会主义经济建设协同创新中心 / 302
南通大学江苏沿海沿江发展研究中心 / 303
南通大学南通廉政研究中心 / 303
宁波大学东海研究院 / 306
青海大学—清华大学三江源研究院 / 311
清华—布鲁金斯公共政策研究中心 / 313
清华—卡内基全球政策中心 / 314
清华大学产业发展与环境治理研究中心 / 314
清华大学公共管理学院公共经济、金融与治理研究中心 / 316
清华大学公共管理学院卫生与发展研究中心 / 316
清华大学国家金融研究院 / 318
清华大学国家战略研究院 / 319
清华大学科技发展与治理研究中心 / 321
清华大学气候政策研究中心 / 323
清华大学中国城市研究院 / 326
清华大学中国发展规划研究院 / 326
清华大学中国工程科技发展战略研究院 / 327
清华大学中国公益慈善研究院 / 327
清华大学中国经济社会数据研究中心 / 327
清华大学中国科学技术政策研究中心 / 328
曲阜师范大学孔子与山东文化强省战略协同创新中心 / 330
曲阜师范大学中国教育大数据研究院 / 330

三峡大学三峡文化与经济社会发展研究中心 / 334
三峡大学影视文化与产业发展研究中心 / 334
山东大学中泰证券金融研究院（山东大学齐鲁证券金融研究院）/ 339
山东工商学院山东能源经济协同创新中心 / 339
山西省城乡统筹协同创新中心 / 343
山西师范大学山西省互联网 + 与旅游产业升级协同创新中心 / 344
陕西省新型城镇化和人居环境研究院 / 346
陕西师范大学中国旅游研究院西部旅游发展研究基地 / 349
上海财经大学长三角与长江经济带发展研究院 / 353
上海财经大学中国产业发展研究院 / 356
上海财经大学中国自由贸易试验区协同创新中心 / 357
上海国有资本运营研究院 / 361
上海交通大学城市科学研究院 / 362
上海交通大学中国海洋装备工程科技发展战略研究院 / 365
上海市流通经济研究所 / 368
上海体育学院上海运动与健康产业协同创新中心 / 370
上海外国语大学哈萨克斯坦研究中心 / 372
上海物流研究院 / 377
首都经济贸易大学北京市经济社会发展政策研究基地 / 384
首都经济贸易大学特大城市经济社会发展研究院 / 386
首都经济贸易大学中国经济实验研究院 / 387
首都科技发展战略研究院 / 389
首都师范大学文化研究院 / 390
首都文化创新与文化传播工程研究院 / 390
首都学习型社会研究院 / 390
首都医科大学国家医疗保障研究院 / 391
丝路规划研究中心 / 393
四川大学中国西部边疆安全与发展协同创新中心 / 396
四川省产业经济发展研究院 / 397
苏州大学苏南发展研究院 / 403
苏州科技大学苏州国家历史文化名城保护研究院 / 405
武汉大学国家文化创新研究中心 / 426
武汉大学国家文化发展研究院 / 427
武汉大学湖北发展问题研究中心 / 427
武汉大学环境法研究所 / 427
武汉大学质量发展战略研究院 / 430
武汉大学中国语情与社会发展研究中心 / 431
武汉大学中国中部发展研究院（区域与城乡发展研究院）/ 431
西安电子科技大学丝绸之路经济带发展研究院 / 436
西安交大—香港科大可持续发展学院 / 436
西安交大—香港中大人口迁移联合研究中心 / 437
西安交通大学“一带一路”自由贸易试验区研究院 / 437
西安交通大学马克思主义中国化研究协同创新中心 / 437
西安交通大学民政部政策理论研究基地 / 438
西安交通大学欧亚经济论坛研究院 / 438
西安交通大学陕西省民政事业发展研究基地 / 439
西安交通大学陕西省统一战线理论研究基地 / 439
西安交通大学陕西易地扶贫搬迁研究基地 / 439
西安交通大学丝绸之路经济带法律政策协同创新中心 / 440
西安交通大学丝绸之路经济带研究协同创新中心 / 440
西安交通大学中国（陕西）广播电视媒体融合发展创新中心 / 441
西安交通大学中国（西安）数字经济发展监测预警基地 / 441
西北农林科技大学西部发展研究院 / 447
西北师范大学河西走廊研究院 / 448
西北政法大学社会治理与信息传播协同创新

研究基地 / 449
西交利物浦大学大数据分析研究院 / 451
西南财经大学金融安全协同创新中心 / 452
习近平新时代中国特色社会主义思想研究院和重庆中国特色社会主义理论研究中心 / 461
新疆大学、兰州大学西北少数民族研究中心 / 468
新疆大学中亚研究院（新疆大学—清华大学中亚发展研究中心）/ 471
延安大学乡村发展研究院 / 474
延边大学朝鲜韩国研究中心 / 474
宜宾学院新建院校改革与发展研究中心 / 477
云南财经大学公共政策研究中心 / 478
云南大学“一带一路”研究院 / 479
云南大学文化产业研究院 / 483
云南民族大学云南廉政研究中心 / 485
云南省法治政府研究院 / 486
云南省公共政策研究院 / 486
云南省医疗保障改革发展研究中心 / 488
云南乡村振兴发展研究院 / 489
浙江大学“一带一路”合作与发展协同创新中心 / 490
浙江大学公共政策研究院（浙江省公共政策研究院）/ 492
浙江大学金融研究院（浙江省金融研究院）/ 493
浙江大学人力资源与战略发展研究中心 / 496
浙江大学舟山海洋研究中心 / 498
浙江工业大学中国中小企业研究院 / 499
浙江清华长三角研究院 / 500
浙江省产业发展政策研究中心 / 500
浙江省传播与文化产业研究中心 / 501
浙江省人才发展研究院 / 503
浙江省文化产业创新发展研究院（智库）/ 504
郑州大学埃及研究中心 / 506
郑州大学河南电子商务与物流协同发展研究院 / 506
郑州大学越南研究所 / 509
中阿改革发展研究中心 / 511
中财—鹏元地方财政投融资研究所 / 511
中国（新疆）边境贸易研究中心 / 530
中国教育政策研究院 / 550
中国科协—清华大学科技传播与普及研究中心 / 551
中国科学院大学基础教育研究院 / 556
中国科学院大学中国政府和社会资本合作（PPP）研究中心 / 556
中国科学院能源与环境政策研究中心 / 558
中国企业营运资金管理研究中心 / 572
中国人民大学北京社会建设研究院 / 575
中国人民大学残疾人事业发展研究院 / 575
中国人民大学重阳金融研究院 / 575
中国人民大学创意产业技术研究院 / 576
中国人民大学经济研究所 / 578
中国人民大学社会转型与社会治理协同创新中心 / 579
中国人民大学亚洲研究中心 / 582
中国人民大学中国经济改革与发展研究院 / 583
中国社会科学院—上海市人民政府上海研究院 / 596
中国社会科学院—郑州市人民政府郑州研究院 / 601
中国信访与社会稳定研究中心 / 611
中国刑事警察学院网络安全执法协同创新中心 / 612
中国药科大学国家药物政策与医药产业经济研究中心 / 613
中国艺术产业研究院 / 614
中国政法大学人权研究院 / 617
中国政法大学司法文明协同创新中心 / 617
中南财经政法大学产业升级与区域金融湖北省协同创新中心 / 619
中南财经政法大学城乡社区社会管理湖北省协同创新中心 / 620
中南财经政法大学中国政府采购研究所 / 622
中南民族大学湖北民族地区经济社会发展研究中心 / 626
中欧陆家嘴国际金融研究院 / 627
中山大学廉政与治理研究中心 / 630

中央财经大学中国财政发展协同创新中心 / 637
中央财经大学中国煤炭经济研究院 / 639
中原发展研究院 / 641
珠三角改革发展研究院 / 642
紫金传媒智库 / 643

※ ※ ※ ※ ※ ※

高端智库

北京大学国家发展研究院 / 16
北京师范大学中国教育与社会发展研究院 / 46
复旦大学中国研究院 / 106
国家金融与发展实验室 / 137
国务院发展研究中心 / 149
清华大学国情研究院 / 319
商务部国际贸易经济合作研究院 / 351
上海社会科学院 / 367
武汉大学国际法研究所 / 426
新华通讯社 / 467
中共中央编译局 / 524
中共中央党史和文献研究院 / 524
中共中央党校（国家行政学院）/ 524
中国（深圳）综合开发研究院 / 530
中国财政科学研究院 / 532
中国工程院 / 541
中国国际经济交流中心 / 544
中国国际问题研究院 / 545
中国宏观经济研究院 / 546
中国科学技术发展战略研究院 / 553
中国科学院 / 554
中国人民大学国家发展与战略研究院 / 577
中国人民解放军国防大学 / 584
中国人民解放军军事科学院 / 585
中国社会科学院 / 588
中国社会科学院国家全球战略智库 / 591
中国石油经济技术研究院 / 605
中国现代国际关系研究院 / 610
中山大学粤港澳发展研究院 / 632

智库研究与评价机构

光明日报智库研究与发布中心 / 113
南京大学中国智库研究与评价中心 / 275
上海大学智库产业研究中心 / 359
中国社会科学评价研究院 / 588

地区索引

北京地区

21 世纪教育研究院 / 3
北方工业大学新兴风险研究院 / 11
北京城市发展研究院 / 11
北京城市学院首都城市治理与综合执法研究所 / 11
北京城市运行与发展研究中心 / 12
北京大学—林肯研究院城市发展与土地政策研究中心 / 12
北京大学财经法研究中心 / 12
北京大学法治与发展研究院 / 13
北京大学非洲研究中心 / 13
北京大学港澳研究中心 / 13
北京大学公共传播与社会发展研究中心 / 14
北京大学公共治理研究所 / 14
北京大学国际安全与和平研究中心 / 14
北京大学国际经济研究所 / 15
北京大学国际战略研究院 / 15
北京大学国际政治经济研究中心 / 15
北京大学国际知识产权研究中心 / 16
北京大学国家对外文化交流研究基地 / 16
北京大学国家发展研究院 / 16
北京大学国家现代公共文化研究中心 / 17
北京大学国家治理协同创新中心 / 17
北京大学环境与能源经济研究中心 / 17
北京大学教育经济研究所 / 18
北京大学教育信息化国际研究中心 / 18
北京大学金融信息化研究中心 / 19
北京大学金融与产业发展研究中心 / 19
北京大学经济研究所 / 19
北京大学经济与人类发展研究中心 / 20
北京大学流通经济与管理研究中心 / 20
北京大学美国研究中心 / 20
北京大学欧洲研究中心 / 21
北京大学贫困地区发展研究院 / 21
北京大学人口研究所 / 21
北京大学人力资源开发与管理研究中心 / 22
北京大学日本研究中心 / 22
北京大学市场经济研究中心 / 22
北京大学世界新能源战略研究中心 / 23
北京大学首都发展研究院 / 23
北京大学数字中国研究院 / 23
北京大学文化产业研究院 / 24
北京大学文化与国家行为研究中心 / 24
北京大学宪法与行政法研究中心 / 24
北京大学信息产业战略研究中心 / 25
北京大学信息化与信息管理研究中心 / 25
北京大学亚太研究院 / 25
北京大学政府管理研究中心 / 26
北京大学政治发展与政府管理研究所 / 26
北京大学中国保险与社会保障研究中心 / 26
北京大学中国低碳发展研究中心 / 27
北京大学中国都市经济研究基地 / 27
北京大学中国国情研究中心 / 27
北京大学中国教育财政科学研究所 / 28
北京大学中国社会科学调查中心 / 28
北京大学中国社会与发展研究中心 / 28
北京大学中国与世界研究中心 / 29
北京大学中国战略研究中心 / 29
北京大学中国政治学研究中心 / 29
北京大学中外人文交流研究基地 / 30
北京第二外国语学院北京旅游发展研究基地 / 30
北京第二外国语学院国家文化发展国际战略研究院（国家文化贸易学术研究平台） / 30
北京第二外国语学院首都对外文化贸易研究基地 / 31
北京第二外国语学院中国文化和旅游产业研究院 / 31
北京第二外国语学院中国“一带一路”战略研究院 / 31
北京恩玖非营利组织发展研究中心 / 32
北京方迪经济发展研究院 / 32
北京服装学院首都服饰文化与服装产业研究基地 / 32
北京工商大学首都流通业研究基地 / 33
北京工业大学北京现代制造业发展研究基地 / 33
北京工业大学高等教育研究所 / 33
北京工业大学循环经济研究院 / 34

北京观恒文化发展研究院 / 34
北京国际城市发展研究院 / 34
北京国民经济研究所 / 35
北京航空航天大学环境治理与可持续性科学研究所 / 35
北京航空航天大学廉洁研究与教育中心 / 35
北京航空航天大学人文与社会科学高等研究院 / 36
北京航空航天大学通用航空产业发展与政策研究中心 / 36
北京化工大学低碳经济与管理研究中心 / 36
北京化工大学运营管理与战略决策研究中心 / 37
北京建筑大学北京北建大城市规划设计研究院 / 37
北京建筑大学北京未来城市设计高精尖创新中心 / 37
北京建筑大学建筑遗产研究院 / 38
北京交通大学北京交通发展研究基地 / 38
北京交通大学北京综合交通发展研究院 / 38
北京交通大学中国产业安全研究中心 / 39
北京交通大学中国企业兼并重组研究中心 / 39
北京交通发展研究院 / 39
北京科技大学教育经济与管理研究所 / 40
北京理工大学能源与环境政策研究中心 / 40
北京林业大学高等教育研究中心 / 40
北京农学院北京新农村建设研究基地 / 41
北京融智企业社会责任研究院 / 41
北京生态文明工程研究院 / 41
北京师范大学出版科学研究院 / 42
北京师范大学俄罗斯研究中心 / 42
北京师范大学发展研究院 / 42
北京师范大学高等教育研究院 / 42
北京师范大学国家职业教育研究院 / 43
北京师范大学经济与资源管理研究院 / 43
北京师范大学流动儿童教育问题研究中心 / 44
北京师范大学人本发展与管理研究中心 / 44
北京师范大学首都教育经济研究院 / 44
北京师范大学新兴市场研究院 / 45
北京师范大学政府管理研究院 / 45
北京师范大学中国公益研究院 / 45
北京师范大学中国基础教育质量监测协同创新中心 / 46
北京师范大学中国教育创新研究院 / 46
北京师范大学中国教育与社会发展研究院 / 46
北京师范大学中国社会管理研究院 / 47
北京师范大学中国收入分配研究院 / 47
北京师范大学中国医疗卫生政策研究院 / 47
北京石油化工学院北京现代产业新区发展研究基地 / 48
北京石油化工学院旅游可持续发展研究中心 / 48
北京石油化工学院能源经济研究中心 / 48
北京市朝阳区自然之友环境研究所（自然之友）/ 49
北京市经济信息中心 / 49
北京市科学技术研究院 / 49
北京市人力资源研究中心 / 50
北京市人民政府参事室 / 50
北京市社会科学界联合会 / 50
北京市社会科学院 / 51
北京体育大学冬奥文化研究中心 / 51
北京体育大学中国运动与健康研究院 / 51
北京外国语大学爱尔兰研究中心 / 52
北京外国语大学澳大利亚研究中心 / 52
北京外国语大学奥地利研究中心 / 52
北京外国语大学巴尔干研究中心 / 53
北京外国语大学保加利亚研究中心 / 53
北京外国语大学北京日本学研究中心 / 53
北京外国语大学波兰研究中心 / 54
北京外国语大学丹麦研究中心 / 54
北京外国语大学东南亚研究中心 / 55
北京外国语大学俄罗斯研究中心 / 55
北京外国语大学二十国集团研究中心 / 55
北京外国语大学法语国家与地区研究中心 / 56
北京外国语大学非洲研究中心 / 56
北京外国语大学芬兰研究中心 / 56
北京外国语大学公共外交研究中心 / 57
北京外国语大学国际中国文化研究院 / 57
北京外国语大学国家语言能力发展研究中心

/ 57
北京外国语大学哈萨克斯坦研究中心 / 58
北京外国语大学加拿大研究中心 / 58
北京外国语大学柬埔寨研究中心 / 58
北京外国语大学拉美研究中心 / 59
北京外国语大学老挝研究中心 / 59
北京外国语大学联合国与国际组织研究中心 / 59
北京外国语大学罗马尼亚研究中心 / 60
北京外国语大学美国研究中心 / 60
北京外国语大学南亚研究中心 / 60
北京外国语大学太平洋研究中心 / 61
北京外国语大学乌克兰研究中心 / 61
北京外国语大学希腊研究中心 / 61
北京外国语大学匈牙利研究中心 / 62
北京外国语大学伊朗研究中心 / 62
北京外国语大学意大利研究中心 / 62
北京外国语大学印度研究中心 / 63
北京外国语大学英国研究中心 / 63
北京外国语大学越南研究中心 / 63
北京外国语大学中东欧研究中心 / 64
北京外国语大学中国马来研究中心 / 64
北京文化遗产保护中心 / 64
北京现代循环经济研究院 / 65
北京新闻文化研究所 / 65
北京印刷学院北京文化产业发展研究院 / 65
北京印刷学院文化产业安全研究院 / 66
北京邮电大学发展战略研究中心 / 66
北京邮电大学数字文化产业北京市国际科技合作基地 / 66
北京语言大学阿拉伯研究中心 / 67
北京中医药大学北京中医药文化研究基地 / 67
北京中医药大学卫生政策与管理研究所 / 67
财政部关税政策研究中心 / 68
财政部国际财经中心 / 69
察哈尔学会 / 69
长策智库 / 71
创新中国智库 / 81
东南大学国家发展与政策研究院 / 86
东中西部区域发展和改革研究院 / 88
对外经济贸易大学国际经济研究院 / 89
对外经济贸易大学国家对外开放研究院 / 89
对外经济贸易大学全球价值链研究院 / 89
对外经济贸易大学现代服务业研究中心 / 90
对外经济贸易大学中国—俄罗斯独联体研究中心 / 90
对外经济贸易大学中国国际低碳经济研究所 / 90
对外经济贸易大学中国企业国际化经营研究中心 / 91
对外经济贸易大学中国世界贸易组织研究院 / 91
对外经济贸易大学租赁研究中心 / 91
工业和信息化部电信传输研究所 / 109
工业和信息化部工业文化发展中心 / 110
工业和信息化部国际经济技术合作中心 / 110
工业和信息化部软件与集成电路促进中心（中国电子工业科学技术交流中心） / 110
工业和信息化部通信清算中心 / 111
工业和信息化部中小企业发展促进中心（中国中小企业发展促进中心） / 111
公安部公安发展战略研究所 / 111
公众环境研究中心 / 112
光明日报文化产业研究中心 / 112
光明日报智库研究与发布中心 / 113
国观智库 / 132
国家创新与发展战略研究会 / 133
国家发展和改革委员会国防动员研究发展中心 / 133
国家发展和改革委员会国际合作中心 / 134
国家发展和改革委员会国家节能中心 / 134
国家工业信息安全发展研究中心（工业和信息化部电子第一研究所） / 134
国家广播电视总局广播电视规划院 / 135
国家广播电视总局广播电视科学研究院 / 135
国家海洋环境预报中心（自然资源部海啸预警中心） / 135
国家监察委员会廉政理论研究中心 / 136
国家教育发展研究中心（教育部教育发展研究中心） / 136

国家教育行政学院 / 136
国家金融与发展实验室 / 137
国家粮食和物资储备局国家粮油信息中心 / 137
国家粮食和物资储备局科学研究院 / 137
国家林业和草原局调查规划设计院 / 138
国家林业和草原局经济发展研究中心 / 138
国家林业和草原局林产工业规划设计院 / 139
国家林业和草原局自然保护区研究中心 / 140
国家能源委员会专家咨询委员会 / 141
国家税务总局税收科学研究所 / 141
国家体育总局体育科学研究所 / 142
国家统计局国际统计信息中心 / 142
国家统计局统计科学研究所 / 142
国家统计局中国经济景气监测中心 / 143
国家卫生健康委人口文化发展中心 / 143
国家卫生健康委卫生发展研究中心 / 144
国家卫生健康委医药卫生科技发展研究中心 / 144
国家卫生健康委医院管理研究所 / 144
国家卫生健康委职业安全卫生研究中心（煤炭工业职业医学研究中心）/ 145
国家卫生健康委员会新探健康发展研究中心 / 145
国家信息化专家咨询委员会 / 146
国家信息中心（国家电子政务外网管理中心）/ 146
国家应对气候变化战略研究和国际合作中心 / 147
国家邮政局发展研究中心 / 147
国家知识产权局知识产权发展研究中心 / 147
国家宗教事务局宗教研究中心 / 148
国网能源研究院 / 148
国务院参事室 / 148
国务院发展研究中心 / 149
国务院发展研究中心产业经济研究部 / 149
国务院发展研究中心创新发展研究部 / 149
国务院发展研究中心对外经济研究部 / 150
国务院发展研究中心发展战略和区域经济研究部 / 150
国务院发展研究中心港澳研究所 / 150
国务院发展研究中心公共管理与人力资源研究所 / 151
国务院发展研究中心国际技术经济研究所 / 151
国务院发展研究中心宏观经济研究部 / 151
国务院发展研究中心金融研究所 / 152
国务院发展研究中心民族发展研究所 / 152
国务院发展研究中心农村经济研究部 / 152
国务院发展研究中心欧亚社会发展研究所 / 153
国务院发展研究中心企业研究所 / 153
国务院发展研究中心社会发展研究部 / 153
国务院发展研究中心世界发展研究所 / 154
国务院发展研究中心市场经济研究所 / 154
国务院发展研究中心信息中心 / 154
国务院发展研究中心亚非发展研究所 / 155
国务院发展研究中心资源与环境政策研究所 / 155
国务院法制办公室政府法制研究中心 / 155
国务院港澳事务办公室港澳研究所 / 156
国务院国有资产监督管理委员会研究中心 / 156
海峡两岸关系研究中心 / 162
洪范法律与经济研究所 / 180
华北电力大学北京能源发展研究基地 / 195
华北电力大学高等教育研究所 / 195
华坤女性生活调查中心 / 204
华夏新供给经济学研究院 / 206
机械工业经济管理研究院 / 213
交通运输部公路科学研究院 / 243
交通运输部规划研究院 / 243
交通运输部科学研究院 / 243
交通运输部水运科学研究院 / 244
教育部—北京大学人力资本与国家政策研究中心 / 244
教育部高等教育教学评估中心 / 244
教育部高等学校社会科学发展研究中心 / 245
教育部科技发展中心 / 245
教育部民族教育发展中心 / 245

教育部学位与研究生教育发展中心 / 246
教育部语言文字应用研究所 / 246
经济日报社中国经济趋势研究院 / 247
科学技术部高技术研究发展中心 / 249
蓝迪国际智库（中国社会科学院“一带一路”国际智库）/ 250
联合国教科文组织国际工程教育中心 / 256
瞭望智库（新华社大数据智库云平台）/ 263
零点有数 / 263
民政部国家减灾中心（民政部卫星减灾应用中心）/ 265
民政部一零一研究所 / 265
民政部政策研究中心 / 266
盘古智库 / 309
千龙智库 / 310
清华—布鲁金斯公共政策研究中心 / 313
清华—卡内基全球政策中心 / 314
清华大学 21 世纪发展研究院 / 314
清华大学产业发展与环境治理研究中心 / 314
清华大学城市治理与可持续发展研究院 / 315
清华大学低碳经济研究院 / 315
清华大学高校德育研究中心 / 316
清华大学公共管理学院公共经济、金融与治理研究中心 / 316
清华大学公共管理学院卫生与发展研究中心 / 316
清华大学国际传播研究中心 / 317
清华大学国际关系研究院 / 317
清华大学国家服务外包人力资源研究院 / 317
清华大学国家金融研究院 / 318
清华大学国家软实力研究院 / 318
清华大学国家文化产业研究中心 / 318
清华大学国家战略研究院 / 319
清华大学国情研究院 / 319
清华大学恒隆房地产研究中心 / 319
清华大学华商研究中心 / 320
清华大学技术创新研究中心 / 320
清华大学建筑与城市研究所 / 320
清华大学教育研究院 / 321
清华大学科技发展与治理研究中心 / 321
清华大学科教政策研究中心 / 321
清华大学科学技术与社会研究所 / 322
清华大学能源环境经济研究所 / 322
清华大学气候变化国际政策研究中心 / 322
清华大学气候政策研究中心 / 323
清华大学全球变化研究院 / 323
清华大学全球产业研究院 / 323
清华大学区域发展研究院 / 324
清华大学网络行为研究所 / 324
清华大学文化创意发展研究院 / 324
清华大学现代管理研究中心 / 325
清华大学中俄战略合作研究所 / 325
清华大学中国财政税收研究所 / 326
清华大学中国城市研究院 / 326
清华大学中国发展规划研究院 / 326
清华大学中国工程科技发展战略研究院 / 327
清华大学中国公益慈善研究院 / 327
清华大学中国经济社会数据研究中心 / 327
清华大学中国经济研究中心 / 328
清华大学中国科学技术政策研究中心 / 328
清华大学中国农村研究院 / 328
清华大学中国企业成长与经济安全研究中心 / 329
清华大学中国应急管理研究基地 / 329
清华大学中国与世界经济研究中心 / 329
全国党的建设研究会 / 330
全国妇女联合会妇女研究所 / 331
全球化智库 / 331
人民网研究院 / 332
人民智库 / 332
商务部国际贸易经济合作研究院 / 351
商务部经贸政策咨询委员会 / 352
商务部流通产业促进中心 / 352
生态环境部环境发展中心（中日友好环境保护中心）/ 381
生态环境部环境工程评估中心 / 382
生态环境部环境规划院 / 382
生态环境部环境与经济政策研究中心 / 382
首都经济贸易大学北京市经济社会发展政策研究基地 / 384
首都经济贸易大学不动产研究所 / 384

首都经济贸易大学大数据与统计科学研究院 / 385
首都经济贸易大学国际问题研究所 / 385
首都经济贸易大学国家税收法律研究基地 / 385
首都经济贸易大学特大城市经济社会发展研究院 / 386
首都经济贸易大学中国 ESG 研究院 / 386
首都经济贸易大学中国产业经济研究院 / 386
首都经济贸易大学中国都市郊区发展研究中心 / 387
首都经济贸易大学中国黄金研究中心 / 387
首都经济贸易大学中国经济实验研究院 / 387
首都经济贸易大学中国流通研究院 / 388
首都经济贸易大学中国品牌研究中心 / 388
首都经济贸易大学中国消费大数据研究院 / 388
首都经贸大学金融风险研究院 / 389
首都经贸大学税收研究所 / 389
首都科技发展战略研究院 / 389
首都师范大学文化研究院 / 390
首都文化创新与文化传播工程研究院 / 390
首都学习型社会研究院 / 390
首都医科大学国家医疗保障研究院 / 391
水电水利规划设计总院 / 391
水利部发展研究中心 / 391
司法部司法行政学院 / 392
司法部司法研究所（研究室） / 392
司法部预防犯罪研究所 / 392
丝路规划研究中心 / 393
同济大学全球治理与发展研究院 / 415
外交学院北京对外交流与外事管理研究基地 / 416
外交学院当代中国外交研究中心 / 417
外交学院法国与法语国家研究中心 / 417
外交学院非洲研究中心 / 417
外交学院国际法研究所 / 418
外交学院国际关系研究所 / 418
外交学院国际金融研究中心 / 418
外交学院海外利益保护研究中心 / 419
外交学院经济外交研究中心 / 419
外交学院拉美研究中心 / 419
外交学院联合国研究中心 / 420
外交学院美国社会文化研究中心 / 420
外交学院欧洲研究中心 / 420
外交学院人权研究中心 / 421
外交学院日本研究中心 / 421
外交学院世界贸易组织与国际商法研究中心 / 421
外交学院世界政治研究中心 / 422
外交学院西语国家研究中心 / 422
外交学院亚太研究中心 / 422
外交学院亚洲研究所 / 423
外交学院战略与和平研究中心 / 423
外交学院政党外交研究中心 / 423
外交学院中国国际法实践研究中心 / 424
万博新经济研究院 / 424
文化和旅游部民族民间文艺发展中心 / 424
文化和旅游部全国公共文化发展中心 / 425
新华通讯社 / 467
冶金工业经济发展研究中心 / 475
应急管理部信息研究院（煤炭信息研究院） / 478
应急管理部研究中心（中国煤炭工业发展研究中心） / 478
中财—鹏元地方财政投融资研究所 / 511
中共北京市委党校（北京行政学院） / 512
中共中央编译局 / 524
中共中央党史和文献研究院 / 524
中共中央党校（国家行政学院） / 524
中共中央党校（国家行政学院）党的建设教研部 / 525
中共中央党校（国家行政学院）公共管理教研部 / 525
中共中央党校（国家行政学院）经济学教研部 / 525
中共中央党校（国家行政学院）科学社会主义教研部 / 526
中共中央党校（国家行政学院）马克思主义学院 / 526
中共中央党校（国家行政学院）社会和生态文明教研部 / 526

中共中央党校（国家行政学院）文史教研部 / 527
中共中央党校（国家行政学院）应急管理培训中心（中欧应急管理学院）/ 527
中共中央党校（国家行政学院）政治和法律教研部 / 527
中共中央党校（国家行政学院）中共党史教研部 / 528
中共中央党校国际战略研究院 / 528
中共中央对外联络部当代世界研究中心 / 528
中共中央组织部党建研究所 / 529
中国—中东欧国家智库交流与合作网络 / 529
中国—中东欧研究院 / 529
中国 21 世纪议程管理中心 / 531
中国保险学会 / 531
中国标准化研究院 / 531
中国财政科学研究院 / 532
中国财政学会 / 532
中国残疾人事业发展研究会 / 532
中国城市发展研究院 / 533
中国城市规划设计研究院 / 533
中国城市规划学会 / 533
中国城市和小城镇改革发展中心 / 534
中国城市科学研究会 / 534
中国城乡发展国际交流协会 / 534
中国传媒大学传播研究院 / 535
中国传媒大学高等教育研究所 / 535
中国传媒大学公关舆情研究所 / 535
中国传媒大学国家传播创新研究中心 / 536
中国传媒大学首都传媒经济研究基地 / 536
中国传媒大学文化发展研究院 / 536
中国创意产业研究中心 / 537
中国地质矿产经济学会 / 537
中国电子技术标准化研究院（工业和信息化部电子工业标准化研究院，工业和信息化部电子第四研究院）/ 538
中国电子信息产业发展研究院（赛迪工业和信息化研究院）/ 538
中国发展战略学研究会 / 538
中国法学会 / 539
中国房地产协会 / 539
中国非洲研究院 / 539
中国风景园林学会 / 540
中国妇女研究会 / 540
中国改革开放论坛 / 541
中国工程院 / 541
中国工程院战略咨询中心 / 541
中国工商行政管理学会 / 542
中国管理科学学会 / 542
中国管理科学研究院 / 542
中国国际电子商务中心 / 543
中国国际关系学会 / 543
中国国际经济合作学会 / 543
中国国际经济交流中心 / 544
中国国际人才交流与开发研究会 / 544
中国国际税收研究会 / 544
中国国际问题研究院 / 545
中国国际战略学会 / 545
中国宏观经济研究院 / 546
中国环境科学学会 / 546
中国环境科学研究院 / 547
中国环境与发展国际合作委员会 / 547
中国会展经济研究会 / 547
中国基本建设优化研究会 / 548
中国计量科学研究院 / 548
中国监察学会 / 548
中国建材工业经济研究会 / 549
中国建设劳动学会 / 549
中国教育科学研究院 / 549
中国教育战略发展学会 / 550
中国教育政策研究院 / 550
中国金融四十人论坛 / 550
中国经济 50 人论坛 / 551
中国经济体制改革研究会 / 551
中国科协—清华大学科技传播与普及研究中心 / 551
中国科协创新战略研究院 / 552
中国科协发展研究中心 / 552
中国科学技术发展战略研究院 / 553
中国科学技术协会 / 553
中国科学学与科技政策研究会 / 554
中国科学院 / 554

中国科学院大数据挖掘与知识管理重点实验室 / 555
中国科学院大学创新方法研究中心 / 555
中国科学院大学环境经济研究中心 / 555
中国科学院大学基础教育研究院 / 556
中国科学院大学军民融合发展中心 / 556
中国科学院大学中国政府和社会资本合作（PPP）研究中心 / 556
中国科学院地理科学与资源研究所 / 557
中国科学院管理创新与评估研究中心 / 557
中国科学院科技战略咨询研究院 / 557
中国科学院可持续发展研究中心 / 558
中国科学院能源与环境政策研究中心 / 558
中国科学院农业政策研究中心 / 558
中国科学院气候变化研究中心 / 559
中国科学院生态环境研究中心 / 559
中国科学院水资源研究中心 / 560
中国科学院文献情报中心 / 560
中国科学院心理学研究所 / 560
中国科学院虚拟经济与数据科学研究中心 / 561
中国科学院预测科学研究中心 / 561
中国科学院战略研究中心 / 561
中国科学院中国现代化研究中心 / 562
中国科学院自然与社会交叉科学研究中心 / 562
中国可持续发展研究会 / 562
中国矿业大学（北京）可持续发展与能源政策研究中心 / 563
中国矿业大学（北京）能源经济研究所 / 563
中国劳动关系学院劳动关系与工会研究中心 / 564
中国劳动和社会保障科学研究院 / 564
中国老龄科学研究中心 / 564
中国历史研究院 / 565
中国粮油学会 / 565
中国林学会 / 565
中国林业科学研究院 / 566
中国领导科学研究会 / 566
中国旅游研究院 / 566
中国民族医药学会 / 567
中国民族政策研究会 / 568
中国能源研究会 / 568
中国农村财经研究会 / 569
中国农学会 / 569
中国农业大学国际发展研究中心 / 569
中国农业大学国家农业农村发展研究院 / 570
中国农业大学农民问题研究所 / 570
中国农业大学新农村发展研究院 / 570
中国农业大学中国土地政策与法律研究中心 / 571
中国农业科学院 / 571
中国企业改革与发展研究会 / 571
中国气象局发展研究中心 / 572
中国气象科学研究院 / 572
中国青少年研究中心 / 573
中国区域经济学会 / 573
中国区域科学协会 / 573
中国人才研究会 / 574
中国人口与发展研究中心 / 574
中国人民大学北京社会建设研究院 / 575
中国人民大学残疾人事业发展研究院 / 575
中国人民大学重阳金融研究院 / 575
中国人民大学创意产业技术研究院 / 576
中国人民大学公共外交研究院 / 576
中国人民大学公共政策研究院 / 576
中国人民大学公共治理研究院 / 577
中国人民大学国际货币研究所 / 577
中国人民大学国家发展与战略研究院 / 577
中国人民大学经济研究所 / 578
中国人民大学民商事法律科学研究中心 / 578
中国人民大学欧洲问题研究中心 / 578
中国人民大学人口与发展研究中心 / 579
中国人民大学人文北京（人文奥运）研究中心 / 579
中国人民大学社会转型与社会治理协同创新中心 / 579
中国人民大学首都发展与战略研究院 / 580
中国人民大学危机管理研究中心 / 580
中国人民大学文化产业研究院 / 581
中国人民大学文化创意产业研究中心 / 581

中国人民大学新闻与社会发展研究中心 / 581
中国人民大学刑事法律科学研究中心 / 582
中国人民大学亚洲研究中心 / 582
中国人民大学中国财政金融政策研究中心 / 582
中国人民大学中国合作社研究院 / 583
中国人民大学中国经济改革与发展研究院 / 583
中国人民公安大学公安部公安发展战略研究所 / 583
中国人民公安大学社会安全风险感知与防控大数据应用国家工程实验室 / 584
中国人民公安大学首都社会安全研究基地 / 584
中国人民解放军国防大学 / 584
中国人民解放军军事科学院 / 585
中国人民外交学会 / 585
中国人民银行参事室 / 585
中国人民银行货币政策委员会 / 586
中国人民银行金融研究所 / 586
中国人事科学研究院 / 586
中国软科学研究会 / 587
中国少数民族经济研究会 / 587
中国社会保障学会 / 587
中国社会科学评价研究院 / 588
中国社会科学院 / 588
中国社会科学院财经战略研究院 / 588
中国社会科学院城乡发展一体化智库 / 589
中国社会科学院当代中国马克思主义政治经济学创新智库 / 589
中国社会科学院当代中国研究所 / 589
中国社会科学院俄罗斯东欧中亚研究所 / 590
中国社会科学院法学研究所 / 590
中国社会科学院工业经济研究所 / 590
中国社会科学院国际法研究所 / 591
中国社会科学院国家全球战略智库 / 591
中国社会科学院国家治理研究智库 / 591
中国社会科学院国有经济研究智库 / 592
中国社会科学院和平发展研究所 / 592
中国社会科学院金融研究所 / 592
中国社会科学院京津冀协同发展智库 / 593
中国社会科学院经济研究所 / 593
中国社会科学院拉丁美洲研究所 / 593
中国社会科学院马克思主义研究院 / 594
中国社会科学院美国研究所 / 594
中国社会科学院民族学与人类学研究所 / 594
中国社会科学院农村发展研究所 / 595
中国社会科学院欧洲研究所 / 595
中国社会科学院人口与劳动经济研究所 / 595
中国社会科学院日本研究所 / 596
中国社会科学院社会发展战略研究院 / 596
中国社会科学院社会学研究所 / 597
中国社会科学院生态文明研究所 / 597
中国社会科学院生态文明研究智库 / 597
中国社会科学院世界经济与政治研究所 / 598
中国社会科学院世界宗教研究所 / 598
中国社会科学院数量经济与技术经济研究所 / 598
中国社会科学院台湾研究所 / 599
中国社会科学院西藏智库 / 599
中国社会科学院西亚非洲研究所 / 599
中国社会科学院新疆智库 / 600
中国社会科学院新闻与传播研究所 / 600
中国社会科学院信息情报研究院 / 600
中国社会科学院亚太与全球战略研究院 / 601
中国社会科学院意识形态研究智库 / 601
中国社会科学院政治学研究所 / 602
中国社会科学院中俄战略协作高端合作智库 / 602
中国社会科学院中国边疆研究所 / 602
中国社会科学院中国廉政研究中心 / 603
中国审计学会 / 603
中国石油大学（北京）中国能源战略研究院 / 603
中国石油经济技术研究院 / 605
中国世界贸易组织研究会 / 605
中国水产科学研究院 / 605
中国水利水电科学研究院 / 606

中国铁道科学研究院 / 606
中国铁路经济规划研究院有限公司 / 606
中国通信学会 / 607
中国统计信息服务中心 / 607
中国投资协会 / 607
中国土地勘测规划院 / 608
中国土地学会 / 608
中国外汇投资研究院 / 608
中国卫生经济学会 / 609
中国文化研究中心 / 609
中国文化遗产研究院 / 609
中国西部研究与发展促进会 / 610
中国现代国际关系研究院 / 610
中国新闻出版研究院 / 610
中国信息通信研究院（工业和信息化部电信研究院）/ 611
中国信息与电子工程科技发展战略研究中心 / 611
中国行政管理学会 / 612
中国行政体制改革研究会 / 612
中国学前教育研究会 / 613
中国医疗保险研究会 / 613
中国医院改革与发展研究院 / 614
中国艺术研究院 / 614
中国战略与管理研究会 / 615
中国证监会研究中心 / 615
中国政法大学法与经济学研究院 / 615
中国政法大学法治政府研究院 / 616
中国政法大学公正司法研究中心 / 616
中国政法大学全球化与全球问题研究所 / 616
中国政法大学人权研究院 / 617
中国政法大学司法文明协同创新中心 / 617
中国政法大学诉讼法学研究院 / 617
中国政法大学特许经营研究中心 / 618
中国政法大学知识产权研究中心 / 618
中国政法大学中国政府改革和发展研究中心 / 618
中华中医药学会 / 619
中央财经大学财经研究院 / 634
中央财经大学财政税收研究所 / 635
中央财经大学国防经济与管理研究院 / 635
中央财经大学国际金融研究中心 / 635
中央财经大学绿色金融国际研究院 / 636
中央财经大学气候与能源金融研究中心 / 636
中央财经大学文化经济研究院（国家文化创新研究中心）/ 636
中央财经大学政府预算管理研究所 / 637
中央财经大学中国财政发展协同创新中心 / 637
中央财经大学中国发展和改革研究院 / 637
中央财经大学中国公共财政与政策研究院 / 638
中央财经大学中国互联网经济研究院 / 638
中央财经大学中国金融发展研究院 / 638
中央财经大学中国煤炭经济研究院 / 639
中央财经大学中国人力资本与劳动经济研究中心 / 639
中央财经大学中国银行业研究中心 / 639
中央美术学院国家艺术发展战略研究协同创新中心 / 640
中央民族大学法治政府与地方制度研究中心 / 640
中央民族大学中国少数民族研究中心 / 640
中央音乐学院国家非物质文化遗产（音乐类）保护与研究中心 / 641
中益老龄事业发展中心 / 641
中证金融研究院 / 642
中智科学技术评价研究中心 / 642
住房和城乡建设部政策研究中心（中国城乡建设经济研究所）/ 643
自然资源部测绘发展研究中心 / 643
自然资源部海洋发展战略研究所 / 644
自然资源部油气资源战略研究中心 / 644
自然资源部咨询研究中心 / 645
最高人民检察院检察理论研究所 / 645

上海地区

长三角城市合作（复旦大学）研究中心 / 73
复旦大学城市发展研究院 / 97
复旦大学城市规划与发展研究中心 / 97

复旦大学城市环境管理研究中心 / 98
复旦大学东方管理研究院 / 98
复旦大学复旦发展研究院 / 98
复旦大学高等教育研究所 / 99
复旦大学公共管理与公共政策研究国家哲学社会科学创新基地 / 99
复旦大学国际公共关系研究中心 / 99
复旦大学国际问题研究院 / 100
复旦大学国土资源经济研究中心 / 100
复旦大学环境经济研究中心 / 100
复旦大学金融研究中心 / 101
复旦大学美国研究中心 / 101
复旦大学欧洲问题研究中心 / 101
复旦大学企业发展与创新管理研究中心 / 102
复旦大学人口与发展政策研究中心 / 102
复旦大学社会科学高等研究院 / 102
复旦大学世界经济研究所 / 103
复旦大学司法与诉讼制度研究中心 / 103
复旦大学新闻传播与媒介化社会研究国家哲学社会科学创新基地 / 103
复旦大学信息与传播研究中心 / 104
复旦大学选举与人大制度研究中心 / 104
复旦大学亚洲研究中心 / 104
复旦大学知识产权研究中心 / 105
复旦大学中国经济研究中心 / 105
复旦大学中国社会主义市场经济研究中心 / 105
复旦大学中国研究院 / 106
复旦大学中外现代化进程研究中心 / 106
复旦大学住房政策研究中心 / 106
复旦大学宗教与中国国家安全研究中心 / 107
复旦丁铎尔中心 / 107
国家文化产业创新与发展研究基地 / 145
华东检察研究院 / 196
华东理工大学能源经济与环境管理研究中心 / 197
华东理工大学中国城乡发展研究中心 / 197
华东理工大学中国特色可持续城市化研究基地 / 197
华东师范大学澳大利亚研究中心 / 198
华东师范大学长三角区域一体化创新基地 / 198
华东师范大学城市发展研究院（上海城市发展协同创新中心）/ 198
华东师范大学俄罗斯研究中心 / 199
华东师范大学高等教育研究所 / 199
华东师范大学国际关系与地区发展研究院 / 199
华东师范大学国际教师教育中心 / 200
华东师范大学基础教育改革与发展研究所 / 200
华东师范大学课程与教学研究所 / 200
华东师范大学旅游规划与发展研究中心 / 201
华东师范大学全球创新与发展研究院 / 201
华东师范大学人口研究所 / 201
华东师范大学上海终身教育研究院 / 202
华东师范大学社会学研究所 / 202
华东师范大学中国现代城市研究中心 / 202
华东师范大学中国现代思想文化研究所 / 203
华东师范大学周边国家研究院（冷战国际史研究中心）/ 203
华东师范大学周边合作与发展协同创新中心 / 203
上海财经大学 500 强企业研究中心 / 352
上海财经大学财经研究所 / 353
上海财经大学长三角与长江经济带发展研究院 / 353
上海财经大学高等教育研究所 / 353
上海财经大学高等研究院 / 354
上海财经大学公共政策与治理研究院 / 354
上海财经大学会计与财务研究院 / 354
上海财经大学上海发展研究院（上海财经大学自由贸易区研究院）/ 355
上海财经大学上海国际金融中心研究院 / 355
上海财经大学数理经济学教育部重点实验室 / 355
上海财经大学现代金融研究中心 / 356
上海财经大学中国产业发展研究院 / 356
上海财经大学中国公共财政研究院 / 356

沪

上海财经大学中国自由贸易试验区协同创新中心 / 357
上海春秋发展战略研究院 / 357
上海大学毒品与国家安全研究中心 / 357
上海大学基层治理创新研究中心 / 358
上海大学全球问题研究院 / 358
上海大学土耳其研究中心 / 358
上海大学智库产业研究中心 / 359
上海大学中国社会转型与社会组织研究中心 / 359
上海对外经贸大学"一带一路"国家经贸关系与合作高等研究院 / 359
上海国防战略研究所 / 360
上海国际金融研究中心 / 360
上海国际问题研究院 / 360
上海国有资本运营研究院 / 361
上海海事大学海商法研究中心 / 361
上海华夏社会发展研究院 / 361
上海交通大学城市科学研究院 / 362
上海交通大学第三部门研究中心 / 362
上海交通大学高等教育研究院 / 362
上海交通大学国家战略研究中心 / 363
上海交通大学科学史与科学文化研究院 / 363
上海交通大学能源研究院 / 363
上海交通大学文化创新与青年发展研究院 / 364
上海交通大学新农村发展研究院 / 364
上海交通大学舆情研究实验室 / 364
上海交通大学中国发展研究院 / 365
上海交通大学中国海洋装备工程科技发展战略研究院 / 365
上海交通大学中国金融研究院 / 365
上海金融与法律研究院 / 366
上海科学技术政策研究所 / 366
上海理工大学企业创新能力研究中心 / 366
上海社会科学院 / 367
上海市发展改革研究院 / 367
上海师范大学城市发展研究院 / 367
上海师范大学非洲研究中心 / 368
上海市教育科学研究院 / 368
上海市流通经济研究所 / 368
上海市浦东改革与发展研究院（中国（上海）自由贸易试验区研究院）/ 369
上海市人民政府参事室 / 369
上海市人民政府发展研究中心 / 369
上海市社会科学界联合会 / 370
上海市生物医药技术研究院 / 370
上海体育学院上海运动与健康产业协同创新中心 / 370
上海体育学院体育科学研究院 / 371
上海外国语大学巴西研究中心 / 371
上海外国语大学俄罗斯研究中心 / 371
上海外国语大学哈萨克斯坦研究中心 / 372
上海外国语大学加拿大研究中心 / 372
上海外国语大学跨文化研究中心 / 372
上海外国语大学南亚东南亚研究所 / 373
上海外国语大学欧盟研究中心 / 373
上海外国语大学日本研究中心 / 373
上海外国语大学上海全球治理与区域国别研究院 / 374
上海外国语大学丝路战略研究所 / 374
上海外国语大学希腊研究中心 / 374
上海外国语大学伊朗研究中心 / 375
上海外国语大学伊斯兰合作组织研究中心 / 375
上海外国语大学印度研究中心 / 375
上海外国语大学英国研究中心 / 376
上海外国语大学中东研究所 / 376
上海外国语大学中国国际舆情研究中心 / 376
上海外国语大学中国外语战略研究中心 / 377
上海外国语大学中亚研究中心 / 377
上海物流研究院 / 377
上海新金融研究院 / 378
上海中医药大学药物安全评价研究中心 / 378
同济大学财经研究所 / 414
同济大学德国研究中心 / 414
同济大学可持续发展与新型城镇化智库 / 414
同济大学新农村发展研究院 / 415
同济大学中国科技管理研究院 / 415

同济大学中国战略研究院 / 416
中阿改革发展研究中心 / 511
中共上海市委党校（上海行政学院）/ 521
中国服务外包研究中心 / 540
中国科学院上海交叉学科研究中心 / 559
中国社会科学院—上海市人民政府上海研究院 / 596
中国艺术产业研究院 / 614
中欧陆家嘴国际金融研究院 / 627

天津地区

APEC 可持续能源中心 / 3
河北工业大学京津冀发展研究中心 / 166
南开大学滨海开发研究院 / 296
南开大学当代中国问题研究院 / 297
南开大学妇女与发展研究中心 / 297
南开大学国际经济研究所 / 297
南开大学环境与社会发展研究中心 / 298
南开大学经济与社会发展研究院（京津冀协同发展研究院）/ 298
南开大学跨国公司研究中心 / 298
南开大学欧洲研究中心 / 299
南开大学人权研究中心 / 299
南开大学日本研究院 / 299
南开大学现代旅游业发展省部共建协同创新中心 / 300
南开大学虚拟经济与管理研究中心 / 300
南开大学亚太经济合作组织研究中心 / 300
南开大学战略环境评价研究中心 / 301
南开大学政治经济学研究中心 / 301
南开大学中国公司治理研究院 / 301
南开大学中国特色社会主义经济建设协同创新中心 / 302
南开大学中国哲学社会科学管理创新研究中心 / 302
天津大学津南创新研究院 / 408
天津大学科学技术发展研究院 / 409
天津大学区域发展研究院 / 409
天津大学生物安全战略研究中心 / 410
天津大学中国文化遗产保护国际研究中心 / 411
天津工业大学天津市中国特色社会主义理论体系研究中心基地 / 411
天津工业大学现代纺织产业创新研究中心 / 411
天津社会科学院 / 412
天津市人民政府参事室（天津市文史研究馆）/ 412
天津市社会科学界联合会 / 412
天津外国语大学“一带一路”天津战略发展研究院 / 413
天津外国语大学拉丁美洲研究中心 / 413
天津中医药大学现代中药协同创新中心 / 413
中共天津市委党校（天津行政学院）/ 522
自然资源部国家海洋信息中心 / 644

重庆地区

重庆博众城市发展管理研究院 / 76
重庆大学发展研究中心 / 76
重庆大学公共经济与公共政策研究中心 / 76
重庆大学国家网络空间安全与大数据法治战略研究院 / 77
重庆大学经略研究院 / 77
重庆大学可持续发展研究院 / 77
重庆大学西部环境资源法制建设研究中心 / 78
重庆工商大学长江上游经济研究中心 / 78
重庆工商大学成渝经济区城市群产业发展协同创新中心 / 78
重庆工商大学重庆廉政研究中心 / 79
重庆交通大学西部交通与经济社会发展研究中心 / 79
重庆社会科学院（重庆市人民政府发展研究中心）/ 80
重庆工商大学重庆市产业经济研究院 / 79
重庆市经济信息中心（重庆市综合经济研究院）/ 80
重庆市人民政府参事室 / 80
重庆市社会科学界联合会 / 81

重庆邮电大学网络社会发展问题研究中心 / 81
国家毒品问题治理研究中心 / 133
四川外国语大学“以色列研究中心” / 400
四川外国语大学德国研究中心 / 400
四川外国语大学国别经济与国际商务研究中心 / 401
四川外国语大学金砖国家研究院 / 401
四川外国语大学中外文化比较研究中心 / 401
四川外国语大学中犹文化研究所 / 402
西南大学统筹城乡发展研究院 / 455
西南大学西南发展与人才资源研究院 / 455
西南大学西南民族教育与心理研究中心 / 456
西南大学伊朗研究中心 / 456
西南政法大学安全治理与社会秩序维护研究院 / 458
西南政法大学俄罗斯法研究中心 / 458
西南政法大学人权研究院 / 459
西南政法大学市场交易法律制度研究基地 / 459
西南政法大学诉讼法与司法改革研究中心 / 459
西南政法大学特殊群体权利保护与犯罪预防研究中心 / 460
西南政法大学中国—东盟法律研究中心 / 460
西南政法大学中国金融法治研究中心 / 460
西南政法大学中国农村经济法制创新研究中心 / 461
西南政法大学中国社会稳定与危机管理研究中心 / 461
习近平新时代中国特色社会主义思想研究院和重庆中国特色社会主义理论研究中心 / 461
中共重庆市委党校（重庆行政学院） / 512

安徽地区

安徽财经大学中国合作社研究院 / 3
安徽大学财政税收与公共政策研究中心 / 4
安徽大学长三角经济社会发展研究中心 / 4
安徽大学高等教育研究所 / 4
安徽大学淮河流域环境与经济社会发展研究中心 / 5
安徽大学经济法制研究中心 / 5
安徽大学拉丁美洲研究所 / 5
安徽大学农村社会发展研究中心 / 6
安徽工业大学安徽创新驱动发展研究院 / 6
安徽工业大学大学生思想政治教育与管理研究中心 / 6
安徽工业大学公司治理与运营研究中心 / 7
安徽建筑大学安徽省城市管理研究中心 / 7
安徽建筑大学安徽省城镇化发展研究中心 / 7
安徽建筑大学安徽省城镇化建设协同创新中心 / 8
安徽建筑大学安徽省建筑经济与房地产管理研究中心 / 8
安徽建筑大学安徽省乡村振兴研究院 / 8
安徽经济管理（干部）学院 / 9
安徽省经济研究院 / 9
安徽省人民政府参事室（安徽省文史研究馆） / 9
安徽省人民政府发展研究中心 / 10
安徽省社会科学界联合会 / 10
安徽省社会科学院 / 10
阜阳师范大学安徽优秀传统文化研究中心 / 96
阜阳师范大学农民工研究中心 / 96
阜阳师范大学皖北文化研究中心 / 97
合肥工业大学安徽科技与产业发展研究院（智库） / 163
合肥工业大学安徽省中国特色社会主义理论体系研究基地 / 163
合肥工业大学产业转移与创新发展研究中心 / 164
合肥工业大学工业信息与经济研究中心 / 164
合肥工业大学现代科技发展与马克思主义理论研究中心 / 164
合肥市社会科学院（合肥市社会科学界联合

会、中共合肥市委讲师团）/ 165
淮北师范大学安徽优秀传统文化研究中心 / 209
淮北师范大学高等教育中心 / 210
淮北师范大学皖北经济与社会发展研究中心 / 210
淮北师范大学新闻与传播研究所 / 210
淮北师范大学政治经济学研究中心 / 211
淮北师范大学中国特色社会主义理论体系研究基地 / 211
淮南师范学院资源型城市发展研究中心 / 211
天津大学合肥创新发展研究院 / 408
铜陵学院区域经济研究所（皖江经济发展研究中心）/ 416
中共安徽省委党校（安徽行政学院）/ 512
中国科学技术大学安徽大数据应用协同创新中心 / 552
中国科学技术大学科学传播研究与发展中心 / 553

福建地区

福建农林大学茶产业发展研究中心 / 92
福建农林大学海峡两岸休闲农业发展研究中心 / 92
福建农林大学南太平洋岛国研究中心 / 92
福建农林大学区域特色发展研究院 / 93
福建农林大学乡村旅游研究中心 / 93
福建社会科学院 / 93
福建省经济信息中心 / 94
福建省人民政府发展研究中心 / 94
福建省社会科学界联合会 / 94
福建师范大学竞争力研究中心 / 95
福州大学决策科学研究所 / 95
福州大学软科学研究所 / 95
福州大学循环经济研究中心 / 96
华侨大学华侨华人研究院（国际关系学院）/ 205
华侨大学泰国研究所 / 205
闽江学院海西财政与金融发展研究中心 / 266
闽江学院互联网创新研究院 / 266
闽江学院新媒体传播研究中心 / 267
全国经济综合竞争力研究中心福建师范大学分中心（福建师范大学竞争力研究中心）/ 331
泉州师范学院福建省体育产业研究中心 / 332
厦门大学东南亚研究中心 / 462
厦门大学高等教育发展研究中心 / 462
厦门大学公共政策研究院 / 462
厦门大学宏观经济研究中心 / 463
厦门大学会计发展研究中心 / 463
厦门大学教育研究院（厦门大学高等教育科学研究所）/ 463
厦门大学马来西亚研究所 / 464
厦门大学欧洲研究中心 / 464
厦门大学日本研究所 / 464
厦门大学世界经济研究中心 / 465
厦门大学台湾研究院 / 465
厦门大学王亚南经济研究院 / 465
厦门大学新加坡研究中心 / 466
厦门大学印度尼西亚研究中心 / 466
厦门大学中国能源政策研究院 / 466
厦门大学中国特色社会主义研究中心 / 467
厦门市社会科学院（厦门市社会科学界联合会）/ 467
中共福建省委党校（福建行政学院）/ 513
中共厦门市委党校（厦门行政学院）/ 522
中国科学院城市环境研究所 / 554

甘肃地区

甘肃省人民政府参事室 / 107
甘肃省社会科学界联合会 / 108
甘肃省社会科学院 / 108
甘肃政法大学法治甘肃建设理论研究中心 / 108
甘肃政法大学甘肃省循环经济与可持续发展法制研究中心 / 109
甘肃中医药大学西北少数民族教育发展研究

中心 / 109
兰州城市学院城市环境与污染治理研究所 / 250
兰州城市学院城市社会心理研究中心 / 251
兰州大学“一带一路”研究中心 / 251
兰州大学阿富汗研究中心 / 251
兰州大学格鲁吉亚研究中心 / 252
兰州大学社会与经济发展研究评价中心 / 252
兰州大学西北少数民族研究中心（兰州大学民族学研究院）/ 252
兰州大学意大利研究中心 / 253
兰州大学印度研究中心 / 253
兰州大学中亚研究所 / 253
兰州市社会科学院（兰州市社会科学界联合会）/ 254
西北民族大学西北民族教育重点研究基地 / 447
西北师范大学河西走廊研究院 / 448
中共甘肃省委党校（甘肃行政学院）/ 513

广东地区

北京大学汇丰金融研究院 / 18
北京外国语大学德国研究中心 / 54
潮州市“互联网+”研究院 / 74
广东财经大学“一带一路”国际商务研究中心 / 113
广东财经大学大健康与康养产业研究中心 / 113
广东财经大学法律应用研究与咨询服务中心 / 114
广东财经大学公益诉讼与公益法研究中心 / 114
广东财经大学广东省财税大数据重点实验室 / 114
广东财经大学国土空间信息与规划研究中心 / 115
广东财经大学海洋经济研究院 / 115
广东财经大学老龄社会法治问题研究院 / 115
广东财经大学商贸流通研究院（广州现代物流与电子商务发展研究基地）/ 116
广东财经大学粤港澳大湾区创新竞争力研究院 / 116
广东财经大学粤港澳大湾区研究中心 / 116
广东财经大学粤港澳旅游研究中心 / 117
广东财经大学智慧法治研究中心 / 117
广东财经大学智能社会与人的发展研究中心 / 117
广东财经大学中国特色社会主义政治经济学研究中心 / 118
广东财经大学珠三角科技金融产业协同创新发展中心 / 118
广东南方金融创新研究院 / 118
广东南方民间智库咨询服务中心 / 119
广东省人民政府参事室（广东省人民政府文史研究馆）/ 119
广东省人民政府发展研究中心 / 119
广东省社会科学界联合会 / 120
广东省社会科学院 / 120
广东省社会治理研究中心（华南理工大学）/ 120
广东外语外贸大学低碳经济与环境能源法研究中心 / 121
广东外语外贸大学广东国际战略研究院 / 121
广东外语外贸大学广州国际商贸中心重点研究基地 / 121
广东外语外贸大学国际服务外包研究院（国际服务经济研究院）/ 122
广东外语外贸大学国际经济贸易研究中心 / 122
广东外语外贸大学加拿大研究中心 / 122
广东外语外贸大学欧洲研究中心 / 123
广东外语外贸大学区域一体化法治研究中心（广东省地方立法研究评估与咨询服务基地、信访法治与国家治理研究中心、党内法规研究中心）/ 123
广东外语外贸大学粤港澳大湾区研究院 / 123
广东外语外贸大学粤商研究中心 / 124
广东亚太创新经济研究院 / 124

广州大学广州发展研究院（广东发展研究院）/ 127
广州市社会科学院 / 127
广州中医药大学高等教育研究所 / 127
国家市场监督管理总局行政学院 / 141
国家药品监督管理局南方医药经济研究所 / 146
海国图智研究院 / 158
华南理工大学公共政策研究院 / 204
华南理工大学现代服务业研究院 / 204
华南师范大学民族体质与健康研究中心 / 205
暨南大学产业经济研究院 / 222
暨南大学东南亚研究所 / 222
暨南大学菲律宾研究中心 / 223
暨南大学广东产业发展与粤港澳台区域合作研究中心 / 223
暨南大学华侨华人研究院（国际关系学院）/ 223
暨南大学金融研究所 / 224
暨南大学拉美中心 / 224
暨南大学企业发展研究所 / 224
暨南大学印度尼西亚研究中心 / 225
暨南大学中国（广东）自由贸易试验区研究院 / 225
暨南大学资源环境与可持续发展研究所 / 225
南方国际人才研究院 / 269
清华大学港澳研究中心 / 315
清华大学医院管理研究院 / 325
汕头大学地方政府发展研究所 / 351
汕头大学高等教育研究所 / 351
深圳创新发展研究院 / 379
深圳大学文化产业研究院 / 379
深圳大学中国经济特区研究中心 / 379
深圳市社会科学院 / 380
生态环境部华南环境科学研究所 / 381
天津大学深圳研究院 / 410
中共广东省委党校（广东行政学院）/ 514
中共深圳市委党校（深圳行政学院）/ 521
中国（深圳）综合开发研究院 / 530
中国人民大学深圳研究院 / 580
中山大学城市社会研究中心 / 627
中山大学地球环境与地球资源研究中心 / 628
中山大学国家治理研究院 / 628
中山大学华南农村研究中心 / 628
中山大学教育现代化研究中心 / 629
中山大学金融工程与风险管理研究中心 / 629
中山大学历史人类学研究中心 / 629
中山大学廉政与治理研究中心 / 630
中山大学流动人口卫生政策研究中心 / 630
中山大学旅游发展与规划研究中心 / 630
中山大学南海战略研究院 / 631
中山大学税收与财税法研究中心 / 631
中山大学物流与供应链研究中心 / 631
中山大学信息经济与政策研究中心 / 632
中山大学亚太研究院 / 632
中山大学粤港澳发展研究院 / 632
中山大学中国第三产业研究中心 / 633
中山大学中国非物质文化遗产研究中心 / 633
中山大学中国公共管理研究中心 / 633
中山大学中国转型与开放经济研究所 / 634
中山大学自贸区综合研究院 / 634
珠三角改革发展研究院 / 642

广西地区

广西大学中国—东盟研究院 / 124
广西民族大学东盟研究中心 / 125
广西社会科学界联合会 / 125
广西社会科学院 / 125
广西西大旅游科学研究院 / 126
广西壮族自治区人民政府参事室（文史研究馆）/ 126
广西壮族自治区人民政府发展研究中心 / 126
南宁市社会科学院 / 302
中共广西区委党校（广西行政学院）/ 514

贵州地区

贵州大学东盟研究院 / 128

贵州大学人口·社会·法制研究中心 / 128
贵州大学人类学研究所 / 128
贵州民族大学法学研究院 / 129
贵州民族大学贵州民族科学研究院 / 129
贵州民族大学贵州山地旅游与民族经济研究院 / 129
贵州民族大学贵州世居民族研究中心 / 130
贵州民族大学民族文化产业发展研究中心 / 130
贵州民族大学社会建设与反贫困研究院 / 130
贵州省大数据产业发展应用研究院 / 131
贵州省人民政府参事室 / 131
贵州省人民政府发展研究中心 / 131
贵州省社会科学界联合会 / 132
贵州省社会科学院 / 132
中共贵州省委党校（贵州行政学院）/ 514

海南地区

海南低碳经济政策与产业技术研究院 / 159
海南国际旅游岛发展研究院 / 159
海南省开放型经济研究院 / 159
海南省科学发展研究院 / 160
海南省南海政策与法律研究中心 / 160
海南省社会科学界联合会 / 160
海南省社会科学院 / 161
海南师范大学菲律宾研究中心 / 161
海南师范大学南海区域文化研究中心 / 161
海南亚太观察研究院 / 162
中共海南省委党校（海南省行政学院）/ 515
中国（海南）改革发展研究院 / 530
中国南海研究院 / 568
中国热带农业科学院 / 574

河北地区

河北大学雄安新区研究院 / 165
河北地质大学经济研究所 / 165
河北地质大学网络信息安全实验室 / 166
河北工程技术学院城市发展研究所 / 166
河北农业大学河北省山区研究所 / 167
河北省宏观经济研究所 / 167
河北省人民政府研究室 / 167
河北省社会科学界联合会 / 168
河北省社会科学院 / 168
河北师范大学河北省数字教育协同创新中心 / 168
河北师范大学秘鲁研究中心 / 169
河北师范大学印尼研究中心 / 169
河北师范大学中国—俄罗斯远东研究中心 / 169
河北师范大学中国共产党革命精神与文化资源研究中心 / 170
衡水学院河北省非物质文化遗产研究基地 / 180
衡水学院河北省生态文明建设与县域经济发展研究基地 / 180
石家庄市社会科学院（石家庄市社会科学界联合会、中共石家庄市委讲师团）/ 384
中共河北省委党校（河北行政学院）/ 515
中国自然资源经济研究院 / 619

河南地区

国家林业和草原局泡桐研究开发中心（中国林业科学研究院经济林研究开发中心）/ 139
河南财经政法大学东北亚研究中心 / 171
河南财经政法大学河南经济研究中心 / 172
河南财经政法大学现代服务业河南省协同创新中心 / 172
河南财经政法大学政府经济发展与社会管理创新研究中心 / 172
河南财政金融学院高等教育研究中心 / 173
河南大学高等人文研究院 / 173
河南大学黄河文明省部共建协同创新中心 / 173
河南大学黄河文明与可持续发展研究中心 / 174
河南大学区域发展与规划研究中心 / 174
河南大学以色列研究中心 / 174

河南大学中原发展研究院 / 175
河南牧业经济学院爱尔兰研究中心 / 175
河南省人民政府参事室 / 175
河南省社会科学界联合会 / 176
河南省社会科学院 / 176
河南师范大学公共政策与社会管理创新研究中心 / 176
河南师范大学河南省中国特色社会主义理论体系研究中心 / 177
河南师范大学科技与社会研究所 / 177
河南师范大学青少年问题研究中心 / 177
河南师范大学三农法律问题研究中心 / 178
河南师范大学中原非物质文化遗产保护研究中心 / 178
河南师范大学中原文化生态研究中心 / 178
华北水利水电大学城市规划设计研究所 / 196
华北水利水电大学建筑设计及理论研究所 / 196
黄河科技学院经济研究所 / 212
黄河科技学院民办教育研究院 / 212
黄河科技学院河南中原创新发展研究院 / 212
洛阳师范学院河南省公共文化研究中心 / 264
洛阳师范学院意大利研究中心 / 264
南阳师范学院南阳发展战略研究院、河南省社科院南阳分院 / 303
郑州大学埃及研究中心 / 506
郑州大学公共管理研究中心 / 506
郑州大学河南电子商务与物流协同发展研究院 / 506
郑州大学近现代河南与中国研究中心 / 507
郑州大学历史文化遗产保护研究中心 / 507
郑州大学社会管理河南省协同创新中心 / 507
郑州大学私法研究中心 / 508
郑州大学现代产业与企业发展战略研究中心 / 508
郑州大学宪法与行政法研究中心 / 508
郑州大学越南研究所 / 509
郑州大学中国土地法律与公共政策研究中心 / 509
郑州大学中国外交话语研究院 / 509
郑州大学中原文化资源与发展研究中心 / 510
郑州商学院区域经济发展研究中心 / 510
郑州市社会科学院（郑州市社会科学界联合会）/ 510
中共河南省委党校（河南行政学院）/ 515
中国社会科学院—郑州市人民政府郑州研究院 / 601
中原发展研究院 / 641

黑龙江地区

东北林业大学环境与资源保护法研究中心 / 84
东北农业大学新农村发展研究院 / 85
哈尔滨工程大学企业创新研究所 / 156
哈尔滨工程大学人工智能研究院 / 157
哈尔滨工程大学灾难与危机管理研究所 / 157
哈尔滨工程大学中国制造和国家安全产业研究院 / 157
哈尔滨工业大学经济管理与人文社会科学研究院 / 158
哈尔滨市社会科学院 / 158
黑龙江省人民政府参事室 / 179
黑龙江省社会科学界联合会 / 179
黑龙江省社会科学院（黑龙江政府发展研究中心）/ 179
牡丹江师范学院澳大利亚研究中心 / 267
中共黑龙江省委党校（黑龙江行政学院）/ 516

湖北地区

长江教育研究院 / 73
湖北大学高等人文研究院 / 181
湖北法治发展战略研究院（中南财经政法大学法治发展与司法改革研究中心）/ 181
湖北美术学院湖北省非物质文化遗产研究中

心 / 181
湖北民族大学湖北民族学院鄂西生态文化旅游研究中心 / 182
湖北省人民政府参事室 / 182
湖北省人民政府研究室 / 182
湖北省社会科学界联合会 / 183
湖北省社会科学院 / 183
湖北省中国特色社会主义理论体系研究中心中南民族大学分中心 / 183
湖北文理学院鄂北区域发展研究中心 / 184
湖北中医药大学中医药发展研究中心 / 184
华中科技大学非传统安全研究中心 / 206
华中科技大学国家治理研究院 / 206
华中科技大学教育科学研究院 / 207
华中科技大学张培刚发展研究院 / 207
华中农业大学高等教育研究所 / 207
华中农业大学宏观农业研究院 / 208
华中农业大学湖北农村发展研究中心 / 208
华中师范大学国家文化产业研究中心 / 208
华中师范大学可持续发展研究中心 / 209
华中师范大学中国农村研究院 / 209
三峡大学湖北省三峡地区生态保护与治理国际联合研究中心 / 333
三峡大学区域社会管理创新与发展研究中心 / 333
三峡大学三峡文化与经济社会发展研究中心 / 334
三峡大学水库移民研究中心 / 334
三峡大学影视文化与产业发展研究中心 / 334
武汉大学发展研究院 / 425
武汉大学法国研究中心 / 425
武汉大学国际法研究所 / 426
武汉大学国际问题研究院 / 426
武汉大学国家文化创新研究中心 / 426
武汉大学国家文化发展研究院 / 427
武汉大学湖北发展问题研究中心 / 427
武汉大学环境法研究所 / 427
武汉大学经济发展研究中心 / 428
武汉大学经济法研究所 / 428
武汉大学媒体发展研究中心 / 428
武汉大学人口·资源·环境经济研究中心 / 429
武汉大学人文社会科学研究院 / 429
武汉大学社会保障研究中心 / 429
武汉大学信息资源研究中心 / 430
武汉大学知识产权高级研究中心 / 430
武汉大学质量发展战略研究院 / 430
武汉大学中国边界与海洋研究院 / 431
武汉大学中国语情与社会发展研究中心 / 431
武汉大学中国中部发展研究院（区域与城乡发展研究院）/ 431
武汉科技大学湖北非营利组织研究中心 / 432
武汉科技大学湖北省意识形态建设研究院 / 432
武汉科技大学新农村建设研究中心 / 432
武汉科技大学意识形态安全研究中心 / 433
武汉理工大学中国应急管理研究中心 / 433
武汉市社会科学院 / 433
武汉体育学院湖北省非物质文化遗产研究中心 / 434
武汉体育学院湖北体育产业研究中心 / 434
武汉体育学院体育社会科学研究中心 / 434
中共湖北省委党校（湖北行政学院）/ 516
中国地质大学（武汉）资源环境经济研究中心（矿产资源战略与政策研究中心）/ 537
中国信访与社会稳定研究中心 / 611
中南财经政法大学产业升级与区域金融湖北省协同创新中心 / 619
中南财经政法大学城乡社区社会管理湖北省协同创新中心 / 620
中南财经政法大学法治发展与司法改革研究中心 / 620
中南财经政法大学湖北金融研究中心 / 620
中南财经政法大学人口与区域研究中心 / 621
中南财经政法大学现代产业经济研究中心 / 621
中南财经政法大学知识产权研究中心 / 621
中南财经政法大学中国经济与会计监管研究中心 / 622

中南财经政法大学中国收入分配研究中心 / 622
中南财经政法大学中国政府采购研究所 / 622
中南民族大学高校风险预警防控研究中心 / 626
中南民族大学湖北民族地区经济社会发展研究中心 / 626
中南民族大学民族政策与社会发展研究中心 / 626
中南民族大学中南民族大学科学研究发展院 / 627

湖南地区

国家林业和草原局中南调查规划设计院 / 140
湖南大学风险导向审计研究基地 / 184
湖南大学国际贸易研究基地 / 185
湖南大学教育科学研究院 / 185
湖南大学金融发展与信用管理研究中心 / 185
湖南大学廉政研究中心（湖南省廉政研究基地）/ 186
湖南大学中国文化软实力研究中心 / 186
湖南警察学院湖南省公安理论与公共安全研究基地 / 186
湖南省农村发展研究院 / 187
湖南省人民政府参事室（湖南省文史研究馆）/ 187
湖南省人民政府发展研究中心（政务服务中心）/ 187
湖南省社会科学界联合会 / 188
湖南省社会科学院 / 188
湖南师范大学“一带一路”文化交流与传播中心 / 188
湖南师范大学大国经济研究中心 / 189
湖南师范大学道德文化研究院 / 189
湖南师范大学东北亚研究中心 / 189
湖南师范大学俄罗斯研究中心（湖南省俄罗斯文化研究与交流中心）/ 190
湖南师范大学非洲研究中心 / 190
湖南师范大学国家治理研究所 / 190
湖南师范大学湖南省传媒发展研究基地 / 191
湖南师范大学湖南省中外文化传播研究基地 / 191
湖南师范大学科学社会主义研究所 / 191
湖南师范大学美国研究中心 / 192
湖南师范大学南亚研究中心 / 192
湖南师范大学人工智能道德决策研究所 / 192
湖南师范大学人口研究所 / 193
湖南师范大学社会治理与社会政策研究所 / 193
湖南师范大学生态文明研究院 / 193
湖南师范大学思想政治教育研究所 / 194
湖南师范大学外交研究中心 / 194
湖南师范大学中共党史党建研究所 / 194
湖南师范大学中国特色社会主义道德文化省部共建协同创新中心 / 195
吉首大学人类学民族学研究所 / 220
吉首大学武陵山片区扶贫与发展协同创新中心 / 221
吉首大学武陵山区扶贫开发研究中心 / 221
吉首大学武陵山区民族生态文化研究协同中心 / 221
南华大学核能经济与管理研究中心 / 269
南华大学马克思主义发展哲学理论与实践研究基地 / 269
邵阳学院湘西南农村信息化服务湖南省重点实验室 / 378
中共湖南省委党校（湖南行政学院）/ 516
中南大学地方治理研究院 / 623
中南大学高等教育研究所 / 623
中南大学金属资源战略研究院 / 623
中南大学两型社会与生态文明协同创新中心 / 624
中南大学人力资源研究中心 / 624
中南大学知识产权研究院（湖南省知识产权研究院）/ 624
中南大学中国城市竞争力研究所 / 625
中南大学中国村落文化研究中心 / 625

中南大学中国文化法研究中心 / 625

吉林地区

长春工程学院吉林省城市建设发展研究中心 / 71
长春工程学院吉林省房地产研究中心 / 72
长春工程学院吉林省政府和社会资本合作（PPP）研究中心 / 72
长春市社会科学院（长春市社会科学界联合会）/ 72
东北师范大学东亚研究院 / 85
东北师范大学女性研究中心 / 85
东北师范大学思想政治教育研究中心 / 86
东北师范大学中国农村教育发展研究院 / 86
吉林大学东北亚研究院 / 213
吉林大学高等教育研究所 / 213
吉林大学国际关系研究所 / 214
吉林大学农村发展研究中心 / 214
吉林大学欧洲研究中心 / 214
吉林大学社会公正与政府治理研究中心 / 215
吉林大学数量经济研究中心 / 215
吉林大学中国地方政府创新研究中心 / 215
吉林大学中国国有经济研究中心 / 216
吉林大学中国人口老龄化与经济社会发展研究中心 / 216
吉林建筑大学吉林建筑文化研究基地 / 216
吉林省人民政府参事室 / 217
吉林省人民政府发展研究中心（吉林省人民政府发展战略研究院）/ 217
吉林省社会科学界联合会 / 217
吉林省社会科学院 / 218
吉林师范大学当代中国马克思主义研究所 / 218
吉林体育学院吉林省体育产业研究基地 / 218
吉林外国语大学“一带一路”语言文化服务协同创新中心 / 219
吉林外国语大学民办高等教育研究院 / 219
吉林外国语大学中外文化研究院 / 219
延边大学朝鲜半岛研究院 / 474
延边大学朝鲜韩国研究中心 / 474
中共吉林省委党校（吉林省行政学院）/ 517

江苏地区

常州大学常州现代服务业研究院 / 73
常州大学非物质文化遗产研究基地 / 74
常州工学院江苏高校文化创意协同创新中心 / 74
东南大学中国特色社会主义发展研究院 / 87
东南大学中国艺术发展评价研究院 / 87
东南大学最高人民法院司法大数据研究基地 / 87
东吴智库 / 88
公安部现代警务改革研究所 / 112
河海大学东部资源环境与持续发展研究中心 / 170
河海大学社区研究中心 / 170
河海大学水利经济研究所 / 171
河海大学中国移民研究中心（水利部水库移民经济研究中心）/ 171
江南大学江苏省食品安全研究基地 / 226
江南大学食品安全风险治理研究院 / 226
江苏长江产业经济研究院 / 226
江苏大学中国农业装备产业发展研究院（新农村发展研究院）/ 227
江苏第二师范学院江苏省教育科学研究院（教育现代化研究院）/ 227
江苏海洋大学海洋经济与文化学科平台 / 227
江苏理工学院常州民营经济研究所 / 228
江苏省公共安全研究院（江苏警官学院现代警务研究中心）/ 228
江苏省人民政府参事室 / 228
江苏省社会科学院 / 229
江苏省苏科创新战略研究院 / 229
江苏省文化艺术研究院 / 229
江苏省物联网技术与应用协同创新中心（南京邮电大学物联网研究院）/ 230
江苏省战略与发展研究中心 / 230

江苏省哲学社会科学界联合会 / 230
江苏师范大学"一带一路"研究院 / 231
金善宝农业现代化发展研究院 / 246
昆山杜克大学全球健康研究中心 / 250
南京财经大学创新创业研究院 / 270
南京财经大学江苏创新发展研究院（中国区域金融研究中心、比较法研究所）/ 270
南京财经大学江苏现代财税治理协同创新中心 / 271
南京财经大学江苏现代服务业研究院 / 271
南京财经大学粮食经济研究院 / 271
南京大学长江三角洲经济社会发展研究中心 / 272
南京大学城市科学研究院（江苏省城市现代化研究基地）/ 272
南京大学非洲研究所 / 272
南京大学公共事务与地方治理研究中心 / 273
南京大学教育研究院 / 273
南京大学能源科学研究院 / 273
南京大学人文地理研究中心 / 274
南京大学社会风险与公共危机管理研究中心 / 274
南京大学中国南海研究协同创新中心 / 274
南京大学中国语言战略研究中心 / 275
南京大学中国直销研究中心 / 275
南京大学中国智库研究与评价中心 / 275
南京航空航天大学国家文化产业研究中心 / 276
南京航空航天大学科学发展研究中心 / 276
南京航空航天大学能源软科学研究中心 / 276
南京理工大学江苏人才发展战略研究院 / 277
南京林业大学城市规划与设计研究所 / 277
南京林业大学高等教育研究所 / 277
南京林业大学国家林业和草原局林产品经济贸易研究中心 / 278
南京林业大学环境与发展系统工程研究所 / 278
南京林业大学江苏环境与发展研究中心 / 278
南京林业大学交通运输研究所 / 279
南京林业大学马克思主义理论研究中心 / 279
南京林业大学企业管理与发展研究中心 / 279
南京林业大学森林保护研究所 / 280
南京林业大学森林旅游研究中心 / 280
南京林业大学社会生态研究所 / 280
南京林业大学生态经济研究中心 / 281
南京林业大学现代物流研究中心 / 281
南京林业大学新农村规划建设研究所 / 281
南京林业大学沿海资源与环境研发中心 / 282
南京农业大学高等教育研究所 / 282
南京农业大学区域农业研究所 / 282
南京审计大学城市发展研究院 / 283
南京审计大学国家监察与审计法治研究院 / 283
南京审计大学国家治理与国家审计研究院 / 283
南京审计大学经济与金融研究院 / 284
南京审计大学社会与经济研究院 / 284
南京审计大学审计与评估研究院 / 284
南京审计大学自然资源与环境审计研究院 / 285
南京师范大学道德教育研究所 / 285
南京师范大学教育科学研究院 / 285
南京师范大学中国法治现代化研究院 / 286
南京市社会科学院（南京市社会科学界联合会）/ 286
南京特殊教育师范学院特殊教育研究中心 / 286
南京特殊教育师范学院中国残疾人数据科学研究院 / 287
南京信息工程大学江北新区发展研究院 / 287
南京信息工程大学气候变化与公共政策研究院 / 287
南京信息工程大学气候与环境治理研究院 / 288
南京信息工程大学气候与应用前沿研究院 / 288

南京信息工程大学生态气象环境研究中心 / 288
南京信息工程大学生态研究院 / 289
南京医科大学人口健康与社会发展研究中心 / 289
南京医科大学卫生政策研究中心 / 289
南京邮电大学大数据研究院 / 290
南京邮电大学大运河研究中心 / 290
南京邮电大学国际电联经济和政策问题研究中心 / 290
南京邮电大学江苏农业信息化研究基地 / 291
南京邮电大学江苏省统计科学研究基地 / 291
南京邮电大学江苏智慧养老研究院 / 291
南京邮电大学教育历史与文化研究中心 / 292
南京邮电大学人口研究院 / 292
南京邮电大学人口与健康研究中心 / 292
南京邮电大学数字经济研究所 / 293
南京邮电大学网络话语研究中心 / 293
南京邮电大学物联网产业发展研究基地 / 293
南京邮电大学现代供应链管理研究中心 / 294
南京邮电大学现代教育技术中心 / 294
南京邮电大学现代邮政研究院 / 294
南京邮电大学信息产业发展战略研究院 / 295
南京邮电大学信息产业融合创新与应急管理研究中心 / 295
南京中医药大学江苏省中药资源产业化过程协同创新中心 / 295
南京中医药大学中医文化研究与传播协同创新中心 / 296
南京中医药大学中医文化研究中心 / 296
南通大学江苏沿海沿江发展研究中心 / 303
南通大学南通廉政研究中心 / 303
三江学院发展战略与规划研究院 / 333
苏州大学企业创新和发展研究中心 / 403
苏州大学苏南发展研究院 / 403
苏州大学台商投资与发展研究所 / 404
苏州大学中国特色城镇化研究中心 / 404
苏州科技大学城市发展智库 / 404
苏州科技大学苏州国家历史文化名城保护研究院 / 405
苏州科技大学苏州乡村振兴（城市一体化改革发展）研究院 / 405
西交利物浦大学城市与环境校级研究中心 / 451
西交利物浦大学大数据分析研究院 / 451
西交利物浦大学西浦智库 / 452
徐州医科大学卫生政策与健康保障研究基地 / 473
徐州医科大学医疗卫生应急救援政策研究中心 / 473
盐城师范学院江苏农村教育发展研究中心 / 475
盐城师范学院江苏沿海开发研究院 / 475
知远战略与防务研究所 / 511
中共江苏省委党校（江苏行政学院） / 517
中国矿业大学经济与管理复杂性研究所 / 563
中国药科大学国家药物政策与医药产业经济研究中心 / 613
紫金传媒智库 / 643

江西地区

江西财经大学财税研究中心 / 231
江西财经大学财政大数据分析中心 / 231
江西财经大学产业集群与企业发展研究中心 / 232
江西财经大学产业经济研究院 / 232
江西财经大学法治江西建设协同创新中心 / 232
江西财经大学高等教育研究所 / 233
江西财经大学公共政策评价中心 / 233
江西财经大学规制与竞争研究中心 / 233
江西财经大学江西法治政府研究中心 / 234
江西财经大学江西经济发展与改革研究院 / 234
江西财经大学江西生态法律研究中心 / 234

江西财经大学江西省经济预测与决策研究中心 / 235
江西财经大学江西省科技经济决策融合软科学研究基地 / 235
江西财经大学江西省生态文明制度建设协同创新中心 / 235
江西财经大学江西省战略性新兴产业发展监测、预警与决策支持协同创新中心 / 236
江西财经大学金融发展与风险防范研究中心 / 236
江西财经大学金融管理国际研究院 / 236
江西财经大学科技金融研究中心 / 237
江西财经大学社会工作与社会政策研究中心 / 237
江西财经大学生态经济研究院 / 237
江西财经大学生态文明与现代中国研究中心 / 238
江西财经大学现代金融研究院 / 238
江西科技师范大学数字化社会与地方文化发展研究中心 / 238
江西科技师范大学职业教育研究院 / 239
江西科技学院跨文化交际研究所 / 239
江西省党风廉政建设研究中心（南昌大学廉政研究中心）/ 239
江西省人民政府参事室 / 240
江西省社会科学界联合会 / 240
江西省社会科学院 / 240
江西师范大学当代形态文艺学研究中心 / 241
江西师范大学管理决策评价研究中心 / 241
江西师范大学江西经济发展研究 / 241
江西师范大学马达加斯加研究中心 / 242
江西师范大学苏区振兴研究院 / 242
江西师范大学文化研究院 / 242
景德镇学院高教研究与评估所 / 247
九江学院柬埔寨研究中心 / 247
九江学院江西长江经济带研究院 / 248
九江学院鄱阳湖生态经济研究中心 / 248
九江学院沿江产业开发研究中心 / 248
南昌大学江西发展研究院 / 267
南昌大学立法研究中心 / 268
南昌大学旅游研究院 / 268
南昌大学中国中部经济社会发展研究中心 / 268
宜春学院江西宗教历史文化研究中心 / 477
中共江西省委党校（江西行政学院）/ 517

辽宁地区

渤海大学东北亚走廊研究院（东北亚研究中心）/ 68
渤海大学国家新闻出版署新闻出版业科技与标准重点实验室 / 68
大连海事大学国际海事公约研究中心 / 82
大连理工大学港口发展研究中心 / 82
大连理工大学高等教育研究院 / 82
大连民族大学东北少数民族研究院 / 83
东北财经大学东北亚经济研究院 / 84
东北大学中国东北振兴研究院 / 84
辽宁大学金融研究中心 / 256
辽宁大学人口研究所 / 256
辽宁大学日本研究所 / 257
辽宁大学亚洲研究中心 / 257
辽宁大学中国特色社会主义研究中心 / 257
辽宁大学转型国家经济政治研究中心 / 258
辽宁对外经贸学院大连会展经济研究中心 / 258
辽宁对外经贸学院大数据研究院 / 258
辽宁对外经贸学院高等教育研究院 / 259
辽宁对外经贸学院国际经济与贸易研究院 / 259
辽宁对外经贸学院老龄科学研究院 / 259
辽宁对外经贸学院辽宁省民办高等教育可持续发展研究基地 / 260
辽宁对外经贸学院区域经济合作与发展研究院 / 260
辽宁对外经贸学院区域旅游研究中心 / 260
辽宁对外经贸学院区域物流协同发展研究中心 / 261
辽宁对外经贸学院日本语言与文化研究中心 / 261
辽宁社会科学院 / 261

辽宁省人民政府参事室 / 262
辽宁省社会科学界联合会 / 262
辽宁师范大学澳大利亚研究中心 / 262
辽宁中医药大学高等中医药教育研究及评价中心 / 263
沈阳体育学院东北亚体育发展研究中心 / 380
沈阳体育学院体育经济发展研究中心 / 380
沈阳体育学院体育社会科学研究中心 / 381
中共大连市委党校（大连行政学院）/ 513
中共辽宁省委党校（辽宁行政学院）/ 518
中国刑事警察学院网络安全执法协同创新中心 / 612

内蒙古地区

内蒙古大学城市与房地产研究中心 / 304
内蒙古大学内蒙古地区经济可持续发展研究基地 / 304
内蒙古自治区发展研究中心（内蒙古自治区经济信息中心）/ 305
内蒙古自治区社会科学界联合会 / 305
内蒙古自治区社会科学院 / 305
内蒙古自治区政府研究室（内蒙古自治区人民政府参事室）/ 306
中共内蒙古区委党校（内蒙古自治区行政学院）/ 518

宁夏地区

宁夏大学回族研究院 / 307
宁夏大学西部发展研究中心 / 307
宁夏大学中国阿拉伯国家研究院（宁夏大学阿拉伯研究中心）/ 307
宁夏回族自治区人民政府参事室 / 308
宁夏回族自治区人民政府研究室（宁夏回族自治区发展研究中心）/ 308
宁夏社会科学界联合会 / 308
宁夏社会科学院 / 309
宁夏师范学院教师教育研究中心 / 309
中共宁夏区委党校（宁夏行政学院）/ 519

青海地区

青海大学产业发展研究院 / 310
青海大学—清华大学三江源研究院 / 311
青海大学青海省情研究中心 / 311
青海大学省部共建三江源生态与高原农牧业国家重点实验室 / 311
青海大学新能源光伏产业研究中心 / 312
青海大学新农村发展研究院 / 312
青海省人民政府参事室 / 312
青海省社会科学界联合会 / 313
青海省社会科学院 / 313
中共青海省委党校（青海省行政学院）/ 519

山东地区

国家统计局统计科学研究所山东大学研究基地（山东大学生活质量与公共政策研究中心）/ 143
济南大学冰岛研究中心 / 220
济南大学非洲研究中心 / 220
济南社会科学院 / 222
青岛市社会科学院（青岛市社会科学界联合会、青岛市城市发展研究中心）/ 310
曲阜师范大学孔子与山东文化强省战略协同创新中心 / 330
曲阜师范大学中国教育大数据研究院 / 330
山东大学当代社会主义研究所 / 335
山东大学国际问题研究院 / 335
山东大学经济研究院 / 335
山东大学欧洲研究中心（德国研究中心）/ 336
山东大学日本研究中心 / 336
山东大学山东发展研究院 / 336
山东大学山东省公共经济与公共政策研究基地 / 337
山东大学山东省反垄断与规制经济学重点研究基地 / 337
山东大学山东省应用金融理论与政策研究基地 / 337
山东大学卫生管理与政策研究中心 / 338

山东大学亚太研究所 / 338
山东大学犹太教与跨宗教研究中心 / 338
山东大学中泰证券金融研究院（山东大学齐鲁证券金融研究院）/ 339
山东工商学院山东能源经济协同创新中心 / 339
山东社会科学院 / 339
山东省宏观经济研究院 / 340
山东省人民政府参事室 / 340
山东省社会科学界联合会 / 340
山东省艺术研究院 / 341
天津大学山东研究院 / 409
中共青岛市委党校（青岛行政学院）/ 519
中共山东省委党校（山东行政学院）/ 520
中国海洋大学国家文化产业研究中心 / 545
中国海洋大学海洋发展高等研究院 / 546
中国企业营运资金管理研究中心 / 572
中国石油大学（华东）海洋能源与信息工程研究院 / 604
中国石油大学（华东）能源经济与政策研究院 / 604
中国石油大学（华东）新能源研究院 / 604

山西地区

山西财经大学资源型经济研究中心 / 341
山西财经大学资源型经济转型发展研究院 / 341
山西大学马克思主义研究所 / 342
山西大学社会哲学与城市发展研究中心 / 342
山西大学中国社会史研究中心 / 342
山西农业大学信息学院非物质文化遗产研究中心（晋中信息学院非物质文化遗产研究中心）/ 343
山西省城乡统筹协同创新中心 / 343
山西省人民政府参事室（山西省人民政府文史研究馆）/ 343
山西省社会科学界联合会 / 344
山西省社会科学院（山西省人民政府发展研究中心）/ 344
山西师范大学山西省互联网 + 与旅游产业升级协同创新中心 / 344
太原科技大学企业社会责任研究中心 / 406
太原科技大学装备制造业创新发展研究中心 / 406
太原理工大学华北农村调查与研究中心 / 406
太原理工大学基层社会治理研究中心 / 407
太原理工大学煤炭产业科学发展研究中心 / 407
太原理工大学山西省文化遗产保护与修复协同创新中心 / 407
太原师范学院社会科学发展研究所 / 408
中共山西省委党校（山西行政学院）/ 520

陕西地区

长安大学长安文化产业研究中心 / 69
长安大学陕西文化发展与融合创新智库 / 70
长安大学中国特色社会主义理论体系研究中心 / 70
长安大学综合运输经济与管理研究中心 / 70
长安文化产业研究中心（陕西省文化产业协同创新研究中心）/ 71
国家林业和草原局西北林业调查规划设计院 / 139
国家林业和草原局西北自然保护区研究中心 / 140
陕西省人民政府参事室（陕西省文史研究馆）/ 345
陕西省人民政府研究室（陕西省发展研究中心）/ 345
陕西省社会科学界联合会 / 345
陕西省社会科学院 / 346
陕西省新型城镇化和人居环境研究院 / 346
陕西师范大学“一带一路”建设与中亚研究协同创新研究中心（陕西师范大学中亚研究所）/ 346
陕西师范大学扶贫政策与评估研究中心 / 347
陕西师范大学公共治理与政策创新研究中心

/ 347
陕西师范大学教育实验经济研究所 / 347
陕西师范大学体育人文社会科学研究中心 / 348
陕西师范大学土耳其研究中心 / 348
陕西师范大学西北国土资源研究中心 / 348
陕西师范大学西北跨境民族与边疆安全研究中心 / 349
陕西师范大学西北历史环境与经济社会发展研究院 / 349
陕西师范大学中国旅游研究院西部旅游发展研究基地 / 349
陕西师范大学中国西部边疆研究院 / 350
陕西中经发展改革研究院 / 350
陕西中医药大学“一带一路”中医药健康发展研究中心 / 350
西安电子科技大学大数据安全教育部工程研究中心 / 435
西安电子科技大学科学数据管理与区域政策研究中心 / 435
西安电子科技大学陕西智慧社会发展战略研究中心 / 435
西安电子科技大学丝绸之路经济带发展研究院 / 436
西安工程大学“一带一路”纺织发展创新研究院 / 436
西安交大—香港科大可持续发展学院 / 436
西安交大—香港中大人口迁移联合研究中心 / 437
西安交通大学“一带一路”自由贸易试验区研究院 / 437
西安交通大学马克思主义中国化研究协同创新中心 / 437
西安交通大学民政部政策理论研究基地 / 438
西安交通大学欧亚经济论坛研究院 / 438
西安交通大学人口与发展政策研究中心 / 438
西安交通大学陕西省民政事业发展研究基地 / 439
西安交通大学陕西省统一战线理论研究基地 / 439
西安交通大学陕西易地扶贫搬迁研究基地 / 439
西安交通大学社会治理和社会政策协同创新研究中心 / 440
西安交通大学丝绸之路经济带法律政策协同创新中心 / 440
西安交通大学丝绸之路经济带研究协同创新中心 / 440
西安交通大学新媒体与社会治理研究中心 / 441
西安交通大学中国（陕西）广播电视媒体融合发展创新中心 / 441
西安交通大学中国（西安）数字经济发展监测预警基地 / 441
西安交通大学中国管理问题研究中心 / 442
西安理工大学生态水利与可持续发展研究中心 / 442
西安市社会科学院（西安市社会科学界联合会）/ 442
西安医学院陕西省公共安全医学防控研究中心 / 443
西安邮电大学数字经济与产业融合创新研究中心 / 443
西北大学高等教育研究中心 / 443
西北大学陕西宏观经济与经济增长质量协同创新研究中心 / 444
西北大学丝绸之路研究院 / 444
西北大学叙利亚研究中心 / 444
西北大学中东研究所 / 445
西北大学中国文化研究中心 / 445
西北大学中国西部经济发展研究中心 / 445
西北大学中国优秀文化传承创新智库 / 446
西北工业大学军民融合发展战略研究中心 / 446
西北工业大学西部国防科技工业发展研究中心 / 446
西北农林科技大学陕西省乡村振兴发展智库 / 447
西北农林科技大学西部发展研究院 / 447
西北农林科技大学西部农村发展研究中心 / 448
西北农林科技大学应用经济研究中心 / 448

西北政法大学民族宗教研究院 / 449
西北政法大学社会治理与信息传播协同创新研究基地 / 449
延安大学乡村发展研究院 / 474
中共陕西省委党校（陕西行政学院）/ 520

四川地区

成都市社会科学界联合会（成都市社会科学院）/ 75
成都信息工程大学四川省电子商务与现代物流研究中心 / 75
成都中医药大学民族医药学术传承创新中心 / 75
电子科技大学四川省区域公共管理信息化研究中心 / 83
电子科技大学中国文化产业战略研究中心 / 83
乐山师范学院老挝研究中心 / 254
乐山师范学院乐山市廉政研究中心 / 254
乐山师范学院四川基层公共文化服务研究中心 / 255
乐山师范学院四川旅游发展研究中心 / 255
乐山师范学院四川特殊教育发展研究中心 / 255
绵阳师范学院生态安全与保护四川省重点实验室 / 264
绵阳师范学院四川县域经济发展研究中心 / 265
内江师范学院沱江流域高质量发展研究中心 / 304
四川大学道教与宗教文化研究所 / 393
四川大学经济发展研究院 / 393
四川大学美国研究中心 / 394
四川大学南亚研究所 / 394
四川大学欧洲问题研究中心 / 394
四川大学人口研究所 / 395
四川大学社会发展与社会风险控制研究中心 / 395
四川大学文化产业研究中心 / 395
四川大学中国南亚研究中心 / 396
四川大学中国西部边疆安全与发展协同创新中心 / 396
四川民族学院康巴文化研究中心 / 396
四川农业大学四川省农村发展研究中心 / 397
四川农业大学新农村发展研究院 / 397
四川省产业经济发展研究院 / 397
四川省经济和社会发展研究院 / 398
四川省人民政府参事室（四川省人民政府文史研究馆）/ 398
四川省社会科学界联合会 / 398
四川省社会科学院 / 399
四川师范大学韩国研究中心 / 399
四川师范大学日本研究中心 / 399
四川师范大学四川多元文化研究中心 / 400
四川文理学院四川革命老区发展研究中心 / 402
四川西部教育研究院 / 402
四川先行教育研究院 / 403
天津大学四川创新研究院 / 410
西华大学地方文化资源保护与开发研究中心 / 451
西南财经大学发展研究院 / 452
西南财经大学金融安全协同创新中心 / 452
西南财经大学金融研究院 / 453
西南财经大学老龄化与社会保障研究中心 / 453
西南财经大学中国（四川）自由贸易试验区综合研究院 / 453
西南财经大学中国家庭金融调查与研究中心 / 454
西南财经大学中国金融研究中心 / 454
西南财经大学中国西部经济研究中心 / 454
西南财经大学中国行为经济与行为金融研究中心 / 455
西南交通大学西部交通战略与区域发展研究中心 / 456
西南科技大学拉美研究中心 / 457
西南民族大学青藏高原经济社会与文化发展研究中心 / 457
宜宾学院南亚东南亚研究院 / 476
宜宾学院农村幼儿教育研究中心 / 477

宜宾学院新建院校改革与发展研究中心 / 477
中共四川省委党校（四川行政学院）/ 521

西藏地区

西藏大学人口研究所 / 449
西藏大学西藏经济研究所 / 450
西藏大学西藏可持续发展研究所 / 450
西藏自治区社会科学院（西藏自治区哲学社会科学界联合会）/ 450
中共西藏区委党校（西藏自治区行政学院）/ 522

新疆地区

喀什大学南疆经济与社会发展研究中心 / 249
南疆教育发展研究中心 / 270
石河子大学兵团屯垦经济研究中心 / 383
石河子大学棉花经济研究中心 / 383
石河子大学农业现代化研究中心 / 383
塔里木大学非传统安全与边疆民族发展研究中心 / 405
新疆财经大学新疆企业发展研究中心 / 468
新疆财经大学中国新疆与中亚区域经济合作研究中心 / 468
新疆大学、兰州大学西北少数民族研究中心 / 468
新疆大学创新管理研究中心 / 469
新疆大学西域文明发展研究基地 / 469
新疆大学新疆宏观经济预警系统研究基地 / 469
新疆大学新疆民俗文化研究中心 / 470
新疆大学新疆稳定与地区经济发展法制保障研究基地 / 470
新疆大学中外文化比较与跨文化交际研究基地 / 470
新疆大学中亚地缘政治研究中心 / 471
新疆大学中亚研究院（新疆大学—清华大学中亚发展研究中心）/ 471
新疆农业大学干旱区农村发展研究中心 / 471
新疆师范大学中亚与中国西北边疆政治经济研究中心 / 472
新疆维吾尔自治区人民政府参事室 / 472
新疆维吾尔自治区社会科学界联合会 / 472
新疆维吾尔自治区社会科学院 / 473
伊犁师范学院教育科学研究所 / 476
伊犁师范学院中国新疆与周边国家合作发展研究中心 / 476
中共新疆区委党校（新疆维吾尔自治区行政学院）/ 523
中国（新疆）边境贸易研究中心 / 530

云南地区

东南亚执法研究中心 / 88
昆明市社会科学院（昆明社会治理研究院）/ 249
西南林业大学西南绿色发展研究院 / 457
西南林业大学云南林业经济研究智库 / 458
云南财经大学公共政策研究中心 / 478
云南财经大学印度洋地区研究中心 / 479
云南财经大学云南省防灾减灾智库 / 479
云南大学“一带一路”研究院 / 479
云南大学边疆民族问题智库 / 480
云南大学地方政府治理研究中心 / 480
云南大学滇西发展研究中心 / 480
云南大学发展研究院 / 481
云南大学法治云南研究中心智库 / 481
云南大学高等教育研究院 / 481
云南大学国际关系研究院 / 482
云南大学缅甸研究院 / 482
云南大学民族文化建设与文化产业发展智库 / 482
云南大学文化产业研究院 / 483
云南大学文化发展研究院 / 483
云南大学西南边疆少数民族研究中心 / 483
云南大学西南周边环境与周边外交智库 / 484
云南大学沿边开放与经济发展智库 / 484

云南大学云南生态文明建设智库 / 484
云南大学政府治理与公共政策研究中心 / 485
云南民族大学云南扶贫开发研究院暨云南扶贫开发大数据中心 / 485
云南民族大学云南廉政研究中心 / 485
云南农业大学云南农村发展智库 / 486
云南省法治政府研究院 / 486
云南省公共政策研究院 / 486
云南省民族研究院（云南大学民族学与社会学学院）/ 487
云南省人民政府参事室（文史研究馆）/ 487
云南省社会科学界联合会 / 487
云南省社会科学院［中国（昆明）南亚东南亚研究院］/ 488
云南省医疗保障改革发展研究中心 / 488
云南师范大学云南教育决策咨询智库 / 488
云南师范大学中国西南对外开放与边疆安全研究中心 / 489
云南师范大学中国西南周边地缘环境与“一带一路”建设研究智库 / 489
云南乡村振兴发展研究院 / 489
中共云南省委党校（云南行政学院）/ 523

浙江地区

国家林业和草原局华东调查规划设计院 / 138
杭州电子科技大学信息化发展智库 / 162
杭州市社会科学院 / 163
宁波大学东海研究院 / 306
宁波市社会科学院（宁波市社会科学界联合会）/ 306
浙江财经大学中国政府管制研究院 / 490
浙江大学“一带一路”合作与发展协同创新中心 / 490
浙江大学创新管理与持续竞争力研究中心 / 490
浙江大学地方政府与社会治理研究中心 / 491
浙江大学房地产研究中心 / 491
浙江大学非传统安全与和平发展研究中心 / 491
浙江大学公共政策研究院（浙江省公共政策研究院）/ 492
浙江大学互联网金融研究院 / 492
浙江大学金融研究院 / 492
浙江大学金融研究院（浙江省金融研究院）/ 493
浙江大学科教发展战略研究中心 / 493
浙江大学民生保障与公共治理研究中心 / 493
浙江大学民营经济研究中心 / 494
浙江大学农业现代化与农村发展研究中心（浙江大学中国农村发展研究院）/ 494
浙江大学欧洲研究中心 / 494
浙江大学区域经济开放与发展研究中心 / 495
浙江大学区域协调发展研究中心 / 495
浙江大学区域与城市发展研究中心 / 495
浙江大学全球浙商研究院 / 496
浙江大学人力资源与战略发展研究中心 / 496
浙江大学社会科学研究基础平台 / 496
浙江大学社会组织与社会治理研究中心 / 497
浙江大学土地与国家发展研究院 / 497
浙江大学质量管理研究中心 / 497
浙江大学中国跨境电子商务研究院 / 498
浙江大学中国西部发展研究院 / 498
浙江大学舟山海洋研究中心 / 498
浙江工业大学浙江省技术创新与企业国际化研究中心 / 499
浙江工业大学中国中小企业研究院 / 499
浙江农林大学浙江省农民发展研究中心 / 499
浙江清华长三角研究院 / 500
浙江省标准化研究院［金砖国家标准化（浙江）研究中心］/ 500
浙江省产业发展政策研究中心 / 500
浙江省城市治理研究中心 / 501
浙江省传播与文化产业研究中心 / 501
浙江省发展规划研究院 / 501

浙江省弘毅教育研究院 / 502
浙江省科技发展战略研究院 / 502
浙江省科技信息研究院 / 502
浙江省求是经济与管理科学研究院 / 503
浙江省人才发展研究院 / 503
浙江省人民政府参事室（浙江省文史研究馆）/ 503
浙江省社会科学界联合会 / 504
浙江省社会科学院 / 504
浙江省文化产业创新发展研究院（智库）/ 504
浙江省文化和旅游发展研究院 / 505
浙江师范大学非洲研究院 / 505
浙江师范大学环东海与边疆研究院 / 505
中共宁波市委党校（宁波行政学院）/ 518
中共浙江省委党校（浙江行政学院）/ 523
中国美术学院人文与艺术教育研究中心 / 567
中国美术学院文化遗产研究中心 / 567

图书在版编目（CIP）数据

中国智库名录. No.5 / 王利民，蔡继辉主编. --北京：社会科学文献出版社，2022.1
ISBN 978-7-5201-9539-3

Ⅰ.①中… Ⅱ.①王… ②蔡… Ⅲ.①方针政策-研究-中国 Ⅳ.①D601

中国版本图书馆 CIP 数据核字（2021）第 265598 号

中国智库名录 No.5

主　　编 / 王利民　蔡继辉
副 主 编 / 陈　青　吴　丹　张铭晏

出 版 人 / 王利民
责任编辑 / 丁阿丽
文稿编辑 / 张铭晏
责任印制 / 王京美

出　　版 / 社会科学文献出版社·皮书研究院（010）59366421
地址：北京市北三环中路甲 29 号院华龙大厦　邮编：100029
网址：www.ssap.com.cn
发　　行 / 市场营销中心（010）59367081　59367083
印　　装 / 三河市东方印刷有限公司

规　　格 / 开　本：787mm × 1092mm　1/16
印　张：45.5　字　数：960 千字
版　　次 / 2022 年 1 月第 1 版　2022 年 1 月第 1 次印刷
书　　号 / ISBN 978-7-5201-9539-3
定　　价 / 498.00 元